20 世纪儒学研究大系

主编：傅永聚　韩钟文

儒学与实学

本卷主编　苗润田

中 华 书 局

20世纪儒学研究大系
编辑委员会

中国文化的基本精神（代序）

在现今时代，做一个中国人，最重要的是具有爱国意识。爱国意识有一定的思想基础。必须感到祖国的可爱，才能具有爱国意识。而要感到祖国的可爱，又必须对于中国文化的优秀传统有正确的理解。中国文化，从传说中的羲、农、黄帝以来，延续发展了四五千年，在15世纪以前一直居于世界文化的前列。15世纪，中国的四大发明传入欧洲，促进了西方近代文明的发展，于是西方文化突飞猛进，中国落后了。19世纪40年代之后，中国受到资本主义列强的侵略凌辱，中国各阶层的志士仁人，奋起抗争，努力寻求救国的道路，经过一百多年的艰苦斗争，终于取得了胜利，于1949年建立了新中国，"中国人民站起来了！"中国文化虽然一度落后，但又能奋发图强，大步前进。这不是偶然的，必有其内在的思想基础。中国文化长期延续发展，虽曾经走过曲折的道路，但仍能自我更新，继续前进。这种发展更新的思想基础，就是中国文化的基本精神。

何谓精神？精神即是思维运动发展的精微的内在动力。中国文化中的基本精神，在中国历史上确实起到了推动社会发展的作用，成为历史发展的内在思想源泉。当然，社会发展的基本原因在于生产力的发展，但是思想意识在一定条件下也有一定的积极作用。文化的基本精神必须具有两个特点：一是具有广泛的影响，为大多数人民所接受领会,对于广大人民起了熏陶作用;二是具有激励进步、促进发展的积极作用。必须具有这两方面的表现,才可以称为文化的基本精神。

我认为,中国几千年来文化传统的基本精神的主要内涵有四项基本观念,即(1)天人合一;(2)以人为本;(3)刚健有为;(4)以和为贵。

一　天人合一

天人合一即肯定人与自然的统一,亦即认为人与自然界不是敌对的,而具有不可割裂的关系。所谓合一指对立的统一,即两方面相互依存的关系。天人合一思想在春秋时即已有之。《左传·昭公二十五年》记载郑大夫子大叔述子产之言说:"夫礼,天之经也,地之义也,民之行也。天地之经,而民实则之。"又记子大叔之言说:"礼,上下之纪,天地之经纬也,民之所以生也,是以先王尚之。"这是认为礼是天经地义,即自然界的必然准则,"天经"与"民行"是统一的。应注意,这里天是对地而言,天地相连并称,显然是指自然之天。子产将天经地义与民则统一起来,但也重视天与人的区别,他曾断言:"天道远,人道迩,非所及也,何以知之?"(《左传·昭公十八年》)当时占星术利用所谓天道传播迷信,讲天象与人事祸福的联系,子产是予以否定的。孟子将天道与人性联系起来,他说:"尽其心者,知其性也。知其性,则知天矣。"(《孟子·尽心上》)孟子认为人性是天赋的,所以知性便能知天。但孟子没有做出明确的论证。《周易大传》提出"裁成辅相"之说,《象传》云:"天地交,泰。后以裁成天地之道,辅相天地之宜,以左右民。"《系辞》云:"范围天地之化而不过,曲成万物而不遗。"《文言》提出"与天地合德"的思想:"夫'大人'者,与天地合其德,与日月合其明,与四时合其序,与鬼神合其吉凶。先天而天弗违,后天而奉天时。"这里所谓先天指为天之前导,后天即从天而动。与天地合德即与自然界相互适应,相互调谐。

汉代董仲舒讲天人合一,宣扬"天副人数",陷于牵强附会。宋代张载明确提出"天人合一"的四字成语,在所著《西铭》中以形象语言宣示天人合一的原则。《西铭》云:"乾称父,坤称母,予兹藐焉,乃混然中处。故天地之塞,吾其体;天地之帅,吾其性。民吾同胞,物吾与也。"所谓天地之塞指气,所谓天地之帅指气之本性,就是说:"天地犹如父母,人与万物都是天地所生,人与万物都是气构成的,气的本性也就是人与万物的本性,人民都是我的兄弟,万物都是我的朋友。这充分肯定了人与自然界的统一。但张载也承认天与人的区别,他在《易说》中讲:"鼓万物而不与圣人同忧者,此直谓天也,天则无心……圣人所以有忧者,圣人之仁也。不可以忧言者天也。"天是没有思虑的,圣人则不能无忧,这是天人之别。所谓天人合一是指人与自然界既有区别,而又有统一的关系,人是自然界所产生的,是自然界的一部分,人可以认识自然并加以改变调整,但不应破坏自然。这"天人合一"的观念与西方所谓"克服自然"、"战胜自然"有很大区别。在历史上,中西不同的观点各有短长,西方近代的科学技术取得了改造自然的辉煌成绩,但也破坏了自然界的生态平衡。时至今日,重新认识人与自然的统一,确实是必要的了。

二　以人为本

以人为本是相对于宗教家以神为本而言的,可以称为人本思想。孔子虽然承认天命,却又怀疑鬼神。他说:"务民之义,敬鬼神而远之,可谓知矣。"(《论语·雍也》)认为人生最重要的是提高道德觉悟,而不必求助于鬼神。孔子更认为应重视生的问题,而不必考虑死后的问题。《论语》记载:"季路问事鬼神,子曰:'未能事人,焉能事鬼?'曰:'敢问死!'曰:'未知生,焉知死?'"(《先进》)孔子更不赞成祈祷,《论语》载:"子疾病,子路请祷。子曰:'有诸?'子路对曰:有之,诔曰:'祷尔于上下神祇。'子曰:'丘之祷久矣。'"(《述而》)孔子对于鬼神采取存疑的态度,既不否定,亦不肯定,但认为应该努力解决现实生活中的问题,而不必向鬼神祈祷。孔子这种思想观点可以说是非常深刻的。

这种以人为本的思想,后汉思想家仲长统讲得最为鲜明。仲长统说:"所贵乎用天之道者,则指星辰以授民事,顺四时而兴功业,其大略也,吉凶之祥,又何取焉? ……所取于天道者,谓四时之宜也;所壹于人事者,谓治乱之实也。……从此言之,人事为本,天道为末,不其然与?"(《全后汉文》卷八十九)这里提出"人事为本",可以说是儒家"人本"思想最明确的表述。所谓以人为本,不是说人是宇宙之本,而是说人是社会生活之本。

佛教东来,宣传灵魂不灭、三世轮回的观念,一般群众颇受其影响,但是儒家学者起而予以反驳。南北朝时何承天著《达性论》,宣扬人本观念。何承天说:"人非天地不生,天地非人不灵……安得与夫飞沈蠕蠕,并为众生哉? ……至于生必有死,形毙神散,犹春荣秋落,四时代换,奚有于更受形哉!"这完全否定了灵魂不灭、三世轮回的迷信。范缜著《神灭论》,提出形为质而神为用的学说,更彻底批驳了神不灭论。

宋明理学中,不论是气本论,或理本论,或心本论,都不承认灵魂不灭,不承认鬼神存在,而都高度肯定精神生活的价值。气本论以天地之间"气"的统一性来论证道德的根据,理本论断言道德原于宇宙本原之"理",心本论则认为道德伦理出于"本心"的要求。这些道德起源论未必正确,但是都摆脱了宗教信仰。受儒家影响的中国知识分子,宗教意识都比较淡薄,在中国文化中,有一个以道德教育代替宗教的传统。虽然道德也是有时代性的,但是这一道德传统仍有其积极的意义。

三　刚健自强

先秦儒家曾提出"刚健"、"自强"的人生准则。孔子重视"刚"的品德,他说:"刚毅木讷近仁。"(《论语·子路》)刚毅即是具有坚定性。孔子弟子曾子说:"可以托六尺之孤,可以寄百里之命,临大节而不可夺也。君子人与? 君子人也。"(《论语·泰伯》)临大节而不可夺,即是刚毅的表现。《周易大传》提出"刚健"、"自强不息"的生活准则。《大有·象传》云:"大有,柔得尊位大中,而上下应之,曰大有。其德刚健而文明,应乎天而时行,是以元亨。"《乾·文言传》云:"大哉乾乎! 刚健中正,纯粹精也。"《乾·象传》云:"天行健,君子以自强不息。"乾指天而言,天行即日月星辰的运行。日月星辰运行不已,从不间断,称之曰健,亦曰刚健。人应效法天之运行不已,而自强不息。自强即是努力向上、积极进取。《系辞下传》又论健云:"夫乾,天下之至健也,德行恒易以知险。"这是说,天下之至健在于能知险而克服之以达到恒易(险指艰险,易指平易)。所谓自强,含有克服艰险而不断前进之意。儒家重视"不息",《中庸》云:"故至诚无息。不息则久,久则征;征则悠远,悠远则博厚,博厚则高明。……《诗》云:'维天之命,於穆不已。'盖曰天之所以为天也。'於乎不显,文王之德之纯!'盖曰文王之所以为文也,纯亦不已。"儒家强调不懈的努力,这是有积极意义的。

在古代哲学中,与刚健自强有密切联系的是关于独立意志、独立人格和为坚持原则可以牺牲个人生命的思想。孔子肯定人人都有独立的意志,他说:"三军可夺帅也,匹夫不可夺志也。"(《论语·子罕》)又赞扬伯夷叔齐"不降其志,不辱其身"(《论语·微子》),即赞扬坚持独立的人格。孔子更认为,为了实行仁德可以牺牲个人的生命,他说:"志士仁人,无求生以害仁,有杀身以成仁。"(《论语·卫灵公》)孟子进而提出:"生亦我所欲也,义亦我所欲也,二者不可得兼,舍生而取义者也。生亦我所欲,所欲有甚于生者,故不为苟得也;死亦我所恶,所恶有甚于死者,故患有所不辟也。"(《孟子·告子上》)这里所谓"所欲有甚于生者"即义,其中包括人格的尊严。他举例说:"一箪食、一豆羹,得之则生,弗得则死。呼尔而与之,行道之人弗受;蹴尔而与之,乞人不屑也。"不受嗟来之食,即为了保持人格的尊严。坚持自己的人格尊严,这是则健自强的最基本的要求。

先秦时代,儒道两家曾有关于刚柔的论争。与儒家重刚相反,老子"贵柔"。老子提出"柔弱胜刚强"(《老子》三十六章),认为"天下之至柔,驰骋天下之至坚"(《老子》四十三章)。他以水为喻来证明柔能胜强:"天下柔弱莫过于水,而攻坚强,莫之能先,其无以易之。故弱胜强,柔胜刚,天下莫能知,莫能行。"(《老子》七十八章)老子贵柔,意在以柔克刚,柔只是一种手段,胜刚才是目的,贵柔乃是求胜之道。孔子重刚,老子贵柔,其实是相反相成的。

在中国古代哲学中,儒家宣扬"刚健自强",道家则崇尚"以柔克刚",这构成中国文化思想的两个方面。儒家学说的影响还是大于道家的,在文化思想中长期占有主导的地位。刚健自强的思想可以说是中国文化思想的主旋律。《周易大传》"天行健,君子以自强不息"的名言,在历史上,对于知识分子和广大人民,确实起了激励鼓舞的积极作用。

四　以和为贵

中国古代以"和"为最高的价值。孔子弟子有若说:"礼之用,

和为贵。先王之道斯为美,小大由之。"(《论语·学而》)孔子亦说:
"君子和而不同,小人同而不和。"(《论语·子路》)区别了"和"与
"同"。按:和同之辨始见于西周末年周太史史伯的言论中。《国
语》记述史伯之言说:"夫和实生物,同则不继。以他平他谓之和,
故能丰长而物归之。若以同裨同,尽乃弃矣。"(《郑语》)这里解释
和的意义最为明确。不同的事物相互为"他","以他平他"即聚集
不同的事物而达到平衡,这叫做"和",这样才能产生新事物。如果
以相同的事物相加,这是"同",是不能产生新事物的。春秋时齐晏
子也强调"和"与"同"的区别,他以君臣关系为例说:"君所谓可而
有否焉,臣献其否,以成其可。君所谓否而有可焉,臣献其可,以去
其否。"这称为"和"。如果"君所谓可",臣亦曰可;"君所谓否",臣
亦曰否,那就是"同",而不是"和"了。晏子说:"若以水济水,谁能
食之? 若琴瑟之专一,谁能听之? 同之不可也如是。"(《左传·昭公
二十年》)这是说,必须能容纳不同的意见,兼容不同的观点,才能
使原来的思想"成其可"、"去其否",达到正确的结论。孔子所谓
"和而不同"也就是能保留自己的意见而不人云亦云。"和"的观
念,肯定多样性的统一,主张容纳不同的意见,对于文化的发展确
有积极的促进作用。

老子亦讲"和",《老子》四十二章:"万物负阴而抱阳,冲气以为
和。"又五十五章:"知和曰常,知常曰明。"这都肯定了"和"的重要。
但是老子冲淡了"和"与"同"的区别,既重视"和",也肯定"同"。五
十六章:"塞其兑,闭其门,挫其锐,解其忿,和其光,同其尘,是谓玄
同。"这"和光同尘"之教把西周以来的和同之辨消除了。

墨子反对儒家,不承认和同之辨,而提出"尚同"之说。墨家有
许多进步思想,但是尚同之说却是比和同之辨后退一步了。

儒家仍然宣扬和的观念,《周易大传》提出"大和"观念,《乾·象
传》说:"乾道变化,各正性命,保合大和,乃利贞。"这里所谓大和指

自然界万物并存共育的景况。儒家认为,包含人类在内的自然界基本上是和谐的。《中庸》云:"万物并育而不相害,道并行而不相悖。"这正是儒家所构想的"大和"景象。

孟子提出"人和",他说:"天时不如地利,地利不如人和。三里之城,七里之郭,环而攻之而不胜。夫环而攻之,必有得天时者矣;然而不胜者,是天时不如地利也。城非不高也,池非不深也,兵革非不坚利也,米粟非不多也,委而去之,是地利不如人和也。故曰:域民不以封疆之界,固国不以山溪之险,威天下不以兵革之利。得道者多助,失道者寡助。寡助之至,亲戚畔之;多助之至,天下顺之。"(《孟子·公孙丑下》)这里所谓人和是指人民的团结,人民的团结是胜利的决定性条件。"得道多助,失道寡助",这是今天仍然必须承认的真理。

儒家以和为贵的思想在历史上曾经起了促进民族团结、加强民族凝聚力,促进民族融合、加强民族文化同化力的积极作用。在历史上,得民心者得天下,失民心者失天下,已成为长期起作用的客观规律。在历史上,汉族本是由许多民族融合而成的;在近代,汉族又和五十几个少数民族融合而成中华民族。中华民族内部密切团结而成为一个统一的整体。中华民族是多元的统一体,中国文化也是多元的统一体。多元的统一,正是中国古代哲学家所谓"和"的体现。所谓"和",不是不承认矛盾对立,而是认为应该解决矛盾而达到更高的统一。

以上所谓"天人合一"、"以人为本"、"刚健自强"、"以和为贵",都是用的旧有名词。如果采用新的术语,"天人合一"应云"人与自然的统一",或者如恩格斯所说"人与自然的一致"(《自然辩证法》,人民出版社1971年版第159页)、"自然界与精神的统一"(同上第200页)。"以人为本",应云人本主义无神论。"刚健自强",应云发扬主体能动性。"以和为贵",即肯定多样性的统一。这些都是中国古代哲学中的精湛思想,亦即中国文化基本精神之所在。

以上,我们肯定"天人合一"、"以人为本"、"刚健自强"、"以和为贵"等思想观念在历史上曾经起了促进文化发展的积极作用。但是,历史的实际情况是非常复杂的,许多思想观念的含义也不是单纯的。正确的观念与荒谬的观念、进步的现象与反动的落后的现象,往往纠缠在一起。所谓天人合一,在历史上不同的思想家用来表示不同的含义。例如董仲舒所谓天人合一主要是指"人副天数"、"天人感应",那完全是穿凿附会之谈。程颐强调"天道人道只是一道",认为仁义礼智即是天道的基本内容,也是主观的偏见。在董仲舒以前,有一种天象人事相应的神学思想。认为天上星辰与人间官职是相互应合的,所以《史记》的天文卷称为"天官书",但这不是后来哲学家所谓的"天人合一"。如果将上古时代天象与人事相应的神学思想称为天人合一,那就把问题搞乱了。这是应该分别清楚的。儒家肯定"人事为本",表现了无神论的倾向,但是这并不意味着宗教迷信在中国社会并无较大的影响。事实上,中国旧社会中,多数人民是信仰佛教、道教以及原始的多神教的。但是这种情况也不降低儒家人本思想的价值。"以和为贵"是儒家所宣扬的,但是阶级斗争、集团之间的斗争、个人与个人的斗争也往往是很激烈的。我们肯定"和"和观念的价值,并不是宣扬调和论。

中国文化具有优秀传统。同时也具有陈陋传统。简单说来,中国文化的缺陷主要表现于四点:(1)等级观念;(2)浑沦思维;(3)近效取向;(4)家族本位。从殷周以来,区分上下贵贱的等级,是传统文化的一个最严重的痼疾,辛亥革命推翻了君主专制,但等级观念至今仍有待于彻底消除。中国哲学长于辩证思维,却不善于分析思维。事实上,科学的发展是离不开分析思维的。如何在发扬辩证思维的同时学会西方实验科学的分析方法,是一个严肃的课题。中国学术向来注重人伦日用,注重切近的效益,没有"为真理而求真理"的态度,表现为一种实用主义倾向,这也是中国没有产生自己近代实验科学的原因之一。中国近代以前的社会可以说是以家族为本位。西方近代社会可以说是"自我中心、个人本位",而中国近代以前则不重视个人的权益,这是一个严重的缺陷。五四运动以来,传统的家族本位已经打破了。在社会主义时代,应该是社会本位、兼顾个人权益。

我们现在的历史任务是创建社会主义的新文化,正确认识中国传统文化的长短得失,是完全必要的。

傅永聚、韩钟文同志主编的《20世纪儒学研究大系》,循百年思想学术发展的脉络,以现代学术分类的原则,择选有学术价值、文献价值的代表文章,以"大系"的形式编纂而成,共有21卷,每卷附有专题研究的"导言"一篇。这部《20世纪儒学研究大系》是由曲阜师范大学、孔子研究院、山东大学、复旦大学等单位的中青年学者合力编纂而成,说明了儒学研究事业后继有人。《大系》被列入国家社会科学基金规划项目,又由中华书局出版,这是在弘扬和培育中华民族精神方面做出了一件非常有意义的事情,我感到十分欣慰。编者征求我的意见,于是略陈关于中国文化的基本精神和儒家文化传统的一些感想,以之为序。

张岱年

前　言

傅永聚　韩钟文

儒学犹如一条源远流长的大河,导源于洙泗,经过二千五百多年生生不息的奔腾,从曲阜、邹城一带流向中原,形成波澜壮阔的江河,涉及整个中国,辐射东亚,流向全球,泽惠万方。儒学曾经是中华文化的主流,东亚文明的精神内核。但是进入 20 世纪后的儒学,遭遇到空前严峻的挑战,也面临着再生与复兴的历史机遇。一百多年来,儒学几经曲折,备受挫折,又有贞下起元、一阳来复之象,至 20、21 世纪之交成为参与"文明对话"的重要角色。

牟宗三先生说:"察业识莫若佛,观事变莫若道,而知性尽性,开价值之源,树价值之主体,莫若儒。"(《生命的学问》)儒、道、释及西方的哲学、耶教等都指示人的生命意义的方向,但就中国人特别是中国古代知识分子而言,儒学是安身立命之道。孔子、儒家追求的"内圣外王之道",一直是中国人的人格修养与经世事业的价值理想。"士不可以不弘毅,任重而道远。仁以为己任,不亦重乎?死而后已,不亦远乎?"(《论语·泰伯》)从孔子、曾子、子思、孟子至康有为、梁启超、梁漱溟、熊十力、牟宗三,中国的儒学代表人物就是怀抱志仁弘道的精神去实践自己的生命价值,开拓教化天下的事业与创建文化中国的理想的。中华文化历尽艰难,几经跌宕,却如黄河、长江一样流淌不息,且代有高潮,蔚成奇观,与孔子及其所创建的儒家学派所做的贡献是分不开的。

儒学一直对中华文化各个层面产生着巨大而又深远的影响。儒学统摄宗教、哲学、伦理、政治、教育、艺术等人文社会科学的学术品格及关怀现世人生的精神,使它成为一套全面安排人间秩序的思想体系,从一个人的生存方式,到家、国、天下的构成,都在儒学关怀与实践的范围之内。经过二千多年的传播、积淀,儒学一直影响着中华民族的民族性格、心理结构的形成。然而,进入20世纪,又出现类似唐宋之际"儒门淡泊,收拾不住"的危机,陷入困境之中。唐君毅以"花果飘零"、余英时以"游魂"形容儒学危机之严峻,张灏则称这是现代中国之"意义危机"、"思想危机"。

从19世纪中后期开始,中国社会、文化进入从传统农业社会向现代工业社会、从传统文化向现代文化转型的时代。1905年废除科举制度,1911年辛亥革命推翻了帝制,"五四"新文化运动的兴起,西方各种思潮、主义潮水般地涌入,风起云涌的政治革命、文化革命、社会转型、文化转型,导致了传统士阶层的解体与分化,新型知识分子的诞生与在文化思想领域倡导"新思潮"、"新学说",激进的反传统思潮的勃兴,现代化进程的启动和在动荡不安中急遽推进,使20世纪中国处于"三千年未有之大变局"的境遇之中,儒学的危机也由此而生。

一个世纪以来,儒学的命运与中国现代化的历史进程相消长,也与学术界、思想界及政治界对儒学与现代化的关系、儒学与西方文化的关系、儒学与全球的"文明对话"的关系所形成的认识有关。从19世纪末至21世纪初,一百多年来,中国的学术界、思想界与政治界围绕着孔子、儒家及儒学的命运、前景问题展开了广泛的、持久的争鸣,而这类争鸣又直接或间接地同传统文化与现代化、中学与西学、新学与旧学、科学主义与人文主义、全球化与中国化、文明冲突与文明对话、西方智慧与东方智慧等等论题交织在一起,使有关儒学的思想争鸣远远超出中国儒学史的范围,而成为20世纪中国思想史、学术史的有机组成部分。

百年儒学的历史大致沿着两个方向演进:一、儒学精神的新开展,使儒学于危机中、困境中得以延续、再生或创造性转化;二、儒家学术思想的研究,包括批判性研究、诠释性研究、创造性研究在内。由于20世纪中国是以"革命"为主潮的世纪,学术研究与政治革命的关系特别密切,故批判性研究常常烙上激进的政治革命的烙印,超出学术研究的范围,并形成批判儒学、否定儒学的思潮,酿成批判论者、诠释论者与复兴论者的百年大论争,并一直延续到21世纪。

回顾百年儒学精神新开展与儒学研究的历程,有一奇特现象值得重视。活跃于20世纪中国思想界、学术界、政治界、教育界的精英或代表人物,都不同程度地介入或参与了有关孔子、儒家思想的争鸣。如:早期马克思主义者陈独秀、李大钊、瞿秋白、李达、郭沫若、范文澜、侯外庐等,三民主义者蔡元培、陶希圣、戴季陶等,自由主义的代表人物严复、胡适、殷海光、林毓生等,无政府主义者吴稚晖、朱谦之等,现代新儒学的代表人物梁漱溟、熊十力、唐君毅、牟宗三、徐复观等,学衡派的代表人物梅光迪、吴宓、陈寅恪、汤用彤等,东方文化派的杜亚泉、钱智修等,新士林学派的罗光等,以及张申府、张岱年等,都参与了有关儒学的争鸣,并在争鸣中形成思想的分野,蔚成中国近代思想文化史上最壮观的一幕。

20世纪中国思想史的复杂性、丰富性远远超出了唐宋之际和明清之际,其思想争鸣具有现代性或现代精神的特色。美国学者列文森在《儒教中国及其现代命运》中以"博物馆化"象征儒学生命的终结,有些中国学者也说儒学已到"寿终正寝的时节"。但从百年儒学的精神开展与儒学研究的种种迹象看,儒学的生命仍然如古老的大树一样延续着。儒学曾经创造性地回应了印度佛教文化的挑战,儒学也正在忧患之中奋然挺立,回应西方文化的挑战。这是儒学传统现代创造性转换的契机。人们在展望"儒学第三期"或"儒学第四期"的来临。百年儒学的经历虽曲折艰难,时兴时衰,但仍是薪火相传,慧命接续,间有高潮,巨星璀璨,跨出本土,落根东亚,走向世界,成为一种国际性的思潮,在全球性的"文明对话"中扮演着重要角色,为人类重建文明秩序提供了可资汲取的智慧。儒学并没有"博物馆化",儒学的新生命正在开始。因此,对百年儒学作系统的全面的反思与总结,是一项具有历史意义与现实意义的学术课题。

纵观百年儒学的历程,大致经历了五个阶段,在这五个阶段中,儒学的命运、所遭遇的景况不尽相同,分述如下:

19 世纪末至 1911 年辛亥革命为第一阶段　洋务运动、戊戌变法导致儒家经世思想的重新崛起,晚清今文经学的复兴,特别是康有为《新学伪经考》、《孔子改制考》的出版,托古改制,以复古为解放,既开导儒学的新方向,又开启"西潮"的闸门,如思想"飓风",如"火山火喷"。章太炎标举古文经学的旗帜,与以康有为为代表的今文经学派展开经学论争,而这场思想学术争鸣又与政治上的革命与改良、反清与保皇、君主立宪与民主共和等论争交错在一起,显得格外严峻与深沉。诸子学的复兴,西学输入高潮的到来,政治革命的风暴席卷神州,社会解体与重建进程加速发展,传统士阶层的分化与新型知识分子的诞生,预示后经学时代的降临。思想界、学术界先觉之士以"诸子学"、"西学"为参照系,批判儒学或重新诠释儒学,传统儒学向现代儒学转型已初见端倪。

以辛亥革命至 1928 年南京政府成立为第二阶段　康有为、陈焕章等仿效董仲舒的"崇儒更化"运动创建孔教会,"五四"新文化运动兴起,吴虞、胡适等提倡"打孔家店",《新青年》派陈独秀、胡适与文化保守主义者梁启超、梁漱溟、杜亚泉等,学衡派梅光迪、吴宓等展开思想文化争鸣,以张君劢、梁启超等为代表的人文主义与以丁文江、胡适、王星拱等为代表的科学主义的论辩,马克思主义者李大钊、瞿秋白等也积极参与思想争鸣,各大思潮的冲突与互动,不论是批判儒学,还是重释儒学及复兴儒学,都有一个共同的特点,就是将儒学的研究纳入现代思想学术的领域之中,使思想争鸣具有了现代性,从而导致儒学向现代思想学术转型。20世纪中国人文社会科学的学科建制、研究方法深受"西学"的影响,有关孔子、儒学的论争已不同于经学时代,且与国际上各种思潮的论争息息相通。以现代西方哲学、科学、政治等学科的范畴、概念、方法去解读、分析、批判或重新诠释儒学,成为一时的学术风气,并出现了"援西学入儒学"的现象。有些思想家、哲学家试图摄纳西学、诸子学及佛学中有价值的东西重建儒学,如梁启超的《儒家哲学》及《欧游心影录》,梁漱溟的《东西文化及其哲学》,冯友兰的《人生哲学》,已透露出现代新儒学即将崛起的消息。

1928年至1949年中华人民共和国建立为第三阶段　30年代后,中国思想界、学术界出现"后五四建设性心态"。吸取西学的思想、方法,以反哺儒学传统,创造性地重建传统儒学,如张君劢、冯友兰、贺麟等;或者回归儒学传统,谋求儒学的重建,如熊十力、钱穆、马一浮等;即使是"五四"时期反传统的学者,在胡适提倡"研究问题,输入学理,整理国故,再造文明"之后,也将儒学作为"国故"的重要组成部分,作为学术史、思想史、文化史的思想资料加以系统的研究。胡适的《说儒》就是一篇以科学方法研究孔子、儒学的示范之作。"后五四建设性心态"的形成,对中国现代学术的建构起了积极的作用。一大批专家、学者参照西方人文社会科学学科建制的原则与方法,分哲学、宗教学、政治学、经济学、伦理学、社会学、法学、史学、美学、文学艺术、教育学、心理学等等,对儒学进行系统的研究,还对不同学科的发展史作深入的探讨。如中国哲学史、中国教育思想史、中国政治思想史、中国学术史、中国伦理学史、中国文化史、中国通史等等,儒学研究也纳入分门别类的学科及学科发展史的研究之中。钱穆在《现代中国学术论衡》中说:"民国以来,中国学术界分门别类,务为专家,与中国传统通人通儒之学大相违异。"将数千年经学、儒学作为学术思想的资源或资料,分门别类地纳入学科专题研究之中,虽然使儒家"内圣外王之道"的"道"变为"学术",由"专门之学"代替"通儒之学",但恰恰是这种转变,才促使了儒学由传统形态向现代形态转型。这一阶段是中国社会动荡不安的年代,令人惊异的是,在动荡的岁月中出现了一个学术繁荣期,学术研究的深度与广度并不亚于乾嘉时代,儒学研究也是如此。"专门之学"代替"通儒之学"乃大势所趋,是现代学术的进步。

　　抗日战争的爆发、救亡运动的高涨,把民族文化复兴运动推向高潮,为儒学精神的新开展或创造性重建提供了历史机缘。儒学在民族文化复兴的大潮中获得再生并走向现代。1937年沈有鼎在《中国哲学今后的开展》,1941年贺麟在《儒家思想之开展》,1948年牟宗三在《鹅湖书院缘起》中,都强调中国进入一个"民族复兴的时代"。民族复兴应该由民族文化复兴为先导,儒家文化是中华文化的主流,儒家文化的命运与民族文化的命运血脉相连、息息相关。他们认为,如果中华民族不能以儒家思想或民族精神为主体去儒化或汉化西洋文化,则中国将失掉文化上的自主权,而陷于文化上的殖民地。他们期望"儒学第三期"的出现,上接宋明儒学的血脉,对儒学作创造性的诠释,或者会通儒学与西学,使古典儒学向现代思想学术形态转换。以熊十力、贺麟、牟宗三等为代表的新心学,以冯友兰、金岳霖等为代表的新理学,是儒学获得现代性并走向成熟的重要标志。此外,王新命、何炳松等十教授发表

《中国本位的文化建设宣言》(1935 年 1 月 10 日)，新启蒙运动倡导者张申府、张岱年等提出"打倒孔家店，救出孔夫子"的口号及综合创造论，都体现了"后五四建设性心态"，都有利于儒学的学术研究之开展。

1949 年至 1976 年"文革"结束为第四阶段　余英时在《现代儒学论》序言中指出：20 世纪中国以 1949 年为分水岭，在前半个世纪与后半个世纪，中国的文化传统特别是儒家命运截然不同。1949 年以前，无论是反对或同情儒家的知识分子大部分曾是儒家文化的参与者，他们的生活经验中渗透了儒家价值。即使是激进的反传统者，他们并没有权力可以禁止不同的或相反的观点，故批判儒学或复兴儒学之争可以并存甚至互相影响。1949 年以后，儒家的中心价值在中国人的生活方式中已退居边缘，知识分子无论对儒学抱着肯定或否定的态度，已失去作为参与者的机会了，儒学和制度之间的联系中断，成为陷于困境的"游魂"。

　　就实际状况而言，这一阶段的儒学研究或者儒家思想之开展，比余英时分析的还要复杂。其中值得注意的是分化现象：大陆出现批判儒学的新趋向，50 年代至 60 年代中期，以批判性研究为主，除梁漱溟、熊十力、陈寅恪等少数学人外，像冯友兰、贺麟、金岳霖等新理学与新心学的代表人物，都在思想改造、脱胎换骨之后批判自己的学说，即使写研究孔子、儒学的文章，也离不开批判的框框。当时思想界、学术界的儒学研究，多以"苏联哲学"为范式，进行"唯心"或"唯物"二分式排列，批判与解构儒学成为当时的风潮。70 年代中期出现群众性的批孔批儒运动，真正的学术研究根本无法进行。儒学已经边缘化了。在港台地区和海外华人社群中，儒学却得到不同程度的认同，移居港台、海外的学者，如张君劢、钱穆、陈荣捷、唐君毅、牟宗三、徐复观、方东美等，继续以弘扬儒家人文精神为己任，立足于学术界、教育界，开拓儒学精神的新方向，成就了不少持之有据、言之成理的"一家之言"。

70 年代后期至 21 世纪初为第五阶段　中国大陆的改革开放,思想解放运动,传统文化与现代化的论争,"文化热"的出现,以及日本、韩国、新加坡等国与香港、台湾地区经济腾飞所产生的影响,东亚现代化模式的兴起,全球化进程中形成的文化多元格局,文明对话,全球伦理,生态平衡,以及"文化中国"等等课题的讨论,使人们对孔子、儒学的研究逐渐复苏,重评孔子、儒学的论文、论著陆续出版,有关孔子、儒学、中国文化的学术会议频繁举行,中国孔子基金会、国际儒学联合会、中华孔子学会、中国文化书院、孔子研究院等学术团体和研究机构的建立,历代儒家著作及其注解、白话文翻译、解读本的大量出版,有关儒家的人物评传、思想研究、专题研究以及儒学与道、释、西方哲学及宗教的比较研究,成为学术界关注的课题。还有分门别类的人文社会科学及自然科学,也将儒学纳入其中作专门研究,如儒家哲学思想、儒家伦理思想、儒家美学思想、儒家史学思想、儒家政治思想、儒家教育思想、儒家宗教思想、儒家科学思想、儒家管理思想等等。专门史的研究也涉及儒学,如中国哲学史、中国经济思想史、中国教育思想史、中国伦理思想史等等,一旦抽掉孔子、儒家与儒学,就会显得十分单薄。此外,原来处于边缘化的港台、海外新儒家,乘改革开放的机遇,或者进入大陆进行学术交流,或者将其思想、学说传入大陆。至 90 年代,出现当代新儒家、自由主义与马克思主义重新论辩、对话与互动的格局,有关"儒学第三期"、"儒学第四期"的展望,儒学在国际思想界再度引起重视,说明儒学的确在展示着其"一阳来复"的态势。

纵观百年儒学的历程,不论在哪一个阶段,不论是儒家思想之新开展,或者是有关儒学的学术研究,都积有丰富的思想资源或文献资料,已经到了对百年儒学进行系统研究、全面总结的时候了。站在世纪之交的高度,我们组织编纂《20 世纪儒学研究大系》,就是为了完成这一学术使命。

　　《20 世纪儒学研究大系》是孔子研究院成立后确定的一项浩大的学术工程,现已列入 2002 年国家社会科学基金项目。《大系》的编纂与出版,实为孔子、儒学研究的一大盛事,必将对 21 世纪的儒学研究产生积极而又深远的影响。

编选原则及体例

《20 世纪儒学研究大系》是一部大型的相对成套的专题分卷的儒学研究丛书,力求通过选编 20 世纪学术界研究儒学的代表性论文、论著,全面反映一百年来专家、学者研究儒学的学术成果及水平,为进一步研究儒学提供一部比较系统的学术文献。

一、将 20 世纪海内外专家、学者研究儒学的代表性论文、论著按研究专题汇集成册,共分 21 卷。所选以名家、名篇及具有代表性的观点为原则,不在多而在精,力求反映 20 世纪儒学研究的全貌。

二、所选以学术性讨论材料、思想流派性材料为主,兼收一些具有代表性并产生过重大影响的批判性文章。

三、每一卷包括导言、正文、论著目录索引三个主干部分。

四、每卷之始,撰写导言,综论 20 世纪该专题研究的大势及得失,阐发本专题研究的学术价值和意义,为阅读利用本卷提示门径。

五、一般作者原则上只入选一篇具有代表性的成果,重要代表人物可选 2—3 篇。

六、所收文章均加简要按语,介绍作者学术生平及本文内容。合作创作的论著,只介绍第一作者。

七、每卷所收文章,原则上按公开发表或正式出版的时间先后为序。

八、所收文章,尽量使用最初发表的版本,并详细注释文章出处、发表或写作时间。

九、入选文章、论著篇幅过长者,适当予以删节,并予以注明。

十、为统一体例,入选文章一律改用标准简化字,一律使用新式标点。

十一、所选文章的注释一律改为文中注和页末注,以保持丛书的整体风格。材料出处为文中注(楷体),解释性文字为页末注。

十二、每卷后均列论著目录索引,将未能入选但又有学术价值与参考价值的论著列出。论文和著作分门别类,并按公开发表和正式出版的时间先后为序。

目　　录

20世纪儒学研究大系

导　言

苗润田

　　儒学是孔子创立的以内圣外王、修己治人(经世致用)为宗旨的思想理论体系。儒家之学与时俱进,绵延发展二千多年,经历了先秦儒学、两汉经学、宋明理学、明清实学、现代新儒学等不同的思想形态。在这一漫长的历史进程中,儒学的内容、结构、功能和特点也在不断变化,可以说,不同时代有不同时代的儒学,各个时代的儒学之间,既有其作为"儒学"的共同性、一致性,又有各自的理论重心、理论特色和致思倾向,从而形成了各具时代特色的儒家之学,给不同时代的社会需要以理论满足,并对社会生活和社会发展产生深刻的影响。

　　实学是中国儒学发展过程中形成的一种学术思潮和理论形态,曾经对中国古代文明的发展产生过积极影响。进入近代社会,实学成为中国古代文化向现代文化转轨的中介和桥梁,对于中国文化的近代化起了重要促进作用。明中叶以后,中国的实学远播朝鲜、日本和越南等东南亚国家,因此实学也是一门在东亚各国具有广泛影响的国际性学问。古代实学家所倡导的"实事求是"、"崇实黜虚"、"经世致用"、"兴利除弊",对于现时代的文化建设和民族精神的塑造,仍具有重要的借鉴意义。深入研究中国实学思想,是人文社会科学工作者的重要任务之一。

一、实学与实学研究

"实学"一词,最早见于东汉王充的《论衡·非韩》:"以儒名而俗行,以实学而伪说。"这里的"实学"指的是实际、有用的学问。王充认为,韩非批评的儒者,是指那些名义上是儒,行动上却和俗人一样的人;他们打着真才实学的幌子,提出的却是错误、有害的主张。北宋以后,儒家学者为反对佛、老的"空寂"、"虚无"之学而广泛使用"实学"概念。程颐说:"治经,实学也。……如国家有九经,及历代圣人之迹,莫非实学也。"(《程氏遗书》卷一)南宋的朱熹以"理"为实学,认为《中庸》一书"始言一理,中散为万理,末复合为一理……皆实学也"(《中庸章句》)。陆九渊以孟子之学为"实学",以践履之学为"实学",广泛使用"实学"的概念。至明清时期,一些儒家学者高扬儒家的"经世致用"思想,提倡"实体"、"实践"、"实行"、"实功"、"实心"、"实念"、"实言"、"实才"、"实政"、"实事"、"实风"之实学,批判宋儒,并认定程朱理学为"虚",从而形成了一股强劲的实学思潮,使"实学"成为中国学术史、中国思想史上的重要范畴。

"实学"的涵义很多,在不同时代、不同学者、不同语境下,具有不同的意义。宋明理学家认为实学即儒学,是儒家的经世致用之学。在他们看来,儒家讲"修己以安百姓",追求"内圣外王"、"经世致用",是实实在在的学问,不同于佛、老的空无玄虚之学。明清学者则认为,宋儒专注于道德性命、修身养性,不务实际,抛弃了儒家学以致用的优良传统;特别是明末的阳明后学,束书游谈,几近狂禅,学问与社会实际严重脱节。于是便以"实习、实讲、实行、实用"之实学校之,形成了影响广泛、深远的实学思潮。

实学研究者关于"实学"的含义,众说纷纭,莫衷一是。有学者认为,实学是导源于儒家利用厚生与经世致用的、讲究实事求是的学问;或指以实际为研究对象的学问,其中既包括对自然界的研究也包括对社会生活的研究。但也有学者指出,实学既然是儒学发展的特殊理论形态,实学就是以人文为研究对象,自然科学要让位给自然科学史去研究,有的让给医学史,有的让给法制史,有的让给文学史。有学者认为,实学是北宋以降的实体达用之学,既包括元气实体论和道德实践之学,也包括经世实学和实测之学;其基本特点是"崇实黜虚",处处突出一个"实"字。有学者认为实学有广义与狭义之分,广义实学概念,泛指自先秦以来一切追求实际并重在应用(包括科学技术)的学问,狭义实学则是中国传统儒学发展演变的特殊文化形态,特指北宋至清末以坚持发扬儒家"经世致用"传统,以反对佛道"空""无",反对空疏玄理无用为己任而逐渐形成的文化思潮。也有学者认为,广义实学是指构成中国传统文化思想主体的儒学;若就"狭义"言,则应当是指明确提出和具体使用了"实学"这一概念。还有学者认为,实学即经世致用之学,为了同心学清谈相对立,晚明和清初倡导经世致用的人们往往使用实学这一更为鲜明的概念。如此等等。

　　所谓实学研究,原则上可以说是以"实学"为研究对象的学问。但是,由于人们对实学概念的理解有异,因此对"实学研究"的理解也不尽相同。基于人们对实学的不同理解,我们既可以把"实学研究"理解为对于那种讲究实事求是、以实际为研究对象之学问的研究,也可以把"实学研究"界定为研究自先秦以来一切追求实际并重在应用(包括科学技术)的学问;或以北宋至清末以坚持发扬儒家"经世致用"传统,既反对佛道"空""无",又反对空疏玄理无用为己任而逐渐形成的文化思潮为研究对象的学问。还可以把"实学研究"理解为凡是研究儒学的就是实学研究(广义),或是指对于那种明确提出和具体使用了"实学"这一概念的思想、学说的研究(狭义)。还有人认为凡研究北宋以降之实体达用之学的便是"实学研究";或专指对于经世致用之学的研究。如此等等。显而易见,对于什么是"实学研究"这一问题本身,也还是一个值得深入研究的问题。

那么,究竟什么是"实学研究"呢? 这里不想就这一问题展开讨论。大体上说,实学研究是以实学问题为中心、围绕着实学问题而展开的理论反思。什么是实学? 实学概念的内涵和外延是什么? 实学的主流和核心是什么? 实学的内容和特征是什么? 实学是如何发生和发展的? 实学与儒学、佛学、道学(理学)的关系,实学与虚学、实学与早期启蒙思潮的关系怎样? 实学的历史地位、历史作用、历史价值、理论价值和现代意义怎样? 实学研究的学术价值和现代意义是什么? 中外实学思想的异同是什么? 诸如此类的问题即所谓实学问题,凡是围绕着这样一些问题而展开的学术理论研究即所谓实学研究。这也就是本文所说的实学研究。

二、实学研究的历史

20 世纪的中国实学研究,经历了一个由自发到自觉的发展过程。这一过程,大致可以分为前实学研究和实学研究两个阶段。从时间的分界看,前八十年为自发的或前实学研究的阶段,后二十年则为自觉的即以实学问题为中心而加以系统地理论研究阶段。

(一)前实学研究

所谓前实学研究,是指这种研究触及了实学问题,接触到实学研究的对象,但并未自觉地以实学问题为中心而进行的学术研究。它是实学研究的前期准备阶段。

在前实学研究阶段,许多从事中国思想史、学术史研究的学者刊发、出版了一批关涉中国实学问题和实学研究对象的研究成果,为开展实学研究奠定了重要的思想基础。梁启超的《清代学术概论》和《中国近三百年学术史》、胡适的《戴东原的哲学》和《清代学者的治学方法》、钱穆的《中国近三百年学术史》、杨东莼的《中国学术史讲话》、陈钟凡的《两宋思想述评》、嵇文甫的《晚明思想史论》、蒋伯潜和蒋祖怡的《诸子与理学》、吕思勉的《理学纲要》、范寿康的《中国哲学史通论》、冯友兰的《中国哲学史》、张岱年的《中国哲学大纲》、侯外庐的《中国思想通史》、任继愈的《中国哲学史》以及其他学者的一些有关中国思想史、学术史研究的著作和论文（参见论文目录索引），都或多或少、这样或那样地论及了中国实学。

　　丁文江（1887—1936）在谈到明末科学家宋应星时，指出："明政不纲，学风荒陋。贤士大夫，在朝者以激烈迂远为忠鲠，在野者以理性道学为高尚，空疏顽固，君子病焉！迨乎晚季，物极而反，先觉之士，舍末求本，弃虚务实，风气之变，实开清初大儒之先声。"（《奉新宋长庚先生传》）现代学者杜石然认为，丁文江用"学风荒陋"来描述明代学风，而用"舍末求本，弃虚务实"来概括明清之际学风的转变。实际上，这种学风的转变就是实学思潮的兴起（葛荣晋主编：《中日实学史研究》，中国社会科学出版社1992年版，第43页）。由此可以看出，丁氏之论已触及了实学产生的社会文化背景问题。

　　梁启超在《中国近三百年学术史》和《清代学术概论》中，就清代学术思潮问题指出："综观二百余年之学史，其影响及于全思想界者，一言而蔽之，曰'以复古为解放'。第一步，复宋之古，对于王学而得解放。第二步，复汉唐之古，对于程朱而得解放。第三步，复西汉之古，对于许郑而得解放。第四步，复先秦之古，对于一切传注而得解放。夫既已复先秦之古，则非至孔孟而得解放焉不止矣。然其所以能著之奏解放之效者，则科学的研究精神实启之。"（《清代学术概论》）梁启超的这一论述揭示了清代学术思想由王学而宋学、由宋学而汉学、由汉学而先秦孔孟之学、由孔孟之学转向科学研究的嬗变过程。他进而概括说："这个时代的学术主潮是：厌倦主观的冥想而倾向于客观的考察。无论何方面的学术，都有这样趋势。可惜客观考察多半仍限于纸片上的事物，所以它的效用尚未能尽量发挥。此外还有一个支流是：排斥理论，提倡实践。这个支流屡起屡伏，始终未能很占势力。"(《中国近三百年学术史·反动与先驱》) 又说：黄梨洲、顾亭林、王船山、朱舜水等学者"对于明朝之亡，认为是学者社会的大耻辱大罪责，于是抛弃明心见性的空谈，专讲经世致用的实务"(《中国近三百年学术史·清代学术变迁与政治的影响》)。在谈到颜李之学时说："宋儒亦何尝不谈经世？但颜李以为，这不是一谈便了事。习斋说：'……学问以用而见其得失，口笔之得者不足恃。'……呜呼！倘使习斋看见现代青年日日在讲堂上报纸上高谈什么主义什么主义者，不知其伤心更如何哩。"(《中国近三百年学术史·实践实用主义》) 又说："清学以提倡一'实'字而盛，以不能贯彻一'实'字而衰。"(《清代学术概论》) 显而易见，梁氏之论揭示了清代学术思想"崇实黜虚"的一般特质。杨东莼在谈到清代朴学兴盛的原因时，指出："明代王学遍天下的时候，学者都尚空谈而不务实学，顾炎武竟谓明代之亡实由于此，……他如王夫之、朱舜水等莫不排斥王学，黄宗羲虽不排斥王学，亦力矫王学的空虚；至于颜元，则不但攻击王学，而且直攻程、朱。清初诸儒，受了国破家亡的痛苦，因之这样热烈地反对王学的空疏，其反动，自然地要走到实学一方面去。"由于受当时社会政治的影响，"清初诸儒，如黄宗羲、顾炎武都抱有恢复明室之志，并且屡谋举义不成，后来清朝政局稳定，他们反清运动，更无法进行。在这种情形之下，他们就只好做些实事求是的学问工夫，以备他日的应用。顾炎武的究心地理与音学，黄宗羲、王夫之的着重史学，颜元的注意实践，虽各人所取途径不同，但都不出'学以致用'

这种精神。"(《中国学术史讲话·朴学》)杨东莼的这一概括是合乎明清之际学术转向的思想实际的。

值得注意的是,在前实学研究阶段,个别学者已开始从实学问题的角度研究某些理学(道学)家的实学思想。稽文甫在《陆象山的"实学"》(《学术丛刊》,河南大学文学院,1940年)一文中,从"反空论"、"反矫饰"、"反格套"、"切要处用力"诸方面,系统地论证了陆象山的实学思想。他的《晚明思想史论》也论及了晚明的实学思想。另外,钱穆的《中国近三百年学术史》、张岱年的《中国哲学大纲》、侯外庐的《中国思想通史》、任继愈的《中国哲学史》等一些有关中国思想史、学术史的著作和论文,也都论及了中国实学,为后来的实学研究奠定了坚实的思想基础。

但是,从总体上看这些有关实学的研究也还是初步、零散的,而且大多集中在清代学术思想方面,人们尚未以实学问题为中心而加以系统研究或论述,当然也没有形成实学研究的学术思潮。真正把中国实学研究提到议事日程上来,并在全国范围内形成研究热潮,是在20世纪80年代以后。

(二)实学研究

20世纪80年代,随着中国改革开放政策的深入发展,在探讨传统文化与现代化的关系中,人们不断地呼唤实学,时代也急切地需要实学。于是,在中国学术界逐步萌生了系统地研究实学的愿望,并出现了中国实学研究的热潮。

从80年代初至今,中国大陆的实学研究大体经过了两个历史发展阶段:80年代,研究重点是放在探讨"明清实学思潮",争论的焦点集中在是否承认明清实学思潮的存在以及对它的内涵的界定。从90年代开始,实学研究由明清实学逐步扩展到整个中国实学,在中国实学的内涵,主流与核心,起点、终点及发展阶段,实学与理学的关系,以及实学现代转换诸问题上,展开了充分的研究和讨论,形成了实学研究的繁盛局面,实学研究进入了一个学术上新的、成熟发展阶段。

实学研究的充分展开,实学研究热潮的出现不是偶然的。葛荣晋先生认为,这一热潮的出现,主要有三方面的原因:其一,从政治环境上看,许多学者在对文化大革命进行反思过程中,认识到中国所以会出现文化大革命那样的历史悲剧,从哲学上讲,就是因为人们违背与抛弃了中国固有的以"实事求是"为基本内容的实学精神。文化大革命的历史教训再一次说明,凡是坚持"实事求是"的实学精神,国家必将富强,社会必将兴旺;凡是违背"实事求是"的实学精神,国家必将贫弱,社会必将衰退。是否坚持实事求是的崇实精神,是关系到国家生死存亡的大问题。所以,邓小平先生在文化大革命结束后反复强调"实事求是,一切从实际出发,理论联系实际",是马克思主义的精髓,是中国现代化道路的精神武器。要恢复、继承与发扬中国固有的"实事求是"精神,就必须从研究与探索中国实学入手,通过古代实学元典去领悟它的精神实质,并根据现代化需要去转换中国古典实学,把现实需要与中国古典实学联系起来,努力寻找二者之间的结合点,并在它们之间架起一座相通的桥梁,以推动中国现代化进程。其二,从文化学术上看,人们在"实事求是,一切从实际出发"思想指导下,在对以往中国哲学史研究的反思中,痛切地认识到简单地套用西方的某种哲学模式或观念来剪裁中国传统哲学是行不通的。因而要求摆脱西方某种哲学的理论框架,回到中国哲学元典,按照它的本来面貌,结合它赖以产生和存在的中国实际,去揭示中国哲学固有特点和发展规律。就宋明哲学而言,认为除了程朱"理学"和陆王"心学"外,还必须把以张载、王廷相、王夫之等人为代表的实学作为一个独立的哲学形态和历史发展阶段来考察。只有把"实学"作为一个独立的哲学形态和历史发展阶段来考察,才能全面地揭示宋元明清哲学的本来面貌和逻辑结构体系,正确地评价实学在中国哲学史上的历史地位和作用。其三,从国际学术交流上看,文化大革命结束后,中国学术界由封闭走向开放,许多学者走出国门,开始与世界各国学者进行学术对话与交流。在这一过程中,中国学者发现中国虽然是东亚实学的发祥地,但在实学研究上既落后于韩国,也落后于日本。中国学者应同日本、韩国及东亚各国一道把东方实学研究推向一个新的历史阶段,为建构现代新实学思想体系作出自己应有的贡献(葛荣晋《中国实学研究的回顾与前瞻》,《开封大学学报》1998 年第 4 期)。

从 20 世纪末至 21 世纪初,中国实学研究走过了二十个春秋,经过中国学者的共同努力,取得了以下成绩:

第一,举办了一系列学术水平较高的实学研讨会。80 年代,为了编写《明清实学思潮史》一书,中国大陆先后在北京、成都等地召开了三次全国性的实学讨论会,就明清实学的内涵、特点、发展阶段及历史作用诸问题,展开了热烈讨论,并逐步取得了共识。1987 年夏,邀请日本著名实学家源了圆先生在北京召开了中日实学座谈会,并决定编写《中日实学史研究》。这是中日两国实学研究者的第一次学术合作。

1992 年秋,在山东大学的全力支持下,中外学者汇聚济南,成功地举办了第二届东亚实学国际会议。在会上,中、日、韩三国学者就中国实学的对象,历史发展阶段,中国实学的本质与核心,实学与理学的关系,中、日、韩三国实学的异同以及东亚实学的现代转换等问题,展开了热烈讨论。1998 年 10 月,中国实学研究会又在河南开封举办了第五届东亚实学国际学术研讨会。出席研讨会的中外学者围绕"东亚实学与二十一世纪"这一时代课题进行了广泛的讨论,提出了许多有价值的观点,开拓了实学研究的新领域。

同时,从 90 年代初以来,中国从事实学研究的学者先后应邀参加了 1990 年在韩国汉城举行的第一届东亚实学国际学术研讨会、1994 年在日本东京召开的第三届东亚实学国际学术研讨会、1996 年在韩国汉城举行第四届东亚实学国际学术研讨会、2000 年在日本福井县举行的第六届东亚实学国际学术研讨会,并在会上发表了自己的研究成果,与各国学者进行了广泛的接触与交流。

1999 年 9 月,中国实学研究会在陕西眉县召开了"张载关学与实学国际学术研讨会",会上就实学概念的内涵、实学的研究对象、实学的历史断限、张载关学与明清实学的关系、实学与理学的关系、张载关学的实体达用特征、张载太虚之气本体的价值意蕴、张载哲学本体与价值相融性等问题,进行了充分的讨论,把张载关学研究与中国实学研究推进到一个新的历史阶段,特别是在明清实学的基础理论建设方面,做出了新突破、新贡献。同年 10 月,中国实学研究会在河南济源召开了"第一届王屋山文化学术研讨会",学者们围绕着王屋山的道教文化、茶文化、药文化、济渎文化等问题展开了讨论。

第二,编辑、出版与发表了一批具有较高水平的实学论著。据不完全统计,自 1979 年至 2000 年中国大陆已出版了近二十部关于实学研究的学术专著,在海内外主要报刊上发表实学论文二百五十余篇。在学术专著中,除了《明清实学思潮史》(陈鼓应、辛冠洁、葛荣晋主编,齐鲁书社 1989 年出版)、《中日实学史研究》(葛荣晋主编,中国社会科学出版社 1992 年出版)、《中国实学思想史》(葛荣晋主编,首都师范大学出版社 1994 年出版)、《明清实学简史》(陈鼓应、辛冠洁、葛荣晋主编,社会科学文献出版社 1994 年出版)、《中国·日本·朝鲜实学比较》(李甦平等著,安徽人民出版社 1995 年出版)、《中韩实学史研究》(中国实学研究会组织编写,中国人民大学出版社 1998 年出版)、《张载关学与实学》(葛荣晋、赵馥洁、赵吉惠主编,西安地图出版社 2000 年出版)、《清代社会与实学》(吕元聪、葛荣晋著,香港大学出版社 2000 年出版)等专门论述实学的著作外,还在其他学术著作中设有专章论述实学的,如《儒学·理学·实学·新学》(张岂之著,陕西人民出版社 1991 年出版)、《中国儒学思想史》(张岂之主编,陕西人民出版社 1990 年出版)、《中国儒学史》(赵吉惠等主编,中州古籍出版社 1991 年出版)、《中国宋代哲学》(石训等著,河南人民出版社 1992 年出版)、《理学·实学·朴学》(王育济著,山东友谊出版社 1993 年出版)等。此外,中国实学研究会还编辑出版了第二届、第五届东亚实学国际学术研讨会的《论文集》。近年出版的《实学文化与当代思潮》(中国实学研究会主编,首都师范大学出版社 2002 年出版)、《韩国实学思想史》(葛荣晋主编,首都师范大学出版社 2002 年出版)、《晚清经世实学》(冯天瑜、黄长义著,上海社会科学院出版社 2002 年出版)等著作,分别从不同角度反映了 20 世纪中国实学研究的学术面貌,也属于 20 世纪中国实学研究成果的范围。

第三,逐步形成了一支老、中、青相结合的从事实学研究的学术队伍。据不完全统计,上个世纪末,在中国大陆从事实学研究的教授多达 200 余人,遍布全国各大学和科研机构。在某些大学还开设了中国实学研究的硕士、博士课程,培养了一批专门从事实学研究的研究生,撰写了一批有关实学的硕士、博士论文。

第四,成立与健全中国实学研究会。为了推动中国实学研究和加强对外学术交流,中国实学研究会于 1992 年在山东大学成立,1994 年经民政部正式审核批准。这是一个全国性的具有独立法人资格的非赢利的民间学术研究团体。另外,部分省市也成立了中国实学研究机构。中国实学研究会的成立,不仅有力地推动了中国实学研究,而且也加强了中国与世界各国学者之间的学术交流。

二十年的实学研究,弹指一挥间。时间虽然短促,但经过实学研究者的艰辛努力,无论是在实学研究的广度和深度方面,还是在实学研究的学术队伍、学术成果、学术影响等方面,都取得了举世瞩目的显著成绩,为实学研究的新开展打下了坚实的基础。

三、实学研究的理论贡献

实学研究的学术理论贡献是多方面的,概括地说主要有以下几点:

第一,第一次明确地提出了"明清实学"概念。对于明中叶以后至清鸦片战争前的社会思潮,学术界通常以"早期启蒙思潮"、"地主阶级自我批判思潮"、"经世致用思潮"、"个性解放和人文主义思潮"、"反理学思潮"等说法来概括。20世纪80年代中期,陈鼓应、辛冠洁、葛荣晋教授为组织、撰写《明清实学思潮史》一书,在编纂计划中根据明清学术的实际状况而把它称之为"明清实学思潮"。稍后正式出版的《明清实学思潮史》(齐鲁书社1989年出版)对"明清实学思潮"概念的涵义,"明清实学思潮"产生的社会历史条件、特点和发展阶段,以及它的历史地位及其局限,都作了详细阐述。这一提法,既能更好地表达明中叶以后的学术由虚返实的历史转向,又能准确地反映这一时代的丰富社会内容及基本特征,因而得到学术界越来越多的认同和支持,"实学"、"明清实学"的概念已在学术研究中被广泛使用。

第二,更为清晰地厘定了中国学术思想发展的逻辑进程。中国学术和中国哲学发展通常被概括为"先秦子学"、"两汉经学"、"魏晋玄学"、"隋唐佛学"、"宋明理学"和"近代新学"这样几个阶段。随着实学研究的开展,学者们明确提出了"明清实学"的概念,并把它作为一个独立的思想形态和历史发展阶段来考察,从而在"宋明理学"和"近代新学"之间补上了"明清实学"一环,更为完整、真实地反映了中国学术发展的基本线索和思想发展的逻辑进程。

第三,开拓了宋元明清学术研究的新领域。长期以来,宋元明清哲学的发展主要被概括为程朱理学、陆王心学两足并行的框架。实学研究的展开,比较系统地揭示出在程朱理学和陆王心学之外还客观地存在着一个以张载、王廷相、王夫之、戴震等人为代表的实学派别。宋元明清学术发展应是理学、心学与实学的三足鼎立的格局,从而开拓了宋元明清学术研究的新领域。

第四,深化了宋明理学的研究。在以往的宋明理学研究中,对于其"虚学"方面研究比较深透,而对于其"实学"的内容则注意不够。近年来随着实学研究的深入,实学研究的重心已由明清实学转向宋明理学的实学研究,开展了宋学与实学、理学与实学、北宋儒学与实学、胡瑗及其安定学派的实学思想、李觏的实学思想、张载"关学"与实学、二程"洛学"与实学、湖湘学派的实体论思想、朱熹的实学思想、永康学派的实学思想、陆九渊的实学思想、吕祖谦的实学思想、元代实学、姚江学派心学体系中的实学思想等课题的研究,系统地发掘宋明理学体系中所蕴涵的实学成分,从而为全面研究宋明理学和正确评价它的历史地位奠定了理论基础,开创了宋明理学研究的新局面。

第五,对整个中国实学进行了深入的历史反思。早期的实学研究还只是局限于对明清时期的实学意识或个别思想家(如颜李)实学思想的阐释,八十年代的实学研究主要集中在明清实学思潮等中国实学的断代研究方面。进入九十年代以后,中国实学研究不断向广深拓展,不再局限于断代史的研究,而是对整个中国实学进行了深入的理论研究和历史反思。其重要标志是出版了由中国实学研究的倡导者葛荣晋教授主编,荟萃海内外20余位从事实学研究的专家、学者多年心血和智慧的鸿篇巨制——《中国实学思想史》(首都师范大学出版社1994年出版)。这部著作揭示了中国实

学的内涵,阐释了中国实学的主流和核心,划分了中国实学的时代
范围和历史阶段,探讨了中国实学向现代转换的必要性和可能性,
形成了系统的中国实学研究理论,反映了中国实学研究已进入成
熟的阶段。

四、实学研究的主要问题

(一)实学的内涵

什么是实学?这是实学研究中讨论最多、分歧最大的问题。
对于这一问题,主要有以下几种观点:

实学是北宋以降的实体达用之学。葛荣晋指出,“实学”这一
概念,在中国不同的历史时期,其涵义是不一样的。即使在同一个
历史时期,因学派相异,也往往对其有不同的诠释。但是实学家在
同“虚学”的辩论中,总是把自己的学说和思想称之为“实学”,或者
彼此以“实学相期许”。从北宋开始,许多学者都用“实学”这一概
念说明和概括自己的思想和学说。宋元明清时期,学者对“实学”
所赋予的内涵,大体是从“实体达用之学”的意义上来使用的。它
是一个内容极为丰富的多层次的概念,既包括有元气实体哲学,道
德实践之学,又有经世实学和实测实学,还有考据实学和启蒙实学
等。在不同的历史时期、不同的学派和不同学者那里,其实学思想
或偏重于“实体”,或偏重于“达用”,或二者兼而有之,或偏重于二
者之中的某些内容,情况虽有区别,但大体上不会超过这个范围。
“实体达用之学”既是实学的基本内涵,又是实学的研究对象。如
果不从“实体达用”整体上和特定的时代背景上把握中国实学的基
本内涵,而孤立地摘出其中的某些内容加以无限夸大,以偏概全,
就有可能将中国实学“泛化”,甚至导向荒谬。这是应该特别加以
注意的。(葛荣晋主编:《中国实学思想史》上卷,第 1、9、10 页,首

都师范大学出版社1994年版)以实学为北宋以降的实体达用之学,涵有对实学内涵和外延亦即历史断代的双重规定。在实学研究中,学者们关于宋代实学思想的研究,关于胡瑗、张载、二程、朱熹、陆象山实学思想的研究,大体上说都是以肯定宋代是实学的起点这一历史断代为前提的。

杜维明指出,实学这一概念在东亚思想史中多半指17世纪以来受西方科技知识冲击后所出现的实测实用之学。一提到实学,我们便联想到方以智的《物理小识》,唐甄的《潜书》,或颜元的《存人编》。好像实学是宋明儒学中的异军突起,是摆脱了宋明"身心性命"之学的樊篱而走向经验科学的新思潮。但是,就史论史,实学这一概念的出现和宋明儒学的兴起有不可分割的关系。我们不能因实测实用之学的现代意义而忽视了实学这一概念中其他丰富的内涵。除了实测实用的意义之外,在宋明儒学的传统中,实学至少有真实无妄,实有所指,在现代人生中可以发挥实际功能,能够体之于身而且现诸行事等内涵(《论陆象山的实学》,《中国哲学史研究》1988年第3期)。

罗炽认为,实学本义为切实有用的学问。切实,为贯之于人伦日用之间,洒扫应对之事;有用,则是指实现功利目标,收到实效。"实"相对于"虚"而言。从体而言,为真实、实事;从用而言,则为实用、实行、实功、实效等。实学的本质特征是崇实黜虚,具有儒学修己以治人的经世传统。中国实学可溯诸汉代儒学以经学兴起之时,然作为概括一种学术本质特色的特指范畴,则始于北宋。宋儒视先秦孔孟儒学为崇实黜虚、修己以治人的实学。程、朱宣称"惟理为实",陆、王则宣称心学即实学。明清之际,实学表现为一股具有忧患意识、经世意识、批判意识、启蒙和改良意识、实证科学意识和哲学唯物论意识的批判现实主义思潮。近代实学表现出了重振儒学经世传统、救亡图存、中体西用和趋时更新的理论特色(《论中国实学范畴内涵的历史演变》,《湖北大学学报》1996年第4期)。

实学即经世致用之学。张显清在《晚明心学的没落与实学思潮的兴起》一文中,认为"'实学'即通常说的'经世致用'之学,为了同心学清谈相对立,晚明和清初倡导经世致用的人们往往使用'实学'这一更为鲜明的概念"。实学思潮的基本内容有:反虚务实,以救世为己任,注重生产、鼓励工商,为"私欲"辩护,自然科学的复兴,考据学的出现等六个方面(《明史研究论丛》1982年第1辑)。

也有学者认为,实学是在明末清初特定的社会历史条件下产生的,以"经世致用"为核心,以社会改革为手段,以反对程朱陆王末流为学风,以调整封建社会后期矛盾为目的的一种学术思潮。它是儒家"正德、利用、厚生"理论在特定历史条件下的发展,并没有超出儒家思想自我调节的大范围。

有的学者提出,儒家学说本身就是"经世致用"的实学,以实学来命名明清这段思潮,是"实学"由普通名词转为专用名词,是"旧瓶装新酒",中国用"实学"一词来概述明清这段思潮主要是受日本和韩国的影响,强调研究"实学"要注意它所包涵的"正德"内容。

但是,也有学者认为,虽然历史上儒家也讲"经世致用",但其含义却不一样,有的强调修身养性,使人的行为符合封建纲常;有的强调"利用厚生"、救国救民等等,因而"经世致用"不能确切地概括表达明清时期讲求实学的思潮,反而容易将实学中的某一流派混同于实学本身,造成概念的混乱。实学虽与儒家经世传统有密切的关系,但从实质和主流上说,是属于近代启蒙思想的,是对经世传统的哲学扬弃。其基本内容包括:经世致用的传统;承认物欲,启迪近代意识;提倡工商贸易,发展自然科学。因此"早期启蒙思想"是实学的核心,并且这一思想贯穿于哲学思想、政治思想、经济思想、伦理思想以及文学艺术、自然科学等各个方面。以往人们对实学思潮相当重视一个"实"字,重视它的"黜虚就实"、"反虚务实"，这固然无可厚非，但更应重视在这个"实"字后面的更为核心的近代气息(陈朝晖:《论道探源辨实学　厚生利用识儒真——第二届东方实学学术研讨会纪要》，《清史研究》1993年第1期)。

实学本义为切实有用之学，是始自宋儒的对先秦孔孟儒学的特指。罗炽认为，宋儒视经孔子整理过的以及孔孟等儒家经典为其道统学脉之渊薮，医国之大经，因而是切实有用之学，故称其为"实学"。可见，"实学"实际上是始自宋儒的对先秦孔孟儒学的特指，实学的本质特征是崇实黜虚，具有修己以治人的经世传统。由于历史条件的变化，新儒学(即宋明理学)在发展中内部对虚与实的理解产生歧异，因而实学范畴的内涵也不断演化。明清之际实学虽然也强调修、齐、治、平，强调实事、实功、实行等内容，但对其内涵、性质却实行了根本修正。明清实学思潮本质上是一种批判思潮，是明中叶以后迄于清康熙年间兴起的以释、老之学及其转型——理学末流之空疏、虚窃为主要对象，以总结明王朝衰颓、覆亡的教训，改造和复兴儒学经世传统为要务的批判现实主义思潮(《论中国实学范畴内涵的历史演变》，《湖北大学学报》1996年第4期)。

广义实学与狭义实学。张岱年指出，历史上的实学有广义、狭义之分。程朱学派虽然强调理性，但却真下功夫。既然真下功夫，也就可以称为实学了。这种真下功夫的身心修养，就是广义的实学。狭义的实学就是气一元论，即唯物论，如张载、颜李学派，是以气为根本的，属于狭义的实学。(《"中国实学研究会成立十周年"贺词》)李刚认为，"实学"大概有三种含义。第一种是指一种社会思潮，即从罗钦顺、王廷相到龚自珍、魏源等人所崇尚的社会思潮。第二种含义指具有"经世致用"倾向的学术。这种含义接近于二程、吕枏所理解的"实学"。从性质上说，它基本上属于正统的儒学，以儒家学说为主干，注重学以致用，学贵力行。第三种含义最为宽泛,即凡是有注重求实倾向的学问。以上三个方面在实质上是基本一致的;前两层含义都包含着第三层含义(《从〈经学理窟〉看张载的"实学"倾向》,葛荣晋、赵馥洁、赵吉惠主编:《张载关学与实学》,西安地图出版社2000年版)。这里虽然没有使用广义与狭义的概念,但其三义的划分大致也是从广义与狭义的角度来理解与界定"实学"的。

赵吉惠指出,"实学"有广义与狭义的理解与界定。广义实学概念,泛指自先秦以来一切追求实际并重在应用(包括科学技术)的学问,这个"实"是与"虚"相对而言的。一般而论,任何学问都有"实"的部分和"虚"的部分。偏于追求实际并致力于应用学问,可称为广义实学。狭义实学则是中国传统儒学发展演变的特殊文化形态,特指北宋至清末以坚持发扬儒家"经世致用"传统,既反对佛道"空""无",又反对空疏玄理无用为己任而逐渐形成的文化思潮。我们有时用"中国实学"概念,即指"狭义实学"而言(《张载关学与明清实学》,葛荣晋、赵馥洁、赵吉惠主编:《张载关学与实学》,西安地图出版社2000年版)。王杰指出,"实学"之所谓"实"是相对于"虚"、"空"、"无"等而言的,它有广义与狭义之别。广义实学是指自先秦以来注重现实、经世致用的学问;而狭义之实学则是指发轫于北宋中叶、昌盛于明末清初直至晚清洋务运动之前绵延800年之久的实体达用之学,是针对明末理学及王学末流所造成的种种积弊进行理性反思和深层批判的基础上形成的一股社会变革思潮和思想解放运动(《中国实学思想研究随感》,《理论前沿》2000年第17期)。李元庆也认为,可以把实学分为广、狭两义。广义实学是指构成中国传统文化思想主体的儒学。若就"狭义"言,则应当是指明确提出和具体使用了"实学"这一概念。这主要就是传统儒学继承者理学家。理学家明确提出和具体运用"实学"概念来表述自己的为学之道,这是儒家"实用理性"思想传统的发扬光大(《论明清实学思潮与理学》,《孔子研究》1990 年第 4 期)。

实学是中国古代社会末期从中世纪走向近代的哲学思潮。成复旺反对把"实学泛化",认为实学的历史不宜拉得太长,实学的范围也不宜扩得太大。所谓实学,是指古代社会末期,从中世纪走向近代的哲学思潮。它主要包括既有区别又相联系的两个方面:一方面从传统儒学的"内圣"出发,强调人的独立人格和精神力量,激发了人的主体意识的觉醒,走向了人的解放。另一方面从传统儒学的"外王"出发,强调世界的客观性和实在性,呼唤对外在事物的如实考察,走向了客观世界。前者通向近代的民主,后者通向近代的科学。也就是说,实学是传统文化从古代到近代的一个转化阶段(瑜之清:《记第三届东亚国际实学研讨会》,载《中国哲学年鉴》,1995 年)。

(二)实学与儒学

实学与儒学的关系,也是实学研究中讨论比较多的问题。概括起来看,研究者主要有实学即儒学、实学不等于儒学两种意见。

1. 实学即儒学。这是实学与儒学关系问题讨论中比较普遍的看法,但由于人们看问题的角度和理由不同,认识也不尽一致。追根溯源,最早持实学即儒学或儒学即实学观点的是宋明理学家。他们从儒学与佛、老的空无玄虚之学比较的意义上,认为儒学是"修己治人"的"经世致用"之学,是实实在在的学问,完全不同于佛老超凡脱俗、外天下国家的空无玄虚之学,因此儒学即实学。现代学者余敦康指出,如果把实学的内涵规定为"实体达用",实际上指的是儒学的基本精神,这是一个很小的内涵,其外延势必扩展到所有的儒学,否则无从自圆其说。所有的理学家,包括程、朱、陆、王,莫不以内圣外王(明体达用)作为自己的奋力追求的目标;理学承接孔子的道统,孔子之学也是一种实学,也同样是有理有据,无可非议。因此,无论是把实学研究对象断自北宋以来的儒学,还是上溯自孔子之学,或是定之于唐代,都不能推翻实学即为儒学的断语(葛荣晋《关于实学的六封信》,《学习》1994 年第 12 期)。夏长朴则具体论述了孔子实学思想的本质。他认为孔子之学虽无实学之名,却有实学之实。孔子之学本身即是修己治人之学,其主要目的在经世致用。由孔子发展出来的经学,历代面目虽有异同,但其讲内圣外王的工夫,求经世的精神却始终无二。在这种情形下,说孔子的学术就是实学,应是可以接受的(《孔子的实学》,《中国哲学》第十六辑)。

儒学有"真儒"之学与假儒之学的分别,只有"真儒"之学方可称"实学"。姜广辉指出,儒学有"真儒"之学与假儒之学,不是所有的儒者之学都可称"实学"。第一,从唐代宗开始一直到清同治年间,"实学"基本上与"诗赋空文"相对峙;第二,由于"实学"有通经、修德的自身规定,诸子百家之学被排在"实学"之外,如《清史稿》卷九十八所说:"崇经义,屏百家浮竞,敦实学,人知兴行。"由此可见,实学即儒学。第三,"实学"要求言行一致,表里如一,理论联系实际,如果把"经义"当做"套类",而无德行之实,也不能称为"实学"。因此,也不是所有的儒者之学都可称"实学",只有"真儒"之学方可称"实学"(《走出理学·"实学"考辨》,辽宁教育出版社 1997 年版,第 49 页)。

也有学者认为,实学是传统儒学发展的一个特殊的形态,本质上属于儒学,同时,它也属于人文学科的范围。刘学智指出,明清实学的基本特征是:反对空疏清谈,主张经世致用;反对空虚假谬,主张实证求是;反对浮虚空谈,主张笃行实践(《明清实学渊源与特征辨析》,葛荣晋、赵馥洁、赵吉惠主编:《张载关学与实学》,西安地图出版社 2000 年版)。李元庆则认为,广义实学是构成中国传统文化思想主体的儒学。实学的"实"是相对于"空"、"无"而言的,实学的对立面是空幻、虚无之学。在中国思想史上,释氏主张"诸法皆空"，老氏坚持"以无为本"，二氏之学是消极遁世的"空"、"无"之学。相反，以儒学为主体的中国传统文化思想素以积极进取，经世致用而著称，其学说不主"空"而主"实"，不贵"无"而贵"有"。它十分关注现实社会生活，强调"实用"、"实际"和"实行"。它以"究天人之际"为"入世之谋"，自觉地用哲理思维去考察人生与社会，把"修身齐家治国平天下"，解决现实的社会与人生问题作为从事学术的终极目的，把追求所谓"内圣外王"作为最高理想境界。因此，儒学本质上就是一种"实学"。若就"狭义"言，则应当是指明确提出和具体使用了"实学"这一概念。这主要就是传统儒学继承者理学家。理学家明确提出和具体运用"实学"概念来表述自己的为学之道，这是儒家"实用理性"思想传统的发扬光大（《论明清实学思潮与理学》，《孔子研究》1990 年第 4 期）。

实学是儒学的新形态。张岂之认为，实学是从批判宋明理学中产生的一种社会思潮，是儒学内部的自我批评和反思，其中心思想是经世致用的精神。清初思想家批评程朱理学，抨击封建名教，摈弃王学末流的空谈心性。他们在学术上主张"实学"、"实用"，反对"空疏"、"虚谈"；在政治上主张庶民议政，反对君主专制；在经济上主张均田，反对土地兼并；在教育上主张改革，反对科举八股。他们是儒学精华的继承者和发展者（张岂之主编《中国儒学思想史》，陕西人民出版社 1990 年出版）。槐里认为，"实学"是儒家经世致用传统在新时代条件下的逻辑发展，没有超出儒家思想自我调节的大范围。儒家思想的这种自我调节，是一种进步的表现。颜、李曾激烈地批判程朱、陆王，但真诚地拥护孔、孟，以孔子的救世精神为其学风宗旨，自可说明这一点。如把"实学"与儒学的传统对立起来，则不符合明清思想史的实际（《"实学"杂议》，《孔子研究》1991 年第 4 期）。在 2000 年 11 月举行的第六届东亚实学国际学术研讨会上，有学者指出，实学是一种起源于中国儒家内部的哲学思潮,是儒学"经世致用"、"实事求是"思想的发扬。实学思潮肇始于宋代,在明清之际达到了高峰状态,并远播韩国、日本、越南等东亚国家(石学慧:《第六届东亚实学国际学术研讨会在日本召开》,《哲学动态》2001年第2期)。王杰认为,实学与先秦子学、两汉经学、魏晋玄学、隋唐佛学、宋明理学及近代新学一样,是中国传统儒家思想在不同历史时期发展的不同表现形态(《中国实学思想研究随感》,《理论前沿》2000年第17期)。石训认为,儒学发展到宋代,出现和形成了理学、气学、心学,这些学派都以自己特有的思辨性、哲理性充实和丰富了儒学,使儒学有足够的实力和理论色彩与佛学、道学相抗衡。这些学派对儒学的发展都有自己的贡献。而北宋儒者对实学的开创性研究则给儒学增添了新的活力(《论北宋儒家对实学的开创性研究》,《中国文化研究》1999年春之卷)。李志军认为,张载代表的关学,在宋代儒学中以其气学为实体与经世致用的特征,区别于以二程为代表的洛学、陆九渊为代表的心学,从而构成了以气、理、心为三大范畴的宋代儒学。张载气学对中国实学本体论的产生、发展和转化发生了深远影响,特别是在古代气本论转化为近代科学机械论方面具有不可忽视的意义(《张载气学对实学本体论的深远影响》,葛荣晋、赵馥洁、赵吉惠主编:《张载关学与实学》,西安地图出版社2000年版)。

实学思潮是从宋明理学中分化出来的新的社会进步思潮,是儒学发展到明清之际出现的一种新的文化形态。赵吉惠、郭厚安、赵馥洁、潘策认为,实学思潮一反过去宋明理学的空谈义理心性的陈规陋习,而以崭新的"实学"面貌出现。明清之际实学思想的基本特征是"崇实致用"。它力戒"束书不观,游谈无根"之弊,易主观玄想为客观考察,改空谈为实证,把学术研究的范围扩大到自然、社会领域和思想文化各个领域(赵吉惠、郭厚安、赵馥洁、潘策主编:《中国儒学史》,中州古籍出版社1991年版)。吴光认为,在理学衰落过程中,中国传统的儒学再次经历了一次自我改革运动,一种比理学更具有人文主义色彩,并且逐步地吸收西方新思想,新学术的新儒学形态便破土而出了,这就是清代实学。清代实学既是在反省宋明理学以及整个中国封建社会的政治、经济、文化弊端的过程中,又是在回应"西学东渐"的挑战乃至对抗西方殖民主义、帝国主义对中国的文化侵略的过程中产生和发展起来的。它萌芽于明末,形成于清初,贯串于有清一代。它的基本特征是:反省批判宋明理学以改革儒学,消化吸收西方新学新知以补充并发展传统儒学,突出地强调"经世致用"以挽救社会危机和民族危机,所以它在理论上富有批判性、实用性、开放性、人民性的特点。它为现代新儒学的理论创造提供了宝贵的经验,指出了努力的方向,也埋下了理论的种子(《儒学在衰落时期的变革》,《浙江学刊》1991年第5期)。

2. 实学不等于儒学。有学者认为,实学作为一种思潮,是明清之际特定历史时期的产物,不能离开明清特定的历史背景谈实学。虽然远在先秦即已有了经世致用的思想,宋代就有了陈亮、叶适的事功学派,甚至程颐、朱熹都曾用过"实学"这一名词,但不能说那时已经有了实学,因为那时的经世致用、讲究事功等,原本就是儒学通常具有的内容,它被包容于儒学系统之内,是儒学"内圣"之道的外化,即"外王"之功。这与明清实学的时代背景和思想内容都是不同的(陈朝晖:《论道探源辨实学　厚生利用识儒真——第二届东方实学学术研讨会纪要》,《清史研究》1993年第1期)。毛曦认为,实学是儒学在漫长的发展演变过程中所形成的一种历史形态,但实学与儒学不同。儒学包含了实学,孕育了实学。实学是儒学自身发展的产物,是儒家经世致用思想不断发展的结果(《实学研究方法二题》,葛荣晋、赵馥洁、赵吉惠主编:《张载关学与实学》,西安地图出版社2000年版)。

实学与儒学是两个不同的各自独立发展的系统。罗炽指出，儒学肇端于先秦，孔子创其基，思、孟、荀等继其绪。自汉及今，与其他学术系统参差交汇，成为中国文化传统的主流之一。儒学虽然在各个时代表征不同，但有其固有的一般特性。其一，它以研习、注疏儒家典籍，阐发其微言大义为要务；其二，以儒家之"三纲"、"八目"为人格理想和奋斗目标，儒生们以尧舜文武孔孟为圣人和崇拜的偶像，故儒学又称为"内圣外王"之学。以入世、干政，积极有为的态度直面人生，以忠恕和中庸立身处世为实践儒学的理性原则。儒学的核心内容是维护剥削阶级的等级制的"礼"。实学则是超迈于诸学术派别之上又蕴涵于诸学术思想之中，用以状况其学性质的范畴。实学范畴，多用来表达为学之方，即本学术的主张、方法和目的，其本质特征是"实"，它与空虚不实形成对立。由于虚实观的不同，形成了不同时期的实学的特定内涵。因此，实学不论就广义或狭义，都不可以简单地说是儒学(《"实学"义辨》，中国实学研究会主编：《实学文化与当代思潮》，首都师范大学出版社 2002 年版)。

(三)实学与理学

实学与理学的关系也是实学研究中的一个争论比较多的问题。人们对这一问题的认识，是随着实学研究的逐步深入而不断深化的。概括起来看，在这个问题上，研究者主要有以下几种观点：

实学与理学是对立的。这是人们早期对实学与理学关系问题的一种比较普遍的看法。梁启超在谈到清代学术问题时，指出："'清代思潮'果何物耶？简单言之：则对于宋明理学之一大反动，而以'复古'为其职志者也。"(《清代学术概论》)梁氏认为，从学理上说这种"反动"具有逻辑的必然性，因为"学派上之'主智'与'主意'，'唯物'与'唯心'，'实验'与'冥证'，每迭为循环。大抵甲派至全盛时必有流弊,有流弊斯有反动,而乙派与之代兴。乙派之由盛而弊,而反动亦然"(同上)。由此来看,实学对理学的否定是必然的。于是就有了顾炎武"舍经学无理学"之说,对晚明王学"束书不观,游谈无根"之风加以矫正;有了颜元等"以实学代虚学,以动学代静学,以活学代死学"(同上)的思想选择。杨东莼也认为"清初诸儒,受了国破家亡的痛苦,因之这样热烈地反对王学的空疏,其反动,自然地要走到实学一方面去"(《中国学术史讲话》,东方出版社1996年版,第288页)。

方克立在谈到宋元明清时期的知行学说时,指出这一时期在知行观、认识论领域,程朱、陆王的唯心主义先验论虽然一直是占统治地位的官方哲学,严重地束缚着人们的思想,造成了崇尚空谈和虚静的腐朽的社会风气,但是,唯物主义反对道学唯心主义(包括"理学"和"心学"两个派别)的斗争也一直没有停止过,各个时期都涌现出了一批反道学的唯物主义思想家。到了明清之际,由于受到"天崩地解"的时代的刺激,反道学的思潮更汇成巨流,出现了以黄、顾、王、颜为代表的一大批著名的启蒙思想家、卓越的唯物主义哲学家。他们从各个方面对宋明理学进行了猛烈的抨击和批判,在知行观方面共同地反对知先行后和以知代行的唯心主义先验论,针锋相对地提出了"行先知后"、"力行致知"的唯物主义认识论命题;反对空谈心性、崇尚玄虚的恶劣学风,提倡"经世致用"的所谓"实学"(《中国哲学史上的知行观》,人民出版社1982年版,第218页)。

在实学研究中,仍有一些学者持实学与理学相对立的观点。赵宗正认为,学以致用,是先秦孔派儒学的传统。宋代兴起的新儒学即所谓理学(包括程朱理学、陆王心学)在一定程度上抛弃了这个传统,专讲道德性命、修身养性,不务实际。特别到明末的王阳明后学,束书游谈,几近狂禅,学问与社会实际严重脱节。清初学者在总结明亡教训的基础上，深感必须返虚就实，矫正学风。《四库全书总目提要》说颜元"其说于程朱陆王皆深有不满，盖元生于国初，目击明季诸儒，崇尚心学、放诞纵恣之失，故力矫其弊，务以实用为宗"，这种以实用为宗的学风，也就是他们提倡的经世致用的新学风（《清初经世致用思潮》，中国实学研究会主编：《实学文化与当代思潮》，首都师范大学出版社2002年版，第275页）。高晨阳指出，实学是源于儒学的经世思想，肇始于宋代的事功之学，兴盛并成熟于明清之际，侧重于外王的内容而与宋明道学的内圣之学相对立并带有文化启蒙意义的一门学问（《实学的划界与本质》，葛荣晋、赵馥洁、赵吉惠主编：《张载关学与实学》，西安地图出版社2000年版）。但是，也有一些学者提出了理学即实学的看法，不同意实学与理学相对立的观点。

理学即实学。朱汉民认为，儒家学者常常自我标榜为"实学"，这显然是由于儒家总是要求知识系统、思想体系和社会现实、生活实践保持密切联系。儒家学者总是将自己的学术兴趣、思想焦点集中在社会现实、生活实践之问题，而绝不愿意离"实"而言"虚"。宋明理学同样保持着儒学以"实"立"学"的传统，其抽象的、庞大的思想体系却无不起源于社会现实，同时又回归于生活实践。在许多人看来，理学家们热衷于讨论抽象而玄虚的理气有无的概念和哲理，喜欢静坐冥思等内在体悟，尤其是受到明清之际倡导务实之学的学者批判后，理学家更是被看作"平日袖手谈心性"之徒。应该说，这并没有真正客观地评价宋明理学。毫无疑问，为了重建儒学的人为信仰，宋明理学表现出对心术的偏爱，以强化儒学的宗教性。但是，在绝大多数宋明理学家那里，治术仍是他们思想体系中的组成部分。理学家们都是主张为学应该能经世致用，并以是否能够经世致用作为衡量其学术价值的重要标准，从而鲜明地体现出"实学"的特征（《理学之术的"实学"精神》，《湖南大学学报》2000

年第 2 期)。蔡方鹿认为,二程、朱熹面对时代的挑战,在建构新儒学思想体系的过程中,提出了充分体现时代精神的求实、求理的实学思想。他们以实为主,虚实结合;以阐发义理为主,将义理与考据相结合,从而把儒家思想实理化,把儒家经学实学化,完成了理论形态的转型和理性主义的文化超越,不仅创新发展了儒家学说,而且把中国文化发展到一个新阶段。其实学思想在中国学术思想史和中国实学史上占有十分重要的地位(《程朱实学的时代精神、特点和历史地位》,《开封大学学报》1998 年第 4 期)。

理学是实学赖以产生和发展的思想来源之一。钱穆指出,宋学精神乃明清之际学术的源头。宋学精神即所谓"道德仁义圣人体用以为政教之本者",它有革新政令、创通经义的两端,而精神之所寄,则在书院。宋元明三朝六百年学术与书院兴衰息息相关,而以东林为殿。明清之际学者流风余韵,则源于东林。阳明学继朱子而有变异,东林学继阳明而有变异。东林诸儒欲挽救王学末流之弊,避虚归实,重在实行之实学精神,而后世学者相率以实学为标榜。凡清儒辨宋明理学诸大端,东林已开其绪(《中国近三百年学术史·引论》)。

实学与理学既对立又统一。葛荣晋认为,不管是以程朱为代表的理学派还是以陆王为代表的心学派,其主旨都是追求道德性命之学,重实体而略达用,在一系列理论问题上具有"虚"的一面,同时,在理学思想体系中也蕴涵着"实"的一面。理学思想体系是"虚"与"实"的有机统一。由宋明理学的二重性必然引出中国实学与宋明理学之间关系的二重性。它们既有继承,又有排斥,是一种对立统一的关系。实学家在同它的辩论中,总是吸收它的"实学"的成分,具有继承性的一面:又极力排斥其中的虚无成分,具有矛盾性的一面。所以明清时期的实学家在批评理学特别是理学末流的空谈心性之学时,对理学中的实学思想也多加肯定和继承;它既是对宋明理学的经世传统及其蕴涵的实学思想的继承,又是对它特别是理学末流的空谈心性之学的否定。它来源于宋明理学而又对立于宋明理学,既是"接着讲",又是"对着讲"。把理学与实学完全等同起来固然不妥,但是否认它们之间的内在思想联系也不符合客观实际。只有从对立统一的辩证法角度去认识与把握理学与实学的关系,才是符合中国实学发展的历史实际的(《中国实学思想史》上卷,第 20 页,首都师范大学出版社 1994 年版)。

明清实学是宋元明理学发展的一个必然结果。刘学智认为,程朱以"理"为实,陆王以"心"为实,且都主经世、力行,这是明清实学学者或宗程朱(如王夫之、顾炎武),或宗陆王(如黄宗羲),或二者兼宗(如孙奇逢)的原因之一。但是,由于程朱理学之"理"有被悬空化的倾向,陆王心学也"本能地"对人的主体意识加以强化,并受到禅学"明心见性"的影响,遂在其发展过程中又逻辑地走向玄虚和清谈。至理学末流之蔓衍遂成流弊。明清实学正是在这种思想背景下,加之明朝灭亡的现实刺激,从清算和反思理学或心学末流学风和反对清谈道德性命出发,而终于走向对宋明理学(包括心学)的全面审视,这正是自理学到明清实学发展的思想逻辑。以黄宗羲、顾炎武、王夫之、颜元等为代表的经世致用学风遂成风气。自张载以来在批判佛、老空寂虚无中发展起来的经世求实的精神和理论,正是明清实学的近源;明清实学是宋元明理学发展的一个必然结果,是对理学末流空疏学风的一次反动……(《明清实学渊源与特征辨析》,葛荣晋、赵馥洁、赵吉惠主编:《张载关学与实学》,西安地图出版社 2000 年版)。

程朱是明清之际实学思潮的开创者。余明贵指出,二程既是封建社会后期的正统思想——程朱理学的奠基者,同时也是明清之际实学思潮的开创者。从实学思潮产生的思想渊源上看,是二程首先在其《遗书》中明确地提出了"实学"概念,并倡导了实学。

因此,明清之际兴起的实学思潮,尽管在批判程朱理学时,也把二程作为一个被抨击的主要对象,但在思想上,这一实学思潮却又与二程具有一定的继承关系和共同之处。二程首先提出的实学,既与明清之际的实学具有一定的继承关系和共同之处,又与明清之际的实学相区别甚至对立。这表明,二程的思想本身具有二重性。一方面,二程提倡实学,主张经世致用,重视"务实事",强调事功;另一方面,二程又特别重视封建的纲常伦理,把人们的道德修养和践履提高到前所未有的高度,形成一个以讲道德性命为中心的义理之学。二程这一思想上的二重性,前者被明清之际的实学思想继承和发展,而后者则受到了批判。不过,对于这一批判,有两点是应当注意的。第一,明清之际的实学所批判的程朱理学,并不是程朱理学思想的全部,而只是其中注重纲常伦理的义理之学方面。第二,明清之际的实学在批判程朱理学的同时,对程朱进行了充分的肯定和赞扬。这既表明了明清之际的实学与二程在思想上有联系,也表明它仍然没有突破封建传统意识的束缚(《二程与明清之际的实学思想》,《中州学刊》1988年第6期)。李元庆认为,综观明代实学思潮发展的全过程,其中既有坚持维护理学的思想家,也有批判揭露理学的思想家;既有学宗程朱的理学家,也有师承陆王的心学家;作为理学(心学)家,又有学术倾向的唯物、唯心之分和政治倾向的进步、保守之别;既有立足封建政权的长治久安而坚持求实进取的地主阶级政治革新家,也有勇敢冲决封建礼教、猛烈抨击封建制度的市民阶层的"异端"思想家;既有启蒙色彩的哲学、文学思想家,也有勃然新兴的自然科学理论家。他们如百川归大海,共同汇入明代实学思潮发展的历史洪流。因此,从总体或主流看,明代实学思潮的发展是和理学思潮并行不悖、紧密交织一起的。并且,提倡"实学"精神的绝大多数学者,学术倾向基本是师宗程朱陆王的,政治倾向基本上是维护封建制度的。因此,一概而论地断言实学思潮与程朱陆王为代表的理学思潮"相对立",显然有违客观历史,难以令人信服(《论明清实学思潮与理学》,《孔子研究》1990年第4期)。

(四)实学与早期启蒙思潮

中国的早期启蒙思潮,一般是指17世纪中叶而后即明嘉靖以来资本主义萌芽西学东渐而在思想界形成的一股反对封建君主专制,反对封建蒙昧主义,主张思想解放的批判主义思潮。实学与早期启蒙思想的关系问题是实学研究的重要问题之一。

实学的核心是早期启蒙思想。有学者认为,明清实学虽与儒家经世传统有密切的关系,但从实质和主流上说,是属于近代启蒙思想的,是对经世传统的哲学扬弃。其基本内容包括:经世致用的传统;承认物欲,启迪近代意识;提倡工商贸易,发展自然科学。因此"早期启蒙思想"是实学的核心,并且这一思想贯穿于哲学思想、政治思想、经济思想、伦理思想以及文学艺术、自然科学等各个方面。以往人们对实学思潮相当重视一个"实"字,重视它的"黜虚就实"、"反虚务实",这固然无可厚非,但更应重视在这个"实"字后面的更为核心的近代气息(陈朝晖:《论道探源辨实学　厚生利用识儒真——第二届东方实学学术研讨会纪要》,《清史研究》1993年第1期)。

早期启蒙思想不是实学的核心。葛荣晋认为,经世实学是中国实学的主流和核心,其它层次的意义都是围绕这一核心而展开的,都是从不同的层面来说明经世实学的。经世实学的基本精神就是主张"经世致用"。早期启蒙思想或近代启蒙意识,是指从明中叶开始至晚清时期,随着资本主义萌芽的发展和西学的大量输入而出现的一股与地主阶级改革派不同的具有近代启蒙意义的意识形态。从中国实学发展的长河来看,它只是中国实学发展到后期出现的一种新的观念;即使在明清时期具有启蒙意识的某些思想家,虽然有某些近代气息,但它仍不占主要地位,传统的中国经世实学思想仍然支配着他们的深层思想结构。所以,把近代启蒙意识说成是中国实学的核心,恐怕是值得商榷的(《中国实学思想史》上卷,第10、11页,首都师范大学出版社1994年版)。

丁冠之指出,"实学"是明清思想家自己经常使用的概念,他们针对理学空谈心性,主张"崇实黜虚",强调经世致用,倡导实学。因此,作为一种学风和治学方法的改变,把明清学者强调务实的思想和学风概括为实学思潮是可以成立的。但是,也必须指出,用"实学思潮"概括这一时期的社会思潮并不能代替早期启蒙思想(或人文主义思潮)和经世致用思潮等概念的使用。因为讲实学的虽然都主张"崇实黜虚",倡导实学,但并非所有实学中人的思想都具有启蒙性质,同时有些人所从事的学问虽然也可称之为实学,但未必就能经世致用。清朝道咸以后的朴学末流,"纷纷于不可究诘之名物制度"(梁启超:《清代学术概论》),徒耗精神,亦无异于空言,也不能称之为经世致用之学。因此写明清实学思潮史自然要包括明清早期启蒙思潮和经世致用思潮,但明清早期启蒙思潮史和经世致用思潮史则不必包括实学思潮史的全部内容。明清思想史不等于明清实学思潮史,明清实学思潮史也不等于明清早期启蒙思潮史和经世致用思潮史。它们是既有联系又有区别的不同概念(《明清实学的早期启蒙思想》,中国实学研究会主编:《实学文化与当代思潮》,首都师范大学出版社2002年版)。

姜广辉也认为,用"实学"来涵盖"启蒙"思想不妥。因为"实学"的内涵只有通经、修德、用世三项,并且从许多文献中我们也看到,唐代宗、宋宁宗、元世祖、明世祖、清顺治、康熙、乾隆、同治、光绪诸朝皇帝都支持或提倡"实学","实学"属于正统儒学的范围,封建王朝往往通过倡导实学来引导士人的学术取向。它并没有更多思想史方面的意义,更没有"启蒙思想"的含义。不仅如此,封建王朝甚至以"崇虚无而蔑礼法"为罪名,镇压像何心隐、李贽这样的异端思想家。近代王仁俊创办《实学报》公然反对民主,反对变法。正因为"实学"一词本身并没有"启蒙"等许多意义,因此用"实学"来概括明清思潮也未必合适(《走出理学·"实学"考辨》,辽宁教育出版社1997年版,第50页)。

实学研究中的问题很多,这里只是就其中的一些主要问题以及研究者的主要看法加以介绍。实学研究中的许多问题,诸如中国实学的逻辑范畴体系和理论框架问题,中国实学的内涵和研究对象问题,中国实学的起点、终点和发展阶段问题,实学与儒学的关系问题,中国实学与西学的关系问题,中国实学为何未能完成从古代封建社会向近现代社会转化的历史使命问题,中国实学能够为现代化提供哪些有益的文化资源,中韩实学交流史、中日实学交流史等等,都还有待于通过深入细致的研究作出科学的回答。可以相信,随着实学研究的不断深入,人们还会发现新的问题、提出一些新看法,不断丰富和发展中国的实学研究,谱写实学研究的新篇章,开启实学研究的新局面。

中国近三百年学术史（节选）

梁启超

一、反动与先驱

这部讲义，是要说明清朝一代学术变迁之大势及其在文化上所贡献的分量和价值。为什么题目不叫做清代学术呢？因为晚明的二十多年，已经开清学的先河，民国的十来年，也可以算清学的结束和蜕化。把最近三百年认做学术史上一个时代的单位，似还适当，所以定名为《近三百年学术史》。

今年是公历1923年。上溯三百年前至1623年，为明天启三年，这部讲义就从那时候讲起。若稍为概括一点，也可以说是17、18、19三个世纪的中国学术史。

我三年前曾做过一部《清代学术概论》。那部书的范围和这部讲义差不多，但材料和组织很有些不同。希望诸君预备一部当参考。

这个时代的学术主潮是：

厌倦主观的冥想而倾向于客观的考察。

无论何方面之学术，都有这样趋势。可惜客观考察多半仍限于纸片上事物，所以它的效用尚未能尽量发挥。此外还有一个支流是：

排斥理论，提倡实践。

这个支流屡起屡伏，始终未能很占势力。总而言之，这三百年学术界所指向的路,我认为是不错的——是对于从前很有特色而且有进步的,只可惜全部精神未能贯彻。以后凭藉这点成绩扩充蜕变,再开出一个更切实更伟大的时代,这是我们的责任,也是我这回演讲的微意。

凡研究一个时代思潮,必须把前头的时代略为认清,才能知道那来龙去脉。本讲义所讲的时代,是从它前头的时代反动出来,前头的时代,可以把宋元明三朝总括为一个单位——公历 1000 至 1600——那个时代有一种新学术系统出现,名曰"道学"。那六百年间,便是"道学"自发生成长以至衰落的全时期。那时代的道学思潮又为什么能产生能成立呢?(一)因为再前一个时代便是六朝隋唐,物质上文化发达得很灿烂,建筑、文学、美术、音乐等等都呈现历史以来最活泼的状况。后来,这种文明烂熟的结果,养成社会种种惰气。自唐天宝间两京陷落,过去的物质文明已交末运,跟着晚唐藩镇和五代一百多年的纷乱,人心愈发厌倦,所以入到宋朝,便喜欢回到内生活的追求,向严肃朴素一路走去。(二)隋唐以来,印度佛教各派教理尽量输入,思想界已经搀入许多新成份,但始终儒自儒、佛自佛,采一种不相闻问的态度。到了中晚唐,两派接触的程度日渐增加,一方面有韩愈一流人据儒排佛,一方面有梁肃、李翱一流人援佛入儒①。到了两宋,当然会产出儒佛结婚的新学派。加以那时候的佛家,各派都衰,禅宗独盛。禅宗是打破佛家许多形式和理论,专用内观工夫,越发与当时新建设之道学相接近,所以道学和禅宗,可以说是宋元明思想全部的代表。

道学派别,虽然不少,但有一共同之点,是想把儒家言建设在形而上学——即玄学的基础之上。原来儒家开宗的孔子不大喜欢

① 梁肃与白居易交好,是天台宗一员,护法健将。李翱是韩愈朋友,著有《复性书》,拿佛理解释儒书。

说什么"性与天道"，只是想从日用行为极平实处陶养成理想的人格。但到了佛法输入以后，一半由儒家的自卫，一半由时代人心的要求，总觉得把孔门学说找补些玄学的作料才能满足。于是从"七十子后学者所记"的《礼记》里头抬出《大学》、《中庸》两篇出来，再加上含有神秘性的《易经》作为根据，来和印度思想对抗。"道学"最主要的精神实在于此。所以在"道学"总旗帜底下，虽然有吕伯恭、朱晦庵、陈龙川各派，不专以谈玄为主，然而大势所趋，总是倾向到明心见性一路，结果自然要像陆子静、王阳明的讲法，才能彻底地成一片段。所以到明的中叶，姚江（王阳明）学派，奋袭全国，和佛门的禅宗，混为一家。这是距今三百五六十年前学术界的形势。

在本讲义所讲的时代开始之时，王阳明去世已将近百年了。（阳明卒于嘉靖八年，当公历 1529 年。）明朝以八股取士，一般士子，除了永乐皇帝钦定的《性理大全》外，几乎一书不读。学术界本身，本来就像贫血症的人，衰弱得可怜。王阳明是一位豪杰之士，他的学术像打药针一般，令人兴奋，所以能做五百年道学结束，吐很大光芒。但晚年已经四方八面受人妒嫉排挤，不得志以死。阳明死后，他的门生，在朝者，如邹东廓（守益）、欧阳南野（德）；在野者，如钱绪山（德洪）、王龙溪（畿）、罗近溪（汝芳）、王心斋（艮），都有绝大气魄，能把师门宗旨发挥光大，势力笼盖全国，然而反对的亦日益加增。反对派别，大略有三：其一，事功派，如张江陵（居正）辈，觉得他们都是书生迂阔，不切时务。其二，文学派，如王弇州（世贞）辈，觉得他们学问空疏，而且所讲的太干燥无味。其三，势利派，毫无宗旨，惟利是趋，依附魏忠贤一班太监，专和正人君子作对，对于讲学先生，自然疾之如仇。这三派中，除势利派应该绝对排斥外，事功、文学两派，本来都各有好处。但他们既已看不起道学派，道学派也看不起他们，由相轻变为相攻。结果这两派为势利派利用，隐然成为三角同盟以对付道学派。中间经过"议礼"、"红

丸"、"梃击"、"移宫"诸大案①,都是因宫廷中一种不相干的事实,
小题大做,双方意见闹到不可开交。到最后二三十年间,道学派大
本营,前有"东林",后有"复社",都是用学术团体名义,实行政党式
的活动。他们对于恶势力,拼命奋斗的精神,固然十分可敬可佩,
但党势渐成以后,依草附木的人日多,也不免流品很杂。总而言
之,明朝所谓"士大夫社会",以"八股先生"为土台。所有群众运
动,无论什么"清流浊流",都是八股先生最占势力。东林、复社,虽
比较的多几位正人君子,然而打开天窗说亮话,其实不过王阳明这
面大旗底下一群八股先生和魏忠贤那面大旗底下一群八股先生打
架。何况王阳明这边的末流,也放纵得不成话,如何心隐(本名梁
汝元)、李卓吾(贽)等辈,简直变成一个"花和尚"。他们提倡的"酒
色财气不碍菩提路",把个人道德社会道德一切藩篱都冲破了,如
何能令敌派人心服。这些话且不必多说。总之晚明政治和社会所
以溃烂到那种程度,最大罪恶,自然是在那一群下流无耻的八股先
生,巴结太监,鱼肉人民。我们一点不能为他们饶恕。却是和他们
反对的,也不过一群上流无用的八股先生,添上几句"致知格物"的
口头禅做幌子,和别人闹意见闹过不休。最高等的如颜习斋所谓
"无事袖手谈心性,临危一死报君王",至矣极矣。当他们笔头上口
角上吵得乌烟瘴气的时候,张献忠、李自成已经把杀人刀磨得飞
快,准备着把千千万万人砍头破肚,满洲人已经把许多降将收了过
去,准备着看风头捡便宜货入主中原。结果几十年门户党派之争,
闹到明朝亡了一齐拉倒。这便是前一期学术界最后的一幕悲剧。
　　明亡以后,学者痛定思痛,对于那群阉党、强盗、降将,以及下流
无耻的八股先生,罪恶滔天,不值得和他算帐了。却是对于这一群

① 欲知四大案简单情节,看赵翼的《廿二史札记》最好。

上流无用的道学先生,倒不能把他们的责任轻轻放过,李刚主说:

> ……高者谈性天,撰语录;卑者疲精死神于举业,不唯圣道之礼乐兵农不务,即当世之刑名钱谷,亦懵然罔识,而搦管呻吟,自矜有学。……中国嚼笔吮毫之一日,即外夷秣马厉兵之一日,卒之盗贼蜂起,大命遂倾,而天乃以二帝三王相传之天下授之塞外……。(《恕谷集·书明刘户部墓表后》)

又说:

> 宋后,二氏学兴,儒者浸淫其说,静坐内视,论性谈天,与夫子之言,一一乖反,而至于扶危定倾大经大法,则拱手张目,授其柄于武人俗士。当明季世,朝庙无一可倚之臣。坐大司马堂批点《左传》,敌兵临城,赋诗进讲,觉建功立名,俱属琐屑,日夜喘息著书,曰此传世业也。卒至天下鱼烂河决,生民涂炭。呜呼,谁生厉阶哉!(《恕谷集·与方灵皋书》)

朱舜水说:

> 明朝以时文取士。此物既为尘羹土饭,而讲道学者又迂腐不近人情。……讲正心诚意,大资非笑,于是分门标榜,遂成水火,而国家被其祸。(《舜水遗集·答林春信问》)

顾亭林说:

> 刘、石乱华,本于清谈之流祸,人人知之。孰知今日之清谈,有甚于前代者。昔之清谈谈老庄,今之清谈谈孔孟。未得其精,而已遗其粗;未究其本,而先辞其末。不习六艺之文,不考百王之典,不综当代之务,举夫子论学论政之大端一切不问,而曰"一贯",曰"无言"。以明心见性之空言,代修己治人之实学。股肱惰而万事荒,爪牙亡而四国乱,神州荡覆,宗社丘墟。昔王衍妙善玄言,自比子贡,及为石勒所杀,将死,顾而言曰:"吾曹虽不如古人,向若不祖尚浮虚,戮力以匡天下,犹可不至今日。"今之君子,得不有愧乎其言。(《日知录》卷七

《夫子之言性与天道》)

亭林既愤慨当时学风,以为明亡实由于此,推原祸始,自然责备到阳明。他说:

> 以一人而易天下,其流风至于有百余年之久者,古有之矣,王夷甫(衍)之清谈、王介甫(安石)之新说;其在于今,则王伯安(守仁)之良知是也。孟子曰:"天下之生久矣,一治一乱。"拨乱世反诸正,岂不在后贤乎?(《日知录》卷十八)

王船山亦以为王学末流之弊,从阳明本身出来。他说:

> 姚江王氏阳儒阴释诬圣之邪说,其究也,刑戮之民、阉贼之党皆争附焉,而以充其"无善无恶圆融事理"之狂妄。(《正蒙注·序论》)

费燕峰说:

> 清谈害实,始于魏晋,而固陋变中,盛于宋南北。(案:费氏提倡"实"与"中"两义,故斥当时学派为害实变中。)自汉至唐,异说亦时有,然士安学同,中实尚属。至宋而后,齐逞意见,专事口舌,……又不降心将人情物理平居处事点勘离合,说者自说,事者自事,终为两断。一段好议论,美听而已。……后儒所论,唯深山独处,乃可行之;城居郭聚,有室有家,必不能也。盖自性命之说出,而先王之三物六行亡矣。……学者所当痛心,而喜高好僻之儒,反持之而不下。无论其未尝得而空言也,果"静极"矣,"活泼泼地会"矣,"坐忘"矣,"心常在腔子里"矣,"即物之理无不穷,本心之大无不立,而良心无不致"矣,亦止与达摩面壁、天台止观同一门庭。……何补于国?何益于家?何关于政事?何救于民生?……学术蛊坏,世道偏颇,而夷狄寇盗之祸亦相挺而起。……(《费氏遗书·弘道书》卷中)

平心而论,阳明学派,在二千年学术史上,确有相当之价值,不能一笔抹杀,上文所引诸家批评,不免都有些过火之处。但末流积弊,既已如此,举国人心对于他既已由厌倦而变成憎恶,那么这种学术,如何能久存? 反动之起,当然是新时代一种迫切的要求了。

大反动的成功自然在明亡清兴以后。但晚明最末之二三十年,机兆已经大露,试把各方面的趋势一一指陈。

第一,王学自身的反动。最显著的是刘蕺山(宗周)一派(蕺山于崇祯十七〔1644〕年殉难),特标"证人"主义,以"慎独"为入手,对于龙溪(王畿)、近溪(罗汝芳)、心斋(王艮)诸人所述的王学,痛加针砭,总算是舍空谈而趋实践,把王学中谈玄的成份减了好些。但这种反动,当然只能认为旧时代的结局,不能认为新时代的开山。

第二,自然界探索的反动。晚明有两位怪人,留下两部怪书。其一为徐霞客(名宏祖,生万历十三〔1585〕年,卒崇祯十三〔1640〕年,年五十六),是一位探险家,单身步行,把中国全部都游历遍了。他所著的书,名曰《霞客游记》,内中一半虽属描写风景,一半却是专研究山川脉络,于西南——云、桂、蜀、贵地理,考证极为详确。中国实际调查的地理书,当以此为第一部①。其二为宋长庚(名应星,奉新人,卒年无考,丁文江推定为卒于顺治、康熙间),是一位工业科学家。他所著有两部书,一部是《画音归正》。据书名当是研究方音,可惜已佚;一部是《天工开物》(商务印书馆正在重印),用科学方法研究食物、被服、用器,以及冶金、制械、丹青,珠玉之原料

---

①　潘稼堂(耒)《徐霞客游记序》云:"霞客之游,在中州者无大过人,其奇绝者,闽粤楚蜀滇黔百蛮荒徼之区,皆往返再四。其行不从官道,……先审视山脉如何去来,水道如何分合,既得大势,然后支搜节讨。"又云:"沿溯澜沧、金沙,穷南北盘江之源,实中土人创辟之事。……向来山经地志之误,厘正无遗,……然未尝有怪迂侈大之语,欺人以所不知。"

工作,绘图贴说,详确明备①。这两部书不独一洗明人不读书的空谈,而且比清人专读书的实谈还胜几筹,真算得反动初期最有价值的作品。本条所举,虽然不过一两个人一两部书,不能认为代表时代,然而学者厌蹈空喜踏实的精神,确已渐渐表现了。

第三,明末有一场大公案,为中国学术史上应该大笔特书者,曰:欧洲历算学之输入。先是马丁·路得既创新教,罗马旧教在欧洲大受打击,于是有所谓"耶稣会"者起,想从旧教内部改革振作。他的计划是要传教海外,中国及美洲实为其最主要之目的地。于是利马窦、庞迪我、熊三拔、龙华民、邓玉函、阳玛诺、罗雅谷、艾儒略、汤若望等,自万历末年至天启、崇祯间先后入中国。中国学者如徐文定(名光启,号元扈,上海人,崇祯六年〔1633〕卒,今上海徐家汇即其故宅)、李凉庵(名之藻,仁和人)等都和他们来往,对于各种学问有精深的研究。先是所行"大统历",循元郭守敬"授时历"之旧,错谬很多。万历末年,朱世堉、邢云路先后上疏指出他的错处,请重为厘正。天启、崇祯两朝十几年间,很拿这件事当一件大事办。经屡次辩争的结果,卒以徐文定、李凉庵领其事,而请利、庞、熊诸客卿共同参预,卒完成历法改革之业。此外中外学者合译或分撰的书籍,不下百数十种。最著名者,如利、徐合译之《几何原本》,字字精金美玉,为千古不朽之作,无用我再为赞叹了。其余《天学初函》、《崇祯历书》中几十部书,都是我国历算学界很丰厚的遗产。又《辨学》一编,为西洋论理学输入之鼻祖。又徐文定之《农政全书》六十卷,熊三拔之《泰西水法》六卷,实农学界空前之著作。我们只要肯把当时

① 《天工开物》自序云:"世有聪明博物者,稠人推焉。乃枣梨之花未赏,而臆度楚萍;釜鬵之范鲜经,而侈谈莒鼎。画工好图鬼魅而恶犬马,即郑侨晋华,岂足为烈哉!"丁在君(文江)《重印〈天工开物〉始末记》云:"三百年前言工业天产之书,如此其详且明者,世界之中,无与比伦。"

那班人的著译书目一翻,便可以想见他们对于新知识之传播如何的努力。只要肯把那个时代的代表作品——如《几何原本》之类择一两部细读一过,便可以知道他们对于学问如何的忠实。要而言之,中国知识线和外国知识线相接触,晋唐间的佛学为第一次,明末的历算学便是第二次(中国元代时和阿拉伯文化有接触,但影响不大)。在这种新环境之下,学界空气,当然变换,后此清朝一代学者,对于历算学都有兴味,而且最喜欢谈经世致用之学,大概受利、徐诸人影响不小①。

第四,藏书及刻书的风气渐盛。明朝人不喜读书,已成习惯,据费燕峰(密)所说:"《十三经注疏》除福建版外,没有第二部。"(见《弘道书》卷上)固陋到这程度,实令人吃惊。但是,到万历末年以后,风气渐变了。焦弱侯(名竑,江宁人,万历四十八年〔1620〕卒)的《国史经籍志》,在目录学上就很有相当的价值。范尧卿(名钦,鄞县人)创立天一阁,实为现在全国——或者还是全世界——最古最大的私人图书馆(可惜这个图书馆到民国以来已成了空壳子了)。毛子晋(名晋,常熟人)和他的儿子斧季(扆),他们家的汲古阁专收藏宋元刻善本,所刻《津逮秘书》和许多单行本古籍,直到今日,还在中国读书界有很大价值。这几位都是明朝最后二三十年间人(毛斧季是清朝人)他们这些事业,都可以说是当时讲学的反动(焦弱侯也是王学家健将,但他却好读书)。这点反动,实在是给后来学者很有益的工具(例如黄梨洲、万九沙、全

20世纪儒学研究大系

---

① 当时治利、徐一派之学者,尚有周子愚、瞿式耜、虞淳熙、樊良枢、汪应熊、朱天经、杨廷筠、郑洪猷、冯应京、王汝淳、周炳谟、王家植、瞿汝夔、曹于汴、郑以伟、熊明遇、陈亮采、许香臣、熊士旂等人,皆尝为著译各书作序跋者。又莲池法师,亦与利玛窦往来,有书札见《辨学遗牍》中。可想见当时此派声气之广。

谢山都读天一阁藏书。汲古阁刻本书,流布古籍最有功,且大有益于校勘家)。

　　第五,还有一件很可注意的现象,这种反动,不独儒学方面为然,即佛教徒方面也甚明显。宋、元、明三朝,简直可以说除了禅宗,别无佛教。到晚明忽然出了三位大师:一莲池(名袾宏,万历四十三年〔1615〕卒),二憨山(名德清,天启三年〔1623〕卒),三蕅益(名智旭,顺治九年〔1655〕卒),我们试把《云栖法汇》(莲池著)、《梦游集》(憨山著)、《灵峰宗论》(蕅益著)一读。他们反禅宗的精神,到处都可以看得出来。他们提倡的是净土宗。清朝一代的佛教一直到杨仁山为止,走的都是这条路。禅净优劣,本来很难说——我也不愿意说,但禅宗末流,参话头,背公案,陈陈相因,自欺欺人,其实可厌。莲池所倡净宗,从极平实的地方立定,做极严肃的践履工夫,比之耶教各宗,很有点"清教徒"的性质,这是修持方面的反动。不惟如此,他们既感觉掉弄机锋之靠不住,自然回过头来研究学理。于是憨山注《楞伽》、《楞严》;蕅益注《楞严》、《起信》、《唯识》,乃至把全藏通读,著成《阅藏知津》一书。他们的著述价值如何,且不必论,总之一返禅宗束书不观之习,回到隋唐人做佛学的途径,是显而易见了(同时钱牧斋〔谦益〕著了一大部《楞严蒙钞》,也是受这个潮流的影响)。

　　以上所举五点,都是明朝煞尾二三十年间学术界所发生的新现象。虽然读黄梨洲《明儒学案》,一点看不出这些消息,然而我们认为关系极重大。后来清朝各方面的学术,都从此中孕育出来。我这部讲义,所以必把这二三十年做个"楔子",其理由在此。

　　"楔子"完了,下回便入正文。

　　……

十、实践实用主义
——颜习斋　李恕谷　附：王昆绳
程绵庄　恽皋闻　戴子高

有清一代学术，初期为程朱陆王之争，次期为汉宋之争，末期为新旧之争。其间有人焉举朱陆汉宋诸派所凭借者一切摧陷廓清之，对于二千年来思想界，为极猛烈极诚挚的大革命运动。其所树的旗号曰"复古"，而其精神纯为"现代的"。其人为谁？曰颜习斋及其门人李恕谷。

颜习斋，名元，字浑然，直隶博野县人。生明崇祯八年，卒清康熙四十三年（1635—1704），年七十。他是京津铁路线中间一个小村落——杨村的小户人家儿子。他父亲做了蠡县朱家的养子，所以他幼年冒姓朱氏。他三岁的时候，满洲兵入关大掠，他父亲被掳，他母亲也改嫁去了。他二十多岁，才知道这些情节，改还本姓。正要出关寻父，碰着三藩之乱，蒙古响应，辽东戒严，直到五十一岁方能成行。北达铁岭，东抵抚顺，南出天复门，困苦不可名状。经一年余，卒负骨归葬。他的全生涯，十有九都在家乡过活。除出关之役外；五十六、七岁时候，曾一度出游，到过直隶南部及河南。六十二岁，曾应肥乡漳南书院之聘，往设教，要想把他自己理想的教育精神和方法在那里试验。分设四斋，曰文事，曰武备，曰经史，曰艺能。正在开学，碰着漳水决口，把书院淹了，他自此便归家不复出。他曾和孙夏峰、李二曲、陆桴亭通过信，但都未识面。当时知名之士，除刁蒙吉（包）、王介祺（馀佑）外，都没有来往。他一生经历大略如此。

他幼年曾学神仙导引术，娶妻不近，既而知其妄，乃折节为学。二十岁前后，好陆王书，未几又从事程朱学，信之甚笃。三十岁以后,才觉得这路数都不对。他说唐虞时代的教学是六府——水火金木土谷,三事——正德、利用、厚生;《周礼》教士以三物:六德——知仁圣义忠和,六行——孝友睦姻任恤,六艺——礼乐射御书数;孔子以四教——文行忠信;和后世学术专务记诵或静坐冥想者,门庭迥乎不同。他说:"必有事焉,学之要也。心有事则存,身有事则修,家之齐,国之治,皆有事也。无事则治与道俱废。故正德、利用、厚生曰事,不见诸事,非德非用非生也。德、行、艺曰物,不征诸物,非德非行非艺也。"(李塨著《习斋年谱》卷上)他以为,离却事物无学问;离却事物而言学问,便非学问;在事物上求学问,则非实习不可。他说:"如天文、地志、律历、兵机等类,须日夜讲习之力,多年历验之功,非比理会文字之可坐而获也。"(《存学编》卷二《性理书评》)所以他极力提倡一个"习"字,名所居曰"习斋"。学者因称为习斋先生。他所谓习,绝非温习书本之谓,乃是说凡学一件事都要用实地练习功夫。所以我叫他做"实践主义"。他讲学问最重效率。董仲舒说,"正其谊不谋其利,明其道不计其功"。他翻这个案,说要"正其谊以谋其利,明其道而计其功"。他用世之心极热,凡学问都要以有益于人生、可施诸政治为主。所以我又叫他叫"实用主义"。王昆绳说:"先生崛起无师受,确有见于后儒之高谈性命,为参杂二氏而乱孔孟之真,确有见于先王先圣学教之成法,非静坐读书之空腐,确有见于后世之乱,皆由儒术之失其传;而一复周、孔之旧,无不可复斯民于三代。……毅然谓圣人必可学,而终身砣砣于困知勉行,无一言一事之自欺自恕,慨然任天下之重,而以弘济苍生为心。……"(《居业堂集·颜先生年谱序》)这话虽出自门生心悦诚服之口,依我看还不算溢美哩。

习斋很反对著书。有一次,孙夏峰的门生张天章请他著礼仪水政书,他说:"元之著《存学》也,病后儒之著书也,尤而效之乎?且纸墨功多,恐习行之精力少也。"(《年谱》卷下)所以他一生著书很少，只有《存学》、《存性》、《存治》、《存人》四编，都是很简短的小册子。《存学编》说孔子以前教学成法，大指在主张习行六艺，而对于静坐与读书两派痛加驳斥。《存性编》可以说是习斋哲学的根本谈，大致宗孟子之性善论，而对于宋儒变化气质之说不以为然。《存治编》发表他政治上主张，如行均田、复选举、重武事……等等。《存人篇》专驳佛教，说他非人道主义。习斋一生著述仅此，实则不过几篇短文和信札笔记等类凑成，算不得著书也。戴子高《习斋传》说他：“推论明制之得失所当因革者，为书曰《会典大政记》，曰：‘如有用我，举而错之’。”但这书我未得见，想是失传了。有《四书正误》、《朱子语类评》两书，今皆存。这书是他读朱子《四书集注》及《语类》随手批的，门人纂录起来，也不算什么著述。他三十岁以后，和他的朋友王法乾（养粹）共立日记；凡言行善否，意念之欺慊，逐时自勘注之。后来他的门生李恕谷用日记做底本，加以平日所闻见，撰成《习斋先生年谱》二卷。钟金若锬又辑有《习斋先生言行录》四卷，补年谱所未备；又辑《习斋纪余》二卷，则录其杂文。学者欲知习斋之全人格及其学术纲要，看《年谱》及《言行录》最好。

　　这个实践实用学派，自然是由颜习斋手创出来。但习斋是一位暗然自修的人，足迹罕出里门，交游绝少，又不肯著书。若当时仅有他这一个人，恐怕这学派早已湮灭没人知道了。幸亏他有一位才气极高、声气极广、志愿极宏的门生李恕谷，才能把这个学派恢张出来。太史公说：“使孔子名周闻于天下者，子贡先后之也。”孔子是否赖有子贡，我们不敢说，习斋之有恕谷，却真是史公所谓“相得而益彰”了。所以这派学问，我们叫他做“颜李学”。

　　恕谷，名塨，字刚主，直隶蠡县人。生顺治十六年，卒雍正十一年（1659—1733），年七十五。父明性，学行甚高。习斋说生平严事者六人，明性居其一。恕谷以父命从习斋游，尽传其学，而以昌明之为己任。习斋足不出户，不轻交一人，尤厌见时贵。恕谷则常来往京师，广交当时名下士，如万季野、阎百诗、胡朏明、方灵皋辈，都有往还。时季野负盛名，每开讲会，列坐都满。一日会讲于绍宁会馆，恕谷也在坐，众方请季野讲"郊社之礼"，季野说，且慢讲什么'郊社'，请听听李先生讲真正的圣学。王昆绳才气不可一世，自与恕谷为友，受他的感动，以五十六岁老名士，亲拜习斋之门为弟子。程绵庄、恽皋闻，皆因恕谷才知有习斋，都成为习斋学派下最有力人物。所以这派虽由习斋创始，实得恕谷然后长成。习斋待人与律己一样的严峻。恕谷说，交友须令可亲，乃能收罗人才，广济天下。论取与之节，习斋主张非力不食，恕谷主张通功易事。习斋绝对的排斥读书，恕谷则谓礼乐射御书数等，有许多地方非考证讲究不可，所以书本上学问也不尽废。这都是他对于师门补偏救弊处。然而学术大本原所在，未尝与习斋有出入。他常说，"学施于民物，在人犹在己也。"又以为，"教养事业，惟亲民官乃能切实办到。"他的朋友郭金汤做桐乡知县，杨勤做富平知县，先后聘他到幕府，举邑以听。他欣然前往，政教大行。但阔人网罗他，他却不肯就。李光地做直隶巡抚，方以理学号召天下，托人示意他往见，他说部民不可以妄见长官，竟不往。年羹尧开府西陲，两次来聘，皆力辞以疾，其自守之介又如此。

恕谷尝问乐学于毛奇龄。毛推为盖世儒者，意欲使恕谷尽从其学。恕谷不肯，毛遂作《大学逸讲笺》以攻习斋。方苞与恕谷交厚，尝遣其子从学恕谷，又因恕谷欲南游，拟推其宅以居恕谷。然方固以程朱学自命者，不悦习斋学，恕谷每相见，侃侃辩论，方辄语塞。及恕谷卒，方不俟其子孙之请，为作墓志，于恕谷德业一无所详，而唯载恕谷与王昆绳及文论学同异，且谓恕谷因方言而改其师法。恕谷门人刘用可（调赞）说方纯构虚辞，诬及死友云。恕谷承习斋教，以躬行为先，不尚空文著述，晚年因问道者众，又身不见用，始寄于书。所著有《小学稽业》五卷，《大学辨业》四卷，《圣经学规纂》二卷,《论学》二卷,《周易传注》七卷,《诗经传注》八卷,《春秋传注》四卷,《论语传注》二卷,《大学》、《中庸》传注各一卷,《传注问》四卷,《经说》六卷,《学礼录》四卷,《学乐录》二卷,《拟太平策》一卷,《田赋考辨》、《宗庙考辨》、《禘祫考辨》各一卷,《阅史郄视》五卷,《平书订》十四卷(《平书》为王昆绳所著,已佚,此书为恕谷评语),《恕谷文集》十三卷。其门人冯辰、刘调赞共纂《恕谷先生年谱》四卷。

颜李的行历,大略说过,以下要说他们学术的梗概。

颜李学派,在建设方面,成绩如何,下文别有批评。至于破坏方面,其见识之高,胆量之大,我敢说从古及今未有其比。因为自汉以后二千年所有学术,都被他否认完了。他否认读书是学问,尤其否认注释古书是学问,乃至否认用所有各种方式的文字发表出来的是学问。他否认讲说是学问,尤其否认讲说哲理是学问。他否认静坐是学问,尤其否认内观式的明心见性是学问。我们试想,二千年来的学问,除了这几项更有何物? 都被他否认得干干净净了。我们请先看他否认读书是学问的理由。习斋说:

以读经史订群书为穷理处事,以求道之功,则相隔千里;以读经史订群书为即穷理处事,而曰道在是焉,则相隔万里矣。……譬之学琴然,书犹琴谱也,烂熟琴谱,讲解分明,可谓学琴乎? 故曰,以讲读为求道之功,相隔千里也。更有一妄人指琴谱曰,是即琴也,辨音律,协声韵,理性情,通神明,此物此事也。谱果琴乎? 故曰,以书为道,相隔万里也。……歌得其调,抚娴其指,弦求中音,徽求中节,是之谓学琴矣,未为习琴也。手随心,音随手,清浊疾徐有常功,鼓有常规,奏有常乐,是之谓习琴矣,未为能琴也。弦器可手制也,音律可耳审也,诗歌惟其所欲也,心与手忘,手与弦忘,于是乎命之曰能琴。今手不弹,心不会,但以讲读琴谱为学琴,是渡河而望江也,故

曰千里也。今目不睹,耳不闻,但以谱为琴,是指蓟北而谈滇南也,故曰万里也。(《存学篇》)卷二《性理书评》)

这种道理,本来一说便明。若说必读书才有学问。那么,许多书没有出现以前,岂不是没有一个有学问的人么?后儒解释《论语》"博学于文",大率说是"多读书"。习斋说:"儒道之亡,亡在误认一'文'字。试观帝尧'焕乎文章',固非大家帖括,抑岂四书五经乎?周公监二代所制之'郁郁',孔子所谓'在兹',颜子所谓'博我'者,是何物事?后儒全然误了。"(《言行录·学须篇》)又说"汉宋儒满眼只看得几册文字是'文',然则虞夏以前大圣贤皆鄙陋无学矣。"(《四书正误》卷三)又说:"后儒以文墨为文,将博学改为博读博讲博著,不又天渊之分耶?"(《习斋年谱》卷下)可谓一针见血语了。

"读书即学问"这个观念从哪里发生呢?习斋以为:"汉宋诸儒,但见孔子叙《书》、《传》、《礼》、删《诗》、正《乐》、系《易》、作《春秋》,误认纂修文字是圣人;则我传述注解便是贤人,读之熟、讲之明而会作书文者,皆圣人之徒矣,遂合二千年成一虚花无用之局。……"(《四书正误》卷三)孔子曾否删《书》、《诗》,定《礼》,系《易》等等,本来还属历史上一个疑问。就令有之,也断不能说孔子之所以为孔子者专在此,这是显而易见之理。据习斋的意思,以为"孔子是在强壮时已学成内圣外王之德,教成一班治世之才,不得用乃周游,又不得用乃删述,皆大不得已而为之者,其所删述,不过编出一部'习行经济谱',望后人照样去做;战国说客,置学教而学周游,是不知周游为孔子之不得已也;宋儒又置学教及行道当时,而自幼即学删述,教弟子亦不过如是,是不知删述为孔子之尤不得已也;如效富翁者,不学其经营治家之实,而徒效其凶岁转移及遭乱记产籍以遗子孙者乎!"(《存学编》卷三《年谱》卷下)这些话说孔子说得对不对,另一问题。对于后儒误认读书即学问之心理,可谓洞中症结了。

习斋为什么恨读书恨到这步田地呢? 他以为专读书能令人愚,能令人弱。他有一位门生,把《中庸》"好学近乎知"这句话问他,他先问那人道:"你心中必先有多读书可以破愚之见,是不是呢?"那人道:"是。"他说:"不然,试观今天下秀才晓事否? 读书人便愚,多读更愚,但书生必自智,其愚却益深。……"(《四书正误》卷二)又说:"读书愈多愈惑,审事机愈无识,办经济愈无力。"(《朱子语类评》)朱子曾说:"求文字之工,用许多工夫,费许多精神,甚可惜。"习斋进一步说道:"文家把许多精神费在文墨上诚可惜矣,先生辈舍生尽死,在思、读、讲、著四字上做工夫,全忘却尧舜三事六府,周礼六德六行六艺,不肯去学,不肯去习,又算什么? 千余年来率天下人故纸堆中,耗尽身心气力,作弱人病人无用人者,皆晦庵为之也。"(《朱子语类评》)恕谷说:"读阅久则喜静恶烦,而心板滞迂腐矣。……故予人以口实,曰'白面书生',曰'书生无用',曰'林间咳嗽病猕猴'。世人犹谓诵读可以养身心,误哉! ……颜先生所谓,读书人率习如妇人女子,以识则户隙窥人,以力则不能胜一匹雏也。"(《恕谷后集·与冯枢天论读书》)这些话不能说他太过火,因为这些"读书人"实在把全个社会弄得糟透了。恕谷说:

> 后世行与学离,学与政离。宋后二氏学兴,儒者浸淫其说,静坐内视,论性谈天,与孔子之言一一乖反;至于扶危定倾,大经大法,则拱手张目授其柄于武人俗士。当明季世,朝庙无一可倚之人,坐大司马堂批点《左传》,敌兵临城,赋诗进讲,觉建功立名,俱属琐屑,日夜喘息著书,曰此传世业也。卒至天下鱼烂河决,生民涂炭。呜呼! 谁生厉阶哉。(《恕谷文集·与方灵皋书》)

习斋恨极这种学风,所以咬牙切齿说道:

> 率古今之文字,食天下之神智。(《四书正误》卷四)

他拿读书比服砒霜,说道:

> 仆亦吞砒人也。耗竭心思气力,深受其害,以致六十余岁,终不能入尧舜周孔之道。但于途次闻乡塾群读书声,便叹曰,可惜许多气力!但见人把笔作文字,便叹曰,可惜许多心思!但见场屋出入人群,便叹曰,可惜许多人才!故二十年前,但见聪明有志人,便劝之多读;近来但见才器,便戒勿多读书。……噫!试观千圣百王,是读书人否?虽三代后整顿乾坤者,是读书人否?吾人急醒!(《朱子语类评》)

这些话可谓极端而又极端了。咳!我不晓得习斋看见现在学校里成千成万青年,又当作何叹息哩。但我们须要牢牢紧记,习斋反对读书,并非反对学问。他因为认定读书与学问截然两事,而且认读书妨碍学问,所以反对它。他说:

> 人之岁月精神有限,诵说中度一日,便习行中错一日;纸墨上多一分,便身世上少一分。(《存学编》卷一)

恕谷亦说:

> 纸上之阅历多,则世事之阅历少;笔墨之精神多,则经济之精神少。宋明之亡以此。(《恕谷年谱》)

观此,可知他反对读书,纯为积极的,而非消极的。他只是叫人把读书的岁月精神腾出来去做学问。至于他所谓学问是什么,下文再说。

习斋不惟反对读书,而且反对著书。看上文所引的话多以读著并举,便可见。恕谷比较的好著书,习斋曾告诫他,说道:“今即著述尽是,不过宋儒为误解之书生,我为不误解之书生耳,何与儒者本业哉!”(《年谱》卷下)总而言之,凡纸上学问,习斋无一件不反对。

反对读书不自颜李始,陆王学派便已反对,禅宗尤其反对。颜李这种话,不是助他们张目吗?不然,不然。颜李所反对不仅在读书，尤在宋明儒之谈玄式的讲学。习斋说：

> 近世圣道之亡，多因心内惺觉、口中讲说、纸上议论三者之间见道，而身世乃不见道。学堂辄称书院，或曰讲堂，皆倚《论语》"学之不讲"一句为遂非之柄。殊不思孔门为学而讲，后人以讲为学，千里矣。（《年谱》卷下）

习斋之意，凡学而注重讲，不论讲什么，不论讲得对不对，总之已经错了路数了。他说，孔子说"予欲无言"，"无行不与"，"当时及门皆望孔子以言，孔子惟率之下学而上达，非吝也，学教之成法固如是也。道不可以言传也，言传者有先于言者也。"（《存学编》卷一《由道》）可见无论何种学问，决非一讲所能了事了。何况宋明所讲之学，开口总是什么性咧，命咧，天咧，理咧，气咧。习斋以为，"性命之理，不可讲也；虽讲，人亦不能听也；虽听，人亦不能醒也；虽醒，人亦不能行也。"（《存学编》卷一《总论讲学》）《论语》说"夫子之言性与天道不可得而闻"，宋儒都说是颜、曾以下够不上"闻"。习斋说，"如是，孔子不几为千古拙师，七十子竟成愚徒乎！"（《年谱》卷下）他的意思以为这些本来是不应闻的，不必闻的，并没有够得上够不上的问题。《论语》"民可使由之，不可使知之"。习斋以为，"由"便够了，何必要"知"？要"使知"，便都枉用心力，还会闹毛病。（《存学编·由道》章大意）孟子说，"行之而不著焉，习矣而不察焉，终身由之而不知其道者众也"。习斋说，近世讲学家正做得这章书的反面，"著之而不行焉，察矣而不习焉，终身知之而不由其道者众也"（这话是刁蒙吉说的，习斋引他）。所以他说：

> 汉宋诸先生，只要解惺。教人望世，亦只要他解惺。故罄一生心力，去作注疏，作集注。圣人只要人习行，不要人解惺。天下人尽习行，全不解惺，是道之明于天下也。天下人尽解惺，全不习行，是道之晦于天下也。道明于天下，尧舜之民不识不知，孔门三千徒众，性道不得闻；道晦于天下，今世家讲而

人解。(《四书正误》卷三)

总之,习斋学风,只是教人多做事,少讲话,多务实际,少谈原理。他说:"宋儒如得一路程本,观一处又观一处,自喜为通天下路程,人人亦以晓路称之。其实一步未行,一处未到,周行芜榛矣。"(《年谱》卷下)又说:"有圣贤之言可以引路。今乃不走路,只效圣贤言以当走路。每代引路之言增而愈多,卒之荡荡周道上鲜见人也。"(《存学篇》卷三)又说:"专说话的人,便说许多尧舜话,终无用。即如说糟粕无救于饥渴,说稻粱鱼肉亦无救于饥渴也。"(《朱子语类评》)他反对讲学之理由,大略如此。

宋明儒所讲个人修养方法,最普通的为主静、主敬、穷理格物……等等。颜李学派对于这些法门,或根本反对,或名同实异,今分述如下。

主静是颜李根本反对的。以朱陆两派论,向来都说朱主敬,陆主静。其实"主静立人极"这句话,倡自周濂溪,程子见人静坐,便叹为善学。朱子教人"半日静坐",教人"看喜怒哀乐未发之中",程朱派何尝不是主静? 所以"静"之一字,虽谓为宋元明七百年间道学先生们公共的法宝,亦无不可。习斋对于这一派活,最为痛恨。他说:"终日危坐以验未发气象为求中之功,此真孔子以前千圣百王所未尝闻也。"(《存学编》卷二)朱子口头上常常排斥佛学,排斥汉儒。习斋诘问他:"你教人半日静坐,半日读书,是半日当和尚,半日当汉儒。试问十二个时辰,那一刻是尧、舜、周、孔?"(《朱子语类评》)颜李书中,像这类的话很多,今不备引了。但他们并非用空言反对,盖从心理学上提出极强的理由,证明静中所得境界实靠不住。习斋说:

> 洞照万象,昔人形容其妙,曰镜花水月。宋明儒者所谓悟道,亦大率类此。吾非谓佛学中无此镜也,亦非谓学佛者不能致此也,正谓其洞照者无用之水镜,其万象皆无用之花月也。

不至于此,徒苦半生为腐朽之枯禅。不幸而至此,自欺更深。何也?人心如水,但一澄定,不浊以泥沙,不激以风石,不必名山巨海之水能照百态,虽沟渠盆盂之水皆能照也。今使竦起静坐而不扰以事为,不杂以旁念,敏者数十日,钝者三五年,皆能洞照万象如镜花水月。功至此,快然自喜,以为得之矣。或邪妄相感,人物小有征应,愈隐怪惊人,转相推服,以为有道矣。予戊申前亦尝从宋儒用静坐工夫,故身历而知其为妄,不足据也。(《存学编》卷二有一段大意与此同,而更举实例为证云:"吾闻一管姓者与吾友汪魁楚之伯同学仙于泰山中,止语三年。汪之离家十七年,其子往视之。管能预知,以手书字曰:'汪师今日有子来。'既而果然。未几其兄呼还,则与乡人同也。吾游燕京,遇一僧敬轩,不识字,坐禅数月,能作诗,既而出关,则仍一无知人也……。")

天地间岂有不流动之水?不著地、不见泥沙、不见风石之水?一动一著,仍是一物不照矣。今玩镜里花、水中月,信足以娱人心目;若去镜水,则花月无有矣。即对镜水一生,徒自欺一生而已矣。若指水月以照临,取镜花以折佩,此必不可得之数也。故空静之理,愈谈愈惑;空静之功,愈妙愈妄。……(《存人编》)

这段话真是餍心切理之谈。天下往往有许多例外现象,一般人认为神秘不可思议,其实不过一种变态的心理作用。因为人类本有所谓潜意识者,当普通意识停止时,他会发动——做梦便是这个缘故。我们若用人为的工夫将普通意识制止,令潜意识单独出锋头,则"镜花水月"的境界,当然会现前。认这种境界为神秘,而惊异他,歆羡他,固属可笑。若咬定说没有这种境界,则亦不足以服迷信者之心,因为他们可以举出实例来反驳你。习斋虽没有学过近世心理学,但这段话确有他的发明。他承认这种变态心理是有的,但说他是靠不住的,无用的。后来儒家辟佛之说,没有比习斋更透彻的了。

主静若仅属徒劳无功,也可以不管他。习斋以为主静有大害二。其一,是坏身体。他说,"终日兀坐书房中,萎惰人精神,使筋骨皆疲软,以至天下无不弱之书生,无不病之书生。生民之祸,未有甚于此者也。"(《朱子语类评》)其二,是损神智。他说,"为爱静空谈之学久,则必至厌事。遇事即茫然,贤豪且不免,况常人乎?故误人才败天下事者,宋人之学也。"(《年谱》卷下)这两段话,从生理上心理上分别说明主静之弊,可谓博深切明。

习斋于是对于主静主义,提出一个正反面曰"主动主义"。他说:"常动则筋骨竦,气脉舒,故曰'立于礼',故曰'制舞而民不肿'。宋元来儒者皆习静,今日正可言习动。"(《言行录》卷下《世性编》)又说:"养身莫善于习动。夙兴夜寐,振起精神,寻事去做,行之有常,并不困疲,日益精壮。但说静息将养,便日就惰弱了。故曰君子庄敬日强,安肆日偷。"(同上《学人篇》)这是从生理上说明习动之必要。他又说:"人心动物也,习于事则有所寄而不妄动。故吾儒时习力行,皆所以治心。释氏则寂室静坐,绝事离群,以求治心,不惟理有所不可,势亦有所不能,故置数珠以寄念。……"(《言行录》卷上《刚峰篇》)又说:"吾用力农事,不遑食寝,邪妄之念,亦自不起。信乎'力行近乎仁'也"。(同上《理学篇》)这是从心理上说明习动之必要。尤奇特者,昔人多以心不动为贵,习斋则连心也要它常动。他最爱说"提醒身心,一齐振起"二语。怎样振起法呢?"身无事干,寻事去干;心无理思,寻理去思。习此身使勤,习此心使存。"(《言行录》卷下《鼓琴篇》)他笃信这个主动主义,于是为极有力之结论道:

> 五帝、三王、周孔,皆教天下以动之圣人也,皆以动造成世道之圣人也。汉唐袭其动之一二以造其世也。晋宋之苟安,

佛之空,老之无,周、程、朱、邵之静坐,徒事口笔,总之皆不动
也,而人才尽矣,世道沦矣!吾尝言,一身动则一身强,一家动
则一家强,一国动则一国强,天下动则天下强。自信其考前圣
而不缪,俟后圣而不惑矣。(《言行录》卷下《学须篇》)

宋儒修养,除主静外,还有主敬一法。程朱派学者常拿这个和
陆王派对抗。颜李对于主敬,是极端赞成的,但宋儒所用的方法却
认为不对。习斋说:"宋儒拈'穷理居敬'四字,以文观之甚美;以实
考之,则以读书为穷理功力,以恍惚道体为穷理精妙,以讲解著述
为穷理事业,以俨然静坐为居敬容貌,以主一无适为居敬工夫,以
舒徐安重为居敬作用。……"(《存学编》卷二)习斋以为这是大错
了。他引《论语》的话作证,说道:"曰'执事敬',曰'敬事而信',曰
'敬其事',曰'行笃敬',皆身心一致加功,无往非敬也。若将古人
成法皆舍置,专向静坐收摄徐行缓语处言主敬,则是儒其名而释其
实,去道远矣。"(《存学编》卷三)恕谷说:"圣门不空言敬。'敬其
事'、'执事敬'、'行笃敬'、'修己以敬',孟子所谓必有事焉也。程
子以'主一无适'训敬,粗言之犹可通,谓为此事则心在此事不又适
于他也;精言之则'心常惺惺'、'心要在腔子里'(案此皆程朱言主
敬法门)乃离事以言敬矣。且为事之敬,有当主一无适者,亦有未
尽者。瞽者善听,聋者善视,绝利一源,收功百倍,此主一无适也。
武王不泄迩,不忘远,刘穆之五官并用,则神明肆应,敬无不通,又
非可以主一无适言也。"又说:"宋儒讲主敬,皆主静也。'主一无
适',乃静之训,非敬之训也。"(《论语传注问》)是则同谓讲主敬,而
颜李与程朱截然不同。总之谓离却事有任何学问,颜李绝不承认
也。

宋儒之学自称曰道学,曰理学。其所标帜者曰明道,曰穷理。
颜李自然不是不讲道理的人,但以为宋儒所讲道理都讲错了,而且
明道穷理的方法也都不对。宋儒最爱说道体,其说正如老子所谓

"有物混成,先天地生,字之曰道"者。习斋说:"道者,人所由之路也,故曰'道不远人'。宋儒则远人以为道者也。"(《四书正误》四)恕谷说:"路从足,道从辵,皆言人所共由之义理,犹人所由之街衢也。《中庸》言行道,《论语》言适道,《尚书》言遵道,皆与《孟子》言由道由路同。遂亦可曰'小人之道'、'小人道消',谓小人所由之路。若以道为定名,为专物,则老庄之说矣。"(《恕谷年谱》卷五)恕谷更从初民狩猎时代状况说明道之名所由立,而谓道不出五伦六艺以外。他说:"道者,人伦庶物而已矣。奚以明其然也? 厥初生民,浑浑沌沌。既而有夫妇父子,有兄弟朋友,朋友之尽乃有君臣。诛取禽兽、茹毛饮血、事轨次序为礼,前呼后应、鼓午相从为乐,挽强中之为射,乘马随徒为御,归而计件、锲于册为书数。因之衣食滋吉凶备,其伦为人所共由,其物为人所共习,犹逵衢然,故曰道。伦物实实事也,道虚名也。异端乃曰'道生天地',曰'有物混成先天地生',是道为天地前一物矣。天地尚未有,是物安在哉? 且独成而非共由者矣,何以谓之道哉!"(《恕谷后集·原道篇》)这段话所说道的范围,举例或不免稍狭,然大指谓社会道德起原在于规定人与人及人与事物之关系,不能不算是特识。因此他们不言天道,只言人道。恕谷说:"人,天之所生也,人之事即天之道也。子,父母所出也,然有子于此,问其温清定省不尽,问其继志述事不能,而专思其父母从何而来,如何坐蓐以有吾身,人孰不以妄骇目之耶?"(《周易传注序》)宋儒所谓明道、传道,乃至中外哲学家之形而上论,皆属此类,所以颜李反对他们。

宋儒说的理及明理方法有两种。一、天理——即天道,指一个仿佛空明的虚体,下手工夫在"随处体认天理",结果所得是"人欲净尽,天理流行"。二、物理,指客观的事物原理,下手工夫在"即凡天下之物,莫不因其已知之理而益穷之以求,至乎其极",结果所得是"一旦豁然贯通,则众物之表里精粗无不到,而吾心之全体大用无不明"。其实两事只是一事。因为他们最高目的，是要从心中得着一种虚明灵觉境界，便是学问上抓住大本大原，其余都是枝叶。颜李学派对于这种主张，极力反对。习斋说："理者，木中纹理也，指条理言。"（《四书正误》卷六）又说："前圣鲜有说理者，孟子忽发出，宋人遂一切废弃而倡为明理之学。不知孟子所谓礼义悦心，有自己注脚，曰'仁义忠信，乐善不倦'。仁义等又有许多注脚。……今一切抹杀，而心头玩弄，曰'孔颜乐处'，曰'义理悦心'，使前后贤豪皆笼盖于释氏极乐世界中。……"（同上）恕谷说："后儒改圣门不言性天之矩，日以理气为谈柄，而究无了义。……不知圣经无在伦常之外而别有一物曰道曰理者。……在人通行者，各之曰道。故小人别有由行，亦曰小人之道。理字则圣经甚少。《中庸》'文理'与《孟子》'条理'同，言秩然有条，犹玉有脉理、地有分理也。……今乃以理置之人物以前，则铸铁成错矣。……"（《中庸传注问》）训"理"为条理，而以木之纹理、玉之脉理为喻，最合古义。后此戴东原《孟子字义疏证》，即从这个训诂引出许多妙义来。理之界说已定，那么，不能于事物之外求理，甚明。故恕谷说："事有条理，理即在事中。《诗》曰'有物有则'，离事物何所为理乎？"（《论语传注问》）即已除却事物无所谓理，自然除却应事接物无所谓穷理。所以习斋说："凡事必求分析之精，是谓穷理。"（《存学编》卷二）怎样分析才能精呢？非深入事中不可。朱子说："岂有见理已明而不能处事者？"习斋驳他道："见理已明而不能处事者多矣！有宋诸先生便谓还是见理不明，只教人再穷理；孔子则只教人习事。迨见理于事，则已彻上彻下矣。此孔子之学与程朱之学所由分也。"（同上卷三）又说："若只凭口中所谈，纸上所见，心内所思之理义养人，恐养之不深且固也。"（同上）颜李主张习六艺。有人说："小学与六艺已粗知其概，但不能明其所以然，故入大学又须穷理。"恕谷答道："请问穷理是阁置六艺专为穷理之功乎，抑功即在此学习六艺，年长则愈精愈熟而理自明也？譬如成衣匠学针黹，由粗及精，遂通晓成衣要诀；未闻立一法曰，学针黹之后又阁置针黹而专思其理若何也？"(《圣经学规纂》)这段譬喻，说明习斋所谓"见理于事"，真足令人解颐。夫使穷理仅无益，犹可言也，而结果必且有害，恕谷说："道学家教人存诚明理，而其流每不明不诚，盖高坐空谈，捕风捉影，诸实事概弃掷为粗迹，惟穷理是务。离事言理，又无质据，且执理自是，遂好武断。"(《恕谷文集·恽氏族谱序》)这话真切中中国念书人通病。戴东原说"宋儒以理杀人"，颜李早论及了。

然则朱子所谓"即物穷理"工夫对吗？朱子对于这句话自己下有注解道："上而无极太极，下而至于一草一木一昆虫之微，亦各有理。一书不读，则缺了一书道理；一事不穷，则缺了一事穷理；一物不格，则缺了一物道理。须逐着一件与他理会过。"恕谷批评他说："朱子一生功力志愿，皆在此数言，自以为表里精粗无不到矣。然圣贤初无如此教学之法也。《论语》曰'中人以下，不可语上'；'夫子之言性与天道，不可得闻'。《中庸》曰'圣人有所不知不能'。《孟子》曰'尧舜之知而不遍物'。可见初学不必讲性天，圣人亦不能遍知一草一木也。朱子乃如此浩大为愿能乎？"(《大学辨业》)朱子这类话，荒唐极了，天下哪里能够有这样穷理的人？想要无所不知，结果非闹到一无所知不可，何怪陆王派说他"支离"！习斋尝问一门人自度才智何取，对云："欲无不知能。"习斋说："误矣！孔门诸贤，礼乐兵农各精其一；唐虞五臣，水火农教，各司其一。后世菲资，乃思兼长，如是必流于后儒思著之学矣。盖书本上见，心头上思，可无所不及，而最易自欺欺世，穷之莫道一无能，其实一无知也。"(《言行录·习过之篇》)所以宋明儒两种穷理方法，在颜李眼中，都见得一无是处。

颜李学派，本重行不重知。他们常说"可使由不可使知"，是古人教学良法。看起来，像对于知识方面太忽视了，实亦不然，他们并不是不要知识,但以为必从实行中经验得来才算真知识。前文引恕谷成衣匠之喻,已略见一斑了。习斋解《大学》的"格物",说明知识之来源如下:

> 李植秀问"格物致知"。予曰:知无体,以物为体,犹之目无体,以形色为体也。故人目虽明,非视黑视白,明无由用也,人心虽灵,非玩东玩西,灵无由施也。今之言致知者,不过读书讲问思辨已耳,不知致吾知者皆不在此也。譬如欲知礼,任读几百遍礼书,讲问几十次,思辨几十层,总不算知,直须跪拜周旋亲下手一番,方知礼是如此。譬如欲知乐,任读乐谱几百遍,讲问思辨几十层,总不能知,直须搏拊击吹口歌身舞亲下手一番,方知乐是如此。是谓"物格而后知至"。……格即"手格猛兽"之格。……且如这冠,虽三代圣人,不知何朝之冠也;虽从闻见而知为某种之冠,亦不知皮之如何暖也,必手取而加诸首,乃知如此取暖。如这蕨蔬,虽上知老圃,不知为可食之物也;虽从形色料为可食之物,亦不知味之如何辛也;必箸取而纳之口,乃知如此味辛。故曰手格其物而后知至。(《四书正误》卷一)

《大学》格物两字,是否如此解法,另为一问题。但他的主张以为从闻见而偶得的知识靠不住,从形色上揣料而得的知识也靠不住。知识之到来(知至),须经过一定程序,即"亲手下一番"便是。换而言之,无所谓先天的知识,凡知识皆得自经验。习斋又说:"今试予生知圣人以一管,断不能吹。"(《言行录·世情篇》)这种"唯习主义"的知识论,正是颜李派哲学的根本立场。

王阳明高唱"知行合一",从颜李派看来,阳明派还是偏于主知,或还是分知行为二;必须如习斋所说见理于事、因行得知,才算真的知行合一。阳明说"不行只是不知",习斋翻过来说不知只是不行,所以他不教人知,只教人行,行又不是一躺过便了,最要紧是

"习"。他说：

> 自验无事时种种杂念，皆属生平闻见言事境物，可见有生后皆因"习"作主。（《年谱》卷上）

又说：

> 心上想过，口上讲过，书上见过，都不得力，临事依旧是所习者出。（《存学编》卷一）

又说：

> 吾尝谈天道性命，若无甚扞格，一着手算九九数便差。（《年谱》卷下又云："书房习算，入市便差。"）以此知心中惺觉，口中讲说，纸上敷衍，不由身习，皆无用也。（《存学编》卷二）

习斋以"习"名其斋。因为他感觉"习"的力量之伟大，因取《论语》"习相远"和"学而时习"这两句话极力提倡。所以我说他是"唯习主义"。习斋所讲的"习"，函有两义，一是改良习惯，二是练习实务。而改良习惯的下手方法又全在练习实务，所以两义还只是一义。然则习些什么呢？他所最提倡的就是六艺——礼、乐、射、御、书、数。他说："习行礼乐射御之学，健人筋骨，和人血气，调人情性，长人神智。一时习行，受一时之福；一日习行，受一日之福。一人习之，锡福一人；一家习之，锡福一家；一国天下皆然。小之却一身之疾，大之措民物之安。"（《言行录·习过之篇》)他的朋友王法乾和他辩论，说这些都是粗迹。他答道：

> 学问无所谓精粗。喜精恶粗，此后世之所误苍生也。（《存学编》卷一）

法乾又说：

> 射御之类，有司事，不足学，须当如三公坐论。

他答道：

> 人皆三公，孰为有司？学正是学作有司耳。譬之于医，《素问》、《金匮》，所以明医理也；而疗疾救世，则必诊脉制药针

灸摩砭为之力也。今有妄人者,止务览医书千百卷,熟读详说,以为予国手矣,视诊脉制药针灸摩砭以为术家之粗不足学也。一人倡之,举世效之,岐黄盈天下,而天下之人病相枕死相藉也,可谓明医乎?若读尽医书而鄙视方脉药饵针灸摩砭,不惟非岐黄,并非医也,尚不如习一科验一方者之为医也。……(《存学编》卷一《学辨一》)

《习斋年谱》记他一段事道:

> 返鄢陵,访李乾行等论学。乾行曰:"何须学习?但须操存功至,即可将百万兵无不如意。"先生悚然,惧后儒虚学诳罔至此,乃举古人兵间二事扣其策。次日问之,乾行曰:"未之思,亦不必思,小才小智耳。"先生曰:"小才智尚未能思,大才智又何在?岂君操存未至耶?"乾行语塞。

习斋这些话,不但为一时一人说法。中国念书人思想笼统,作事颟顸,受病一千多年了,人人都好为阔大精微的空论。习斋专教人从窄狭的粗浅的切实练习去。他说:"宁为一端一节之实,无为全体大用之虚。"(《存学编》卷一)何只当时,在今日恐怕还是应病良药罢。

我们对于习斋不能不稍有觖望者,他的唯习主义,和近世经验学派本同一出发点,本来与科学精神极相接近,可惜他被"古圣成法"四个字缚住了,一定要习唐虞三代时的实务,未免陷于时代错误。即如六艺中"御"之一项,在春秋车战时候,诚为切用,今日何必要人人学赶车呢?如"礼"之一项,他要人习《仪礼》十七篇里头的昏礼、冠礼、士相见礼……等等,岂不是唱滑稽戏吗?他这个学派不能盛行,未始不由于此。倘能把这种实习工夫,移用于科学,岂非不善!虽然,以此责备习斋,毕竟太苛了。第一,严格的科学,不过近百余年的产物,不能责望诸古人。第二,他说要如古人之习六艺,并非说专习古代之六艺,如学技击便是学射,学西洋算术便是学数,李恕谷已屡屡论及了。第三,他说要习六艺之类的学问,非特专限于这六件,所以他最喜欢说"兵农礼乐水火工虞"。总而言之,凡属于虚玄的学问,他无一件不反对;凡属于实验的学问,他无一件不赞成。使习斋、恕谷生于今日,一定是两位大科学家,而且是主张科学万能论者,我敢断言。

虽然,颜李与科学家,正自有别。科学家之实验实习,其目的专在知识之追求。颜李虽亦认此为增进知识之一法门,其目的实在人格全部之磨练。他们最爱说的话,曰"身心一齐竦起",曰"人己事物一致",曰"身心道艺一致加功"。以习礼论,有俯仰升降进退之节,所以劳动身体;习行时必严恭寅畏,所以振竦精神;讲求节文度数,所以增长智慧。每日如此做去,则身心两方面之锻炼,常平均用力而无间断,拿现代术语来讲,则体育、德育、智育"三位合一"也。颜李之理想的教育方针,实在如此。他们认这三件事缺一不可,又认这三件事非同时齐着力不可。

他们锻炼心能之法,务在"提竦精神,使心常灵活。"(《习斋年谱》卷上)习斋解《孟子》"操则存,舍则亡"两句话,说道:"识得'出入无时'是心,操之之功始有下落。操如操舟之操,操舟之妙在舵,舵不是死操的,又如操兵操国柄之操,操兵必要坐作进退如法,操国柄必要运转得政务。今要操心,却要把持一个死寂,如何谓之操?"(《四书正误》卷六)① 盖宋儒言存养之法,主要在令不起一杂念,令心中无一事。颜李则"不论有事无事,有念无念,皆持以敬"。(《恕谷年谱》卷三)拿现在的话来讲,则时时刻刻集中精神便是。孔子说:"居处恭,执事敬,与人忠。"习斋说:"此三语最为赅切详备。盖执事、与人之外皆居处也,则凡非礼勿视听言动具是矣;居

---

① 此钱绪山语,习斋取之。

处、与人之外皆执事也，则凡礼乐射御书数之类具是矣；居处、执事之外皆与人也，则凡君礼臣忠、父慈子孝、兄友弟恭、夫义妇顺、朋友先施皆具是矣。"(《言行录·学人篇》)做一件事，便集中精神于一件事。接一个人，便集中精神于一个人。不做事不接人而自己独处的时候，便提起一种严肃的精神，令身心不致散漫无归着。这是颜李学派修养的不二法门。

颜李也可以说是功利主义者。习斋说：

> 以义为利，圣贤平正道理也。《尚书》明以利用与正德、厚生并为三事。利贞，利用安身，利用刑人，无不利，利者义之和，《易》之言利更多。……后儒乃云"正其谊不谋其利"，过矣。宋人喜道之以文其空疏无用之学。予尝矫其偏，改云：正其谊以谋其利，明其道而计其功。（《四书正误》卷一）

恕谷说：

> 董仲舒曰"正其道不谋其利，修其理不急其功"，语具《春秋繁露》，本自可通。班史误易"急"为"计"。宋儒遂酷遵此一语为学术，以为"事求可，功求成"，则取必于智谋之末而非天理之正。后学迂弱无能，皆此语误之也。请问行天理以孝亲而不思得亲之欢，事上而不欲求上之获，有是理乎？事不求可，将任其不可乎？功不求成，将任其不成乎？"（《论语传注问》）

这两段话所讨论，实学术上极重要之问题。老子说的"为而不有"，我们也认为是学者最高的品格。但是，把效率的观念完全打破，是否可能？况且凡学问总是要应用到社会的，学问本身可以不计效率，应用时候是否应不计效率？这问题越发复杂了。我国学界，自宋儒高谈性命鄙弃事功，他们是否有得于"为而不有"的真精神，且不敢说，动辄唱高调把实际上应用学问抹杀，其实讨厌。《朱子语类》有一段："江西之学(陆象山)只是禅，浙学(陈龙川)却专是

功利。……功利,学者习之便可效,此意甚可忧。"你想,这是什么话?习斋批评他道:

> 都门一南客曹蛮者,与吾友王法乾谈医,云"惟不效方是高手"。殆朱子之徒乎?朱子之道,千年大行,使天下无一儒,无一才,无一苟定时,因不愿见效故也。宋家老头巾,群天下人才于静坐读书中,以为千古独得之秘;指干办政事为粗豪,为俗吏,指经济生民为功利,为杂霸。究之使五百年中平常人皆读讲集注、揣摩八股、走富贵利达之场,高旷人皆高谈静敬、著书集文、贪从祀庙庭之典。莫论唐虞三代之英,孔门贤豪之士,世无一人,并汉唐杰才亦不可得。世间之德乃真乱矣,万有乃真空矣!(《朱子语类评》)

宋儒自命直接孔孟,何止汉唐政治家,连孔门弟子都看不起。习斋诘问他们说:

> 何独以偏缺微弱兄于契丹臣于金元之宋,前之居汴也,生三四尧孔六七禹颜?后之南渡也,又生三四尧孔六七禹颜?而乃前有数圣贤,上不见一扶危济难之功,下不见一可相可将之才,拱手以二帝畀金,以汴京与豫矣!后有数十圣贤,上不见一扶危济难之功,下不见一可相可将之才,推手以少帝赴海,以玉玺与元矣!多圣多贤之世乃如此乎?噫!(《存学编》卷二)

这话并不是尖酸刻薄。习斋盖深有感于学术之敝影响到社会,痛愤而不能已于言。他说:"吾读《甲申殉难录》,至'愧无半策匡时难,惟余一死报君恩',未尝不泣下也。至览尹和靖《祭程伊川文》'不背其师有之,有益于世则未'二语,又不觉废卷浩叹,为生民怆惶久之。"(《存学编》卷二)既属一国中知识阶级,则对于国之安危盛衰,自当负绝对责任。说我自己做自己的学问,不管那些闲事,到事体败坏之后,只叹息几句了事,这种态度如何要得?所以颜李一派常以天下为己任，而学问皆归于致用，专提《尚书》三事——正德、利用、厚生为标帜。习斋说："宋人但见料理边疆便指为多事，见理财便指为聚敛，见心计材武便憎恶斥为小人。此风不变，乾坤无宁日矣！"（《年谱》卷下）又说："兀坐书斋人，无一不脆弱，为武士农夫所笑。"（《存学编》卷三《性理评》）又说："宋元来儒者却习成妇女态，甚可羞。'无事袖手谈心性，临危一死报君王'，即为上品矣。"（同上卷一《学辩》）又说："白面书生，微独无经天纬地之略，兵农礼乐之材，率柔脆如妇人女子，求一豪爽倜傥之气亦无之。间有称雄卓者，则又世间粗放子。……"（《习斋记余》卷一《泣血集序》）恕谷说："道学家不能办事，且恶人办事。"（《恕谷年谱》卷上）又说："宋儒内外精粗，皆与圣道相反：养心必养为无用之心，致虚守寂；修身必修为无用之身，徐言缓步；为学必为无用之学，闭目诵读。不尽去其病，世道不可问矣！"（同上）

宋儒亦何尝不谈经世？但颜李以为，这不是一谈便了的事。习斋说："陈同甫谓，'人才以用而见其能否，安坐而能者不足恃；兵食以用而见其盈虚，安坐而盈者不足恃'。吾谓德性以用而见其醇驳，口笔之醇者不足恃；学问以用而见其得失，口笔之得者不足恃。"（《年谱》卷上）又说："人不办天下事，皆可谓无弊之论。"（《言行录·杜生篇》）有人说，《一统志》、《广舆记》等书，皆书生文字，于建国规模山川险要未详。习斋说："岂惟是哉？自帖括文墨遗祸斯世，即间有考纂经济者，总不出纸墨见解，可叹！"（《年谱》卷下）李二曲说："吾儒之学，以经世为宗。自传久而谬，一变训诂，再变词艺，而儒名存实亡矣。"习斋评他道："见确如此，乃膺当路尊礼，集多士景从，亦只讲书说话而已。何不举古人三事三物之经世者使人习行哉！后儒之口笔，见之非，固无用；见之是，亦无用。此益伤吾心也。"（同上）呜呼！倘使习斋看见现代青年日日在讲堂上报纸上高谈什么主义什么主义者，不知其伤心更何如哩。

　　想做有用之学,先要求为可用之人。恕谷说:"圣学践形以尽性,今儒堕形以明性。耳目但用于听读,耳目之用去其六七。手但用于写,手之用去其七八。足恶动作,足之用去九。静坐观心而身不喜事,身心之用亦去九。形既不践,性何由全?"(《年谱》卷上)这话虽然是针对当时宋学老爷们发的,但现代在学堂里所受的教育,是否能尽免此弊,恐怕还值得一猛醒罢。

　　习斋好动恶静,所以论学论政,皆以日日改良进步为鹄。他有一天鼓琴弦断,解而更张之,音调顿佳,因叹道:"为学而惰,为政而懈,亦宜思有以更张之也。彼无志之人,乐言迁就、惮于更张、死而后已者,可哀也。"(《言行录·鼓琴篇》)又说:"学者须振萎惰,破因循,每日有过可改,有善可迁,即日新之学也。改心之过,迁心之善,谓之正心;改身之过,迁身之善,谓之修身;改家国天下之过,迁家国天下之善,谓之齐治平。学者但不见今日有过可改,有善可迁,便是昏惰了一日。为政者但不见今日有过可改,有善可迁,便是苟且了一日。"(《言行录·王次亭篇》)总之,常常活着不叫他死,常常新着不叫他旧,便是颜李主动之学。他们所谓身心内外一齐振起者,指此。

　　习斋不喜欢谈哲理,但他对于"性"的问题,有自己独到的主张。他所主张,我认为在哲学上很有价值,不能不稍为详细叙述一下。

　　中国哲学上争论最多的问题就是"性善恶论"。因为这问题和教育方针关系最密切,所以向来学者极重视它。孟子,告子,荀子,董仲舒,扬雄,各有各的见解。到宋儒程朱,则将性分而为二:一、义理之性,是善的;二、气质之性,是恶的。其教育方针,则为"变化气质"为归宿。习斋大反对此说,著《存性编》驳他们,首言性不能分为理气,更不能谓气质为恶。其略曰:

　　……若谓气恶,则理亦恶;若谓理善,则气亦善。盖气即理之气，理即气之理，乌得谓理统一善而气质偏有恶哉？譬之目矣，眶疱睛，气质也，其中光明能见物者，性也。将谓光明之理专视正色，眶疱睛乃视邪色乎？余谓更不必分何者为义理之性，气质之性。……能视即目是性善，其视之也则情之善，其视之详略远近则才之强弱[1]。皆不可以恶言。盖详且远固善，即略且近亦第善不精耳，恶于何加？惟因有邪色引动，障蔽其明，然后有淫视，而恶始名焉。然其为之引动者，性之咎乎？气质之咎乎？若归咎于气质，是必无此目，然后可全目之性矣。……（《存性篇·驳气质性恶》）

然则性善的人，为什么又会为恶呢？习斋以为皆从"引蔽习染"而来；而引蔽习染皆从外入，绝非本性所固有。程子说，"清浊虽不同，然不可以浊者不为水。"朱子引申这句话，因说："善固性也，恶亦不可不谓之性。"主张气质性恶的论据如此。习斋驳他们道：

　　请问浊是水之气质否？吾恐澄澈渊湛者水之气质，其浊者乃杂入水性本无之土，正犹吾言性之有引蔽习染也，其浊之有远近多少，正犹引蔽习染之有轻重深浅也。若谓浊是水之气质，则浊水有气质，清水无气质矣，如之何其可也。（同上《借水喻性》）

程子又谓"性本善而流于恶"，习斋以为也不对，他驳道：

　　原善者流亦善，上流无恶者下流亦无恶。……如水出泉，若皆行石路，虽自西海达东海，绝不加浊。其有浊者，乃亏土

---

①　启超案：孟子论性善，附带着论"情"，论"才"说"乃若其情，则可以为善矣"，又说"若夫为不善，非才之罪也"。习斋释这三个字道："心之理曰性，性之动曰情，情之力曰才。"见《年谱》卷下。《存性编》亦有专章释此三字，今不详引。

染之,不可谓水本清而流浊也。知浊者为土所染,非水之气质,则知恶者是外物染乎性,非人之气质矣。(同上《性理书评》)

习斋论引蔽习染之由来,说得极详尽。今为篇幅所限,不具引了(看《存性篇·性说》)。习斋最重要的论点,在极力替气质辩护。为什么要辩护呢? 因为他认定气质为个人做人的本钱。他说:

尽吾气质之能,则圣贤矣。(《言行录》卷下)

又说:

昔儒视气质甚重。习礼习乐习射御书数,非礼勿视听言动,皆以气质用力。即此为存心,即此为养性。故曰“志至焉,气次焉,持其志无暴其气”,故曰“养吾浩然之气”,故曰“唯圣人然后可以践形”。魏晋以来,佛老肆行,乃于形体之外,别状一空虚幻觉之性灵;礼乐之外,别作一闭目静坐之存养。佛者曰入定,儒者曰吾道亦有入定也。老者曰内丹,儒者曰吾道亦有内丹也。借五经《语》《孟》之文,行《楞严》《参同》之事。以躬习其事为粗迹,则自以气骨血肉为分外。于是始以性命为精,形体为累,乃敢以有恶加之气质矣。(《存性编·性理书评》)

气质各有所偏,当然是不能免的。但这点偏处,正是各人个性的基础。习斋以为教育家该利用他,不该厌恶他。他说:“偏胜者可以为偏至之圣贤。……宋儒乃以偏为恶,不知偏不引蔽,偏亦善也。”(同上)又说:“气禀偏而即命之曰恶,是指刀而坐以杀人也,庸知刀之能利用杀贼乎!”(同上)习斋主张发展个性的教育,当然和宋儒“变化气质”之说不能相容。他说:

人之质性各异,当就其质性之所近、心志之所愿、才力之所能以为学,则无龃龉扞格终身不就之患。故孟子于夷、惠曰不同道,惟愿学孔子,非止以孔子独上也,非谓夷、惠不可学也。人之质性近夷者自宜学夷，近惠者自宜学惠。今变化气质之说，是必平丘陵以为川泽，填川泽以为丘陵也，不亦愚乎？且使包孝肃必变化而为庞德公，庞德公必变化而为包孝肃，必不可得之数，亦徒失其为包为庞而已矣。（《四书正误》卷六）

有人问他，你反对变化气质，那么《尚书》所谓"沈潜刚克，高明柔克"的话，不对吗？他说："甚刚人亦必有柔处，甚柔人亦必有刚处，只是偏任惯了。今加学问之功，则吾本有之柔自会胜刚，本有之刚自会胜柔。正如技击者好动脚，教师教他动手以济脚，岂是变化其脚？"（《言行录》卷下《王次亭篇》）质而言之，程朱一派别气质于义理，明是袭荀子性恶之说，而又必自附于孟子，故其语益支离。习斋直斥之曰：

> 耳目口鼻手足五脏六腑筋骨血肉毛发秀且备者，人之质也，虽蠢犹异于物也。呼吸充周荣润运用乎五官百骸粹且灵者，人之气也，虽蠢犹异于物也。故曰"人为万物之灵"，故曰"人皆可以为尧舜"。其灵而能为尧舜者，即气质也。非气质无以为性，非气质无以见性也。今乃以本来之气质而恶之，其势不并本来之性而恶之不已也。以作圣之气质，而视为污性坏性害性之物，明是禅家"六贼"之说，能不为此惧乎？（《存性篇·正性理评》）

习斋之断断辨此，并非和程朱论争哲理。他认为这问题在教育关系太大，故不能已于言。他说：

> 大约孔孟以前责之习，使人去其所本无。程朱以后责之气，使人憎其所本有。是以人多以气质自诿，竟有"山河易改，本性难移"之谚矣。其误世岂浅哉！（同上）

他于是断定程朱之说，"蒙晦先圣尽性之旨，而授世间无志人以口实"。（《存学编》卷一《上孙钟元先生书》）他又断言，凡人"为丝毫之恶，皆自玷其光莹之体；极神圣之善，始自践其固有之形"。

(同上《上陆桴亭先生书》)习斋对于哲学上和教育上的见解,这两句包括尽了。

以上所讲,颜李学派的主要精神,大略可见了。这种议论,在今日还有许多人听见了摇头咋舌,何况二百年前?他们那时作这种主张,简直可以说大着胆冒天下之不韪。习斋说:

> 宋儒,今之尧舜周孔也。韩愈辟佛,几至杀身,况敢议今世之尧舜周孔乎?季友著书驳程朱之说,发州决杖,况敢议及宋儒之学术品诣乎?此言一出,身命之虞,所必至也。然惧一身之祸而不言,委气数于终误,置民物于终坏,恐结舌安坐不援沟渎与强暴横逆纳人于沟渎者,其忍心害理不甚相远也。(《上陆桴亭书》)

又说:

> 予未南游时,尚有将就程朱附之圣门之意。自一南游,见人人禅子,家家虚文,直与孔门敌对。必破一分程朱,始入一分孔孟,乃定以为孔孟与程朱判然两涂,不愿作道统中乡原矣。(《年谱》卷下)

他并非闹意气与古人争胜。他是一位心地极光明而意志极强毅的人。自己所信,便以百折不挠的精神赴之,丝毫不肯迁就躲闪。他曾告诫恕谷道:

> 立言但论是非,不论异同。是,则一二人之见,不可易也;非,则虽千万人所同,不随声也。岂惟千万人?虽百千年同迷之局,我辈亦当以先觉觉后觉,不必附和雷同也。(《言行录·学问篇》)

试读这种话,志节何等卓荦!气魄何等沉雄!他又说:"但抱书入学,便是作转世人,不是作世转人。"(《存学编》卷三)他临终那年,有几句话嘱咐恕谷道:"学者勿以转移之权委之气数。一人行之为学术,众人从之为风俗。民之瘼矣,忍度外置之乎?"恕谷闻言,泣数行下(《恕谷年谱》卷下)。呜呼习斋! 非天下之大仁大勇者,其孰能与于斯?

习斋、怒谷抱这种宏愿,想要转移学风,别造一个新社会。到今日二百年了,到底转移了没有? 哎! 何止没有转移,只怕病根还深几层哩。若长此下去吗? 那么,习斋有一番不祥的预言,待我写来。他说:

> 文盛之极则必衰。文衰之返则有二:一是文衰而返于实,则天下厌文之心,必转而为喜实之心,乾坤蒙其福矣;……一是文衰而返于野,则天下厌文之心,必激而为灭文之念,吾儒与斯民沦胥以亡矣。如有宋程朱党伪之禁,天启时东林之逮狱,崇祯末张献忠之焚杀,恐犹未已其祸也。而今不知此几之何向也?《易》曰:'知几其神乎?'余曰,知几,其惧乎?(《存学编》卷四)

呜呼! 今日的读书人听啊,自命知识阶级的人听啊,满天下小百姓厌恶我们的心理一日比一日厉害,我们还在那里做梦。习斋说"未知几之何向"? 依我看,"灭文"之几早已动了,我们不"知惧",徒使习斋,恕谷长号地下耳。

同时服膺颜氏学且能光大之者,北有王昆绳,南有恽皋闻、程绵庄,而其渊源皆受自恕谷。

昆绳,名源,一字或庵,顺天大兴人。卒康熙四十九年(1710),年六十三。他是当时一位老名士。他少年从梁鹡林(以樟)游,鹡林教以宋儒之学,他不以为然,最喜谈前代掌故及关塞险隘攻守方略,能为文章。魏冰叔(禧)极推重他。他说自韩愈以后而文体大坏,故其所作力追先秦、西汉,自言"生平性命之友有二,一曰刘继庄,二曰李恕谷。此二人者实抱天人之略,非三代以下之才。"(《文集·复姚梅友书》)后来继庄死了,他做一篇很沉痛的传文,我们因此才能知道继庄的人格和学术。三藩平后,京师坛坫极盛,万季野、阎百诗、胡东樵诸人各以所学提倡后进,昆绳也是当中一位领袖。他才气横溢,把这些人都看不在眼内,独倾心继庄和恕谷。他读了恕谷的《大学辨业》和习斋的《存学编》过后,大折服,请恕谷为介,执贽习斋之门,年已五十六了。自此效习斋作日记纠身心得失,晚年学益进。恕谷批评他道:"王子所谓豪杰之士者,非耶! 迹其文名远噪,公卿皆握手愿交,意气无前;且半百耆儒,弟子请业者满户外,乃一闻圣道,遂躬造一瓮牖绳枢潜修无闻之士,伛偻北面,惟恐不及。非诚以圣贤为志,其能然乎?"(《恕谷后集·王子传》)他早年著有《兵法要略》、《舆图指掌》等书。受业习斋后,更著有《平书》十卷,《读易通言》五卷,皆佚。其集曰《居业堂文集》,二十卷,今存。他好游,晚年弃妻子,遍游名山大川,卒客死淮上。

　　昆绳未从学习斋以前,最服膺阳明学,对于当时借程朱做招牌的人深恶痛绝,曾有几篇极痛快的文字骂他们。节录如下:

　　　　源生平最服姚江,以为孟子之后一人。……盖宋儒之学,能使小人肆行而无所忌,束缚沮抑天下之英雄不能奋然以有为。……宸濠之乱,……不终日而谈笑平之,此岂徒恃语言文字者所能办? 乃今之谤之者,谓其事功,圣贤所不屑也;其学术为异端,不若程朱之正也。其心不过欲蔑其事功,以自解其庸阘无能为之丑,尊程朱以见己之学问切实,而阴以饰其卑陋不可对人之生平。内以自欺,而外以欺乎天下。孰知天下之人之不可欺,而只自成其为无忌惮之小人也哉! ……(《文集·与李中孚先生书》)

又:

　　　　今天下之尊程朱、诋姚江,侈然一代大儒自命而不伪者,几人哉? 行符其言者,真也;言不顾行者,伪也。真则言或有偏,不失为君子;伪则其言愈正,愈成其为小人。有人于此,朝乞食间,暮杀越人于货,而掇拾程朱绪论狺狺焉詈阳明于五达之衢,遂自以为程朱也。吾子许之乎? ……且夫对君父而无惭,置其身于货利之场、死生祸福之际而不乱,其内行质之幽独而不愧,播其文章议论于天下而人人信其无欺,则其立说,程朱可也,陆王可也,不必程朱不必陆王而自言其所行亦可也。否则尊程朱即程朱之贼,尊陆王即陆王之贼,伪耳! 况大言欺世而非之不胜举、刺之不胜刺者哉。尝闻一理学者力诋阳明,而迁官稍不满其欲,流涕不能止。一识者讥之曰"不知阳明谪龙场时有此泪否?"其人惭沮无以答。又一理学者见其师之子之妻之美,悦焉;久之,其夫死,约以为妻,未小祥而纳之。而其言曰,"明季流贼之祸皆阳明所酿。"呜呼! 若辈之行如此类者岂堪多述。……故今之诋姚江者,无损于姚江毛发,则程朱之见推,实程朱万世之大厄尔。……(《文集·与朱字绿书》)

这两段话,可以看出昆绳早年面目和当时所谓程朱学派者之品格何如,故录之。此外阐发颜李学术与夫谈经济、考史迹之文尚多,恕不录了。

恽皋闻,名鹤生,江苏武进人,生卒年无考。尝在秦中晤谢野臣,语以习斋为学大旨,心善之。后至蠡县访习斋,则已没,乃从恕谷求所著各书遍读之,自称私淑弟子。仿恕谷立日谱考究身心功过,每相见辄互证得失,其与恕谷往复切磋之语,见于《恕谷年谱》者甚多。皋闻每自南方寄书至,恕谷再拜然后启读,其重之如此。皋闻书言"南旋以《存学》示人,虽倔强者亦首肯,知斯道之易行。"恕谷喜曰:"颜先生之道南矣!"皋闻所著书有《诗说》及《春秋附笔》。晚归常州,为一乡祭酒,故家子弟多从之游。其后常州学术大昌,戴子高谓皆自皋闻开之。

程绵庄,名廷祚,字启生,江苏上元人。卒乾隆三十二年(1767),年七十七。少笃于治经,后从恽皋闻闻颜李之学,上书恕谷,致愿学之意。康熙庚子,恕谷南游金陵,他屡过问学。读习斋《存学编》,题其后云:"古之害道出于儒之外,今之害道出于儒之中。习斋先生起燕赵,当四海倡和翕然同风之日,乃能折衷至当而有以斥其非,盖五百年间一人而已。"绵庄之学,以习斋为主,而参以梨洲、亭林,故读书极博而皆归于实用。所著有《易通》六卷,《大易择言》三十卷,《象爻求是说》六卷,《晚书订疑》若干卷,《尚书通议》三十卷,《青溪诗说》二十卷,《论语说》、《周礼说》各四卷,《禘说》二卷,《春秋识小录》三卷。其集曰《青溪居士集》,诗文各二十卷。今惟《晚书订疑》有刻本。《论语说》则戴子高采若干则入《颜氏学记》中,精到语颇多。

　　习斋之学,虽不为时流所喜,然而经恕谷极力传播,昆绳、皋闻、绵庄相与左右之,当时有志之士闻风兴起者也很不少。诸公既没,而考证学大兴,掩袭天下,学者差不多不知有习斋、恕谷了。其遗书亦十九散佚不可见。近代头一位出来表章他们的,曰戴子高。

　　子高,名望,浙江德清人。卒同治十二年(1873),年三十七。他所遭极人生不堪之境遇,赵㧑叔(之谦)替他作的墓表说道:"君生四岁,父殁;曾祖八十余,祖五十余,尚存;母及诸母皆寡。三世茕茕,抱一孺子而泣。……无何,曾祖与祖相继奄殁。家贫岁饥,无所依赖,君挟册悲诵。寡母节衣缩食资君以学。……庚申乱作,君奉母避入山,大困,无所得食。有至戚官闽中,母数命君往,不获已。……自闽归,将迎其母,闻湖州已陷,则仰天长号,僵仆绝气;复忍死出入豺虎之丛求母所在,迄无所遇。……君至痛在心,未壮而殁。……然处颠顿狼狈呻吟哭泣中,终不废学,学日益进。……"他一生困厄的大概,略可见了。他于同治八年辑成《颜氏学记》十卷。据自序所述,他之学颜李学,得力于他的朋友程履正(贞)。他费了好多年工夫,才把颜李的著述次第搜得,中间又经乱散失。当时每举颜李姓氏问人,人无知者。他于是发愤辑成这

部学记,卷一至卷三记习斋,卷五至卷七记恕谷,卷八记昆绳,卷九记绵庄,卷十则为颜李弟子录。自序曰:

> ……其言忧患来世,正而不迁,质而不俗,以圣为轨,而不屑诡随于流说。其行则为孝子,为仁人。于乎? 如颜氏者,可谓百世之师已。其余数君子,亦皆豪杰士也。同时越黄氏、吴顾氏,燕秦间有孙氏、李氏,皆以耆学硕德负天下重望,然于圣人之道,犹或沿流忘原,失其指归。如颜氏之摧陷廓清,比于武事,其功顾不伟哉! 世乃以其不事述作,遂谓非诸公匹,则吾不如七十子之徒与夫孟、荀、贾、董诸子,其视后儒著书动以千百计者,何如也? 语曰"淫文破典",孔子曰"天下有道,则行有枝叶;天下无道,则辞有枝叶"。敢述圣者之言,用告世之知德君子。(《谪麟堂遗集》)

子高说戴东原作《孟子绪言》,其论性本自习斋,最为有识。他对于方望溪之诬恕谷,极为不平;又说皖北某巨公序程绵庄书颠倒黑白,不知其人为谁也。这部学记,体裁全仿梨洲两学案,能提要钩玄,价值不在黄书下。

子高尝从陈硕甫(奂)、宋于庭(翔凤)游,于训诂学所造甚深,又好西汉今文家言,著有《论语注》二十卷,《管子校正》二十四卷。赵㧑叔辑其遗文曰《谪麟堂遗集》。子高晚年被曾文正聘任校书,然其学与流俗异,终侘傺以死。

自子高《学记》出,世始稍稍知有颜李学。而近人徐菊人(世昌)亦提倡之,属其门客为颜李《语要》各一卷,《颜李师承记》九卷。《语要》破觚为圆,诬颜李矣,不逮《学记》远甚。《师承记》搜采甚勤,可观也。又汇刻《颜李遗书》数十种,亦徐氏行事之差强人意者。

……

（选自《梁启超全集》，北京出版社 1999 年版）

梁启超（1873—1929），中国近代政治家、思想家。字卓如，号任公，又号饮冰室主人，广东新会人。16 岁中举，后师事康有为，与康有为倡导变法维新，世称"康梁"。1896 年在上海主办《时务报》，先后发表《变法通议》、《古议院考》、《论君政民政相嬗之理》等重要文章，系统地阐发维新变法思想。1897 年主讲长沙时务学堂；次年入京，以六品衔办京师大学堂、译书局，参与百日维新。戊戌变法失败后逃亡日本，先后创办《清议报》和《新民丛报》、《新小说》，大力宣传西方民权、自由、平等思想，在当时的知识界产生了广泛的影响。辛亥革命后组成进步党，先后在袁世凯政府和段祺瑞政府中任职。五四时期，反对"打倒孔家店"的口号，赞成民主与科学，提出"东方精神，西方物质"的文化观。晚年在清华学校、南开大学任教，从事学术研究，著述颇丰。著作编为《饮冰室合集》。

本文选自于梁启超《中国近三百年学术史》（中华书局 1936 年初版，东方出版社 1996 年再版）一书的这两节，《反动与先驱》认为明清学术由主观冥想转而倾向于客观的考察；《实践实用主义》则比较具体地论述了颜元、李塨实践实用（实学）思想及其与宋明理学的关系。

《戴东原的哲学》引论

胡　适

　　中国近世哲学的遗风,起于北宋,盛于南宋,中兴于明朝的中叶,到了清朝,忽然消歇了。清朝初年,虽然紧接晚明,已截然成了一个新的时代了。自顾炎武以下,凡是第一流的人才,都趋向做学问的一条路上去了;哲学的门庭大有冷落的景况。接近朱熹一脉的学者,如顾炎武,如阎若璩,都成了考证学的开山祖师。接近王守仁一派的,如黄宗羲自命为刘宗周的传人,如毛奇龄自命为得王学别传,也都专注在史学与经学上去了。北方特起的颜元、李塨一派,虽然自成一个系统,其实只是一种强有力的"反玄学"的革命;固然给中国近世思想史开了一条新路,然而宋明理学却因此更倒霉了。这种"反玄学"的运动是很普遍的。顾炎武,黄宗羲,黄宗炎,阎若璩,毛奇龄,姚际恒,胡渭,都是这个大运动的一分子,不过各人专力攻击的方向稍有不同罢了。

　　约略说来,当日"反玄学"的运动,在破坏的方面,有两个趋势。一是攻击那谈心说性的玄学;一是攻击那先天象数的玄学。清学的开山祖师顾炎武就兼有这两种趋势。他对于那高谈心性的玄学,曾说:

　　　　古之圣人所以教人之说,其行在孝弟忠信,其职在洒扫应对进退,其文在《诗》《书》《礼》《易》《春秋》;其用之身,在出处,去就,交际;其施之天下,在政令,教化,刑法。虽其和顺积中,

而英华发外,亦有体用之分,然并无用心于内之说。(《日知录》十八)

他又说当日的理学家:

不习六艺之文,不考百王之典,不综当代之务;举夫子论学论政之大端一切不问,而曰"一贯",曰"无言";以明心见性之空言,代修己治人之实学。(《日知录》七)

舍"多学而识",以求"一贯"之方;置四海之困穷不言,而终日讲危,微,精,一之说。(《文集》,《与友人论学者》。)

同时他对于那先天图象的玄学,也曾说:

圣人之所以学《易》者,不过庸言庸行之间,而不在乎图书象数也。今之穿凿图象以自为能者,畔也。……

希夷之图,康节之书,道家之《易》也。自二子之学兴,而空疏之人,迂怪之士,举窜迹于其中以为《易》,而其《易》为方术之书,于圣人寡过反身之学,去之远矣。(《日知录》一)

这两种趋势后来都有第一流人材加入,继续发挥。黄氏弟兄攻击象数之学最力;毛奇龄也很有功;胡渭的《易图明辨》可算是这一方面的集大成。心性的玄学在北方遇着颜元、李塨的痛剿,在南方又遭费经虞、费密等人的攻击。阎若璩指出古文《尚书》里"人心惟危,道心惟微;惟精惟一,允执厥中"十六个字是出于《道经》的:这也可算是对那"危微精一"之学放了一支很厉害的暗箭。但当日的"反玄学"大革命,简单说来,不出两个根本方略:一是证明先天象数之学是出于道士的,一是证明那明心见性之学是出于禅宗的:两者都不是孔门的本色。

反玄学的运动,在破坏的方面,居然能转移风气,使人渐渐地瞧不起宋明的理学。在建设的方面,这个大运动也有两种趋势。一面是注重实用,一面是注重经学:用实用来补救空疏,用经学来代替理学。前者可用颜李学派作代表,后者可用顾炎武等作代表。

从颜李学派里产出一种新哲学的基础。从顾炎武以下的经学里产出一种新的做学问的方法。戴东原的哲学便是这两方面的结婚的产儿。

颜元(1635—1704)主张一种很彻底的实用主义。他自己经过乱离的惨痛,从经验里体会出宋明儒者的无用;不但主静主敬是走入了禅宗的路,就是程朱一派拿诵读章句作"格物穷理",也是"俗学"而非正道。他自号为"习斋";习即是实地练习。他说,"格物"的物即是古人所谓"三物",三物即是六德,六行,六艺。古人又说,正德,利用,厚生,谓之"三事";事也就是物。他说:

> 道不在章句,学不在诵读;期如孔门博文约礼,实学,实习,实用之天下。(《与陆道成书》)

他最恨宋儒不教人习事而只教人明理。他说:

> 孔子则只教人习事。迫见理于事,则已彻上彻下矣。

(《存学编》;他因此极端崇信孔子"民可使由之,不可使知之"的话,以为那是"治民之定法"!)

他说:

> 空谈易于藏拙,是以[宋儒]舍古人六府六艺之学而高言性命也。予与法乾王子初为程朱之学,谈性天,似无龃龉。一旦从事于归除法,已多谬误,况礼乐之精博乎? 昔人云,"画鬼容易画马难",正可喻此。(《存性编》)

画鬼所以容易,正因为鬼是不能实证的;画马所以难,正因为马是人人共见的东西,可以实验的。(李塨也引此语,并说,"以鬼无质对,马有证佐也。")

颜元说:

> 学之亡也,亡其粗也。愿由粗以会其精。政之亡也,亡其迹也。愿崇迹以行其义。(《年谱》)

这几句话最精当。宋人曾说儒门淡薄,收拾不住第一流的人才(见宗杲的《宗门武库》)。所以宋儒起于禅宗最盛之时,自不容不说的精微奥妙,才免得"淡薄"之讥。自宋至明的哲学史,除了陈亮、叶适一班人之外,只是与禅宗争玄竞妙的历史。颜元大胆地指出他们说的太精了,太空了;他要人从那粗浅的艺学制度下手,从那可以实证的实迹下手。这是颜学的要旨。例如他说性,老老实实地承认"性即是气质之性";"譬之目矣,……光明之理固是天命,眶疱睛皆是天命,更不必分何者是天命之性,何者是气质之性"(《存性篇》)。又如他论史事,很替王安石、韩侂胄辩护;他说王安石的新法"皆属良法,后多踵行";他夸奖韩侂胄伐金之举是"为祖宗雪耻于地下"(《宋史评》引见《年谱》)。

他论史事,颇推崇"权略"。他说:

> 其实此权字即"未可与权"之权;度时势,审轻重,而不失其节,是也。……世儒等之诡诈之流,而推于圣道外,使汉唐豪杰不得近圣人之光此陈同甫(陈亮)所以扼腕也。

这些见解都可以见颜元讲学不避粗浅,只求切用;不务深刻,只重实迹。

颜元的大弟子李塨(1659—1733)发挥师说,说的更圆满细密,但仍旧遵守这种"由粗""崇迹"的主旨。例如他说"道"只是"通行";"理"只是"条理"。

> 在天在人通行者,名之曰道。理字则圣经甚少。《中庸》"文理",与《孟子》"条理",同言道秩然有条,犹玉有脉理,地有分理也。《易》曰,"穷理尽性以至于命";理见于事,性具于心,命出于天,亦条理之义也。(《传注问》)

他在别处也说,以阴阳之气之流行也,谓之道。以其有条理,谓之理(《周易传注》)。又说:

> 夫事有条理曰理,即在事中。今曰理在事上,是理别为一物矣。天事曰天理,人事曰人理,物事曰物理。《诗》曰,"有物

有则"，离事物何所为理乎？（《传注问》）

宋明的理学家一面说天理，一面又主张"去人欲"。颜李派既以"正德，利用，厚生"为主，自然不能承认这种排斥人欲的哲学。李塨在这一层上，态度更为明显。宋儒误承伪《尚书》"人心维危，道心维微"的话，以为人心是人欲，是可怕的东西，应该遏抑提防，不许他出乱子。李塨说：

> 先儒指人心为私欲，皆误。"人心维危"，谓易引于私欲耳，非即私欲也。

他又说：

> 今指己之耳目而即谓之私欲，可乎？……今指工歌美人而即谓之私欲，可乎？其失在"引""蔽"二字，谓耳目为声色所引蔽而邪僻也。不然，"形色，天性"（孟子语），岂私欲耶？（《大学辨业》）

宋儒自二程以后，多说"涵养须用敬，进学则在致知"两句话。致知一方面，程朱一派与陆王一派大不相同，纷争不了。但主敬一方面，无论是程朱，是陆王，总没有人敢公然出来否认的。颜李之学始大声疾呼地指出宋儒的主敬只是佛家打坐的变相；指出离事而说敬，至多不过做到禅门的惺惺寂寂，毫无用处。李塨说，"宋儒讲主敬，皆主静也。主一无适，乃静之训，非敬之训也。"他又引一位潘用微（宁波人，与黄宗羲、万斯同同时，著有《求仁录》等书）的话道，"必有事之谓敬，非心无一事之谓敬。"他又说，"圣门不空言敬。'敬其事''执事敬''行笃敬''修己以敬'，孟子所谓必有事也"（以上皆见《传注问》）。当日一班排斥陆王而拥护程朱的人，如张伯行之流，都说陆王主静而不主敬，所以入于禅。李塨指出宋儒主敬都只是主静。"主静立人极，周子之教也。静坐雪深尺余，程朱之学也。半日静坐，半日读书，朱子之功课也。然则主静正宋儒学也。"（《年谱》）

　　颜李的学派和宋明理学的根本区别有两点:理学谈虚理,而颜学讲实用;理学主静主敬,而颜学主动,主习事,主事功。有人说程朱与孔孟"隔世同堂",似不可排斥。颜元说:

　　　　请画二堂,子观之。一堂上坐孔子,剑佩,韘决,杂玉,革带,深衣。七十子侍,或习礼,或鼓琴瑟;或羽籥舞文,干戚舞武;或问仁孝,或商兵农政事;服佩亦如之。壁间置弓,矢,钺,戚,箫,磬,算器,马策,及礼衣冠之属。一堂上坐程子,峨冠博带,垂目坐,如泥塑。如游,杨,朱,陆者侍,或返观静坐,或执书伊吾,或对谈静敬,或搁笔著述。壁上置书籍,字卷,翰研,梨枣。此二堂同否?(《年谱》)

李塨也有同样的观察:

　　　　圣学践形以尽性。耳聪目明,践耳目之形也。手恭足重,践手足之形也。身修心睿,践身心之形也。践形而仁义礼智之性尽矣。今儒堕形以明性。耳目但用于诵读,耳目之用去其六七。手但用于写字,手之用去其七八。足恶动作,足之用去九。静坐观心而身不喜事,身心之用亦去九。形既不践,性何由全?此一实,一虚;一有用,一无用;一为正学,一陷异端:不可不辨也。(《年谱》)

以上说清初的实用主义的趋势,用颜李学派作代表。颜李学派是一种反对理学的哲学,但他们说气质是性,通行是道,条理是理;说人欲不当排斥,而静坐式的主敬是无用的;说格物在于"犯手实做其事",而知识在于实习实行;说学在于习行,而道在于实用(三物,三事),——这也是一种新理学了。在那个排斥玄学的空气里,这种新理学一时也不易成立。况且当日承晚明的流离丧乱之后,大家归咎于王学;程朱的学派大有复兴的样子。大师如顾炎武,他虽痛斥王学,而对于朱熹他始终敬礼。朝廷之上也正在提倡程朱;而在野学者的风气也与朱学"穷理致知""道问学"的宗旨很接近。所以提倡"实学"是多数学者所公认的,而攻击程朱是他们不能一致承认的。况且当日南方的理学大师如张覆祥,如吕留良,如陆陇其,都是朱学的信徒。

陆陇其竟说:

> 愚近年所见,觉得孟子之后,至朱子知之已极其明,言之已极其详;后之学者更不必他求,惟即其所言而熟察之,身体之,去其背叛者与其阳奉而阴叛者,则天下之学无余事矣。(《三鱼堂文集》六,"答某"。)

在这个极端"述朱"的空气里,颜李自然成了叛教的罪人;颜李学派所以受排斥(江藩,阮元,唐鉴等人记载清代学术,都不提及颜李;方苞作李塨的墓志,竟说他后来不是颜学的信徒了;程廷祚是颜李的南方传人,而程晋芳为他作墓志,竟不提及颜李一个字。这都是颜李受排斥的证据),这也是一个重要原因。

其次,当日反玄学的运动之中还有一个最有力而后来成绩最大的趋势,就是经学的复兴。

顾炎武说:

> ……躁竞之徒,欲速以成名于世;语之以五经,则不愿学;语之以白沙阳明的语录,则欣然矣,以其袭而取之易也。(《与友人论门人书》)

他又说:

> 愚独以为理学之名自宋人始有之。古之所谓理学,经学也,非数十年不能通也。……今之所谓理学,禅学也;不取之五经而但资之语录,校诸帖括之文而尤易也。(《与施愚山书》)

用"经学"来代替"禅学",这是当日的革命旗号。"经学"并不是清朝独有的学术,但清朝的经学却有独到的长处,可以说是与前代的经学大不相同。汉朝的经学重诂训,名为近古而实多臆说;唐朝的经学重株守,多注"注"而少注经;宋朝的经学重见解,多新义而往往失经的本义。清朝的经学有四个特点:(一)历史的眼光,(二)工具的发明,(三)归纳的研究,(四)证据的注重。因为清朝的经学具有这四种特长,所以他的成绩最大而价值最高。

第一,历史的眼光只是寻源溯流,认清时代的关系。顾炎武说:

> 经学自有源流。自汉而六朝,而唐,而宋,必一一考究。
> 而后及于近儒之所著,然后可以知其异同离合之指。如论字
> 都必本于《说文》,未有据隶楷而论古文者也。(《文集》四,《与
> 人书》四)

论字必本于《说文》,治经必本于古训,论音必知古今音的不同,这就是历史的眼光。懂得经学有时代的关系,然后可以把宋儒的话还给宋儒,把唐儒的话还给唐儒,把汉儒的话还给汉儒。清朝的经师后来趋重汉儒,表彰汉学,虽然也有过当之处,然而他们的动机却只是一种历史的眼光,认定治古书应该根据于最古的诂训;汉儒"去古未远",所以受他们的特别看重了。

第二,清儒治经最能明了"工具"的重要。治经的工具就是文字学。(包括声音,形体,训诂等项)和校勘学。顾炎武曾说:

> 愚以为读九经自考文始,考文自知音始。以至诸子百家
> 之书,亦莫不然。(《答李子德书》)

考文是校勘学的事,知音是文字学的事。后来这两种学问陆续增长,多所发现,遂成两种独立的科学。阎若璩说:

> 疏于校雠,则多脱文讹字,而失圣人手定之本经。昧于声音诂
> 训则不识古人之语言文字,而无以得圣人之真意。(臧琳《经
> 义杂记序》)

清朝的经学所以能有那么大的成绩,全都靠这两种重要工具的发达。

第三,归纳的研究是清儒治经的根本方法。凡比较同类的事

实,推求出他们共同的涵义来,都可说是归纳。例如《尚书·洪范》,
"无偏无颇,遵王之义";唐明皇改"颇"为"陂",好和"义"字协韵。

顾炎武说他:

> 盖不知古人之读"义"为"我",而"颇"之未尝误也。《易·
> 象传》,"鼎耳革,失其义也。覆公悚,信如何也。"《礼记·表记》
> "仁者右也,道者左也;仁者人也,道者义也。"是义之读为我。
> 而其见于他书者,遽数之不能终也。(《答李子德书》)

比较《易·象传》《表记》《洪范》……而推得"义之读为我"的共同涵
义,这便是归纳的方法。黄宗羲作万斯大的墓志,曾说:

> 充宗(斯大的字)……湛思诸经,以为非通诸经,不能通一
> 经;非悟传注之失,则不能通经;非以经释经,则亦无由悟传注
> 之失。何谓通诸经以通一经? 经文错互,有此略而彼详者,有
> 此同而彼异者;因详以求其略,因异以求其同,学者所当致思
> 者也。何谓悟传注之失? 学者入传注之重围,其于经也无庸
> 致思。经既不思,则传注无失矣,若之何而悟之? 何谓以经解
> 经? 世之信传注者,过于信经。……"平王之孙,齐侯之子",
> 证诸《春秋》,一在鲁庄公元年,一在十一年,皆书"王姬归于
> 齐"。周庄王为平王之孙,则王姬当是其姊妹。……毛公以为
> 武王女,文王孙;所谓"平王"为平正之王,"齐侯"为齐一之侯,
> 非附会乎? 如此者层见叠出。充宗会通各经,证坠缉缺,聚讼
> 之议,涣然冰泮。(《南雷文定前集》八)

这里所说"通诸经以通一经""以经解经",都只是把古书互相
比较,求出他们相互的关系或共同的意义。顾炎武等人研究古韵,
戴震以下的学者研究古义,都是用这种方法。

第四,清朝的经学最注重证据。证据是推理立说所根据的东
西;法庭上的人证与物证便是判断诉讼的根据。明朝陈第作《毛诗
古音考》(1601—1606),全书用证据作基础;他自己说:

列"本证""旁证"二条。本证者,《诗》自相证也。旁证者,
采之他书也。(《自序》)

如他考"服"字古音"逼",共举出

本证十四条,

旁证十条。

顾炎武作《诗本音》,于"服"字下举出

本证十七条,

旁证十五条。

顾氏作《唐韵正》,于"服"字下共举出一百六十二个证据(卷十四,
页 27—33)。为了要建立"服,古音逼"的话,肯去搜集一百六十个
证据,——这种精神,这种方法,是从古以来不曾有过的,有了一百
六十个证据,这就叫人不得不相信了。陈第、顾炎武提出这个求证
据的方法,给中国学术史开了一个簇新的纪元。从此以后,便是
"考证或考据的经学"的时代了。

　　总而言之,清初的学者想用经学来代替那玄谈的理学,而他们
的新经学又确然有许多特殊的长处,很可以独立成一种学术。自
从朱熹和陆九渊分门户互相攻击以来,陆王一派的理学家往往指
训诂章句之学为"支离",为"琐碎";所以聪明才智之士往往不屑去
做经学的工夫。顾炎武以后的经学便大不同了。主观的臆说,穿
凿的手段,一概不中用了。搜求事实不嫌其博,比较参证不嫌其
多,审察证据不嫌其严,归纳引申不嫌其大胆。用这种方法去治古
书,真如同新得汽船飞艇,深入不曾开辟的奇境,日有所得而年有
所成;才大的可以有创造的发现,而才小的也可以尽一点"襞绩补
苴"的微劳。经学竟成了一个有趣味的新世界了! 我们必须明白
这一层,然后可以明白为什么明朝的第一流人才都做理学,而清朝
的经学居然可以牢笼无数第一流的人才。

　　我在上文曾指出颜元、李塨提倡一种新哲学,而终究不受欢迎,

并且受许多人的排斥。我指出几个理由:一是大家厌倦哲学了,二是时势不相宜,三是颜李排斥程朱,时机还不曾成熟。明末大乱之后,大家对于理学都很厌倦了;颜李之学要排斥宋明理学的精微玄妙,而回到六艺三事的平实淡薄。他们的主张固然不错;但理学所以能牢笼人心,正为他说的那样玄妙恍惚。颜李生当理学极绚烂之后,要想挽人回到平实的新理学,那如何做得到呢?颜元不要人读书,而李塨便说他在这一点上"与先生所见微有不同"。颜元说,"道不在章句,学不在诵读",而李塨发愤要遍注诸经(他有《论语》《中庸》《周易》《诗经)等书的传注)。再传而后,南方的颜李信徒程廷祚便也成了一个经学大师。新理学终于被新经学吸收过去了。

大概说来,清朝开国的第一个世纪(1640—1740)是反玄学的时期;玄学的哲学固然因四方八面的打击而日就衰微了,然而反玄学的哲学也终于不能盛行。颜李一派说,"程朱之道不息,孔子之道不著。"但程朱的权威不是这样容易打倒的。李塨的《年谱》内有记万斯同自述的一段话:

> 某少受学于黄梨洲先生,讲宋明儒者绪言。后闻一潘先生(按此即潘用微,名平格)论学,谓陆释,朱羽(谓陆是释氏,朱是道家),憬然于心。既而黄先生大怒,同学竟起攻之。某遂置学不讲,曰,"予惟穷经而已。"以故,忽忽诵读者五六十年。(《恕谷年谱》卷三)

这一段话很可注意。万氏弟兄从王学里逃出来,转向"穷经"的路上去。和他有同样经验的,当时定必不少。如费经虞、费密父子从患难里出来,经过静坐习禅,终于转入古经古注疏里去。风气已成,逃虚就实的趋势已不可挽回,虽有豪杰之士如颜李,也不能用他们的新哲学来代替那过去的旧理学。

但颜李的学说究竟留下了不少的积极分子,可以用来作为一种新哲学的基础。不过这些哲学的分子还须先受当时的新经学的洗礼,重新挂起新经学的旗号,然后可以进行作建设新哲学的大事业。程朱非不可攻击,但须要用考据的武器来攻击。哲学非不可中兴,但须要用考证的工具来中兴。

这件"中兴哲学"的大事业,这件"建设新哲学"的大事业,颜元、李塨失败之后,直到戴震出来,方才有第二次尝试。

　　　　　　(选自《胡适精品集》,光明日报出版社1998年版)

　　胡适(1891—1962),原名胡洪,字适之,安徽绩溪人。思想家。1910年留学美国,入康奈尔大学,后转入哥伦比亚大学,为实用主义哲学家杜威的学生,深受其实验主义哲学的影响。1917年回国任北京大学教授,并参与《新青年》的编辑工作,提倡白话文,宣传民主、科学,是当时新文化运动的著名人物。曾任北京大学文学院院长、北京大学校长、台湾"中央研究院"院长等职。主要著作有:《中国哲学史大纲》(上)、《实验主义》、《五十年来之世界哲学》、《说儒》、《杜威哲学》等。

　　胡适长期从事史学、文学和哲学的研究,其"大胆假设,小心求证"的治学方法,在学术界产生了重大影响。《〈戴东原的哲学〉引论》(原载北京大学《国学季刊》1925年12月第2卷第1期)论述了清代学术"反玄学"的文化特质和注重实用、注重经学的学术取向。

清代朴学

杨东莼

一、概　　论

　　这里所讲的朴学,是专指清代经学的正统派而言,即专指清代经学的古文家而言。清代朴学的特盛,并不是偶然的,而自有其存在根据。第一,是由于王学的反动:明代王学遍天下的时候,学者都尚空谈而不务实学,顾炎武竟谓明代之亡实由于此,其言曰:"刘石乱华,本于清谈之流祸,人人知之。孰知今日之清谈,有甚于前代者。昔之清谈,谈老、庄;今之清谈,谈孔、孟;未得其精而已遗其粗,未究其本而先辞其末。不习六艺之文,不考百王之典,不综当代之务,举夫子论政论学之大端一切不问,而曰一贯,曰无言,以明心见性之空言,代修己治人之实学。股肱惰而万事荒,爪牙亡而四国乱。昔王衍妙善玄言,自比子贡。及为石勒所杀,将死,顾而言曰:'吾曹虽不如古人,向若不祖尚浮虚,以匡天下,犹可不至今日。'今之君子,得不有愧乎其言。"炎武又曰:"以一人羲力而易天下,其流风至于百有余年之久者,古有之矣:王夷甫之清谈,王介甫之新说,其在今日,则王伯安之良知是也。孟子曰:'天下之生久矣,一治一乱。'拨乱世,反诸正,岂不在后贤乎?"(以上《日知录》)他如王夫之、朱舜水等莫不排斥王学,黄宗羲虽不排斥王学,亦力矫王学的空疏;至于颜元,则不但攻击王学,而且直攻程、朱。清初诸儒,受了国破家亡的痛苦,因之这样热烈地反对王学的空疏,其反动,自然地要走到实学一方面去,而炎武学问的笃实,更是清代朴学的鼻祖。第二,是由政治的影响:清初诸儒,如黄宗羲、顾炎武都抱有恢复明室之志,并且屡谋举义不成,后来清朝政局稳定,他们反清运动,更无法进行。在这种情形之下,他们就只好做些实事求是的学问工夫,以备他日的应用。顾炎武的究心地理与音学,黄宗羲与王夫之的着重史学,颜元的注意实践,虽各人所取途径不同,但都不出"学以致用"这种精神。但是自圣祖、世宗、高宗三朝屡兴文字之狱以后①,法网之密,达于极点;学者处在这种高压之下,也就只好在故纸堆中去讨生活;而所谓"故纸"又只有行世久远的经书为可宝贵,这样一来,所以学者的精力,更集中在经书上面。不过愈在故纸堆中讨生活,清初诸儒"学以致用"的精神就愈加减少,结果竟成为盛极一时专重训诂名物的朴学。第三,由于经济的影响:自后三藩平定以后,圣祖、世宗、高宗三朝,虽屡次用兵边徼,但中国本部,却早已平静无事。这个平静期间,有一百多年,生产的增加,已经超过明末清初之上,随而国库的储蓄也日益增加。在这期间,圣祖时曾开博学鸿词科,以罗致逸民;世宗时编辑《古今图书集成》,以网罗学者;高宗时除开博学鸿词科,又开四库全书馆,全国一班绩学之士,网罗殆尽。这样一来,所谓朴学自然随着要发达起来。——以上所述,便是清代朴学特盛的原因。

　　清代朴学特盛的原因已经说过了,进而要说明清代学术变迁的大势。

---

　　①　圣祖时有庄廷钺之狱与戴名世之狱,世宗时有查嗣庭之狱、谢济世之狱、陆生柟之狱与吕留良之狱,高宗时有胡中藻之狱、王锡侯之狱、徐述夔之狱与沈德潜之狱。

皮锡瑞《经学历史》说"国朝经学凡三变：国初汉学方萌芽，皆以宋学为根柢，不分门户，各取所长，是为汉、宋兼采之学；乾隆以后，许、郑之学大明，治宋学者，说经皆主实证，不空谈义理，是为专门汉学；嘉、道以后，又由许、郑之学，导源而上，《易》宗虞氏以求孟义，《书》宗伏生、欧阳、夏侯，《诗》宗鲁、齐、韩三家，《春秋》宗《公》、《谷》二传。汉十四博士今文说，自魏、晋沦亡千余年，至今日而复明，实能述伏、董之遗文，寻武、宣之绝迹，是为西汉今文之学。"——皮氏这段话，把清代经学的变迁说得颇扼要；友人周予同作《经今古文学》，引申梁启超之说①，却较皮氏更为清楚。他说："清初学术界承晚明王学极盛之后，学者束书不观，游谈无根，于是顾炎武等起而矫之，大唱'舍经学无理学'之说。那时汉学初萌芽，大抵以宋学为根柢，而不分门户，各取所长，可以说是汉、宋兼采之学，也可以说自明复于宋而渐及于汉唐。这是第一期。乾隆以后，惠栋、戴震等辈出，'为经学而治经学'，之风大昌。说经主实证，不空谈义理，于是家诵许、郑，而群薄程、朱。这可以说是专门汉学，也可以说是自宋而复于东汉。这是第二期。嘉庆、道光以后，由许、郑之学导源而上，《诗》宗三家而斥毛氏，《书》宗伏生、欧阳、夏侯而去古文，《礼》宗《仪礼》而毁《周官》，《易》宗虞氏以求孟义，《春秋》宗《公羊》而排左氏，西汉十四博士之说至是复明。这可以说是西汉今文学的复兴，也可以说是自东汉复于西汉，这是第三期。光绪末年，康有为作《孔子改制考》，说先秦诸子都是'托古改制'，经皆孔子所作，尧、舜皆孔子依托，于是诸子学大兴，其影响直及于现代之古史研究者。……这可以说自西汉复于周、秦，也可以说是超经传之诸子的研究。这是第四期。"——以上便是清代学术变迁的大势。

---

① 见梁著《清代学术概论》十三页，又《新民丛报·中国学术思想变迁之大势》第八章，亦可参看。

二、朴学的启蒙时期

本讲所要说的，只是周氏所说的第一期及第二期，即是朴学的启蒙时期与成熟时期，至于第三期及第四期，即今文学运动，则留到第十一讲再说。现在先讲朴学的启蒙时期。这时期的大师，有顾炎武、阎若璩、胡渭三人，分述如次：

（一）昆山顾炎武　上面说过：炎武是反对王学最力的人；但他对于程、朱，即对于宋学，却不攻击，所以他说："由朱子之言，以达乎圣人下学之旨。"（《亭林文集·下学指南序》）他既反对王学的"束书不观，游谈无根"，所以他大唱"舍经学无理学"之说①。他这种见解，便是清代朴学的先声。而他治学的方法着重于创造与博证，则更为清代朴学奠立一个强固的基础；所以他能当一代开派宗师之名。所著《日知录》与《音乐五书》，为考据典制之作，很影响于后学。

（二）太原阎若璩　若璩著《尚书古文疏证》，专辨东晋晚出的《古文尚书》及同时出现的孔安国《尚书传》为伪书。疑《古文尚书》为伪书者，始于宋吴棫朱熹，继之者有元吴澄、明归有光，然皆有所畏惮，不敢断定；自若璩出，才确定这书为伪书。这书千余年来，学者都视为神圣不可侵犯而无敢议其为伪者，自若璩力辨其为伪，于是这书的神圣地位因之动摇；学者受此刺戟，对于一切经义经文遂顿起疑惑，而一切经义经文，也就成为可以研究的对象了。

---

①　全祖望《亭林先生神道表》："而于学无所不窥，晚益笃志六经，谓古今安得所谓别有理学者，经学即理学也，自有舍经学以言理学者，而邪说以起，不知舍经学，则其所谓理学者禅学也。"

（三）德清胡渭　胡氏著《易图明辨》，辨宋邵雍所传《河洛图书》非羲、文、周、孔所用，而与《易》义无关。他以《易》还诸羲、文、周、孔，以《图》还诸邵雍、陈抟，明孔学自孔学，宋学自宋学；由是宋学所凭藉的《河洛图书》遂失其支配学者心理的势力，而以阴阳五行说经说理的异说亦因之廓清。这样一来，学者才知道欲求孔子所谓真理，除宋人所用方法外，尚别有途径。他又著《禹贡锥指》，指摘汉伪孔安国《注疏》、唐孔颖达《疏》及宋蔡沈《集传》于地理上的疏舛；又博考群书，以辨九州山川形势及古今郡国分合异同。胡氏此书，也引起学者怀疑的精神。

总之：清代朴学，实由顾、阎、胡三人开其端，而阎书专据康成以折伪孔，胡著《禹贡锥指》多引郑注及《说文》以正孔疏、蔡传，则更唤起一代朴学家崇拜许、郑的心理。他如毛奇龄的《大学知本图说》、《中庸说》、《论语稽求篇》，则更直攻程、朱，与后此清儒所治诸学颇有关系；而姚际恒的《古今伪书考》，其怀疑精神亦颇影响于后学。

* * * *

以上所述顾、阎、胡三人，均系朴学启蒙时期的主要人物；然当时王学势力业已衰落，而新学派如朴学者又未正式树立，学术思想界既无定于一尊之弊，故自由研究的精神特盛；不过因为承明季王学空疏之后，所以各人研究领域虽不同，但大致都倾向于"学以致用"的精神。现在就当时学者中其学术思想有影响于后代者的几位，分述如次：

（一）余姚黄宗羲　宗羲少受学于刘宗周，虽不反对王学，然亦力矫王学空疏之弊。惟其如此，所以他特重经学与史学；全祖望《梨洲先生神道碑》言之甚详："忠端之被逮也，谓公曰：'学者不可不通知史事，可读《献征录》。'公遂自明十三朝实录，上溯二十一史,靡不究心而归宿于诸儒。既求经,则旁求之九流百家,于书无所不窥者。公谓明人讲学,袭语录之糟粕,不以六经为根柢,束书而从事于游谈;故受业者必先穷经,经术所以经世,方不为迂儒之学;故兼令读史。又谓读书不多,无以证斯理之变化,多而不求于心,则为俗学。故凡受公之教者,不坠讲学之流弊。"我们由这段话,便知宗羲之特重史学;梁启超说他是一代史学之祖,诚非过誉。他所著《明儒学案》,为中国有学术史之始。他又深痛专制君王的毒害,故其所著《明夷待访录》之《原君》、《原臣》、《原法》诸篇均显露民权主义的思想,晚清梁启超、谭嗣同倡民权共和之说,很受他的影响。

(二)衡阳王夫之　夫之僻处深山,其学无所师承。他力攻王学,其言曰:"侮圣人之言,小人之大恶也;……姚江之学,横拈圣言之近似者,摘一字一句以为要妙,窜入其禅宗,尤为无忌惮之至。"(《俟解》)他对于宋学,提倡关学,其言曰:"张子之学,上承孔、孟,如皎日丽天,无幽不烛。惜其门人未有殆庶者。曾不逮邵康节之数学。是以不百年而异说兴。"(《张子正蒙注序》)他于天理人欲之辨,有独到的见解,其言曰:"天理即在人欲之中,无人欲则天理亦无从发现。"(《正蒙注》)后此戴震思想,多由此衍出。而晚清谭嗣同,亦多受他的影响;他所著《黄书》、《噩梦》,言黄帝为吾族之祖,指陈民生利弊甚切;他又长于史论,所著《读通鉴论》、《宋论》,辨夷夏之防,明民权之理,都有特见;惜以后其学不昌。

(三)博野颜元　颜元之学,重实行而恶空谈;他不但反对宋学,而且反对汉学,其言曰:"昔者孔子没而诸子分传。杨、墨、庄、列乘间而起,鼓其诐说。祖龙遂废井田封建,焚书坑儒。使吾儒经世之大法,大学之制,沦胥以亡。两汉起而治尚杂霸,儒者徒拾遗经为训传,而圣学之体用残缺莫振。浸淫于魏、晋、隋、唐,训诂日繁,佛、老互扇,清谈词章,哗然四起。祸积而至五季,百氏学术,一归兵燹。尧、舜、周、孔之道,更孰从而问之乎? 宋代当举世愦愦罔知所向之时,而周子独出,以其传于禅僧寿崖道士陈抟者,杂人儒道,绘图著书,创开一宗。程、朱、陆、王皆奉之,相率静坐顿悟,验喜怒哀乐未发时气象,曰:以不观观之。暗中二氏之奸诡,而明明德之实功涸矣。相率读讲注释,合清清训诂为一堂,而习行礼乐兵农之功废,所谓亲民者无其具矣;又何止至善之可言乎? 以故于尧、舜三事之事,周、孔三物之物,偭矩而趋。而古大学教人之法,秦人强使之亡而不能尽者,潜奸暗易,而消亡遂不知所底矣。生民之祸,倍甚晋、唐。道法遂湮,人才寥落。莫谓虞、夏、商、周之文物,尽灭其迹;虽两汉英雄之干才,贤守令之政务,亦莫及焉。而语录恣其张皇,传赞肆其粉饰,竟若左右虞、周颉颃孔、孟者。试观后世之国学乡学,尚有古大学学习之物否? 试观两宋及今五百年,学人尚行禹、益、孔、颜之实事否? 徒空言相续,纸上加纸。而静坐语录中有学,小学大学中无学矣;书卷两庑中有儒,小学大学中无儒矣。"(《习斋余记·大学辨业序》)他既薄宋、明之学,又恶汉、唐之训诂注疏,然则他究以何学学教人呢? 他以为"尧、舜之道在六府二事,周公教士以三物,孔子以四教,非主静专诵读流为禅宗俗学者所可托。于是著《存学》、《存性》、《存治》、《存人》四编以立教,名其居曰习斋。帅门弟子行孝弟,存忠信,日习礼、习乐、习射、习书数,究兵农水火诸学,堂上琴、竿、弓、矢、筹、管森列。"(戴望《颜氏学记·颜元传》)由此看来,可见颜元只是教人实践,教人做事,所以他说:"生存一日,当为生民办事一日。"(《年谱》卷下)他有弟子李塨、王源,均能实践其教;然以清室法网日密,其实行精神,又为当局所忌,故其学不久中绝。

(四)达州唐甄　唐甄有《潜书》九十七篇。他称道阳明,而自比孟子;因为唐氏之学,自阳明而入,而阳明言良知又出于孟子。惟其宗孟,所以抑尊,其言曰:"圣人定尊卑之分,将使顺而率之,非使亢而远之。为上易骄,为下易谀,君日益尊,臣日益卑。是以人君之贱视其臣民,如犬马虫螘之不类于我,贤人退,治道远矣。太山之高,非金玉丹青也,皆土也。江海之大,非甘露醴泉也,皆水也。天子之尊,非天帝大神也,皆人也。是以尧、舜之为君,茅茨不剪,饭以土簋,饮以土杯。虽贵为天子,制御海内,其甘菲食,暖粗衣,就好辟恶,无异于野处也,无不与民同情也。"(《潜书·抑尊》)他注重治世之术,而其言治,则归于上下平均;其言曰:"天地之道故平,平则各得其所;及其不平也,此厚则彼薄,此乐则彼忧。……王公之家,一宴之味,费上农一岁之获,犹食之而不甘。吴西之民,非凶岁,为糗粥,杂以菽秆之灰。无食者见之,以为是天下之美味也。人之生也,无不同也。今若此,不平甚矣。提衡者,权重于物则坠;负担者,前重于后则倾;不平故也。是以舜、禹之有天下也,恶衣菲食,不敢自恣;岂所嗜之异于人哉? 惧其不平以倾天下也。"(《潜书·大命》)因为他这样主张,所以在《室语》篇中,竟斥自秦以来的帝王为贼,而在《省官》篇中又说官多害民。他既注重事功,从而他就认定只有治世者才叫做儒,其言曰:"老养生,释明死,儒治世。三者各异,不可相通。合之者诬,校是非者愚。"(《潜书·性功》)他著书,不肯一字袭古,其言曰:"言,我之言也;名,我世所称之名也。今人作述,必袭古人之文;官爵郡县,必反今世之名,何其猥而悖也。"(王闻远《唐圃亭先生行略》所引)

(五)天门胡承诺 承诺有《释志》六十篇,又自叙一篇。其学以宋儒为依归,务实务平,不离事而言理,其《古制》篇论古封建井田的兴废,很可以看出他这种精神,其言曰:"虽有三代之良法,不可行于今者,千百年之后,制度不相近也。虽有汉、唐之良法,不可行于今者,千百年之后,利病不相因也。居今而欲善治,亦取制度相近利病相因者,损益用焉已尔。"他这样言损益,足见他不是个泥古的人,而和陆生枏、吕留良一班人不同。

（六）宣城梅文鼎　　文鼎为清代天算学开山之祖。有《勿庵历算全书》二十九种,凡七十四卷。其孙瑴成亦精算学。同时,吴江王锡阐亦通天算,有《晓庵新法》六卷,文鼎治天算,不分中西,均能取其所长,而无主奴之见;清代经师多治算学,文鼎之功不小。

（七）大兴刘献廷　　献廷精地理学,喜游历,观览山川形势,以证所学。又长于音韵学,著《新韵谱》,惜其书不传;惟全祖望《刘继庄传》中记其厓略,今注音字母,即采其成法不少。

以上诸人,其学术思想都有独到处。他如余姚朱之瑜（有《舜水文集》）,则以其讲学日本,日本受其影响很深,而中国反无所闻。又如太原傅山,则以任侠闻,信老、庄之学。他们两个人,都与后此学术无关,故略而不述。至为宋、明理学守残垒者,则有以下数人:

（一）容城孙奇逢以阳明和通程、朱讲学于北方;

（二）太仓陆世仪以紫阳和通陆、王讲学于南方;

（三）平湖陆陇其一主程、朱,力攻阳明;

（四）桐乡张履祥虽师宗周,而得力于紫阳,其学着重于治生,曰:“能治生则能无求于人;无求于人则廉耻可立,礼义可行。”

（五）盩厔李颙,其学虽得力于自己,而一宗陆、王家法,又力补王学之失,曰:“明道存心以为体,经世宰物以为用。”（《答顾炎武书》）又曰:“理学经济,原相表里。”（《答许学宪书》）

总观以上五人,虽仍守理学残垒,然已由明而返于宋:不过他们个人道德都很好,所以能够斤斤自守,较之以后拿理学去逢迎时主的大官们却要高尚得多了。

三、朴学的成熟时期

以上所讲,为朴学的启蒙时期,那时汉学的堡垒尚未建立,说经还是汉、宋兼采。乾隆（高宗年号,从 1736 年至 1795 年）以后,才正式进到朴学的成熟时期。促成这种机运的原因,如前所述,固属是:(一)顾、阎、胡为之先导;(二)政局稳定,生活安全,使学者有余裕以自厉其学;(三)法网日密,使学者不得不在故纸堆中讨生活;但是,还有两点,也是促成这种机运的原因:

第一,外来的研究方法:自明季利玛窦等输入西学于中国以后,学问研究方法上生一种外来的变化;其初只有治天算学的人运用这种方法,到了这个时候就把它运用到别的方面去了;所以近人谓他们治学的方法,合于西洋科学的精神①;

第二,达官要人的提倡与维护:当时达官要人如阮元②、纪昀③、毕沅④ 等,大都倾心朴学,尽提倡与维护之力。

成熟时期的代表人物,为惠栋、戴震、段玉裁、王念孙、王引之,

---

① 梁著《清代学术概论》:"吾尝研察其治学方法:第一曰注意:凡常人容易滑眼看过之处,彼善能注意观察,发现其应特别研究之点:所谓读书得间也。……第二曰虚己:注意观察之后,既获有疑窦;最易以一时主观的感想,轻下判断;如此则所得之'间',行将失去。考证家决不然;先空明其心,绝不许有一毫先人之见存;惟取客观的资料,为极忠实的研究。第三曰立说:研究非散漫无纪也,先定一假定之说以为标准焉。第四曰搜证:既立一说,绝不遽信为定论;乃广集证据,务求按诸同类之事实而皆合;……第五曰断案,第六曰推论:经数番归纳研究之后,则可以得正确之断案矣;既得断案,则可以推论于同类之事项而无阂也。"

② 阮元,仪征人,乾隆进士,道光时官至体仁阁大学士,历官中外,所至以提倡学术自任,在粤设学海堂,在浙设诂经精舍,又校刊《十三经注疏》,汇刻《学海堂经解》等书,以飨学者。

③ 纪昀,河间人,乾隆进士,官至协办大学士,修《四库全书》,昀为总纂。

④ 毕沅,镇洋人,乾隆进士,官至湖广总督,经史小学金石地理之学无所不通。

而惠为吴派首领,戴为皖派鼻祖,今分述之如下:

(一)吴派 吴县惠栋,世传经学;周惕、士奇,虽宗汉诂,然有时仍以空言说经,至栋始弘布汉学,而汉学的门户因之建立。栋有《九经古义》、《易汉学》、《周易述》、《左传补注》诸书,其《九经古义首述》云:"……汉经师之说,立于学官,与经并行,……古字古言,非经师不能辨,……是故古训不可改也,经师不可废也。"我们看到他这几句话,便知道他的笃执古训,所以梁启超以"凡古必真,凡汉皆好"八个字概括惠派的治学方法。——这一派可以说是纯粹的汉学,而与皖派不同。

栋弟子最著者有:吴县江声,著《尚书集注音疏》、《六书说》;吴县余萧客,著《古经解钩沉》。萧客弟子有甘泉江藩,著《汉学师承记》,推栋为斯学正统。嘉定王鸣盛与同乡钱大昕,也都受学于惠栋,而以史学闻于世。江都汪中亦倾向惠派,有《广陵通典》、《周官征文》、《左氏春秋释疑》诸书,而《述学内外篇》尤为有名。

(二)皖派 皖派鼻祖为休宁戴震,而震受学于婺源江永。震治学方法,与惠栋相异,震主精审有识断,栋则淹博而笃执古训。他说:"学者当不以人蔽己,不以己自蔽。"(《东原文集·答郑用牧书》)钱大昕说他"实事求是,不主一家"(《潜研堂集·戴震传》);余廷灿说他"有一字不准六书,一字解不通贯群经,即无稽者不信,不信必反复参证而后即安,以故胸中所得,皆破出传注重围"(《戴东原先生事略》)。——观此足见戴氏治学方法,深合于近代科学的精神,所以刘光汉《戴震传》说:"先生之学,先立科条,以审思明辨为归。凡治一学,著一书,必参互考验,曲证旁通,博征其材,约守其例。复能好学深思,实事求是,会通古说,不尚墨守。"后此朴学之所以光大,完全是受了他这种治学方法的影响。——这一派可以称为朴学。

戴氏著述宏富,其最著者有《毛郑诗考正》、《考工记图》、《孟子字义疏证》、《方言疏证》、《原善》、《原象》、《勾股割圜记》、《策算》、《声韵考》、《声类表》、《仪礼正误》、《尔雅文字考》、《古历考》、《历问》、《续天文略》、《水地记》、《校水经注》及《直隶河渠书》等，而《孟子字义疏证》，则为戴氏哲学的著作。他这种哲学，很得力于王夫之所谓"天理即在人欲之中，无人欲则天理亦无从发现"这两句话。原来宋儒把欲与理与性视为两种东西；戴氏却视欲与理与性为同物。所以他说："记曰：'饮食男女，人之大欲存焉。'圣人治天下，体民之情，遂民之欲，而王道备。人知老、庄、释氏异于圣人。闻其无欲之说，犹未之信也；于宋儒则信以为同于圣人。理欲之分，人人能言；故今之治人者，视古圣贤体民之情遂民之欲，多出于鄙细隐曲，不措之意，不足为怪。及其责以理也，不难举旷世之高节著于义而罪之。尊者以理责卑，长者以理责幼，贵者以理责贱，虽失谓之顺；卑者、幼者、贱者以理争，虽得谓之逆。于是下之人不能以天下之同情天下所同欲达之于上，上以理责其下，而在下之罪，人人不胜指数。人死于法，犹有怜之者；死于理，其谁怜之？"又曰："古圣贤所谓仁义礼智，不求于所谓欲之外，不离乎血气心知；而后儒以为如有别物焉，凑泊附著以为性，由释杂乎老、释，终昧于孔、孟之言故也。"（以上见《孟子字义疏证》）他这些话的根本意思，就是要人人各得其情，各遂其欲，而勿悖于道义；欲以外更无所谓仁义礼智，更无所谓理。他这种人生哲学，着重在"欲遂其生"四个字上，所以他又说："人之生也，莫病于无以遂其生。欲遂其生，亦遂人之生，仁也。欲遂其生，至于戕人之生而不顾者，不仁也。不仁实始于欲遂其生之心，使其无此欲，必无不仁矣。然使其无此欲，则于天下之人生道穷促，亦将漠然视之；己不必遂其生而遂人之生，无是情也。"（《孟子字义疏证》）总括一句，就是以遂人之欲达人之情为"遂其生亦遂人之生"的方法，以"遂其生亦遂人之生"为解决人生问题的指针。戴氏人生哲学的大意,尽在于此。

戴氏后学,名家辈出,今分述之如下:

(一)金坛段玉裁,讲求古义,深于小学,著述很多,而以《说文解字注》、《六书音韵表》、《诗经小学录》为尤著。

(二)高邮王念孙,亲受学于戴氏,精训诂,著有《广雅疏证》及《读书杂志》。其子引之,亦精训诂,著有《经义述闻》与《经传释词》。

玉裁、念孙、引之并戴氏,为朴学的中坚人物,故世称戴、段、二王。他如治数学者有汪莱,治韵学者有洪榜,治《三礼》者有金榜、胡匡衷、凌廷堪;而任大椿、卢文弨、孔广森辈,亦莫不师戴。——戴学之盛,可谓达于极点。

以上述朴学的成熟时期竟,进而请言朴学启蒙时期与朴学成熟时期的异点:

(一)启蒙时期对于宋学,仅攻击其一部分,而仍因袭其一部分;成熟时期,则置宋学于不顾;

(二)启蒙时期学者均抱有"学以致用"的精神,成熟时期的学者,则为经学而治经学,为考证而考证;

(三)启蒙时期的考证学,不过粗引端绪,仅居一部分势力;成熟时期则占学术界全领域,而日益精密。

*　　*　　*　　*

在这朴学独占时期,其他学术思想,几无立足的余地;但是,在这时期中,依旧有几个学者肆力于他种学问。今分述于后:

(一)吴县彭绍升、休宁汪缙、瑞金罗有高　三人都是在朴学独占时期,以和会儒、释,而独树一帜者。彭有《二林居集》,汪有《汪子文录》,罗有《尊闻居士集》。三人之学,最相契合,要皆华梵交融,禅净并重;盖不但空言参悟,而且力事行持:这与宋儒糅杂佛说只谈明心见性而不发愿往生者大有分别。

（二）阳湖洪亮吉　亮吉亦治经学,亦治史学,有诗文集六十四卷,《意言》二十篇。他于清代盛世,亟言生计之学,其言曰:"人未有不乐为治平之民者也,人未有不乐为治平既久之民者也。治平至百馀年,可谓久矣。然言其户口,则视三十年以前,增五倍焉;视六十年以前,增十倍焉;视百年百数十年以前,不啻增二十倍焉。试以一家计之:高曾之时,有屋十间,有田一顷;身一人,娶妇后不过二人;以二人居屋十间,食田一顷,宽然有余矣。以一人生三子计之,至子之世,而父子四人;各娶妇,既有八人。八人即不能无佣作之助,是不下十人矣。以十人而居屋十间,食田一顷,吾知其居仅仅足,食亦仅仅足也。子又生孙,孙又娶妇。其间衰老者或有代谢,然已不下二十余人。以二十余人,而居屋十间,食田一顷,即量腹而食,度足而居,吾以知其必不敷矣。又自此而曾焉,自此而玄焉,视曾高时,口已不下五六十倍。是高曾时为一户者,至曾玄时不分至十户不止。其间有户口消落之家,即有丁男繁衍之族,势亦足以相敌。或者曰:高曾之时,隙地未尽辟,闲廛未尽居也。然亦不过增一倍而止矣,或增三倍五倍而止矣。而户口则增至十倍二十倍,是田与屋之数,常处其不足;而户与口之数,常处其有余也。又况有兼并之家,一人据百人之屋,一户占百户之田;何怪乎遭风雨霜露饥寒颠踣而死者之比比乎?曰:天地有法乎?曰:水旱疾疫,即天地调剂之法也。然民之遭水旱疾疫而不幸者,不过十之一二矣。曰:君相有法乎?曰:使野无闲田,民无剩力。疆土之新辟者,移种民以居之;赋税之繁重者,酌今昔而减之。禁其浮靡,抑其兼并,遇有水旱疾疫,则开仓廪悉府库以赈之。如是而已。是亦君相调剂之法也。要之:治平之久,天地不能不生人;而天地之所以养人者,原不过此数也;治平之久,君相亦不能使人不生;而君相之所以为民计者,亦不过前此数法也。然一家之中,有子弟十人,其不率者,常有一二。又况天下之广,其游惰不事者,何能一一遵上之约束乎? 一人之居,以供十人已不足;何况供百人乎? 一人之食,以供十人已不足;何况供百人乎? 此吾所以为治平之民虑也。"(《意言治平篇》)——他这见解,《韩非子·五蠹》篇上早就说过了,不过生在盛时,人人都在歌舞升平的时候,而能深虑于民生问题,却是当时不可多得之士。

他如李汝珍著《镜花缘》,俞正燮著《癸巳类稿》,其中多讨论妇女问题的地方,颇有可观,不过不为当时人士所重视罢了。

四、朴学的衰落时期

当朴学极盛时期,朴学便独占了学术界,嘉、道以后,庄存与崛起,提倡今文学(即常州派),以与朴学分立;到这时,朴学才渐次走到它的衰落时期。但在这衰落期,而能为朴学保持残垒者,尚有二人:(一)德清俞樾,著《群经平议》、《诸子评议》、《古书疑义举例》诸书;(二)瑞安孙诒让,著《周礼正义》、《墨子间诂》诸书。不过当时今文学的势力日大,所以他们在学术思想界上不占重要地位。直到晚清杭县章炳麟出,始为朴学大张其军。

炳麟少受学于俞樾,于小学很有研究;又受章学诚、全祖望影响颇深,故究心明、清间掌故,颇促成其排满之念。旋研究华严宗,每以瑜伽华严释老、庄,自谓别有所得。所著《文始》及《国故论衡》,颇影响于现代学术界。他亡命日本时,又时时涉猎西籍,喜以新知附益旧学。这样看来,他的学术,便不仅限于朴学了,所以他说:"汉、宋争执,焉用调人? 喻以四民,各勤其业,瑕衅何为而不息乎? ……自揣平生学术,始则转俗成真,终乃回真向俗。……秦、汉以来,依违于彼是之间,局促于一曲之内,盖未尝睹是也。乃若昔人所诮:专致精微,反致陆沈,穷研训诂,遂成无用者:余虽无腆,固足以雪斯耻。"(《菿汉微言》)不过他门户之见很深,所以我们不能不说他是清代朴学的殿军。

五、朴学的业绩

朴学的精神在考证,朴学的研究对象为经书 但到朴学极盛时期,此种精神便运用到其他学术上而为专门化的研究。兹分述之于次:

(一)经书的注疏 朴学以经学为研究对象,而其最有功于经学之处,即为诸经几乎都有新注疏。如《书》有江声的《尚书集注音疏》、孙星衍的《尚书古今文注疏》、段玉裁的《古文尚书撰异》及王鸣盛的《尚书后案》。如《易》有惠栋的《周易述》与张惠言的《周易虞氏义》。如《周礼》有孙诒让的《周礼正义》。如《诗》有陈奂的《诗毛氏传疏》、马瑞辰的《毛诗传笺通释》及胡承珙的《毛诗后笺》。如《仪礼》有胡承珙的《仪礼古今疏义》与胡若翚的《仪礼正义》。如《左传》有刘文祺的《春秋左氏传正义》。如《孝经》有皮锡瑞的《孝经郑注疏》。如《论语》有刘宝楠的《论语正义》。如《尔雅》有邵晋涵的《尔雅正义》与郝懿行的《尔雅义疏》。如《孟子》有焦循的《孟子正义》。如《大戴礼记》有孔广森的《补注》与王聘珍的《解诂》。

(二)文字学 清儒教人读书必先识字,故许氏《说文》即其圣经。研究《说文》的名著,有段玉裁的《说文注》,王筠的《说文释例》、桂馥的《说文义证》以及朱骏声的《说文通训定声》。此外研究文字学的名著,更有戴震的《方言疏证》、王念孙的《广雅疏证》及江声的《释名疏证》诸书。而以极严正的训诂家法贯群书而会其通者,则有王念孙的《经传释词》与俞樾的《古书疑义举例》。

（三）音韵学　音韵学为文字学的附庸，清儒认考证古音，为诵读古书的工具，故此学亦特别发达，如顾炎武有《音韵古音表》与《唐韵正》，戴震有《声韵考》与《声类表》，段玉裁有《六书音韵表》，姚文田有《说文声原》，苗夔有《说文声读表》，严可均有《说文声类》，陈澧有《切韵考》）。

（四）金石学　顾炎武著《金石文字记》，为清代研究金石学的最初著作；其后有钱大昕的《潜研堂金石文字跋尾》，武亿的《金石三跋》，洪颐煊的《平津馆读碑记》，严可均的《铁桥金石跋》，陈介祺的《金石文字释》。这派专以金石为考证经史的资料，另外有黄宗羲一派，则从金石以研究文史义例，宗羲著《金石要例》，其后王芑孙、梁玉绳、郭麟、刘宝楠及冯登府等，都有著作。

（五）史学　黄宗羲、万斯同为一代史学之祖，黄、万均浙江人，后此浙人如全祖望、章学诚、章炳麟均精于史，其风习实自黄、万二氏开之。宗羲有《明儒学案》，为中国学术史之始；其《宋元学案》，则其子百家与祖望先后续成之。斯同以独力撰《明史稿》，为唐以后所罕见。其后，赵翼有《廿二史劄记》，王鸣盛有《十七史商榷》，钱大昕有《二十一史考异》，洪颐煊有《诸史考异》，诸书均以考证史迹订正讹谬为主。其专考证一史者，则以惠栋的《后汉书补注》，梁玉绳的《史记志疑》、《汉书人表考》及钱大昕的《汉书辨疑》、《后汉书辨疑》为最著。至于表志之书，则有万斯同的《历代史表》，其后，又有顾栋高的《春秋大事表》，齐召南的《历代帝王年表》以及林春溥的《竹柏山房》十五种；此外又有洪亮吉的《三国疆域志》、《东晋疆域志》、《十六国疆域志》，侯康的补《三国艺文志》，倪灿的《补辽金元三史艺文志》，顾怀三的《补五代史艺文志》及钱大昕的《补元史艺文志》。凡此都是以经学考证之法，移以治史。至于专研究史法者，则章学诚的《文史通义》，为一时特出之作；他不斤斤于考证，所用方法与朴学异；惟言"六经皆史"，则又与今文学家异。他如魏元以独力改著《元史》，柯劭忞的《新元史》，毕沅的《续资治通鉴》，均为一代佳构；而崔述精考证，其所著《考信录》，尤有功于史学。

（六）地理学　清初顾炎武、刘献廷都好地理学，惜著作均未成。惟顾祖禹的《读史方舆纪要》，言天下险要，很为精详，而颇带考古的色彩。其后，所谓地理学，均无不偏于考古一途：如戴震的《水地记》与《校水经注》，孔广森的《水经释地》，全祖望的《新校水经注》，齐召南的《水道提纲》，洪颐煊的《汉志水道疏证》，陈澧的《汉书地理志水道图说》，都属此类。其考证先秦地理者，则有阎若璩的《四书释地》，徐善的《春秋地名考略》，江永的《春秋地名考实》，焦循的《毛诗地理释》及程恩泽的《国策地名考》。其通考历代者，则有陈芳绩的《历代地理沿革表》与李兆洛的《历代地理志韵编今释》。其考证各史地理者，则以吴卓信的《汉书地理志补注》与杨守敬的《隋书地理志考证》最为精核。至于地图，则康熙时有《皇舆全览图》，杨守敬有《历代地理沿革图》。他如研究青海、西藏、蒙古、新疆地理者，则有徐松的《西域水道记》与《新疆识略》，张穆的《蒙古游牧记》，何秋涛的《朔方备乘》。

（七）天算学　清初治天算者，首推王锡阐、梅文鼎（见前），而黄宗羲、江永诸人，亦提倡斯学。圣祖尤好天算，著《数理精蕴》与《历象考成》，并其所著《律吕正义》，合称《律历渊源》。江永有《慎修数学》九种，戴震有《算经》：时尚所好，后此诸经师遂多兼治算学；其有名著作，计有：李锐的《李氏遗书》，董祐诚的《董方立遗书》，焦循的《里堂学算记》，张作楠的《翠微山房数学》，刘衡的《六九轩算书》诸书；而晚清李善兰、华蘅芳迻译西籍（见前），尤称名手。

其他如类书的编纂①，丛书的校刊②，伪书的辨明③，佚书的搜辑④，以及古书的校勘⑤，都是这些经师的最大业绩，而很有益于后学。

(本文节选自杨东莼《中国学术史讲话》，东方出版社 1996 年版)

杨东莼(1900—1979)，名岂匏，又号人枑，湖南醴陵人。现代学者。1919 年入北京大学文预科读书，1927 年东渡日本研究马克思主义并从事翻译工作，1930 年回国。曾任中山大学、武汉大学、厦门大学教授。建国后，先后担任广西大学校长、华中师范学院院长、国务院副秘书长、中央文史研究馆馆长等职。主要著作有《中国学术史讲话》、《本国文化史大纲》等。译有《古代社会》、《费尔巴哈论》等。

这里选录的是《中国学术史讲话》(1932 年北新书局出版，1996 年东方出版社再版)中关于清代"朴学"的一节。文章论述了清代朴学的发生、发展及其学术贡献。

---

①　类书以《图书集成》与《四库全书》为最重要。

②　丛书以通志堂《九经解》、阮元《皇清经解》、毕沅《经训堂丛书》、卢文弨《抱经堂丛书》、孙星衍《平津馆丛书》以及鲍廷博《知不足斋丛书》为最重要。

③　见前节《朴学的启蒙时期》述阎若璩、胡渭、姚际恒各条。

④　辑佚以马国瀚的《玉函山房辑佚书》为最丰富。

⑤　校勘以子书为最多，如《墨子》、《荀子》、《孙子》、《吴子》、《列子》、《慎子》、《韩非子》均有校本。

20世纪儒学研究大系

《中国近三百年学术史》引论

钱　穆

上　两宋学术

治近代学术者当何自始？曰，必始于宋。何以当始于宋？曰，近世揭橥汉学之名以与宋学敌，不知宋学，则无以平汉宋之是非。且言汉学渊源者，必溯诸晚明诸遗老。然其时如夏峰、梨洲、二曲、船山、桴亭、亭林、蒿庵、习斋，一世魁儒耆硕，靡不寝馈于宋学。继此而降，如恕谷、望溪、穆堂、谢山乃至慎修诸人，皆于宋学有甚深契诣，而于时已及乾隆，汉学之名，始稍稍起。而汉学诸家之高下浅深，亦往往视其所得于宋学之高下浅深以为判。道咸以下，则汉宋兼采之说渐盛，抑且多尊宋贬汉，对乾嘉为平反者故。不识宋学，即无以识近代也。

然则治宋学当何自始？曰，必始于唐，而昌黎韩氏为之率。何以治宋学必始于唐，而以昌黎韩氏为之率耶？曰，寻水者必穷其源，则水之所自来者无遁隐。韩氏论学虽疏，然其排释老而返之儒，昌言师道，确立道统，则皆宋儒之所滥觞也。尝试论之，唐之学者，治诗赋取进士第得高官，卑者渔猎富贵，上者建树功名，是谓入世之士。其遁迹山林，栖心玄寂，求神仙，溺虚无，归依释老，则为出世之士。亦有既获肬仕，得厚禄美名，转而求禅问道于草泽枯槁之间者，亦有以终南为捷径，身在江海而心在魏阙者。要之不越此两途。独昌黎韩氏，进不愿为富贵功名，退不愿为神仙虚无，而昌言乎古之道。曰为古之文者，必有志乎古之道，而乐以师道自尊，此皆宋学精神也。治宋学者首昌黎，则可不昧乎其所入矣。

昌黎以来，唐之为学者，亦无以大殊乎其昔及乎五代，在朝为冯道，在野为陈抟，则仍唐人风气也。言宋学之兴，必推本于安定、泰山。盖至是而师道立，学者兴，乃为宋学先河。史言：

> 神宗问安定高第刘彝，胡瑗与王安石孰优。对曰：臣师胡瑗，以道德仁义教东南诸生时，王安石方在场屋中，修进士业。……国家累朝取士，不以体用为本，而尚声律浮华之词，是以风俗偷薄。臣师当宝元明道之间，尤病其失。遂以明体达用之学授诸生，夙夜勤瘁，二十余年。……出其门者无虑数千余人。故今学者明夫圣人体用以为政教之本，皆臣师之功，非安石比也。

刘氏此言，不徒善道其师，盖宋学精神，刘氏数言亦足尽之。所谓道德仁义圣人体用，以为政教之本者，此正宋儒所以自立其学以异于进士场屋之声律，与夫山林释老之独善其身而已者也。时孙门有石介、徂徕，著《怪说》三篇，及《中国论》。三怪者，一曰文章，二曰佛，三曰老。此即进士场屋之与道释山林，彼皆无意于生民政教之事者。故安定湖学，分经义、时务两斋，经义其体，时务其用也。庆历中，诏下苏、湖取其法，著为令于太学，及皇祐，安定来太学主讲，以《颜子所好何学论》试诸生。盖自唐以来之所谓学者，非进士场屋之业，则释道山林之趣，至是而始有意于为生民建政教之大本，而先树其体于我躬，必学术明而后人才出，题意深长，非偶然也。安定得伊川卷，大奇之，即处以学职。而伊川于安定，终其身非先生不称，于濂溪则字之曰茂叔而已。

安定同时有范仲淹希文，即聘安定为苏州教授者。泰山孙明复亦希文在睢阳掌学时所激厉索游孙秀才也。安定、泰山、徂徕三人，既先后游希文门，而江西李泰伯，希文知润县，亦罗致教授郡学，朱子记李延平语，谓李泰伯门议论，只说贵王贱霸者也。而希文在陕，横渠张子以兵书来见，希文授以《中庸》，曰，儒者自有名教，何事于兵，时横渠则年十八矣。希文固以秀才时，即慨然有志于天下，尝自称曰：士当先天下之忧而忧，后天下之乐而乐。欧阳修称之，谓范仲淹初以忠言谠论闻于中外，天下贤士争相称慕。王安石之于希文，亦推之为一世之师。盖自朝廷之有高平，学校之有安定，而宋学规模遂建。后人以濂溪为宋学开山，或乃上推之于陈抟，皆非宋儒渊源之真也。

宋代士大夫矫厉尚风节，既自希文启之，而希文罢知饶州，尹师鲁、欧阳永叔皆坐贬，自是而朋党之论兴。而永叔亦以奖引后进为务，其语曰，文学止于润身，政事可以及物。故叶水心谓欧阳氏策，为三代井田礼乐而发者五，又称其以经为正，而不泪于章读笺诂，此欧阳氏读书法也。然则庐陵所以继踪高平以为宋学眉目者，岂仅于效法昌黎之为古文而有意于辟佛云尔哉。全谢山为《宋元学案》，首安定，次泰山、高平，又次庐陵，盖得之矣。

王安石介甫，亦出庐陵门。其先官淮南者四年（二十二至二十五），所为《淮南杂说》出，一时相推以为孟子。而介甫去淮南之翌年（庆历六年），二程始见濂溪于南安。介甫极重安定，寄诗曰，先生不试乃能尔，诚令得志何如哉。介甫之于神宗，则所谓得行其志者。刘静春谓介甫不凭注疏，欲修圣人之经，不凭今之法令，欲新天下之法，可谓知务。又曰，后之君子，必不安于注疏之学，必不局于法令之文，此二者既正，人才自出，治道自举。以此评介甫，良为谛当。修圣人之经，即安定之经义其体也；新天下之法，即安定之时务其用也。安定存其说于学校，希文、永叔、介甫欲见其绩于朝廷，彼其措心设意，夫岂相远明道《上神宗陈治法十事》，其要者若师傅井地学校兵农诸大端，亦将以所发明圣人体用之学，施之政教,而返斯世于三代,以跨驾汉唐。伊川召见问治道,则曰为政不法三代,终苟道也。而横渠尤醉心,谓《周礼》必可行于后世,谓治天下不由井地,终无由得平,谓井田至易行,但朝廷出一令,可以不笞一人而定,谓朝廷以道学、政术为二事,此正自古之可忧者。关洛之学,亦不过曰不凭注疏而新圣人之经,不凭今之法令而新天下之法,之二者而已。故荆公《易说》不在《三经》内,说者谓荆公不惬意故置之,然伊川独令学者习其书。明道则谓王介甫行新法,使众君子未用与之敌,其为害不至此之甚。而介甫于横渠,亦曰新政方行,欲求助于子载。此皆北宋学术大体之可考见者。

　　辜较言之,北宋学术,不外经术、政事两端。大抵荆公新法以前,所重在政事,而新法以后,则所重尤在经术。明道尝言,熙宁初,王介甫行新法,并用君子小人。君子正直不合,介甫以为俗学不通世务斥去。小人苟容谄佞,介甫以为有才能知通变用之。君子既去,所用皆小人,争为刻薄,故害天下益深。故洛学所辨,王霸之外,尤严义利。而会其归于天理人欲。李延平所谓大抵前辈议论粗而大,今日议论细而小。其间分别,盖以洛学为枢机也。

　　迄乎南宋,心性之辨愈精,事功之味愈淡。东莱《与朱子书》,谓向见论治道书,其间欲仿井田之意,而科条州郡财赋之类,此固为治之具,然施之当有次第。今日先务,恐当启迪主心,使有尊德乐道之诚,众建正人,以为辅助。待上下孚信之后,然后为治之具可次第举也。倘人心未孚,骤欲更张,则众口哗然,终见沮格。此正熙宁新法之所以败,而东莱慨切言之。张南轩则谓学莫先于义利之辨。义也者,本心之所当为而不能自已,非有所为而为之者也。一有所为而为之,则皆人欲之私,而非天理之所存矣。朱子谓其广前圣之所未发,同于性善养气之功。自是学者争务为鞭辟向里,而北宋诸儒一新天下之法以返之唐虞三代之意,则稍稍疏焉。故永嘉事功之学,为考亭之徒所不喜。艮斋、止斋、水心、悦斋皆好言《周礼》，而朱子则非之，谓《周礼》周公未必尽行，教学者非所宜先。然王霸之辨，犹力持弗变，虽以龙川之断断力争，朱子终不稍屈，则其一新天下之法令以返之三代之上者，如痿人之不忘起，瘖者之不忘言，固非绝然无意于斯也。近世论宋学者，专本濂溪《太极图》一案，遂谓其导源方外，与道释虚无等类并视，是岂为识宋学之真哉！

三代以道治天下，汉唐以智力把持天下，此两宋诸儒所倡王霸之辨也。既欲一新天下之法令，而鄙薄汉唐为不足循，则经籍注疏之成于汉唐诸儒之手者，自亦无足存，而于是有所谓新经义之作。此不徒介甫为之，两宋诸儒，靡不为此，思以易夫旧，而其事大成于考亭。既以为三代周、孔之道，晦塞于汉唐而复明于今日，则所以讲诵传述之者，有待于师道之兴起，而其精神所寄，则微见于书院之讲学。此自范希文、胡翼之已然，而荆公新法，亦汲汲以兴学校颁新经义为务，此固非偶然而已矣。

故言宋学精神，厥有两端，一曰革新政令，二曰创通经义，而精神之所寄则在书院。革新政治其事至荆公而止，创通经义其业至晦庵而遂。而书院讲学，则其风至明末之东林而始竭。东林者，亦本经义推之政事，则仍北宋学术真源之所灌注也。

下　晚明东林学派

南宋以来，书院讲学之风尤盛。然所讲皆渊源伊洛，别标新义，与朝廷功令汉唐注疏之说不同。及元仁宗皇庆中定制，改遵朱氏《章句集注》。明承元旧，又编《五经四书性理大全》，然后往者书院私人之讲章，悬为朝廷一代之令甲，亦犹夫熙宁之《三经》矣，功利所在，学者争趋，而书院讲学之风亦衰。其敝也，学者惟知科第，而学问尽于章句。阳明良知之学，即针对当时章句训诂功利之见而发。其随地讲学之所,据《年谱》所载,有龙冈书院(正德三年在龙场),有贵阳书院(正德四年在贵阳),有濂溪书院(正德十三年在赣),有稽山书院(嘉靖三年在越),有敷文书院(嘉靖七年在两广),盖亦南宋以来私家讲学旧辙,与朝廷国学科举生员之所治者,绝然异趣。而同时有湛若水,与阳明平分讲席,生平所至,必建书院以祀其师陈白沙。及阳明没,而四方建书院以祀者尤夥。实则书院讲学,明与朝廷功令相背。朱子自造《章句集注》,既与朝廷所颁《十三经注疏》及熙宁《三经新义》不同,而阳明所说,复与当时朝廷所颁《五经四书大全》有异。阳明之树异于朱子,犹朱子当日所以树异于汉唐诸儒。阳明之推本象山,亦无异于朱子之推本伊洛。象山在明,伊洛在宋,亦俱非当时朝廷科举之所尊也。就此一端言之,则朱子阳明,所论虽异,意趣则一。故伊川在北宋,朱子在南宋,朝廷皆曾以伪学申禁。而明世宗亦有诏毁书院之举①。顾一时学者建书院而讲学之风,并不稍辍。万历间,张居正当国,痛恨讲学,立意蕲抑,欲遍撤天下书院。然不能尽毁。居正既败,书院之风复起。其著者京师有首善,而无锡有东林。盖书院讲学,本已与朝廷功令异趣。而明之季世,朝纲不振,阉寺弄权,书院学者支持清议,遂益见忤而取祸,天下书院乃尽毁于魏忠贤之手。而东林尤为一时主目,党祸与国运相终。而言宋元明三朝六百年讲学史者,亦以东林为殿。然余观明清之际,学者流风余韵,犹往往沿东林。以言学术思想承先启后之间,固难判划,兹既粗举宋明学术渊源大要,复略论东林学者讲学大旨著于篇,为近三百年学术思想作先导焉。

东林书院者,在无锡,宋政和间杨龟山从京洛南旋,侨寓讲学

---

① 在嘉靖十六十七年,阳明卒后十年,由廷臣斥湛若水为邪学也。

之故址也。明万历中,顾泾阳、泾凡兄弟与同里高景逸,重事兴起。四方学者闻风来会。以议朝廷政事招忌,天启五年毁于魏忠贤。并著《东林党人榜》颁示天下,生者削籍,死者追夺,已经削夺者禁锢。凡三百有九人。其后复重建道南书院,终崇祯朝,讲学甚盛。其变则为复社,又分而为几社。盖起万历,迄崇祯,与明相终始者凡五十余年。然黄梨洲为《东林学案》,凡著十七人,曰顾泾阳宪成,高景逸攀龙,钱启新一本,孙淇澳慎行,顾泾凡允成,史玉池孟麟,刘静之永澄,薛玄台敷教,叶园适茂才,许静馀世卿,耿庭怀橘,刘本儒元珍,黄白安尊素,吴觐华桂森,吴霞舟钟峦,华凤超允诚,陈幾亭龙正。其言曰:

> 东林讲学者不过数人,其为讲院亦不过一郡之内耳。乃言国本者谓之东林,争科场者谓之东林,攻逆奄者谓之东林。以至凡一议之正,一人之不随流俗者,无不谓之东林。若似乎东林标榜遍于域中,延于数世。东林岂真有名目哉?亦小人加之名目而已矣。论者以东林为清议所宗,祸之招也。然小人之恶清议,犹黄河之阻砥柱也,熹宗之时,龟鼎将移,其以血肉撑拒,没虞渊而取坠日者,东林也。毅宗之变,攀龙髯而蓁蝼蚁者,属之东林乎?属之攻东林者乎?数十年来,勇者燔妻子,弱者埋土室,忠义之盛度越前代,犹是东林之流风余韵也。一党师友,冷风热血,洗涤乾坤,无智之徒窃窃然从而议之,可悲也夫!

其议论最得正。故凡当时之趋声逐响以依附东林者,不足为东林病。而一时小人之口,以为亡国由于东林者,更不足为东林辨。清儒江阴陈鼎定九,有《东林列传》二十四卷,网罗人物达一百八十余人。启祯两朝事,大略可观。此篇则第据梨洲《学案》,粗陈当日书院诸儒讲学宗旨,著其在明清间之影响。至于行事之详,与夫风声之播而及于政治气节者,均不能备也。

　　盖东林讲学大体,约而述之,厥有两端。一在矫挽王学之末
流。一在抨弹政治之现状。宋明理学,至于阳明良知之论,鞭辟近
里,已达极度。而王学自龙溪泰州以后,风被既广,流弊亦显。东
林诸儒起持异议。于阳明天泉证道无善无恶性之体一语,辨难尤
力①。泾阳之言曰:

> 　　夫自古圣人教人,为善去恶而已。为善为其固有,去恶去
> 其本无。本体如是,工夫如是,其致一而已矣。阳明岂不教人
> 为善去恶?然既曰无善无恶,而又曰为善去恶,学者执其上一
> 语,不得不忽其下一语也。……忽下一语,其上一语虽欲不
> 敝,不可得也。罗念庵曰:终日谈本体,不说工夫,才拈工夫,
> 便以为外道,使阳明复生,亦当攒眉。王塘南曰:心意知物皆
> 无善无恶,使学者以虚见为实悟,必依凭此语,如服鸩毒,未有
> 不杀人者。……且夫四无之说,主本体言也,阳明方曰是接上
> 根人法,而识者至等之鸩毒。四有之语,主工夫言也,阳明第
> 曰是接中根以下人法,而昧者遂等之外道。然则阳明再生,目
> 击兹弊,将有摧心扼腕,不能一日安者,何但攒眉已乎。(《学
> 案》卷五十八东林一《泾阳论学书·与李孟白》)

　　梨洲谓泾阳深虑当时学者,乐趋便易,冒认自然,故于不思不
勉当下即是,皆令究其源头,果是性命上透得来否?勘其关头,果
是境界上打得过否?则泾阳教法,仍是阳明立诚宗旨。所谓杀人
从咽喉处下刀。后人之乐趋便易,冒认自然,皆所谓伪良知,与阳
明立教本训无涉也。惟当时王学末流,凭藉无善无恶为心体之说,
猖狂妄行,则泾阳之说,对症下药,实为有力。钱启新曰:

> 　　无善无恶之说,近时为雇叔时雇季时冯仲好明白排决不

――――――――――――――――

　　①　关于天泉证道四句教之是非,余有王守仁一小册,收编商务万有文
库,论及颇详,可参看。

已,不至蔓延为害。(《学案》卷五十八《泾阳小传》)

可见无善无恶一辨,实当时东林讲学宗要所在也。

推扩无善无恶一辨而为引申,则有本体与工夫之辨。泾阳已引罗念庵王塘南说谓学者以虚见为实悟,终日谈本体,不说工夫,才拈工夫,便以为外道。盖王学末流伪良知之流弊,洵有然者。而东林讲学,则一反其说,故其教法亦以工夫为重。高景逸云:

不患本体不明,只患工夫不密。(《学案》卷五十八)

此殆为东林学者一普遍之信仰。而畅论之者有钱启新。梨洲述之曰:

先生之学,得之王塘南者居多。惩一时学者喜谈本体,故以工夫为主。一粒谷种人人所有,不能凝聚到发育地位,终是死粒。人无有不才,才无有不善,但尽其才始能见得本体,不可以石火电光便作家当也。此言深中学者之病。至谓性固天生,亦由人成,故曰成之者性。夫性为自然之生理,人力丝毫不得而与,故但有知性而无为性。圣不能成,愚不能亏。以成亏论性,失之矣。(《学案》卷五十九《钱一本传》)

启新之说,极似梨洲同门陈乾初。(乾初学说详后梨洲下)梨洲于乾初不能相契,故于启新性固天生亦由人成之说,未尽首肯。而余考梨洲乾初同时如王船山,其论性亦畅发日生日成之理。(亦详后)总之皆由虚实之辨,本体工夫之辨,一贯而来。此则清初学述新趋,由东林开其端也。同时东林学者持本体工夫之辨者尚有史玉池。其言曰:

有本体自有工夫,无工夫即无本体。樊迟问仁时,向夫子求本体,夫子却教他做工夫,曰居处恭,执事敬,与人忠。此方是真当下,方是真自然。若饥食困眠,禽兽都这等。以此为当下,却便同于禽兽,岂不是陷人的深坑?(**按此即船山庶民禽兽之论也,详下船山章**)且当下全要在关头上得力。今人居常处顺,也能恭敬自持,推诚相与。及到利害荣辱毁誉生死关头,便都差了。则平常恭敬忠都是假的,却不是真工夫。不使真工夫,却没有真本体;没有真本体,却过不得关头。往李卓吾讲心学于白门,全以当下自然指点后学,说人都是见成的圣人,才学便多了。闻有忠节孝义之人,却云都是做出来的,本体原无此忠节孝义。学人喜其便利,趋之若狂。后至春明门外,被人论了,才去拿他,便手忙脚乱,没奈何却一刀自刎。此是怎的自然,怎的当下,怎的见成圣人!故当下本是学人下手亲切工夫,错认了却是陷人深坑,不可不猛省也。(《学案》卷六十)

此论自然与工夫之辨,当下与关头之辨,其意皆承泾阳,而与以后船山乾初之论亦极似。惟言心不言性,故梨洲颇称之,曰:

先生师事泾阳,因一时之弊,故好谈工夫。夫求识本体,即是工夫。无工夫而言本体,只是想像卜度而已,非真本体也。即谓先生之言是谈本体可也。

其后梨洲晚年《自序学案》,又谓心无本体,工夫所至即其本体,则是本体工夫之辨,梨洲与东林诸儒议论亦合也。

与辨工夫本体大意相近者,尚有气质之性与义理之性之辨。盖蔑弃气质而空言义理,正与蔑弃工夫而高谈本体同病,说虽高而不免于悬虚,若求切实下工夫处,舍气质莫由也。故论学苟侧重工夫,则论性自著眼于气质矣。钱启新谓人无有不才,才无有不善,但尽其才始能见得本体。其论以后畅发于陈乾初、王船山、颜习斋诸人。要之果走实路,下实工,则决不致蔑弃气质而空言性善也。故启新又言之,曰:

但知生之为性,而不知成之为性,即同人道于犬牛,而有所弗顾。孟子辞而辟之,与孔子继善成性之旨一线不移。宋儒小异,或遂认才禀于气,又另认有一个气质之性,安知不隳必为尧舜之志。此忧世君子不容不辨。

又曰：

> 程张气质之性之说，于孟子性善之旨，亦差一线。韩子谓轲之死不得其传，亦千古眼也。（均见《学案》卷五十九钱启新下）

孙淇澳亦论其事，曰：

> 性善，气质亦善。以麸麦喻之，生意是性，生意默默流行便是气，生意显然成象便是质。如何将一粒分作两项，曰性好气质不好？

又曰：

> 荀子矫性为善，最深最辨。唐宋人虽未尝明述，而变化气质之说，颇阴类之。

又曰：

> 所谓气质之性，不过就形生后说。若禀气于天，成形于地，受变于俗，正肥硗雨露人事类也。此三者皆夫子所谓习耳。今不知其为习，而强系之性，又不敢明说性而特创气质之性之说，此吾所不知也。（均见《学案》卷五十六孙淇澳下）

此以宋儒气质之性为习，与颜习斋之说合，以宋儒气质之性为类荀子，与戴东原之说合。凡清儒辨宋明理学诸大端，东林诸儒已开其绪，此又其一例也。论气质之外无性者，北方王门有杨晋庵，河南人，亦与东林诸儒同时相往复。盖东林学脉，本自阳明来。泾阳师薛方山，亦南中王门。而东林讲学颇欲挽救王学末流之弊，乃不期然而有自王反朱之倾向。稍后刘蕺山讲学山阴，独标慎独宗旨，论其大体，亦欲兼采朱王，与东林无甚别也。清初学者，如太仓陆桴亭，容城孙夏峰，虽各有偏倚，而斟酌调停，去短集长，仍是东林以来旧辙。与陆陇其李光地辈之狺狺争门户者不同焉。此为东林学风影响及于清初之一事。

又一事则为对政治之清议。泾阳尝言之：

> 官辇毂念头不在君父上，官封疆念头不在百姓上，至于水
> 间林下，三三两两，相与讲求性命，切磨德义，念头不在世道
> 上，即有他美，君子不齿也。

其弟泾凡，一日喟然而叹。泾阳曰：何叹？曰：吾叹夫今之讲学者，
恁是天崩地陷，他也不管，只管讲学耳。泾阳曰：然则所讲何事？
曰：在缙绅只明哲保身一句，在布衣只传食诸侯一句。泾阳为之慨
然。盖明自万历以下，朝纲既颓，阉党日炽。忧时之士，激于浊世，
出持清议。东林一唱，四方响应。亦自机运所触，有不知其然而然
者。而东林当时所主持者，其一则曰明是非。泾阳尝言之，曰：

> 人须是一个真，是非之心人皆有之，只以不真之故便有夹
> 带。是非太明，怕有通不去合不来的时节，所以须要含糊少间
> 又于是中求非，非中求是。久之且以是为非，以非为是，无所
> 不至矣。（《学案》卷五十八）

景逸亦言：

> 纲纪世界，全要是非明白。（同上）

而是非之本，则在吾心之好恶。故欲明是非须辨心术。东林诸贤
皆深斥乡愿而进狂狷，即辨心术以明是非之本也，刘静之云：

> 圣贤只在好恶前讨分晓，不在好恶时持两端。如虑好恶
> 未必的当，好不敢到十分好，恶不敢到十分恶，则子莫之中，乡
> 愿之善耳。（《学案》卷六十）

钱启新云：

> 圣门教人求仁，无甚高远，只是要人不坏却心术。狂狷是
> 不坏心术者，乡愿是全坏心术者。（《学案》卷五十九）

而泾凡则曰：

> 平生左见，怕言中字。以为我辈学问，须从狂狷起脚，然
> 后能从中行歇脚。凡近世之好为中行而每每堕入乡愿窠白

者,只因起脚时便要做歇脚事也。(《学案》卷六十)

又曰:

> 三代而下,只是乡愿一班人名利兼收,便宜受用。虽不犯手弑君弑父,而自为忒重,实埋下弑父弑君种子。(同上)

自此引申,则重气节,尚名检,尤为东林讲学特色。泾阳有言:

> 史际明(玉池)曰:宋之道学在节义之中,今之道学在节义之外。予曰:宋之道学在功名富贵之外,今之道学在功名富贵之中。在节义之外,则其据弥巧;在功名富贵之中,则其就弥下。无惑乎学之为世诟也。(《学案》卷五十八)

而刘静之论此尤激切,其言曰:

> 三代而上,黑白自分,是非自明。后世以是为非,指醉为醒,倒置已极。君子欲救其散,不得不矫枉。盖以不平求平,正深于平者也。(《学案》卷六十)

又曰:

> 假善之人,事事可饰圣贤之迹。只逢著忤时抗俗的事,便不肯做。不是畏祸,便怕损名。其心总是一团私意故耳。(同上)

薛玄台曰:

> 世风衰微,不忧著节太奇,而忧混同一色。

故东林精神,即在分黑白,明是非,肯做忤时抗俗事。不畏祸,不怕损名,不肯混同一色,不愿为乡愿。而结果则为群小所弹射。刘本孺谓高景逸曰:

> 此吾辈入火时也,无令其成色有灭斯可矣。(同上)

此语可见东林之风节。倪元璐有言,东林天下之才数也。其所宗大都持高明之帜,或绳人过刻,持论太深。谓非中行则可,谓非狂狷则不可(《东林列传》卷八)。此则东林之定评也。泾阳初成进士,适大学士张居正病,朝士群为斋醮,同官代署泾阳名,泾阳闻

之,驰往削去。其岳岳之概,已为他日书院讲学张本矣。而高景逸
之从容就义,黄白安之慷慨赴难,吴霞舟之节烈,华凤超陈几亭(据
《东林列传》卷十一几亭绝粒死)之坚贞,皆真钢百炼,无愧于顾泾
凡所谓节义之真,非血气之可亢而至者。晚明启祯之际,忠烈接
踵,不得谓非东林讲学之效。陈几亭所谓"上士贞其身,移风易俗"
(《学案》卷六十一),东林有之,流风未沫,及于清初,如顾亭林之耿
介,李二曲之坚卓,其人格之峻,操持之高,皆东林之嗣响也。

　　抑余谓东林言是非好恶,其实即阳明良知立诚知行合一之教
耳。①惟环境既变,意趣自别。激于世缘,遂成异采。若推究根柢,
则东林气节,与王门良知实本一途。东林所以挽王学末流之敝,而
亦颇得王学初义之精,东林之渊源于王学,正犹阳明之启途于考亭
也。惟东林诸儒言政治,其在当时所谓系心君国者,则不过裁量人
物訾议时政而止。及乎国脉既斩,宗社既覆,堤崩鱼烂,无可挽救,
乃又转而探讨及于国家兴亡民族盛衰之大原。如亭林梨洲诸人,
其留心实录,熟悉掌故,明是导源东林。而发为政论,高瞻远瞩,上
下千古,则又非东林之所能限。吴霞舟有言,"不明于死生,必不能
忠义,不知忠义,必无经济。"(《东林列传》卷十二)东林在宗国未倾
之前,故得以忠义自励,清初则处大命灭绝之余,转期以经济待后。
学术流变,与时消息,亦不得不尔也。而康雍以来,清廷益以高压
锄反侧,文字之狱屡兴。学者乃以论政为大戒,钳口不敢吐一辞。
重足叠迹,群趋于乡愿之一途。则又非东林诸君子所欲知矣。高
景逸有言:

----

① 《传习录》下:"良知只是个是非之心,是非只是个好恶。只好恶就尽
了是非,只是非就尽了万事万变。"又"人但得好善如好好色,恶恶如恶恶臭,
便是圣人。圣人之学,只是一诚。"又《传习录》上:"大学指个真知行与人看,
既如好好色,如恶恶臭。知行本体原是如此。"

　　尝妄意以为今日之学,宁守先儒之说,拘拘为寻行数墨,
而不敢谈玄说妙,自陷于不知之妄作。宁禀前哲之矩,硁硁为
乡党自好,而不敢谈玄说通,自陷于无忌惮之中庸。积之之
久,倘习心变革,德性坚凝,自当恍然知大道之果不离日用常
行,而步步蹈地,与对塔说相轮者远矣。(《学案》卷五十八)
此数语者,俨然与顾亭林讲学所标经学即理学及行已有耻二语相
似。景逸又谓:

　　姚江之敝,始也扫闻见以明心耳,究且任心而废学,于是
乎诗书礼乐轻而士鲜实悟。始也扫善恶以空念耳,究且任空
而废行,于是乎名节忠义轻而士鲜实修。(同上)
则又颇与梨洲所谓读书不博,无以证斯理之变化,博而不反之于吾
心则为俗学,之二语者相通。盖东林承王学末流空疏之敝,早有避
虚归实之意。惟东林诸贤之所重在实行,而其后世变相乘,学者随
时消息,相率以实学为标榜,而实行顾非所重,舍实行而言实学,则
非东林之所谓实学也。既不足以言修,亦不足以言悟,亦非所谓宁
守先儒寻行数墨之义。盖清初诸儒,尚得东林遗风之一二。康雍以
往,极于乾嘉,考证之学既盛,乃与东林若渺不相涉。东林之学,起
于山林,讲于书院,坚持于牢狱刀绳,而康雍乾嘉之学,则主张于庙
堂,鼓吹于鸿博,而播扬于翰林诸学士,其意趣之不同可知矣。今自
乾嘉上溯康雍,以及于明末诸遗老,自诸遗老上溯东林以及于阳明,
更自阳明上溯朱、陆以及北宋之诸儒,求其学术之迁变而考合之于
世事,则承先启后,如绳秩然,自有条贯,可不如持门户道统之见者
所云云也。余故述近三百年学术,而先之以东林,见风气之有自焉。
　　余又考无锡东林道南一脉,自鼎革以来,尚绵缀不骤绝。主其
事者有高彚旃世泰,乃景逸从子也。一时大儒硕望,南方如太仓陆
桴亭,北方如关中李二曲,皆来讲学。而河北有容城孙夏峰,浙东
有山阴刘蕺山,其学风所被,几分中国,迹其先皆与东林顾高声气

相胁夆,盖亦闻东林之风而起者。即谓清初学风尽出东林,亦无不可。而徽歙之间有吴慎徽仲,施璜虹玉,皆游东林,事彚旃,归而唱紫阳、还古两书院,为乾嘉徽州经学之导源。与浙东证人姚江为后来史学渊薮者,同为清学极盛时之两大干,则书院讲学之影响于清学者仍非浅也①。而东林自高彚旃后有高紫超愈,为景逸兄孙,传其遗绪。同时有顾昀滋培,顾恒惺鼍,相与筑共学山居于无锡之锡山,习景逸静坐法。仪封张伯行抚吴,来讲东林,二顾持论不屈。伯行虽鼎贵,无以难也。一时闻风来者不下百馀人②,遂谋鸠聚诸友别买田为力耕代馆之计。并相约罢应举,停处馆,卒拮据大困,而共学山遂他属。自是而东林之脉亦绝。夫书院讲学,其事本近于私人之结社。苟非有朝廷之护持,名公卿之提奖,又不能与应举科第相妥洽,则其事终不可以久持。清廷虽外尊程朱,而于北宋以来书院讲学精神,本人心之义理,以推之在上之政治者,则摧压不遗馀力,于是锡之东林,以及浙之姚江,徽之紫阳,往昔宋元明以来书院讲学之遗规尽坠。则共学山居之废,固不仅东林一脉废兴所系而已。考近三百年学术思想之转变者,于书院之兴废,及其内容之迁革,诚不可不注意也。

(选自《中国近三百年学术史》,中华书局 1986 年版)

钱穆(1895—1990),字宾四,江苏无锡人,历史学家。

---

① 彚旃崇祯中督学湖南,船山以文受知,今集中称吾师,详罗正钧《船山师友记》,则东林流风馀韵,被及满湘矣。

② 《全谢山鲒埼亭集刘献廷传跋》,继庄生平所讲学之友,严事者,曰梁溪顾昀滋,衡阳王夫农,昀滋为当时学人推崇如此。其后从学者患举业之妨功,而授徒者率以举业不获教弟子以正学。

1913 年中学毕业后,先任小学教员;1930 年起,先后在燕京大学、北京大学、清华大学、北平师范大学、四川大学、云南大学等校任讲师、副教授、教授,主讲文史课程。1949 年在香港与唐君毅等创办新亚书院,任院长。1967 年定居台湾,并在台湾大学、东吴大学、中国文化大学任教。博通经史文学,擅长考据,长期致力于中国文化史、中国思想史的研究。主要著作有:《中国近三百年学术史》、《国史大纲》、《中国文化史》、《宋明理学概述》、《人生十论》等。

本文指出,明清之际的学术源头乃宋学精神;明清之际的实学思潮源自东林诸儒避虚归实、重在实行的实学精神。

陆象山的"实学"

嵇文甫

向来被认为玄妙不可捉摸的陆学,象山却偏偏自称为"实学"。他说:

> 千虚不博一实。吾平生学问无他,只是一实。(《语录》)
>
> 吾自幼时听人议论似好,而其实不如此者,心不肯安,必要求其实而后已。(同上)

他批评当时学风道:

> 今天下学者惟两途:一途朴实,一途议论。(《年谱》)
>
> 今之学者,只用心于枝叶,不求实处。(《语录》)
>
> 宇宙间自有实理。所贵乎学者,为能明此理耳。此理苟明,则自有实行,有实事。实行之人,所谓不言而信。与近时一种事唇吻,闲图度者,天渊不侔。(《与包详道》)

只有他自己是"朴实"之学,其他各学派,自朱子以下,都是"议论"之学,都是"用心于枝叶",都是"事唇吻,闲图度"。更详细地说,他这种"朴实"之学有几点可以注意:

(一)反空论。如他说:

> 今之所以害道者,却是这闲言语。(《语录》)
>
> 不曾行得,说这般闲言长语则甚?(同上)
>
> 学者不自着实理会,只管看人口头言语,所以不能进。(同上)

> 今之学者读书,只是解字,更不求血脉。且如情性心才,
> 都只是一般物事,言偶不同耳。伯敏云:莫是同出而异名否?
> 先生曰:不须说得。说着便不是,将来只是腾口说,为人不为
> 己。若理会得自家实处,他日自明。(同上)

他专教人在血脉骨髓处着实理会,痛斥那些只在字面上口头上绞
绕的"闲言语"。闲言语者,犹佛家所谓"戏论"也。情性心才等名
辞。朱子就字斟句酌,刻划备至。他的弟子陈淳更演而为北溪字
义。那真是所谓"解字"了。象山这段话分明是指斥他们。象山语
录中还载一段很有趣的话:

> 有立议论者,先生云,"此是虚说";或云,"此是时文之
> 见"。学者遂云:"孟子辟杨墨,韩子辟佛老,陆先生辟时文"。
> 先生云:"此说也好。然辟杨墨佛老者,犹有些气道,吾却只辟
> 得时文"。因一笑。(《象山全集》卷三十四)

他竟然拿孟韩辟杨墨佛老的精神来反对当时那种"时文"化的道
学,反对那种道学八股。他这种说法自然和朱子很不相合。所以
朱子与吕东莱书云:

> 子静议日规模终在。其论为学之病,多说;如此即只是意
> 见,如此即只是议论,如此即是定本。熹因与说:既是思索,即
> 不容无意见;既是讲学,即不容无议论……。熹却云:正为多
> 是邪意见,闲议论,故为学者之病。熹云:如此即是自家呵叱
> 亦过分了。须着邪字闲字方始分明,不教人作禅会耳。(同
> 上)

这段争辩很有意味。一班直觉主义者往往好说不落言筌。
"绝言说相,绝名字相,绝思维相"。但实际上他们也仍然不能不思
维,不能不言说。禅学如此,陆学亦如此。朱子所论自然是很严
正。不过象山亦未尝不别有旨趣。后来顾泾阳伸其说云:

> 意见对实悟而言,议论对实践而言。学者不务实悟而务

意见,便是落意见,亦便是邪,非必乖剌颇辟而后谓之邪也;不
务实践而务议论,便是落议论,亦便是闲,非必支离浮漫而后
谓之闲也。(《小心齐劄记》卷六)

这样辩护陆说,极为切实。象山重实悟、实践,而反对空论,得泾阳
之说而益明了。

(二)反矫饰。象山教人老老实实,只顾着自己本心做去;最不
喜矫揉造作,故意装扮出个特别的样子。《语录》载:

> 一学者自晦翁处来,其拜跪语言颇怪。每日出斋,此学者
> 必有陈论,问之亦无他语。至四日,此学者所言已罄,力请诲
> 语。答曰:"吾亦未暇详论,然此间大纲有一个规模说与人。
> 今世人浅之为声色臭味,进之为富贵利达,又进之为文章技
> 艺,又有一般人,都不理会,却谈学问;吾总以一言断之曰"胜
> 心"。此学者默然。后数日,其举动言语颇复常。

这段话把当时治朱学者痛加贬斥。在象山眼中,他们都是些仔物,
装模作样,牛鬼蛇神,全失了人的常态。他教人就不是这样。《年
谱》载:

> 汤公思谦谓幕僚友曰:"陆丈至诚。何不去听说话"? 幕
> 僚曰:"恐陆丈门户高峻,议论非某辈所能喻"。公曰:"陆丈说
> 话甚平正,试往听看。某于张吕诸公皆相识,然如陆丈说话,
> 自是不同"。

这是旁人觉得陆学比张吕各家"平正"。象山自己也说:

> 吾之学问与诸处异者,只是在我全无杜撰。虽千言万语,
> 只是觉得他底,在我不曾添一些。(《象山全集》卷三十四)

陆学是一种自然主义,注重启发诱导,而反对外铄。他看一切
道理都是平常的,现成的,只须随事指点出来,用不着多费手脚去
装点捏造。他的话虽然不免带一点"禅"味儿,但"禅"本来也自有
其平实的一方面。象山大弟子杨慈湖"禅"味儿最浓,但他却口口

声声自称为"庸常平直"。象山也是如此。他说:

> 道理只是眼前道理,虽见到圣人田地,亦只是眼前道理。
> (《语录》)
>
> 吾之道真所谓夫妇之愚,可以与知。(同上)
>
> 此道本日用常行。近日学者却把作一事,张大虚声,名过
> 于实,起人不平之心,是以为道学之说者,必为人深排力诋。
> (同上)
>
> 古人视道只如家常茶饭。(同上)
>
> 古先圣人何尝有起人羡慕者。只是此道不行,见有奇特
> 处,便生羡慕。自周末文敝,便有此风。如唐虞之时,人人如
> 此,又何羡慕?(同上)

道理只是平平常常的,用不着张皇气矜,象煞有介事地摆出个
特别样子,如一班道学家之所为。刊落声华,免除标榜。家常茶
饭,"淡而不厌"。一有可"羡慕"的地方,便是做作,便非本色,这是
象山所反对的。

(三)反格套。我们看象山学说最不可执着,因为他随缘说法,
并没有一字格套。他说:

> 某平时未尝立学规,但常就本上理会。有本自然有末。
> 若全去末上理会,非惟无益。今既于本上有所知,可略略地顺
> 风吹火,随时建立,但莫去起炉作灶。(同上)

学规只可随时建立,拘定了则不可。这一点和朱子又有冲突。他
与朱子论学,每云,"如此则是定本"。朱子驳他道:

> 教人恐须先立定本,却就上面整顿,方始说得无定本底道
> 理。今如此一概挥斥,其不为禅学者几希矣。(《答吕东莱
> 书》)

朱子讲学,"循序渐进",是最有"定本"的,所以他看那无"定
本"的陆学是禅学。但象山在这里实表现一种独立不羁的精神。

他什么成规也不拘,必须自己本心信得过。他说:

> 自古圣人亦因往哲之言,师友之言,乃能有进。况非圣人,岂自任私智而能进学者?然往哲之言,因时乘理,其指不一;方册所载,又有正伪纯疵,若不能择,则是泛观。欲取决于师友,师友之言亦不一,又有是非当否,若不能择,则是泛从。泛观泛从,何所至止。如彼作室于道谋,是用不溃于成。欲取其一而从之,则又安知非私意偏说。子莫执中,孟子尚以为执一废百,岂为善学?后之学者顾何以处此?(《语录》)

层层推勘,发人深省。不管你怎样读书,求师友,最后还是非取决于本心不可,非由本心去"择"不可。所谓读书穷理……种种工夫,凡朱子所要的,他也未尝不要,只是须以本心作主宰,而不为一定格套所拘因罢了。他说:

> 凡事莫如此滞滞泥泥。某平生于此有长,都不去着他事,凡事累自家一毫不得。每理会一事时,血脉骨髓都在自家手中。然我此中却似个闲闲散散,全不理事的人,不陷事中。(同上)

他作事不陷在事中,读书也不陷在书中。他曾驳朱子道:

> 尧舜之前,何书可读?(《年谱》)

真是极爽快的话。他并不是根本反对读书考古,但不以本心作主宰,而专去依门傍户,摹仿现成的样子,这却是极反对的。他有一段论师古的话,说得极痛快:

> 书称尧舜禹皋陶,皆曰若稽古;记称仲尼,祖述尧舜,宪章文武,傅说告高宗曰,"事不师古,以克永世,非说攸闻"。所贵乎圣人者,以其宽洪博大,无自用自私之心,其所施设,必有稽考祖述,理固然也?然所谓稽考祖述者,果独取其无自用自私之心而然耶?亦其事之施设,必于古有所考而后能有所济也?如曰事必于古有所考者而后能济,则如冈罟耒耜杵臼弧矢

舟楫栋宇棺椁书契，皆上世所无有而后世圣人创之，而皆能有
济何耶？若曰，是事之小者，因时而创制，至其大者，则必有所
师法而后可，则如尧传天下不与子，不与在朝之大臣，举舜于
匹夫而授之，果何所师法耶？尧传舜，舜传禹，禹独与子而传
以世，此又何耶？汤以诸侯有天下，孔子匹夫作春秋，此事之
莫大焉者，而皆若此，无乃与稽古之说戾乎？且均之为事，亦
安有大小之间哉？今之天下所谓古者，有尧舜，有三代；自秦
而降，历代固多，而其昭昭者，曰汉，曰唐，其君之贤者甚众，事
之施设，盖有不胜其异；今朝廷有祖宗故事，祖宗故事，尚且不
一。今欲建一事而必师古，则将安所适从？如必择其事之与
吾意合者而师之，无乃有师古之名，而居自用之实乎？若曰吾
择其当于理者而师之，则亦惟理之是从而已。师古之说，无乃
亦持其虚说而已乎？（《象山全集》卷二十四策问）

他证明从前圣贤做事不师古的地方很多，并且古人所做的事亦不
一样，究竟该师谁呢？不必师古，而惟理是从，这是很通达的见解。
他还有一段很痛快的话：

古之学者以养心，今之学者以病心；古之学者以成事，今
之学者以败事。……前言往行，所当博识；古今兴亡治乱是非
得失，亦所当广览而详究之。顾其心苟病，则于此等事业，奚
啻聋者之想钟鼓，盲者之测日月。耗气劳体，丧其本心，非徒
无益，所伤实多。他日败人事，如房琯之车战，荆公之均输者，
可胜既乎？（《与陈正己书》）

他始终提出本心作主宰。很奇怪的，象山本来有禅学的嫌疑，
似乎应该很玄虚，但他有些议论，竟然和那班事功主义者实用主义
者如陈同甫颜习斋等的口气极为相类。通须逆对，不拘故常，什么
格套都打破，完全不像道学先生的样子了。他感慨时事，习骑射，
访奇士，以不能恢复中原为深耻。《年谱》载：

> 与枢密使王谦仲语及孟子辟土地充府库一段,因云:"方今正在求此辈而不可得。"谦仲为之色变。又举柳子厚"捧土揭木而致之庙堂之上,蒙以绂冕,翼之徒隶,而趋走其左右,岂有补于万事之劳苦哉? 圣人之道,无益于世,凡以此也"。谦仲为之默然。

这真是大胆的议论! 孟子所骂为"民贼"的,他竟说"正在求此辈而不可得"! 李泰伯王荆公讲得有这样激烈吗? 他对于当时君主,并不说那些讲学的套语。他说:

> 诸公上殿,多好说格物。且如人主在上,便可就他身上理会,何必别言格物?(《年谱》)

旁人讲学,都有自己现成的一套话,无论何时何地都要拿出来。他却不拘形式,没定格,纵说横说都可以。他也读书,也讲事功,但旁人读书,讲事功,他却说不对。他挖苦朱子道:

> 揣量模写之工,依仿假借之似,其条画足以自信,其习熟足以自安。(《与朱元晦书》)

朱子那一套,看起来四平八稳,然而在象山,则以为那都是"杜撰",不真切,骗了人家,也骗了自己。他既不"揣量模写",也不"依仿假借"。他是以"不假推寻拟度"为教的。然而他又说:

> 不假推寻拟度之说,殆病于向者推寻拟度之妄,已而知其非,遂安之,以为道在于是。必谓不假推寻为道,则"仰而思之,夜以继日","探迹索隐,钩深致远"者,为非道耶? 必谓不假拟度为道,则是"拟之而后言,议之而后动,拟议以成其变化"者,为非道耶?(《与傅圣谟书》)

照这样说,所谓"不假推寻拟度",亦不能拘执了。象山教人,其无定格如此,但象山之学却又似最有定格。有人说他教人寻归一路者。他回答道:

> 吾亦只有此一路。(《语录》)

他又说：

> 近有议吾者云，除了"先立乎其大者"一句，全盘伎俩。吾闻之曰，诚然。（同上）

这不是极严峻的定格吗？然而象山之定格也，其诸异乎人之定格与。

（四）切要处用力。象山之学，扫除一切浮泛格套、烦琐虚文，而专在切要处用力。他说：

> 古人精神不闲用，不做则已，一做便不徒然，所以做得事成，须要一切荡涤，莫留一些方得。（同上）

> 我无事时，只似一个全无知无能的人，及事至方出来，又却似个无所不知无所不能之人。（同上）

《语录》又载：

> 侍登鬼谷山，先生行泥涂二三十里，云："平日极惜精力不轻用，以留有用处，所以如今如是健"。诸人皆困不堪。

他保养精神，专留待必要时拿出来，聚精全神地做一番。提得起，放得下。以视朱子的样样要学，真所谓"可怜无补费精神"了。他决不驰惊高远，把天下事都大包大揽。他说：

> 道在迩而求诸远，事在易而求诸难。只就近易处着着就实，无尚虚见，无贪高务远。（同上）

> 物有本末，事有终始，知所先后，则近道矣。于其端诸知之不至，悉精毕力，求多于末。沟浍皆盈，涸可立待。要之其终，本末俱失。夫子曰，知之为知之，不知为不知，是知也。后世耻一物之不知者，亦耻非其耻矣。人情物理之变，何可胜穷。若其标末，虽古圣人不能尽知也。稷之不能审于八音，夔之不能详于五种，可以理揆。夫子之圣，自以少贱而多能，然稼不如老农，圃不如老圃。虽其老于论道，亦曰学而不厌，启助之益，需于后学。伏羲之时，未有尧之文章；唐虞之时，未有

成周之礼乐。非伏羲之智不如尧,而尧舜之智不如周公,古之圣贤,更续缉熙之际,尚可考也。学未知至,自用其私者,乃至于乱原委之伦,颠萌蘖之序,穷年卒岁,靡所底丽,犹焦焦然思以易天下,岂不谬哉!(《与邵叔谊书》)

孟子说:"尧舜之智,而不偏物,急先务也"。象山深得此意,把当时一种支离务外之学驳斥尽致,实为阳明"拔本塞源论"之先声。这些地方,真说得深切著明,最足表现陆王学说的真精神。象山主张"先立乎其大者",完全在大本上用功,一切从本心出发。他说:

请尊兄即今自立,正坐拱手,收拾精神,自作主宰。万物皆备于我,有何欠阙。当恻隐时自然恻隐,当羞恶时自然羞恶,当宽裕温柔时自然宽裕温柔,当发强刚毅时自然发强刚毅。(《全集》卷三十五)

他拿本心作个主脑。不得到这个主脑,任你怎样学都是错误。他说:

有志于道者,当造次必于是,颠沛必于是。凡动容周旋,应事接物,读书考古,或动或静,莫不在时。此理塞宇宙,所谓道外无物,事外无道。舍此而别有商量,别有趋向,别有规模,别有形迹,别有行业,别有事功,则与道不相干,则是异端,则是利欲,为之陷溺,为之白窜,说即是邪说,见即是邪见。(《语录》)

单提直入,没有第二句话可说。这样用功方法,从程朱派看来,自然疑其太简。实则在这至简之中,他是无所不包的。如《年谱》载:

周伯熊来学,先生问学何经。对曰:"读礼记"。"曾用功于九容乎"? 曰"未也"。"且用功于此",后往问学于晦庵,晦庵曰,"仙里近陆先生,曾见之否?"曰"亦尝请教"。具述所言,晦庵曰,"公来问某,某亦不过如此说"。

又《语录》载:

复斋家兄一日问云,吾弟今在何处做工夫"?某答云,"在人情事势物理上做些工夫"。复斋应而已。若知物价之低昂,与夫辨物之美恶真伪,则吾不可不谓之能,然吾之所谓做工夫,非此之谓也。

吾家合族而食,每轮差子弟掌库三年,某适当其职,所学大进。这方是执事敬。

看这几段,可知这工夫就实入细处,简直像颜李风格,朱子不能不让他出一头也。先儒每拿"道问学"与"尊德性"分判朱陆,这本是根据朱子自己的话。然而象山并不承认。他说:"既不知尊德性,焉有所谓道问学"(徐存齐的学则辩发挥此旨极详,见象山集附录)。他是把"道问学"附属在"尊德性"之下,只算是"尊德性"的一种工夫,绝不许二者对立。他认定作圣工夫只有这一条路,而这一条路却已包含各条路。以简御繁,以一御万。"溥博渊泉而时出之"。随机应变,只下要着,而不下闲着。这就是象山的"实践"。自然,这种"实学"也有限度。当时学者所承受的学术遗产很可怜。弃佛老,即俗学,非俗学,即佛老。他们只能在那里面兜圈子。朱子的半日读书、半日静坐,既不啻半日俗儒,半日和尚。象山的扬眉瞬目,呵佛骂祖,亦显然是禅门机锋。时代是限制人的。我们须要从他的神秘的外衣中,剥取其合理的核心。

(原刊载于 1940 年河南大学文学院《学术丛刊》第一卷,选自《嵇文甫文集》,河南人民出版社 1990 年版)

嵇文甫(1895—1963),原名嵇明,中国现代历史学家、哲学家。河南汲县人。1918 年北京大学哲学系毕业,1926—1928 年在苏联莫斯科中山大学学习。回国后在北京大学、燕京大学、清华大学等校任教。后任河南大学、郑州大学校长,兼河南省人民政府副主席、副省长,中国科学院哲学社会科学学部委员,中国科学院河南分院院长等。在先秦诸子哲学、宋明理学的研究方面具有较高的造诣,多有创见卓识。著述编为《嵇文甫文集》。

《陆象山的"实学"》一文,从"反空论"、"反矫饰"、"反格套"、"切要处用力"诸方面,系统地论证了陆象山的实学思想。

践　　形

张岱年

在先秦时代，因有道家之消极的无为哲学，遂引起荀子的有为思想；在近古时代，因有专重"内心"的心学，也引起了一种反响，而发生一种注重"向外的发展"之新的有为哲学。理学与心学皆不重视人为；此新的哲学，则特重人为。理学看重理不看重事，心学看重心不看重形；此新的哲学，则特别看重事物与形体。此种新人生论，成立于王夫之及颜元，发挥于戴震。颜的年代虽较王为晚，然未尝受王氏之影响；戴则虽未尝称述颜氏，却实曾受颜氏之影响。然因此三思想家并无师承关系，故其学说亦非完全一致，不过大体的倾向可谓同归。为此三家的人生思想，立一总名称，实甚不易，今勉强名之为践形论。此三思想家的人生论之中心观念，亦实可以说是注重形体之发展，与理学家注重致知穷理，心学家注重发明本心，正是鼎立的三说。

现在先述王船山的学说。船山的人生论，以"存人道"与"践形"为中心观念。他认为人生应当尽量发展人之所以为人者，即人之所以异于禽兽者。船山说：

> 立人之道曰仁与义，在人之天道也；由仁义行，以人道率天道也。行仁义则待天机之动而后行，非能尽夫人之所以异于禽兽者矣。天道不遗于禽兽，而人道则为人之独。由仁义行，大舜存人道，圣学也。自然云乎哉？（《思问录内篇》）

"人之独"即是人之所以为人之特点。人之生来的善性,乃"在人之天道",尚非人之所以为人者;人生应"以人道率天道",即以人为领导自然,而不当待天机之动而后行。船山又说:

> 知仁勇,人得之厚而用之也至,然禽兽亦与有之矣;禽兽之与有之者,天之道也。好学近乎知,力行近乎仁,知耻近乎勇,人之独而禽兽不得与,人之道也。故知斯三者则可以修身,治人治天下国家,以此矣。(同上)

人之所以为人者,乃在于能思能勉。过去大多数哲学家,都赞美自然而卑视思勉,船山则赞美思勉而不看重自然,这是船山思想之一个特色。船山又说:

> 二气五行,抟合灵妙,使我为人,而异于彼;抑不绝吾有生之情,而或同于彼。乃迷其所同,而失其所以异,负天地之至仁,以自负其生!此君子所以忧勤惕厉,而不容已也。(《俟解》)

我们人实应忧勤惕厉,以保持并发展人之所以异于禽兽者!

"以人道率天道"的结果,便能裁制自然而达到"先天而天弗违"的境界,船山说:

> 天者道,人者器,人之所知也;天者器,人者道,非知德者其孰能知之?……人道之流行,以官天府地,裁成万物,而不见其迹,故曰天者器人者道。(《思问录内篇》)

> 先天而天弗违,人道之功大矣。(同上)

此所谓道是主宰的准则,所谓器是遵循准则之事物。人是天之所生,但人却亦能"官天府地,裁成万物"。船山又说:

> 天有以仁人,人亦有以仁天仁万物。恃天之仁而违其仁,去禽兽不远矣。(同上)

"官天府地裁成万物",乃所以"仁天仁万物";必如此方为能发挥人之所以为人者。船山又说:

自然者天地,主持者人。(《周易外传》二)

存人道以配天地,保天心以立人极。(同上)

人是主持自然的,存人道乃所以配天地。

船山既重人为,更甚重"生"。他说:

圣人者人之徒,人者生之徒。既以有是人矣,则不得不珍
其生。生者所以舒天地之气,而不病于盈也。(同上)

圣人尽人道而合天德。合天德者,健以存生之理;尽人道
者,动以顺生之几。(同上)

人为生物,实当珍其生,应保持其生性而顺遂其生机。船山又说:

将贵其生,生非不可贵也。将舍其生,生非不可舍也。
……生以载义,生可贵。义以立生,生可舍。(《尚书引义》五)

生固足珍,然而必合于义。贵生而可为义舍生,此是儒家人生思想
之特色。

船山贵生,故亦重形,而以"践形"为人生之准则。践形一词,
本于孟子。船山说:

形之所成斯有性,情之所显惟其形。故曰:形色天性也,
惟圣人然后可以践形。(《周易外传》一)

贱形必贱情,贱情必贱生,贱生必贱仁义,贱仁义必离生,
离生必谓无为真,而谓生为妄。而二氏之说昌矣。(同上,二)

践形之意义,有两方面:一发展形体各方面之机能,使各至其极;二
使形体之各部分莫不合于道理。统而言之,即认为形体各部分皆
有其当然之则,而应充分发展之各使合于其当然之则。世俗之人,
耽于声色货利,唯以形体为重,而不求合于道理;然既已违道,则形
体亦终必受戕伤。于是反其说者,乃鄙视形体,欲外形体而别求
道。如庄子所谓"堕肢体黜聪明",释氏谓身为臭皮囊。然外形体
而求道,其所谓道者将不过空幻而已。践形之说,则认为形体与
道,原非二事,而当即形体以实行道德。此义古代儒家即已有之。

宋明儒者,因受老释之影响,对此义未甚注重。船山乃特重此义。
船山又说:

> 人之体惟性,人之用惟才。……形者性之凝,色者才之撰
> 也。故曰汤武身之也。谓即身而道在也。道恶乎察?察于天
> 地。性恶乎著?著于形色。有形斯以谓之身,形无有不善,身
> 无有不善,故汤武身之而以圣。……性焉安焉者,践其形而已
> 矣;执焉复焉者,尽其才而已矣。(《尚书引义》四)

> 惟圣人然后可以践形。践其下,非践其上也。故聪明者,
> 耳目也;睿知者,心思也;仁者人也;义者事也;中和者礼乐也;
> 大公至正者,刑赏也;利用者,水火金木也;厚生者,谷蓏丝麻
> 也;正德者,君臣父子也。如其舍此,而求诸未有器之先,亘古
> 今,通万变,穷天穷地穷人穷物,而不能为之名,而况得有其实
> 乎?(《周易外传》五)

“即身而道在”,是谓践其形。践形乃践形而下者,非践形而上者。
践形更必即物以践之,内而发展耳目心思之机能,外而使五行百物
各得其所,以使君臣父子礼乐刑政各得其正。船山颇注重正德利
用厚生,稍晚之颜习斋特重此“三事”,与船山之意相近。船山又尝
说:

> 入五色而用其明,入五声而用其聪,入五味而观其所养,
> 乃可以周旋进退与万物交,而尽性,以立人道之常。……故五
> 色不能令盲也,盲者盲之,而色失其色矣。五声不能令聋也,
> 聋者聋之,而声失其声矣。五味不能令口爽也,爽者爽之,而
> 味失其味矣。冶容淫声,酰甘之味,非物之固然也。……若其
> 为五色五声五味之固然者,……礼所生焉,仁所显焉,非是而
> 人道废。……君子之自求于威仪,求诸色声味也。求诸色声
> 味者,审知品节,而慎用之,则色声味皆威仪之章矣。目历玄
> 黄,耳历钟鼓,口历肥甘,而道无不行,性无不率。何也?惟以

其不盲不聋不爽者,受天下之色声味而正也。(《尚书引义》
六)

以聪耳明目不爽之口,运用天下之五色五声五味,使各尽其用,各
循其则,以成我之德行。道德不是脱离外物的,而是以物为凭藉。
船山又说:

且夫物之不可绝也,以己有物,物之不容绝也,以物有己。
己有物而绝物,则内戕于己。物有己而绝己,则外贼乎物。物
我交受其戕贼,而害乃极于天下。况乎欲绝物者,固不能充其
绝也,一眠一食而皆与物俱,一动一言而必依物起。不能充其
绝,而欲绝之,物且前却而困己,己且龃龉而自困。(同上)

物不当绝,而亦不可绝。欲绝物者,必终于自违。船山又尝说:

天之风霆雨露,亦物也。地之山陵原隰,亦物也。则其为
阴阳为刚柔者,皆物也。物之飞潜动植,亦物也。民之厚生利
用,亦物也。则其为得失为善恶者皆物也。凡民之父子兄弟
亦物也。往圣之嘉言懿行亦物也。则其仁义礼乐者皆物也。
(《尚书引义》一)

此以厚生利用人伦道德为物。以后颜习斋谓"六艺固事物之功,即
德行亦在事物内",与此意仿佛。船山又云:

食色者礼之所丽也;利者民之依也;辨之于毫厘,而使当
其则者,德之凝也。(同上)

所谓德者,乃就食色货利而使各当其则不爽毫厘。以后戴东原之
思想,即以此义为宗旨而特别发挥。

船山重形体,故不赞成无我。他说:

言无我者,亦于我而言无我尔。如非有我,更孰从而无我
乎? 于我而言无我,其为淫遁之辞可知。大抵非能无我,特欲
释性流性,恣轻安以出入尔。否则惰归之气,老未至而茬及之
者也。(《思问录内篇》)

人实不能离身体而存在,言无我者实不免于自违。

船山主"健以存生之理","动以顺生之几"(见前引),故极反对柔静。他说:

> 病则喜寂,哀则喜憨。喜者阳之舒,寂憨者阴之惨。阴胜而夺其阳矣。故所喜随之而移于阴;非病与哀,则小人而已矣。……故曰:吾未见刚者。喜流于阴柔,而以呴沫为仁,以空阒为静者,皆女子小人之道也。(同上)

生之本质是刚健活动,柔静实乃违于生之本质的。

船山又以为重"知"不如重"能"。他说:

> 孟子言良知良能,而张子重言良能。盖天地以神化运行为德,非但恃其空晶之体;圣人以尽伦成物为道,抑非但恃其虚灵之悟。故知虽良,而能不逮,犹之乎弗知。近世王氏之学,舍能而孤言知,宜其疾入于异端也。(《正蒙注》三)

重心则必贵知,重形则必贵能。然船山亦非不重知,不过认为不可"舍能而孤言知"。船山甚注重"知物","知天"。他说:

> 惟于天下之物知之明,而合之离之,消之长之,乃成吾用。不然,物各自物,而非我所得用。(同上)

> 以人知天,体天于人,则天在我。(同上)

知物然后能用物,不知之则不能用之。昔荀子重用物而轻知物,船山此说,足释其蔽。惜船山对于此点亦未有详尽的发挥。

船山生当明末清初之际,身经亡国的惨痛,深知专事虚静养心之无益,故贵人为,重形体,特阐德行非外于身物之义。进而更有容忍之说。船山云:

> 诚于忍者,利不歆而害亦不距。诚于容者,名不竞而实亦不争,诚有之也。知天下之险阻荼毒,皆命之所必受;知物情之刻覈残忍,皆道之所能格。将有憯肌肤戮妻子而不动,受垢污被攘夺而不恤。志之所至,而气以凝。欲仁得仁,而丧亦仁

矣。……行夷狄,素患难,而介然以其坚贞之志,与日月争光。
(《尚书引义》六)

> 履信思顺者,虽险而不倾。取义蹈仁者,虽死而不辱。安
> 能因人之好恶,以蒸成朝菌之荣光哉?存亡者天也,死生者命
> 也。宠不惊而辱不屈者,君子之贞也。(同上)

忍人之所不能忍,容人之所不能容,以守其坚贞之节,而保持人之
所以异于禽兽者。这是船山之坚定卓绝之志操之宣述。

船山主张尽力发挥人之所以异于禽兽者,而以为此种人之所
以异于禽兽者不在于人的自然倾向,而在于人的能思能勉。此点
颇近于荀子。而更认为发挥人之所以为人者,当就形体以发挥之,
此说与以后之颜习斋戴东原之思想大体相同。要之,船山之人生
论,实是有唯物倾向的人本的有为哲学。

颜习斋的人生论,与船山颇相近。然对于宋明道学,船山攻击
陆王心学,而不甚反对程朱理学;习斋则对于程朱陆王,理学心学,
一齐反对,而主张完全返于孔孟,企图将后来儒家所吸收之道家佛
教的思想成分,澈底涤除净尽。习斋的人生论之中心观念是“践形
以尽性”。他以为性形是合一的,求尽性,必须于形尽之;尽性之
道,在于践形。而如何以践形呢?则须“见之事”,“徵诸物”,要在
事物中习行。习斋最注重事物;习斋之学,实可以名为事物之学。
习斋说:

> 空静之理,愈谈愈惑;空静之功,愈妙愈妄。吾愿求道者,
> 尽性而已矣;尽性者,实徵之吾身而已矣;徵身者,动与万物共
> 见而已矣。吾身之百体,吾性之作用也;一体不灵,则一用不
> 具。天下之万物,吾性之措施也;一物不称其情,则措施有累。
> 身世打成一片,一滚做功。近自几席,远达民物;下自邻比,上
> 暨庙廊;粗自洒扫,精通燮理;至于尽伦定制,阴阳和,位育彻,
> 吾性之真全矣。(《存人编》)

佛老的空静是要不得的,应当注重实动。什么是最实的呢?便是身与物。我们要用我们的身体,以万物为对象来活动。须使一身的百体无一不灵,天下的万物无一不称其情。由下而上,由粗而精,从日常事情作起,直到赞化育参天地,然后本性乃得到充分的发挥。习斋又说:

> 尧舜周孔之言性也,合身言之,故曰有物有则。尧舜性之,汤武身之。尧舜率性而出,身之所行皆性也;汤武修身以复性,据性之形以治性也。孔门后,惟孟子见及此,故曰:形色天性,惟圣人然后可以践形。形性之形也,性形之性也;舍形则无性矣。舍性亦无形矣。失形者据形求之;尽性者于形尽之;贼其形则贼其性矣。即以耳目论,吾尧舜明四目,达四聪;使吾目明彻四方,天下之形无蔽焉;使吾耳聪达四境,天下之声无壅焉。此其所以光被四表也。吾孔子视思明,听思聪;非礼无视,非礼无听;明者目之性也,聪者耳之性也,视非礼则蔽吾明,乱吾性矣;听非礼则壅吾聪,乱吾性矣。绝天下非礼之色,以养吾目;贼在色不在目也,贼更在非礼之色,不在色也。去非礼之色,则目彻四方之色,适以大吾目性之用。绝天下非礼之声,以养吾耳;贼在声不在耳也,贼更在非礼之声,不在声也。去非礼之声,则耳达四境之声,正以宣吾耳性之用。推之口鼻手足心意,咸若是。推之父子君臣夫妇兄弟朋友,咸若是。(同上)

性与形是合一的,离性固无形,离形亦无性。尽性与践形,实是一事。人生之道,在于使形体作充分正当的发展。如耳目等,要尽量的适当发展之。目要极其明,以彻四方之色;耳要极其聪,以达四境之声。充分适当发挥形体固有的可能,乃是生活之根本准则。习斋又说:

> 内笃敬而外肃容,人之本体也,静时践其形也。六艺习而

百事当,性之良能也,动时践其形也。絜矩行而上下通,心之万物皆备也,同天下践其形也。(《年谱》)

居处恭谨而严肃,为静时践形;习行六艺而百事皆宜,为动时践形。实行絜矩之道于天下,而与天地同流,乃是践形之最高境界。践形是唯一的总赅的生活准则,所谓"神圣之极,皆自践其形也"(《存学编》)。

习斋最注重事物,以为道不可离事物,学亦不可离事物。他说:

> 孟子必有事焉句,是圣贤宗旨。心有事则心存,身有事则身修,至于家之齐,国之治,天下之平,皆有事也。无事则道统治统俱坏,故乾坤之祸,莫甚于老之无,释之空,吾儒之主静。(《言行录》)

> 周孔以逆知后世有离事物以为道,舍事物为学者,故德行艺总名曰物,明乎六艺固事物之功,即德行亦在事物内。(《年谱》)

> 释氏宋儒,静中之明,不足恃也,动则不明矣。故尧舜之正德利用厚生,谓之三事。不见之事,非德非用非生也。周公之六德六行六艺,谓之三物。不徵诸物,非德非行非艺也。(同上)

活动为事,形器为物;引申之,凡有状况可辨者谓之事,凡有形迹可睹者谓之物。有状有迹之事物,乃是基本;而道与学,德与艺,皆不可离事物。不见于事,则只是空言,不是真实的正德利用厚生;不徵诸物,则只是虚幻,不是真实的六德六行六艺。习斋又说:

> 见理已明而不能处事者,多矣。有宋诸先生便谓还是见理不明,只教人明理。孔子则只教人习事,迨见理于事,则已彻上彻下矣。(《存学编》)

　　程朱理学,注重明理,以为能明理则能循理,自然处事得宜;习斋则以为这只是"静中之明",是不足恃的,而注重习事。习事既久,则能"见理于事",方是实见。习斋又说:

> 为主静空谈之学久,必至厌事,厌事必至废事,遇事即茫然,贤豪不免,况常人乎,予尝言误人才败天下事者,宋人之学也,不其信夫?(《年谱》)

只求明理,必至于废事而不能应物;如以习事为主,则能于事见理。二者一虚一实,一足以败天下事,一足以成天下事。

　　习斋以为"心有事则心存,身有事则身修",所以讲治心修身之道,都注重有事。他说:

> 人心动物也,习于事则有所寄而不妄动。故吾儒时习力行,皆所以治心。(《言行录》)

> 吾用力农事,不遑食寝,邪妄之念,亦自不起。若用十分心力,时时往天理上做,则人欲何自生哉?信乎力行近乎仁也。(同上)

心常习于事,则自然正而不妄。理学心学都注重体认天理,习斋则主张"时时往天理上做",这也是习斋注重事的表现。理学注重敬,习斋也颇讲敬,但认为不可离事而言敬。他说:

> 孔门之敬,合内外打成一片,即整饬九容是也。故曰修己以敬,百事无不精详,即尧舜和三事,修六府,周孔之六行六艺是也。故《尧典》诸事皆钦,孔门曰敬事,曰执事敬。(同上)

习斋弟子李恕谷塨关于敬,更有较确切的说明。他说:

> 圣门不空言敬。敬其事,执事敬,行笃敬,修己以敬,孟子所谓必有事也。(《传注问》)

> 宋儒讲主敬,皆主静也。主一无适,乃静之训,非敬之训也。(同上)

敬不可离事,凡敬都是作事敬,不事事则无所谓敬。颜李所谓敬实与程朱所谓敬不同其意义。

颜学之最大特色,是注重事物。所谓践形,形即一物,践则是事。程朱陆王都不甚看重事物,以为事物是粗的,不值得重视,而理与心是精的,应当崇尚。老子"以本为精,以物为粗"(《庄子天下篇》)的态度,宋明道学家实都不免有之。习斋的主张,则正与此相反,他认为粗才是根本的,必须先粗而后精;如精粗不可得兼,宁求粗而舍精。习斋说:

> 喜精恶粗,是后世所以误苍生也。(《存学编》)

> 学之亡也,亡其粗也,愿由粗以会其精;政之亡也,亡其迹也,愿崇迹以行其义。(《年谱》)

"由粗","崇迹",是颜学的根本观点。这实是一种很伟大卓拔的思想。习斋又说:

> 学原精粗内外一致加功。近世圣道之亡,多因心内惺觉,口中讲说,纸上议论,三者之间见道,而身世乃不见道。(《年谱》)

> 上下精粗,皆尽力求全,是谓圣学之极致耳;不及此者,宁为一端一节之实,无为全体大用之虚。(《存学编》)

宁粗而实,不精而虚,这是颜学的精神。

习斋最注重身体习行,故反对冥想及讲说议论,他说:

> 书本上见,心头上思,可无所不及,而最易自欺欺世。(《言行录》)

> 人之为学,心中思想,口内谈论,尽有百千义理,不如身上行一理之为实也。(同上)

这也是宁粗而实,不精而虚的意思。

关于颜学之主旨,李恕谷有一段话,讲得极好。他说:

> 圣学践形以尽性;耳聪目明,践耳目之形也。手恭足重,践手足之形也。身修心睿,践身心之形也。践形而仁义礼智

之性尽矣。今儒堕形以明性；耳目但用于诵读，耳目之用去其六七。手但用于写字，手之用去其七八。足恶动作，足之用去九。静坐观心而身不喜事，身心之用亦去九。形既不践，性何由全？此一实，一虚；一有用，一无用；一为正学，一陷异端：不可不辨也。(《恕谷年谱》)

颜李之学，与理学及心学之不同，实即在于理学心学都分性形为二，而颜李则合性形为一。

颜李的宇宙论，较为粗略，颜李的人生论，则较精澄详密。颜李之学，可谓事物之学，而对于程朱的理学，陆王的心学而言，亦可名为'事学'。颜李的思想，实较适合于近代生活。习斋与恕谷都极能实行其思想，习斋尤坚苦卓绝，他的刻苦力行的精神，很近于墨子，习斋自己也尝说：

思己近墨，王法乾近杨，宜返于中。(《年谱》)

他是自己知道近墨的。(王法乾乃习斋同学友，程朱派。)

根据颜李的思想而作更进的发展的，是戴东原。东原未尝称道颜李，然实曾受颜李之影响。颜李反对宋学，而对于汉代训诂之学，亦同等反对。东原的学问，则训诂以考据为主，他根本是一个汉学家。此实与颜李大异，或为此不肯宗述颜李。不过东原的哲学思想，确实是颜李的哲学思想之发展。东原的人生论，以由自然归于必然，达情遂欲而去私解蔽为主旨。东原首先分别自然与必然，他所谓必然，非指现在一般所谓必然，而是当然或应当的意思。东原以为人生之大道在于由自然而归于必然。他说：

圣人亦人也，以尽乎人之理，群共推为圣智。尽乎人之理非他，人伦日用尽乎其必然而已矣。(《孟子字义疏证》)

于人伦日用尽其所当然，便是尽人之理。东原又说：

由血气之自然，而审察之以知其必然，是之谓理义。自然之与必然，非二事也。就其自然明之尽而无几微之失焉，是其

必然也。如是而后无憾，如是而后安，是乃自然之极则。若任
其自然，而流于失，转丧其自然，而非自然也。故归于必然，适
完其自然。（同上）

自然与必然，是对立而统一的。由自然而求其无失无憾，便是必然。
所以必然是自然之极致，自然之完成。不归于必然，则自然不能完
成，而必至于转丧其自然。人生之自然便是血气，析言之则为欲及
情；人生之必然便是理义，详言之即仁义礼智。东原以仁礼义为三
个基本的德，而知此三者则谓之智。东原人生思想之纲领是，由欲
与情之自然，而求其无失无憾，以归于仁义礼智之必然。东原说：

凡有血气心知，于是乎有欲。……既有欲矣，于是乎有
情。……既有欲有情矣，于是乎有巧与智。……生养之道，存
乎欲者也；感通之道，存乎情者也。二者自然之符，天下之事
举矣。尽美恶之极致，存乎巧者也，宰御之权由斯而出；尽是
非之极致，存乎智者也，贤圣之德由斯而备。二者亦自然之
符，精之以底于必然，天下之能举矣。（《原善》）

天下之事，使欲之得遂，情之得达，斯已矣。惟人之知，小
之能尽美丑之极致，大之能尽是非之极致。然后遂己之欲者，
广之能遂人之欲；达己之情者，广之能达人之情。道德之盛，使
人之欲无不遂，人之情无不达，斯已矣。欲之失为私，私则贪邪
随之矣；情之失为偏，偏则乖戾随之矣；知之失为蔽，蔽则差谬
随之矣。不私则其欲皆仁也，皆礼义也；不偏则其情必和易而
平恕也；不蔽则其知乃所谓聪明圣智也。（《孟子字义疏证》）

欲乃生养之本，情乃感通之原。理想不在绝情去欲，而在于由欲情
而求其无失无憾。欲而不私，遂己之欲亦遂人之欲；情而不偏，达己
之情亦达人之情；便是道德。所以能达情遂欲者，在于知。知而不
蔽，即是智巧。由巧乃能尽美恶之极致，山智乃能尽是非之极致。

理学家与心学家，多喜讲"为欲所蔽"，东原则谓欲与蔽并无关

系。他说：

> 凡出于欲，无非以生以养之事；欲之失为私不为蔽。自以
> 为得理，而所执之实谬，乃蔽而不明。天下古今之人，其大患
> 私与蔽二端而已；私生于欲之失，蔽生于知之失。……圣人治
> 天下，体民之情，遂民之欲，而王道备。（同上）

欲之失是私，知之失方是蔽。至治在于去私，不在于去欲。

东原以为欲而不私便是仁，知而无蔽便是智。他说：

> 人之有欲也，通天下之欲，仁也。人之有觉也，通天下之
> 德，智也。恶私之害仁，恶蔽之害智；不私不蔽，则心之精爽，
> 是为神明。（《原善》）

仁，析言之，则包含义与礼。东原说：

> 仁者，生生之德也。"民之质矣，日用饮食"，无非人道。
> 所以生生者，一人遂其生，推之而与天下共遂其生，仁也。言
> 仁可以赅义；使亲爱长养不协于正大之情，则义有未尽，亦即
> 为仁有未至。言仁可以赅礼；使无亲疏上下之辨，则礼失而仁
> 亦未为得。且言义可以赅礼，言礼可以赅义。先王之礼教，无
> 非正大之情；君子之精义也，断乎亲疏上下，不爽几微。而举
> 义举礼可以赅仁，又无疑也。（《孟子字义疏证》）

仁与义礼是互赅的。东原以仁礼义三者为基本的善，他说：

> 善曰仁，曰礼，曰义。斯三者天下之大衡也。上之见乎天
> 道，是谓顺；实之昭为明德，是谓信；循之而得其分理，是谓常。
> （《原善》）

仁，礼，义，是天下之大衡。衡即表准之意。东原以为此三者，"上
之见乎天道"，即认为此三者不仅是人之理，而实有其宇宙的根据。
他更详说之云：

> 自人道溯之天道，自人之德性溯之天德；则气化流行，生
> 生不息，仁也。由其生生有自然之条理。观于条理之秩然有

序,可以知礼矣;观于条理之截然不可乱,可以知义矣。在天为气化之生生,在人为其生生之心,是乃仁之为德也;在天为气化推行之条理,在人为其心知之通乎条理而不紊,是乃智之为德也。(《孟子字义疏证》)

仁根于天道之生生,义礼与智皆根于天道之条理。这是东原的天人相通论。

东原的人生论,在本质上是一种有为哲学,故甚反对无为。他尝说:

天下必无舍生养之道而得存者。凡事为皆有于欲,无欲则无为矣。有欲而后有为,有为而归于至当不可易之谓理。无欲无为,又焉有理?老庄释氏主于无欲无为,故不言理;圣人务在有欲有为之咸得理。是故君子亦无私而已矣,不贵无欲。(同上)

无欲无为,则无所谓理;有欲有为,然后可以得理。"有为而归于至当不可易",是东原人生论之宗旨。

东原亦讲所谓人道。他所谓人道,是"人伦日用,身之所行"之意,换言之,即人类日日生活的历程之意,故"居处,饮食,言动,自身而周于身之所亲,无不该焉"(《孟子字义疏证》)。此所谓人道,实与古代儒家所谓人道的意义不相合。

东原的达情遂欲论,实由颜李的践形思想而来。东原人生论之真实贡献,在于阐明自然与必然,情欲与理义之关系。不过东原对于欲之冲突的事实,没有充分注意,实乃一个缺陷。他的理想是"使人之欲无不遂,人之情无不达",其实使人之一切欲无不遂,人之一切情无不达,乃是不可能的。东原在人生论上没有明白注重事物,但在宇宙论及方法论上,讲"理在事情","必就事物剖析至微而后理得",极其注重事物。所以东原之学,亦可名为事学,与理学心学对待。事学或事物之学,从其宇宙学说来讲亦可称为气学。

我们可以说,自南宋至清代的哲学,主要有三大派,即理学、心学、气学或事学。理学的人生理想是"与理为一",心学的人生理想是"发明本心",事学的人生理想则是"践形"。理学的特点在阐明知识与生活之关系;心学的特点在提出一个最简易的内心修养方法;事学的特点则在启导一种活泼充实的生活。就中实以事学的人生理想最合乎人类生活之本质。心学注重神秘经验,理学不甚讲神秘,事学则更完全没有神秘的成分了。

(节选自张岱年《中国哲学大纲》,
中国社会科学出版社 1982 年版)

张岱年(1909—2004),别名季同、宇同,河北献县人。哲学家。北京大学哲学系教授,中国社会科学院哲学研究所兼职研究员,1986 年兼任清华大学思想文化研究所所长,并兼任中国哲学史学会会长,中华孔子学会会长。长期致力于中国哲学史、中国传统文化的研究。主要著作有:《中国哲学大纲》,《中国哲学史史料学》、《中国哲学史方法论发凡》、《中国伦理思想研究》、《玄儒评林》、《中国哲学发微》等,编为《张岱年全集》。

本文选自《中国哲学大纲》(该书初稿完成于 1937 年,1943 年中国大学印为讲义,1958 年由商务印书馆正式出版,1982 年中国社会科学出版社再版)。文章论述了明清学术由专重"内心"的心学而转向注重"向外的发展"之新的有为哲学。

论明清之际的社会阶级关系
与启蒙思潮的特点

侯外庐

一

中国思想史有一个优良传统,每到社会发展的一定阶段,随着社会历史的变化和发展,思潮也就有了转向和进步,这个阶段的中国哲人便做出他们自己时代所能做出的总结。春秋战国之际,孔子、墨子做过三代先王的总结。战国末到秦汉之际,荀子的《非十二子》等篇,庄子的《天下》篇,韩非子的《显学》篇,《商君书》的《开塞》篇以及《史记》所载司马谈的《论六家要旨》,做过战国以前和秦汉之际思想的总结。汉魏之际,马融、郑玄做过两汉经学的总结。晋末南北朝,如《世说新语》做过玄学的总结。明清之际,王夫之、顾炎武、黄宗羲、傅山、唐甄等从各种不同的学术角度,做过道学的总结。其中尤以黄宗羲的《明儒学案》、《宋元学案》以及王夫之的各种史论,系统地总结历代或宋、元、明的思想,为更具有历史价值。

中国思想史上的每一次的总结,不但批判了过去的传统思想,而且发扬着另一时代的新的端绪。因此,思想史上的总结常居于时代发展的转折点,而自成一个划时期的段落。我们研究明、清之际的思潮,并不是由思想史的总结来看社会。相反,是由社会形态的发展来研究思想。如果这时不是如黄宗羲所讲的"天崩地解"的时代,也就没有王夫之所谓的"六经责我开生面"的思潮。我们要注意的问题是:17 世纪的中国思想家们究竟处在什么样的"天崩地解"的时代,而他们"别开生面"的批判的思想,究竟是属于什么样的潮流。

二

马克思说:"世界商业与世界市场是在 16 世纪开始资本的近代生活史的。"(《资本论》第 1 卷,第 149 页)这时中国也有了资本主义的萌芽,中国的历史已经处于封建解体的缓慢过程之中。这正如毛泽东同志所说:"中国封建社会内的商品经济的发展,已经孕育着资本主义的萌芽,如果没有外国资本主义的影响,中国也将缓慢地发展到资本主义社会。"(《中国革命和中国共产党》,《毛泽东选集》第 2 卷,第 596 页)当资本主义萌芽在中国封建制社会孕育的过程中,城市和农村的矛盾、货币经济和自然经济的矛盾,以及手工业从农业中分离的矛盾,总括言之,个体经济的自由经营对由法律固定下来的封建特权所依存的土地占有制之间的矛盾,暴露出来了。

封建制社会的解体,特别是土地占有关系的解体,并不是顺利地就能让位于新的生产方式,正如列宁所说:"中世纪的土地占有关系不是一下子可以取消的,而是慢慢地适应于资本主义。"同时,历史的发展也有转折点,好像在漫长的黑夜里有黎明前的黑暗。

那么,中国历史上的资本主义萌芽究竟以什么时代为转折点呢?我们以为应以明嘉靖到万历年间,即 16 世纪中叶至 17 世纪初叶,为最显著的阶段。《天下郡国利病书》卷三十二引《歙县风土论》说:

国家厚泽深仁，重熙累洽，至于弘治，盖慕隆矣。平时家给人足，居则有室，佃则有田，薪则有山，艺则有圃，催科不扰，资贼不生，婚媾依时，间阎安堵，妇人纺绩，男子桑蓬，臧获服劳，比邻敦睦……

寻至正德末嘉靖初，则稍异矣。商贾既多，土田不重。操赍交接，起落不常。能者方成，拙者乃毁。东家已富，西家自贫。高下失均，锱铢共竞。互相凌夺，各自张皇。于是诈伪萌矣，讦争起矣，纷华染矣，靡汰臻矣……

迫至嘉靖末、隆庆间，则尤异矣。末富居多，本富益少。富者愈富，贫者愈贫。起者独雄，落者辟易。资爱有厉，产自无恒。贸易纷纭，诛求刻核。奸豪变乱，巨猾侵牟……

迄今三十余年（隆庆后三十余年，正当万历三十年左右，17世纪的初年——引者）则复异矣。富者百人而一，贫者十人而九。贫者既不能敌富者，少反可以制多。金令司天，钱神卓地，贪婪罔极，骨肉相残。受享于身，不堪暴殄。

顾炎武这一段描述，典型地说明了嘉靖至万历年间历史变化的转折，值得我们重视。从这里，我们看到资本主义的生活史：从"末富（工商）居多，本富（土地）益少"到"富者百人而一，贫者十人而九"的情况，可以看到金钱货币和商业关系的情况，可以看到财产集中和阶级分化的情况。

城市手工业的规模在逐渐扩展着。以苏州的纺织业来说："至明熙、宣间，邑民始渐事机丝，犹往往雇郡人织挽。成、弘以后，土人亦有精其业者，相沿成俗。于是（按：当在正、嘉之际）……居民悉逐绫绸之利。有力者（始）雇人织挽，贫（者仍）皆自织。"（《吴江县志》卷三八）从农业和家庭手工业的开始分离，经过手工业的独立"成俗"，以至产生了城市的"有力者"（资本家前身）和雇佣劳动者以及手工业作坊，是有过程的；但就在最后，手工业还是和农村不完全分离(所谓贫者皆自织)。江南市镇人口的集中,也是从嘉靖间逐渐增长着,《震泽县志》、张瀚《松窗梦语》都有这样的记载。

我们分别从下列几方面来论证这一时期社会内部的新旧矛盾。

第一,为了研究中国封建土地所有制在资本主义萌芽时期的变化,我们需要考察中国土地所有关系的形式及其在解体过程中的若干变化。

(一)中国中央专制主义依存于土地的皇族所有制以及豪族的土地占有制。马克思指出东方国家的"主权就是在全国范围内集中的土地所有权。"(《资本论》第3卷,第1032页)列宁指出"亚洲式专制政府中的官吏底意志分配于农民的旧有份地",是"古老式的土地所有权形式"①。这正符合于中国历史的特点。

由汉代至开元、天宝之际,土地国有制形式采取了对劳动力的军事的政治的编制形态,例如屯田、营田、垦田、草田、公田、官田,中经占田以至均田、露田,都是这一制度的不同名称。其间垦田、屯田的形式是在中古历史上都存在过的。对于劳动力采用军事的政治的编制形态之所以必要,是由于"在中世纪,农民的经营(特别是在空地垦殖上)……到处都占支配的地位"(《反杜林论》,第220页),也即由于封建领主"依存于他的臣属的人数"(《资本论》第1卷,第906页)这种土地所有制的形成,一方面由于承袭了古代土地国有(氏族贵族所有)的传习,他方面由于封建制度的组织大都适应着野蛮的军事组织(恩格斯论罗马帝国的灭亡和封建因素的形成就着重指出了这一点)。中国在这一时期,土地国有制形式正是在对内对外战争环境中发展起来的,而且如北魏至隋唐的均田制形式,更是在少数民族内徙以后发展起来的。这和欧洲中古史

① 参看《社会民主党在1905至1907年第一次俄国革命中的土地纲领》,《列宁全集》第16卷,第243页。

中野蛮民族的军事组织影响于封建的所有制形式相比较,其形态不同,而其性质相似。

中国封建制社会的土地国有制不是单一的封建占有关系,和它并存的还有豪族的土地占有制形式,史称"豪强兼并,武断乡曲",就是这一占有关系。这关系的形成,一方面是以古代社会的世族做了它的前身,在奴隶制不能适应历史发展之下,世族阶级便转化为豪族阶级;他方面又由于中国农村公社的残余以及北方的游牧民族的内徙,加强了"这种身份性的地主"阶级的制度。列宁说:"形形色色的中世纪土地占有制阻碍了经济的发展;等级的框子妨碍了商业的周转;旧土地占有制同新经济之间的不适应现象产生了尖锐的矛盾。"(《十九世纪末期俄国的土地问题》,《列宁全集》第15卷,第113页)因此,身份的体制之下的豪族地主,成了中国历史上被责斥的对象。他们和皇族地主是矛盾的,但也是妥协的,其间斗争和联合的形式,各代也有些不同。这所谓联合的形式,都和马克思指的近代"自耕农民的自由小土地所有制形态"(《资本论》第3卷,第1053页)是对立的。历代统治阶级的内部斗争,也是从这里出发。

(二)开元、天宝至明代,土地国有制采取了对劳动力的经济的经营方式(庄园),以适应土地大量开发以后的经济发展和劳动人口已经具有熟练劳动技术的发展。所谓皇田、官田、皇庄、官庄,历经唐、宋、元、明一直在集中,至明代则变本加厉,"州郡之内,官田十居其三",苏松官田,更为集中达于十五分之十四。这是一方面。此外,因了南方经济的发展,对外贸易的增进,中唐以后,在皇族地主与豪族地主之外,产生并发育出土地私有制的庶族地主,史称寒族或素族,即非身份的地主。这样的地主,在宋、明以来有迅速发展的趋势。因此,唐代如牛李党争,如杨炎、元载和刘晏、卢杞的党争,宋代的新党和旧党的党争,都应从庶族地主和豪族地主的矛盾的背景去说明,他们都和皇族地主相配合成为三角斗争的形势。如果说杨炎不以身份为别,而以"贫富为差"的两税制开始结束前一阶段的国家地租形态的租调制的剥削形式,则明代的"一条鞭"法开始结束后一阶段的国家地租形态的二税制的剥削形式,更适应历史的发展,转向具有在最大限度上减轻封建依存的财产税形式的新的剥削制度。到了清代,"更名田"的办法,"滋生人丁,永不加赋"的办法,"摊丁入亩"的办法,更贯彻了"一条鞭"法的精神。一方面,给予土地私有制以一定的刺激作用(《大清会典》说:"前明分给各藩之地,国朝编入所在州县,与民田一体给民为业,曰更名田");另一方面,更明确了财产税的性质。

(三)明中叶后,土地私有的发展,是适应着商品经济的发展的,特别是在沿海和长江流域以及赣水流域的广大的三角地区(《明会要》引《明政统宗》,"嘉靖元年八月令广东江西货物纳税,自北而南者于南安,自南而北者于南雄")。这和列宁论俄国的情况是相似的,"土地占有的非等级性日益增长。……因此从农民中日益分化出一些转变成为土地私有主的社会分子。这是一个普遍的事实。我们在分析农民经济时,一定要揭示出产生这种分化的社会经济结构。我们必须确切地肯定,俄国土地私有制正在由等级的所有制向非等级的所有制发展。"(《十九世纪末期俄国的土地问题》,《列宁全集》第15卷,第52页)这种变化的本身就表示了资本主义经营的倾向。在俄国19世纪末,"贵族的封建地产或农奴制地产仍然占私有土地的绝大部分,但是发展的趋势显然是造成资产阶级的土地私有制。……用钱买进的私有土地正在增加。土地的权力在削减,货币的权力在增长。土地日益卷入商业周转。"(同上)在中国的16、17世纪,虽然没有俄国19世纪末期的这样变化程度,但性质上是相似的。一方面,土地皇族所有的集中情况,如上文所指出的,是空前的,但这集中是依靠了"监督"来实行的。另一方面,私有土地也在迅速地发展着,过去豪族地主已经在土地商业化的过程中受了一定的打击。皇族大地产与土地私有的斗争也日益尖锐,这就反映了皇族的土地独占和土地商业化的矛盾。

关于土地私有的发展以及经营地主的势力,在明代特别是在明末,史料的记载是很多的。例如叶梦珠辑《阅世编》卷一《田产》说到非身份性的"有心计之家"的私有情况:"有心计之家,乘机广收,遂有一户而连数万亩,次则三、四、五万至一、二万者,亦田产之一变也。"朱国桢《涌幢小品》说到非身份性的白手起家的私有情况:"余目所经见,(吴江)二十里内有起白手致万金者两家,此水利筑堤所以当讲也。"汪道昆《太函集》卷四七说到非身份性的居士的财产私有情况:"吴处士……三年而聚,三年而穰,居二十年,居士自致钜万……庶几埒都君云。"顾亭林《日知录》卷十,曾拿汉、唐时代的情况和明代的情况相比较,以为汉代的豪族地主当于明代经营"分租"的地主,唐代的兼并之家当于明代"包租"的经营地主,说明私有土地的发展。史料常见地主经营的方式,甚至"穷天极地而尽人",以达到"赀日益"的目的。

木棉桑麻的农业生产,也向私有经营方面发展,例如"湖(州)俗以桑为业,而(茅)处士治生产,喜种桑,则种桑万余唐家村上。"(唐顺之:《荆川集》卷十六)"南阳李义卿……家有广地千亩,岁植棉花,收后载往湖湘间货之。"(张履祥:《近古录》卷一)因此,农业生产物参与了国内市场的流通,"吉贝则泛舟而鬻诸南,布则泛舟而鬻诸北。"(徐光启:《农政全书》)

第二,我们再从手工业和商业,来考察十六七世纪中国封建社会解体过程中的资本主义的萌芽。

(一)根据马克思的分析,农业和家庭手工业的结合,是东方封建制社会生产方式的广泛的基础。他说:"在印度和中国,生产方式的广阔基础,是由小农业和家内工业的统一形成的。在印度,还有以土地共有为基础的村落共同体的形态；并且在中国这也是原始的形态。……由农业与制造业直接结合引起的巨大经济和时间节省，在这里，对于大工业的生产物，提出了极顽强的反抗。"(《资本论》第 3 卷，第 412—413 页)

这一精确的理论，从中国封建制社会史的"食货"二字的连称，即可以典型地证明。食指农业，货指手工业，所谓"食，谓农殖嘉谷，可食之物；货，谓布帛可衣及金刀龟贝"(《汉书·食货志》)。在唐代，又集中地如《唐六典》所说："肆力耕桑为农"，"钱帛之属谓之货"。这就是历代所说的"男耕女织"的自然经济，"农夫红女"的自然劳动分工。他们的劳动在极大的程度上表现出经济和时间的节省，强固地束缚着自然经济的经营方式。租(农产物)调(手工产品)的和两税(农产物和手工产品分季交纳)的剥削制都建立在这样的基础上。

(二)村落共同体或家族公社，不但和皇族地主以及豪族地主有血缘关系，而且成为专制主义的基础。马克思说："这些家族式的公社是建立在家庭工业上面的，靠着手织业、手纺业和手力农业的特殊结合而自给自足。……这些田园风味的农村公社不管初看起来怎样无害于人，却始终是东方专制制度的牢固基础。"(《不列颠在印度的统治》，《马克思恩格斯选集》第 2 卷，第 177—178 页)恩格斯和列宁也都有过类似的分析。

这就是中国封建制社会和自然经济相联系着的家族、乡曲、乡里的组织。从汉末的"部曲宗族"起，劳动组织都和农村公社的组织紧密地依靠在一起，唐代白居易的《朱陈村》一诗形容这种情形最为典型。宋人对"谱系不具，义分不联，贫富异居，耕商异业，流居寓处，久渐睽疏"的情形，还以为是坏的现象。皇族土地所有制和豪族土地占有制的形式，实以这种公社的小农制为基础。通过"警察式的官僚的方法"(列宁语)，这种封建经济更加巩固起来。

中国历代的闾伍、三长及乡社或保甲制度就和土地租税的剥削关系相互联锁着,没有三长制就难统治均田制之下的"匹夫匹妇",没有保甲法就难统治二税制之下的"各色人户",没有乡里公社的所谓"田里"和"桑梓"的组织,就难巩固住豪强地主的统治。列宁说:"农村公社外表上的均平性只是隐蔽了公社内部分配的巨大的不平衡。"豪族地主就是建立在这样的不平衡上面的。被宗法所维系的地方独立性及其血缘的关联性,从全国统治权来讲,正成为专制主义的基础。依据这样的基础,我们可以考察历代的农民战争。据恩格斯分析,农村公社曾经起过这样作用,使农民战争的起义规模扩大,这是一方面;同时另一方面,镇压农民战争的地主武装,从统治阶级绞杀赤眉、黄巾以至太平天国一系列的运动看来,也是利用了宗法公社的组织编制,以分化农民的队伍,刘秀、曹操以至曾国藩的地主武装的组织都不是偶然的。

(三)中国的历史,从 16 世纪以来,没有如欧洲走向资本主义社会,然而这不等于说中国封建制社会没有解体过程,没有资本主义的形成过程。关键在于,既在封建制社会的母胎内产生了资本主义的萌芽形态,又在发展过程中未能走进近代的资本主义世界,正如马克思说的,既为旧的所苦,又为新的发展不足所苦,死的抓住活的。资本主义要排斥身份性的人格依附,然而封建主义的顽强传统又要维持这样的人格依附。这就是问题,这就是矛盾。我们对于从明代以来的这种新旧矛盾,既不能割断历史,否定中国封建制社会内部的顽强传统的历史,又不能忽视历史发展的客观条件,否定资本主义的形成过程。

资本的形成是从商人的和高利贷的财富出发的,然而问题却以自由劳动者从农业的分离为前提。这样的分离过程,依据列宁的分析,有三个阶段:第一阶段是农业劳动和手工业劳动在农村市镇中的分离;第二阶段是城市手工工场业的独立形成;第三阶段是城市的大工业的出现。相应于这样的阶段,逐渐形成着以至建立着国内市场,逐渐由资产阶级前身的市民发展而为近代资本家,逐渐由农村分离的手工业无产者发展而为近代的自由劳动者。我们的研究,认为十六七世纪的中国社会,正是居于由第一阶段向第二阶段的发展时期,更确切地讲,因了国内经济的不平衡,某些地区居于第一阶段,某些地区正走进第二阶段,某些地区依然没有走进第一阶段。

(四)城市手工业的形成,开始总是和农村手工业的分化相伴着的,例如在松江的纺织业,"纺织不止乡落,虽城中亦然。里媪晨起抱纱入市,易木棉以归,明旦抱纱以出。……织者率日成一匹"(《古今图书集成》卷六九六)。在农业和手工业的缓慢的分离过程中,逐渐形成了城市手工业,"前明数百家布局皆在松江枫泾"(顾公燮:《消夏闲记摘钞》)。

《古今图书集成》记载明代苏州城市的发达,当是概括说明后期的情况,如说"城市(苏州)……居民大半工技","工匠各有专能,匠有常主,计日受值"。这是手工业作坊和雇佣劳动者的说明。然而,当时这种雇佣性质却具有工役制的束缚。工役制即农奴制在农业和手工业上的残余方式。列宁说:以工役制为方式的农奴制度,"是经济发展的阻碍,是俄国实际生活中产生压迫、野蛮和无穷无尽的暴力统治的根源"(《十九世纪末期俄国的土地问题》,《列宁全集》第15卷,第69—70页)。这在苏州不但表现为官有手工业方面的服役制度,而且也表现为私人手工业方面的剥削形式。如"苏州织工延颈而待佣用","什百为群,延颈而望,如流民相聚,粥后散归,若机房工作减,此辈衣食无着矣"(《古今图书集成》卷十、卷六七六)。苏州情况如此,其他地区的手工业也有衣食于主人的人格依附的情况,如钱塘织工,"有饶于财者,率居工以织,每夜至二鼓,一唱众和……盖织工也。……苍然无神色。……工对曰:吾业虽贱,日佣为钱工百缗,吾衣食于主人,而以日之所入,养吾父母妻子"(徐一夔:《始丰稿》卷一)。

苏州手工业到了万历时代的规模是这样的:"染房罢而染工散者数千人,机房罢而织工散者又数千人,此皆自食其力之良民也。"(《明实录》卷三六一)这样看来,苏州在16世纪末,已经至少有万人左右的工人。"机户出资,机工出力,相依为命",反映了资本主义的手工工场业在形成之中。

据张瀚《松窗梦语》所载,张家的资本发展是和江南都市的发展相适应的。张氏起家稍早,但发展成为兄弟"各富数千金",却在16世纪的嘉靖时代。《醒世恒言》记载江南盛泽镇的丝织业情况,也是指着嘉靖时代。说有一个施姓户主,积累了数千金的资本,有四十张绸机的手工工场。

大抵在嘉靖间长江三角洲一带如苏、杭、湖、松诸府成了国内市场的中心区域。张瀚所谓"总览市利,大抵东南之利莫大于罗绮绢纻,而三吴为最。……今三吴之以机杼致富者尤众"。《明实录》也说到嘉靖以后江南富室积银至数十万两者颇多,其他史料也记载有因机织而致富至百万两的。

在中国的东南沿海、长江和江西的大三角地带,也有一定程度的资本主义的萌芽,如《天工开物》所记载的景德镇的磁业分工情形,和《陶冶图说》记载的该镇的发展情况,如《古今图书集成》所记载的沿海城市的发展情况,如屈大均《广东新语》所记载的冶铁手工业的技术和分工,所谓"佛山之冶通天下",都是实例。但一般说来,当时中国的城市手工业的发展情况,是不平衡的。

(五)随着城市手工业的形成以及农村手工业的分化,在征物的二税制之下,货币地租逐渐发展起来,这也是经过嘉靖到万历年间才有了成文的规定。私人地主方面也逐渐采用货币地租的工值。城市乡村银币逐渐从死藏进入流通的蒸馏器之中。虽然布帛在交易中、在赏赐中仍占居一定的地位,但钱庄专门行业特别在嘉靖以后,却发展起来;虽然金银垄断于官僚太监手中,但另一方面也表示了所谓"上下求银"的现象。

第三,商业资本也随着商品经济的发展与对南洋、俄国以及日本的贸易的开展而活跃起来。特别在嘉靖以后至隆庆时代,不但沿海苏、浙、闽、粤的商人资本有了规模较大的国际和国内的经营组织,内地的川、陕、晋、赣、徽、越的商人资本也参与着贸易活动。国内贸易方面,如《农政全书》引隆庆时代的史料说:"东南之机,三吴、闽、越最夥,取给于湖茧;西北之机,潞最工,取给于阆茧。"张瀚《松窗梦语》也说:"贾人之趋利者,不西入川则南走粤,以其利或当五、或当十,或至倍蓰无算也。"国外贸易方面,如《天下郡国利病书》讲的闽人的海外贸易,其他史料记载的"下番致富"的商业活动。《海澄县志》说:"饶心计者,视波涛为阡陌,倚帆樯为耒耜。盖富家以财,贫人以躯,输中华之产,驰异域之邦,易其方物,利可十倍。"在资本主义萌芽的初期,商人是探险事业的投机家,中国史书上叫做"海贼"。所谓"海贼",也是和当时历史发展相适应,是嘉靖年间在泉、漳等地区开始发展起来的(《天下郡国利病书》卷九一至九六)。

上面我们说到明代商业的发展是起了分解作用的,然而商人又脱离不了旧的生产方式的约束。其矛盾表现在:(1)它和农业的经营依然结合着,特别是季节性的商业活动。(2)它和农村公社的家族组织相结合,特别在沿海商业最繁荣的地区,这种形式更表现得突出。因此,商人不少是以某些巨姓为首而举族外出,复把一定的利润再回投入他的乡里桑梓的地产,广东、福建、浙江的情况就是这样,例如《醒世恒言》讲某商人的活动,最后还是把他所获得的资本投到土地上面。山西商业的情况是这样,华侨资本的活动也是这样。(3)会馆制度的排他性的组织,在明末商业发展的时代也逐渐形成,以致各"帮"的严密的樊篱妨碍了国内市场的集中。(4)官僚资本和商业高利贷的结合,妨碍了私人经营的发展,一直到清代的山西票庄还是这样。(5)官有商业打击私人商业的禁例,更具有严重的障碍的因素。凡此等等,都不是孤立的,而是封建旧生产方式通过各方面而产生的束缚力量。因此,马克思在《资本论》第3卷,第20章论证中国的经济,同时指出了商业"有多大的分解作用,首先是依存于旧生产方式的坚固性和内部结构"。这又是旧的抓住新的例证,历史发展不是一帆风顺的。在《共产党宣言》中,又指出"资产阶级撕破了家庭关系上面所笼罩着的温情脉脉的面纱,并把这种关系化成了单纯金钱的关系"。这一关系也产生在明代,但还没有以新的代替旧的,而是在新旧关系的矛盾中,换句话说,是在温情脉脉的面纱和单纯的金钱关系二者交织之中。

根据上面分析看来,一方面,16、17世纪的土地所有制,虽然向国有方面集中,但另一方面,私人对土地的经营也在发展着;一方面,官有手工业虽然大量被皇族所"监督"着,形成官僚机关的层层中饱,产生了财政困难的严重局面,但另一方面,城市私有手工业的发展却严重地影响着国民经济。同时,城市商业与对外商业的发展,更启发了私有制的发展。这样,历史面临着变革的关头。货币用银的逐渐普遍,说明了商品经济关系的增进。手工业开始摆脱对农业的依赖,即逐渐打破那亚洲式的"农业与家庭手工业的结合"的特殊形态。"一条鞭"法的出现,逐渐打破所谓"农桑"、"耕织"的男女分工的生产束缚,逐渐代替着所谓"两税"、"二税"分类分期式的对手工业产品与农产物兼征的剥削制。历史进入了新旧因素的矛盾大大发展的局面,活的东西要冲破死的,而死的东西还在束缚着活的。嘉靖到万历的年代,正处在这样历史变化的转折途程之中。

三

在封建制社会解体过程和资本主义萌芽期间,经济状况起了变化,因而阶级关系也起了变化。这里,我们着重地分析一下当时的阶级关系。

我们不要机械地找寻资产阶级的前辈,也不要望文生义地附会市民,因为资产阶级的前辈是从中古社会萌芽的,其历史也是很长远的。

马克思在《共产党宣言》中说,"从中世纪的农奴中间产生了初期城市的自由居民;从这个市民等级中间发育了最初的资产阶级分子"。这样看来,自由居民到最初的资产阶级分子的形成有一个长久的过程。

同书又说,"中世纪的市民等级和小农等级是现代资产阶级的前辈"。这样看来,城市中的各种市民等级和农村中的各种小农等级,都具有资产阶级前辈的资格。在他们的转变过程中又有着极复杂的情况,其转变的具体路径,各国也不可能完全相同。

恩格斯说:"16世纪初叶,帝国各种不同的集团——诸侯,贵族,僧侣,城市贵族,市民,平民和农民形成一种极其庞杂的人群,他们的要求极其悬殊而又错综复杂。"(《德国农民战争》,《马克思恩格斯全集》第7卷,第398页)对于当时德国的市民等级的阶级区划,大体上分做三大集团或营垒,即城市的豪贵集团、城市中等阶级的改良集团和城市平民的集团。依此,从阶级的代表性上讲来,第一集团也包括于地主阶级反对派之中,第二和第三集团又形成了反对第一集团的人物,即中等阶级的反对派(以城市为主,即近代自由主义的先辈人物)与平民反对派(即近代资产阶级的先进人物)。从思想意识的代表性上讲来,反对派分做城市中等阶级的反对派异端与城市平民反对派异端。此外,还有农民反对派异端

（如孟彩尔）。中国17世纪的反抗运动,不可能和德国16世纪的情况完全一样,但像在长江流域以无锡为中心的东林党的运动,就具有中等阶级的城市反对派的代表性（包括上书指的其中构成分子如"富裕的中等阶级、温和的中等阶级,以及按照地方情形多少有点差异的较贫分子"）;像长江流域和其他地区的市民暴动,是含有平民反对派的性质（包括上书指的其中构成分子如"中等阶级的破产分子和无公民权利的城市居民群众,如手工业工人、日工和流氓无产阶级的各种萌芽"）。在明末,后者和农民联合的要求,即类似于平民和农民的联合反对派。

明代的市民运动最初表现是"盗矿"、反矿官的斗争。早期如英宗时代叶宗留等领导的有名的"盗矿"斗争（《明史》卷十）。其后如弘治间广东归善县唐大鬓反对铁冶管制的暴动,更后如嘉靖间"浙江、江西盗矿者且劫徽、宁"（同上）的斗争。这些反抗运动大抵是和农民运动相联系着。

大规模的市民运动是嘉靖以后特别是万历时期的城市工商业者和手工业工人的反抗运动。这种市民运动和嘉靖以至万历的城市经济的发展是相适应的。其中,如万历二十七年（公元1599年）临清的"罢市"暴动（《定陵注略》卷五）,荆州市民的反陈奉暴动。万历二十九年（公元1601年）有名的苏州织工反孙隆的大暴动（《明神宗实录》卷三六一）,万历三十年（公元1602年）景德镇市民反抗矿监的暴动（《明神宗实录》卷四一九）,万历三十九年（公元1611年）武昌等地市民继续反陈奉的暴动（《定陵注略》卷五）。史书所指的"市民",其构成分子,即城市平民反对派集团。

到了天启年间（公元1621—1627年）发生了城市中等阶级反对派的运动。封建统治者镇压自由讲学自由结社,"一切书院尽行拆毁,变价入官",有名的东林党六君子狱,就发生在这时。然而严重的问题更在于引起了"士民"的反抗运动,如统治者骂为"引类呼朋"的杨涟被逮,"都城士民数万,拥道攀号,争欲碎官旗而夺公"(《明季北略》卷二)。如周顺昌就逮,"士民夹道"而抗议,"郡中士民,送者数万","百姓执香伏地,呼号之声如奔雷泻川"(同上)。此外魏大忠、李应升就逮,都有所谓"士民"的暴动。黄尊素被逮后,锦衣"凌轹市民,一人偏袒呼曰:是何得纵。一招而击者云集,遂沉其舟,焚其衣冠,所得辎重,悉投之河"(同上)。起义的地点正是在手工业发达的苏州、常州等地。这些史书所谓的"士民",其构成分子是中等阶级的反对派集团,而东林党人(以后为"联络吴越俊秀"的复社)的争自由或讲学运动,就不仅表现出朝野的对立,而且反映了自由主义的前辈中等阶级的政治要求。

明末市民运动和农民暴动是桴鼓相应的。李自成所提的口号"均田免税"、"不纳粮"和"平买平卖",正表现着反对封建特权及其所依存的大地产。这种斗争,是农民初期的民主要求。

在当时经济发展不平衡的情况之下,规模广阔的农民战争形成了推翻明代封建王朝的主力,城市的自由居民、士民以至市民的各个集团对于农民战争,因了各集团的不同利益,表现出各种不同的态度,情况是复杂的。

上面所举的第一个集团,其中不少是利用特权而兼高利贷和商人的,和欧洲16世纪的德国相似,他们也和封建统治者是血肉相连的。这一集团首先站在农民战争的反对方面,策谋反动措施。

第二个集团,其中不少所谓犹带温情脉脉的私人商业资本家,他们既有地方性的封建上层关系,又有一定的传统特权的家族关系。他们畏惧农民战争,因而一般地也站在农民的反对方面,不同情或打击农民运动。明末清初代表中等阶级反对派的思想家一般都从理论上主张平均土地而又反对农民暴动。

第三个集团,其中占有多数的下层分子如手工工人、交通运输工人、矿工和流氓无产者,是同农民一道参加了斗争的,而其中少数上层分子如手工业主却表现了动摇、背离了农民运动。一般地讲来,这一集团是和农民可以形成"平民和农民的联合反对派"。泰州学派多出身于这样阶级的人,李贽便反映出平民反对派的思想,他评点过《水浒传》,死于非命,不过他们没有如德国农民战争时代的孟彩尔那样。

特别到了17世纪中叶,清代的民族压迫和汉族反民族压迫的斗争,使得民族的矛盾掩盖了阶级的矛盾,因而上面所述的那些阶级集团的态度发生了一定程度的变化。中古历史上的民族斗争基本上是农民解放的斗争,因此,农民首先是反清运动的主力(如李自成余部)。中等阶级的集团和平民的集团,一般说来,不少也参加这一斗争。第一集团就有极大的分化,少部分参加反清斗争,大部分则和大地主大官僚结合起来形成向清朝统治者投降的集团,策划"太平策"。在反清的民族战争期间,平民反对派形成了秘密组织的会社或会党。在统治者所谓"江南人心浮薄"的歧视之下,民族手工业受到了严重的打击,清王朝除了军事镇压之外,还采取了一系列的文化的以及政治的镇压政策。腐朽的封建势力更变本加厉地为清代封建王朝服务。《枫泾小志》卷十说:"康熙初,里中多布局,局中雇染匠、砑匠,皆江宁人,往来成群,尤害闾里,民受其累,积愤不可遏,纠众敛钜资,闭里门水栅,设计愤杀,死者数百人。"这就是利用封建宗法关系以绞杀平民反对派的典型例子。

恩格斯在《反杜林论》中指出,落后民族的统治,经过一定时期,也不得不按照被征服的民族的先进经济状况,寻求适应的步骤,甚至改变了自己民族的语言以适应客观的历史条件。但是,明清之际的民族战争以及落后民族的民族监狱政策,的确影响了中国历史的发展。同时,西方资本主义的东侵,也阻碍着中国商业经济的出路,对于中国资本主义的正常发展增加了困难。但是人民反封建的斗争一直在延续着。

四

我们研究了 16 世纪至 17 世纪的中国社会的发展及其阶级关系，就可以进一步分析这一不平凡的时代的思想潮流了。列宁说："它(马克思主义)精妙地结合着两种特点：一方面是完全用科学冷静态度来分析客观情势与客观进化行程，另方面是极坚决地承认群众所表现的革命毅力，革命创造性和革命首创精神的意义，同时当然也承认那些善于探索并实现其与某些阶级联系的个别人物、集团、组织和政党所表现的革命毅力、革命创造性和革命首创精神的意义。马克思非常重视人类发展中革命时期的态度是从他的全部历史观点总和中产生出来的，因为他认为由所谓和平发展时期慢慢积累起来的无数矛盾只有在这样的时期才能得到解决。"(《反对抵制》,《列宁全集》第 13 卷，人民出版社 1959 年第 1 版，第 20页)

16 世纪末以至 17 世纪的中国思想家的观点，通过中国社会经济发展的特点，经过中国社会条件的三棱镜的相当程度的折射，不完全等同于西欧以至俄国的"资产者—启蒙者"的观点，然而，在相类似的历史发展情况之下，启蒙运动的思潮具有一般相似的规律。

列宁分析俄国启蒙运动的三个基本特点是我们学习的范例。第一，"对于农奴制度及其在经济、社会和法律方面的一切产物满怀着强烈的仇恨"；第二，"热烈拥护教育、自治、自由、西欧生活方式和一般俄国全盘欧化"；第三，"坚持人民群众的利益，主要是坚持农民的利益……他们衷心相信农奴制度及其残余一经废除就会有普遍幸福，而且衷心愿意促进这一事业"(《我们究竟拒绝什么遗产?》,《列宁全集》第 2 卷，第 443 页)。自然，中国 17 世纪的情况是不同于俄国的 19 世纪的情况,但是启蒙思想的性质是共通的。

第一,"新的社会经济关系及其矛盾,当时还只是在萌芽状态中。"中国的启蒙者如李贽、王夫之、黄宗羲、顾炎武、唐甄和颜元等人,都以各种表现的方式,强烈地仇视农奴制度及依存于它的一切产物。他们在所谓"封建"和"郡县"的各种历史争辩之中,传播土地平均的思想,反对封建国有土地的所有制和大地产的占有制,反对一切政治法律上的束缚,反对特权和等级制度,反对科举制度。这一点,他们之中,有的提出了"自由私产"的主张,如李贽说,"私者,人之心也。人必有私而后其心乃见。……如服田者私有秋之获,而后治田必力,居家者私积仓之获,而后治家必力。……此自然之理,必至之符……"(《藏书》卷二十四《德业儒臣后论》)颜元也说,"岂不思天地间田,宜天地间人共享之"(《四存编·存治编·井田》)。这种主张的思想,是他们的共通特点。

第二,中国的启蒙者拥护教育、自治和自由。如东林党的自由结社、讲学的主张,何心隐的必学必讲的主张,顾炎武等人的地方自治的主张,黄宗羲等人的教育主张,都是代表。以顾炎武为例,他敢说"政教风俗,苟非尽善,即许庶人之议"(《日知录》卷十九《直言》)。宛转地反对孔子"庶人不议"的教条,进而主张"天下之人皆得举而荐之"的初期民主。

关于拥护西方的生活方式,当时虽然不同于 19 世纪的向西方找寻真理的迫切,但他们已经普遍地有着这种要求。西方资本主义侵略中国的先头部队是传教士,他们在输入中国的宗教中,又夹带了一种副产物,即儒家与基督教的新格义,利玛窦和汤若望即是代表。李贽就和 1600 年到北京的利玛窦相友善。从传教士的丑恶的夹带里,同时也输入了天文、历算以至名理的西方文明。到了明末,所谓泰西文明便普遍地成了士大夫中间时髦的学问。明末复社四公子之一的方以智的《物理小识》,徐光启的《农政全书》,宋应星的《天工开物》及《论气》,梅文鼎的算学翻译以及李之藻的《名理探》翻译都具有不同程度的初期的欧化思想。例如《名理探序》说:"日聆泰西诸贤昭事之学,其旨以尽性至命为归,其功则求于穷理格致。"《几何原本》徐光启序说:"万象之形囿,百家之学海……不意二千年古学废绝后,顿获补缀唐虞三代之阙典遗义。"

明清之际的学者们,在民族压迫之下,表现了爱国主义的崇高思想。他们的爱国主义思想是和世界的进步思想相关联着。因为在资本主义的萌芽时代,如《共产党宣言》中所指出的"各个民族的精神活动成果,已成为共同的享受物。民族的片面性和偏狭性日益失去立足的地位。"因此,王夫之已经说到中国是天下的中国,不能不惊叹西洋科学"以巧密见长"。颜元不能不呼唤科学的世界,他的弟子李塨更不能不言仿效"西洋诸法";顾炎武不能不说"外夷"有高于"中夏"的学问与制度;黄宗羲不能不说出朝代更替的界限而理想和西洋制度相似的政治。李颙也说到"泰西水法"是体用全学的学问。这一系列的思维运动,都是在中国和西洋文明交接之后才产生的。因此,17世纪的学者们已经逃出中古的思维樊篱,而作"经世致用"的横议,在某些论点上表现为一种打破民族片面性和偏狭性的新思潮。

第三,他们同情于人民的利益,特别是同情于农民的利益,尽管他们多数是不同情于农民暴动。以黄宗羲为例,他敢于说"工商皆本",敢于说"向使无君,人各得自立","为天下之大害者君也",国家是"为万民非为一姓"(《明夷待访录·原君》)。特别是他的"平均授田"的主张,更坚持着农民的利益。以唐甄为例,他敢说"凡为帝王者皆贼也"(《潜书·室语》),"君臣险交也"(《潜书·利才》),主张"平(等)则万物皆得其所"(《潜书·大命》)。他们程度不等地表现出初期民主思想。对于农民所受的中世纪压迫的痛苦,也无例外地表示出控诉和抗议,王夫之的《黄书》、《噩梦》便是代表作。但是,他们都把自己的理想和万年乐土或所谓"天地之道"与"百王之法"等同起来。王夫之、颜元所强调的平等制度,黄宗羲、唐甄因反君主专制所憧憬的绝对的形式平等的社会制度;顾炎武因大力宣传"经世"的理想所自夸的"三代不易"的制度,都是例子。他们对于未来的远景怀着无限的信念和幻想。他们的思想之所以带有浓厚的幻想,正如恩格斯所指出的,必然要超出近代资产阶级社会的范围,"不仅是超出现在,甚至是超出未来,那末这种超出只能是蛮干的超出,空想的超出"(《德国农民战争》,《马克思恩格斯全集》第7卷,第405页)。特别在古旧制度束缚甚严而无自由的社会,幻想更易于发生。列宁说:"某一个国家内的自由愈少,公开的阶级斗争表现得愈薄弱……则政治的乌托邦通常也容易发生。"同时,在封建势力特别强固的条件之下,"幻想是弱者的命运"(《两种乌托邦》,《列宁全集》第18卷,第349—350页)。嘉靖以后出现的小说《西游记》和清初的《聊斋志异》等幻想作品,正由于这样的历史条件。

然而,他们是历史的觉醒者,他们在哲学、历史、政治、经济和文学诸方面的"别开生面",就不仅是反理学运动的量变,而是按他们自己的方式表现出对资本主义世界的绝对的要求。他们的这种要求都是装潢在理论形式的返原(如人性论,泛神论,进化观点,劳动与财产观点等等)上面。

如列宁所指出的,他们不知道行将到来的社会矛盾,"他们看不见它(社会发展)所特有的矛盾",只看到未来的美好世界,"资产阶级思想代表者,在当时并没有表现出任何自私的观念,相反地……他们完全真诚地相信共同的繁荣昌盛。"(《我们究竟拒绝什么遗产?》,《列宁全集》第2卷,第464、445页)虽然他们各有自己的反对派的特性,但一般说来,他们都是封建制社会的叛徒。17世纪的中国启蒙学者,还写出将来社会全面图景的理想著作,如

《天下郡国利病书》、《明夷待访录》、《潜书》等。然而,另一方面,在他们的真挚的理想背后,也包含着他们的叛变的不彻底性。新生的东西既然在旧社会的母胎内是微弱的,所以在他们的理论中常保留着旧的内容,而且常显出矛盾的体系。他们的哲学思想和他们的理想之间虽然隔着许多环节,使人难以捉摸,但二者的联系是存在的。这即是恩格斯所说的:"从15世纪中叶起的整个文艺复兴时代……重新觉醒的哲学,在本质上,也是城市发展的产物",其"哲学的内容本质上是那些和中小市民阶级发展为大资产阶级的过程相适应的思想的哲学表现"(《费尔巴哈与德国古典哲学的终结》,《马克思恩格斯选集》第4卷,第233页)。

上面我们研究了17世纪中国启蒙学者的基本特点,下面再从他们的各样思想角度所表现的各种特征来分析一下。

历史的转变反映于思维活动,并不是一开始就采取直接的政治形态,因为社会矛盾是或明或暗地错综交织着,人类思想也就不可能深入到社会的历史分析,通常是由自然史和自然人出发的,通常采取抽象理论返原的途径。例如托古改制的意识,人性倾向的认识,知行先后的思想等。并且他们所代表的阶级意识,也常是通过自然哲学与人性论的绝对概念体现出来。西洋的宗教改革便是这样的。明末清初的学者们,都以各种偏颇的观点,为历史的人类与人类的历史绘出他们理想上美妙的图谱。我们应从他们的代数学的绝对概念中来分析他们的抽象语句的背后实质,而不能直截了当地来看出他们的语言与实质之间的统一。王夫之的《易传》哲学(如泛神论),颜元的"三物三事"的哲学(如劳动生产的世界观),就是例子。他们的思想反映了中国封建制社会的解体过程和资本主义的萌芽状况,但他们所强调的人性概念和神学的要求,是用中古思想的方式来表现的。恩格斯说,"在资产阶级解放斗争的最初阶段,即从13世纪起到17世纪止",才带有这一色彩。又说:"中世纪只知道一种意识形态,即宗教和神学。但是到了 18 世纪,资产阶级已经强大得足以建立他们自己的、同他们的阶级地位相适应的意识形态了……"(《费尔巴哈与德国古典哲学的终结》,《马克思恩格斯选集》第 4 卷,第 216 页)因此,17 世纪中国学者们的思想,在长期中世纪的冬眠中,既有适应历史发展的进步的因素,又有受传统的思想所束缚的因素。

　　上面已经讲过,启蒙的历史必然使启蒙者的思想对过去作诅咒,并对将来作幻想,这样的思想是不调和的。不但如此,启蒙学者所使用的语言大都是古色古香的,他们爱好的是古代语言的形式,而想说出近代的内容,表里是极不一致的。正如马克思在《拿破仑第三政变记》中所指出的,19 世纪以前是语句形式重于内容的。一方面,他们过于重视古代形式,另一方面,他们的唯物论思想在观点上却否定历史,"在历史领域内,也缺乏对事物的历史的见解。……人们把中世纪视做千年的一般野蛮状态所招致的历史行程中的简单的中断。没有人对于中世纪几百年间所作的大进步,如欧洲文化领域的扩大,在相互邻居关系中形成的生气勃勃的大民族,以及 14 和 15 世纪的巨大的技术进步,加以注意,因此之故,对伟大的历史联系之正确见解,就成为不可能的了,历史至多不过供哲学家用来搜集例证和例子的汇集罢了。"

　　17 世纪的中国学者也类似于这样。他们一方面几乎都善于运用经学和子学的古代语言而推崇古代世界,但另一方面,又把过去历史和将来的历史割裂开来。例如颜元,一方面复古气味无以复加,另一方面,却把过去和将来用"文墨"世界和"实物"世界间隔起来,主观上要求"文衰而返于实"的世界。又如顾炎武,一方面高举着人所不能怀疑的"六经之旨",他方面又提倡着那横绝千古的"当世之务"。再如王夫之,虽然有进化观点,但一方面说"六经责我开生面",他方面说"七尺从天乞活埋",旧的和新的既和平共处,而又不共戴天。从这里可以看出,他们的历史观点的幼稚正反映着资本主义萌芽阶段的矛盾。

基础之于思想,是通过政治、法律等间接来进行的。因此,思想意识的面貌通过 16—18 世纪的漫长时期就好像是不同的,然而"如果您划出曲线的中轴线,您就会发现,研究的时期愈长,研究的范围愈广,这个轴线就愈接近经济发展的轴线,就愈是跟后者平行而进"(《恩格斯致海·施塔尔根堡》〔1894 年 1 月 25 日〕,《马克思恩格斯选集》第 4 卷,第 489 页)。启蒙时代思想的轴线也是和资本主义萌芽状况的发展的轴线相平行着的。

从另一角度来看,启蒙学者在自然哲学方面大多具有唯物论的思想。当时的自然科学是幼稚的,他们也就不能正确地了解自然界,然而他们在眼界开扩的一定程度之下,一般地具有天才的洞察,而且常会推察到有关唯物论真理的粒子。例如王夫之变革的"性日生"的人性论和自然进化论"絪缊生化";又如黄宗羲的"神灭"思想(推崇范缜的哲学);再如颜元的"戡天"的世界观和以实践为基础的知识论,都是有价值的遗产。同时,他们一般地是形而上学的旧唯物论者,因此,其进化观点是贫乏的,常陷入于循环论;其"实践"观点是个人的,没有历史的内容。他们想抓住自然界和自然人,而他们抓住的依然只是空洞的、抽象的东西。恩格斯说:"旧唯物主义……的历史观……本质上也是实用主义的,它按照行动的动机来判断一切,把历史人物分为君子和小人……"(《费尔巴哈与德国古典哲学的终结》,《马克思恩格斯选集》第 4 卷,第 228 页)这里所说的旧唯物论,和帝国主义时代的美国"实用主义"唯心论完全是两回事。胡适派专门干混淆历史的把戏,常把中国的旧唯物论和美国的"实用主义"唯心论涂抹在一起,进行他的"媒婆"任务。我们必须严格地把二者区别开来。17 世纪的中国学者所提倡的"经世致用"之学或实际实物实效之学,是中古禁欲思想的对立物,是进步的资产阶级先辈的先进思想,他们所提倡的个人实践实质上是进步的"市民"的世界观,而实用主义的唯心论所标榜的个人主义是代表大资产阶级的腐朽的世界观。

中国的启蒙学者之所以把个人的实践规定于绝对的善恶的标准之上,是由于历史条件的局限。不要说顾炎武和颜元的经世思想,即像王夫之的知行论,虽然是超越前人的杰出思想,但其中实践观念的结论也归结到所谓"人性存在"的君子或圣人的观点方面。因此,在他们看来,参加社会实践的人不是生产关系的总和,而是伦理标准之下的形式的归纳。这就走入唯心论。

为什么像欧洲的启蒙哲学要回到希腊,像中国的启蒙哲学要回到先秦呢?这自然是由于他们企图摆脱封建统治阶级的危害,不得不托古改制,但更重要的原因却在于,古代人在阶级社会的各方面都产生过以后社会的胚胎形态,因而"在希腊哲学的多种多样的形式中,差不多可以找到以后各种观点的胚胎、萌芽。因此,如果理论的自然科学想要追溯自己今天的一般原理发生和发展的历史,它也不得不回到希腊人那里去。而这种见解愈来愈为自己开拓道路"(《自然辩证法》,《马克思恩格斯选集》第3卷,第515页)。中国的先秦哲学也类似于这样。中国的启蒙学者为了追求自己当时的一般命题,并为自己开拓道路,也就不自觉地回溯到古代中国的经学和子学,因为古代哲学"从了解部分到了解整体、到洞察普遍联系",总的说来,比中世纪的形而上学"要正确些"(同上)。从反对中古的烦琐哲学方面来讲,回到古代一事,也包含着为了进行批判活动而选择武器的功用。然而钻在考据之学的牛角尖里的所谓"汉学"自然是脱离开这个理由的。顾炎武的"理学即经学"的命题,傅山的"六经皆王制"的命题,颜元的"性命之作用为诗书六艺"的命题,黄宗羲的"古者以天下为主,君为客"的命题等等,都回到所谓"三代"的黄金世界,追求自己的当时的一般命题。这是进步的思想,我们应当把它和乾嘉的"汉学"区别开来。

启蒙学者在追求一般命题的胚胎时,既代表着资产阶级的先辈而寻求资产阶级的世界观,同时他们也一般地寻到原始素朴的大同理想,或者说,他们在大同理想的外衣之下而表现自己阶级的要求。启蒙时代还没有暴露资本主义的历史矛盾。启蒙学者也就只"相信当代社会的发展""仅仅限于向改革前制度的残余作斗争",他们"可以称之为历史的乐观主义",他们在"愿望的内容上是与资本主义所创造和发展的那些阶级的利益相适应的",他们的纯真的理想和后来的资产阶级的代言人那样仅为本阶级的利益而说谎的谬论是有极大区别的。因此,"启蒙者没有挑出任何一个居民阶级作为自己特别注意的对象,不仅一般地讲到人民,而且甚至一般地讲到民族。"(《我们究竟拒绝什么遗产?》,《列宁全集》第 2 卷,第 465 页)

在 17 世纪的中国思想家的用语上也没有特别注意到哪一种居民,以王夫之为例,他既说到"大贾富民,国之司命",但也说到"能士者士,其次医,次则农工商贾,各惟其力",但对于"故家大族"和"强豪猾吏"却攻击不遗余力。再以黄宗羲为例,他的"工商皆本"的市民术语,也是兼包括着资本家与劳动者,但对于"罔民而收其利"的超经济剥削也攻击不遗余力。

因此,他们的思想不一定都是政治的表白,好多情况表现为文艺、哲学以至宗教的形式,间接地也具有政治运动的意义。如恩格斯所说:"……以思想形式、甚至以幻想的形式反映在行动着的群众及其领袖即所谓伟大人物的头脑中的动因。"(《费尔巴哈与德国古典哲学的终结》,《马克思恩格斯选集》第 4 卷,第 229 页)

上面所讲的是从启蒙学者的主观理想所表现出的共同的纯真态度来分析的,然而这不等于说他们中间客观上就没有代表某些集团的阶级倾向。相反地,他们的派别是有着区别的,《德国农民战争》就多从这一角度来进行分析。具体地区别 17 世纪中国学者的派别是一个专门题目,不是本文的范围所能讲的。这里只举一个比较例子。王夫之虽然在哲学体系上是更进步的,傅山虽然在京师敢做学生运动,但他们的思想倾向却接近于代表城市中等阶级反对派。颜元虽然在方法论上是复古的,但他的思想倾向却接近于代表城市平民反对派。他们的阶级出身是有一定的影响的,但我们分析某一派的思想不能依据阶级出身,而应依据其思想的实质。

本文研究明清之际的社会关系和思想轮廓,是不够充分的,但写作的企图是依据这样的教训:"要批判它(全部思想内容),要从错误的但在当时的历史发展条件下不可避免的唯心论形态中,从这个过渡形态中剥取有价值的成果。"(恩格斯:《自然辩证法》,第 26 页)我们应当这样地继承前哲的遗产。

(原刊于《新建设》1955 年第 3 期,选自《侯外庐集》,中国社会科学出版社 2001 年版)

侯外庐(1903—1987),历史学家、哲学家。山西平遥人。1924 年在北平大学法学院和北平师范大学历史专业学习法律和历史。1927 年赴法国勤工俭学,1930 年回国。先后在哈尔滨法政大学、北平大学、北平师范大学任教。1936 年翻译出版《资本论》第一卷,研究中国社会史和思想史。1946—1947 在上海与杜国庠、赵纪彬、邱汉生等撰著《中国思想史》1、2、3 卷。1949 年后,任政务院文教委员会委员,北京师范大学历史系主任、西北大学校长,中国科学院哲学社会科学学部委员,历史研究所所长,中国史学会理事、中国哲学史学会名誉会长、中国孔子基金会名誉顾问。长期从事中国思想文化史的研究,主要著作有:《中国古代思想学说史》、《中国近代思想学说史》、《中国古代社会史论》、《中国思想通史》、《中国哲学简史》、《中国近代哲学史》、《中国思想史纲》等。

　　本文对明清之际的社会状况作了系统的论述,把这一时期的思想主潮概括为"中国早期启蒙思想",对于以后的实学研究、实学与启蒙思想的关系问题的研究都产生了重要影响。

20世纪儒学研究大系

颜元、李塨的唯物主义思想

任继愈

颜元①（1635—1704）字易直，又字浑然，号习斋，河北博野人。他一生教书、行医，没有在清朝做过官。晚年曾主持漳南书院，设文事、武备、经史、艺能四科，又把理学和八股作为反面教材。不久，书院遭水灾淹没，只好回家教学终老。他的主要著作《四存编》、《四书正误》、《朱子语类评》、《习斋记余》以及他的学生纂辑的《习斋先生言行录》、《辟异录》，都是研究颜元思想的重要材料。

李塨②（1659—1733）字刚主，号恕谷，河北蠡（里）县人。出身中小地主家庭，他是颜元的大弟子，青年时曾经营农业兼习医卖药，以后长期从事教学；又常往来北京，与上层官僚及知识分子交游。他的著作很多，主要的有《大学辨业》、《论语传注问》、《圣经学规纂》、《论学》、《平书订》、《拟太平策》、《恕谷后集》等。

颜元长期生活在农村，参加过一些农业劳动，他曾说："甘恶衣粗食，甘艰苦劳动，可以无失已矣。"（《颜习斋年谱》卷上）他比较接近社会下层，对民间疾苦有一定的了解。他先后有学生一百多人，他的学术思想由李塨加以继承和传播。颜元和李塨大力抨击宋明

① 戴望《颜氏学记》卷一《处士颜先生元》，详见李塨《颜习斋年谱》。
② 《颜氏学记》卷四《学正李先生塨》，详见冯辰《李恕谷年谱》。

唯心主义理学,注重躬行践履的"实事"、"实学",他们的学派称为颜李学派,他们的著作后人编为《颜李丛书》,他们的哲学思想基本上是一致的。

(一)颜元对唯心主义理学的批判

颜元是清初唯物主义的进步思想家,是反对宋明唯心主义理学的重要代表。

明清之际的社会大变动,至康熙年间逐步走向暂时的稳定。康熙时,大力提倡程朱唯心主义理学,编纂《性理精义》、《朱子全书》等,程朱的唯心主义理学仍旧是官方的御用哲学,继续保持其统治思想的地位。

宋明唯心主义理学,把封建社会的伦理纲常美化为至高无上的"天理"、"良知",而把一切反对封建剥削、压迫的要求,甚至人民生活的需要都一概斥之为"万恶"的"人欲"。他们提出"存天理,灭人欲",目的就在于扫除一切有害于封建制度的事物和思想,巩固中央集权的封建官僚地主阶级专政。所以,宋明唯心主义理学产生以来,就一直成为封建统治者御用的正统哲学。宋明唯心主义理学所谓"存天理,灭人欲"的"修养",实际上就是引导人们脱离现实的社会斗争、生产斗争,而专事"空口讲诵,静坐冥想"。因此,它也就同时带来了严重的社会流弊。随着社会阶级斗争和民族矛盾的尖锐,每当民族国家生死存亡的关键时刻,平时高谈阔论的那些道学家读书人都束手无策,一筹莫展。"无事袖手谈心性,临危一死报君王",宋明唯心主义理学丝毫无救于民族国家的危亡,理学空谈的流弊也就充分地暴露出来了。特别是明王朝覆灭的事实,引起明末清初许多进步思想家对宋明理学普遍的不满,他们从不同的角度对宋明唯心主义理学展开了批判。其中以颜元抨击唯心主义理学的旗帜最为鲜明,言辞也最为激烈。

　　颜元早年学过神仙导引,二十多岁也曾相信过陆王的主观唯心主义,不久又笃信程朱客观唯心主义。中年以后,由于一方面看到在宋明唯心主义理学的统治下,崇尚空谈,甚至"人人禅子,家家虚文",知识分子死读书,一点实际的东西都不懂,解决不了社会存在的各种问题。颜元自己就身受读书之害,他把读书比做吞食砒霜,说:"仆亦吞砒人也,耗竭心思气力,深受其害。"(《朱子语类评》)

　　由于程朱唯心主义理学是当时封建统治者的御用哲学,擒贼先擒王,所以对唯心主义的批判,首要的是把矛头指向朱熹,颜元正是这样做的。他说:"宋儒,今之尧舜周孔也,韩愈辟佛,几至杀身,况敢议今世之尧舜周孔者乎!季友(朱季友,明初人)著书驳程朱之说,发州决杖,况敢议及宋儒之学术品诣者乎!此言一出,身命之虞所必至也。"(《存学编》卷一)但是,颜元并没有"惧一身之祸而不言",而是公开向程朱唯心主义理学宣战。他说:"真学不明,则生民将永被毒祸","是以冒死言之"(《存学编》卷一)。这表明了颜元与唯心主义理学斗争的决心。

　　颜元作《性理评》、《朱子语类评》系统地批判程朱的唯心主义谬论。他痛斥朱熹"满口胡说","自欺欺世","把人引上迷途"(《朱子语类评》)。颜元认为程朱是同"孔门敌对"的,"与尧舜周孔判然两家"。"必破一分程朱,始入一分孔孟"。"孔孟程朱判然两途",就是说这是两条道路的斗争,所以"程朱之道不熄,孔子之道不著"(《习斋记余·未坠集序》)。颜元对孔子和程朱有个很形象的说明,他说请画两张像,一边是孔子佩着宝剑,领着七十弟子,有的习礼,有的弹琴、练舞,有的在研究兵、农、政事,壁间陈放着弓箭、各种乐器和算器。另一边画程颐闭目静坐,像泥塑的菩萨样,旁边是朱熹陆九渊等,有的在打坐,有的拿着书在诵读,有的在讲"敬静"的性理,有的执笔著述,壁间放的尽是书籍笔砚之类的东西。这个画像说明孔子是讲"习行"、经世致用的实学,而程朱是专门闭目修养,死读书,读死书的蛀书虫。所以他说:"入朱门者便服其砒霜,永无生气、生机。"(《朱子语类评》)颜元概括朱熹的学术是"禅宗、训诂、文字、乡愿四者集成一种人"(同上)。所以他最后的结论是:"误人才,败天下事者,宋人之学也。"(《习斋年谱》卷下)颜元穿上古代的服装,借助于周孔的"亡灵",对程朱陆王宋明唯心主义理学做了无情的揭露和批判,形式上是"复古",实际上具有深刻的现实主义的内容。

颜元竭力反对宋明唯心主义理学的空谈心性。他说:"性命之理不可讲也。虽讲,人亦不能听也。虽听,人亦不能醒也。虽醒,人亦不能行也。"(《存学编》卷一)就是说,这些空洞的说教都是不切实际的,讲了人家也听不懂,就是听懂了也无用的。颜元提倡经世致用之学,对程朱、陆王都进行了批判。他指出,程朱客观唯心主义是"以主敬致知为宗旨,以静坐读书为工夫,以讲论性命、天人为嗳受,以释经注传纂集史为事业";而陆王的主观唯心主义是"以致良知为宗旨,以为善去恶为格物,无事则闭目静坐,遇事则知行合一"(《存学编》卷一)。总之,他们都是不务实际,他们的学问"分毫无益于社稷生民,分毫无功于疆场天地"(《朱子语类评》),对于社会、国家、人民没有一点好处。颜元还指出程朱陆王的唯心主义是"既卑汉唐之训诂而复事训诂,斥佛老之虚无而终蹈虚无"(《存学编》卷一)。颜元的批评是击中程朱、陆王两派唯心主义要害的。程朱、陆王确实是借用儒家经典,而袭取佛老的。朱熹主张半日静坐,半日读书。颜元批评道:"半日静坐是半日达摩也,半日读书是半日汉儒也,试问十二个时辰,那一刻是尧舜周孔乎!"(《朱子语类评》)他又说:"朱学盖已参杂于佛氏,不止陆王也;陆王亦近支离,不止朱学也。"(《习斋记余》卷六《阅王学质疑评》)实际上,程朱的客观唯心主义同陆王的主观唯心主义,其本质是一样的。他们同是把孔孟的唯心主义与佛老的唯心主义理论结合起来,炮制成一种更加精致的唯心主义理论,以适应封建统治者的需要。

颜元提出针锋相对的命题与程朱陆王进行不调和的斗争。程朱陆王讲"虚",颜元务实。他说:"浮言之祸,甚于焚坑。""彼以其虚,我以其实。"(《存学编》卷一)"救弊之道,在实学,不在空言。"(同上卷三)因此,他提出"身实学之,身实习之",主张"实文、实行、实体、实用,卒为天下造实绩"(同上卷一《上陆桴亭书》)。他以实对虚,做出实际成绩来批判唯心主义。程朱主敬,陆王主静。颜元认为敬、静实质是一样的,都是"爱静空谈"。他针锋相对提出"习动"。颜元说:"养身莫善于习动。"(《习斋言行录·学人》)"常动,则筋骨疏,气脉舒。"(同上《世情》)死读书,静的结果,就使人身体衰弱,一天天懒惰。动的结果,使人身体强壮,精神振作。他更进一步分析说:"人心,动物也。习其事则有所寄而不妄,故吾儒时习力行,皆所以治心。"(同上《刚峰》)这是说人心就是个运动不止的物,只有"身习而实践之"(《存学编》卷一《学辩一》),才能使思想真正得到锻炼(治心)。颜元自己有着切身的体会,他说:"吾用力农事,不遑食寝,邪妄之念,亦不自起。"(《习斋言行录·理欲》)这说明参加紧张的劳动,邪念就不会产生。又说:"人不作事则暇,暇则逆,逆则惰,惰则疲,暇、逆、惰、疲,私欲乘之矣。"(同上《禁令》)这说明知识分子不劳动,游手好闲的人,不仅养成疲沓懒惰的习惯,并且好胡思乱想;而劳动人民的私心杂念就少一些。颜元通过自己的实践,对这点有着深刻的体会。颜元"不愿作道统中乡愿",即不愿作实学与虚文两者之间的调和折中者,而要坚决同程朱陆王的唯心主义理学斗争到底。颜元提出以实对虚,以动对静的"习行哲学",在批判宋明唯心主义理学的战斗中发展了唯物主义。但是,颜元反对宋明唯心主义理学,提倡实学,基本上还是从巩固封建地主统治秩序出发的,所以,他对唯心主义理学的批判,并不能达到对封建制度的批判,这是他阶级立场的局限性。

由于对程朱陆王批判的深入,进而追根溯源于佛、道,颜元是坚决反对佛教和老庄的。他指出朱熹反对佛老,其实朱熹就是佛老。颜元说:"其(朱熹)辟佛老,皆所自犯不觉。如半日静坐,观喜怒哀乐未发气象是也,好议人非,而不自反如此!"(《朱子语类评》)程颐辟佛"弥近理而大乱真"。颜元说儒佛之理有天渊之别,像黑白一样,判然不同,非"佛之近理",乃程颐之理"近佛"(《存学编》卷二)。朱熹称庄周是个"大秀才",颜元说庄周是"人中妖","庄周之文,文中妖"(《朱子语类评》),朱熹推重他正是"参于禅、老、庄、列"的明证。这真是一针见血,击中要害。颜元的《存人编》就是专门针对佛、道而发的,他认为佛、道讲的那些虚幻空寂的道理就像"镜花水月"一样,"愈谈愈惑","愈妙愈妄"(《存人编》卷一),都是自欺欺人的。他批评和尚道士不劳动,过寄生生活,"就如世间仓鼠木蠹一般"(《存人编》卷一)。他提倡人人"勤劳",反对"偷安",是有进步意义的。

(二)"见理于事"的唯物主义思想和 "非气质无以见性"的人性论

颜元坚决反对唯心主义理学家"理在事先"和"心外无理"的唯心主义理论。程朱的唯心主义认为,天理是根本的,在气之先,不管山河大地怎样变化,不论物质世界存在不存在,而"理"是永恒存在的。颜元提出了唯物主义的理气一元论来反对程朱的唯心主义。颜元认为:"理气融为一片。"(《存性编》卷一)天下没有"无理之气",也没有"无气之理",不能把理、气对立起来,看作两种并存的东西。"理即气之理"(同上),理是不能离开气而存在的。颜元说:"迨见理于事,则已彻上彻下矣。"(《存学编》卷二)就是说,到具体事物中认识它的理,那才是彻底的认识,而不能离开事物另外去追求对理的了解。

颜元在这里明确肯定物质性的气是根本的,第一性的,而理是气的理,理存在于气之中,是依附于气的。这是坚持了唯物主义的路线,从根本上否定了程朱唯心主义的"天理"论。

根据这一唯物主义的理气一元论,在人性问题上,颜元提出"非气质无以为性,非气质无以见性"(《存性编》卷一),与程朱的人性论根本对立起来。程朱把人性分为义理之性和气质之性。他们认为禀于天理的义理之性是纯善的,而气质由于有纯驳偏正的不同,所以气质之性有善有恶。气质的纯驳偏正就是产生善恶的根源。人们要保持纯善,就得"存天理,去人欲",去掉气质的不善,去追求虚无缥缈的义理之性。所以程朱教人们克服一切物质欲望(人欲),超脱"形体",返回到"理世界"去,才能获得"纯善"。这种道德说教和宗教的禁欲主义实质是一样的。颜元坚决反对这套宗教式的说教,反对程朱把义理之性与气质之性对立起来、并把义理之性神秘化的唯心主义思想。

颜元认为,性就是气质之性,离开气质之性,没有一个什么"至上"的义理之性。他说:

> 耳、目、口、鼻、手、足、五脏、六腑、筋骨、血肉、毛发俱秀且备者,人之质也;……呼吸充周荣润,运乎五官百骸,粹且灵者,人之气也。(《存性编》卷一)

这是说,人的五官、四肢、筋骨、内脏等形体是"质",通过呼吸周遍全身的是"气"。颜元对"气质"做了明确的物质性的规定。气质是第一性的,义理善恶等道德属性是第二性的,是从属于气质的。这就是他说的"非气质无以为性,非气质无以见性"。因此,不能说

"理"是纯善的,而气质性恶。颜元说:"若谓气恶,则理亦恶,若谓理善,则气亦善。盖气即理之气,理即气之理,乌得谓理纯一善而气质偏有恶哉!"(同上)他举例说:"譬之目矣,眶、疱、睛气质也;其中光明能见物者,性也。将谓光明之理专视正色,眶、疱、睛乃视邪色乎?"(《存性编》卷一)眼睛所以能看东西,是跟眼睛的"气质"组织分不开的,看正色的是这双眼睛,看邪色的也是这双眼睛。不能说有一种抽象的"光明之理"专门看正色,而"气质"的眼睛是看邪色。颜元辛辣地讽刺了把"天命之性"与"气质之性"截然分开所必然导致的必然荒谬的结论。他说:如果把视邪色都"归咎于气质,是必无此目而后全目之性矣"(同上)。这是一针见血地揭露了程朱关于返回"本然之性"说教的绝顶荒谬和它的唯心主义实质。

颜元认为,程朱把气质当作性的累赘,这是根本错误的。他说,这种说法是"将天地予人至高至贵至有用之气质,反似为性之累者"(同上)。气质是自然界给予人的最高贵、最有用的东西,如果没有气质这个物质基础,所谓的理将附着在哪里呢?"若无气质,理将安附",所以说,如果"去此气质,则性反为两间(天地间)无作用之虚理矣"(同上)。离开气质,性就成为没有任何实际作用的空虚的理。颜元还指出,人之所以为万物之灵,也是因为人具有人的气质、形体,而并不是因为人得了什么神秘的"天理"。因此,颜元对"性"字作了新的解释。他说:"夫性字,从生、心,正指人生以后而言。"(同上)这就是说,人性是有了人的形体以后才有的,性不是先天存在的理,所以性是不能离开形体的,性就是气质的性。颜元反对程朱宣扬的先天人性论,这一思想是很深刻的。但是,颜元把人性说成就是构成人的气质的性,这是把人简单地还原为自然的人,仍然是错误的。颜元不可能从社会经济关系和阶级关系来认识人性问题,不能揭示人的社会本质,即人的阶级性,这是他的时代和阶级的局限。

　　性理既然是与形气不可分的,那么在道德修养上程朱所谓"存天理,去人欲"的命题也就不能成立了。颜元说:"心性非精,气质非粗,不惟气质非吾性之累害,而且舍气质无以存养心性。"(《存性编》卷二)这是说,存养心性必不能离开"气质"。这里的"气质"有两方面的含义,一是指人的形体器官,一是指外界万物。所以,颜元提出"舍形则无性"(《存人编》卷一)的命题,强调不能离开人的形体和客观事物而空谈心性。

　　颜元说:"夫性者据形求之,尽性者于形尽之,贼其形贼其性矣。"(《存人编》卷一)这是说,性只有在形体中才能体现出来,损害了形体,也就损害了性。因此,更谈不到离开形体而去空求其性了。程朱派唯心主义者,曾用灯光与纸罩作比喻说,性就像灯光,由于纸(气质)罩着,所以灯光发不出来,只要去掉纸(气质),光(性)就能够发出来了。这就是说,要达到性的纯善,必须摆脱形体的"束缚"。颜元驳斥道,这两桩事不能相比喻,"此纸原是罩灯火者,欲灯明必拆去纸。气质则不然,气质拘此性,即从气质明此性,还用此气质发用此性。何为拆去,且何以拆去? 拆而去之,又不止孟子之所谓戕贼人矣!"(《存性编》卷一)所以颜元指出,恶的根源不在耳目的形体,而在于外界的邪色、淫声。目视色、耳听声是人的本性,人的食色之性是正当的,不能去掉。而且,也只有在视听中,才能充分发挥耳目之性,才能体现出耳目聪明之性的实际作用。根据这些唯物主义观点,他批判了唯心主义理学家和佛教、道教的禁欲主义。

　　颜元在人性论问题上,反对唯心主义理学家把"义理之性"神秘化,而主张"义理"就在"气质"之中,这是一种唯物主义思想。但是,由于时代的局限和他的地主阶级立场,使他不可能正确理解人性问题和说明人们道德品质的差别的实质。所以,当他一说到具体的"善"、"恶"问题时,最终还是犯了孟子先验的"性善论"的唯心主义的错误。

颜元认为,人性本来是善的,人之所以有恶行为,那是因为后天"引蔽习染"的结果。他们认为,并不是人生来气质中就有恶的品德,而是由于外界邪恶的引诱、蒙蔽,而且日渐习染才愈陷愈深的。所以说:"祸始于引蔽,成于习染。"(《存性编》卷二)这就好像一件衣服,本来是干净的,然而由于"著尘触污"变脏了;人们看不到它本来的干净,就说它原来就是"污衣"(《存性编》卷一)。又像水之所以有污浊,也是由于杂入了水本来所没有的污土,而并不是水本来就是污浊的。因此,颜元认为,只要去其"引蔽习染"就能回复人的善性,而不应该去掉气质形体。就像对脏衣,污水那样,只要洗掉衣服上的脏土,去掉水中的污泥,就可以恢复衣服和水本来具有的洁白,而不应该连衣服和水一起都去掉。颜元还强调说,不但刚生下来的孩子不能说他的气质中有恶的本性,即使是穷凶极恶的人,也不能说他的气质中有恶的本性。只要努力反正、改过,还是可以恢复他的善性的。只不过习染得深的人,改正起来要下更大的功夫罢了。

颜元重新把先验的性善论抬出来,也还是为封建统治阶级服务的。他认为程朱讲"气质性恶"有弊病,容易被"为非作歹"的人利用,为他们破坏封建统治秩序的行为作推诿之词。所以,他抬出性善论来,一方面把封建道德说成是天地间永恒存在的,一方面又把人性说成生来就具有遵守封建道德的本性。这样,就使"作恶"的人无词可托,而老老实实地遵守封建道德。同时,颜元提出的克服"引蔽习染"的根本办法,也还是学习封建伦理道德说教。颜元说:"然则气质偏驳者,欲使私欲不能引蔽如之何? 惟在明明德而已。存养省察,磨励乎诗书之中,涵濡乎礼乐之场……"(《存性编》卷二)这些都是他地主阶级立场的表现。

(三)重习行、践履的唯物主义认识论

颜元在反对唯心主义理学中,最大的贡献就是唯物主义的认识论。颜元认识论的特点是:重视亲身的实行和感觉经验,主张到实际中去锻炼。

宋明唯心主义道学家的认识论都是抹煞客观事物和具体实践的,他们轻视感觉经验,提倡神秘主义的体认或内心自我修养的先验论,他们认识的主要办法是读书、静坐、反省。颜元反对读书、静坐,认为必须通过亲身习行、践履,求诸客观实际事物才能得到真正的有用知识。

颜元说:"朱子则必欲人读天下许多书,是将道全看在书上,将学全看在读上。"(《存学编》卷二)他批判程朱脱离实际的死读书,认为仅从书本上去认识客观事物的道理,必然离客观事物的实际越来越远。颜元说,"譬之学琴然,诗书犹琴谱也。烂熟琴谱,讲解分明,可谓学琴乎? 故曰以讲读为求道之功,相隔千里也。更有一妄人指琴谱曰,是即琴也。辨音律,协声韵,理性情,通神明,此物此事也。谱果琴乎? 故曰以书为道,相隔万里也。"(《存学编》卷三)学琴就必须亲手去操弄,才能学会。如果仅仅停留在熟读琴谱,甚至认为琴谱就是琴,读熟了琴谱就能了解琴的一切,这就必然离弹琴的实际越来越远。这说明程朱以读书去达到"穷理""明道"的目的是相隔千里的;至于认为书就是"道",读书就是穷理,更是错上加错,相隔万里,就如南辕北辙一样,越走越远。

颜元还指出整天坐着读书,不劳动,不做事,眼睛坏了,身体衰弱了,弄得满身是病。他说:"天下无不弱之书生,无不病之书生,生民之祸,未有甚于此者也。"(《朱子语类评》)这种危害性,追根溯源是来自朱熹,朱熹所谓的"学"就是教人读书,"千余年来,率天下

入故纸堆中,耗尽身心气力,作弱人病人无用人者,皆晦庵为之"(《朱子语类评》)。朱熹教人们钻到故纸堆里去,耗尽精力,结果培养成弱人、病人、无用的人。不仅如此,并且"读书愈多愈惑,愈无识,办经济愈无力"(同上)。"读书人便愚,多读更愚"(《四书正误》卷二)。这对于死读书的危害性分析批判是深刻的。

颜元不仅反对读书,并且反对著书。他认为著书不过是"空言相续,纸上加纸"(《大学辨业序》),就是著成新的《四书》《五经》,一字不差,不过是"书生也,非儒也"(《习斋记余》卷三《寄钱晓城书》)。他告诫李塨:"今即著述尽是,不过宋儒为误解之书生,我为不误解之书生耳,何与于儒本业哉?"(《习斋年谱》卷下)颜元大力抨击读书著书,甚至说,"书之病天下久矣,使生民被读书者之祸,读书者自受其祸"(《言行录·禁令十》)。把读书看成是害人害己的事,似乎有些偏激,其实明清用八股文取士,知识分子就是为了名利,求富贵,争取一官半职,作为统治思想的程朱唯心主义理学,确是害人害己的。颜元说:"果息王学,而朱学独行,不杀人耶? 果息朱学,而独行王学,不杀人耶?"(《习斋记余》卷六《阅张氏王学质疑评》)颜元认为程朱陆王都是封建社会的罪人。所以颜元把宋人的语录、性理等书当做"淫声恶色以远之"(《朱子语类评》)。他的这些话正是切中时弊,颇为尖锐的见解。颜元并不是绝对反对读书,他说:"使为学为教,用力于讲读者一二,加工于习行者八九。"(《存学编》卷一)可见他只是反对把读书与习行轻重倒置,反对死读书,把读书当成惟一的事。

颜元指出,像宋明唯心主义理学家那样,脱离客观事物去寻求天理、良知,自以为是"洞照万象",其实只是得到虚幻而无用的"镜花水月"。他说:"洞照万象,昔人形容其妙曰镜花水月,宋明儒者所谓悟道,亦大率类此。……其洞照者,无用之水镜;其万象,皆无用之花月也。"(《存人编》卷一)所以颜元认为,宋明唯心主义理学家的读书、静坐与佛教的坐禅没有两样。他们所得的镜花水月只可在幻想虚空中玩弄光景，"若去镜水，则花月无有矣，即对镜一生，徒自欺一生而已矣。若指水月以照临，取镜花以折佩，必不可得之数也。故空静之理愈谈愈惑，空静之功，愈妙愈妄"（同上）。宋明唯心主义者所谓的"悟道"完全是自欺欺人的鬼话。颜元曾把"空谈性命"比做"画鬼"，鬼没有对证可以胡画，唯心主义的胡说也是不能证验的，没有任何实际用处。

颜元认为，理是事物本身的条理、规律，是存在于客观事物之中的，客观事物是人类认识的基础。颜元说："知无体，以物为体；犹之目无体，以形色为体也。故人目虽明，非视黑视白，明无由用也；人心虽灵，非玩东玩西，灵无由施也。"（《四书正误》卷一）这是说形色是视觉的根据，客观事物是认识（知）的根据。客观事物作用于人体的感官（耳、目等）才产生认识（知），这是唯物主义的反映论。离开客观事物，感觉和思维都不能发挥作用，也就无所谓认识。他指出，理学家脱离实际事物，而去高谈明天理、致良知，其结果必然是捕风捉影，陷于"吾心之理固以为如此"的主观武断。颜元注重感性的直接经验，坚持了唯物主义反映论的认识论，深刻地揭露出程朱、陆王唯心主义先验论的错误，这在中国哲学史上是有重大意义的。

颜元特别强调实际活动对认识的重要作用。他认为，要获得知识，要认识客观事物，必须亲自下手，直接经验一番。颜元说："吾尝谈天道、性命，若无扞格，一著手算九九数辄差。……以此知心中醒、口中说、纸上作，不从身上习过，皆无用也。"（《存学编》卷二）这是说，只从书本上道理上认识是不够的，必须亲身实行过，才能得到真正有用的知识。他这段话是说，在"天道"、"性命"这些抽象、空洞的理论上可以高谈阔论，毫无阻碍，但是一旦动手去做，象算账打算盘之类的事，一做就出差错。所以说，光是心里明白，嘴上能说，纸上能写，而不通过亲身实际去做过，这种知识是无用的。颜元是以三代实学的继承者自居的，他认为周、孔与宋明唯心主义理学家的根本区别就在于：宋儒"只教人明理"，而"孔子则教人习事"（《存学编》卷二）。只有接触客观事物，亲自去做，才能认识事物的规律，颜元特别强调习行的重要，他说：

> 人之为学，心中思想，口中谈论，尽有千百义理，不如身行一理之为实也。（《习斋言行录》卷下《习过之第十九》）

> 吾辈只向习行上做工夫，不可向语言文字上着力。（同上《王次亭第十二》）

实践是高于认识的，颜元提出"习而行之"，"亲下手一番"（《四书正误》卷二）。他说要知道皮帽子暖和的程度，只有把皮帽拿来戴在头上才能知道。毛泽东同志教导说："一切真知都是从直接经验发源的。""就知识的总体说来，无论何种知识都是不能离开直接经验的。任何知识的来源，在于人的肉体感官对客观外界的感觉，否认了这个感觉，否认了直接经验，否认亲自参加变革现实的实践，他就不是唯物论者。"（《实践论》，《毛泽东选集》第264、265页）颜元注重"习行"和直接经验，坚持了唯物主义的反映论。颜元特别强调"习行""践履"对认识的重要性，这是他胜过以往唯物主义者的地方。

颜元尖锐地批判了程朱唯心主义所提出的"穷理居敬"的修养和求知的方法。他说："'穷理居敬'四字，以文观之甚美，以实考之，则以读书为穷理功力，以恍惚道体为穷理精妙，以讲解著述为穷理事业，俨然静坐为居敬容貌，主一无适为居敬工夫，舒徐安重为居敬作用。"（《存学编》卷二）颜元对这种只在静坐、读书中得来的知识，认为是毫无用处的，"但凡从静坐、读书中讨来识见议论，便如望梅、画饼，靠之饥食渴饮不得"（同上）。总之，这种求知的方法是完全脱离实际的，它既不是来自客观实际，也对客观实际没有一点好处。颜元痛切地指出,佛、道和唯心主义理学那套空静的理论,给社会带来了严重的危害,它使得国家、人才都亡尽了。所以他认为,要强身、强国必须多从事实际的活动,同样要提高认识,也必须多活动耳、目、口、鼻和心(思维器官)。

颜元认为,读书学习的目的"务期实用"。所以他特别注意认识上的体用一致,即认识不能离开它的实际应用。他说:"盖吾儒起手便与禅异者,正在彻始彻终总是体用一致耳。"(《存学编》卷二)他批判唯心主义理学家都陷于佛教的脱离实际的用去求空洞无用的心、性本体。他指出,离开实际应用的所谓心、性本体,不仅不能发挥实际的作用,就连这个心、性本体也是虚幻的。所以颜元认为,知识不能只谈虚无的本体,而必须要有实际的用处。他甚至认为,读尽天下书而不能致用的人,还不如只精通一种具体知识而能致用的人。他申明他著《存学编》的目的,就是要"将偕吾党身习而实践之,易静坐用口耳之习为手足频拮据之业,非存性空谈之比"(《存学编》卷一)。这里,颜元已初步表露出理论学习要与实际经验相结合的思想。

颜元也反对唯心主义理学家重"义"轻"利",只讲主观动机,不讲客观效果的唯心主义观点。他说:"以义为利,圣贤平正道理也。……利者义之和也,……其实,义中之利君子所贵也,后儒乃云正其谊不谋其利,过矣。……予尝矫其偏,改云,正其谊以谋其利,明其道而计其功。"(《四书正误》卷一)"正其谊不谋其利,明其道不计其功"是汉朝唯心主义者董仲舒提出而为程朱等所推崇的口号。就是说,只要求人们问其言行是否符合封建的道德标准,而不应计较功利得失。这是历代封建统治者用来抵制一切反抗封建统治秩序的思想武器。颜元明确反对这种口号,他认为义与利不应对立,而应统一,而且符合义的利是"君子所贵也"。他说,耕种田地的人没有不求收获的,打渔的人也没有不求得鱼的,这是正当的利的要求。因此,他认为讲义是不能不讲利的,正当的动机,必须要讲效果,只有义利一致才能对社会实际有帮助,否则义只是空洞的,是腐儒之言。这一思想是与颜元重习行、重实用的认识论一致的。

综上所述,颜元所讲的习行,包含有践履和实用两方面的意义。认识,一方面必须经过亲身的践履才能得到,另一方面认识必须付诸践履才能体现出它的实际效用来。这种注重实际经验和实际效用的唯物主义认识论,在反对当时唯心主义理学家明天理、致良知的唯心主义先验论,具有重大的意义。

在"格物致知"问题上,颜元也反对程朱陆王的唯心主义观点。"格物致知"是中国哲学史上认识论方面的一个重要争论问题。它最初是在《礼记·大学》中作为地主阶级一种道德修养步骤提出来的,是《大学》唯心主义伦理观的组成部分。它所谓的"物"和"知"都是指伦理行为和伦理知识,它的"格"和"知"因此也只是说如何端正伦理行为,获得最高的伦理知识。宋明以来,才使"格物致知"超出原来的伦理修养范围,而提高到作为一般认识论问题来讨论。这样,"物"与"知"更具有了关于一般客观现实事物和认识的意义。所以,如何"格物",如何"致知",就成了宋明以来唯物主义反映论与唯心主义先验论斗争的一个重要问题。以程朱为代表的客观唯心主义认为:"物"就是先天的"理"的直接显现,所以"格物"就是"穷理",以陆王为代表的主观唯心主义认为:"物"就是主观"良知"的外在表现。所以"格物"就是"正心",也就是端正自己的内心,反回到"吾心之良知"。总之,唯心主义都认为"物"是虚幻的假象,所以认识根本不是认识客观事物的本来面目,而是通过它认识先天独立存在的"天理"或良知。这样的"格物致知"成了唯心主义先验论的重要理论组成部分。

颜元认为,"物"就是客观实际存在的具体物和事。"格物"就是亲身去接触这个物,亲身去做这件事,就象用手去格杀野兽,身实习之,实行之。然后,才能得到关于各种事物有用的实际知识。颜元说:"格物之'格',王门训'正',朱门训'至',汉儒训'来',似皆未稳。……元谓当如史书'手格猛兽'之'格'。'手格杀之'之'格',乃犯手捶打搓弄之义。"(《习斋记余》卷六《阅张氏王学质疑评》)这是说,"格"就是亲自动手反复去做的意思。他还以饮食作例子来说明"格物"。他说:"如此菔蔬,虽上智老圃不知为可食之物也,虽从形色料为可食之物,亦不知味之如何辛也,必箸取而纳之口,乃知如此味辛。故曰,手格其物而后知至。"(《四书正误》卷一)这是说,只有亲手去做,才能真正认识客观事物,要知道菜的味道,只有亲口去尝。这是对"格物致知"朴素的、唯物主义的解释。所以,在知与行的关系问题上,颜元认为行比知更重要,行在知先,由行得知,不经过习行,就不能获得实际有用的知识。

颜元在解释"格物致知"中,强调直接感觉经验和亲身习行对取得知识的重要作用,这是正确的。但是,他却忽视了理性思维和知对行的反作用,这是片面的经验主义的倾向。

(四)颜元的社会政治思想

随着清王朝统治秩序的暂时稳定,地主阶级对农民的剥削日益加重,国内阶级矛盾又尖锐起来了。颜元看到这种日益尖锐的矛盾,为了调和一下地主阶级和农民的矛盾,在政治上、经济上提出了一些改良主义的主张。

颜元早年写了《存学编》系统地表述了他的政治、经济主张是要恢复井田、封建、学校的"王道"政治。后来,他又提出他的政治、经济纲领说:"如天不废予,将以七字富天下:垦荒、均田、兴水利;以六字强天下:人皆兵、官皆将;以九字安天下:举人材、正大经、兴礼乐。"(《颜习斋年谱》卷下)"垦荒、均田、兴水利"是他的经济纲领,目的在发展生产,增加财富。"人皆兵,官皆将"是他的军事纲领,目的在使封建的国家强盛。"举人材,正大经,兴礼乐"是他的政治纲领,目的在致太平。这三者之中,经济又是首要的,经济是政治、军事的基础。颜元说:"使予得君,第一义在均田,田不均则教养诸政,俱无措施处。"(《言行录·三代第九》)这表明要是他得到封建统治者的信任,首先要实行"均田"。颜元在一定程度上看到地主阶级与农民的主要矛盾是在土地问题上,只有实行均田,解决了土地问题,其它政治措施才能够推行。颜元借上古"井田制"来论证他的均田思想,他说:

> 岂不思天地间田,宜天地间人共享之,若顺彼富民之心,即尽万人之产而给一人,所不厌也。王道之顺人情,固如是乎?况一人而数百顷,或数十百人而不一顷,为父母者,使一子富而诸子贫,可乎?(《存治编》)

这反映出清初由于"圈地"、兼并的结果,使土地高度集中,官僚大地主占有大量的土地。颜元提出"均田",正是针对当时社会的现实问题,但是,他不主张用"夺富与贫"的办法来解决。他举例说,如赵甲有田十顷,平均分给二十家,每家五十亩,甲也分得五十亩,其余十九家仍然算甲的佃户,向甲交租,到甲死为止。显然,颜元还是站在地主阶级的立场,提出的是改良主义的办法。要是田不够,他主张用开垦荒地,实行精耕来补救;另外他还主张"薄税敛,汰冗费,以足民食"(《存治编·治赋》)。这些都不过是缓和阶级矛盾的措施。

在政治上,颜元主张恢复古代分封诸侯,建立藩国的"封建"制度。他认为封建诸侯可以层层维护最高统治者,这样封建统治就更加巩固。颜元这一思想完全是复古主义的。但是,在颜元的社会政治思想中,有两点有价值的东西。第一,他反对重文轻武,颜元认为"重文轻武"是朱熹的流毒,结果使"四海溃弱"(《存学编》卷二）。有人把"六艺"分为高下精粗,认为礼乐是高、精,应该学习;"射御粗,下人事"。颜元反对歧视射御,在"六艺"中区分高下精粗,他说:"喜精恶粗,是后世所以误苍生也。"(《存学编》卷一)他主张文武结合,"寓兵于农","人皆兵,官皆将"。颜元认为军人是最光荣的,他说军者"天下之至荣者也"(《言行录》卷下)。颜元不可能对军队的实质进行阶级的分析,但是他反对轻视军队和武备的观点是可取的。因此,颜元在教育上"文事""武备"并重,讲孙吴兵法,攻守营阵,陆水战法和射御技击等科。第二,他反对歧视妇女。颜元青年时曾同一个和尚辩论,和尚认为有妇人便不能讲道。颜元说:"有一妇人生释迦,才有汝教。"没有妇人,释迦和你都没有,"今世又乌得佛教?"(《习斋年谱》卷上)宋明理学家都认为妇女失身最为可耻,颜元说:"世俗但知妇女之污为失身,为辱父母;而不知男子或污,其失身,辱亲一也。"(《言行录·法乾第六》)这具有男女平等的思想。颜元的生母就曾改嫁。后来,他母亲病重,他要去侍疾,死了为他服丧。颜元的行为,就是对程朱"饿死事小,失节事大"的最有力的批判。

(五)李塨的唯物主义哲学和政治思想

李塨是颜元学术思想的直接继承者和传播者。在哲学思想上颜、李的思想基本上是一致的。李塨批判朱熹的"先有是理,后有是气。"他认为"气外无理"(《中庸传注问》)。要是说理是根本的,在事物之先,由理生气,"则道家'道生天地'之说矣"(《论语传注问·学而》)。什么是理呢? 李塨说:

> 夫事有条理曰理,即在事中。今日理在事上,则理别为一物矣。理,虚字也,可为物乎? 天事曰天理,人事曰人理,物事曰物理。《诗》曰,"有物有则",离事物何所为理乎? (《论语传

注问·子张》)

理在事中,离开事物就无所谓理。"物形既置(舍弃),理将安傅?"(《论学》卷二)说明客观事物是第一性的,理是从属于事物的。颜元提出"见理于事"。李塨也说:"理见于事。"(《论语传注问·学而》)完全是一样的。他们都借助于古代周孔"圣道"的"亡灵"大力抨击宋代的唯心主义理学。颜元倡于前,李塨继其后,他说:

> 宋儒内外精粗皆与圣道相反,养心必养为无用之心,致虚守寂;修身必修为无用之身,徐言缓步;为学必为无用之学,闭门诵经;不去其痼,尽不能入道也。(《李恕谷年谱》卷四)

这是对宋明唯心主义理学所谓的"修养"、"学问"的全面批判。唯心主义者提倡的"致虚守寂"、"徐言缓步"、"闭门诵经",他们搞的那一套完全是无用的。这是一种顽固的病症(痼),不彻底根治,甚至可以亡国,所以说,"纸上之阅历多,则世事之阅历少;笔墨之精神多,则经济之精神少。宋明之亡,此物此志也"(《恕谷年谱》卷二)。

颜元和李塨都主张亲身去习行践履,在实际事物中去锻炼,他们提倡"实事"、"实学",学以致用。有人问"读书以明理,不读书理何由明?"李塨说:"明理非尽由读书也。""古人明理之功以实事,不以空文,曰'致知在格物'。"(《论学》卷二)他认为人的聪明才智是通过在实际事物中去锻炼得来的,专靠读书是无益的,所以说:"智以事练之。"(《与枢天论读书》)这个概括是深刻的,表达了李塨的唯物主义的认识论。

李塨还进一步揭露了死读书、脱离实际的害处。他认为秦汉以前教人都是到实际事物中去学习锻炼,秦焚书以后,书籍珍贵了,汉朝才讲究诵读,以后一千多年的知识分子都把读书当成惟一的事,结果弄得"人才日下,世教日衰,鱼烂瓦解,莫可收拾"(同上)。大家讽刺知识分子为"白面书生","书生无用"。这些整天念书的人"肌体日消,心体日脆",身体也弄衰弱了,瘦得像个猴子样,不仅身体弄坏了,而且精神状态也不正常。他说:"读阅久则喜静恶烦,而心板滞迂腐矣。"(同上)"书生好逸恶劳,喜静厌烦。"(《恕谷年谱》卷三)"读书之人,虚见忆想,自谓高人,故易骄,若力行则此日此身千疮百孔,欲骄得乎!"(同上卷一)这是说读书人厌恶劳动,怕麻烦,骄傲自满,幻想多,自以为高人一等,只有"力行"才能克服这些毛病。

颜元和李塨都具有朴素唯物主义的认识论,他们的思想也基本上一致。李塨说:"天下之物,因形以察理,则理可辨。""不目见,不身试,何由以理断之耶?"(《论学》卷二)这是说理是存在于客观事物之中,不通过感觉经验,不亲身去"试"是不可能真正认识事物的规律的。李塨把"格物"的"格"解释为学习。他说:"然不曰学,而曰格,何也?学有浅有深,皆可谓学。格者,于所学之物,由浅入深,无所不到之谓也。""盖问、思、辨皆学中事也。"(《大学辨业》卷二)李塨不仅重视感觉经验,而且认为"学"中包括审问、慎思、明辨,这些理性思维的过程。格物就是由浅入深,一步步提高认识的过程。这就补救了颜元忽视理性认识的方面。同时李塨还指出知对行的指导作用,他说:"不知不能行,不行不可谓真知。"(同上)知、行"一时并进,且迭进焉。"(《论学》卷二)说明知和行是互相促进的,这是他比颜元深刻的地方。

由于颜元、李塨都不懂得社会实践对认识的作用,所以他们讲的习行、践履也就只能是个人的行为,局部的经验,而且这主要还偏重在封建伦理道德方面的习行。这就使得他们不可能正确地解决实践和认识,知与行的辩证统一的关系。因此颜元强调了习行就有忽视理性认识的缺点;李塨注重了学和知,又得出"知固在行先"(同上)错误的结论。

在政治思想上,李塨和颜元也大体上是相同的。明清之际,地主和农民间存在着尖锐的阶级矛盾，根源就在土地所有制上。李塨反对豪强兼并，提出耕者有其田的设想，他说："所以无立锥之地者，以豪强之兼并。今立之法，有田者必自耕，勿募人代耕。""惟农为有田耳。"(《平书订·制田》)规定有田的不能找人代耕，只有自耕农才许有田。他也同颜元一样主张实行均田，他说："非均田则贫富不均，不能人人有恒产。均田第一仁政也。"(《拟太平策》卷二)但是提到具体实现的办法时，他又认为"夺富与贫"是艰难的，赞成颜元用改良主义的方法来缓和矛盾，所以说："可井者井，难则均田，又难则限田。"(《存治篇书后》)这表明颜、李都站在地主阶级的立场，并不是要改变地主阶级的土地所有制，因此他们所说的"均田"，也只不过是空想而已。

在政治思想上，颜、李也有分歧的地方。颜元主张恢复封建，李塨颇不以为然，他在《存治编书后》举出好些理由不赞成封建。李塨认为秦汉以后已经建立了郡县制，还要再回复到古代的封建制是困难的，并且使那些封建贵族的纨袴子弟"世居民上，民必殃"。封建实行世官世禄，"使天下富贵数百年皆一姓，及数功臣享之，草泽贤士虽如孔孟，无可谁何，非立贤无方之道，不公孰甚？"这是说封建世袭制度使一姓的贵族和少数功臣的子孙世代统治着，这少数人享尽富贵，是最不公平的。李塨的见解同柳宗元、王夫之认为秦朝的郡县制是"假其私以行其大公"是一致的。他们所谓的"公"，虽是地主阶级的公，但表明郡县制确是扩大了地主阶级参与政权的范围。这个问题，李塨同颜元讨论了几年，意见没有得到统一。颜元有泥古思想，他甚至认为道理虽对，但这不合于"王道"，有点食古不化。李塨认为"时势不同"，不能"徒泥古迹"(《平书订》卷二)。颜元教李塨"宜进隆古"，就是说应该厚古，李塨劝他"尽执古法，宜酌时宜"(《恕谷年谱》卷一)。李塨主张"考古准今"，"准今而稽之古"(同上卷三)。他举例说如象六艺中的"数"，数学古代虽然有,但现在学习应该参考西洋的算法。李塨说:"学者经济天下欲窥其大,尤欲切于时。"(同上卷二)这是李塨比颜元"复古"思想进步的地方。

(选自任继愈主编四卷本《中国哲
学史》,人民出版社 1979 年版)

　　任继愈(1916—　　),曾用名任又之,山东平原人,哲学家。北京大学教授,中国社会科学院世界宗教所研究员,兼任中国宗教学会会长、中国哲学史学会会长、中国无神论学会会长、中国西藏佛教研究会会长。1985 年任国家图书馆馆长,兼宗教所名誉所长。长期从事中国哲学史、中国佛教史、中国道教史的研究。主要著作有:《汉唐佛教思想论集》、《中国哲学史论》、《老子新译》、《中国佛学论文集》(合著)、《中国佛教史》(主编)、《中国哲学史》(主编)、《中国道教史》(主编)等。

　　本文论述了颜元、李塨抨击宋明理学,注重躬行践履的"实事"、"实学"思想。

晚明心学的没落与实学思潮的兴起

张显清

　　明清之际顾炎武、黄宗羲等进步思想家的经世致用主张经常为后人所称道。但是，这仅是个别人物的进步思想，还是一种广泛的社会思潮？如果是社会思潮的话，那么它是怎样兴起的？具有哪些基本的内容和特征？历史地位怎样？这些是很值得深入进行研究的。

　　与社会史相适应，在思想史上，明朝万历中期至清朝康熙中期，即16世纪末至17世纪末可以划为一个发展阶段，而以晚明为其前期，清初为其后期。王阳明心学的没落与实学①思潮的兴起便是这一历史时期社会思想的显著特征。社会意识的根源虽然深藏于社会经济之中，但是它的发展却是一个有自身规律的独立的运动。从思想发展的逻辑看，心学的没落是实学思潮兴起的原因，实学思潮的兴起是心学没落的归宿。它们是同一过程的两个方面。为了研究这一过程，就必须对这两个方面给予分析和综合。

　　限于篇幅，本文只能把探讨的重点放在晚明。

----

　　①　"实学"，即通常所说的"经世致用"之学。为了同心学清谈相对立，晚明和清初倡导经世致用的人们往往使用"实学"这一更为鲜明的概念。

一、心学的没落

阳明心学自嘉靖初年形成完整体系之后,很快便进入了全盛时期。这个时期持续了半个世纪之后,于万历中期跌入了衰落期。衰落期亦维持了半个世纪,至明清之际终于被实学思潮所战胜而彻底败落下去。

在全盛期,阳明学派"几遍天下"。它不仅是控制整个学界的强大的文化势力,而且还是在很大程度上控制政界的强大的政治势力。这正如陆陇其所说:"自嘉、隆以来,秉国钧作民牧者,孰非浸淫于其教者乎?始也倡之于下,继也遂持之于上。始也为议论,为声气,继也遂为政事,为风俗。"(《学术辨》下,《三鱼堂文集》卷二)心学已经以国学的资格取代朱(熹)学而成为全社会的统治思想①。

那么,如此风靡一时的阳明学派,为什么最终还是走上了穷途末路呢?我们认为,思想日趋腐朽同社会发展需要之间的尖锐对立,乃是导致这一结局的根本原因。

(一)思想日趋腐朽

阳明心学在思想史上曾经起过一定的积极作用。它的"万物一体"论,为嘉靖初年社会阶级矛盾的缓和提供了理论指导,它以"吾心"而不以孔子和经书为衡量是非标准的思想,为李贽等人反

---

① 隆庆元年四月,追赠王守仁新建侯,谥文成。万历十二年十一月,钦准王守仁从祀文庙。王阳明的神位被请进文庙,起到了"烬程(程颢、程颐)、漂朱(熹)"(阎若璩:《潜邱札记》卷一)的作用。由于最高统治集团对心学的尊崇,"嘉、隆而后,笃信程、朱,不迁异说者无复几人矣"。(《明史》卷二八二,《儒林传》)

对"圣贤"偶像、反对封建礼法的异端思想提供了思想资料;它极力宣扬精神、理性的作用,补救了朱学支离繁琐之弊,把理学推进到一个新的阶段。在经历了程朱理学的漫长统治之后,阳明心学的出现,确曾因其简易直接而使人们"一时心目俱醒,恍若拨云雾而见白日"(《小心斋札记》卷三,《顾端文公遗书》)。

但是,所有这些都不是建立在科学的世界观基础之上的。它必将没落的命运已为本身世界观的根本谬误所注定。王阳明"心外无物"、"心外无理"的命题,把中国古代主观唯心主义发展到了登峰造极的地步。列宁曾经精辟地指出:"哲学唯心主义是经过人的无限复杂的(辩证的)认识的一个成分而通向僧侣主义的道路。"(列宁:《哲学笔记》,《列宁全集》卷三八)王阳明正是通过片面地无限夸大"精灵"的作用而使自己陷入了禅宗的泥坑。如果说,在心学形成的过程中,他还没有完全摒弃"事功"思想的话,那么到了晚年,已经明显地表露出虚无主义的倾向。

嘉靖六年九月,他逝世的前一年,曾同他的高徒钱德洪、王畿有过一次关于"四有"与"四无"① 的讨论。他调和钱、王的不同意见,对自己过去提出的"四句教"做了一番修正,形成了对心学基本思想的最后的经典式的表述。他说:"四无之说,为上根人立教;四有之说,为中根以下人立教。上根之人,悟得无善无恶,心体便从无处立根基,意与知、物皆从无生,一了百当,本体便是工夫,易简直截,便无剩欠,顿悟之学也。中根以下之人,未尝悟得本体,未免在有善有恶上立根基,心与知、物皆从有生,须用为善去恶工夫随处对治,使之渐渐入悟,从有以归于无,复还本体,及

---

① "四有"即王阳明的"四句教"——"无善无恶心之体,有善有恶意之动,知善知恶是良知,为善去恶是格物"。钱德洪坚持此说;而王畿反对,认为心、意、知、物都是无善无恶的,都是"无",故称"四无之说"。

其成功一也。"(《龙溪王先生全集·天泉证道纪》卷一)在这里,他为人们指出了"顿悟"与"渐悟"两条"引人于道"的途径。所谓的"顿悟"之法,根本之点乃是一个既否认客观世界("物")也否认主观世界("心"、"意"、"知")的"无"字和一个反对社会实践、不仅取消感性认识,甚至也取消理性认识的"悟"字。所谓的"渐悟"之法,虽然也讲"心与知、物皆从有生",但它所说的"有",仅是一种"善"、"恶"的道德观念,所说的"物",只是意念的体现,所说的"工夫",只是静坐式的内心涵养,而且,在经过一番"为善去恶"的工夫之后,最终仍然是"从有以归于无",达到"四无"的神秘境界①。因此,实际上,"渐悟"之法的根本点同样是一个"无"字和一个"悟"字。这种以"无"和"悟"为核心的世界观和方法论正是禅宗教理的翻版"顿悟"与"渐悟"的两种方法,正是禅宗"顿教"(南宗)与"渐教"(北宗)两个派系的变种。王阳明正在把哲学认识和改造世界的庄严职责让位给神学的无稽之谈。事实证明,"四无"之说的被肯定,造成了极其严重的后果。它为王门后学虚无主义思想和清谈学风的大肆泛滥打开了闸门,从而为心学的腐朽和没落埋下了祸根。因此,清代不少的学者都批评说,"风俗之坏,实始姚江"(《三鱼堂文集·答藏介子书》卷五),"开误后学,迄今祸尚未艾"(阎若璩:《潜邱札记》卷一)。

　　王阳明死后,王门后学的主要部分基本上是按照"顿悟"、"渐悟"两条道路发展②,形成了以二王(王畿、王艮)为首的顿悟派和以邹守益、钱德洪等人为首的渐悟派两大派系,而尤以二王顿悟派

---

　　①　王阳明为"四无"之说涂上了一层浓厚的神秘主义的色彩。他玄虚地说:"此是传心秘藏,颜子、明道所不敢言者。今既已说破,亦是天机该发泄时,岂容复秘?"(王畿:《天泉证道纪》,《龙溪王先生全集》卷一。)

　　②　万历中期以后,王门发生了深刻的分化。

的势力最大①。他们都片面地发展了王学的糟粕,而使它走向了日益空虚、贫乏和简陋的绝境。

王畿为学"以无念为宗"(《龙溪王先生全集·趋庭漫语付应斌儿》卷一五),鼓吹"现成良知"说,认为"良知"不仅是先天的,而且是"现成"的,既不需读书明理,也不要砥砺德性,更不必社会实践,只要"从心悟入",便可"一了百当";只要"大彻大悟",便可"破千古之疑"(《答南明汪子问》、《与狮泉刘子问答》、《三山丽泽录》、《留都会纪》、《闻讲书院会语》等,均见《龙溪王先生全集》)。王艮为学:"以悟性为宗","以太虚为宅"(《续藏书·王艮传》卷二二),宣扬不睹不闻,不思不虑,说什么"只心有所向便是欲,有所见便是妄;既无所向,又无所见,便是无极而太极(良知)"(《王心斋先生遗集·与俞纯夫》卷二),认为只要"于眉睫间省觉",便可当下顿悟"天机"(《王心斋先生遗集·王心斋传》卷四。《明儒学案·王艮传》卷三二)。以邹守益等人为首的渐悟派,虽然认为"良知"需要"渐修功夫"才能显露,但是他们所谓的"功夫"也只不过是静坐敛心而已,以为只要不着物,不思念,虚静无欲,枯槁寂寞,就可逐渐悟出"天理",成为"圣人"。在他们这里,活生生的人已经变成脱离社会实践,停止思维活动的一具行尸。

王门后学对虚无主义世界观的鼓吹进一步加深了心学禅宗化的程度。如果说王阳明熔儒、释、道于一炉而创立了致良知学说的话,那么他的弟子王畿等人则把这个学派改造成了一个以"虚寂"为共同基础的三教合一的"良知教"。为了建立这样一个宗教,王畿曾大造舆论。他说:"良知"乃是"范围三教之枢","老氏曰虚,圣人之学亦曰虚。佛氏曰寂,圣人之学亦曰寂","世之儒者不揣其

---

① 黄宗羲说:"阳明先生之学有泰州、龙溪而风行天下。"(《明儒学案》卷三二《泰州学案》卷首)

本,类以二氏为异端,亦未为通论也"(《龙溪王先生全集·三教堂记》卷一七)。在王门后学的鼓动下,嘉、隆以后,参禅之风奄袭整个学界,"万历世士大夫讲学多类此"(《明史·周汝登传》卷二八三),甚至像李贽那样的进步思想家也无力摆脱其影响。儒、释、道合而为一是嘉、隆以后社会思想的基本特征。人们知道,佛教苦空寂灭的世界观在禅宗,特别是它的南宗(顿教)那里已经发展到了无以复加的地步。净心自悟、面壁禅坐之风的流行,会给社会思想、社会风气造成多么恶劣的影响是可想而知的。

清谈之祸的酿成就是突出的表现。由于"无"、"空"思想的泛滥,加上心学成为科举考试的内容①,因此形成了不读书,不探讨实际学问,不研究当代政治、经济、军事,只知谈心性,诵语录,参话头,背公案的空疏学风。"现成良知"成了万灵的套语,清心静坐成了枯死的教仪。不论是在政界,还是在学界,到处都在清谈。正如顾炎武痛切指出的那样:"刘石乱华,本于清谈之祸,人人知之。孰知今日之清谈,有甚于前代者。昔之清谈谈老庄,今之清谈谈孔孟","举夫子论学、论政之大端一切不问,而曰一贯,曰无言。以明心见性之空言代修己治人之实学"(《日知录·夫子之言性与天道》卷七)

清谈之祸真可谓洪水猛兽。在政治上,它助长了统治阶级的腐败。嘉靖以来,王门弟子在朝廷和地方身居显位者比比皆是。他们

---

① 明代的科举制,本来就已是禁锢思想,摧残人才的腐朽的教育制度。嘉、隆以后,心学又成为科举考试的内容,更加助长了空洞无实的学风。顾炎武揭露说:"自兴化(李春芳)。华亭(徐阶)两执政尊王氏学,于是隆庆戊辰(二年)论语程义,首开宗门,此后浸淫无所底止,科试文字大半剽窃王氏门人之言(《日知录》卷一八,《举业》)。又说:隆庆二年李春芳主考会试,"始明以庄子之言入之文字,自此五十年间,举业所用无非释老之书"(《日知录》卷一八,《破题用庄子》)。

极力要把心学变为整个统治阶级治理国家的指导思想①。在他们的提倡下,终日清谈成了整个官场的作风。什么国计民生,典章制度,用兵御敌,一概不学、不懂,"士习人心,不知职掌何事"(《明史·王应熊传》卷二五三),"问钱谷不知,问甲兵不知"(《明史·杨嗣昌传赞语》卷二五二)。后人所作的"天下无一办事之官,廊庙无一可恃之臣"(《恕谷后集·与方苞书·颜李遗书》卷四)的批评,并非夸大之词。心学蛊空了人们的灵魂。迂腐、愚昧、空虚,是这个时代士大夫阶层的共同品格。而统治阶级的腐败无能又促进了社会危机的深化。

在经济上,它阻碍了社会生产的发展。"去人欲,存天理"的理论,把政治伦理思想纳入了社会经济思想的范畴。它既是王阳明伦理观的核心,也是社会经济思想的核心。它以空谈心性为高雅,以理财治生为卑俗。它要求人们但知明心见性,而禁绝一切"私欲"。"物"、"货"、"声色"的欲望,"慕富贵"、"尤贫贱"的念头,都必须荡涤干净②。嘉、隆以后,"禁欲存理"的鼓噪,极大地桎梏了人们创造物质财富的积极性,束缚了社会生产力的提高。

在学术文化上,它无异于一场浩劫。儒家学派本来有治经兼治象数等自然科学的传统。这个良好的传统,在清谈之风的冲击下,几乎是中断了。阳明学派认为,心性之学是"本",璇玑九章是"末",因此只知"束书而从事于游谈"(《鲒埼亭文集·梨洲先生神道碑文》卷一一),很少有人致力于自然科学的研究。"士占一经,耻

---

① 例如,嘉靖三十二年底,三十三年初,王门弟子宰相徐阶、兵部尚书聂豹、礼部尚书欧阳德,吏部侍郎程文德等,趁四方官吏云集京师朝觐之机,在灵济宫召开讲学大会,"与论良知之学,赴者五千人,都城讲学之会于斯为盛"(《明史·欧阳德传》卷二八三)。

② 王阳明禁欲主义的论述,可见《王文成公全书》中《亲民堂记》、《为善最乐文》、《答南元善》、《与王纯甫》、《与黄诚甫》、《传习录》等篇。

握从衡之算;才高七步,不娴律度之宗。无论河渠历象,显忒其方,寻思吏治民生,阴受其敝"(《增订徐文定公集·同文算指序·附学之藻文稿》卷六)。经过空疏学风的摧残,明中叶以后的自然科学出现了极度衰敝的景象。清代自然科学史家阮元正确地指出,"自明季空谈性命,不务实学,而此业(天文、数学)遂微"(《畴人传·西洋·利玛窦》卷四四)。不仅自然科学如此,心学以外的诸子百家之学也都遭到了厄运。经学、史学、词章、典籍等古代文化的各个领域几乎都形同荒漠。时人对当时文化界的状况曾做过这样的描述:士人"尊陆(九渊)以毁朱(熹)","翕翕訾訾,如沸如狂。创书院以聚徒,而黉校几废;著语录以惑众,而经史不讲。学士薄举业而弗习,缙绅弃官守而弗务"(《世纬·距伪》卷下)。

通过以上分析,对嘉靖,隆庆以来阳明学派的特点似乎可以用"大"和"空"来加以概括:规模大,思想空;既繁盛,又腐朽。空虚贫乏的思想,束书游谈的学风是这个学派日趋腐朽的象征;而浩大的规模,又使它在广泛的范围内产生了毒害作用。学说内容本身的腐朽决定了它本质的虚弱,准备了它必然走向没落的成熟条件。

"错误的思维一旦贯彻到底,就必然要走到和它的出发点恰恰相反的地方去"(恩格斯:《自然辩证法》,《马克思恩格斯选集》卷三)。心学走到尽头,社会思想必然要向注重实际的方向转化。这是不可抗拒的客观规律。已经把"无"、"空"思想"贯彻到底"的心学,不仅决定了本身必将衰败的结局,也为实学思潮的崛起创造了前提。

(二)被"天崩地陷"的时代所抛弃

"对哲学发生最大的直接影响的,则是政治的、法律的和道德的反映"(恩格斯:《致康·施米特》,《马克思恩格斯选集》卷四)。只是思想本身的原因,还不能使心学衰落的必然性变成现实性。决定心学没落和实学思潮兴起的还有深厚的社会根源。是变化着的时代最终抛弃了那已经远远的落后于自己、严重的阻挡自己前进的清谈之学,而把生机勃勃的,能够帮助自己向前发展的实用之学召唤上了历史的舞台。

万历初年,张居正改革所带来的社会阶级矛盾的缓和,只不过是昙花一现,到了万历中期,又重新尖锐起来。它既有封建社会固有矛盾的激化,又有因资本主义萌芽而产生的新矛盾的抗争。各种社会矛盾的对抗和冲突,导致了社会各阶级、阶层、集团、派别之间激烈的搏斗。农民起义、市民运动、奴仆叛主、矿徒暴动、士兵哗变汇合成反对封建腐朽统治的滚滚洪流。与此同时,民族间的矛盾也在激化。蒙古族鞑靼部对内地不断骚扰,女真族后金发动了长期的大规模的反明战争。民族战争的烽火,阶级斗争的怒涛直接威胁着明王朝的存亡。它们反映在统治集团内部,形成了持久的、激烈的党争。在党争中,统治集团的力量消耗殆尽,国家机器几乎陷于瘫痪之中。

明后期的 50 年,的确是一个风起云涌、"天崩地陷"的时代。思想派别的命运取决于满足这个时代发展需要的程度。阳明心学形成之初,它所提出的"万物一体,天下一家,中国一人"的阶级调和论① 确曾在一定程度上起过调整地主阶级与农民阶级之间以及统治阶级内部关系,缓和社会矛盾的作用。那时,正德年间全国范围的农民起义高潮刚刚退落,阶级矛盾相对缓和,社会局势相对稳定。因此,企图通过"正心"泯灭矛盾,从而达到"公是非,同好恶,视人犹己,视国犹家"的"大同"理想,一时间颇受人们的欢迎。但是,乞求纯粹的"精灵"拯救世界,只不过是一种幻想,它终归是要破灭的。封建制度(特别是它的后期)本身固有的规律,决定了

---

① 关于王阳明"万物一体"的理论,可见《王文成公全书》卷二六,《大学问》;卷七,《新民堂记》;卷二,《传习录·答顾东桥书》、《传习录·答聂文蔚》;卷三,《传习录》;卷五,《与黄勉之》等。

它的各种社会矛盾的缓和只能是暂时的,相对的,而周期性的经济、政治危机则是绝对的,不可抗拒的。心学虽然可以一时起到某种缓和社会矛盾的作用,但终不能阻挡周期性社会危机的必然到来。而当危机一旦降临,在尖锐复杂的社会矛盾面前,这样的明心见性之学就只能一筹莫展,束手无策。它不仅无力扶危定倾,相反却因自己的腐朽而加剧了危机。

社会意识与社会存在之间已经处于严重的对立状态。拯时救危需要的是治国经邦之术,经世致用之学,发展社会经济和资本主义萌芽,需要的是自然科学技术和能为它们服务的进步的社会思想;社会存在决不允许社会意识长期的与自己相背离。必须用有用之实学取代无用之清谈,乃是时代向思想界提出的迫切要求。

这种要求逐渐被关心国事民瘼的有识之士所认识。东林学派领袖之一的顾允成就曾愤慨地说:“吾叹夫今人之讲学者”,“恁是天崩地陷,他也不管,只管讲学快活过日”(《高子遗书·顾季时行状》卷十一中)。这样,以实学“救世”为己任的心学反对派便应运而起,伴随政治、经济、军事领域的生死搏斗,在意识形态领域里也展开了一场“实”与“虚”的激烈论争。

心学反对派来自两个方面,一是阳明学派自身的反动;一是异军营垒的攻击。

随着心学的日益腐朽、社会危机的不断加深,阳明学派内部发生了急骤分化,有愈来愈多的人从苦闷中醒来,逐渐觉悟到清谈乃是自己阵营的不治之症。它不仅不能使天下治平,相反却使国力日衰,世道日乱,民不聊生,因此必须以实用之学对其加以修正、改造,甚至取而代之。过去所景仰、所崇拜、所追求的,现在成了被厌恶、被唾弃、被批评的对象。还是在嘉靖年间,在心学鼎盛风靡之时,阳明弟子黄绾就通过亲身的体验,发现了“致良知”学说的“空虚之弊,误人非细”(《明道编》一),在《明道编》中对其做了犀利的批评。不过在那时，王门弟子的反戈还是少有的个别现象，到了万历中期以后，自身反动的趋势便日益明显起来，逐渐形成了一股强大的势力。它以颜山农、何心隐、李贽开其端；顾宪成、顾允成、高攀龙继其后；而由明末和清初的刘宗周、孙奇峰、张采、陈确、黄宗羲、陆世仪、李二曲、唐甄等一群人达到高峰。这种反动有三种基本的形态：一是打着心学旗号修正心学，以李贽、黄宗羲为代表；一是公开地扯起是朱（熹）非王的旗帜，要求抛弃心学，以顾宪成、高攀龙为代表；一是界于二者之间，调合程朱、陆王，各扬其长，各避其短，以张采、孙奇峰、李二曲为代表。他们之间，虽然思想水平高低不等，但是在以"实"救"虚"这一基本点上却是一致的。在经历了这样几次自我否定之后，阳明学派便彻底走上了土崩瓦解的末路。

与心学内部反对派形成和发展的同时，其他抨击心学、倡导实学的学派、集团、个人也纷纭而起，从而结束了心学对思想界的长期统治，打破了一家独鸣，万马齐喑的沉闷局面。这些派别主要的有：以徐光启、宋应星为代表的自然科学家；以张溥、陈子龙、顾炎武、方以智为代表的复社；以王夫之为代表的唯物主义思想家；以陈第为代表的考证学派；此外还有诸如朱舜水、傅山、潘平格、费密、吕留良等一群明清之际主张经世致用的著名思想家、学者。如果说，阳明学派由于自身的否定已是分崩离析的话，那么再遇上如此众多的异军劲旅的冲杀，就只能是气息奄奄了。

对心学的抨击，也就是对实学的倡导。各种反心学观点的汇合，构成了汹涌澎湃的实学思潮。

二、实学思潮的基本内容

作为一种社会思潮，是在特定的历史条件下，社会上相当多的人共同具有的思想。具有这种思想的人群，虽然在思想上相互影响,彼此呼应,但并不一定有门户上的从属关系。晚明实学思潮就有这样的性质。组成这个思潮的各个部分,虽然各自有别,但是批判空虚、倡导实际,却是他们的共性(当然有程度和角度的不同)。这个共性,在哲学思想、政治思想、经济思想、伦理思想以及自然科学、考据学各个方面都体现出来,从而构成了丰满翔实的实学内容。

(一)反虚务实

当时,由于思想界的主要任务是如何认识和改变严重的社会危机,因此实学思潮在哲学思想上主要是围绕认识论和学风,即认识和实践、理论和实际的关系对心学展开了批评,并在论争中锻炼和发挥了唯物主义哲学。关于实学与心学在认识论和学风上的对立,时人通常用"实"与"虚"的命题予以表述。

首先对清谈发起攻击的是东林学派。顾宪成、高攀龙等人看到王门"百病交作",于是"起而救之,痛言王氏之弊"(《学术辨》上,《三鱼堂文集》卷二)。顾宪成批评王阳明的良知学说是"此窍一凿,混沌几亡,往往凭虚见而弄精魂,任自然而藐兢业。陵夷至今,议论益玄,习尚益下"(《顾端文公遗书·小心斋札记》卷三)。尖锐地指出,"心是活物;最难把捉",如果以"吾心"为是非标准,那就是"无星之秤,无寸之尺",必然导致"轻重、长短颠倒失措"(《泾皋藏稿·与李见罗先生书》卷二),"率天下而归于一无所事事"(《顾端文公遗书·小心斋札记》卷三)。他尤其厌恶"四无"之说,认为这是"以学术杀天下万世"(《顾端文公遗书·小心斋札记》卷一八)。

在扬实弃虚方面,高攀龙比顾宪成走得更远。他在比较思想史上"虚"、"实"两条认识路线的优劣时说:"除却圣人全知,便分两路去了。一者在人伦庶物、实知实践去;一者在灵明知觉、默识默成去。此两者之分,孟子于夫子微见朕兆,陆子于朱子遂成异同,本朝文清(薛瑄)与文成(王阳明)便是两样。宇内之学,百年前是前一路;百年来是后一路。两者递传之后,各有所弊,毕竟实病易消,虚疾难补。今日虚证见矣,吾辈当相与稽弊而反之于实。"(《高子遗书·讲义·知及之章》卷四)高攀龙虽然还没有挣脱唯心主义世界观和封建伦理的束缚,但是他意图以"实"、"虚"对立及其相互转化为标志而对孔孟以来,特别是本朝的思想史做出自己的概括,却是相当难得的。他切中要害地指出,当代社会思想的主要弊病是"虚症",因此东林党人的历史任务就是救治"虚疾",而"反之于实";"不贵空谈,而贵实行"(《高子遗书·语录》卷十上)。不仅如此,他还无情地挖掘了王门"虚症"的病根,指明心学乃是儒、释、道的杂烩(《高子遗书·三时记》卷十上),对王畿、王艮们掀起的禅玄之风痛加批驳(《理学宗传·高攀龙传》卷二三)。

在晚明,顾、高的思想曾在社会上产生过重大影响,他们正在取王阳明而代之,成为"一时儒者之宗,海内士大夫识与不识,称高、顾无异词"(《明史·高攀龙传》卷二四三)。在他们的开拓下,实学思潮的基础已初步奠定。他们起到了扭转社会思想发展方向的巨大历史作用①。

但是,他们在抛弃心学的同时,却抬出了朱熹的亡灵,认为王阳明"逊于朱子",朱熹才是孔子的"真血脉"(《顾端文公遗书·小心斋札记》卷三;《泾皋藏稿·朱子节要序》卷六)。其实,这并没有什么奇怪。任何新的思想都是从已有的思想资料出发并对其加以扬弃而形成的。反理学的斗争有个逐步深化的过程。在其初级阶段,即晚明,斗争的锋芒主要是对准了当时危害最大的心学,而对朱学采取了联合的方针。从"实用"的立场出发,对朱学加以改造和利用,在晚明实学思潮中是比较普遍的现象,即使是著名的思想

----

①　高攀龙就曾把他的师友顾宪成推尊为同孟子、朱熹一样的划时代的明哲:"自孟子以来得文公(朱熹),千四百年一大折中;自文公以来得先生(顾宪成),又四百年间一大折中。"(《高子遗书·泾阳顾先生行状》卷十一。)

家顾炎武、科学家徐光启也是如此。实际上,虽然同是理学,但在程朱、陆王之间,也的确有"实"与"虚"的区别,在朱熹客观唯心主义思想体系中就含有某种唯物主义和利于经世致用的因素。因此,当顾宪成等人向心学作战,而又拿不出新的思想武器时,便又回到朱熹的即物穷理、格物致知的旧思想资料中去寻找经世致用的思想内容,以达到去"虚"就"实"的新意境①。只是到了清初,唯物主义思想家王夫之、颜元等人才在已有的基础上,同时对心学和朱学,即宋明理学展开了全面的攻击,而把反理学的斗争推向一个新的高度。因此,从唯物辩证法看来,不仅不能因为实学思潮中的某些代表人物贬王褒朱,就否定其历史进步性,相反却应将其视为辩证发展过程中的一个阶段。

继承东林反心学传统的是复社。复社的成员,在学派源流上虽不一致,但在厌倦空谈,主张实际上则是相通的。而且,由于明王朝灭亡的征兆越来越显著,因此他们"通今"、"实用"的思想也比东林人士更加明确,并在对心学批评的同时,着手于实学本身的建设。复社领袖张溥认为,由于士人高谈心性,不通经术,因此造成了"登明堂不能致君,长郡邑不知泽民,人才日下,吏治日偷"的腐败现象。为了"利社稷,福苍生",为国家培养有真才实学的栋梁,

---

① 主张"史学所以经世"的章学诚对朱、陆优劣的分析,很可以帮助我们了解为什么某些反对心学、倡导实学的人却推崇朱熹的原因。他也认为朱子"务为实学",而陆子"不切人事",并从历史上考察了朱学的"实学求是"传统:"性命之说,易入虚无。朱子求一贯于多学而识,寓约礼于博文,共事繁而密,其功实而难。虽朱子之所求,未敢必谓无失也。然沿其学者,一传而为勉斋、九峰;再传而为西山、鹤山、东发、厚斋;三传而为仁山、白云;四传而为潜溪、义乌;五传而为宁人、百诗,则皆服古通经,学求其是,而非专己守残、空言性命之流也。"(《文史通义》内篇二《朱陆》、《浙东学术》)当然,朱氏客观唯心主义体系中是否含有某些唯物主义的因素,还是一个有待深入讨论的学术问题。

他为复社规定了"兴复古学","务为有用"的宗旨(《复社纪略》),并以身作则,刻苦致力于实学的研究,"凡经函子部,迄历代掌故家言,君子小人所以进退,夷狄盗贼所以盛衰,兵刑钱谷之数,典礼制作之大,无不博极群书,涉口成诵"(张溥:《七录斋诗文台集·七录斋集序》卷首)。复社另一领袖陈子龙,亦是一位才华横溢、博学多能的经世家。顾炎武曾经这样评价他:"陈君晁、贾才,文采华王国。早读兵家流,千古在胸臆。"(《顾亭林诗文集·亭林诗集·哭陈太仆》卷一)他对"士无实学"(《明经世文编序》)深为不满;对"俗儒是古而非今,文士撷华而舍实"的恶劣学风做了尖锐的抨击,明确地提出了主张"实用",反对"浮文";主张"通今",反对"拟古"的思想路线(《明经世文编凡例》),给了心学和"公安派"、"竟陵派"文学以沉重的打击。

黄宗羲、顾炎武、方以智同是复社后劲,也是东林、复社理论的集大成者。不论是对心学的攻击,还是对实学的建设,他们都做出了杰出的贡献。不过,引起人们注意的是,黄、顾虽同是一代学人宗师,但由于顾氏同王门没有师承关系,因此对心学的批判要比黄氏彻底的多。他不仅反复论证了心学即是禅学,还把明王朝复灭的原因记到了心学的账上。认为是清谈导致了"股肱惰而万事荒,爪牙亡而四国乱,神州荡复,宗社丘墟"(《日知录·夫子之言性与天道》卷七)。这几乎是明清之际非阳明学派进步学者的共同认识。虽然他们把历史事变的根源归之于社会意识是不科学的,但清谈是促成明朝灭亡的重要原因之一却是事实。

半个世纪的实学思潮培育了唯物主义思想家王夫之。在同理学的斗争中,王夫之丰富了自己的朴素唯物主义思想体系。他怒斥良知学说"祸烈于蛇龙猛兽"(《老子衍·序》,《船山遗书》)。指出在宇宙观上,心学是禅宗的虚无论,因此必须"辟佛老而正人心"(《张子正蒙注·太和篇》),在认识论上,王阳明的"知行合一"论是

"以知为行","销行而归知"。"以知为行",就是"以不行为行",即在认识过程中根本取消"行"(《尚书引义·说命中二》)。因此,这样的"知",实际上就是禅宗的"悟"(《礼记章句》卷三一)。毫无疑问,这些分析都是相当深刻的。他的光辉的唯物主义思想为实学思潮提供了更为坚实的哲学基础。

(二)以"救世"为己任

如果说,反对清谈、主张务实,是实学派思想纲领的话,那么反对逃世、主张"救世",就是他们的政治纲领。"实用"思想是实学派政治改良主义的世界观基础。

在资产阶级革命还是遥远未来的晚明,地主阶级改良主义反映了地主阶级内一部分开明势力和新兴市民阶层革除时弊、推动社会发展的要求,因此具有一定的历史进步性。

东林领袖们主张,不论在朝还是在野,都应时刻关心国家安危,百姓疾苦,"脚踏实地"地去改革社会。顾宪成说:"士之号为有志者,未有不咈咈于救世者也。"(《泾皋藏稿·赠风云杨君令峡江序》卷八)"官辇毂,念头不在君父上;官封疆,念头不在百姓上;至于山间林下……念头不在世道上,即有他美,君子不齿矣"(《小心斋札记》卷十一,《顾端文公遗书》)。高攀龙说:"学者以天下为任"(《高子遗书·与李肖甫书》卷八)"居庙堂之上则忧其民,处江湖之远则忧其君,此士大夫实念也。居庙堂之上无事不为吾君,处江湖之远随事必为吾民,此士大夫实事也。实念、实事,在天地间凋三光敝万物而常存,其不然者,以百年易尽之身,而役役于过眼即无之事,其亦大愚也哉!"(《高子遗书·答朱平涵书》卷八)赵南星说:"君子在救民。不能救民算不得账。"(《高子遗书·与华诩庵邹经畬忠余书》卷八)顾允成则立志要做"天下第一等人"(《明儒学案》卷五八,《东林学案卷首》)。在那腥风血雨的年代,东林义士们以向腐朽势力的英勇斗争实践了自己的诺言。他们之中不少的人,不仅"讽议朝政",暴露黑暗,而且在阉党野蛮屠杀面前视死如归,牺牲了自己的生命。黄宗羲说的东林学院"一堂师友吟风热血洗涤乾坤"(同上)的话,很好地概括了多数东林人士的风节。

继东林之后,复社再一次成为政治清流的中心。为了富国强兵,他们不仅评点五经,讲求制艺,切磋诗文,尤其重视经世致用之学、治国经邦之术的研究、整理。《明经世文编》、《农政全书》、《天下郡国利病书》的编辑、整理、刊刻就是突出的事例。

《明经世文编》,编于崇祯十一年,共 508 卷,收集洪武至崇祯改元 270 年间中央和地方官员文集和著述千种以上。陈子龙等人编就这样一部大书仅用了 10 个月的时间①。是什么原因使他们这样的迫不及待呢?这是因为,当时,在农民军和清军的腹背夹击下,明王朝已是危在旦夕。为了汲取当代的治乱兴衰的经验教训,挽狂澜于既倒,他们才"网罗本朝名卿巨公之文有涉世务国政者"编成是书,"志在征实","以资后世之师法","通今者之龟鉴"(《陈忠裕全集·自撰年谱》卷上;《明经世文编·序·凡例》)。吴晗先生在《影印明经世文编序》中说:"这部书的编辑、出版,对当时的文风、学风是一个严重的挑战,对稍后的黄宗羲、顾炎武等人讲求经世实用之学,也起了先行者的作用。"(吴晗:《影印明经世文编序》)这是对它的历史价值的恰当评语。

崇祯十二年初,在《明经世文编》刚刚编就之后,陈子龙等人又在短短的七八个月的时间内,完成了对徐光启《农政全书》的整理,并写了《凡例》、《序文》,付梓刊印。

徐光启"生平务有用之学"(《罪惟录·列传·徐光启传》卷十一下),是晚明实学思潮的一面鲜明的旗帜。他对王门的清谈十分反

---

① 在编辑过程中,得到了各地复社成员的大力支持。因此,它实际上是整个复社的集体杰作。

感,认为心学"阴用二氏之精","无所用于世"(《徐光启集·刻紫阳朱子全集序》卷二),针锋相对地提出了"实学"、"实用"的主张,"以为求治卒不能易此。"他说"方今事势,实须真才。真才必须实学。一切用世之事,深宜究心"(《徐光启集·与胡季仍比部》卷一〇)。"方今造就人才,务求实用","人人务博通屯田、盐法、河漕、水利、兵事等天下要务,以称任使","救时急务,似当出此"(《徐光启集·敬陈讲筵事宜以裨圣学政事疏》卷九)。他的一生就是实践"实用"之学的一生,为"富国强兵"奋争的一生。而《农政全书》正是体现他的"实用"和"富国强兵"思想的代表作。

由于共同的思想基础,徐光启赢得了张溥、陈子龙等人的崇敬,将他视为自己的师长和实学的典范。徐光启在世时,《农政全书》虽已基本编就,但尚未定稿。他逝世之后,陈子龙等人对其进行了加工整理,刻板印行。整理刊行此书,完全出于经邦济世的目的。陈子龙说:"故相徐文定公负经世之学,首欲明农……有草稿数十卷","慨然以富国化民之本在是,遂删其繁芜,补其缺略,粲然备矣。"(《陈忠裕全集·自撰年谱》卷上)又说:"其生平所学,博究天人,而皆主于实用。至于农事尤所用心,盖以为生民率育之源、国家富强之本。"(《农政全书凡例》)

崇祯十二年,与编辑《明经世文编》、整理《农政全书》的同时,复社另一位成员顾炎武开始了《天下郡国利病书》的编纂。他"感四国之多虞,耻经生之寡术"(《天下郡国利病书序》),满怀救世激情,遍阅二十一史以及各地志书、名人文集、奏章文册,并经过实地考察,终于完成了《利病书》和《肇域志》两部不朽之作。《利病书》犀利地剖析了社会弊病,无情地揭露了社会矛盾,具体地反映了社会生活,既是一部"明道救世"之作,也是一部少有的著录明代社会经济状况的资料汇编。

使人们惊异的是,《天工开物》、《明经世文编》、《农政全书》、

《利病书》等经世名著,都同时产生(或整理刊刻)于崇祯十、十一、十二年前后。稍晚,方以智的《通雅》也在崇祯末年编成。这表明,那个激烈动荡的年代,已经唾弃终日清谈的心学,而把实学思潮日益推向高峰。

如果说顾宪成、徐光启、陈子龙、顾炎武等人的"救世"实学主要表现在政治学、经济学领域的话,那么黄宗羲则主要表现在史学。他的父亲黄尊素是东林党人,天启六年死于阉党之手。为了鉴古喻今,黄尊素被逮时嘱咐他"不可不通知史事"。于是,从崇祯初年起,他便潜心于史学,"自明十三朝实录,上溯二十一史,靡不究心"(《鲒埼亭文集·梨洲先生神道碑文》卷一一)。明亡的重大历史事变,更使他清楚地看到了"明人讲学袭语录糟粕,不以六经为根柢,束书而从事于游谈"所造成的严重恶果;为了"适于(应)用",为了"免(于)迂儒",为了民族的复兴,他极力主张治经"必兼读史"(《清史列传·黄宗羲传》卷六八),培育了清代浙东学派"史学所以经世"的优良传统。

(三)注重生产鼓励工商

实学与心学清谈相反,普遍比较重视社会生产,在用社会经济状况说明历史事变方面做了初步尝试。

首先给予理学家伦理财富观以沉重打击的是李贽。他针对"儒者高谈性命,清论玄微,把天下百姓痛痒置之不问,反以说及理财为浊"的不良倾向,明确地提出了"不言理财者,决不能平治天下"(《四书评·大学》)的生产观念。既然"理财"是治理天下的根本,因此就应该鼓励"治生产业","勤俭致富"。他指出,"富贵"乃是社会发展的必然之势(《焚书·答耿中丞》卷一),追求"富贵"乃是人的自然本性(《明灯道古录》卷上,《李氏文集》卷一八)。

同李贽相比,徐光启生活的年代各种社会矛盾都更加尖锐,因此他更多地思考了国家盛衰兴亡的根源。与王门后学国家兴衰系于"人心邪正"的空论相反,他把这个问题放在了真实的物质基础之上。面对后金灭亡明朝的严重威胁,他反复地指出,只有兵强才能图存,而要强兵必须"富国",必须"财足","财足则惟我所为"。也就是说,物质财富的多少才是国家兴亡的根本(《徐氏庖言》)。

不仅如此,财富的充足还是防范农民造反,维持社会安定的物质基础。徐光启指出,"含生之类无一人一日不用财者"(《徐光启集·拟上安边御虏疏》卷一),"人富而仁义附焉,或东西之通理也"(《徐光启文集·泰西水法序》卷二)。只有一定的物质生活条件得到保障,人们才能遵守封建道德规范,否则就会揭竿而起。因此,若想熄灭愈燃愈烈的农民起义烽火,根本之计并不是血腥的屠杀,而是发展生产,增加财富,让农民能够生存下去。他深有感触地说:"自今以往,国所患者贫,而盗未易平也。中原之民不耕久矣。不耕之民易与为非,难与为善。因言所辑农书,若不能行其言,当俟之知者。"(《农政全书凡例》)如果我们不是苛求古人徐光启应该具有阶级观念的话,那么我们就会承认,徐光启的这些主张,在他那个时代,是进步的思想。

徐光启还指出,廉洁吏治,整顿风纪,也必须以充足的财富作保障。他很赞成王安石"益吏禄"的主张,以为"如是而可以报廉",否则澄清吏治就会像禁止饿狼啖食群羊一样难以实现。而为了能够厚禄,就必须富足,"欲严法,又非厚禄不可;欲厚禄,又非足用不可"(《徐光启集·处置宗禄边饷议》卷一)。

总之,只有"富国足民"才能战胜强敌、安定国家、严肃纪纲,"财计而民生、士风、边防皆倍胜于今日"(《徐光启集·屯田疏稿》卷五)。那么,财富由何而来?徐光启的回答是由生产中来,由劳动中来,由四民就业中来。他发挥了墨子的劳动观点,把结成一定社会关系的劳动看作是人与动物区别的标志,用以驳斥佛、道二氏和王门后学鄙视社会生产的逃世主义。他说,"不营而自足"是"佚",

是鸟兽的特性。而耕种、纺织、教育、治理是"劳",是人类的特性。人类若想有正常的社会生活,就必须每人每日都得在士农工商四业中生产、劳动,否则就不成为"世道"(《徐光启集·与友人辩雅俗书》卷一一)。在他的劳动观中,虽然把士大夫治理国家的活动也包括在内,但把生产劳动看为社会得以维持的基础的观点,在古代应该说也是很杰出的。

马克思、恩格斯曾经指出,人类的第一个历史活动就是生产满足人们需要的物质生活资料,"因此任何历史观的第一件事情就是必须注意上述基本事实的全部意义和全部范围,并给予应有的重视"(马克思、恩格斯:《德意志意识形态》,《马克思恩格斯选集》卷一)。我们可以这样说,李贽、徐光启的上述观点虽然不是,也不可能是科学的历史唯物主义世界观,但却是历史观上唯物主义思想观点的朴素表述,力图为历史提供世俗的基础。而且,在当时,这还不仅是李贽、徐光启单独达到的水平,实学派中不少的人都在不同程度上具有相似的观点。例如,即使是以考据著称的陈第也明确地认为,"货财"是国家实现统治、庶人维持生存的基础;假若只讲"心"、"性",而不言"货财",那势必出现"天子不问国课,庶人不理家业,文臣不核赋税,武吏不稽兵食"的危险局面。因此,这实在是"乱天下"的谬论(《义利辩》,《松轩讲义》,《一斋集》)。

由于对社会生产在社会历史发展中的重要作用有朴素的认识,因此实学派对于经济思想和生产技术的研究都比较重视,产生了不少的经济科学名著,潘季驯的《河防一览》,徐光启的《农政全书》、《泰西水法》,宋应星的《天工开物》,顾炎武的《天下郡国利病书》,方以智的《通雅》、《物理小识》等是我国经济思想史和科学技术史发展到一个新阶段的标志。

在强调社会生产重要性的同时,实学派中不少的人肯定了工商业在国计民生中的地位,对落后的"重本抑末"传统观念发起了挑战,为实学思潮谱写了绚烂的一章。

　　李贽对工商业者的成就十分钦佩,高兴地说:"今之百工,居肆以成其事者比比;今之君子,学以致其道者几人哉?"(《四书评·论语》)他还对海外贸易商人给予了深切的同情:"挟数万之货,经风涛之险,受辱于关吏,忍诟于市易,辛勤万状"(《焚书·又与焦弱侯》卷二)。

　　人们对徐光启鼓励工商的思想往往重视不够。他虽然受了"重本抑末"思想的影响,但从基本倾向看来,并不主张抑制工商业的活动。他对江南地区纺织业的蓬勃发展给予了满腔热忱的称赞,并欣喜地预言:纺织业越出江南而在更广的地域内迅速发展将是不可阻遏的趋势,他对江南纺织业在国家经济生活中的重要地位给予了充分的肯定,并对国家的重赋政策表示不满;他并不一般地反对商业,主张"通商贾"应是国家的经济政策之一;他反对明朝政府的海禁锁国政策,鼓吹发展正常的海外贸易;他大力倡导棉、桑、苎麻、乌臼树、女贞树、葡萄、茶树、药材、林木等商品经济作物的种植和产品加工;甚至他家还经营过油坊和店房①。这一切,说明徐光启不仅是一位政治家、科学家,而且还是一位热情鼓吹工商业的实业家。徐光启既要以农为"本",又要发展工商业的思想,集中地反映了那个时代进步人士的思想正在由"重本抑末"向农工商并重方向发展的深刻变化。

　　科学家宋应星对工商业的重视已为人们所熟知。他的名著《天工开物》就是一部研究工、农业生产技术的百科全书,因此梁启超称他是"工业科学家"(梁启超:《中国近三百年学术史》)。他认为在有社会分工的人类社会,商业是不可缺少的经济活动,"人群

---

　　①　徐光启发展工商业的见解,可见《农政全书》卷三五、卷三八、卷三九;《徐光启集》《家书》、《海防迂说》等。

分而物异产,来往贸迁以成宇宙,若各居而老死,何藉有群类哉?"(《天工开物》卷中)因此主张废除关卡,"通商惠民"(《野议·盐政议》)。

东林名士赵南星、启蒙思想家黄宗羲等人更进而勇敢地批驳了已沿袭近二千年的"农本工商末"的腐朽观念,提出了"工商皆本"的革命性的命题,而为明清之际的思想界放一异彩。赵南星说:"士农工商,生人之本业。"(《赵忠毅公文集·寿仰酉雷翁七十序》卷四)"农之服田,工之饬材,商贾之牵车牛而四方,其本业然也。"(《赵忠毅公文集·贺李汝立应乡举序》卷四)黄宗羲说:"世儒不察,以工商为末,妄议抑之。夫工固圣王之所欲来,商又使其愿出于途者,盖皆本也。"(《明夷待访录·财计》)

社会存在决定社会意识。"工商皆本"思想的提出,是明中叶以后商品货币经济的发展在观念上的反映。东林党人对矿监税使的无情揭露,市民阶层抗议逮捕东林党人的聚众示威,集中地说明了"工商皆本"思想与市民阶层之间的依存关系。当然,重视工商的思想,也反映了地主阶级中兼营工商的那部分势力的政治经济要求。

(四)为"私欲"辩护

"去人欲,存天理"的理论,从朱熹到王阳明,从王阳明到王门弟子,一直讲了三四百年,至晚明才被实学思潮颠倒了过来。

首先发难的还是李贽。他以极大的理论勇气提出了"穿衣吃饭即是人伦物理"《焚书·答邓石阳》卷一)这样一个闪耀着思想光辉的伦理学命题。按照这个命题,人们的道德观念,世间的万物之理,既不是王阳明的"良知",也不是朱熹的"天理",而是人们对"衣"与"饭",即实在的物质生活资料的要求。既然如此,人们的"私欲"、"物欲"也就是"自然之理,必至之符。"人心本是"私","若无私,则无心。"不仅如此,"私欲"还是士农工商务勤其业的动力。

农人努力耕田,是为了收获,士于发愤读书,是为了当官,当官又是为了厚禄,即使是"圣人"孔子,终日奔波的目的也是为了司寇之任,相事之摄。因此,他尖锐地指出,那些假道学家的"无私"之说"皆画饼之谈,观场之见,但令隔壁好听,不管脚根虚实,无益于事,祗乱聪耳,不足采也"(《藏书·德业儒臣后论》卷二四)。

李贽之后,肯定"私欲"正义性的人逐渐增多。特别是在明清之际,不少的进步思想家、科学家、学者都持有这样的观点。考据家陈第说:"义即在利之中,道理即在货财之中",如此看,"乃不流于虚,而天下、家乡受其益也"(《义利辨》,《松轩讲义》,《一斋集》)。科学家宋应星说:"气至于芳,色至于艳,味至于甘,人之大欲存焉。"(《天工开物》卷上)黄宗羲更从反对君主专制政治的高度呼吁保护大多数人的"私利"而取消君主一人的"专利"。指出:"有生之初,人各自私也,人各自利也。"但是,后来的君主却"使天下之人不敢自私,不敢自利。"因此,"为天下之大害者君而已矣。向使无君,人各得自私也,人各得自利也"(《明夷待访录·原君》)。

在劳动人民被剥削、被压迫的封建时代,禁欲主义是阻碍社会进步的反动伦理观。在"去人欲,存天理"滥调猖獗一时的晚明,李贽、陈第、宋应星、黄宗羲、顾炎武、王夫之、陈确等人对"私欲"、"物欲"的辩护,真是惊世骇俗,振聋发聩之论。无论从政治上还是理论上都是一个革命性的进步。在政治上,它反映了市民阶层冲决封建特权桎梏发展工商业的历史要求,反映了地主阶级改良派改善民生、缓和社会矛盾的愿望,同时在客观上也支持了劳苦大众为争取生存条件而进行的斗争。在理论上,它撕去了封建伦理虚伪的面纱,而给了人的本能的情欲、物欲以合理的道德地位。恩格斯曾对黑格尔提出的"情欲"是"历史发展的杠杆"的提法给予过肯定性的评价(恩格斯:《费尔巴哈和德国古典哲学的终结》,《马克思恩格斯选集》,第4卷)。列宁也曾说过,黑格尔提出的"自私心"是人们进行历史活动的动力的观点"接近历史唯物主义"(列宁:《哲学笔记》,《列宁全集》第 38 卷)。因此,实学派思想家肯定"物欲"的观点是伦理观和历史观上的朴素的唯物论观点。

(五)自然科学的复兴

晚明自然科学的复兴是心学没落、实学兴起的又一重要标志。

明代自然科学的研究在经历了长期的沉寂之后,在晚明呈现了空前活跃的局面,涌现出了像李时珍、潘季驯、徐光启、徐霞客、宋应星、李之藻,李天经、杨廷筠、王徵、方以智等一群灿烂的明星。他们所编著、编译的《本草纲目》、《河防一览》、《农政全书》、《几何原本》、《泰西水法》、《崇祯历法》、《徐霞客游记》、《天工开物》、《同文算指》、《泰西奇器图说》、《物理小识》等科学名著,至今仍然放射着夺目的异彩。而且当时,不仅以科学家著称的人在自然科学方面取得了可喜的成就,就是思想家、学者,也有不少的人对天文、数学发生了浓厚的兴趣,儒家兼治自然科学的传统正在恢复。这些,一方面反映了明中叶以后商品货币经济的发展对科学技术所提出的迫切要求;另一方面也表达了进步知识分子以科学技术谋求富国强兵的强烈愿望。

在繁茂的自然科学园圃中,西方近代自然科学的引入又格外为人们所瞩目。西学的媒介是耶稣会士。耶稣会士的来华是中国历史上继佛教传入之后的又一次影响深刻的中外文化交流。

耶稣会在中国的传教活动可以 1581 年(万历九年)为界分为两个阶段。在此前,他们只能在澳门活动,而未能冲破明朝紧闭着的海关,此后,他们总结了失败的教训,改变了策略,认识到若想打开"远东的伟大帝国"的大门,既不能用宝剑,也不能用佛郎机,只能用"学术"和"礼貌"。因此便确立了"学术传教"的方针。这个方针的奠基人就是曾对晚明自然科学发生过重大影响的利玛窦。同利氏一起贯彻这个方针的还有龙华民、庞迪我、熊三拔、邓玉函、金尼阁、阳玛诺、汤若望、罗雅谷、艾儒略等传教士①。

　　由于耶稣会士把天主教皇扩展势力的野心包藏在学术外衣之内，因此很快便得到了实学派思想家、科学家以及进步人士的欢迎。思想家李贽、科学家徐光启、李之藻、杨廷筠、李天经、王徵、方以智、东林名士叶向高等人都对利玛窦抱友好态度。宋应星虽然未能和教传士接触，但在他的《天工开物》中，对西方火器制造等技术亦有反映。这样，在晚明，便形成了一个以徐光启为首，有利玛窦参与的研究西方自然科学的学派。"中土士人授其学者遍宇内，而金陵尤甚"（《万历野获编·外国·大西洋》卷三十）。在这个学派的影响下，中华民族传统的天文、算数、舆地、医药、机械等学科的内容和治学方法都发生了很大的变化，并给了清代的自然科学以深刻影响。阮元说："自利氏东来，得其天文数学之传者光启为最深"，"迄今言甄明西学者，必称光启"（《徐光启传·畴人传》卷三二）。徐光启可谓是16、17世纪之际中西文化交流的大师。

　　致力西学的人都有明确的实用目的。其中尤以徐光启最为突出。他在回答反对派的攻击时说，他之所以佩服利玛窦等人，是因为"其实心、实行、实学诚信于士大夫"（《徐光启集·泰西水法序》卷二），他们所传的几何、算数之学"皆精实典要"，"返本蹠实，绝去一切虚玄幻妄之说"，"裨益当世定复不小"，"故率天下之人而归于实用者，是或其所由之道也"②。相反，宋明理学却给数学召来了厄

---

①　关于"学术传教"方针提出的原因、内容及贯彻情况，在裴化行所著《天主教16世纪在华传教志》、《利玛窦司铎和当代中国社会》以及徐宗泽编著《中国天主教传教史概论》中都有详细的叙述。

②　《刻几何原本序》、《几何原本杂议》，《刻同文算指序》等，《徐光启集》卷二。同徐光启一样，李之藻也指出，西洋数学能"使人心归实，虚骄之气潜消"，"便于日用"。（《增订徐文定公集·同文算指序》卷六，《附李之藻文稿》。）

运,"算数之学特废于近世数百年间尔。废之缘有二,其一为名理之儒土甚天下之实事;其一为妖妄之术谬言数有神理……卒于神者无一效,而实者亡一存。往昔圣人所以治世利用之大法,曾不能得之士大夫间,而术业、政事,尽逊于古初远矣"(《徐光启集·刻同文算指序》卷二)。对于西洋天文学、水利学,火器制造的研究同样也有十分明确的实用目的。他知道,历算之学的推广会引出"百千有用之学"(《徐光启集·致老亲家书》卷一一),"于民事似为关切"(《徐光启集·条议历法修正岁差疏》卷七),因此一反时人空谈陋习,以毕生精力致力于天文历法的研究,并同传教土一起修订了大统历。他看到,水利乃是"富国足民"(《徐光启集·泰西水法序》卷二)的"救时至计"(《徐光启集·勾股义序》卷二),因此同熊三拔一起翻译了《泰西水法》。他是战争"实力"决胜论者,因此非常重视当时最先进的武器——西洋火器的研究、制造和使用,认为"火器今之时务也"①。

16、17 世纪正是欧洲资本主义原始积累时期。经历文艺复兴,西方近代自然科学正在迅猛发展。此时,在世界中世纪科技史上,曾名列前茅的中国已被西方抛在了后面。徐光启等人为了国家的富强,民族的兴旺,而在自然科学领域呕心沥血,自强不息,这无疑是可贵的历史主动精神,也是对心性清谈的有力批判。

(六)考据学的出现

考据学的萌起是学风由空疏不学走向健实博识的表现之一。

明中叶,杨慎、梅鷟、陈耀文等人虽肆力古学,但和者甚寡,整个学术界呈现"心学盛而经学衰"(《四库全书总目》卷三三)的畸形发展局面。万历中期以后,随着实学思潮的兴起,考据学作为一种

---

① 关于徐光启的军事思想及其对西洋火器的提倡,可见他的《徐氏庖言》。

学派也逐渐形成、发展起来。它由陈第、焦竑开其端，而为黄宗羲、顾炎武、方以智等人所发展。他们都博览群书，对于经书的疏证辨伪，音韵的考证训诂，曲籍的校勘辑佚，以及史乘天算、地理金石、诗词文章都有较深的造诣。

陈第研究经学的著作主要有：《毛诗古音考》、《伏羲图赞》、《杂卦传古音考》、《读诗拙言》、《屈宋古音义》、《尚书疏衍》等。他对经义的解释，反对跟着古人亦步亦趋，主张"思而得之"；对经书的真伪、传注的异同，反对"匡坐而谈，瞑目而证"，主张用多种证据给予考证，尤其是以"本证"、"旁证"考据古音的科学方法，更是学术史上杰出的创造，为后来的考据学提供了有力的手段。他的《毛诗古音考》，"语字画声音，至与茧丝、牛毛争其猥细"（《毛诗古音考序》）。而且，他致力于考证训诂，还有与心学空谈相颉颃的目的。他批评陈献章、王阳明给学术界带来了叫"书不必读"，"物不必博"的坏风气（《一斋集·谬言》），这种风气的蔓延，导致了士农工商四业的废弛，"士而专于静坐，则士之业废矣；农工贾而静坐，则农工贾之业废矣"（《一斋集·松轩讲义》）。而他本人则"志在经世"（《一斋集·书札烬存·答赵思国》），于戎马、经术均有建树。考据学就是他的实学的一种。

明清之际的黄宗羲、顾炎武、方以智继承并光大了陈第等人的博学传统和研治经史的考证方法，成为清代朴学的始祖。顾炎武不仅是杰出的思想家，而且是经学大师，尤精韵学，"古韵者，始自明陈第，然创辟榛芜，犹未邃密，炎武乃推寻经传，探讨本原"（《清史列传·顾炎武传》卷六八）。方以智"纷纶五经，融会百氏"（《静志居诗话》卷一九），著述达数百卷，其《通雅》一书，网罗载籍，疏证前训，尤为世人所称道。清人在评价方以智的学术地位时说："明之中叶以博洽著者称杨慎，而陈耀文起而与争。然慎为伪说以售其欺，耀文好蔓引以求胜。次则焦竑，亦喜考证，而习与李贽游，动辄牵缀佛书,伤于芜杂。惟以智崛起崇祯中,考据精核,回出其上。风气既开,国初顾炎武、阎若璩、朱彝尊等沿波而起,始一扫悬揣之空谈。虽其中千虑一失,或所不免,而穷源溯委,词必有征,在明代考证家中可谓卓然独立矣"(《四库全书总目》卷一一九)。

需要指出的是,晚明考据学与清代乾嘉考据学虽有源流关系,但历史地位却不相同。在晚明,它是反对空虚、倡导实际的进步思潮的产物,是实学的一部分,而在乾嘉,在文字狱的摧残下,它是学风由"经世"转入"逃世"的象征,尽管它在整理古学方面取得了不可否定的重大成就。

以上这些就是实学思潮的基本内容。它同贫泛空虚、腐朽堕落的心学相比,是那样的丰富多采,生动活泼。这绚丽的篇章,都是围绕反对心学、振兴实学的主题展开的。虽然不能用"实学"总括晚明的全部进步思想,但是由于心学是当时社会发展的主要思想障碍,因此这个时期的一切进步思想,几乎都同提倡"实学"有关,即使是反映新生产关系——资本主义生产关系萌芽要求的反封建启蒙思想,也往往要以"反虚务实"的形态表述出来。因此,可以说实学思潮也就是一场要求从腐朽的心学统治下解放出来的思想解放运动。

三、实学思潮的历史作用与地位

晚明实学思潮产生了积极的客观效果,具有重要的历史地位。
(一)为明清之际百花齐放、百家争鸣局面的形成奠定了基础
波澜壮阔的实学思潮,终于摧毁了心学一家独尊的地位,结束了它对思想文化长达一百年的统治,把其他陷于枯萎的学术流派从禁锢中解放出来,使荒芜已久的学术文化园地重新焕发出生机,继春秋战国之后,在明清之际形成了又一个百花齐放、百家争鸣的学术繁荣时期。当时，真可谓明哲辈出，群芳争艳。哲学思想、政治思想、伦理思想、经济思想、史学思想都放射着耀眼的火花，经学、史学、文学、自然科学都呈现着蓬勃发展的趋势。令人惋惜的是，这百花盛开的园地，后来竟在文字狱的浩劫下冷落萧条下来。

（二）影响了清朝一代的思想文化

历时半个世纪的晚明实学思潮培育了黄宗羲、顾炎武、方以智、王夫之、朱之瑜、陈确、傅山、潘平格、李颙、吕留良、唐甄、颜元以及宋应星、王锡阐、梅文鼎等这样一群生活在明清之际的著名思想家、学者和科学家。他们是由明末复杂尖锐的社会矛盾所孕育，由东林、复社死难志士的鲜血所浇灌而产生的时代的骄子。黄、顾、方等人的经世思想和实学根柢已在明末基本形成，他们既是晚明学术的总结又是清代学术的源头。他们架通了明清之际思想路线的桥梁，而把晚明进步思潮同清初进步思潮衔接起来，构成了中国封建社会末期思想史上一个光辉灿烂的阶段。

清初的经世致用思想是晚明实学思潮的继续和发展。晚明的社会矛盾并没有因为明朝的灭亡而全部解决。作为一个历史阶段，并没有以1644年为界而结束。清初康熙中期以前四十几年的武装抗清斗争是明末救亡图存斗争的延续，与此相呼应，晚明的实学思潮也在清初延续了下来，并在"亡国"的强烈刺激下走向了高峰。这个时期的进步知识分子，普遍地认为明朝亡于"清谈"，因此以"灭清复明"为宗旨的经世致用的呼声空前高涨，并在思想水平上达到了一个新的境界。例如，在哲学思想上，王夫之、颜元等人在集中晚明各种实学派别不同程度的唯物主义思想观点、因素的基础上形成了唯物论体系，把古代朴素唯物主义推向一个新的高度，并对宋明理学中程朱、陆王两派同时展开了抨击。在政治思想上，黄宗羲、顾炎武、王夫之、方以智、唐甄、傅山、陈确、吕留良等人把晚明的改良思想发展为反对封建君主专制政治的民族民主思想。在经济思想上,强调"工商皆本"等。

康熙中期以后的学术文化,亦带有晚明学术的痕迹。以阎若璩、胡渭、戴震、段玉裁、王念孙、惠栋、江声、钱大昕,赵翼、王鸣盛等人为代表的考据学;以万斯同、全祖望、章学诚为代表的浙东史学;以梅文鼎为代表的天算学等都同晚明学术有源流关系。

明清之际启蒙思想家的进步思想还是近代资产阶级改良主义思想家藉以形成自己思想的一部分重要的思想资料。鸦片战争时期,龚自珍、魏源等人复兴清初经世致用之学的主张,戊戌变法时期,康有为、梁启超对黄宗羲、顾炎武、王夫之的崇拜,都是晚明和明清之际实学思潮对近代资产阶级改良主义发生影响的证明。

(三)促进了清初社会经济的繁荣

判断一种思想是进步,还是反动,归根结底要看它是促进,还是阻碍经济的发展。社会的进步。斯大林曾经说过:"有各种各样的社会思想和理论。有旧的思想和理论,它们是衰颓的、为社会上衰颓的势力服务的。它们的作用就是阻碍社会发展,阻碍社会前进。也有新的先进的思想和理论,它们是为社会上先进的势力服务的。它们的作用就是促进社会发展,促进社会前进,而且它们愈是确切地反映社会物质生活发展的需要,它们的意义就愈大。"(斯大林:《论辩证唯物主义和历史唯物主义》,《列宁主义问题》)在晚明,心学是旧的思想,是封建社会晚期没落的地主阶级消极颓废情绪的反映,阻碍了社会的发展,实学是新的先进的思想,反映了地主阶级改良派和新兴市民阶层医治时弊、推动社会前进的要求,促进了社会的发展。如果说在明末,由于社会的动乱,实学思潮促进社会发展的作用还没有充分发挥的话,那么在清初,就明显地表现了出来。试想,在清初,如果空洞无实的心学仍然统治着政界、思想界,乃至整个社会的话,那么社会经济的恢复、发展,"康乾盛世"的出现是可能的吗? 当然,清初社会繁荣的原因是多方面的。李自成、张献忠大起义的推动,就是一个主要的原因。在明末,农民阶级、市民阶层、地主阶级改良派都在寻找着如何把已经陷于崩溃的社会推向前进的出路,只不过有着不同的阶级要求和解决矛盾的方式罢了:农民阶级用"武器的批判"(起义)推翻了腐朽的明王朝的政治统治,地主阶级改良派和市民阶层的政治代表用"批判的武器"(实学)结束了腐朽的心学的思想统治,它们之间虽然有主(农民起义)、从(实学思潮)之分,但都促进了生产力的提高,历史的发展。

毋庸讳言,同历史上任何先进的思想、思潮都不可能是绝对真理一样,实学思潮中的人物也都不可避免的带有时代的和阶级的局限性。诸如他们之中很多的人还尚未挣脱唯心主义世界观的束缚或影响,有不少的人倡导实学有明显的维护封建统治和封建道德,防范和熄灭农民起义的目的;几乎所有的人在社会历史观方面都程度不等地含有封建主义的糟粕,等等。但是,在历史唯物主义看来,实学作为一种思潮,其历史功绩并不会因为有这些局限性而泯灭。

恩格斯在评论欧洲文艺复兴时期思想家的特点时曾说:这"是一个需要巨人而且产生了巨人——在思维能力、热情和性格方面,在多才多艺和学识渊博方面的巨人的时代"。"他们的特征是他们几乎全都处在时代运动中,在实际斗争中生活着和活动着,站在这一方面或那一方面进行斗争,一些人用舌和笔,一些人用剑,一些人则两者并用,因此就有了使他们成为完人的那种性格上的完整和坚强"(恩格斯:《自然辩证法》,《马克思恩格斯选集》第3卷,第445—446页)。晚明,特别是明清之际,那一群思想文化界的明星同恩格斯在这里所讲的"巨人"是多么的相似啊!他们就是晚明那"天崩地陷"的时代所需要、所产生的"巨人"。然而,由这群"巨人"所掀起的进步思潮,却没有像欧洲文艺复兴那样迎来一个崭新的资本主义时代。历史的奥妙在哪里？是很值得认真探索的。

（选自《明史研究论丛》第一辑，1982 年 4 月）

　　张显清(1937—　　)，河北兴隆人。历史学家。中国社会科学院历史研究所研究员，任中国明史学会会长等职，长期从事明史研究。主要著作有《严嵩传》等。

　　《晚明心学的没落与实学思潮的兴起》一文分析了心学没落的原因，论述了实学思潮的基本内容、历史作用与地位等问题。

清初经世致用思潮

赵宗正

明末,由于王阳明后学的盛行,士林学风"束书不观,游谈无根"(黄宗羲语),空疏已达极点:有的打机锋弄隐语,几近狂禅。针对明末学风的空疏,清初一些学者起而提倡"实学"。所谓"实学",用当时颜习斋的话说就是"实习、实讲、实行、实用之学",而贯穿这所谓"实学"的一个中心思想,便是经世致用的精神。所谓经世致用,就是反对学术研究脱离当前的社会现实,强调把学术研究和现实的政治联系起来。而以解释古代典籍为手段,发挥自己的学术政治见解,并用于改革社会。被称为清初三大儒的黄宗羲、李颙、孙夏峰不用说,其他如顾炎武、王夫之、唐甄、魏禧、朱之瑜、陆世仪、方以智、傅山、颜元、李塨、王源、刘献廷、顾祖禹等等,都是这一思潮中的主要人物(他们提倡的程度和方面,各有不同)。从地域上说,当时有两个中心,一个是江、浙一带,黄宗羲、顾炎武、唐甄、魏禧、陆世仪等是其代表;一个是河北、山西、陕西一带,孙夏峰、李颙、傅山、颜元、李塨、王源等是其代表。他们的社会学说是一致的.都提倡一种与传统的理学不同的崭新学风。评论时政,提出了各式各样的"匡时济民"的社会改革方案。然而,在哲学上他们却各有千秋。有的是唯物论者,有的是唯心论者,有的信仰程朱,有的信仰陆王,有的折中程朱、陆王,有的既批判程朱又批判陆王,呈现了一种错综复杂的情况。深入地研究这一思潮。该是很有意义的。

一、经世致用思潮的一般特点

学以致用，是先秦孔派儒学的传统。宋代兴起的新儒学即所谓理学(包括程朱理学、陆王心学)在一定程度上抛弃了这个传统，专讲道德性命、修身养性，不务实际。特别到明末的王阳明后学，束书游谈，几近狂禅，学问与社会实际严重脱节。"明之季年，道学弥尊，科甲弥重，于是点者坐讲心学，以攀援声气，朴者株守课册，以求功名。致读书之人，十无一二能解事者。"(《阅微草堂笔记·滦阳续录》三，卷二十一)甲申革鼎，阶级矛盾、民族矛盾尖锐，总结明亡之经验，他们深感书生空谈误国。黄宗羲说:"夫儒者均以钱谷非所当知，徒以文字华藻，给口耳之求，不顾郡邑之大利大害。"(《南雷文约·徐瘦庵墓志铭》卷四)赵翼总结明末书生之弊说:"书生徒讲文理，不揣时势，未有不误人家国者。"(《二十二史札记》二十六)清初学者在总结明亡教训的基础上，深感必须返虚就实，矫正学风。《四库全书总目提要》说颜元"其说于程朱陆王皆深有不满，盖元生于国初，目击明季诸儒，崇尚心学、放诞纵恣之失，故力矫其弊，务以实用为宗"(《四库全书总目提要·存学编四卷》卷九十七)，这种以实用为宗的学风，也就是他们提倡的经世致用的新学风。

这种新学风的具体内容是什么呢？归纳起来，有以下五点。

(一)"务当世之务"

顾炎武说:"孔子删述六经，即伊尹太公救民水火之心？故曰'载诸空言，不如见诸行事'……愚不揣有见于此，凡文之不关于六经之指当世之务者，一切不为。"(《与人书二》，《亭林文集》)"务当世之务"，密切联系社会的现实问题，可以说是经世致用学者的为学宗旨。朱之瑜说:"大人君子。包天下以为量，在天下则忧天下，在一邦则忧一邦,惟恐生民之不遂。"(《舜水遗书·与冈崎昌纯》卷八)他们把天下、邦国、生民之事都作为"当世之务"的具体内容。李颙说:"学人贵识时务……道不虚谈,学贵实效,学而不足以开物成务,康济时艰,真拥衾之妇女耳,亦可羞已!"(《二曲全集》卷七)这种康济时艰的精神,与理学的空谈学风,形成显明界限。

(二)勇于任事的精神

经世致用学者都提倡勇于任事的精神,潘耒称道顾炎武说:"当明末年,奋欲有所自树,而迄不得试,穷约以老。然忧天悯人之志,未尝少衰。事关民生国命者,必穷源溯本,讨论其所以然。"(《日知录》卷首)黄宗羲说:"扶危定倾之心?吾身一日可以未死,吾力一丝有所未尽。不容但已。古今成败利钝有尽。而此'不容已'者,长留于天地之间。愚公移山,精卫填海。常人藐为说铃,贤圣指为血路也。"(《南雷文约·兵部左侍郎苍水张公墓志铭》卷一)这种"不容已"的精神,可以说是对时代的一种责任感。他们认为,圣贤与佛、老的区别,正在于此。颜元说:"人必能斡旋乾坤?利济苍生,方是圣贤,不然矫言性天,其见定静,终是释迦,庄周也。"(《颜习斋先生言行录》卷下)因此,颜元立志"生存一日当为民办事一日"(《年谱》卷下)。刘献廷甚至认为不能"斡旋气运","利济天下",就不能称为人。

(三)致力创新的精神

经世致用学者们要求独立思考,有所创新,绝不蹈袭古人。顾炎武批评明代学风弊病说:"有明一代之人,其所著书,无非窃盗而已。"(《日知录》卷十八)强调凡所做学问。必古人之所未及就,后世之所不可无,而后为之。"(《日知录》卷十九)颜元则强调"立言但论是非",反对"附和雷同",他说:"立言但论是非? 不论同异。是,则一二之见不可易也;非,虽千万人所同,不随声也。岂惟千万人,虽百千年同迷之局,我辈亦当以先觉觉后觉,竟不必附和雷同也。"

(《颜习斋先生言行录·学问》)唐甄提倡"言我之言",贵在己出,激烈地反对蹈袭古人。他说:"言,我之言也。名,我所称之名也。今人作述,必袭古人之文,官爵郡县,必反今世之名,何其猥而悖也。"(《潜书·行略》)所以唐甄一生"不为应酬之文,意所欲言则言之。"(《潜书·潘序》)他的《潜书》能和黄宗羲的名著《明夷待访录》齐名,并非偶然。不袭古人,独立思考,贵在创新的精神,使清初的经世致用思想家幻在各个学术领域都别开生面,取得巨大成就。

(四)注重调查研究

经世致用学者比较实事求是,重调查研究。在这方面可以刘献廷、顾炎武、顾祖禹为其代表。如刘献廷"脱身历九州,览其山川形势,访遗佚,交其豪杰,观其土俗,以益广其闻见,而质证其所学。(《居业堂文集·刘处士墓表》卷十八)他用这种调查访问的办法"讨论天地阴阳之变、霸王大略、兵法、文章典制、方域要害",而成为"清初一大学者"。再如顾炎武,可以说是清初学者中推崇调查研究的典范。"凡先生之游,载书自随,所至阨塞,即呼老兵退卒询其曲折,或与平日所闻不合,则即坊肆中发书而对勘之。"(《鲒崎亭集·亭林先生神道表》卷十二)他遍游北方,心怀探讨"国家治乱之源,生民根本之计"的目的,一年之内半宿旅店。"考其山川风俗,疾苦利病"。穷一生之功,写出"务质之今日所可行而不为泥古之空言"的《天下郡国利病书》和"规切时弊,尤为深切著明"的《日知录》等名著。地理学家顾祖禹则"舟车所往,必览城郭,按山川,稽里道,问关津,以及商旅之子,征戍之夫。或与从容谈论,考核异同。"(《〈读史方舆纪要〉自叙》)这种调查研究之风,在清初学者中比较盛行,成为清初学风的一大特点。

(五)研究范围广大

经世致用学者们"引古筹今",研究范围宏伟广大,几乎涉及社会的一切方面——政治、经济、军事、国家、民族、法律、教育、地理、风俗、人情、自然科学等等。如李颙"倡'匡时要物',少时著《帝学宏纲》、《经世蠡测》、《时务急著》诸书,"凡政体所关,靡不规画"。(侯外庐:《中国思想通史》第五卷,第 299 页)黄宗羲则"上下古今,穿穴群言,自天官、地志、九流百家之教,无不精研。"(《清史稿》卷四百八十)顾炎武"凡国家典制,郡邑掌故,天文仪象,河漕、兵农之属,莫不穷原究委,考正得失。"(同上书,卷四百八十一)王源说刘献廷"于礼乐、象纬、医药、书数、法律、农桑、火攻、器制、旁通博考,浩浩无涯"(同上)。就是在学术上仍属程朱派的学者,也已经跳出理学道德性命的范围,扩大了研究课题,陆世仪说:"今所当学者不止六艺,如天文、地理、河渠、兵法之类,皆切于世用,不可不讲。"(同上书,卷四百八十)最具有典型性的,可能是颜元的所谓"六府三事之学"。根据李塨的解释是:

> 六府三事,此万事亲民之至道也。言水,则凡沟洫、漕挽、治河、防海、水战、藏冰、醝榷诸事统之矣;言火,则凡焚山、烧荒、火器、大战、与夫禁火,改火诸爕理之法统之矣;言金,则凡冶铸、泉货、修兵、讲武、大司马之法统之矣;言木,则凡冬官所职,虞人所掌,若后世茶榷,抽分统之矣;言土,则凡体国经野,辨五土之性,治九州之宜,井田、封建、山河、城池诸地理之学统之矣;言谷,则凡后稷之所经营,田千秋、赵过之所补救,晁错、刘晏之所谋为,屯田、贵粟,实边、足饷诸农政统之矣。正德,正此金木水火土谷之德;利用,利此金木水火土谷之用;厚生,厚此金木水火土谷之生也。(《瘳忘编》)

从以上列举的几个人看,他们研究的课题,范围,已经远远超出了传统理学、甚至经学的范围,他们研究的主要是与国计民生有关的问题,"事关民生国命者,必穷源溯本,讨论其所以然。"(《〈日知录〉叙》)研究范围的扩大,标志着一个时代的学术水平和动向。

从以上五点,我们可以看出经世致用学者们在清初所开创的一代新风的概貌。

二、经世致用思潮的社会、政治思想

下面我们将论述经世致用学者们的政治思想。他们以社会问题为中心,在"救世济时"的思想指导下,发表时论,并苦心孤诣地设计了各种社会改革方案。

(一)对封建专制制度的批判

明清时代,封建君主专制已发展到极点,严重地阻碍着社会的发展。清初的思想家们,特别是经世致用派的学者们大部分都接触了这个问题,并认真严肃地思考过这个问题。明清之际掀起的关于郡县制还是封建制的大讨论,实质是关于明清政治制度的讨论,其核心是关于君权的问题。

在批判封建君主专制制度方面,黄宗羲和唐甄是经世致用思想家中的两员健将。黄宗羲的可贵在于揭露了历来封建君主的自私,指出君主为"天下之大害",他们取得帝位前"不惜屠毒天下之肝脑,离散天下之子女。"取得帝位后又"敲剥天下之骨髓,离散天下之子女","奉我一人之淫乐"(《〈日知录〉叙》),揭露了君主专制制度实为一切罪恶之根源;黄宗羲的这些"横议"成为中国近代反封建专制的先声。唐甄则从人本学的角度批判了封建的造神学,揭露了对封建君主的偶像崇拜,认为君主也是普通人,无异于常人。"天子之尊,非天地大神也,皆人也。"(《抑尊》,《潜书》)这对君权神授是个致命的打击,对封建的造神愚昧是一种启蒙。顾炎武、王夫之、颜元虽然不像黄、唐那样激烈,但也都不同程度地表示了对君主专政的不满。顾炎武严格区分"国"与"天下"两个概念,说"易姓改号"只能叫亡国,而"仁义充塞,而至于率兽食人,人将相食"才叫亡天下。他所关心的已经不是"易姓改号"的所谓亡国,而是"匹夫虽贱,与有责耳矣"的亡天下。这种把"国"与"天下"、"匹夫"与君主加以区分的思想,带有近代思维的很大特点。对于君主独裁,顾炎武则批评说:"尽天下一切之权,而收之在上,而万机之广,固非一之人所能操也。"(《日知录》卷九)在这一点上,颜元、李塨与顾炎武持有相同的观点,他们对"人主自私天下","天下之权必欲总揽于一人"的君主专制独裁也表示不满,颜元"复封建"的政治主张,就有限制君主权力的意思。王夫之的"公私论",也有些类似顾炎武,王夫之说"一姓之兴亡,私也,而生民之生死,公也。"(《读通鉴论》卷十八)他的结论是"天下非一家之私"。"公私论"是当时思想家们所能达到的最高水平,也是他们批判君主专制的有力武器。

由于时代的限制,他们批判君主专制的思想没有得到进一步的发展,只停留在限制君权的阶段,离提出废除君主制或更进一步提出民主制还差得很远。为防止"一人总揽"的"独治",他作了各种设计,如黄宗羲、颜元都主张加强宰相制,黄宗羲还提出"公其是非于学校"的主张,把学校作监督王权的机构,以公议作为评判是非的标准。顾炎武、唐甄则提出"庶民干政"的主张。顾炎武说:"天下有道则庶人不议,然则政教风俗苟非尽善,即许庶人之议矣。"(《日知录》卷十九)唐甄要求要允许"士议于学"、"庶人谤于道"。

经世致用思想家们的思考——对君主专制制度的强烈不满和批判,要求限制君权的强烈愿望,同情人民的热烈感情,都是这一时代的先进思想。

(二)土地方案

明末清初,土地高度集中。清初的思想家们大都激烈地反对土地兼并,把解决土地问题作为一个重要社会问题看待。他们构想了各式各样的解决土地问题的方案。这些方案以反对土地兼并为中心,又涉及与此有关的一系列问题。我们可以以黄宗羲、颜元、李塨、王源为代表,来分析经世致用学者的土地思想。

黄宗羲设想的解决土地兼并的方案是恢复"井田制"。历史上的"井田制"究竟如何,能不能恢复,那是另一个问题,这里不必讨论。黄宗羲在古代"井田制"的外衣下所表露的土地思想,有两点值得注意:一是针对明代官田所有制,提出平均授田,提倡土地平均使用,"古之圣君方授田以养民,今民所自有之田,乃复以法夺之。授田之政未成,而夺田之事先见,所谓行一不义而不可为也"(《明夷待访录·田制二》)这实质上就是均田的思想。二是均田之目的是"遂民之生",让人民有生活出路,"先王之制井田,所以遂民之生使其繁庶也"。这无疑是针对封建赋税盘剥的苛重。

在经世致用学者当中,颜李学派是比较重视,也比较多地研究了土地问题的一个学派。颜元提出"天地间田,宜天地间人共享之"的土地原则,激烈地反对"一人而数十百顷或数十百人而不一顷"的严重土地兼并现象,抨击"令万人之产而给一人"的不合理制度(《存治编》)。同黄宗羲一样,颜元也主张"复井田"。他也为"复井田"设计过种种方案,而其实质仍着眼于均田:颜元说:"使予得君,第一义在均田,田不均则教养诸政俱无措施处。"(《年谱》卷上)李塨也说:"非均田则贫富不均,不能人人有恒产。均田,第一仁政也。"(《拟太平策》卷二)以均田对抗土地兼并,在清初几乎成为一股思想潮流,很多思想家都持有均田的思想。值得特别注意的是颜李学派的重要成员王源,他的土地思想更前进了一步,提出了近似近代"耕者有其田"的思想和主张。王源说:"谓民之不得其养者以无立锥之地,所以无立锥之地者以豪强兼并。今之之法:有田者必自耕,毋募人以代耕……不为农则无田,士、商、工且无田,况官乎:官无大小皆无可以有田,惟农为有田耳。天下之不为农而有田者,愿献于官则报以爵禄,愿卖于官则酬以资,愿卖于农者听,但农之外无得买。"(《平书》卷七)王源的这种关于土地问题的思想,与中国近代"耕者有其田"的思想,刚好衔接。

(三)教育思想

明末,科举制流于形式,八股时文成为士大夫的进身工具,"儒者均以钱谷非所当知,徒以文字华藻给口耳之求"。因此形成"明季士大夫,问钱谷不知? 问甲兵不知"(《明史·杨嗣昌传赞》)。科举八股给社会造成很大祸害。清初经世致用学者都激烈地批判科举制,对八股制役,尤深恶痛绝。顾炎武说:"废天下生员而官府之政清,废天下生员而百姓之用苏,废天下生员而门户之习除,废天下生员而用进之材出。"(《日知录》卷八)几乎把一切社会弊病,一切社会恶习都归结为生员制度。黄宗羲说:"科举之弊未有甚于今日矣","此等人才岂能效国家一幛一亭之用? 徒使天之生民受其笞挞,可哀也夫。"(《南雷文约·科举》卷三)对八股时文,他们不愿为。也不屑为,因为这完全不是什么学问,而是封建士大夫功名利禄的工具。朱之瑜说:"以八股为文章,非文章也。志在利禄,不过借此于进。彼何知仁义礼智为何物? 不过钩深棘远,图中试官已耳,非真学问也。"顾炎武说"时文","五尺之童子,能诵数十篇,而小变其文,即可以取功名。"因此,八股时文"败坏天下之人材","而至于士不成士,官不成官,将不成将。"(《日知录·生员论》卷九注引)李塨曾痛斥时文之害说:"自明之末世,朝庙无一可依之臣,天下无复办事之官,坐大司马堂,批点《左传》,敌兵临城,赋诗进请。其习尚至于将相方面,觉建功奏绩,俱属琐屑,日夜喘息著书曰:'此传世业也。'以致天下鱼烂河决,生民荼毒,谁实为之,无怪颜(习斋)先生之垂泣而道也。"(《恕谷后集》卷四)

他们批判科举八股,并非说他们轻视教育。他们都认为教育为"政事之本","人材之本",对讲学尤为注意。李颙说:"立人达人全在讲学,移风易俗全在讲学,拨乱反正全在讲学,旋乾转坤全在讲学……此人生之命脉,宇宙之元气,不可一日息焉者也。"(《二曲全集·匡时要物》卷十二)这虽然对教育的作用未免夸大,但也可以看出他们对教育的足够重视。他们认为工农胥商人人可学可教,没有"不可以学","可以不学"之人。孙夏峰说:"良以天下无不可以学,可以不学之人,而农、工、胥、商,苟能用力于人纪,而尽其职之所当为,即此可以为人之学矣。"(《望溪集》卷八)因此他自己"自野夫牧竖,以及乡曲侠客胥商之族,有就见者,必诱进之。"(同上)他们施教的对象显然已超出了封建士大夫的范围,大有扩及平民的倾向。至于他们施教的内容,我们可以从李颙所提倡的"体用全学"和颜习斋晚年主持的"漳南书院"看出来。

李颙倡"体用全学"。他的"体用全学"分"体"和"用"两类。他为"适用类"开过这样一些书目:《大学衍义》、《衍义补》、《文献通考》、《吕氏实政录》、《衡门芹》、《经世挈要》、《武备志》、《经世八纲》、《资治通鉴纲目大全》、《农政全书》、《水利全书》、《泰西水法》、《地理险要》(《二曲全集·体用全学》卷七)。这些书目,全是经世类。在《农政全书》、《水利全书》、《泰西水法》《地理险要》诸项下,李颙自注:"以上数种,咸经济所关,宜一一潜心。然读书易,变通难。赵括能读父书,究竟何补实际?神而明之,明乎其人,识时务者,在于俊杰,夫岂古板书生所能办乎!"(同上)他教育的内容侧重适用、贵变通、反对古板书生。

颜元晚年亲自主持漳南书院,以实现他的教育主张。我们从漳南书院的课程设计,可以看出颜元教育的内容。漳南书院课程设置有:"文事课":"内分礼、乐、书、数、天文、地理等科";"武备课":"内分黄帝、太公及孙、吴五子兵法,并攻守、营阵、陆水诸战法,射御、技击等科";"经史课":"内分十三经、历代史、诰制、章奏、诗文等科";"艺能课":"内分水学、火学、工学、象数等科。"从以上看,颜元教育的内容,在经世致用方面占有重要比重。他虽然还没有完全脱离封建教育的轨道,但对封建传统教育做了当时所能做到的修正。这在当时说已经是最先进的教育思想和教育措施了。颜元教育的最大特点是强调一个"动"字,反对"静"字。自理学盛行以来,提倡修身养性,特别强调"静"。这个"静"字,造成士子们"闭户塌首,如妇人女子,一旦出仕,兵刑钱谷,曾俗吏之不如"(《恕谷后集》卷三)。颜元不然,他重视动。他说:"一身动则一身强,一家动则一家强,一国动则一国强,天下动则天下强。"(《学须》,《颜习斋先生言行录》)这种动中求强的思想,是符合现代教育精神的。梁启超总结颜元的教育思想是"以实学代虚学,以动学代静学,以活学代死学"(梁启超:《现代学术概论》)。实、动、活三个字的确能够概括颜元的教育思想,也大致能概括清初经世致用学者的教育思想。实、动、活与理学的虚、静、死形成鲜明对照。

三、经世致用思潮的哲学思想

经世致用思想家们的哲学思想是各不相同的,呈现出一种异常复杂的现象。

孙夏峰既以"阳明王氏为宗"(《望溪集·重修阳明先生祠堂记》卷十四),又"潜心于宋朝濂、洛诸儒"(《文献征存录·孙奇逢传》卷一)。兼采程朱、陆王,在哲学上具调和色彩,属唯心论。李颙深明体用之学,明理学之体,矫理学之用。他主张"学者当先观象山、慈湖、白沙、阳明之书,阐明心性,直指本初,然后取二程、朱子……之书玩索,以尽践履之功。"(《先生事略》二十七)哲学上基本倾向陆王。黄宗羲在哲学上受王阳明影响很深,不仅他的名著《明儒学案》的编写以王阳明为中心,而且很多地方发挥了王学的"心外无理"的观点。但黄宗羲在批判程朱理学时,也容纳了一些"无气则无理"的唯物主义观点,在一定程度上受到明代唯物主义者王廷相等人的影响,表现出一定唯物主义倾向。顾炎武的哲学观点,明显地偏袒程朱,反对陆王,"以一人而易天下,其流风至于百有余年之久者,古有之矣。王夷甫之清谈,王介甫之新说,其在于今,则王伯安(阳明)之良知是也。"(《日知录·朱子晚年定论》卷十八)但他的实事求是,调查研究的学风,使他又自发地倾向唯物论。他在哲学上没有系统的建树。王夫之、颜元既批判程朱又批判陆王,皆属唯物论,但其发挥的方面不同:王夫之博大精深。长于理论思维,所以能把中国古代的唯物主义推向高峰,理论上的建树特大。而颜元"其学在物,物物习之,而概念抽象之用少"(《颜学》),理论的思维深度不够。但在哲学上他开辟了向实践接近的新方向,"物物习之"就是这个新方向的概括。李塨、王源与颜元大致相同,所以能组成"北方之强"的颜李学派。唐甄尊"阳明良知之学,直探心体,不逐于物",哲学上属陆王心学派。他特别强调了王阳明的事功思想,矫正王阳明后学的空疏,反对只讲心性不谈事功,"性不尽,非圣;功不见,非性"(《潜书·有为》),"若儒者不言功","但取自完,何以异于匹夫匹妇乎?"(《潜书·辨儒》)陆世仪常于"理气之间,尽心体验","始知太极为理,两仪为气,人之义理,本于太极,人之气质本于两仪。理居先,气居后,理为主,气为辅"(《清学案小识·传道学案》卷二)。在哲学上是程朱派。但在学风上,他对程朱有所矫正,"先生之学、主身体力行,不尚空知空论,其辨晰物理,至精至实。举凡天文、地理、礼乐、农桑、井田、学校、封建、郡县、河渠、贡赋、战阵、刑罚、荐举、科目、乡饮、宾时、祭祀、丧纪,非惟考核之详明,实乃体认之精审。"(同上)朱之瑜远处异国(日本),与国内思想家的交流较少,但他"攻击道学之士不惟无益反有害,故绝口不为耳"(《舜水先生遗事》),他一生"不佞以人事为主,其恍惚渺茫之事不入言论",强调"巨儒鸿士者,经邦弘化,康济艰难者也"(《舜水遗书》卷十四、卷十五)。显然具有唯物主义倾向,但没有系统的哲学观点。傅山"有从正统思想解脱时代束缚的倾向",他欣赏《庄子》,反对正统理学,"老夫学老庄者也,子世间诸仁义事实薄道之,即强言之亦不能工"(《霜红龛集·书张维遇志状后》卷十七)。哲学上他仍属唯心论体系。其他如魏禧、刘献廷、顾祖禹,则哲学思想甚少。

从以上我们可以看出经世致用学者们在哲学方面的特点:

1. 他们之中,有的是唯物论者,如王夫之、颜元、李塨等。有的是唯心论者。如孙夏峰、唐甄、李颙、陆世仪、傅山等。有的具有唯物主义倾向,如顾炎武、黄宗羲、朱之瑜等。在唯心论者中,有的倾向陆王,如唐甄等,有的倾向程朱,如陆世仪等,有的兼采程朱陆王,如孙夏峰等。他们虽然有各自的哲学理论,各自的理论信仰,但在经世致用、不务空谈这一点上都比较一致。可见经世致用是一个时代的思潮,是当时思想家共同考虑的重大课题之一。这众多的思想家讲经世致用的程度也有所不同,就"主实"而论,他们之中也还有"实行"、"实读"、"实想"的区别,此不细论。这与他们各自信奉的哲学也是有很大关系的。

2. 他们之中,除少数人,如王夫之、颜元等人外,大多数在哲学上或受程朱影响,或受陆王影响,未跳出程朱陆王的范围。因此哲学上缺少独创性,没有自己的独立体系,在哲学理论思维上贡献有限。这是一方面。另一方面,他们虽然还未从根本上脱离程朱陆王,但却对程朱陆王理学的空疏、不务实际表示不满,对程朱陆王做了一定程度的矫正,所以他们仍然是一个时代的先进思潮的代表人物。

清初经世致用思潮对中国近代的一系列革命运动的确都发生过不同程度的影响,清初经世致用学者们所提出的一些具体主张,除具有那个时代的意义之外,今天都已成为历史的陈迹,但他们所提出的一些原则,对我们今天搞学术研究有没有一些启发、借鉴作用呢？这是我们思考的。

（原载《哲学研究》1983 年第 6 期）

赵宗正(1936—)，山东邹平人，哲学家。山东社会科学院研究员，兼山东孔子学会副会长，长期致力于中国哲学史、中国思想史的研究。主要著作有《山东古代思想家》(主编)、《中国儒家学术思想史》(主编)、《儒学大辞典》(主编)等。

本文认为，清初实学的中心思想是经世致用，反对学术研究脱离当前的社会现实，强调把学术研究和现实的政治联系起来。作者从经世致用思潮的一般特点、社会和政治、哲学思想等方面，对此作了深入的阐述。

论陆象山的实学

杜维明

　　陆象山因为坚持"心即理"(《与李宰》书二,卷十一,页一四九)的哲学命题,强调"先立乎其大者"(《语录》上,卷三十四,页四〇〇)的工夫进路,并且宣称他自己的学问是"因读《孟子》而自得之于心也"(《语录》下,卷三十五,页四七一),很容易就给我们留下一个过分突出主观能动性而忽视客观世界的印象①。这个印象,一旦与象山那几句惊人的警语,如"易简工夫终久大,支离事业竟浮沉"(《语录》上,卷三十四,页四二七),"尧舜之前何书可读?"(《年谱》,卷三十六,页四九一)"六经皆我注脚",(《语录》上,卷三十四,页三九五),"若某则不识一个字,亦须还我堂堂地做个人"(《语录》下,卷三十五,页四四七)等联系起来,便不难得出象山的心学因为跳不出以完成自我为"易简工夫"的泛道德主义,结果变成"束书不观,游谈无根"(《语录》上,卷三十四,页四一九)的反智主义的结论来②。讨论象山的实学或许可以纠正这种浮面的印

---

　　①　见包遵信《陆九渊哲学思想批判》。《陆九渊集》代《前言》,页十三至十五。包的见解比较极端,但很可以反映过去四十年来大陆学者的观点。
　　②　应当指出,象山这句话的原意可能是:假若"束书不观"的话,那么就会犯了"游谈无根"的毛病。即使这两句话不作因果关系解,象山反对这种不读书而空谈的狂态也是可以肯定的。说象山"完全是一种神秘的直觉主义认识方法"(包遵信:《陆九渊哲学思想批判》,《陆九渊集》前言,页一一),因此他所提倡的是彻底的反智主义,这是不公平的。

象,改变这种偏颇的结论,为全面而深入地理解象山创造有利的条件。

实学的多义性

首先,应当指出,我在这里使用"实学"的目的,并非想把一个后来才发展成熟的学术流派的概念,强加于象山陆学之上,以提醒我们正视象山思想中不为一般人所关注的课题(例如,象山的经世致用之学)①。固然,实学这一概念在东亚思想史中多半指十七世纪以来受西方科技知识冲击后所出现的实测实用之学②。一提到实学,我们便联想到方以智的《物理小识》(侯外庐主编:《中国思想通史》第四卷下,一一二一至一一三九页),唐甄的《潜书》(《唐甄的思想》,同上书,第五卷,三〇一至三二三页),或颜元的《存人编》(《颜元的思想》,同上书,第五卷,三二四至三九〇页)。好像实学是宋明儒学中的异军突起,是摆脱了宋明"身心性命"之学的樊篱而走向经验科学的新思潮③。因此学术界有以实学为中国启蒙运动的提法④,有的学者甚至把实学刻画成反抗理学的科学精神。

---

① 有关象山的经世思想,请参考徐复观《象山学术》一文中的第十节:《象山的政治思想》。该文收入徐著《中国思想史论集》,台中,东海大学,民五十七(1968年),五九至七一页。

② 有关"明末天主教输入什么'西学'? 具有什么历史意义?"的问题,请参考侯外庐主编:《中国思想通史》,第四卷下,一一八九至一二九〇页。

③ 这个观点梁启超在《中国近三百年学术史》中即已提出。侯外庐的《中国思想通史》第五卷,原称《中国早期启蒙思想史》(上海,生活书店1947年),就是根据这个观点撰述而成。

④ 参见侯外庐:《中国思想通史》第五卷,三至三十六页。

南朝鲜学者把实学与理学看成对立面就是这个缘故①。但是,就史论史,实学这一概念的出现和宋明儒学的兴起有不可分割的关系,我们不能因实测实用之学的现代意义而忽视了实学这一概念中其它丰富的内涵②。

唐末宋初儒学兴起的主要原因之一是,中国知识分子(士大夫阶层)自觉地、主动地针对佛教与道家的挑战而做出了创建性的回应。韩愈的《原道》是从民族气节、社会功能与文化意识等角度来攻击佛教的先声③。在宋儒中,从存有论(本体论)与宇宙论的高度彻底批判佛老而成绩斐然的是张载④。程颢和程颐在这方面也做出了贡献⑤。儒家的实学在这个氛围中是针对佛教的“空理”与

---

① 这类例子极多,不胜枚举。近年来南朝鲜学者对实学家如丁若镛。(茶山)、柳馨远及李漢的研究进展极大,和这个思潮有密切的关系。但是也有不少学者在重新认识早期李朝大儒时发现,李滉(退溪)和李珥(栗谷)等人也是杰出的实学家。请参考柳承国:《栗谷哲学的根本精神》,《儒学论丛》东乔,闵泰植博士古稀纪念,汉城,东亚出版社,1972年,五十五至七十四页。

② 本文不对“实学”一词下严格的定义,其用意即在于此。其实,绍兴三十一年(261年)成书的《通志》即有一条发人深省的材料:“耽义理者则以辞章之士为不达渊源,玩辞章者则以义理之士为无文彩。要之辞章虽富,如朝霞晚照,徒焜耀耳目;义理虽深,如空谷寻声,靡所底止。二者殊途而同归,是皆从事于语言之末,而非实学也。”见卷七十二,《图谱略·原学》。这段材料由台湾大学历史系王德毅教授提供,特在此致谢。

③ 从哲学思想的角度来分析韩愈的崇儒抑佛是一个值得深扣的问题。请参考 Charles Hartman(徐墨涵),"Han Yü as Philosopher: The Evidence From the Lun Yü Bi - chieh"(《从〈语论笔解〉中探讨韩愈的哲学思想》),《清华学报》新十六卷一至二期,民七十三(1984年),五十七至九十五页。

④ 见张载《正蒙》,《张子全书》,四部备要本,卷二,页二二下;卷三,页二一下,二二上;卷十二,三下。

⑤ 见程颢程颐:《二程遗书》,四部备要本,卷二,页十五下;卷四,页四下;卷十一,页二上;卷十四,页一下,二上;卷十八,页十上至十一上。

道家的"虚无"提出的①。朱熹在《中庸章句序》里即引用程颐的观点，以实学刻画孔门心法：

> 子程子曰："不偏之谓中，不倚之谓庸。中者，天下之正道；庸者，天下之定理。此篇乃孔门传授心法。子思恐其久而差也，故笔之于书，以授孟子。其书始言一理，中散为万事，末复合为一理。放之则弥六合，卷之则退藏于密，其味无穷，皆实学也。善读者，玩索而有得焉，则终身用之，有不能尽者矣。"（《中庸章句》，《四书集注》，台北世界书局，1952年，一页）

另外，在宋明理学中，实学也常与虚文对比。这个意义上的实学，从王阳明的教言中可以找到例证。阳明所理解的实学是环绕着"古人之学切实为己，不徒事讲说"（《答方叔贤》〔己卯〕书，《阳明全书》，共四册，台北中华书局影印四部备要本，无刊行日期，卷四，页二十下）这一观念而展开的，因此他特别标示出"实体诸身"（《答方叔贤》〔辛巳〕书，同上书，卷五，页四下）、"实地用功"（《与王纯甫》书二，同上书，卷四，页九下）、"切实用力"（《与杨仕鸣》〔辛巳〕书，同上书，卷五，页五下）的进学途径。他认为"狃于后世之训诂"，就不能"察夫圣门之实学"（《与王纯甫》书二，同上书，卷四，页八下），但如果能志于道，"则虽应接俗事，莫非实学"（《寄闻人邦英邦正》〔戊寅〕书，同上书，卷四，页十七上），即使"钱谷兵甲，搬柴运水，何往而非实学"（《与陆元静》〔丙子〕书，同上书，卷四，页十五上）。

因此，除了实测实用的意义之外，在宋明儒学的传统中，实学至少有真实无妄，实有所指，在现实人生中可以发挥实际功能，能够体之于身而且现诸行事等等内涵。

---

① 儒者以身心性命为"实学"与道家"虚无"对比；以人伦日用为"实理"和佛教破除红尘以证"空理"对比。

象山论学的核心

象山坚持"心即理"的哲学命题,为的是体现孟子"万物皆备于我,反身而诚,乐莫大焉"(《尽心》上,《孟子》卷七)的主体精神。象山强调"先立乎其大者"的工夫进路,为的是凸显孟子"学问之道无他,求其放心而已矣"(《告子》上,《孟子》卷六)的教言。因此,他宣称自己的学问是"因读《孟子》而自得于心也",旗帜非常鲜明。对此,他有相当的自信:"窃不自揆,区区之学,自谓《孟子》后至是而始一明也。"(《与路彦彬》书,卷十,页一三四)具体地说,他自称从孟子那里并没有学到什么特殊的"伎俩"①,只不过是一种"自得,自成,自道"的"自作主宰"② 罢了。然而,孟子所说的"自得"意味深长,绝非今人所谓"发挥主观能动精神"而已。孟子曰:

> 君子深造之以道,欲其自得之也。自得之,则居之安,居之安,则资之深;资之深,则取之左右逢其原。故君子欲其自得之也。(《离娄》下,《孟子》卷四)

象山即是从"掘井及泉"③,让自己通过长期的积养,以丰富内在生命的源头活水这个层次来设教的。因此他特别重视初学者"自就身己著实做工夫"(《与包详道》书六,卷六,页八四),先在"开

---

① 象山说:"近有议吾者云:'除了先立乎其大者一句,全无伎俩。'吾闻之曰:'诚然。'"见《语录上》,卷三十四,页四〇〇。

② "收拾精神,自作主宰。万物皆备于我,有何欠缺?"见《语录》下,卷三十五,页四五五:"自得,自成,自道,不倚师友载籍。"见《语录》下,卷三十五,页四五二。

③ 孟子所谓"推恩足以保四海,不推恩无以保妻子"(《梁惠王》上,卷一),"若火之始燃,泉之始达,苟能充之足以保四海,苟不充之,不足以事父母。"(《公孙丑》上,卷二),乃至"资之深,则取之左右逢其源",即是此处所谓"掘井及泉"。

端发足"处"养正"，然后才能"如木日茂，如泉日流"(《与吕子约》书，卷五，页六二)地渐入佳境。他虽深信人性本善，但他也痛切地感到："学者之病，随其气质，千种万态，何可胜穷？"(同上)要想变化气质，必须做"临深履冰"(同上)的工夫。

当然，象山"临深履冰"的工夫是生命的学问，和断断于文字的注疏是大相径庭的。他认为"自为支离之说以自萦缠"(《与曾宅之》书，卷一，页四)是学者大病：

> 周道之衰，文貌日胜，事实湮于意见，典训芜于辨说，揣量模写之工，依仿假借之"似，其条画足以自信，其习熟足以自安。(同上，页五)

为了要扭转这种"随人脚跟，学人言语"(《语录》下，卷三十五，页四六一)的学术风气，他提倡"激厉奋迅，决破罗网，焚烧荆棘，荡夷污泽"(同上，页四五二)的独立思考精神。

"易简工夫终久大"的口号就是为了强调这种独立思考的精神而提出的。所谓"易简"是扣紧"立志"和"尊德性"的教言而来。象山直承孟子的为学进路在这里表现得特别明朗。孟子标示"先立乎其大者"(《孟子》卷六，《告子》上)，根据象山的解释，即在说明："此理本天下所以与我，非由外铄。明得此理，即是主宰。"(《与曾宅之》书，卷一，页四)因此，象山剀切陈辞：

> 人当先理会所以为人，深思痛省，枉自汩没虚过日月。朋友讲学，未说到这里。若不知人之所以为人，而与之讲学，遗其大而言其细，便是放饭流歠而问无齿决。若能知其大，虽轻，自然返轻归厚。因举一人恣情纵欲，一知尊德乐道，便明洁白直。(《语录》下，卷三十五，页四五一)

不过，应当指出，象山虽强调"立志"，但他只以"立志"为做人的起点，并不忽视其他成德之教的条件。譬如亲师："学者须先立志，志既立，却要遇明师。"(《语录》上，卷三十四，页四〇一)取友："自古圣人亦因往哲之言,师友之言,乃能有进,况非圣人,岂存任私智而能进学者?"(同上,页四一一至四一二)读书:"人谓某不教人读书,如敏求前日来问其下手处,某教他读《旅獒》,《太甲》,《告子》'牛山之木以下',何尝不读书来? 只是比他人读得别些子。"(《语录》下,卷三十五,页四四六)其实,象山不仅教人亲师取友,教人读书,而且认为"智识"是确立志向不可或缺的基础:

　　吾十有五而志于学,今千百年无一人有志也。是怪他不得,志个甚底? 须是有智识,然后有志愿。

　　人要有大志。常人汩没于声色富贵间,良心善性都蒙蔽了。今人如何使解有志,须先有智识始得。(同上,页四五〇)①

值得注意的是,象山在提携后进方面还是位一丝不苟的严师。从他给蔡公辩的信里可窥得一些端倪:"书,字画甚无法度,如'傅'字须上著一点,不著便成'傅'字。古刻'傅'字,'專'中不著'厶'字,但以不著点与'傅'字为别。"(《与蔡公辩》书,卷十四,页一八七)他又说:"来书辞语病痛极多,读之甚不满人意。用助字不当律令,尤为缺典。老夫平时最检点后生言辞书尺文字,要令入规矩。"(同上)另外,他也告诫学友:"文章要锻炼。"(《语录》下,卷三十五,页四六五)其实,象山曾在国学担任国子正,讲《春秋》②,他重视文

---

① 余英时在引用沈曾植(1851 年—1922 年)《海日楼札丛》卷四"象山从宇宙二字悟道"条时指出,陆象山自言其为学得力处在"智识"或"灵识",显然是佛教的观念,值得做进一步的分析。见余英时:《中国思想传统的现代诠释序》,台北联经出版事业公司,一九八七年,页六。

② 据《年谱》,"淳熙十年癸卯,先生四十五岁,在国学"一条下,有这样的记载:"二月七日,讲《春秋》九章。七月十五日,讲《春秋》五章。十一月十三日,讲《春秋》四章。诸生叩请,孳孳启谕,如家居教授,感发良多。"见卷三十六,页四九三至四九四。象山"除国子正"是在淳熙九年(1182 年)先生四十四岁的时候,见《年谱》卷三十六,页四九三。

字工夫是很可以理解的:"大凡文字,才高超然底,多须要逐字逐句检点他。"① 但他对"溺于文义,知见缴绕,蔽惑愈甚,不可入道"②的学风则深恶痛绝,因此曾愤愤地表示:"某何尝不许人读书,不知此后有事在。"③ 所谓此后之事当然即是"明理"——收其放心以尽人道而已。

　　象山坚信,他根据孟子而揭示的这条学术进路是条平坦朴实的康庄大道,既可对治"蔽在于物欲"的愚不肖,又可转化"蔽在于意见"的贤者智者(《与邓文范》书,卷一,页一一〇)。在孔门中象山一贯推崇曾子的"鲁"与颜回的"愚"④ 就是这个道理。他认为孔门弟子虽多,才华洋溢的也比比皆是,但是只有颜回和曾子才真能传夫子之道,而其他大弟子都没有走上正途。举一个例子即可

---

　　① 紧接着这句有关"才高超然"的"逐字逐句检点"法,象山又说:"才稳文整底,议论见识低,却以古人高文拔之。"见《语录》下,卷三十五,页四六八。

　　② 见《年谱》"淳熙十年癸卯,先生四十五岁,在国学"条,卷三十六,页四九五。

　　③ 见《年谱》卷三十六,页四九五;同样的说法亦见《语录》下,卷三十五,页四七〇。

　　④ 象山盛赞"曾子得之以鲁",而深斥子贡"失之以达",散见于《书札》、《语录》。他称美颜回"气质之美,固绝人甚远",但"所以异乎众人者,为其不安乎此,极赞仰之力,而不能自已,故卒能践'克己复礼'之言,而知遂以至,善遂以明也。"象山虽然没有"颜回得之以愚"的说法,但和"子贡之明达"相比,颜回以绝顶聪明之资,而能表现出脚踏实地的愚德,正是博得象山称许的原因。见《与胡季随》书二,卷一,页八。

　　另外,根据詹卓民(子南)的记载,象山曾说过:"孔子弟子,如子游、子夏、宰我、子贡,虽不遇圣人亦足以号名学者,为万世师,然卒得圣之传者,回之愚,参之鲁。"见《年谱》"淳熙十年癸卯,先生四十五岁,在国学"条,卷三十六,页四九四。类似的记载亦见《语录》:"然卒得圣人之传者,柴之愚,参之鲁。"《语录》下,卷三十五,页四七〇。

说明问题：

> 子贡在夫子之门，其才最高，夫子所以属望，磨砺之者甚至。如"予一以贯之"，独以语子贡与曾子二人。夫子既没三年，门人归，子贡反筑室于场，独居三年然后归。盖夫子所以磨砺子贡者极其力，故子贡独留三年，报夫子深恩也。当时若磨砺得子贡就，则其才岂曾子之比。颜子既亡，而曾子以鲁得之。盖子贡反为聪明所累，卒不能知德也。（《语录》上，卷三十四，页三九六至三九七）

其他如予、偃、商、由、求都是孔门高弟，但按照象山所标示的最高标准，也都不能进于知德，主要是由于"先入之难拔，积习之锢人"（《经德堂记》，卷十九，页二三六）。因此有学者问象山："先生之学当来自何处入？"他即斩钉截铁地回答："不过切己自反，改过迁善。"（《语录》上，卷三十四，页四○○）

因此，象山提出"易简工夫"，强调"立志"、"亲师"与"取友"，并一再申称"先立乎其大者"的重要性，不仅是要说明"心即理"的教言，也是对症下药，为的是克制学者之病："为学固无穷也，然病之大端不可不讲。常人之病多在于黠，逐利纵欲，不乡理道，或附托以售其奸，或讪侮以逞其意，皆黠之病也。"（《与包详道》书，卷六，页八二）这里所说的黠即狡黠（聪明狡猾），专指前面所提到的"贤者智者之蔽在于意见"而言。象山教言的核心就在对治贤者智者的病痛。我们不妨重温一下这段关键性的文字：

> 愚不肖者之蔽在于物欲，贤者智者之蔽在于意见，高下污洁虽不同，其为蔽理溺心而不得其正，则一也。然蔽溺在污下者往往易解，而患其安焉而不求解，自暴自弃者是也。溺蔽在高洁者，大抵自是而难解，诸子百家是也。（《与邓文范》书，卷一，页一一）

象山当然深知"道问学"是孔孟之教，但他绝不妥协"尊德性"

的优先性。他这样做正是为了阐明"既不知尊德性,焉有所谓道问学"①的儒门家法。

象山的自我认识

为了阐明"尊德性"的精义,象山采取了身体力行的教法,而且以"曾子得之以鲁,子贡失之以达"(《与胡季随》书二,卷一,页八)为警语而走向务实的体证之道:"非明实理,有实事实行之人,往往乾没于文义间,为蛆虫识见以自喜而已。安能任重道远,自立于圣贤之门墙哉?"(《与胥必先》书,卷十四,页一八六)

象山这种"且据见在朴实头自作工夫"(《与陶赞仲》书二,卷十五,页一九五)的"凝敛"②精神,颇为时贤所称道。吕祖谦在给汪圣锡的信里即以兄长口吻夸奖过象山:"陆君相聚五六日,淳笃敬直,流辈中少见其比。"③朱熹虽然对某些陆门弟子的"悖慢无礼"④极表不满,但有人诋毁象山时,朱子则挺身而出为其说项:"南渡以来,八字著脚,理会著实工夫者,惟某与陆子静二人而已。某实敬其为人,老兄未可以轻议之也。"⑤

---

① 见《年谱》"淳熙十年癸卯,先生四十五岁,在国学"条,卷三十六,页四九四。

② "凝敛"虽非象山语,但用来描绘象山务实的工夫进路也许不致离谱。

③ 见《年谱》引伯恭与汪圣锡书。《年谱》"淳熙元年甲午,先生三十六岁"条,卷三十六,页四九〇。

④ 黎敬德编,王星贤点校:《朱子语类》,北京,中华书局,1986年,卷一百二十四,第八册,二九七〇页。同样批评亦见二九七九页。

⑤ 引朱子语见《年谱》"淳熙十六年己酉,先生五十一岁"条,卷三十六,页五〇七。

其实，"凝敛"可以说是象山从小就养得的一种气质，一种风貌。他曾自道："某七八岁时，常得乡誉。只是庄敬自持，心不爱戏。"① 根据《年谱》，他四岁时便"静重如成人"②；他那"端庄雍容异常儿"③ 的老成模样还获得不少过路人的称叹。我们当然不能尽信这类难免夸大其辞的传记通例，但是象山为道自重，数十年如一日的"凝敛"精神，则可以从其"做得工夫实，则所说即实事，所指人病即实病"④ 的自我认识中窥得其中真消息。

象山传世的话头，譬如"宇宙内事，是己分内事。己分内事，是宇宙内事"（《杂著·杂说》，卷二十二，页二七三），"宇宙便是吾心，吾心便是宇宙"（同上），以及"学苟知本，《六经》皆我注脚"（《语录》上，卷三十四，页三九五），很容易给我们一种神秘的直觉主义的印象。可是，象山的自我认识却恰恰与此相反。首先应当指出，象山虽然不是"无一字无来历"的传统主义者，但他并不愿意作个标新立异的开创者。尽管朱熹曾批评象山"怪"、"狂"，乃至"好为诃佛骂祖之说，致令其门人以夫子之道反害夫子"（《朱子语类》，中华书局本，卷一百二十四，第八册，二九六七四页），象山自己却深信："吾之学问与诸处异者，只是在我全无杜撰，虽千言万语，只是觉得他底在我不曾添一些。"（《语录》上，卷三十四，页四○○）他这种自信，一方面是扣紧前面已提到的"因读《孟子》而自得之"的自我认识而来，同时也是他以实学为心学的工夫进路所导致的结果："宇

① 见《年谱》"绍兴十五年乙丑，先生七岁，得乡誉"条，卷三十六，页四八一。

② 见《年谱》"绍兴十二年壬戌，先生四岁"条，卷三十六，页四八一。

③ 同上。

④ 见《年谱》"绍兴二十四年甲戌，先生十七岁"条，卷三十六，页四八四；又见《语录》下，卷三十五，页四五七。

宙间自有实理,所贵乎学者,为能明此理耳。此理苟明,则自有实行,有实事。"(《与包详道》书,卷十四,页一八二)

我们暂且不追问,到底象山的自信是确有深厚的学术和经验基础为其后援,还只是个人自以为是的狂妄。孟子的弟子公孙丑曾问"夫子恶乎长",孟子回答说:"我知言,我善养吾浩然之气。"(《公孙丑》上,《孟子》卷二)假如象山的弟子也如此设问,他的回答也许即是:"老夫无所能,只是识病。"(《语录》下,卷三十五,页四四七)这句话我们应如何去理解呢?象山在品题人物方面确有精到之处,前面已提及,他特别称道曾子的鲁,以为"颜子为人最有精神,然用力甚难。"(《语录》上,卷三十四,页三九七)但对子贡则明白指出"反为聪明所累,卒不能知德也。"(同上)这种一针见血的论断方式,他也用之于时贤:"元晦似伊川,钦夫似明道。伊川蔽固深,明道却通疏。"(同上,页四一三)另外,象山五十岁的时候,受人之托,撰得《荆国王文公祠堂记》,对王安石作出评价,事后他得意地表示:"此是断百余年未了底的大公案,圣人复起,不易吾言矣。"[①] 今天我们重读《荆国王文公祠堂记》,象山突破一般道学格套而从王安石的道德理想主义来剖析新法得失的宏论,仍能引起共鸣。至于象山赞赏孔孟的智慧语,那就更令人心折了:"夫子以仁发明斯道,其言浑无罅缝。孟子十字打开,更无隐遁,盖时不同也。"(《语录》上,卷三十四,页三九八)

当然,象山所谓"识病",在品题历史及同代人物上只表现出其中的一个侧面;他的真本领还是在提携后进与鞭策门生之类传道及弘法的工作中才显得特别精彩。这方面的例子俯拾即是,不必多费笔墨。象山曾说:"某观人不在言行上,不在功过上,直截是雕出心肝。"(《语

---

① 　见《与林叔虎》书,卷九,页一二五;又见《与薛象先》书,卷十三,页一七七。《荆国王文公祠堂记》见卷十九,页二三一至二三四。

录》下,卷三十五,页四六六)还因为他不转弯抹角,有什么意见就痛快说("吾于众人前,开口见胆",《语录》上,卷三十四,页四〇七),他的讲学感人甚深。根据目击者的报导,他确是一位杰出的教授:

　　先生常居方丈。每旦精舍鸣鼓,则乘山笋至,会揖,升讲坐,容色粹然,精神炯然。学者又以一小牌书姓名年甲,以序揭之,观此以坐,少亦不下数十百,齐肃无哗。首诲以收敛精神,涵养德性,虚心听讲,诸生皆俛首拱听,非徒讲经,每启发人之本心也。间举经语为证。音吐清响,听者无不感动兴起。初见者或欲质疑,或欲致辩,或以学自负,或有立崖岸自高者,闻诲之后,多自屈服,不敢复发。其有欲言而不能自达者,则代为之说,宛如其所欲言,乃从而开发之。至有片言半辞可取,必奖进之,故人皆感激奋砺。①

　　象山四十三岁那年(1181年)到江西南康访问,朱熹请他到白鹿洞讲《君子喻于义,小人喻于利》一章。讲完之后,朱熹坦诚表示:"熹在此不曾说到这里,负愧何言",并且请象山把讲授大要笔之于书,刻石纪念。事后朱熹还特别对友人说:"这是子静来南康,熹请说书,却说得这义利分明,是说得好。……说得来痛快,至有流涕者。"②

　　不过,值得一提的是,象山的口才与其"听德"相辅相成。当他和四方朋友讲辩时,一旦发现朋友有"失辞",也就是辞不达意的情况,他"必使审思而善其辞。彼或未能自申,则代为之说。必使其人本旨明白,言足以尽其意,然后与之论是非。"(《与曹立之》书二,卷三,页四〇)这种自觉地、主动地设身处地为论敌寻求理路的"听

① 见《年谱》"淳熙十五年戊申,先生五十岁"条,卷三十六,页五〇一至五〇二。
② 见《年谱》"淳熙八年辛丑,先生四十三岁,春二月,访朱元晦于南康"条,卷三十六,页四九二至四九三。

德"，正是象山"识病"的本领所在。在这方面象山确有精到之处：

> 与人商论，固不贵苟从，然亦须先虚心，乃至听其言；若其
> 所言与吾有未安处，亦须平心思之；思之而未安，又须平心定
> 气与之辩论。辩论之间，虽贵申己意，不可自屈，不可附会，而
> 亦须有惟恐我见未尽，而他须别有所长之心乃可。(《与彭世
> 昌》书，卷四，页五八)

从这些例证看来，象山确是颇有辩才的经师。他能激发学生向上的志趣，固然是因为他的教言有说服力，但更根本的原因是他人格的感染力。因此，他也是一位名副其实的人师。我们至少可以从三个方面来理解象山教言的说服力及其人格的感染力。

(一)家学渊源。象山出自江西陆氏，父考陆贺(字道乡)"究心典籍，见于躬行"，祖父"趣尚清高，不治生产"，曾祖"能世其业，宽厚有容"，高祖"博学，于书无所不观"，足见是个数代不断的书香门第①。象山排行第六，他的五位兄长也都是"共讲古学"的读书人。其中四兄梭山(九韶，子美)作有《家问》，"所以训饬其子孙者，不以不得科第为病，而深以不识礼义为忧"；季兄复斋(九龄，子寿)和象山被时人誉为"江西二陆，以比河南二程"(《年谱·序言》，卷三十六，页四八○)。复斋与象山曾应吕祖谦之邀同赴鹅湖寺会见朱熹，他们两兄弟的唱和诗，反映了长期相互切磋之后的共鸣：

> 孩提知爱长知钦，古圣相传只此心。
> 大抵有基方筑室，未闻无址忽成岑。
> 留情传注翻蓁塞，著意精微转陆沉。
> 珍重友朋相切琢，须知至乐在于今。——复斋
> 墟墓兴哀宗庙钦，斯人千古不磨心。

---

① 见《年谱·序言》，卷三十六，页四七九。

20世纪儒学研究大系

　　涓流滴到沧溟水,拳石崇成泰华岑。

　　易简工夫终久大,支离事业竟浮沉。

　　欲知自下升高处,真伪先须辨只今。——象山

　　(《语录》上,卷三十四,页四二七)

根据《语录》的记载,象山对复斋的诗表示赞赏,"但第二句微有未安"。象山以"斯人千古不磨心"代替"古圣相传只此心"①,是否获得复斋首肯不得而知。可是从复斋临终遗言:"比来见得子静之学甚明,恨不得相与切磋,见此道之大明耳。"② 不难窥得兄弟之间相互提携的手足之情。另外,陆氏属大家,"聚食踰千指,合爨二百年,一门翕然,十世仁让"③ 也是促成象山"凝敛"的助缘。

　　(二)精读圣典。象山究心于"尊德性",这是大家所熟习的;但他潜心向学,一字一句都不轻易放过的敬业精神却不为一般史学从业者所知。其实,象山不仅是身体力行的人师,也是"全无杜撰"的经师;他的说服力与感染力不仅来自真实无杜的真情真性,也来自涵蕴深厚的学养。

　　他批评"今之学者读书,只是解字,更不求血脉。"(《语录》下,卷三十五,页四四四)他认为"血脉不明,沉溺章句何益?"(同上,页四四五)所以他主张,凡读书"须是血脉骨髓理会实处始得。"(同上)但是,象山这种操戈入室,直接掌握作者"立言之意"(同上)的精读法,并不忽视当然也不突出章句之学,他明确指出:"读书固不

---

　　①　"古圣相传只此心"还是一种客观"传心"的提法,"斯人千古不磨心",则是人同此心,心同此理,打破主客,直接从人心的不忍之情立教。

　　②　见《语录》上,卷三十四,页四二八;亦见《年谱》"淳熙七年庚子,先生四十二岁"条,卷三十六,页四九二。

　　③　见《年谱》"淳祐二年壬寅,秋九月,敕旌陆氏义门"条,卷三十六,页五二七。

可不晓文义,然只以晓文义为是,只是儿童之学,须看意旨所在。"(同上,页四三二)不过,象山虽然一再强调"学者须是有志读书,只理会文义,便是无志"(同上),但他绝不主张过分地强探力索:"学者不可用心太紧。深山有宝,无心于宝者得之。"(《语录》上,卷三十四,页四〇九)因此,象山以为:"读者之法,须是平平淡淡去看,仔细玩味,不可草草。所谓优而柔之,厌而饫之,自然有涣然冰释,怡然理顺底道理。"(《语录》下,卷三十五,页四三二)同时,他建议"后生看经书,须著看注疏及先儒解释,不然,执己见议论,恐入自是之域,便轻视古人。"(同上,页四三一)的确,他对读《六经》当先看何人解注之类的问题也极为注意。从他教人"写字须一点是一点,一画是一画,不可苟"(同上,页四五八)的严谨看来,他教授学生诵读《五经》、《论》、《孟》必然也是一句不轻易放过的:"善学者如关津,不可胡乱放人过。"(同上,页四三二)

(三)自作主宰。毫无疑问地,象山的说服力与感染力所自来的最大泉源是他那斩钉截铁直指本心的"易简工夫",也就是象山所"体知"① 的孟子深造自得之道。这种"收得精神在内"(《语录》下,卷三十五,页四五四)② 的生命形态是独立人格的体现:"此事大丈夫事,么麼小家相者,不足以承当。"(同上,页四四六)所谓承当这大丈夫事并不指在政治上做出什么轰轰烈烈的大事业来。象山所关注的是如何堂堂正正地作人:"上是天,下是地,人居其间。须是做得人,方不枉。"(同上,页四五〇)但这种顶天立地作人的

---

① 有关"体知"一辞的用法,详见拙文《论儒家的"体知"——德性之知的涵义》,收新加坡东亚哲学所即将出版的由刘述先主编的《儒家伦理》论文集中。

② 象山主张"收得精神在内"的进学途径,即是前文所谓"凝敛"工夫的休现。

"大丈夫事"又确是惊天动地的,因此象山勉励有志之士:"要当轩昂奋发,莫恁他沉埋卑陋凡下处。"(同上,页四五二)象山以为:"人皆可以为尧舜。此性此道,为尧舜元不异,若其才则有不同。学者当量力度德。"(同上,页四五五)人既然有无限发展的可能:"宇宙不曾限隔人,人自限隔宇宙"(《语录》上,卷三十四,页四○一),自甘堕落便是残贼人性的表现:"此理在宇宙,何尝有所碍?是你自沉埋,自蒙蔽,阴阴地在个陷阱中,更不知所谓高远底。要决裂破陷阱,窥测破个罗网。"(《语录》下,卷三十五,页四五二)

　　不过,象山虽告诫青年学子:"人心有消杀不得处,便是私意,便去引文牵义,牵枝引蔓,牵今引古,为证为靠。"(同上,页四五八)并勉励他们"自立自重,不可随人脚跟,学人言语"(同上,页四六一),而且也坦率表示:"这里是刀锯鼎镬底学问"(同上,页四五三),但他的学术进路却绝无杀气腾腾的态势。相反地,在知人任事方面还常常表现出一种闲闲而来的雅趣:"我无事时,只似一个全无知无能底人。及事至方出来,又却似个无所不知,无所不能之人。"(同上,页四五五)他的这种洒脱来自一种廓然大公的智慧:"君子之道,淡而不厌。淡味长,有滋味便是欲。人不爱淡,却只爱热闹。人须要用不肯不用,须要为不肯不为。盖器有大小,有大小器底人自别。"(同上,页四六○)正因为他不陷溺在私欲胶漆盆中,才真能经常保持一种超然的风貌:"凡事莫如此滞滞泥泥,某平生于此有长,都不去著他事,凡事累自家一毫不得。每理会一事时,血脉骨髓都在自家手中。然我此中却似个闲闲散散全不理会事底人,不陷事中。"(同上,页四五九)

　　我们从家学渊源、精读圣典与自作主宰三方面约略知悉象山教言的说服力及其人格的感染力。我们也许不必完全接受象山禅味十足的自我描述:"仰首攀南斗,翻身倚北辰,举头天外望,无我这般人。"(同上)① 但是他的说服力和感染力确来自"做得工夫实,则所说即是实事,不说闲话,所指人病即实病。"(同上,页四五七)② 这点是可以肯定的。

象山的实学

淳祐十一年(1251 年),象山逝世已五十多年了,包恢在所撰的《三陆先生祠堂记》里,有一段发人深省的文字:

> 夫道不虚行,若大路然,苟得实地而实履之,则起自足下之近可达千里之远。故自仁之实推而至于乐之实,自有乐生恶可已之妙。其实可欲者善也,实有诸己者信也,由善信而充实有光辉焉,则其实将益美而大,是诚之者人之道也。由大而化则为圣,而入于不可知之之神,是诚者天之道也。此乃孟子之实学,可渐进而驯至者③。

在短短一百多言之中,包恢一口气用了九个"实"字,而且归结到象山所传承的不外乎孟子之"实学",主旨极为显豁。包恢认为,他的这种论断决非无稽之谈:

> 盖学之正而非他,以其实而非虚也。故先生尝曰:"宇宙间自有实理。此理苟明,则自有实行,有实事。实行之人,所

---

① 徐复观指出:象山这句禅味十足的自我写照,实是根据唐智通禅师"举手攀南斗,回身倚北辰。出头天外见,谁是我般人"之诗而来,见徐复观:《象山学术》,《中国思想史论集》,台中东海大学,民五十七(1968 年),五六页。

② 本条与前文所引《年谱》"绍兴二十四年申戌,先生十七岁"条大体近似,惟《年谱》删去"不说闲话"四字。

③ 见《年谱》"淳祐十一年辛亥,春三月望日"条,卷三十六,页五二九至五三〇。

谓不言而信。"又自谓:"平生学问惟有一实,一实则万虚皆碎。"呜呼!彼世之以虚识见,虚议论,习成风化,而未尝一反己就实,以课日进日新之功者,观此亦尝有所警而悟其非乎?(《年谱》页五二九)

的确,象山在分析当时学风时也明白指出:"今天下学者唯两途:一途朴实,一途议论。"① 所谓"议论"当指"时文之见"② 也就是为了应付科举而从经籍注疏里获得的那些可以为当世(特别是考官)所接受的意见。象山讲学的目的则"先欲复本心以为主宰,既得其本心,从此涵养,使日充月明。读书考古,不过欲明此理,尽此心耳。"③ 象山之学为什么是"朴实"而不是"议论"的精义就在这里。

检视《象山全集》,不论《书信》、《讲义》或《语录》,处处都体现出先生"独信实理,而不夺于浮伪"④ 的风骨。这原是他以"凝敛"自勉的看家本领:"吾自幼时,听人议论似好,而其实不如此者,心不肯安,必要求其实而后已。"(《语录》上,卷三十四,页四一一)这种涵养"实德"以作为干"实事"的"实学"精神,在他看来,也正是前贤往哲立身处世之道:"大抵前辈质实,不事辞语,观其书,当得其意可也"(《与吴仲良》书,卷七,页九五);"盖古人皆实学,后人未免有议论辞说之累。"(《与詹子南》书三,卷七,页九七)

有人曾讥笑象山,说他教人"专欲管归一路",象山回答说:"吾亦只有此一路。"(《语录》上,卷三十四,页四一○)根据上面的分

① 见《年谱》"乾道八年壬辰,先生三十四岁"条,卷三十六,页四八九;又见《年谱》"淳熙十五年戊申,先生五十岁"条,引此语时冠以"常日"二字,可见这是象山一贯的教言。卷三十六,页五○二。
② 见《年谱》"淳熙十五年戊申,先生五十岁"条,卷三十六,页五○二。
③ 毛刚伯语。见《年谱》卷三十六,页五○二。
④ 见傅子云序张衍(季悦)所编象山遗文。《年谱》"嘉定五年壬申,秋八月"条,卷三十六,页五一九。

疏,我们应可断言,"此一路"即是象山一再提示的实学之路。

> 元吉自谓智昧而心惝(粗)。先生曰:"病固在此,本是胃
> 凡。学问不实,与朋友切磋不能中的,每发一论,无非泛说,内
> 无益于己,外无益于人,此皆己之不实,不知要领所在。遇一
> 精识,便被他胡言汉语压倒,皆是不实。吾人可不自勉哉?
> (《语录》下,卷三十五,页四七七至四七八)

应当申明的是,象山的实学虽然是"易简工夫",但绝非自以为
是的封闭系统,也不是一条不惮学术"坚苦"① 的躐等捷径。象山
曾指出当时学界的通病:"学者大率有四样:一、虽知学路,而恣情
纵欲,不肯为;一、畏其事大且难而不为;一、求而不得其路;一、未
知路而自谓能知。"可见他对学生在知行两端所面临的困难都有深
入的照察。他在和朱熹辩难时,曾提出"尧舜之前何书可读"② 的
设问,目的是要求朱熹正视道德实践可以独立于文字训诂之外的
道理。这个提法并没有贬斥求知的意思,只不过要坚持工夫必须
在心上做的原则罢了。在这方面,象山的立场极为明确:"学者须
是打叠田地净洁,然后令他奋发植立。若田地不净洁,则奋发植立
不得。古人为学即'读书然后为学'可见。然田地不净洁,亦读书
不得。若读书,则是假寇兵,资盗粮。"(《语录》下,卷三十五,页四
六三)他自己即是履行"坚苦""渐教"的好榜样:

> ……然某皆是逐事逐物考究练磨,积日累月,以至如今,
> 不是自会,亦不是别有一窍子,亦不是等闲理会,一理会便会。
> 但是理会与他人别。某从来勤理会,长兄每四更一点起时,只
> 见某在看书,或检书,或默坐。常说与子侄,以为勤,他人莫

---

① "坚苦"一辞是根据朱熹临终前自称工夫坚苦而来。请参阅王懋竑
《朱子年谱》,庆元六年庚申,七十一岁条。

② 见《年谱》"淳熙二年乙未,先生三十七岁"条,卷三十六,页四九一。

及。今人却言某懒,不曾去理会,好笑。(同上)

至于"《六经》皆我注脚",乃至"《六经》当注我",两句惊人之语,在象山的心学系统之中也有一定的义蕴,和主观主义了无关涉,更不是一时感性勃兴的狂言。"《六经》皆我注脚"一句出自《语录》:

> 《论语》中多有无头柄的说话,如"知及之,仁不能守之"之类,不知所及,所守者何事;如"学而时习之",不知时习者何事。非学有本领,未易读也。苟学有本领,则知之所及者,及此也;仁之所守者,守此也;时习之,习此也。说者说此,乐者乐此,如高屋之上建瓴水矣。学苟知本,《六经》皆我注脚。

(《语录》上,卷三十四,页三九五)

根据上下文,"学苟知本",应是"《六经》皆我注脚"的先决条件。"知本"意指知道儒家学术的"本领",也就是基本精神。假若《论语》乃至《六经》所体现的不只是散离的文章片段,而是确有"一以贯之"的主导思想,那么象山这段话也就不是危言耸听了。

"《六经》当注我"一句出自理宗绍兴三年(1230年)重修象山精舍的江东提刑赵彦悈:

> 道在笃行,不在空言,道在反求,不在外骛。彦悈壮岁从慈湖游,慈湖实师象山陆先生。尝闻或问陆先生云:"胡不注《六经》?"先生云:"《六经》当注我,我何注六经。"又观先生与学子帖,有"反思自得"、"反而求之"之训,有朴实一途之说。人见其直易,或疑以禅学,是未之思也。[①]

赵彦悈可以说是象山的再传弟子,他从象山弟子中禅味较浓的杨简(慈湖,1140—1225年)处听到这个故事。姑且不追问其真实性如何,就从赵彦悈驳斥当时有人疑象山以禅学一句来看,其中确有

---

① 见《年谱》"理宗绍定三年己丑,夏四月"条,卷三十六,页五二二。

值得深扣的课题。象山以"易简工夫"和直指本心为特色的实学（也就是象山坚信的孟子深造自得之学）和禅学的关系及异同如何，也是值得进一步探索的课题①。在这里，只对"《六经》当注我，我何注《六经》"一句略加说明。假定杨简确从其老师处听得这句豪语，在象山心学中应作如何解释呢？

前面已经提到，象山精读圣典，而且对读《六经》当先看何人解注之类问题也极为注意：

> 或问读《六经》当先看何人解注？先生云："须先精看古注，如读《左传》则杜预注不可不精看。大概先须理会文义分明，则读之其理自明白。然古注惟赵岐解《孟子》，文义多略。"（《语录》上，卷三十四，页四〇八至四〇九）

象山既然是位博览群书而且曾在国学讲经的教授，问他"胡不注《六经》？"是很可以理解的。但是发问者显然对象山的实学趋向懵然无知。象山批评朱熹"不见道"正是这个缘故：

> 一夕步月，喟然而叹。包敏道侍，问曰："先生何叹？"曰："朱元晦泰山乔岳，可惜学不见道，枉费精神，遂自担阁，奈何！"包曰："势既如此，莫若各自著书，以待天下后世之自择。"忽正色厉声曰："敏道！敏道！恁地没长进，乃作这般见解。且道天地间有个朱元晦陆子静，便添得些子？无了后，便减得些子。"（《语录》上，卷三十四，页四一四）

因此，像山五十岁那年闻朱子《喜晴诗》云："川源红绿一时新，暮雨朝晴更可人。书册埋头何日了，不如抛却去寻春。"便高兴地说："元晦至此有觉矣，是可喜也。"②

---

① 请参考前引徐复观《象山学术》一文中"象山与佛老"一段，五三至五九页。

② 见《年谱》"淳熙十五年戊申，先生五十岁"条，卷三十六，页五〇六。

不过,象山以"《六经》当注我,我何注《六经》"一语回答"胡不注《六经》"的问题,显然不能只从愤然驳斥的口气去理解。联系前面"学苟知本,《六经》皆我注脚"的观点,在象山心学里,"《六经》当注我"有一定的存有论(本体论)的基础:"人心至灵,此理至明,人皆有是心,心皆具是理。"(《杂著·杂说》,卷二十二,页二七三)这是直承孟子人性本善,"圣人先得我心之所同然"和"人人皆可为尧舜"的教言而来。象山引申了孟子"尽心如性知天"及"万物皆备于我"(《孟子》,卷七,《尽心》上)的原旨而得出"千古不磨心"(《语录》上,卷三十四,页四二七)的哲学思想来:

> 四方上下曰宇,往古来今曰宙。宇宙便是吾心,吾心即是宇宙。千万世之前,有圣人出焉,同此心同此理也。千万世之后,有圣人出焉,同此心同此理也。东南西北海有圣人出焉,同此心同此理。(《杂著·杂说》卷二十二,页二七三)

站在这个本体论的宏观视野,《六经》不仅应当注"我",而且也未必真能注得了"我"。但这只是象山论学的一个侧面,从他接下去所讲的话可以一窥象山实学的全豹:

> 近世尚同之说甚非。理之所在,安得不同?古之圣贤,道同志合,咸有一德,乃可共事,然所不同者,以理之所在,不能尽见。虽夫子之圣,而曰:"回非助我","启予者商"。又曰:"我学不厌。"舜曰:"予违汝弼。"其称尧曰"舍己从人,惟帝时克"。故不惟都俞,而有吁咈。诚君子也,不能,不害为君子。诚小人也,虽能,不失为小人。(同上)

既然问题不在理的本身或心的本身,也就是说不在人的本性,那么实学的焦点就不必集中在本体论的阐述。象山苦口婆心不忘工夫进路正是要说明:"千古圣贤同堂合席,必无尽合之理。然此心此理,万世一揆也。"(《语录》上,卷三十四,页四〇五)在这方面,象山确有求同存异的雅量:

> 自古圣贤发明此理,不必尽同。如箕子所言,有皋陶之所
> 未言;夫子所言,有文王周公之所未言;孟子所言,有吾夫子所
> 未言,理之无穷如此。然譬之弈然,先是这般等第国手下棋,
> 后来又是这般国手下棋,虽所下子不同,然均是这般手段始
> 得。(同上,第三九八)

因此,象山的实学不仅是要纠正贤者智者之蔽,而且也是为大众弘法,要激发每个人的向上之机。他提出"心即理"的原则,既是要平实论证人人心里皆有可以靠自力汲取的源头活水:"道譬则水,人之于道譬则蹄涔、汙沱、百川、江海也。海至大矣,而四海之广狭深浅,不必齐也。至其为水,则蹄涔亦水也。"(《杂著·杂说》,卷二十二,页二七四)但是人虽"本无欠阙,不必他求"(《语录》上,卷三十四,页三九九),而"自立"工夫却没有任何旁人可以代劳。不幸大家又都"生于末世,故与学者言费许多气力,盖为他有许多病痛。"(同上)尽管如此,象山仍是充满了信心(一种和深知学者通病而不放弃提携后进的责任感相辅相成的信心):

> 涓涓之流,积成江河。泉源方动,虽只是涓涓之微,去江
> 河尚远,却有成江河之理。若能混混,不舍尽夜,如今虽未盈
> 科,将来自盈科;如今虽未放乎四海,将来自放乎四海;如今
> 未会其有极,归其有极,将来自会其有极,归其有极。然学者
> 不能自信,见夫标末之盛者便自荒忙,舍其涓涓而趋之,却自
> 坏了。曾不知我之涓涓虽微却是真,彼之标末虽多却是伪,恰
> 似担水来相似,其涸可立而待也。(同上,页三九八)

固然,"心只是一个心,某之心,吾友之心,上而千百载圣贤之心,下而千百载复有一圣贤,其心亦如此。心之体甚大,若能尽我之心,便与天地同"(《语录》下,卷三十五,页四四四),但要尽我之心,必须"理会得自家实处"(同上)。"理会得自家实处谈何容易?""先立乎其大者","自作主宰"(同上,页四五五),"常涵养"(同上,

页四五四)和"知本"(《语录》上,卷三十四,页三九五)都是功夫语,都需要"弘毅"(《语录》下,卷三十五,页四四六)才能奏效。象山的"简易工夫"其实要求极高极严,"欠个精专不得。"(同上,页四五一)确实,"人为学甚难,天覆地载,春生夏长,秋敛冬肃,俱此理。人居其间要灵,识此理如何解得。"(同上,页四五〇)试问我们若想随时警惕,"颠沛必于是,造次必于是"(同上,页四五一),不敢一时一刻忘却"存心、养心、求放心"(《与舒西美》书,卷五,页六四),以充分体现做人的道理,要多少血气,多少精神,多少毅力! 象山虽说"道大岂是浅丈夫所能胜任",但他却以大丈夫的志趣要求每一位学生,而且以"大人凝然不动"(《语录》下,卷三十五,页四六二)自期自立。在宋儒中,他是少数真能信得过孟子的豪杰之士;他的"愚"和"鲁",为他的实学建立了深厚的基础。

象山的实学和禅的关系如何,其间的异同何在? 这类问题本文没有深扣。象山坚持"心即理"的命题和程朱只愿接受"性即理"的提法,是分别宋明儒学中心学和理学两条思想途径的关键,其哲学涵义极为丰富,对这一层次的理解,本文也没有触及。王阳明的"致良知"之教是从苦参程朱"格物"的具体工夫处下手的,但他虽笃信朱子有年,后来却发现当时在社会上被儒者公然斥为禅、为异端的象山陆学也确是圣人之教的嫡传,因此始太息于"晦庵(朱子)之学,既已若日星之章明于天下,而象山独蒙无实之诬,于今且四百年,莫有为之一洗者"(《答徐成之》书二,《阳明全书》卷二十一,页七下)。不过,阳明虽然决定"欲冒天下之议,以为象山一暴其说"(同上),而且断定陆氏之学为"孟氏之学",但却以为"濂溪明道之后,还是象山,只是粗些"(《传习录》下,《阳明全书》卷三,页二下)。本文既然没有讨论陆王异同,当然对阳明称象山"他心上用过工夫,但细看,有粗处。用功久,当见之"(同上)的实义也没有交代。

然而,讨论陆子实学应可纠正象山过分突出主观能动性而忽视客观世界的浮面印象,至少应可改变我们动辄以象山为泛道德主义或反智主义化身的偏颇结论。象山的"易简工夫"是由深厚的学养、强烈的存在感受以及具体的办事经验而凝敛出来的主体精神;他那"亦须还我堂堂地做个人"的胸襟与气魄,正是孟子"大丈夫"人格的体现。

象山从人格的主体性,建立道德的普遍性;并从人伦日常的实践中,体现自律道德的风貌。在儒家传统中,他是一位上承明道孟子,下启白沙阳明的人师和经师。他的自我意识极强,自知之明甚高,因此既能"识病",又能"自作主宰"。他对身心性命之学作出了贡献,这点是必须肯定的。至于说他在道德哲学上的光辉成就正反映出他对智性主体的轻忽,因此要对中国不能发展科学精神负道义的责任,那就不是本文范围所能涉及的课题了。

附注:陆象山著作的版本

象山因主张不立文字,反对著述,一生只留下少量诗文。由其子陆持之编成《象山先生全集》,大部分是论学书札和讲学语录。这本全集的初刻在宋宁宗嘉定五年(1212 年),主持付梓刊行的是他的学生袁燮。明代嘉靖四十年(1561 年),王宗沐以袁刻本为基础加以校订后,刊行于江西。上海涵芬楼所影印的即是嘉靖本。本文引语根据以嘉靖本为底本并参校其他传世诸本的《陆九渊集》,钟哲点校,北京,中华书局 1980 年出版。

(原载《中国哲学史研究》1988 年第 3 期)

杜维明(1934—),美籍华人学者,哲学家。祖籍昆明。1961 年毕业于台湾东海大学,曾师事徐复观。1968 年获哈佛大学历史学博士学位。专攻中国思想史,致力于儒学研究。

主要著作有:《传统的中国》、《论中庸》、《从历史的角度看中美关系》、《孔子仁学中的道学政》、《从世界思潮的几个侧面看儒学研究的新动向》、《儒家思想新论——创造性转换自我》等。

本文就实学的含义、象山论学的核心、象山的自我认识、象山的实学等问题作了深入探讨。

试论儒学的经世传统

冯天瑜

一、"经世"与"入世"

经世,亦即治世。这里的"经"字,在先秦典籍中往往与"纶"字并用,含有"匡济"之义。《周易》说:"君子以经纶"(《易·屯》),《周易正义》释曰:"经谓经纬,纶谓纲纶。"《中庸》说:"惟天下至诚,为能经纶天下之大经。"朱熹注:"经者,理其绪而分之;纶者,比其类而合之。"(《四书集注·中庸章句》)"经世"并用,则首见于《庄子》:

　　春秋经世,先王之志,圣人议而不辩。(《庄子·齐物论》)

秦汉以后,更常见经世、经术(经世之术)、经实(经世之实用)、经济(经世济民)等用语。它们大体都是指一种与消极遁世相背的价值取向,其精义在于引导人们经邦治国,建功立业。

"经世"的前提是"入世"。而积极入世恰恰是包括儒家在内的中国文化的一种基本倾向。这种入世文化不着意构筑彼岸世界和灵魂永生的幻象,却教导人们在此岸世界"学做圣贤","立德,立功,立言",达到人生"三不朽"境界。正是由于这种风尚的弘扬和普及,使中国得以避免全民族的宗教迷狂,造就出一种非宗教的、以人伦纲常为中心的封建文化,与西亚、欧洲、南亚次大陆的民族和国度在古代和中世纪长期被宗教神学所主宰相区别。

古代中国虽然也出现过神权至上的时代(如殷商),但当时尚未形成统一的、有系统教义的宗教。从周代开始,"重民轻神"思潮抬头,宗教意识逐渐退居次要地位。《礼记》曾对比殷礼与周礼的差异:"殷人尊神,率民以事神,先鬼而后礼。""周人尊礼尚施,事鬼敬神而远之,近人而忠焉。"(《礼记·表记》)周人并未摆脱殷人的天命观念,但周人从殷周交替的社会变动中意识到"惟命不于常"(《尚书·周书·康诰》)、"天不可信"(《君奭》)、"小人难保"(《康诰》),于是确立了"敬德保民"的国策,认为统治者一味乞求上苍是无济于事的,要紧的是倾听民众呼声,改善现实政治,"乃其乂(治)民"(同上),因为,"天视自我民视,天听自我民听"(《泰伯》)。这实际上是在保留天命意识的前提下,把视线移向现实的政治治理。以此为契机,周代成为中国文化从"神本位"走向"人本位"的转折点,中国文化的"入世—经世"传统由此发轫。

二、孔学的经世风格

晚周的政治学进一步从宗教中离析出来,还原成现实的治理之道。当时的人们曾这样描述政治:"政,不可不慎也。务三而已。一曰择人,二曰因民,三曰从时。"(《左传·昭公七年》)这里的政治已经不再突出"礼神",而只关注"治民"。春秋的儒学创始人孔子便是在这种氛围中构筑自己思想体系的。他作为"尊礼"、"近人"的周文化的继承者,对殷周以降的天命鬼神观念基本取信从态度,却又将其虚置起来,不予深论。

　　子不语怪,力,乱,神。(《论语·述而》)

　　季路问事鬼神。子曰:"未能事人,焉能事鬼?"曰:"敢问死。"曰:"未知生,焉知死?"(《先进》)

　　樊迟问知。子曰:"务民之义,敬鬼神而远之,可谓知矣。"(《雍也》)

孔子对人死后的冥冥世界以及鬼神的存在与否,都无意追究,也即庄子所谓,"六合之外,圣人存而不论。"(《庄子·齐物论》)孔子所关心、思考、谈论的是活生生的现实人世间的事务。"子所雅言:诗、书、执礼,皆雅言也。"(《论语·述而》)朱熹注曰:"雅,常也;执,守也。诗以理情性,书以道政事,礼以谨节文,皆切于日用之实,故常言之。"(《论语集注》)这便是中国文化精神的一个重要特征——"广大高明不离乎日用",有关规律性的探讨,不脱离伦常和政治实际问题的具体考查。

孔子一生的思想言行体现着这种注意"行诸实事"而不满足于"载之空言"的风格,他奔走列国,游说于公卿大夫之间,其忙碌之状有"席不暇暖"之说。后人曾发问:"夫子何为者,栖栖一代中?"(唐玄宗《经鲁祭孔子而叹》)我们可以代为答曰:孔老夫子栖栖皇皇一辈子,为的是按照周礼的模式去矫世、救世、经世。

公山弗扰叛鲁,佛肸抗晋,似乎都是孔子平日所谴责的"犯上作乱"举动。然而,这两个叛臣召唤孔子,孔子居然准备应命前往。这引起性格爽直并记住了老师"危邦不入,乱邦不居"(《泰伯》)之类教言的子路的非议和质问,于是孔子作了一番解释。这些解释表明,孔子应命的意图并非"帮助乱党",赞同变革①,他明确宣布,自己维护周礼的立场不会改变("磨而不磷"、"涅而不缁"),并准备在召用他的处所复兴文武周公之道。其实,这两则故事只是证明孔子的用世心切,他不愿意做装样子的饰物,而要起实际的政治作用。他是因为急于用世,才"慌不择路"、"饥不择食"的。

孔子与当政者讨论的问题,也不离"为政"、"使民"、"何为则民

20世纪儒学研究大系

---

① 　郭沫若《十批判书·孔墨的批判》认为,"墨子是反对乱党,而孔子是有点帮助乱党的嫌疑的。""乱党是什么? 在当时都要算是比较能够代表民意的新兴势力。"

服"等政治治理之道,而极少泛论天道人性。

　　孔子开创的儒学"入世—经世"价值取向的确立,与儒家本身的起源和属性相关。

　　古代的知识阶层——"君子",其职业大略有三类。其一是司天文,战国时的阴阳家大抵由此类职业者演变而来。[①]其二是司宗教事务,"夫人作享,家为巫史"(《国语·楚语》)。在商周,沟通神人的巫、史、祝、卜是当时文化的主要执掌者。儒家不能说同巫祝无关。"孔子为儿嬉戏,常陈俎豆,设礼容。"(《史记·孔子世家》)孔子自称,"出则事公卿,入则事父兄,丧事不敢不勉,不为酒困"(《论语·子罕》)。可见他青年时代便出入公卿之门,为其经办祭祀。这显然是巫祝遗风。然而,孔子及其儒家更主要是从君子阶层的第三项职业——人君的政治辅佐者演变而来。这类佐理政务的人物,《尚书》称作"谋人"。儒家源于哪一类"谋人",其说不一。《汉书·艺文志》认为:"儒家者流,盖出于司徒之官,助人君顺阴阳,明教化也。"先秦诸子是否分别源于某一王官,儒家是否由掌管国家土地人民、官司籍田、负责征发徒役的"司徒之官"演化而来,一向聚讼未决,但儒家显然已与宗教职业者和专司天文者相分离,从而区别于"出于清庙之守"的墨家,"出于史官"的道家,"出于羲和之官"的阴阳家;同时,又由于儒家与负有"教化"之责的祭师阶层有承袭关系,所以儒家除"助人君"的一面之外,还有"道与艺合,兼备师儒"(《挈经室文集·国史儒林传序》)的功能,从而区别于虽然佐理人君,却"无教化,去仁爱,专任刑法"的"理官"出身的法家。(《汉书·艺文志》)

　　儒家"入世—经世"价值取向的确立,还与先秦诸子产生的历

_____

　　① 《汉书·艺文志》:"阴阳家者流,盖出于羲和之官。敬顺昊天,历象日月星辰,敬授民时。"

史背景相关。《淮南子·要略》认为,诸子之学,皆起于救时之弊,应时而兴,梁启超称"其言盖含有相当之真理"(《饮冰室专集·中国古代学术流变研究十篇》)。《汉书·艺文志》也指出:"诸子十家,其可观者,九家而已。皆起于王道既微,诸侯力政,时君世主好恶殊方,是以九家之术蜂出并作,各引一端,崇其所善,以此驰说,取合诸侯。"这里有两点值得注意。第一,先秦诸子产生在"王道既微,诸侯力政"的春秋战国时代,各学派均为剧烈的政治斗争所左右;第二,诸子"蜂出并作",顺应着"好恶殊方"的"时君世主"的需要,诸子百家都纷纷以自己的一端之说"取合诸侯",足见其政治依附性之强。而当时各个诸侯国、各个政治派别,都面对着生死攸关的军事政治斗争形势,容不得依附于自己的士人们去一味从事高远的玄思、进行从容不迫的纯学术研究。总之,时代对各个学派提出的要求是拿出应世的方略,而不是一般意义上的玄妙理论。这就使得先秦诸子大都自觉不自觉地选择了"入世—经世"的价值取向,正如黄宗羲所说:"古者儒墨诸家,其所著书,大者以治天下,小者以为名用,盖未有空言无事实者也。"(《今水经序》)就连形似逍遥、超然世外的老庄,"齐物"是为了"齐人",骨子里在琢磨着何以"应帝王"。这种特定的社会背景使历史学、伦理学、政治学等直接探讨社会治理问题的学科,在先秦首先得到发展。六经之名得于后世,而其内容出现很早,"孔子之未生,天下有六经久矣"(《定庵文集补编·六经正名》)。六经所涉及的学科主要是历史学、伦理学、政治学,所谓"诗以道志,书以道事,礼以道行,乐以道和,易以道阴阳,春秋以道名分"(《庄子·天下》)。而"以六艺为法"(《史记·论六家之要指》)的儒家,便是先秦这三门经世学问(历史学、伦理学、政治学)的集大成者。一言以蔽之,儒学所依据的"六经"皆经世致用之学,孔子要弟子研读六经,也不是为着造就徒托空论的学究,他明确告诫弟子:"诵诗三百,授之以政,不达;使于四方,不能专对,亦奚以为?"(《论语·子路》)清人方苞领悟了"夫子之义",他说:"古之所谓学者将明诸心以尽在物之理而济世用,无济于用者则不学也。"(《传信录序》)"通经致用","六经治世",成为中国封建时代的习惯说法。通经者方可以取仕,朝廷的诏令、群臣的奏议,也无不以六经为准绳和依据。清人章学诚指出:"六经皆史也。六经皆先王之政典也。六经皆先王得位行道,经纬世宙之迹,而非托于空言。"(《文史通义·易教上》)"夫子之述六经,皆取先王典章,未尝离事而著理。"(同上书《经解中》)这都是对"六经"以及对孔子传述六经所作的理性主义解释。

通观全体,可以得见:孔夫子并非深研宇宙本体的哲学大师,也不是一味考证名扬训诂的学者,而是对伦理—政治问题加以贯通考查,修己以治世的政治家、思想家。

晚周儒者虽然经世心切,却很不行时。司马谈、司马迁父子对儒者的评论是"博而寡要,劳而少功"(《史记·论六家之要指》),"迂远而阔于事情"(《孟子荀卿列传》)。然而,儒者却十分自负,孔子对自己的治世能力便有极高的估计:子曰:"苟有用我者,期月而已可也,三年有成。"(《论语·子路》)这种预测,在"礼崩乐坏"的周季显然是不切实际的。孔子本人的政绩纪录是"斥乎齐,逐乎宋、卫,困于陈蔡之间""累累若丧家之狗"(《史记·孔子世家》)。然而,儒家"入世—经世"的信念却没有因政治上的不得志和同时代人的不理解而有所动摇。

儒者的"入世—经世"思想行径,在当时曾遭到主张遁世的隐者的嘲笑。如荷蓧丈人斥责孔门师徒"四体不勤,五谷不分"(《论语·微子》);石门的看门人(晨门)称孔子为"知其不可而为之者"(《宪问》);楚国狂人接舆唱着风歌,劝孔子不要继续徒劳于政事了,因为"今之从政者殆而"(《微子》);躬耕隐居的长沮、桀溺更要孔门师徒追随他们一同逃避乱世。(同上)在言极简约、惜字如金的《论语》中，竟有五、六处记载隐者批评儒者经世的地方，有些段落还特别长，足见与隐者的交往、论难，被孔门所注重。这正是春秋间隐者遍布国中、遁世思想影响不可小视的社会状况的反映，而儒家的"入世—经世"观念正是在与"遁世"思潮论辩中得以阐扬的。

本来，孔子对于乱世中的隐者常常抱有同情，他曾把避世的人们称作"贤者"，①并特别夸赞伯夷、叔齐这些"逸民""不降其志，不辱其身"（《论语·微子》），这与他"天下有道则见，无道则隐"（《泰伯》），"邦有道则仕，邦无道则可卷而怀之"（《卫灵公》）的处世哲学是相通的。而且，在整个儒学体系中，"仕"与"隐"始终是互为补充的两个侧面。不过"致仕"毕竟是儒学的主流，"归隐"仅仅是辅助，儒者归隐也往往"心存魏阙"，所谓"居庙堂之高，则忧其民；处江湖之远，则忧其君"（范仲淹《岳阳楼记》）。就孔子言之，他虽然在遇挫时偶有逃世之论，②但他的基本旨趣却是反对逃世的。他在听罢子路转述长沮、桀溺的避世说之后，很失望地讲："鸟兽不可与同群，吾非斯人之徒而谁与？天下有道，丘不与易也。"（《论语·微子》）表明自己不愿像隐者那样消融于自然之中，与鸟兽为伍，他认定自己只能与人共事，积极参予世务。

孔门的另一高足子夏指出："仕而优则学，学而优则仕"（《子张》），把"学"与"行"，"学"与"仕"看作互为表里的二而一的事情。《说文》在解释"仕"义时，明确指出："仕，学也。"章太炎也说："言仕者又与学同。"（《检论·订孔》）总之，儒家承袭了道、学、治三者贯通一气的古风。清人程晋芳说："夫古人为学者以自治其身心而以应

① 《论语·宪问》："贤者辟（避）世，其次辟地，其次辟色，其次辟言。"
② 如《论语·公冶长》载："子曰：'道不行，乘桴浮于海。从我者其由与。'"

天下国家之事,故处则为大儒,出则为大臣,未有剖事与心为二,剖学与行为二者也。"(《正学论三》,《皇朝经世文编》卷一,学术二)龚自珍则将这种风格概括为:"自周而上,一代之治,即一代之学也。一代之学,皆一代王者开之也。……道也,学也,治也。则一而已矣。"(《龚自珍全集·治学》)这种被后儒所崇奉的"古无经术治术之分"(《皇朝经世文编》卷一,王昶《经义制事异同论》)的仕学合一传统,正是孔子创设的儒学"入世—经世"风格的体观。"入世—经世"之风成为中国士子的主旋律,儒生的优点和缺点都与此相联系。在某种意义上可以说:只有抓住"入世—经世"这一线索,才把握了"伦理—政治"型的中国文化的真精神。

三、儒学经世的两个走向——"内圣"与"外王"

儒学平实的入世精神,执着的经世致用的价值取向,在儒学漫长的矛盾运动历程中,虽有淡化之时、变形之象,却始终延绵不绝,于起伏跌宕之中一以贯之。不过,在孔子身后,儒学的经世主潮出现了两个大相歧异的走向,这是中国文化史上至关紧要的问题。

儒家作为一种"伦理—政治"型的学说体系,包括内在的人的主观伦理修养论和外在的客观的政治论这样两个彼此联系着的组成部分,前者即所谓"仁"学,或"内圣"之学;后者即所谓"礼"学,或"外王"之学。在孔子那里,这两个侧面还浑然统一在一个体系之内。他主张学人事的"下学"与达天命的"上达"彼此系于一线,不应相互割裂①。

---

① 《论语·宪问》:"子曰:'不怨天,不尤人,下学而上达。知我者其天乎!'"皇侃《义疏》:"下学,学人事! 上达,达天命。"

　　孔子还主张，修己与安人、修己与安百姓相贯通①；他认为最理想的境界是舜帝那样"恭己正南面"②。然而，孔子之后，下学与上达，修己与治平两个侧面开始发生离异。造成这种离异原因，是春秋以降"天下大乱，贤圣不明，道德不一"（《庄子·天下》），出现了"内圣外王之道闇而不明，郁而不发；天下之人，各为其所欲焉，以自为方"（《庄子·天下》）的局面。这种"道术将为天下裂"（同上）的趋势，不仅造成诸子林立，而且在同一学派内部也流别横生。就儒家而言主要是孟轲、荀况两派。前者侧重发展儒学原教中的"内圣"之学，后者侧重发展儒学原教中的"外王"之学。

　　孟轲的思想大约是从曾参、子思这条线索传衍下来的。他平生"治儒术之道，通五经，尤长于诗、书"（赵岐《孟子题辞》）。并与孔子的"入世—经世"风格一脉相通。面对"世衰道微，邪说暴行有作"（《孟子·滕文公下》）的战国之时，孟轲有着强烈的治世雄心，他宣称："如欲平治天下，当今之世，舍我其谁也？"（《公孙丑下》）孟轲"平治天下'的方策，要义在于通过"正人心"来达到"息邪说，距诐行，放淫辞"（《滕文公下》）的目的。因此，孟轲对于孔子经世学说的一个侧面——外在的"礼"学并不重视，他声明："诸侯之礼，吾未之学也。"（《滕文公上》）对于孔子颇为称道的齐桓公、管仲这些事功显赫的人物，孟轲十分反感，并公开声言"仲尼之徒，无道桓文之事者"（《梁惠王上》）。这便显示出孟轲有意贬抑孔学的"外王"倾向，而着力发挥其经世学说的另一侧面——内在的"仁"学，并把仁学引申到政治领域，提出"仁政"说。他指出："仁义礼智，非由外铄

----

　　① 《论语·宪问》："子路问君子。子曰：'修己以敬。'曰：'如斯而已乎？'曰：'修己以安人。'曰：'如斯而已乎？'曰：'修己以安百姓。'"
　　② 《论语·卫灵公》："无为而治者其舜也与？夫何为哉？恭己正南面而已矣。"

我也。我固有之也。……故曰:"求则得之,舍则失之。"(《告子上》)认为人只要把内心固有的仁义礼智这"四端"挖掘出来,便"足以保四海",(《孟子·公孙丑上》),这也就是所谓"仁政"。根据这一理论,孟轲设计的经世路线是由内而外、由己而天下。孟子曰:"人有恒言,皆曰:天下国家。天下之本在国,国之本在家,家之本在身。"(《离娄》)思孟学派的代表作《大学》对这一经世方案作了更具体的阐述:

> 古之欲明明德于天下者,先治其国。欲治其国者,先齐其家。欲齐其家者,先修其身,……自天子以至于庶人,壹是皆以修身为本。

思孟学派这种以个人修养为出发点以达到治国平天下的经世方略,既要推行于普通人之中,又尤其是替人君国主设计的。孟轲认为,"不以仁政,不能平治天下",而实施仁政的关键在于由仁人充任国君,仁人为君便有仁政,进而国家治、天下平。"君仁莫不仁,君义莫不义,君正莫不正,一正君而国定矣。"(同上)

儒学另一倾向的代表荀况则以"礼"学为出发点,以礼、乐为本,着意建立以礼为标志的外在的事功。这便是清儒所概括的"古圣王经世之道,莫切于礼"(《四库全书总目·经部·礼说提要》)。荀况将用力点牢牢地置于对外部世界的征服上,即所谓"物畜而制之","制天命,而用之"(《荀于·天论》)。这便是荀孟经世路径的分野所在。荀况强调人的社会性①,而社会性的人群组合起来便不能单靠人的善意,这里需要的是建立秩序,即需要有所区别("分"与"辨"),以及对这种区别的信守("义")。而将社会中的"分"和"辨"加以条理化、制度化,就是所谓"礼"。

---

① 《荀子·儒效》:"道者,何也?曰:君道也。君者,何也?曰:能群也。"

　　荀况的经世学说,其中心内容就在于对"礼"的阐述。荀况认为,礼的起源不在人的先天灵性,而发端于人的物质要求。

　　　礼起于何也? 曰:人生而有欲,欲而不得,则不能无求,求而无度量分界,则不能不争。争则乱,乱则穷。先王恶其乱也,故制礼义以分之,以养人之欲,给人之求。使欲必不穷乎物,物必不屈于欲,两者相持而长,是礼之所起也。(《礼论》)

　　荀况论及礼的功能,则主要申述其政治治理作用:

　　　人无礼则不生,事无礼则不成,国家无礼则不宁。(《修身》)

　　　规矩者方圆之至,礼者人道之极也。(《礼论》)

　　荀况对儒家经典的解释,也从外在的事功着眼:

　　　故《书》者,政事之纪也;《诗》者,中声之所止也;《礼》者,法之大分,类之纲纪也。(《劝学》)

这实际上已开了后世"六经皆史"、"六经皆先王之政典"等说法之先河。而且,对于诸经,荀况又特别突出礼,强调读礼、隆礼的重要性。他所指示的为学路径是:"始乎诵经,终乎读礼。"(《荀子·劝学》)

　　荀况的理想境界,是一个在"礼"的规范下,秩序井然,上下等级分明,而又充满了外在事功成就的世界:

　　　一天下,财万物,兼利天下,通达之属,莫不从服。(《非十二子》)

这种"圣王之迹著矣"(同上)的画面,实际就是大一统的封建帝国的蓝图。关于这一蓝图,荀况有相当具体的设计。他首先谈到国君的重要:

　　　故无分者,人之大害也;有分者,天下之大利也。而人君者,所以管分之枢要也。(《富国》)

继之申述了置相的必需:"若夫论一相而兼率之,使臣下百吏莫不宿道乡方而务,是人主之职也。"(《王霸》)进而强调了使民富裕乃国君的职责:"故王者富民,霸者富士。"(《王制》)又指出了富民的途径在于节约开支和发展生产:"足国之道,节用裕民,而善藏其余。……裕民则民富,民富则田肥以易;田肥以易,则出实者百倍。"(《富民》)

总之,荀况从君主政治、官吏设置到经济政策,为新兴的封建帝国的建立,提供了完备的切实可行的方案。而秦汉大一统封建帝国的建立,正是荀况的"外王"经世方略的成功实践。

四、秦汉以后儒学经世的复杂形态

有如上述,儒学经世两个走向的成败曲直,似乎已被战国—秦汉间的社会实践所检验、所鉴别,历史似乎已经从这两个经世走向中作出了抉择。然而,问题却远非如此简单。

在"外王"路线指引下建立起来的大一统的封建帝国,赢得了显赫的文治武功,秦皇汉武们的威权和功业都超越前代。但是,大一统的封建帝国这个社会实体很快又被自身的矛盾所困扰,这使得统治者和知识阶层(士人)都要对经世方略作新的调整。统治者发现,仅有外在的事功是不够的,也是不牢靠的,还需要按照某种特定模式塑造人们的灵魂,训练勤谨而又安分的百姓。而士人们除了要帮助统治者培养顺民("灭心中贼")之外,还希望有一种关于心灵修养的学说来教化统治者,直至皇帝本人,通过"格君心之非"促使其"行善政",即所谓"正心以正朝廷"。这是封建社会中后期儒生限制至尊至上的君权的一个办法。在世界许多民族和国度的中世纪,涉及灵魂铸造和限制君权的任务是由宗教和神学完成的。而在中国,宗教和神学虽然也发挥过相当作用,但铸造人们灵魂(其中包括教化君主)的使命主要落到儒学身上。这样,思孟学派所发挥的"内圣"之学便重振旗鼓,遇时而兴,"修、齐、治、平"成为士人们背得烂熟的生活信条,《大学》更被视作"君天下者之律令格例也。本之则必治,违之,则必乱。"(真德秀《大学衍义序》)荀况的"外王"之学反倒退居幕后,尽管继续为封建统治阶级所实际运用,却不太为人所称道。从这一意义而言,思孟学派的"内圣"之学,在汉以后的中国封建社会起了"准宗教"的作用,并因而成为高居庙堂的胜利者。

随着封建社会的推移,孟轲的地位愈趋提高。汉代赵岐称孟轲为"亚圣",唐代韩愈认定孟轲才是孔学衣钵的嫡传正宗,他提出了"尧—舜—禹—汤—文—武—周公—孔—孟"这样一个发展系统,并特别指出:"轲之死,不得其传焉"(《原道》)。韩愈虽然也推崇荀况,说"荀卿守正,大论是弘",但毕竟是"大醇小疵",因而被排斥在儒学正统之外;惟有孟轲,才是完美无缺的,所谓"孟氏醇乎醇者也"。韩愈实际上已提出了"道统"说。宋代理学家也大体作如是观,不过他们更从理论上阐扬"道统",并发展了孟轲的内圣之学,将其进一步与外王之学分离开来、对立起来。程颐说:"圣人之学,若非子思、孟子,则几乎息矣。"(《河南程氏遗书》卷十七)这既是对孟柯的推崇,也是对发展外王经世路线的荀学的抨击。理学家还明确提出内本外末,修身为始,治平为终的观点:

> 学莫大于知本末终始。致知格物,所谓本也,始也;治天下国家,所谓末也,终也。治天下国家,必本诸身。其身不正,而能治天下国家者,无之。(《河南程氏粹言》卷一)

这就把以"正心诚意"为内容的"修身"无限抬高,以至压倒并控制"治国平天下",甚至认为只有"修身"才具有本体论意义,"治平"倒成为一个不需要实际探讨的和具体努力,自然而然可以达到的目标。

总之,秦汉以后,沿着孟荀指引的"内圣"和"外王"两个方向,儒学分道扬镳。近人康有为对此作了颇有概括力的论述：

> 孔子之学,有义理,有经世。宋学本于《论语》,而小戴之《大学》、《中庸》及《孟子》佐之,朱子为之嫡嗣,凡宋明以来之学,皆其所统,宋元明及国朝学案,其众子孙也。多于义理者也。汉学则本于《春秋》之《公羊》、《谷梁》,而小戴之《王制》及《荀子》辅之,而以董仲舒为《公羊》嫡嗣,刘向为《谷梁》嫡嗣,凡汉学皆其所统,《史记》、两汉君臣政议,其支脉也,近于经世者也。(《长兴学记》)

康氏所论,大体勾勒出儒学的两大主潮。但需要订正和补充。

其一,康氏所说的儒学两派,并非只有义理一派本于《论语》。其实,经世派的崇尚《论语》决不下于义理派。从荀况以至于宋代的叶适、陈亮,明清之际的顾炎武、黄宗羲、王夫之以至于清代中后期的龚自珍、魏源等力倡经世实学的学者,也都是以《论语》为其学术圭臬的,他们在力斥理学空疏之时,往往以《论语》的救世精神为指针。

其二,宋明理学虽然激烈批评荀学的外王路线,着重发展义理之学,但无论是程朱还是陆王,都并未抛弃儒学经世这一基本宗旨。因此,经世风格并非由"荀况—董仲舒"等经世派所完全垄断。如二程便一再申述儒学的经世致用传统：

> 穷经,将以致用也。……今世之号为穷经者,果能达于政事专对之间乎? 则其所谓穷经者,章句之末耳,此学者之大患也。(《河南程氏遗书》卷四)

二程还反复指斥佛教的"无实"(同上书,卷十三),批评学禅者的"平居高谈性命",于"世事""不晓"(同上书,卷十八)。

宋学的另一支——邵雍的象数之学,以抽象虚玄的形态出现,但即使是邵雍,也意在"经世",他的主要著作便标明这一职志:《皇极经世》《经世衍易图》。

至于朱熹,更特别强调内圣之学兼有"修身"和"治平"两方面的功能。他指出,思孟学派的代表作《中庸》"放之则弥六合,卷之,则退藏于密,其味无穷,皆实学也"(《中庸章句》)。朱熹还发挥了孔子"下学而上达"之义,认为应当在深研人事的"下学"方面多用气力,"上达"方有根基。他说:"圣贤教人,多说下学事,少说上达事。说下学工夫要多,也好;但只理会下学,又局促了。须事事理会过来,也要知个贯通处。不去理会下学,只理会上达,即都无事可做,恐孤单枯躁。"(《朱子语录》)

众所周知,陆九渊、王阳明亦以平治为己任,时人称王阳明"事功道德,卓绝海内"(《千百年眼》卷十二);连反理学健将清人颜元也认为陆王"精神不损,临事尚为有用"(戴望《颜氏学记》卷一)。可见,孔子以后儒学两翼的差别,并不在于要不要经世,而是如何经世——是通过"内圣"之径达到经世目的,还是直接着力于外在事功。至于理学末流,尤其是王学末流,则确乎有背于经世宗旨,他们"平居高言性命,临事茫无措手足,彼求空虚之理,而于当世之事未尝亲历而明试之。"(《皇朝经世文编》卷一陈仙鹤《储功篇下》)这已经脱离了儒学经世的轨道,流于空疏清谈一途。

其三,康有为论经世派,只到董仲舒等两汉议政家为止。事实上,与义理派相抗衡的经世派,汉以后还有非常重要的发展,尤其是当义理派发展到宋明理学,与其相反相成的学派更列出堂堂之阵,与之论难。这是因为,程朱陆王虽然没有抛弃儒学经世的传统,但他们吸收了佛道二教注重宇宙论研究和个体修炼的特点,并与思孟学派的内圣之学相融汇,这样,他们用力的重点已转移到宇宙本体的思考和个人修养的完善上来,在哲学和伦理学两方面超越前人,然而其拯救社会的热情已大大冷却。诚如章学诚所言:"性命之说,易入虚无。"(《文史通义·朱陆》)这显然是对中国文化固有的救世风格的淡化,也与两宋以降国家民族面临的严峻局势形成强烈反差,这样,与朱陆相抗衡,以南宋叶适、陈亮为代表的反理学派便应运而起。清人全祖望在《宋元学案》中对这种势态作了清楚的表达:

> 乾淳之际,婺学最盛,东莱兄弟(吕祖谦、吕祖俭)以性命之学起,同甫(陈亮)以事功之学起,而说斋(唐仲文)则为经制之学。(《宋元学案·说斋学案》)

叶适、陈亮高举儒学经世的旗帜,一反朱陆以理气心性为中心的学术路线,却以政治、军事、经济等社会实际问题为出发点,决不讳言事功。叶适的批判锋芒,更不限于朱陆,他还指向思孟学派。叶适说:

> 曾子之学,以身为本,容色辞气之外,不暇问。大道多遗略,未可谓圣。于思作《中庸》,高者极高,深者极深,非上世所传。世以孟子传孔子,殆或庶几。然开德广,语治骤,处己过,涉世疏,学者趋新逐奇,忽亡本统,使道不完而有迹。(《宋元学案·水心学案》)

这显然是对孟学内圣路线的非议,因而也就包蕴着对荀学外王路线的肯定和阐扬。

反理学派在元明两朝并未得到发展,理学的朱陆两派则相继大盛天下,其内圣之学的片面性也愈益推向极致——"道问学"的程朱派日趋空疏,"尊德性"的陆王派更流于禅释,终于导致明末的"空论亡国",迷恋于心性之学的士人们"愧无半策匡时难,惟余一死报君恩。"(颜元《存学篇》)明清之际的顾炎武重新高擎经世大旗,尖锐抨击心性之学:

> 窃叹夫百余年以来之为学者,往往言心言性,而茫不得其解也。命与仁,夫子之所罕言也;性与天道,子贡之所未得闻也。……今之君子则不然,聚宾客门人之学者数十百人,譬诸草木,区以别矣,而一皆与之言心言性,舍多学而识,以求一贯

之方,置四海困穷不言,而终日讲危微精一之说,⋯⋯。(《亭林文集·与友人论学书》)
顾氏显然是从孔学正宗出发,批评理学的空寂。而他针对时弊,力主"明道救世",提倡学人之为学"非利己而已也,有明道淑人之心,有拨乱反正之事,知天下之势之何以流极而至于此,则思起而有以救之"(《亭林全集·与潘次耕札》)。与顾炎武同时的黄宗羲也提出"史学经世'的口号,他指出:"夫二十一史所载,凡经世之业,无不备矣。"(《南雷文约·补历代史表序》)王夫之亦认为史学的功用在于"述往以为来者师",使"经世之大略"彰明昭著(《读通鉴论》卷六)。此外,王夫之论政为了资治;论风俗,富于警世作用;论财赋,意在追究治乱兴衰之源;论学术,主旨在寻找政治之迹。可见,提倡经世致用,成为明末清初的一种学风。顾炎武的门人潘耒曾批评一般人误将顾氏之学仅仅看做考据之学,他说:"顾氏之学,经济实用之学也,如用之足以致太平。惟赞其考据之精,未知顾氏之意。"(《日知录序》)然而,清中叶的学界,恰恰只继承和发展了顾氏的"考据之精",抛弃了顾氏"明道救世"的主旨,以致考据学极一时之盛,经世精神则阗而不彰,其原因如章太炎所说:"多忌,故歌诗文史枵;愚民,故经世先王之志衰。"(《检论·清儒》)

救正清中叶这种沉溺于故纸堆的逃世学风的,是道光咸丰间的经世学者龚自珍和魏源。龚、魏等人面对鸦片战争前后的社会危机,一反当日学者专事考证的媚古之习,力倡"以经术为治术",留心社情政务,研讨本朝掌故之学,边疆及域外史地,为当时诸大政献计,谋求富强之策。龚、魏的学术,成为中国传统的经世之学走向睁眼看世界、救亡图存的近代新学的过渡形态和桥梁。

概而言之,以孔子为开端,儒学的经世传统沿着"内圣"和"外王"两个方向朝前发展,二千余年间,此伏彼起,却不绝如缕。其大略路径是:

20世纪儒学研究大系

```
        颜回 →子思→孟轲→韩愈→二程→ 朱　熹　朱熹后学
        曾参                        陆九渊　王阳明
  孔丘
        仲弓 →荀况→董仲舒→王通→陈亮 黄宗羲 龚自珍
        子夏                    叶适→顾炎武→魏　源
                                    王船山 包世臣①
```

五、小　结

儒学经世及其两个走向彼此间的冲突和交融,既是中国封建社会各种矛盾运动的反映,又铸造着中国封建社会政治、经济、文化以至于民族性格的内在精神。例如,中国人具有一种执著的对国家民族命运的忧患意识(所谓"天下兴亡,匹夫有责"),同时,又往往把道德的自我完善置于创造性的社会活动之上,这显然渗透着儒学经世两个走向的影响。

中国士人似乎普遍怀抱经世之志,但其中高者以天下国家为己任,"先天下之忧而忧,后天下之乐而乐",为了挽救国家民族不惜抛头颅洒热血;低者则一味"求干禄"、"觅仕进",钻寻终南捷径,一旦成为"政要之官",则只"知车马、服饰、言词捷给而已,外此非所知也"(《定庵文拾遗·明良论二》)。中国士人的这两种思想行径均与儒学经世传统有联系,都可以从孔子原教中找到渊源。

(原载《孔子研究》1986 年第 3 期)

冯天瑜(1942—　),湖北红安人,历史学家。武汉大学历史系

---

①　此表仅就儒学经世"内圣"和"外王"两个走向大略划分,并非指每一走向内部诸人的哲学路线、政治主张均相一致。

教授、中国文化所所长,兼中国史学会副会长、湖北省中国史学会副会长等职,长期从事中国文化史、明清史的教学与研究。主要著作有:《中华文化史》《中华元典精神》《明清文化史散论》等。

　　《试论儒学的经世传统》一文,从"经世"与"入世"、孔学的经世风格、"内圣"与"外王"的经世走向等方面,论述了儒学的经世传统。

20世纪儒学研究大系

明清实学简论

葛荣晋

从明中期到鸦片战争前的三百多年间,在宋明理学与近代新学之间,曾出现过一股进步的社会思潮,我们把它叫做"明清实学思潮"。对明清实学思潮的研究,在我国还刚刚开始。本文拟就明清实学概念,特征、分类、阶段,以及它产生的历史条件和历史评价等问题,作一初步探索。

一、"明清实学"概念的由来

"明清实学"这一概念,并不是我们的主观杜撰,而是明清时期进步思想家普遍用以说明和概括自己思想和学说的范畴。

虽然无论过去和现在,都有少数学者无限夸大宋明理学与明清实学之间的思想继承关系,完全否认它们之间的对立性和差异性,否认"明清实学"这一新的社会思潮的存在。但是,多数学者是承认这一进步的社会思潮的存在的。如何概括和说明这一进步的社会思潮,目前有如下几种说法:(1)反映市民意识的"早期启蒙思潮"(这是目前最主要的一种说法);(2)地主阶级改革派的"自我批判思潮"(或者叫做"地主阶级自救运动思潮");(3)"反理学思潮";(4)"经世致用思潮",(5)"个性解放"和"人文主义"思潮。

上述五种说法,虽然见仁见智,都有一定的道理,但是,(一)它们都未能完整地概括这一进步社会思潮的丰富内容。"早期启蒙思潮"的说法,虽然反映了市民阶层的利益和愿望,但是未能囊括地主阶级改革派的自我批判的进步思想;"自我批判思潮"的说法,虽然概括了地主阶级改革派的思想内容,但是它忽视了反映市民阶层利益的启蒙思想。事实上,这一进步社会思潮既表现于经济基础,又表现于上层建筑;既表现于哲学领域,又表现于社会政治思想、科学、史学、文学、艺术、经学和考据学等文化领域,是一个具有多层次含义的社会思潮。"反理学思潮"的提法,是针对宋明理学而言,多限于哲学领域;"经世致用思潮"和"个性解放和人文主义思潮"的提法,也只是部分地反映了这一进步社会思潮的某些特点,而不能涵盖它的全部内容和基本特征。(二)其中某些提法是套用欧洲文艺复兴时期的概念和术语(如早期启蒙,个性解放和人文主义),未能确切地表达我国明清时期民族文化的内容和特征,缺乏中国固有的喜闻乐见的民族表述方式。一部中国思想史的进程,大体可以表述为先秦子学、两汉经学、魏晋玄学、隋唐佛学、宋明理学。宋明理学之后,当是明清实学,近代新学(西学)。这样,在宋明理学与近代新学之间,选择一个中国学术史上固有的术语——"实学"来表述,比套用西方术语更妥当更亲切。

我们在反复查阅明清进步思想家的著作及其有关文献过程中,随时都可以发现:当时的许多进步的政治家、科学家和思想家,为了同空谈性理、鄙弃事功、脱离现实、着力于心性修养的宋明理学相对立,他们总是把自己的学说和思想称为"实学",或者彼此以"实学相期许"。这里我们不妨略举几例:

王廷相(1474—1544)为了反对明中期理学末流的"空寂寡实之学",称赞"《正蒙》,横渠之实学也"(《慎言·鲁两生篇》),把他自己从张载那里承袭下来的元气实体论称为"实学"。同时在政治上他也把"经世之学"(《石龙书院学辩》)称为"实学"。

张居正(1525—1582)在批评王学末流时,指出:"近来俗尚浇漓,士鲜实学"。(《答文宗谢道长》)大力提倡内圣外王的经世实学。

徐光启(1562—1633)反对空谈性理,主张"实才"、"实用",认为"方今事势,实须真才;真才必须实学。"(《与胡季仍·比部》)他所以信服利玛窦等人,是因为他们传入的科学技术是"实心、实行、实学,诚信于士大夫也。"(《泰西水法序》)把西方传入的科学技术称为实学。

顾炎武(1613—1682)基于理学空疏亡国的教训,大力提倡经世致用,反对理学末流"不习六艺之文,不考百王之典,不综当代之务,举夫子论学论政之大端一切不问,而曰一贯,曰无言,以明心见性之空言代修己治人之实学。"(《日知录》卷七)

颜元(1635—1704)从总结明亡的历史教训出发,认为"秦汉以降,则著述讲论之功多而实学实教之力少"(《存学编》卷一),而"实学不明,言虽精,书虽备,于世何功,于道何补!"(《存学编》卷三)他以提倡实学为己任,"唯在实学,实习,实用之天下。"(《颜氏学记》卷一)

戴震(1723—1777)把乾嘉考据学称为"实学",指出"值上(指乾隆皇帝)崇奖实学,命大臣举经术之儒。"(《江慎修先生事略状》)"圣天子稽古右文,敦崇实学,昭昭乎有明验矣。"(《四库全书总目》卷一一五)在经学方面,他把凭空臆造的宋学视为"虚学",把专务训诂名物的汉学视为"实学"。

以黄宗羲(1610—1695)、万斯同(1638—1702)、章学诚(1738—1801)为代表的浙东学派,大力提倡经世史学,把历史研究与救时济世结合起来,认为"使古今之典章法制灿然于胸中,而经纬条贯可建万世之长策,他日用则为帝王师,不用则著书名山为后世法,实为儒者之实学。"(《与从子贞一书》)

……

上述例子说明,"明清实学"这一概念的内涵极为丰富,外延极为广泛。我们认为采用明清时期进步思想家使用过的"实学"这一概念,来概括这一历史时期出现的进步社会思潮,既能够比较完整地反映当时社会"由虚返实"的新的历史转向,比较准确地表现这一社会思潮的"崇实黜虚"的本质和特点,又符合中国人的社会心理结构和传统文化习惯。

二、明清实学的特征、种类和历史阶段

宋明理学家也讲实学,但明清实学不同于宋明理学家所谓"实学",有其独特的社会内容和时代特征。它的基本特征是"崇实黜虚"。所谓"崇实黜虚",就是鄙弃空谈心性,而在一切社会领域和文化领域提倡"崇实",即"实体"、"实践"、"实行"、"实习"、"实功"、"实心"、"实念"、"实言"、"实才"、"实政"、"实事"、"实风",等等。

"崇实黜虚"是明清时代精神的集中表现。它具体地表现为四种精神:

(一)批判精神。"崇实黜虚"的时代精神,首先表现在针砭时弊上。不论是地主阶级的改革派还是新兴的市民阶层,尽管他们之间存在着差别和矛盾,但是他们都把批判矛头指向腐败的封建制度及其僵死的传统文化,共同构成一股强大的社会批判思潮。这一社会批判思潮,体现在两方面:一是在意识形态领域,他们全面地对程朱理学,陆王心学和佛、道思想体系特别是理学末流进行批判。二是在社会领域,他们针对社会政治的积弊,全面地揭露了明清封建社会的腐朽黑暗和统治阶级的昏庸无道,批判了封建专制主义和各种禁锢人性的陈规陋俗。

(二)经世思想。"崇实黜虚"的时代精神,落实到经国济世上,

即表现为锐意社会改革的经世思想。为了挽救明代的社会危机和"富国强兵",罗钦顺、王廷相、崔铣、黄绾、陈建、高拱、张居正、吕坤、唐鹤征、陈第等人,不但在田制、水利、漕运、荒政、赋税、兵制、治边、吏治、科举诸方面揭露了当时的各种弊端,而且也提出了各种旨在改革时弊的救世方案,甚至有的还亲自发动和参加了社会政治改革运动(如张居正改革)。明清之际,以顾宪成,高攀龙为代表的东林党人,面对"天崩地陷"的严峻现实,反对王学末流的"落空学问",提倡士大夫"居庙堂之上则忧其民,处江湖之远则忧其君"(《高子遗书》卷八)的治学宗旨。"风声、雨声、读书声、声声入耳;家事、国事、天下事,事事关心"这副对联是东林党人救世济民的崇高理想。以陈子龙为代表的复社君子,编印《皇明经世文编》,其目的也是"资后世之师法"。顾炎武满怀救世激情,编纂的《日知录》和《天下郡国利病书》,黄宗羲撰写的《明夷待访录》,王源著的《平书》等,都是一代"明道救世"之作。清朝道、咸年间,龚自珍、魏源等进步思想家,针对当时激化了的社会矛盾,也提出了各种社会改革方案。明清时期的经世思想,虽立足于"补天",但他们与当时理学末流的"凭是天崩地陷,他也不管,只管讲学"的逃世态度却形成了鲜明的对比,在历史上曾起过一定的进步作用。

(三)科学精神。"崇实黜虚"的时代精神,落实到探索自然上,即表现于科学的复兴和"西学东渐"。明初,由于宋明理学空谈性命,不务实学,遂使自然科学处于冷落,沉寂状态。尔后,由于发展经济的需要和资本主义生产的萌芽,再加上"西学东渐",自然科学开始由沉寂转向复兴。这时,不但中国古典科学技术进入总结阶段,而且也从西方输入了近代科学及其思维方法,出现了一批著名的科学家和划时代的科学巨著。如李时珍的《本草纲目》、朱载堉的《乐律全书》、徐光启的《农政全书》、徐弘祖的《徐霞客游记》、宋应星的《天工开物》、王锡阐的《晓庵新法》、梅文鼎的天算之学、刘献廷的舆地之学,等等,都是宋明理学衰颓和明清实学思潮兴起的产物。他们在实学思潮的影响下,把注意力从空谈心性转移到自然科学的探索上,不但提出了许多有价值的科学思想,也开创了重实践、重考察、重验证、重实测的一代新的学风。

(四)启蒙意识。由于资本主义萌芽的产生和市民运动的开展,在思想文化领域,必然会出现反映市民阶层利益和愿望的启蒙意识。市民阶层的启蒙意识,表现于许多方面:在土地制度上,他们已突破封建士大夫的"均田"、"限田"的说法,公开反对封建土地所有制。王源提出的"惟农为有田"的主张,开启了近代"耕者有其田"的思想先河。在经济思想上,黄宗羲、唐甄、王源等人反对"崇本抑末"的传统思想,主张"工商皆本"。这是商品货币经济的发展和市民地位的提高这一客观现实的反映。在政治上,他们以民本主义为武器,猛烈抨击和多方限制封建君权。黄宗羲在《明夷待访录》中提出了"天下为主、君为客"的著名论点,指出"为天下之大害者,君而已矣。"企图通过"置相"(即设立宰相,接近于近代责任内阁总理),"学校"(接近于近代议会)来实现它的"有治法而后有治人"的政治理想。顾炎武所谓"寓封建于郡县之中",以及他提倡"众治",反对"独治"的思想,都是限制封建君权的政治构想。在哲学上,以王艮、何心隐、李贽等人为代表的启蒙派哲学,他们除了大力宣传人的主体意识和人的社会价值,鼓吹个性解放和人本主义之外,还针对宋明理学的"存理灭欲"的说教,大力宣传理欲统一说,揭露"以理杀人"的本质,他们蔑视封建偶象崇拜,公开否定以孔子之是非为是非。在伦理道德上,他们反对封建主义的三纲五常,特别是君为臣纲。何心隐构想的理想社会,是一个"凡有血气之莫不亲莫不尊"、"相友而师"的社会。黄宗羲强调臣是"为天下,非为君也;为万民,非为一姓也"。在文学艺术上,随着封建正统文艺的衰败,兴起了一股市民阶层反传统的浪漫主义的文艺思潮。

徐渭的"本色论"、李贽的"童心论"、汤显祖的"至情论"、袁宏道的"性灵说"等等,都是对封建正统文艺的鄙弃。所有这些启蒙意识,都在原则上不同于地主阶级改革派的进步思想,不是"补天",而是"拆天",是新兴市民阶层的利益和愿望在思想领域的表现。

明清实学思潮遍及于明清社会的各个领域,是一个具有丰富内容的社会概念。按其内容分类,主要分为实体实学、经世实学、科学实学、考据实学和启蒙实学。所谓实体实学,是就明清实学的哲学基础而言。它包括以气这一物质实体为本的本体论,以实践(力行)为基础的认识论,以"性气相资"为基本内容的自然人性论,以"实功"为主要修养方法的道德论,以利欲为基础的理欲统一说(包括义利统一说)等内容。实体实学的主要代表人物有罗钦顺、王廷相、崔铣、杨慎、吴廷翰、高拱、唐鹤征、黄宗羲、王夫之、熊伯龙、颜元、戴震等人。所谓经世实学,是就明清实学的社会政治内容而言。它既包括对社会各种弊病的揭露和批判,也包括对拯救时弊方案的构思与实施。甚至也包括学术上的"通经致用"和"经世史学"等内容。经世实学的主要代表人物有高拱、张居正、吕坤、顾宪成、张溥、陈子龙、顾炎武、黄宗羲、吕留良、王源、万斯同、全祖望、章学诚、洪亮吉、龚自珍、魏源等人。所谓科学实学,是就明清实学的科学内容而言。它既包括对中国古典科学的总结,也包括传教士从欧洲输入的"西学";既包括天文、历法、数学、音律,又包括医学、地理、农业、水利、生物等多种学科。主要代表人物有李时珍、朱载堉、徐光启、宋应星、徐弘祖、傅山、方以智、王锡阐、梅文鼎、刘献廷等人。所谓考据实学,是就明清实学的经学内容而言。明中叶以后,随着实学思潮的兴起和发展,在经学研究领域,出现了汉学和子学的复兴,以子学研究代替独尊经学,以专事训诂名物的汉学代替以己意解经的宋学的新局面。主要代表人物有杨慎、焦竑、陈第、方以智、傅山、顾炎武、毛奇令、戴震、汪中、焦循、阮元等人。所谓启蒙实学,是就明清实学的市民意识而言。它反映在意识形态的各个领域,尤其集中反映在哲学、文学、艺术领域。主要代表人物有王艮、何心隐、李贽、黄宗羲、徐渭、汤显祖、袁宏道等人。

明清实学思潮并不是一个静态的社会思潮,而是随着明清社会的变迁而不断演化的。它经历了一个产生、发展、鼎盛和衰颓的历史过程。大体上,可以分为三个阶段:(一)从明朝正德年间至万历前期,随着明王朝由盛转衰,社会矛盾和政治危机的初步展开,从封建社会母体中产生出一个与宋明理学相对立的实学思潮。这是明清实学思潮的兴起、发展时期。(二)从明万历中期至清代康熙中期,我国处于一个"天崩地解"的大动荡时代。封建社会所固有的阶级矛盾和民族矛盾,特别是清兵入主中原和明王朝覆灭而引起的满汉之间的民族矛盾愈益激化;随着资本主义生产萌芽的发展而产生的市民阶层的反抗封建统治的斗争也此起彼伏;再加上"西学东渐"处于全盛时期,从而把明清实学思潮推向新的阶段。这是明清实学思潮发展的鼎盛时期。(三)从清康熙中期至鸦片战争前期,资本主义生产萌芽受到严重摧残,"西学东渐"也处于沉寂时期,再加上清初统治者奉行的推崇朱学和文化专制主义,使明清实学思潮由高潮转入低潮,进入一个曲折发展过程,这是明清实学思潮的衰颓时期。鸦片战争以后,随着中国由封建社会向半殖民地半封建社会的转变,明清实学思潮便让位于近代新学思潮了。

三、明清实学产生的历史条件

明清实学思潮产生于我国十六世纪至十九世纪中叶,不是偶然的,有其深厚的社会阶级根源和文化思想渊源。

从社会阶级根源看,明清实学思潮是由当时的地主阶级改革派的自我批判和新兴市民阶层的启蒙意识汇合而成的。

从明朝中期开始,中国封建社会的各种阶级矛盾和社会总危机已经暴露,既有地主阶级与农民阶级的矛盾,甚至爆发了李自成、张献忠的全国性的农民战争;又有各地的少数民族暴动和来自漠北的蒙古贵族、新崛起的东北满族的不断侵扰以及东南沿海的倭寇侵略。同时,统治阶级内部各派政治势力之间的倾轧和斗争也愈演越烈。各种社会矛盾的对抗和冲突,共同汇合成了反封建的洪流,整个封建社会机制实际上处于瘫痪状态。所以从明中叶开始,地主阶级的有识之士纷纷探讨形成这种局面的症结所在,并且认识到明朝所以衰亡,是理学末流空疏、迂腐本质所致。要拯救社会危机,必须首先批判理学末流的"空寂寡实之学"。王廷相说:"近世好高迂腐之儒,不知国家养贤育才将以辅治,乃倡为讲求良知、体认天理之说,使后生小子澄心白坐,聚首虚谈,终岁嚣嚣于心性之玄幽,求之兴道致治之术,达权应变之机,则阔然而不知。以是学也,用是人也,以之当天下国家之任,卒遇非常变故之来,气无素养,事无素练,心动色变,举措仓皇,其不误人家国之事者几希矣!"(《雅述》下篇)王廷相把明王朝所以日衰,完全归咎于程、朱理学和陆、王心学,虽然看法有些片面(没有从经济、政治方面去找原因),但是他指出理学末流败坏人才,贻误国事,却是有道理的。

明朝亡国以后,许多著名学者都在思考着"明朝何以亡"这一重大社会问题。经过沉痛的反思,他们深切地认识到理学末流,特别是王学末流的空谈心性,是明朝覆灭的重要原因之一。所以,抨击理学的空谈之弊,要求由虚返实的言论,也愈来愈强烈。例如顾炎武以清谈亡晋为例说:"刘、石乱华,本于清谈之流祸,人人知之,孰知今日之清谈,有甚于前代者。昔之清谈谈老、庄,今之清谈谈孔、孟。未得其精而已遗其粗,未究其本而先辞其末,不习六艺之文,不考百王之典,不综当代之务,举夫子论学论政之大端一切不问,而曰一贯,曰无言,以明心见性之空言代修己治人之实学。股肱惰而万事荒,爪牙亡而四国乱,神州荡覆,宗社丘墟。"(《日知录》卷七)李塨抨击说:"宋明虚文日多,实学日衰,以诵读为高级,以政事为粗豪。……至于明末万卷经史,满腹文词,不能发一策,弯一弓,甘心败北,肝脑涂地,而宗社墟,生民熸矣,祸尚忍言哉!"(《平书订》卷二)

总之,在明亡前后,进步思想家反思的中心问题是明朝何以衰亡的问题。他们从沉痛的历史反思中认识到"救弊之道在实学,不在空言",认识到"惟有实学可以经世"。由虚返实,"崇实黜虚",是明清时代的最强音,标志着一代学风的根本转变,反映着时代前进的方向和要求。

与此同时,随着资本主义生产萌芽的产生和发展,新兴市民阶层反对封建制度的斗争也在发展。从十六世纪开始,封建社会母体中已经孕育出资本主义的生产萌芽,从农业与手工业相结合的自然经济中已经分化出独立的手工业作坊和以工商业为主体的城市。如《苏州府志》云:"郡城之东皆习机业。织文曰缎,方空曰纱。工匠各有专能。匠有常主,计日受值。有他故,则唤无主之匠代之,曰唤代。无主者黎明立桥以待。缎工立花桥;纱工立广化寺桥;以车纺丝者曰车匠,立濂溪坊。什佰为群,延颈而望,如流民相聚,粥后俱各散归,若机房工作减,此辈衣食无所矣。"(《古今图书集成》《职方典》第六百七十六卷《苏州府风俗考》)类似苏州这样的工商业城市,在我国东南沿海、长江流域,尤其是长江三角洲一带,相当普遍。甚至在某些经济作物种植业(如江西新城的种烟业)中也出现了"专靠赁田栽烟"的原始资本主义农业。在这些手工作坊和种植业中,生产关系相应地发生了新的变化。《明实录》所引曹时聘的奏文曰:在手工业作坊里,"机户出资,机工出力,相依为命久矣。"(明神宗《万历实录》卷三六一)在商业中,范濂云在《闲居日抄》中指出：自万历以来，松江"开署袜店百余家，合郡男女皆以做袜为生，从店中给筹取值。"在农业生产中，也出现了"主者得工，雇者得值"（清乾隆《林县志》卷五）的雇佣劳动。由于明王朝对市民阶层征以重税以及各种专卖政策的限制，严重地阻碍资本主义生产的自由发展，所以，各地不断地发生市民的各种形式的斗争。如明嘉靖十九年（1540年）江西景德镇陶工因岁饥而起义，三十五年（1556年）江西上饶陶工开展反饥饿斗争；万历二十七年（1599年），临清市民发动"罢市"斗争，荆州市民发动反陈奉的暴动，二十九年（1601年）苏州织工发动反对税监孙隆的斗争……

　　明清实学思潮的兴起和发展，除了上述的社会阶级根源之外，还有深远的文化思想渊源。这里，又有两种情况：（一）明清实学来源于宋明理学而又对立于宋明理学。宋明理学虽然着力于发扬孟子的"内圣"路线，将追求宇宙本体和追求个人心性修养的完善作为治学宗旨，但是，无论是程、朱还是陆、王，都从未抛弃儒家的经世传统。在他们的学说中，也包含有某些合理的实学思想。他们在批评佛、老的过程中，有时也讲"实体"、"实行"、"实事"、"实功"、"实理"等。如程颐说："治经，实学也。……如《中庸》一卷书，自至理便推之于事。如国家有九经，及历代圣人之迹，莫非实学也。"（《河南程氏遗书》卷一）朱熹也从理学角度讲实学，指出，《中庸》"其书始言一理，中散为万事，末复合为一理，'放之则弥六合，卷之则退藏于密'，其味无穷，皆实学也。"（《中庸》章句》）陆九渊虽然喜论心学，但他反对"虚说"、"虚见"，主张在"人情物理上做工夫"，指出养心"全无议论辞说蹊径，盖古人皆实学。"（《陆九渊集》卷七）王阳明讲"良知"，但他反对悬空去讲，主张"随时就事上致其良知"，如"簿书讼狱之间，无非实学"（《王文成公全书》卷三）。正因为宋明理学中含有某些实学思想，所以明清时期的实学家在批评它的空谈心性的同时，对其中的实学思想也多加肯定和继承。如崔铣称赞说:"宋之四子(指周、程、张、邵)造诣精矣,皆实学矣。"(《洹词》卷十)章学诚也极力推崇"性命、事功、学问、文章,合而为一"的朱子之学,认为"黄(榦)、蔡(元定)、真(德秀)、魏(了翁),皆承朱子而务为实学","而非专已守残,空言性命之流也。"(《文史通义》卷三《朱陆》)由于时代之需要,宋明理学中的朱、陆两派相继盛行于明、清两代,其末流尤其是王学末流,片面地发展了理学的玄谈心性的一面,他们抛弃了儒学的经世传统和理学中的实学思想,完全流于空疏清淡一途,成为明王朝覆灭的一个重要原因。宋明理学的颓势无法挽回,以实学代替理学已成历史必然趋势。这就为明清实学思潮的产生提供了客观需要和可能。明清实学既是对宋明理学的经世传统及其蕴涵的实学思想的继承,又是对其末流的空谈心性的否定。(二)明清时期的科学复兴和"西学东渐",与明清实学思潮的兴起和发展有着密切的关系。明中叶以后,除了中国古典科学的复兴,葡萄牙人开始东来中国,尔后荷兰、西班牙、意大利、法、德等国的传教士也相继来到中国。以利玛窦为代表的耶苏会士标榜"学术传教",在传教的同时,也带来了西方的科学技术。如在天算上,利玛窦、徐光启合译《几何原本》、《测量法仪》,利玛窦、李之藻合译《乾坤体义》、《同文算指》,熊三拔撰《简平仪说》、《表度说》,阳玛诺撰《天问略》,以及徐光启等人在西人协助下而完成的《崇祯历书》等;在地理学上,利玛窦撰《万国图志》、艾儒略撰《职方外纪》、利类思著《西方纪要》、庞迪我编《海外舆图全说》,南怀仁纂《坤舆图说》、《坤舆外记》等;在物理学上,汤若望撰《远镜图说》,邓玉函、王征合译《远西奇器图说》、焦勖之撰《火攻絜要》等;在医药学上,罗雅谷著《人身图说》,邓玉函著《人身概说》等。"西学东渐"之时,适值明清多事之秋,以徐光启、梅文鼎为代表的有识之士,满怀救亡图存的忧患意识,厌倦心性之学空疏无补,逐渐转入经世致用,把西学看成是"国家致盛治,保太平之策。"(徐光启:

《辨学章疏》)立足中学,博采西学。中西文化的冲突与交融,为明清实学思潮的发展提供了科学基础。

综上所说,明清时期,由中国封建社会的总危机而分化出来的地主阶级改革派和由资本主义生产萌芽而产生的市民阶层,共同构成了明清实学所赖以产生和存在的社会政治条件。宋明理学的衰颓及其所包涵的实学思想,中国古典科学的复兴和"西学东渐",共同构成了明清实学所由产生的思想文化条件。明清实学就是在这些历史条件下孕育、产生和发展起来的一股进步的社会思潮。

四、明清实学的历史地位

明清实学在中国思想史的发展长河中,如同先秦诸子学一样,是中国哲人的伟大的理性思维成果,是中国思想史这棵大树上开出的绚丽多采的花朵。对它必须采取实事求是的态度,既要肯定它的历史贡献,又要指出它的时代局限。

从它的理论价值看,明清实学具有两方面意义:一是它所讨论的范畴、命题、问题,虽然与宋明理学有相同之处,但它根据时代的要求对同一范畴、命题和问题却作出了自己的解释和说明,如对理气、心性、知行、一两、理欲、理势、义利等一系列范畴,进行了总结性的批判,多发前人所未发,达到了中国古代思想史的较高水平。二是它又孕育着近代的某些因子(如前面"启蒙意识"中所说),提出了一些新范畴、新命题,新问题,成为近代思想的理论先驱。明清实学的这种双重性格,是由它得以产生的历史条件所决定的。

从它的社会价值看,明清实学思潮是继先秦诸子百家争鸣、魏晋玄学思潮、宋明理学思潮之后又一次空前的学术高潮。它开始冲破了宋明理学的一统天下的局面,荡涤着封建社会已经僵化了的旧礼教、旧传统、旧观念、旧习惯的束缚,导致又一次思想解放,为新的社会生产力的发展开辟道理。

明清实学是古老的中国传统文化通往近代新学的桥梁,是近代资产阶级批判封建主义的理论先驱。明清实学对宋明理学的总结、批判,为迎接近代资产阶级革命的到来准备了必要的条件。明清实学一扫宋明理学的"灭欲存理"、"舍利言义"的陈腐之说,为近代资本主义的发展开辟了道路;明清实学的"舍虚就实"和经世致用的学风,引导近代的志士仁人愤然抛弃心性玄谈,将视线投向现实社会;明清实学的实事求是,实地考察的学风,打开了人们救亡图存的心扇,开启了中国近代资产阶级的视野,使他们放眼世界,向西方寻求救国救民的真理。

中国近代资产阶级,无论是改良派还是革命派,他们在反对封建主义的斗争中,总是自觉地把明清实学作为理论武器拿来使用。康有为在批评封建君主制度时,总是以黄宗羲的《明夷待访录》作为理论依据,如他在《孟子微总论》中提出的"民为主而君为客"的思想,即来源于此。梁启超在《中国近三百年学术史》中指出:"我们当学生时代,实为刺激青年最有力之兴奋剂。我自己的政治运动,可以说是受这部书(指《明夷待访录》)的影响最早而最深。"在《清代学术概论》中,他又指出:"梁启超、谭嗣同辈倡民权共和之说,则将其说(指《明夷待访录》)节抄,印数万份,秘密散布,于晚明思想之骤变,极有力焉。"谭嗣同把王船山、黄梨洲的思想看成复兴民族的思想武器,认为三代以下无可读之书,只有《明夷待访录》和《船山遗书》可读。他的《仁学》思想的重要来源即是黄、王之书。中国近代资产阶级新学发生在中国这块土壤,决不是西学的简单移植,而是西学与中国传统文化特别是明清实学相融合的产物。

　　明清实学虽然是从古老的中国传统文化通向近代新学的桥梁,其历史功绩不可抹煞。但是,它并没有把中国引向资本主义社会。这与明清实学的历史局限有一定的关系。一方面,从封建母体中滋长起来的资本主义生产萌芽,力量非常微弱,建立新的资本主义社会结构的历史条件远未成熟,使明中叶以后出现的实学思潮缺乏稳固的社会基础,不成熟的社会阶级关系决定着明清实学的不彻底性。它虽然对封建制度的弊端及其官方统治思想宋明理学进行了批判,但是也保留有较严重的旧思想的痕迹,同封建制度及其传统思想还保持着多方面的联系。同时,明清实学由于过分地、不加分析地排斥理学,有忽视抽象思维的倾向,带有一定的经验主义色彩,甚至有烦琐主义的弊端。另一方面,明清封建社会的总危机虽已爆发,但是封建势力及其意识形态仍然十分强大,仍能起着自我调解的作用。它以各种手段如复兴朱学、大兴文字狱、排斥西学等,阻碍、压抑、扼杀明清实学思想的发展。正因为如此,对明清实学的历史作用不能过高估价,不可把明清实学与近代资产阶级的启蒙思想完全等同起来。

(原载《社会科学战线》1989 年第 1 期)

　　葛荣晋(1935—　　　),河南济源人,哲学家。中国人民大学哲学系教授,中国人民大学东方文化研究所所长;兼任中国实学研究会会长、中华孔子学会副会长等职。长期从事中国哲学与东亚实学的研究,是实学研究的积极倡导者、开拓者。主要著作有:《中国实学文化导论》、《明清实学思潮史》(主编)、《清代社会与实学》(合著)、《中日实学史研究》(主编)、《儒道智慧与当代社会》、《中国实学思想史》(主编)、《韩国实学思想史》(主编)、《张载关学与实学》(主编)、《中国哲学范畴史》、

《中国哲学范畴通论》等。

　　本文阐明了"明清实学"概念的由来,系统论述了明清实学思潮的特征和发展阶段、产生的历史条件、历史地位和局限等问题。

高拱的实政论及其理论基础

牟钟鉴

一、"志不尽舒，才不尽酬"

明朝嘉靖、隆庆、万历三朝，内阁制度达到鼎盛时期，出现了一批事功卓著的首辅之臣，其中徐阶、高拱、张居正三人皆通达干练，时称名相。但徐阶、张居正辅政时间较长，生时显赫于世，死则留名于后。徐阶有倒严嵩之功，张居正有改革之劳，颇为史家所称颂。独有高拱，论见识才干不亚徐、张，论相业功绩卓然有成，论学问德行又高一筹，然而身当徐、张两名相之间，秉政二载，其志其才未能充分施展，便被排逐，郁郁而死，其学问鲜为世人所知，其事功又为史家所笔略，有关研究文字寥寥可数。此种寂寞状态，令人为之惋叹。

高拱字肃卿，号中玄子，河南新郑人，生于明武宗正德七年（公元1512年），卒于明神宗万历六年（公元1578年），死谥文襄。据郭正域《高文襄公墓志铭》称，高拱少年苦攻经义，"为文不好琐屑，而沉雄开爽，出人意表"。嘉靖二十年举进士。穆宗为裕王时，高拱任他的侍读讲官，凡九年，深得裕王倚重。后经徐阶推荐，拜太常卿，掌国子监祭酒。嘉靖四十一年擢礼部左侍郎。旋改吏部兼学士，掌詹事府事。进礼部尚书，召入直庐。嘉靖四十五年拜文渊阁大学士。穆宗即位后，进少保兼太子太保。与徐阶不睦，后矛盾日益激化，为言官弹劾，辞官归养。隆庆三年冬，徐阶罢相，穆宗复召高拱，以大学士兼掌吏部事，为首辅大臣。隆庆四年到六年，在穆宗充分信任与重托下，高拱大刀阔斧地进行了洗刷颓风、振兴朝政的一系列改革，在清整吏治、选储人才、安边强兵等方面都颇有建树，使明朝多年因袭虚浮、积弊丛生的内政外交，有所改观，生出一股清明刚健的新风气。高拱勇于任事，为国谋治殚思竭诚，"慨然以天下为己任，凡晨理阁事，午视部事"，是一位忠于职守的政治家。在兼吏部尚书的短短二年中，他自拟呈皇帝诏准而颁行的奏疏，竟在二百五十余份以上，其夙兴夜寐、勤勉为国之情可想而知。按照以往惯例，霜降谳狱（即复查疑案），冢宰当执笔主持。高拱不辞辛苦，亲自秉烛视狱词，漏尽不休，白天又集诸司议于朝房，连续工作二十余日，出冤狱一百三十九人（见郭正域：《高文襄公墓志铭》）。

前后三相中，徐阶子弟横行乡里，张居正左右多通贿赂，独高拱严于律己，为国而不谋私。他当官清廉勤苦，又注意管束自己家族子弟，不使杖势为非，这在封建官僚中是不多见的。居相期间，高拱写信给新郑县尹，表示自家"曾无一字入于公门，亦曾无一钱放与乡里"，嘱咐县尹严格管束自己在乡亲族，若家仆违禁，"即重加惩究"，若族人生事为非，"即绳以法"，这样做的好处有三，一可使其本人寡过，二可使县令持法严正，提高威望，三可使家族知守礼法，不陷于恶。其言出于肝膈，恳切真挚，决非表面文章（以上见《高文襄公集·政府书答》）。

高拱任相期间最显著的功勋是圆满处理贵州安国亨事件和实现俺答封贡事，特别是后者，使频年北患，终于解除，此后北部边境安定达三十余年，深得穆宗器重。可惜高拱好景不长，穆宗在位仅六年就去世，高拱、张居正二人同受顾命，而高拱此时位在居正之上，二人关系从此急剧发生变化。高拱虽然才干超群，但性格急躁偏狭,质直好露,不谙权术。正当高拱才气横溢、英锐勃发、大有作为之时,由于穆宗之死而失去了最大的靠山,他自己意识不到这一变化的严重性,不懂得如何重新取宠固位,反而本着以往行事的作风开罪于有势之宦官,又丝毫觉察不到身边的张居正在虎视耽耽觊觎着相位,这就使他在新的权力斗争中处于被动脆弱的地位。张居正城府极深、机谋过人,他充分利用了帝位改易的良机,取得太后支持,与宦官冯保勾结起来,用突然袭击的手段,宣诏驱逐高拱,于是高拱落魄而去,内阁大权遂归于居正。

高拱志不尽舒,才不尽酬,晚年受到的打击是极为沉重的。当高拱斥退乡里后,张居正担心他东山再起,曾利用王大臣闯宫一案,欲诛灭高氏一门,后因群议鼎沸而罢手。他虽然后事不吉,然而公道自在人心,对于他的业迹与遭际,明人即有客观的评论。万历十二年(即高拱去世六年)户部主事马之骏辑刻《高文襄公集》,作序将高拱、张居正称为隆万间两“名相”,“皆豪杰之致也”,称赞高拱的定边功业“寔不下李(李纲)、寇(寇准)”,是“备文武之质者”。郭正域给高拱作《墓志铭》,说:当嘉隆之际,相臣中身任天下之重,而能“行谊刚方、事业光显者,无如新郑高公”。高拱为张居正所倾,这是个人的不幸;高拱所开创的政治改革事业为张居正所继承发扬,这又是高拱不幸中之有幸。他在短暂的政治生涯中干出了一番有声有色的事业,影响了明代中后期的社会政治生活与思想文化,推动了实学思潮的形成。高拱是一位可敬可爱的历史人物。

高拱晚年亲自将身边文稿做了一番分类整理,目的是想为后人查考有关政事提供借鉴。他死后不久,马之骏编为《高文襄公集》,是为明万历刻本。清代康熙二十七年,又有笼春堂本《高文襄公集》,所收内容与前集有同有异。他的哲学著作《春秋正旨》、《问辨录》,收入《守山阁丛书》。

二、"挽刷颓风，修举务实之政"

明代弘治时期，曾一度有中兴气象。武宗即位后，淫于声色，朝政日趋腐败。明世宗即位初期尚锐意求治，但不久他就热衷于"议大礼"、改祀典，加剧了统治集团内部的倾轧；又崇道教，好方术，一心想长生成仙，使权力系统不能正常运转。明世宗一方面深居宫闱，迷恋修道，把日常国事交给权臣严嵩执掌，另一方面又刚愎自用，专制暴虐，时常乱用其至上权威。奸臣严嵩秉政二十余载，以权谋私，卖官鬻爵，贪污受贿；又利用嘉靖帝的猜忌刻薄，巧妙打击异己势力，残害忠直之士。内政浊而边防弛，所谓"南倭北虏"的威胁骚扰于此时最为严重。内政外交都出现衰败危难的局面。徐阶为首辅之后，一反严嵩所为，宽刑省狱，清正朝纲，局面有所好转，但社会与财政危机并没有解决。面对如此破败的形势，统治集团内部一些清醒有识之士，深感有革除弊习，重振纲纪的必要，着手实行一些新政，逐渐形成一场改革运动，至张居正秉政时，改革达到高潮。为这场改革呐喊开路的便是高拱。

高拱的政治抱负很大，他想从改革吏治入手，把国家整治出一个有生气的面貌。他在《政府书答》中表示，"欲为主上扶纪纲，正风俗，用才杰，起事功，以挽刷颓靡之习"（《答宣大王总督》），在《掌诠题稿序》中表示，"务为君父正纪纲，明宪度，进忠直，黜欺邪，革虚浮，核真实"，这是他一生为政的奋斗纲领，他用实际行动不断实践着自己的抱负。

高拱秉政之初，便发现京城民生凋敝，商业衰滞。经过深入调查，才知道钱法久已不通，商人为政府购办粮食，用款难领，而"打点"费用甚多，于是辗转逃亡，居民心绪不宁。高拱建言大力发展商业，流通领域实行等价交换，革除非法收费，而"钱法之行当从民便",政府对商品买卖执行无为和开放的政策,以期活跃经济,使社会富裕起来(《纶扉外稿·议处商人钱法以苏京邑民困疏》)。他又上疏议革大臣奏章写法,反对繁词虚文、言多意晦,主张"凡有章奏,务要直陈其事,意尽而止",违者治罪,以便树立"简实之风"(《纶扉外稿·请禁章奏繁词以肃朝廷疏》)。可知他一上来就雷厉风行,锐意进取,气度颇为不凡。

高拱对政治生活中的陈规陋习深恶痛绝,多次提出要破除"虚套"、"旧套"、"常套"、"故套"、"旧习"、"虚文"、"拘挛之说"。他在《挽颓习以崇圣治疏》(《南宫奏牍》)中指出,"积习之不善,是固夫天下之患也"。他列举出八弊:曲解法律,以成其非,"曰坏法之习";行贿送礼,以求升官,"曰黩货之习";刻察重赋,以邀功赏,"曰刻薄之习";互相排挤,党同伐异,"曰争妒之习";办事拖拉,手续繁杂,"曰推委之习";文武不协,彼此排击,"曰党比之习";无事偷安,有事卤莽,"曰苟且之习";议多决少,朝令夕改,"曰浮言之习"。针对这种虚浮、邪僻、因袭之风,高拱提出一切唯实的施政方针,强调要遵"实理",做"实事",行"实政"。《程士集·策》中是这样阐述唯实政治论的:

> 夫能必贵当,则释法为奇,非吾能也;计必贵当,则参验不合,非吾计也;利必贵当,则失得不偿,非吾利也;法必贵当,则朝四暮三,非吾法也——兹国是所由定也。

> 言必责实,则捷给为佞者不可饰言也;行必责实,则儌利任术者不可饰行也;功必责实,则比周为誉者不可饰功也;罪必责实,则巧文曲避者不可饰罪也——兹人心所由一也。国是定,人心一,则上下之间,崇本尚质,急当务而不为无益。

这里标出两个核心概念:"当"与"实"。"当"就是合乎客观实际,贵当以定国家的法令设施,保证在决策上不犯错误。"实"就是事物的真正状貌和功效,责实以正言行与赏罚,保证在用人上任贤而去佞。这就是中央政府的两项基本职能:正确地制定政策和正确地使用人才。高拱强调,政府事务,不当而无实,事多而不成;恰当而贵实,事简而速成。他又说:"事务乎循名核实"(《政府书答·答同年符后冈》),摈弃一切敷衍行为和表面文章。总之,他主张加强法制,严肃责任,实行监察,提高办事效率;政府的工作,官吏的优劣,都要以实际的效果来评定,根据实际的情况进行升降赏罚。凡与这种精神不符的,一概予以破除。

在唯实论的政治思想指导下,高拱在吏治方面推行了一系列的改革。计其大者,有以下几项:

第一,改革官吏考察升黜制度。以往考课官吏,调降有定数而不从实际出发,吏部顾虑不足数不好交待,便将早该黜退的官吏,留待临期凑补,致使课查制度,失去及时汰劣斥佞的作用。高拱主张按实际情况查处,"果不肖者多,不妨多去,果不肖者少,不妨少去,惟求至当,不得仍袭故常";但惩汰者须是大奸大恶,"一切隐细,俱不必论"(《掌诠题稿·公考察以励众职疏》)。在选贤方面,以往特重出身,厚进士而薄举人。高拱力扫此旧套,议定进士、举人初时可以资格授官,以后升用,"惟考其政绩,而不必问其出身",若举人真正优于进士,则先行保荐。但规定五十岁以上不得为州县之长,因为州县长官职位责任艰重,须年富力强者才足担当(参见《掌诠题稿·议处科目人才以兴治道疏》)。当时对官员的荐举,除出身外,还看重职位崇显之士,而不及孤寡务实者。高拱则令各抚按衙门,向上级推荐属官与地方人才时,"不拘出身资格、官职崇卑,惟其心行端平,不修虚誉,治绩卓异,不事弥文者,方许疏荐以备卓用"。为了保证不私情滥举,要对被举官员考察试用,试用不称其职,则"举主连坐"。他又告戒言官,纠劾官员,要从大处着眼,只要有才能有政绩,"当略其微瑕,行已悛改者,不问其旧过,俱要曲加保全,以图共济。"反之,那班昏庸靡弱之辈,虽无大错,也要予以议斥,使之让贤(参见《掌诠题稿·覆吏科给事中韩楫条陈疏》)。考核官吏,重实政,黜虚名,为官"果有实政,则不必论名","但问其政之美恶,勿论其名之有无",徒有虚名而无实者,必处以法,这样才能达到"官修实政而民受实惠"的目的(《掌诠题稿·覆给事中吴文佳条陈疏》)。

第二,精简机构编制,裁革冗员,充实薄弱环节。在此以前,政府为节省行政经费,早有精简之政令,但很难推行下去,总是走了过场,如高拱所指出的,"如汰冗员,本求节费,却乃务裁小官,而大者仍议添设,甚至旋裁旋复,朝四暮三,殊非事体"(《掌诠题稿·议裁革冗员等事疏》)。而有些部门,如掌管马政的太仆苑马寺,掌管盐政的盐运司,与国防、民生关系甚大,皆紧要部位,却受到普遍轻视,其"卿与使皆以考不称职有物议者升之"。高拱则要"大破常套,凡卿使员缺,必以廉谨有才望者推补",以加强实政。他的指导思想很明确,决不因人而设置闲局,说:"国家设官,各有所职,而非故为剩员也,若系剩员,则不设之矣。其用人也,乃使之各举所职,而非徒以安置也,若所当安置者,则不用之矣"(《掌诠题稿·议处马政盐政官员以责实效疏》)。当时广东地处边远,局面混乱,民不聊生。高拱了解到"皆是有司不良所致",朝廷把大批非正规和犯错误的人派到广州为官,使得广州官员中"由甲科者十之一二,杂行者十之八七;铨除者十之四五,而迁谪者十之五六",官吏为非,贪风甚炽,官逼民反,地方不宁。高拱上疏建言,"今后广东州县正官,必以进士举人相兼",州县共八十处,"其掌印官每三处则用进士一,举人二,皆拣其年力精壮,才气通敏者以充,而监生以下不与焉",又另立举劾科条,凡政绩优良者,尽数举荐(以上见《边略·绥广纪事》)。

第三,储养人才,爱护人才。高拱重视人才的储备、培养和正确使用。他认为用人要先养人,"养于未用之先,以辨其才;乃用于既养之后,以充其任。务使人得展其蕴,而事得举其实"(《政府书答·答张给事》)。《明史》本传称,"其在吏部,欲遍识人才,授诸司以籍,使署贤否,志爵里姓氏,月要而岁会之。仓卒举用,皆得其人"。这种簿籍就是一种人才档案,随时为朝廷提供全国贤才的信息,这是封建吏治中一项了不起的创新。

高拱认为治国皆有其法度,各级职务都要求具有专门学问者担任。皇帝、相臣应率先接受训练。如嗣君,须先知祖宗大法,读前代实录,学习"如何慎起居,如何戒嗜欲,如何务勤俭,如何察谗佞,如何总揽大权,如何开通言路,如何进君子退小人,如何赏功罚罪,如何肃宫闱,如何御近习,如何董治百官,如何安抚百姓,如何镇抚八荒"。辅臣出于翰林,而翰林之官以诗文入选,以诗文为教,其学不能适应出相辅国的需要。对这种"所用非所养,所养非所用"的旧制,必须加以调整。翰林教育,宜择品学兼优者,施以关于翰林之职的教学,其内容:

> 一在辅德,则教之以正心修身以为感动之本,明体达用以为开导之资;如何潜格于其先,如何维持于其后,不可流于迂腐,不可扭于曲学,……。其一在辅政,则教之以国家典章制度必考其详,古今治乱安危必求其故;如何为安常处顺,如何为通权达变;如何以正官邪,如何以定国是;……,于是乎教之以明解经书,发挥义理,以备进讲;教之以训迪播告之辞,简重庄严之体,以备代言;教之以错综事理,审究异同,以备纂修;而应制之诗文,程士之文艺,在其后焉。

这样一面教育,一面考察,择其优者便登用之,真正合格的相才便会从中培养出来。执政者必先受教育,教育的内容又必须切合实用,这是高拱实学思想在培养官吏问题上的鲜明表现(以上见《本语》)。

当时边防形势严峻,知兵人才短缺。高拱把很大的精力用于选培军事人才。他曾说:"盖人才难得,而边才尤难得",需要"通方忠谋,廉勤强干"者方能胜任,尤以"边方巡抚,其任最重,务求实心干理,经济雄才"(《掌诠题稿·覆都御史李棠条陈疏》)。他指出"兵"乃专门之学,不是什么人都能驾驭的,若不平素加以训练,则不能济救急需,应选用智谋才力特达者充任,且使其专官于军事。储养本兵大臣,应从兵部司属开始。如边方兵备缺,即以兵部司属补;边方巡抚缺,即以边方兵备补;边方总督缺,即以边方巡抚补;而总督与在部侍郎,时出时入,以候兵部尚书之缺。凡有功者则厚赏并不次擢用,可当大任者即委以重任(以上见《掌诠题稿·议处本兵及边方督抚兵备之臣以裨安攘大计疏》)。这些见识与措施,对于巩固边防起了积极作用。高拱亲自荐举和使用了一批边方重臣,如广东总督殷正茂,宣府大同总督王崇古,贵州巡抚阮文中,辽东巡抚张学颜,广东知府侯必登等,都是当时定边高才,明体通变,事功卓著,于是边方军政为之改观,这说明高拱极善于识才用才。不仅要提拔新人,旧臣中有才干者如杨博、高仪等,亦应重新起用,务使人才不被埋没。

高拱还注意支持和爱护有作为的人才,务使他们放手做事,充分施展才智,不被小人或谗言所沮。高拱常向边臣征询治策,鼓励他们大胆改革旧弊,随时向中央提出建设性意见,表示自己在内阁必给予有力支援。他写信给广东赵巡按,要他"务洗从前苟且之政","凡有当行之事,宜不惜见教,即当为君行之"。又写信给两广总督殷正茂,表示自己将"力为主持于内,俾豪杰得以成功于外"。鉴于广东凋敝已久,整顿极难,须全力为之,才有希望开出新貌,"非公在彼,孰能经略?非仆在此,孰肯主张?故整顿此方,必当此时也。过此以往,但少一人,事必无济"(以上均见《边略·绥广纪事》)。可见当时推动改革之艰难,亦可知高拱用人之信且专。高拱为首辅期间保护过名臣海瑞和戚继光。清官海瑞,执法严峻,同情百姓,除弊甚猛,为权臣及言官所劾,高拱深知清官和改革家的甘苦,多次出来为海瑞辩护。《政府书答》有一封信《答苏松朱巡抚》,说:

> 夫海君所行,谓其尽善,非也;而遂谓其尽不善,亦非也。若于其过激不近人情处,不加调停,固不可;若并其痛惩积弊、为民作主处,悉去之,则尤不可矣。天下之事,创始甚难,承终则易。海君当极弊之余,奋不顾身,创为剔刷之举,此乃事之所难,其招怨而不能安,势也。

他以为若"尽反其为,则仍滋弊窟,而失百姓之心"。高拱身为内阁大臣,对处理海瑞事不能不兼听而有所超脱,但在不得已必须调动海瑞官职时,仍然给予基本肯定的评价,指出"都御史海瑞自抚应天以来,裁省浮费,釐革宿弊,振肃吏治,矫正靡习,似有惓惓为国为民之意",只是批评他"求治过急,更张太骤,人情不无少拂"(《掌诠题稿·复给事中戴凤翔论巡抚海瑞疏》)而已。又有言官劾谷中虚、戚继光"纳贿纵奸",高拱在复福建巡按疏中指出,"事出风闻,靡所证据,未经勘实",要等事情真相查明再作处理,遂使谷、戚二人免遭妒者伤害(见《掌诠题稿·复福建巡按御史杜化中论侍郎谷中虚等疏》)。广东知府侯必登受到攻击排挤,高拱给两广总督去信,提出要爱护这样有为之臣,说:"知府侯必登所以宠异之者,以其能守己任怨,弭盗安民,故特奖以励人心,今且被论,则任事之臣,反为徇旧套者所笑,而地方之事,其孰为振作乎?"(《边略·绥广纪事》)当时还有一种恶习,即"行贿者既不加严,受贿者亦不加察,顾独于却贿之人,深求苛责",制造各种流言蜚语,如说此人素有贿名,故贿赂至;此人却贿是掩饰更大的受贿;此人劣迹已为人觉察故不得不却贿等,这样受贿而不报者恬然得计,"却贿者惶然无以自容,而行贿之人则公然为之",实在是"是非不明,议论颠倒"。高拱主张今后应表彰却贿之官,把他的美行记录在案,使好人好事得到提倡鼓励(《掌诠题稿·议纪录却贿三臣疏》)。

高拱整顿吏治的决心很大,他的一系列建言也能得到穆宗赞同得以形诸政令。然而积弊太深,旧习难改,实际的效果使高拱大为失望。他后来感叹地说:"海内安于因循,蒙蔽以故,日就颓委,弊孔百出",而他所做的努力"乃如画脂镂冰,随手复旧,二载之间,恶在其为,廓如也。"(《政府书答·答南京参赞王西石》)又说:"顾二年且余,曾无寸效,污习未殄,吏治不兴,欺负尚存,民穷如旧。"(《政府书答·答同年符后冈》)两信皆提到为时二年,说明写信是在隆庆六年,即下台前夕。其时,改革虽收效甚微,但他似乎没有失去信心,仍在念念不忘"唤醒久迷之人心","振起久隳之士气"(同上),这种在位一日就要改革一日的精神是可敬的。

三、力排众议,定策安边

高拱所倡导的实政,虽然在吏治上未能见到明显效果,但在边事上却取得了巨大的成功。俺答封贡与贵州乱事的圆满解决,是他一生事业中最辉煌的成就。

隆庆四年二月,高拱奉命还内阁兼理吏部,即遇到北方边事吃紧。其时朝廷无人习战,人心震恐。高拱特奏调王崇古任宣大总督,又调遣大臣领兵扼守京郊隘口,加强城内守备,遂使俺答当年未敢进扰。秋,俺答与其孙把汉那吉因争夺妇人而发生矛盾,把汉那吉前来归降明朝。总督王崇古、巡抚方逢时上疏,建议许其降顺,授官优待,然后见机处置,借此用和平方式结束与俺答的长年战争状态。奏疏到京,朝廷众论汹汹,不知所措。御史饶仁侃、武尚贤、叶梦熊皆言:敌情叵测,不可轻许,以免上当。兵部尚书郭乾犹豫不决。王崇古颇遭排击。当此之时,高拱位居相辅,穆宗依为股肱,他的决断具有决定性的作用。而他确能不负众望,正确处理了这一关系天下安危的军国大事。他认为把汉那吉事件,造成多年难遇的解决边事的大好时机,如能处置得当,势必引起形势的重大变化,朝着和平解决的方向发展。对于把汉那吉,不宜即时送回,更不能杀害,应开诚厚待,以结其心。若俺答拥兵来索,则严阵以待;若俺答感德来归,可予接纳,讽示他用明朝叛将赵全等人交换其孙,并以此为契机,促成边塞和平。高拱指出,一些大臣首鼠两端,态度暧昧,是因此事干系太大,为自身利害计,不敢承担风险,为国之臣不应如此。由于他力排众议,上书穆宗,坚决支持王崇古,终于决定了体面安抚的方针。朝廷封把汉那吉为指挥使。而后俺答执献赵全等明朝叛将以示赎过,表示愿意内附。高拱又请封俺答为顺义王,许岁进贡,又开边市贸易,于是封贡事成,北边始得安宁。由于边境得到了和平,明朝每年可节省军费百万之金,而百万之多的边民的生命财产不再遭受民族战争的破坏,过上了和平的日子。高拱在《伏戎纪事》中说:“是举也(指俺答封贡事),非鉴川(王崇古)弘才赤胆,孰能为? 非予愚直朴忠,孰肯主?”“止知有国,不知有身,止知事机可惜,不知利害可虑”。这些自豪自美的话,决非虚夸,与历史事实是相符的,并且他也充分肯定了王崇古等人的功劳。

高拱不满足于边事的暂时和平,接着上疏穆宗,力主抓紧大好时机,大修边政,以争取边塞长期安宁。他在疏中说,封贡使边境和平,国威伸张,但不可遂尔偷安,要“趁此闲暇之时,积我钱粮,修我险隘,练我兵马,整我器械,开我屯田,理我盐法”,有三五年功夫,则边防巩固,胜机在我,盟则许之,战则胜之,“中国可享无穷之安,此则要领之图,本意之所在也”。他建议皇帝下诏,令兵部严饬边区督抚将领,“大破常格,着实整顿”,每年派遣才望大臣,四出阅视,看钱谷赢几何,兵马增几何,器械整几何,其他屯田、盐法及诸事拓广几何,有功行赏,苟且论罪(以上见《编疵外稿·虏众内附边患稍宁乞及时大修边政以永图治安疏》),其宏略远虑与拳拳为国之忠诚昭然若揭。

　　隆庆四年,贵州发生过一起骚乱事件。土官安国亨与安智起兵互相仇杀,当地抚臣袒护安智,谓安国亨叛逆,奏请朝廷派兵剿灭。安国亨不服,拥兵自卫,造成对抗局面。高拱洞悉了基本情况,主张处理边疆民族纠纷要谨慎周密,不可轻行征伐。他推荐阮文中为都御史巡抚贵州。行前明示阮文中,此乃该族内乱,与叛逆无涉,而生事倖功者"以小为大,以虚为实。始则甚言之,以为邀功张本;终则激成之,以实己之前说",遂有"叛逆"之奏请。此事"宜廉得其实,而虚心平气处之"(《边略·靖夷纪事》)。阮文中至贵州得实情,果如高拱所言。但碍于浮议,不敢骤变前举,具疏请兵征讨。高拱又复书阮文中,要他力争和平解决,反复叮咛不可"过言",否则"激而成变",则"朝廷欲开释而无其由,安国亨欲投顺而无其路,亦已过矣","事非其实,而徒勤兵于远",这于国于民都是有害无益的。为进一步察明真情,妥善处置,又派给事中贾三近前去勘察,并向他面授方略。安国亨得知朝廷有据实审理之意,便自出听审,承认本罪,输银四万一千两抵罪,于是贾三近未至而贵州之乱便告平息(以上见《边略·靖夷纪事》)。从这件事情可以看出高拱处理边事的指导思想是高明的:一是以抚为主,尽量争取和平解决,不轻用兵;处理边疆民族问题不能照搬内地格式,而要照顾其特殊性,以宽大为怀,灵活处理;二是据实定策,反复调查,核准真情,以极冷静的态度确定行动方案,不为危言所扰乱。开明的民族政策和求实的精神相结合,使他能够从容不迫地解决这一棘手的边境民族事件。高拱在靖边实践中得出一条基本经验:"大抵天下之事,在乎为之出于实,而处之中其机,则未有不济者"(《边略·靖夷纪事》),这是这位实干政治家的行动格言。

　　西北边患平息后,只剩下辽东尚有战事。时值女真诸汗国窥辽求王,战争屡兴。隆庆五年,高拱举张学颜为辽镇巡抚,认为"张生卓荦倜傥,人未之识也,置诸盘错,利器当见"(《明史·张学颜传》)。张学颜到任后,与大将李成梁协力守边,军事上不断取得胜利,政治与经济上亦取得一系列进步,东北局面顿然改观。总括这一时期的边政,西北、东北、西南、南方等处的整顿、改良和巩固,都与高拱决策正确、用人得当、施行坚毅有极大关系。他是一位人才难得的文武兼备的政治家。

四、"只要成就一个'是'字"

高拱不仅是一位能干的有谋略的政治家,而且也是一位博学精虑的思想家。这是徐阶和张居正都不及的。这一点常被后世学者所忽略。高拱总是自觉地把实政和实学联系在一起,说:"圣人有为己之实学,而祸福毁誉不与焉;圣人有为国之实政,而灾祥不与焉。"(《本语》)因此他的政治改革活动不是一种权宜之计,对他来说,改革有着比较充分的理论上的准备。他化大气力批判程朱理学末流并改造王阳明心学,建立起一套具有一定深度的系统的哲学理论。

嘉靖、隆庆、万历三朝,王学非常流行,大臣们自觉或不自觉都受其影响。对于高拱来说,他的那种排抵流俗、勇于开拓的精神,无疑与王学的熏染有关。他在《本语》中说:"苟求诸心而果得,则安敢罔吾之心而随人以为疑?苟求诸心而果不得,则又安敢罔吾之心而随人以为信?"这是从王学得来的思想。王学以本心为是非标准,大胆破除对权威和古人的迷信,有积极意义。高拱正是具备了王学这种高度的主体意识,才能够不随波逐流,不依附他人门户,有独立的人格和见解,形成一种宏大的一往无前的气概。

但高拱绝不是王学门徒,他对王学有所吸收又能自立于王学之外,这正是他的可贵处。王学的"心"是个人的良知,不承认独立于心之外的客观真理。高拱强调"人心"恰是为了更好地追求客观真理。两者之间有重大差别。《本语》说:"儒家有言,只要成就一个是而已",就是说,学问的目标在于求得真理。又说:"夫事有本情,而人有本心,出吾本心,以发事之本情,则议道而道不暌,作之于事可推四海而准,通千古而不谬。"可知,"出吾本心"是为了"发事之本情",即认识事物本来的面目,这是他的实学的基本精神。可以说,高拱把王学所发挥的人的主体性与能动性的思想,安放到求实的真理观的基础之上,所以他的实学与王学有根本的不同。

高拱对于作为官方哲学的宋明理学十分不满,他以高屋建瓴的气势,俯视宋明理学家,对于其中各派代表性人物的思想差不多都有所批判。他从维护儒学的基本精神出发,肯定了濂、洛、关、闽各学派在发展儒学上的功绩,但认为这些学派的观点只能作为治学的参考,不能代替对孔孟思想的直接研究。他研究的结果,得出许多超出当时儒学门户之见的新结论。他首先指责程朱为代表的宋儒,《本语》说他们"强所不知以为知,自以为是,居之不疑",只有程颢比较"粹和",而程颐"每事好硬说硬做,故于圣人融合处未之能得"。

(一)"气即是理"、"理即是气"

在理气问题上,他与朱熹直接对立。朱熹用"理"与"气"将世界二重化,认为理高于气。高拱在《程士集·策》中说:"盖天地之间,惟一气而已矣",气的运行之顺舛、速迟,虽圣人不能加以改变。气具体表现为万物,所以也可以说"盈天地之间惟万物"(《问辨录·中庸》)。那么什么是"理"呢? 理是事物"脉络微密,条流分明之谓",理随事物而在,各有不同(同上),如此说来"理"并非不同于"气"的另外一物,它只是事物的规则、性质而已。所以离不开事物,当然也离不开构成事物的气。有人问他:理气之说究竟何如?

他答曰:"气具夫理,气即是理,理具于气,理即是气,原非二物,不可以分也","气聚则理聚,与生俱生;气散则理散,与死俱死"(《问辨录·论语》)。他严厉批评朱熹"虽无其事,乃有其理"的说法,指出:"此正后儒曲说,求其理而不得,从而为之辞者也。夫有其理,必有其事,既无其事,理于何在?"(《问辨录·中庸》)因此他称理为"实理",也就是客观事固有的性质。

(二)"圣人以人情为天理"

理气说的现实意义,是讨论如何处理封建道德原则同人们日常情感欲望之间的关系,即所谓"天理人欲"之辨。宋儒的基本倾向是将抽象的道德规范抬高为"天理",同时贬低或压抑基本人性和情欲,给人造成这样的印象:圣人不近人情,其标准高不可攀。高拱十分反对这种情理分离说,而主张情理相合,他指出:"天理不外于人情,然圣人以人情为天理;而后儒远人情以为天理"。在他看来,做人的道理只是对人情的一种调节,使之适中,"夫中也者,言乎其当也,庸也者言乎其平也,和也者言乎其顺也,皆本人情,不远人以为道"(《本语》),"若远人情以为天理,则非所以为天理也"(《问辨录·中庸》)。离开人情的所谓"天理",事实上人们做不到,只能是虚的假的,口头上说说而已。这种观点同李贽的"穿衣吃饭,即是人伦物理"的看法很是接近,都表现出一种实际精神和浓烈的人情味。

(三)"人只是一个性"

根据情理相合的观点,高拱进而反对程朱将人性二重化为义理之性和气质之性。《问辨录·论语》赞成孔子"性相近,习相远"的说法,认为"千古论性断案,莫的于此"。程颐以为孔子论性,乃是"言气质之性,非言性之本也",高拱反驳说:"人只是一个性。此言气质之性,又有何者非气质之性乎?"宋儒言性,最早是张载分别天地之性与气质之性,后来有程颐,再后有朱熹,朱熹谓"有天地之性,万殊之一本也;有气质之性,一本之万殊也"。高拱反问道:"气质之性非得之天地者乎? 曰然,则三先生之论谓何?"(以上见《问辨录·论语》)从而揭露了宋儒人性理论上的矛盾。按照儒家一贯的思想,人道本于天道,人性源于天地,故《中庸》有"天命之谓性"的说法。既然气质之性源于天地,则亦应是天地之性,则张载、程朱的性二元说就是人为的割裂。在高拱看来,彻底的人性论应是一元的,不应是二元的。一切皆从气来,则性也是气,心也是气,"惟明道先生有言,性即气,气即性,善固性也,恶亦不可不谓之性,有合孔子之旨"(同上)。高拱说,"形色天性"是"万古的确之论",因为"形色,气之为也,而天性即此焉"。有气即有理,人的形色完备则天性具足,此气此理俱存于此身;人死则形色毁而天性灭,此气此理随之而止息。宋儒说"义理之性谓其不杂于形气者也",试问这个义理之性"不在形气之中,则将何所住着乎?"(《问辨录·孟子》)这样的"义理之性"当然只能是存在于宋儒头脑中的观念而已,事实上是没有的。高拱的人性一元论,其实际作用就是想把心性之学从道学家那种空疏、伪善的悬浮状态中拉回到实地上来,使它与现实人生更贴近,与人的自然性情更合拍,让上层集团更重视解决人们正常生存和发展所遇到的困难,使国家的政策变得更合乎情理。

(四)"灾异本不可以事应言"

高拱反对天人合一和天人感应之说,力求明天人之分,这也是一种反传统的精神。宋儒有"性即理"的命题,合天人而言性理,容易导致神秘主义。高拱则认为,"理"的概念适用于一切事物,具有普遍性,"天下之理皆理也";而"性"特指人之生理,不可与一般的"理"混同。《中庸》所说的皆是"人理","而伊川(程颐)、考亭(朱熹)动兼人物言之",遂造成混乱。"夫人有人之性,物有物之性,岂以人之性犹牛之性,牛之性犹犬之性欤?"(《问辨录·中庸》)高拱更进而批评天人感应之说，明白表示："圣门言皆实理，感应之说，曾未之闻"（同上）。他说，《中庸》的"致中和，天地位焉，万物育焉"，"盖实理实事实言，非感应之说也"（同上）。什么是实理实事呢？《程士集·策》说：

> 何谓实理？夫阴阳错行，乖和贞胜，郁而为沴（恶气），虽天不能以自主，此实理也。何谓实事？夫防其未生，救其既形，备饬虑周，务以人胜，此实事也。至谓天以某灾应某事，是诬天也。谓人以某事致某灾，是诬人也。皆求其理而不得，曲为之说者也。

天灾是"元气不足"造成的自然现象，与社会政治人事并无直接感应关系。善于治道的人，并不因灾与不灾而改变政策，皆努力于事功，有备而无恐。高拱又著《春秋正旨》，专力澄清历来春秋学中的神秘色彩，他认为"天道远而人道迩，《春秋》修人事不言瑞应"，而后儒不明治道，"徒求其义于一字之间"，"而又过为深求之"，如"谓麟应于经，是术家者流幻妄之说，何诬经之深也"。《四库全书总目提要》称该书"其言皆明白正大，足破说《春秋》者之痼疾。卷帙虽少，要其大义凛然，多得经意，固迥出诸儒之上矣。"高拱批评灾异说是针对程颐而发的，《本语》中他引程颐的观点，"伊川云《春秋》书灾异，盖非偶然"，接着批驳说："灾异本不可以事应言，故《春秋》书灾异不书事应，乃其理本如此"，"后儒必以事应言之，殊失圣人虚平之旨。"他发扬王充的疾虚妄精神，对于"瓠巴鼓瑟，流鱼出听；伯牙鼓琴，六马仰秣"，"獭祭鱼，豺祭兽，鹰祭鸟"等迷信传说进行批评，指出动物与人殊类，不能发生神秘的感应，而人把一些偶然的表面的现象神秘化了。他引王廷相的话，对上述被神化的种种现象，作了常识性的解释，说：

> 王浚川（王廷相）云："时也鸟兽鱼多，食不能尽，狼藉而陈之如祭耳。彼物也，安能知祭其祖先？"兹言良是。岁甲戌，野

有虎。一田夫惑于人不害虎,虎不伤人之说,往视之,焚香稽首,口致尊称,以为敬礼如此,必不我伤也。虎见,遽爪之,裂其面以死。夫虎止知人为饵,乃又知焚香稽首之何为?彼谓瑟之感乎鱼,琴之感乎马,亦田夫之见也。(《本语》)

高拱与王廷相都是第一流的哲学家,在理论上呼应契合,战斗精神很强。高拱破除迷信有明确的目的,就是为了把人们的注意力从迷信拉转到人事上,加强实政实功。

(五)批评"知行合一"和"致良知"说

高拱用孔孟之义批评王阳明心学。首先他不同意知行合一的说法,因为"知即是行"的观点与孔子之言不合,也与事实不符。孔子曾云:"知及之,仁不能守之,虽得之,必失之",高拱便说;"天下固有知及而仁不能守者焉",所以知不等于行。其次在良知问题上,高拱又用孟子反对王阳明。孟子讲良知兼讲良能,而王氏良知说"遗其半而专用其半,与孟子之言不合,吾不敢从"(《问辨录·中庸》)。与批判程朱比较起来,高拱对王学的批判不够深刻有力,但他不迷信王学这一点还是值得肯定的。

(六)"义利之分,惟在公私之判"

义利之辨,从孔孟时就提了出来。孔子说:"君子喻于义,小人喻于利",明显是重义轻利。孟子对梁惠王说:"王何必曰利,亦有仁义而已矣",更加贬抑功利。不过,孔子、孟子对于国计民生还是重视的,只是在道德动机上反对追求功利。董仲舒提出"正其谊不谋其利,明其道不计其功",偏面发展出极端迂腐的超功利主义。宋明理学末流,侈谈心性,口不言利计功,造成空疏不实的不良空气。受这种风气的影响,许多知识分子整天坐而论道,以虚辞为业,徒事章句,不懂得安邦治国。转相效法,颓风日炽,而实事实业反被冷落,致使真才实学之人奇缺。有鉴于此,高拱不得不从理论上大力批判超功利主义,重新解释义利之说,以图改善学风。《问辨录·大学旧本》载：

> 问：《大学》何以言生财？曰：此正圣贤有用之学。夫《洪范》八政，首诸食货；《禹谟》三事，终于厚生。理财，王政之要务也。后世迂腐好名者流，不识义利，不辨公私，徒以不言利为高，乃至使人不可以为国。殊不知聚人曰财，理财曰义，又曰义者利之和，则义固未尝不利也。义利之分，惟在公私之判。苟出乎义，则利皆义也，苟出乎利，则义亦利也。而徒以不言利为高，使人不可以为国，是亦以名为利者耳，而岂所谓义哉？

这段话讲得极透彻极痛快，把义与利之间不可分割的关系说得清楚明白，远承墨经的"义，利也"的观点，近循陈亮、叶适的功利主义思想，并有新的发挥。高拱指出无利即无义，问题只在于利公还是利私，为公谋利即是义，若是心在自私，却标榜仁义之名，则是以名为利。圣贤之学是"有用之学"，不仅不迴避财利，而且要大讲为国生财理财，否则就无以安邦治国。这就把义利之辨提到一个新的高度。他毫不含糊地讲："生财自有大道，苟得其道，则财用自足"。当时知识分子中许多人受了超功利主义的毒害，自视清高，轻贱经世之务。高拱痛斥那班腐儒，号召社会重视经济生活方面的实际学问，他说：

> 《周礼》冢宰制国用，其重可知。后世属之他官，既不如周官之重，而迂腐好名之人，又提为不言利之说，遂使俗儒不通国体者，转相传习，则其事愈轻，甚有误于国事。如今户部官劳倍于人，然必俸资倍于人而后得迁，其迁又劣，曰此钱粮衙门也。外而运司更甚。夫钱粮衙门，国用民生所系，盖重任也。官此者，使其有所渔猎，诛之可也。不然，均王臣，又独贤劳者，乃何为劣视之？以故有志之士，不乐就此，不幸就此，率志夺气沮，务支吾了事，徒积日以待迁，而经制之略置之不讲，

不复闻有善理财者矣。理财无人,国用日蹙,而民生乃益困。彼号清秩者,仍复扬扬劣视之,以为货利之浊官。此何理也?予昔柄政,方欲厘正之,未及而归,乃发其意于此。嗟乎!使人臣而不为国忠谋也则已,如其为国忠谋,将必有感于予言也夫!(《问辨录》)

鄙薄钱粮之务,口不言利,徒事心性之空谈,实在是宋儒带给中国知识界的一大祸害,如此下去国家何以能富强?所以高拱在被斥之后,仍然念念不忘针砭此种时弊,以期后人能从他的痛切之言中得到悟发。高拱还为唐朝理财家刘晏鸣冤,认为刘晏之死是遭忌而受到构陷,并非如宋儒胡致堂所说,是其理财言利背义,受到天道的惩罚。高拱还批评一些人以掌兵、掌刑为恶,如信其言则天下无兵无刑,国将不治。高拱希望知识分子去掉虚浮的习气,能为国家的振兴做些切实的工作。

(七)"以义用其力,以力成其义"

与义利之辨相联系的是义力之辨。《问辨录·论语》中载有这样的讨论:有人问,《左传》中记述孔子之言:"陈恒弑其君,民之不与者半。以鲁之众,加齐之半,可克也。"程子(颐)说:"此非孔子之言。诚若此言,是以力不以义也。"这话对么?高拱回答说,程子的话不对,因为"诚为义,亦必用力而后能济,则力皆义也。"子路问孔子:"子行三军则谁与?"孔子说:"必也临事而惧,好谋而成者也",假若不审度彼我实力,不预测胜负可能,只满足于所谓"义举"之名,必不能成功,这是最迂阔不过的了。高拱接着指出:"后世儒者,但言义便不要力,但言力便说非义,而岂知圣人以义用其力,以力成其义乎?"这话说得好,"义"不是挂在嘴上的漂亮话,真为义者必用其力,用力方能成义。高拱揭露了"义不以力"之说的不良影响,"遂使轻事之人,不审彼己,不量胜负,不度事机,而徒然以为义,卒之事败而国家受其祸,犹自以为义也",实在是害人非浅。由此可知高拱是动机与效果统一论者,他认为一个人为正义的目标而奋斗,必须同时考虑采取恰当的手段和重视行为的实际效果,没有实政实力,仁义便是空的。这是很切实的生活真理,正是根据这样的见识,他才致力于吏治的清整、人才的培养和边防的巩固。

(八)经权统一论

高拱的新经权论也能一反传统偏见而独具特色。他自认他的理论乃开创之举,曾在《问辨录·论语》里指出,"自汉以来,无人识'权'字","即宋人亦未识得",汉宋儒者"皆以为常则守经,变则行权",都把经与权割裂开了。高拱的新经权论强调经权是体用关系,不可分割。他把经比作秤之衡,把权比作秤之锤,"常相为用,而不得以相离"。"经乃有定之权,权乃无定之经",换句话说,经是定理,权是应用。如父子有亲君臣有义,这是经,定而不可易;行亲务得其正,行义务得其正,即是权,往来取中,变通而不穷。可知经是权之体,权是经之用。若说常则守经,变则行权,那就象说常则用衡,变则用锤一样荒谬可笑。汉儒有"权乃反经合道"之说,高拱指出此说自相矛盾,"一物无权,必不得其正也,斯权之义也","圣人以权行经,而汉儒以权反经"。程颐认为经只是存得个大纲大法,权则于精微曲折处曲尽其宜,以济经之所不及。高拱以为此理"于义未莹",因为"正理所在莫非经",不在大小之分,而使经之用"得轻重之宜者莫非权",决不应说衡可自用,有所不及则以锤济之。朱熹又是一种观点:"经者,万世常行之道;权者,不得已而用之,须是合义","不可用之时多"。高拱以为此一说法离真理更远,难道可以说衡是常用之物,锤是不得已而用之吗?且"义即是经,不合义便是拂经,拂经便不是权",不能说经之外别有所谓义,别有所谓权。高拱又在《程士集·策》中反复强调经权的统一性,"夫物各有则,经之谓也;称物而使当其则,权之谓也","经也者,立本者也","权也者趋时者也,经以权为用"。当然高拱是在承认经与权有异的条件下讲经权一致的,又是在强调经权一致的条件下讲经权差异的。程子说权即是经,这不准确,权与经只是"一事",然而决非"一物";朱熹说权与经是"二物",这也不足,应说权与经虽是"二物",却还是"一事"。这样,高拱就用中国传统哲学中"体用"的范畴,建立起经权统一学说,这在当时是理论上的一大创新。

高拱的经权论打破了人们多年相沿成习的经权观,特别是打破了人们对于"权"的一种偏见,即认为"权"是权宜之计,是不得已的应急措施,或者是权术诡行,从而大大提高了"权"的地位和普遍实用性。经权之说在中国历史上长期聚讼不休,高拱之论一出,可谓千古疑义,一朝洞开。不仅在理论上使人耳目一新,也产生极大的实际意义。高拱正是根据这种以权行经的见解,不拘守常规旧套,推行一系列吏治上的改革,使内阁和吏部日常工作出现生气,又能灵活机敏,恰当处理突发的边境事件;无论在正常或者非常时期,都表现出高度的主动性、创造性和求实精神。正如他所说的:"人臣而不知权,则何以酌缓急,称轻重,事君治民,处天下之事,而得其正乎?"(《问辨录·论语》)当然,高拱是封建时代的政治家和思想家,不能没有时代的局限性。他所谓的"经",乃是指孔子之道和封建治国原则。《本语》有曰:"孔子宪章文武,盖时王之法,不可不守也。今言治者,正不可妄意纷更,只将祖宗之法,求其本意所在,而实心奉行之。纵有时异势殊,当调停者,亦只就中调停处得其当便是,不可轻出法度之外,启乱端也"。这说明他的改革只能是在封建秩序范围之内的改良,并不具有反封建的性质。然而,当我们剔除了这种时代性因素以后,还应当从他的经权新论中看出存在着更深刻和具有一般意义的东西,这就是:经权问题关乎正确处理基本原理、原则和具体运用之间的关系问题。任何一种原理、原则,即使是经过实践证明是正确的,也不能当作教条机械搬用,也不能固守不变。在运用时,不论处常处变,不论何时何地何事,都要结合实际情况,灵活处置,这样才能使基本原理、原则保持常新的生命,发挥真正的指导作用。我们从高拱的思想里,应当得到这样的启示。

高拱一生有着强烈的追求真理的精神,一心只在求得个真情实理。他说:

> 夫学求为己,只当忘人忘己,虚心以求其是。人苟是,便当从,如其不是,不从而已。吾苟是,便当守,如其不是,改之而已。(《本语》)

他在《问辨录序》中讲述自己求学的过程,"始袭旧闻,有梏心识,既乃芟除繁杂,返溯本原,屏黜偏陂,虚观微者",于是对于已知之论"验之以行事(考察实践效果),研之以深思(推究理论深度)",然后才真有所得。所以他的理论平正通达,不浮夸,不艰涩,合于情理。既然求学是为成就一个"是"字,对于前人之言、古人之书就不能迷信,而要以冷静客观的态度对待之。所以高拱的学问既无章句之学的迂滞烦琐,又无心性之学的自是空泛。高拱求是的目的是要身体力行,将学问发为事功,为改善不良的社会现状服务。"问学,曰:去得一分己私,便是一分圣学。问治,曰:省得一件闲事,便是一件治道"(《本语》),孔子之道,"其实不离乎日用之间"(《问辨录序》),所以高拱强调言要见于行,行要有实效,人们都要切切实实的做事,反对一切表面文章。《本语》说:

> 今人只用形迹,更不察实。故有务为夙夜奔走之状以为勤者,然有益于事则鲜;务为慷慨忧时之说以为忠者,然有济于事则鲜。夫无益于事,勤于何有? 无济于事,忠于何在? 若在上者惟要诸有益于事者为勤,有济于事者为忠,而形迹不得以为溷,则务实者既可以奏功,无实者亦不敢增扰。

请看,高拱的实学是多么彻底! 按照他的务实的要求,不仅一切无济于事的空谈要荡除根绝,就是一切无益于事的事务主义行为也要批评禁止;在实学实政面前,种种浮华、巧伪、陈规、陋习,统统都要靠边让路。做人求诚,做学问求是,做事情求实,这就是高拱的真精神。

（选自《明清实学思潮史》,陈鼓应、辛冠洁、葛荣晋主编,齐鲁书社 1989 年版）

牟钟鉴（1939—　）,山东烟台人,哲学家。中央民族大学教授,兼中国孔子基金会副会长、中国宗教学会副会长等职。主要著作有:《中国宗教与文化》、《走近中国精神》、《儒学价值的新探索》、《中国宗教通论》(合著)等。

本文从"挽刷颓风,修举务实之政"、"力排众议,定策安边"、"只要成就一个'是'字"等方面,对高拱的实政论及理论基础作了深入、系统的论述。

张居正"敦本务实"之学

余敦康

一、锐意改革的一生

张居正,字叔大,号太岳,湖北江陵人,生于明世宗嘉靖四年(1525),卒于明神宗万历十年(1582),终年五十八岁。

他是明代中期著名的政治家。隆庆六年(1572),穆宗病死,神宗新立,张居正出任内阁首辅,执政十年。他利用手中掌握的权力,沉潜刚毅,讲求实效,大力推行了一系列的改革措施,扭转了嘉、隆以来积贫积弱的统治局面,为富国强兵与安定民生作出了卓越的贡献。

张居正青年时代即注重"敦本务实"的经世之学。嘉靖二十六年,张居正中进士,选庶吉士,入翰林院。在《翰林院读书说》一文中,他表明了自己的为学宗旨和政治抱负。他说:

> 盖学不究乎性命,不可以言学;道不兼乎经济,不可以利用;故通天地人而后可以谓之儒也。造化之运,人物之纪,皆赖吾人为之辅相;纲纪风俗,整齐人道,皆赖吾人为之经纶;内而中国,外而九夷八蛮,皆赖吾人为之继述。故操觚染翰,骚客之所用心也;呻章吟句,童子之所业习也。二三子不思敦本务实,以眇眇之身任天下之重,预养其所有为,而欲藉一技以自显庸于世,嘻,甚矣其陋也!(《张太岳集》卷一五)

嘉靖二十八年,张居正二十五岁,给世宗皇帝上《论时政疏》,初次陈述了自己的政见。他指出当时的政治,"血气壅阂之病一,而臃肿痿痹之病五",必须及早治疗,实行改革。所谓"臃肿痿痹之病五",是指"宗室骄恣"、"庶官瘝旷"、"吏治因循"、"边备未修"、"财用大匮"。张居正认为,这五种积弊,病根在于"血气壅阂",并非不治之症,"如使一身之中血气升降而流通,则此数者可以一治而愈"。所谓"血气壅阂",是指世宗皇帝长期移居西苑,不理朝政,日夕与宦官宫妾为伍,以致上下不通,君臣道隔,政治处于瘫痪状态。张居正象医生给一个垂危的病人治病那样,给国家诊断危机的症结,以罕见的胆识指出,掌握最高权力的君主荒废朝政就是危机的症结所在。张居正认为,世宗皇帝如不励精图治,"广开献纳之明,亲近辅弼之佐",使"君臣之际晓然无所关格",国家政治则将病入膏肓,虽有良医扁鹊,也无可挽救(见《张太岳集》卷一五)。

隆庆元年,张居正晋升为内阁大臣,直接参与政府的决策。隆庆二年,张居正四十四岁,给穆宗皇帝上《陈六事疏》,系统地提出了自己的改革纲领。从嘉靖二十八年(1549)到隆庆二年(1568),时间过去了二十年,张居正对政治积弊的观察更为深入,对改革方案的探索也更加成熟了。在《陈六事疏》中,他首先指出:

> 臣闻帝王之治天下,有大本,有急务。正心修身建极以为臣民之表率者,图治之大本也。审几度势、更化宜民者,救时之急务也。大本虽立,而不能更化以善治,譬之琴瑟不调,不解而更张之,不可鼓也。恭惟我皇上践祚以来,正身修德,讲学勤政,惓惓以敬天法祖为心,以节财爱民为务,图治之大本既以立矣,但近来风俗人情,积习生弊,有颓靡不振之渐,有亟重难反之几,若不稍加改易,恐无以新天下之耳目,一天下之心志。(《张太岳集》卷三六)

张居正的这个思想是依据儒家传统的内圣外王的经世之学

的。所谓"大本"属于内圣,"急务"则属于外王。在封建专制的政治体制下,决策大权集于君主一人之身,如果君主腐化享乐,荒废朝政,不以国家的整体利益为重,外王便无从谈起。另一方面,君主虽有求治之心,如果不去认真研究救时之急务,以致举措不当,决策失误,也难以收到实效。儒家的这种内圣外王的经世之学从两个方面对君主提出了严格的要求,总的目的是为了使封建专制的政治体制能够作出合理的决策,发挥应有的调节功能。嘉靖年间,张居正上的《论时政疏》列举了五种积弊,重点是从内圣方面要求世宗皇帝励精图治。隆庆年间的《陈六事疏》肯定了穆宗皇帝的求治之心,重点则是要求他解决六大急务以刷新政治,做到外王。

张居正的这两次改革创议都没有付诸实施,成为一纸空文,原因是世宗与穆宗虽然身处决策高位,却怠于政事,只顾追求个人的腐化享乐,张居正虽然锐意改革,却没有掌握最高的决策权。张居正根据多年的观察和思考,深刻地认识到,嘉、隆以来各种政治积弊的产生,关键在于封建专制的权力机构功能的严重失调,为了刷新政治,必须首先建立一个严格、精确而又具有高效率的权力机构。张居正在《陈六事疏》中着重阐述了这个思想,尽管未被穆宗采纳,但是后来他在神宗万历年间推行改革的施政方针,却是完全以这个思想为指导的。

《陈六事疏》所提出的六大急务,包括一省议论,二振纪纲,三重诏令,四核名实,五固邦本,六饬武备。其中第一条到第四条是针对着当时权力机构功能失调的积弊,主张加强中央集权,整顿吏治,以解决权力本身的问题。第五条和第六条是针对着当时积贫积弱的统治局面,说明权力使用的目的,在于解决富国强兵的问题。前者是手段,后者是目的,如果缺乏必要的手段,便无从达到目的。因此,张居正把建立高效率的令行禁止的权力机构当作改革的重点。这是他后来厉行改革所一贯坚持的指导思想。

隆庆六年,穆宗猝然中风,召高拱、张居正、高仪三位阁臣于御榻前受顾命。当时高拱为内阁首辅,按理说辅助神宗皇帝的重任是应该由高拱来承担的。但是由于高拱没有处理好与内监冯保的关系,触怒了皇后和神宗的生母皇贵妃,受到了革职回籍的处分。于是张居正出任为内阁首辅,掌握了政权。从隆庆六年到万历十年,这整整的十年,张居正一直被神宗皇帝以师礼相待,尊称为"元辅张先生",实际上取得了封建专制体制的最高决策人的地位。张居正充分利用这种特殊的条件,按照既定的设想,稳健而扎实地推行全面的改革。

万历元年,张居正提出了"考成法",首先着手解决中央集权的问题。他在《请稽查章奏随事考成以修实政疏》中说:

> 盖天下之事,不难于立法,而难于法之必行;不难于听言,而难于言之必效。若询事而不考其终,兴事而不加屡省,上无综核之明,人怀苟且之念,虽使尧舜为君,禹皋为佐,亦恐难以底绩而有成也。臣等窃见近年以来,章奏繁多,各衙门题复,殆无虚日,然敷奏虽勤,而实效盖鲜。……顾上之督之者虽谆谆,而下之听之者恒藐藐。鄙谚曰,"姑口顽而妇耳顽",今之从政者殆类于此。欲望底绩而有成,岂不难哉!(《张太岳集》卷三八)

"稽查章奏随事考成"的具体办法是,规定中央六部和都察院各衙门,把拟办的公事一律登记造册,分别制定一式三份收发文簿,一本留底,一本送六部的监察机构六科备注,一本送内阁查考。每件任务都有明确的交代,完成一件,注销一件,便于随时稽查,随事考成。如果拖延推诿,欺骗隐瞒,则坐以违制之罪。中央部院对地方抚按实行监督,六科对六部实行监督,内阁对六科实行监督。这种"考成法"以六部控制抚按,以六科控制六部,再以内阁控制六科,理顺了上下级的关系,沟通了信息交流的渠道,把内阁建设成为真正的政治中枢。张居正身为内阁首辅,可以通过这种"考成法"掌握全国的信息,及时处理,作出决策,督促检查,保证政令能够严格迅速地贯彻执行。《明史·张居正传》说:"居正为政,以尊主权、课吏职、信赏罚、一号令为主。虽万里外,朝下而夕奉行。"这种雷厉风行的政治作风和高效率的指挥系统,完全是得力于他在执政之初就着手推行的"考成法"。

万历二年,张居正上《进职官书屏疏》,提出建立人事档案的问题。他说:

> 窃以安民之要,在于知人,辨论官材,必考其素。顾人主尊居九重,坐运四海,于臣下之姓名贯址尚不能知,又安能一一别其能否而黜陟之乎!……谨属吏部尚书张瀚,兵部尚书谭纶,备查两京及在外文武职官,府部而下,知府以上,各姓名籍贯,及出身资格。造为御屏一座,中三扇绘天下疆域之图,左六扇,列文官职名,右六扇,列武官职名,各为浮帖,以便更换。……一指顾间,而四方道里险易,百司职务繁简,一时官员贤否,举莫逃于圣鉴之下。不惟提纲挈要,便于观览,且使居官守职者,皆知其名掌在朝廷左右,所行之事皆得达于宸聪,其贤者将兢兢焉争自淬励以求见知于上,不才者亦将凛凛焉畏上之知而不敢为非。皇上独运神智,坐以照之,垂拱而天下治矣。(《张太岳集》卷三八)

如果说"考成法"重点是解决行政问题,设立"职官书屏"重点则是解决人事问题。明代嘉、隆以来吏治的腐败,不外乎在行政与人事这两个方面。张居正看准了问题的症结,采取了得力的措施,很快就使政治面貌焕然一新,顺利地建成了一个操纵自如、运转灵活的权力机构。这个权力机构的主人虽然是神宗皇帝,实际的操纵者却是张居正。张居正掌握了这个得心应手的权力机构,就可以进一步来实现他的富国强兵的目标了。

当时国家的收入主要来自田赋,解决财政危机的出路也只有从整顿田赋着手。张居正在《答应天巡抚宋阳山论均粮足民》中指出:

> 自嘉靖以来,当国者政以贿成,吏胺民膏以媚权门,而继秉国者又务一切姑息之政,为捕负渊薮,以成兼并之私。私家日富,公室日贫,国匮民穷,病实在此。仆窃以为贿政之弊易治也,姑息之弊难治也。何也?政之贿,惟惩贪而已,至于姑息之政,依法为私,割上为己,即如公言,豪家田至七万顷,粮至二万,又不以时纳。夫古者大国公田三万亩,而今且百倍于古大国之数。能几万亩而国不贫!故仆今约己敦素,杜绝贿门,痛惩贪墨,所以救贿政之弊也;查刷宿弊,清理逋欠,严治侵渔揽纳之奸,所以砭姑息之政也。上损则下益,私门闭则公室强。故惩贪吏者所以足民也,理逋负者所以足国也。(《张太岳集》卷二六)

张居正认为,豪强富室实行兼并,不交田赋,以致国匮民穷,是由“姑息之政”所引起的。因而解决经济问题,必须运用行政手段。嘉靖以来国家财政连年亏空,长期不能解决,是由于缺少这个行政手段。现在推行了“考成法”,这个问题是不难解决了。张居正经过精确计算,规定了征赋数额,以此作为地方官吏考成的标准,凡是不能完成征赋数额的,都要给以处分。张居正在《答山东抚院李渐庵言吏治河漕》中满怀信心地说:“考成一事,行之数年,自可不加赋而上用足。”(《张太岳集》卷二七)事实证明,用“考成法”来解决财政危机,确实很快收到了效果。

当时豪强富室除了拖欠田赋以外,还有一个更为严重的瞒田漏税的问题。拖欠田赋尚有案可查,瞒田漏税便无从稽考了。万历六年,张居正以户部的名义在全国范围内实行清丈田地,限定三年完成。这是一个震动千家万户的壮举,特别是侵犯豪强富室的既得利益,一时间人情汹汹,浮议四起,反对之声甚嚣尘上。但是张居正不为所动,坚持推行这项从根本上解决财政危机的改革事业。这固然是由于张居正个人所具有的远见卓识和无畏的气魄,更主要的是由于张居正已经建立了一个操纵自如的权力机构。他不断写信给各地方官,鼓励他们加强自信,无畏于浮言,把这项事业坚持到底。

万历九年,在清丈田地取得成功的基础上,张居正又向全国推广"一条鞭法",进行赋役制度的全面改革。"一条鞭法"的基本精神是,把各种徭役并入田赋,除漕粮外,一律改折银两,以田亩为核算单位,统一征收。这种赋役制度立法简便,使无田或田少的农民减轻了力役的负担,堵塞了豪富之家勾结吏胥转嫁舞弊之门,有利于安定民生,缓和阶级矛盾。同时,它以货币赋税代替应征的实物,扩大了货币流通的范围,客观上对商品经济的发展和资本主义萌芽的产生起了积极的促进作用。"一条鞭法"并非张居正首创,早在嘉靖、隆庆年间就已在一些地区施行,但不断受到阻挠,屡行屡止,未获成功。张居正的功绩是,他以强大的行政力量为后盾,并且作了周密的部署,因势利导,把这项改革事业推广到全国。

经过张居正多年的努力,国家的财政状况好转了,人民的经济生活安定了。史称"万历年间,最称富庶",说明张居正已成功地实现了富国的目标。

关于强兵方面,张居正认为,也同样是应该从解决政治问题入手。早在隆庆二年,他给穆宗皇帝上的《陈六事疏》中,就已明确提出了这个指导思想。他说:

> 臣惟当今之事,其可虑者,莫重于边防;庙堂之上,所当日夜图画者,亦莫急于边防。迩年以来,虏患日深,边事久废。……今谭者皆曰,吾兵不多,食不足,将帅不得其人。臣以为此三者皆不足患也。夫兵不患少而患弱。今军伍虽缺,而粮

籍具存,若能按籍征求,清查隐占,随宜募补,着实训练,何患无兵?捐无用不急之费,并其财力,以抚养战斗之士,何患无财?悬重赏以劝有功,宽文法以伸将权,则忠勇之夫,孰不思奋,又何患于无将?臣之所患,独患中国无奋励激发之志,因循怠玩,姑务偷安,则虽有兵食良将,亦恐不能有为耳。(《张太岳集》卷三六)

张居正并不是军事家,但是他以政治家的战略眼光找到了当时外患频仍的症结,采取了一系列得力的措施,解决了无兵、无财、无将的难题。《明史·张居正传》论述他整顿军事的功绩说:"俺答款塞,久不为害。独小王子部众十余万,东北直辽左,以不获通互市,数入寇。居正用李成梁镇辽,戚继光镇蓟门。成梁力战却敌,功多至封伯,而继光守备甚设。居正皆右之,边境晏然。"这说明张居正所追求的强兵的目标,也已成功地实现了。

当时有人嘲笑张居正说:"吾辈谓张公柄用,当行帝王之道,今观其议论,不过富国强兵而已,殊使人失望!"张居正明确申明,他从事改革的目的就是为了富国强兵,说他"自秉政以来","其播之命令者,实不外此二事。"同时他也指出他的成功之道,"第须一一核实考成,乃可有效,若徒腾之文告而已,实意且化为虚文矣。"(《张太岳集》卷三一《答福建巡抚耿楚侗谈王霸之辨》)

在张居正所推行的改革事业中,处处都体现着这种务实的精神。他不尚空谈,讲求实效,每从事一项改革,都是作出精心部署,采取得力措施,知人善任,职责分明,很少出现目的与手段、动机与效果相背离的情况。尽管在万历十年张居正死后不久,神宗皇帝发起了一场反改革运动,使十年新政毁于一旦,但在张居正生前,他的改革事业却是取得了成功的。张居正是中国封建社会与王安石齐名的改革家,他的务实的精神以及卓有成效的改革思想,值得我们认真地研究总结,批判继承。

二、治国之本在"振其纪纲"

中国的封建社会发展到明代,虽然就总体而言,业已进入后期,整个机体都衰老僵化,失去了汉唐时期的那种蓬勃旺盛的生机,但是,局部的更新完善,使之恢复一定活力的可能性并非不存在。如果客观上根本不存在这种可能性,任何改革自然无从谈起。另一方面,如果执政者缺乏必要的真知灼见和务实精神,找不到问题的症结,拿不出切实的办法,也难以使这种可能性转变为现实性。张居正仅用了短短十年的执政时间,就把一个陷入全面紊乱状态的封建帝国治理得井井有条,恢复了活力,显露出生机,这种成功的实践说明他的改革思想是符合客观实际的。

张居正经常把治国比作理身。一个人的身体,最重要的是元气。元气充实,抵抗力强,偶有疾病,可以药到病除。如果元气虚弱,补东则耗西,即令对症下药,也难以奏效。治国的情况也是如此,不能只顾治标而不去治本,应该着眼于培植国家的元气,否则,如果元气耗尽,虽有良医扁卢,也无可奈何。他说:

> 为国之法似理身,元气欲固,神气欲扬。广中患不在盗贼,而患吏治之不清,纪纲之不振,故元气日耗,神气日索。(《张太岳集》卷二五《与殷石汀论吏治》)

> 国势强则动罔不吉,国势弱则动罔不害。譬人元气充实,年力少壮,间有疾病,旋治旋愈,汤剂针砭,咸得收功。元气虚弱,年力衰惫,一有病患,补东则耗西,实上则虚下,虽有扁卢,无可奈何。……是以君子为国,务强其根本,振其纪纲,厚集而拊循之,勿使有衅。脱有不虞,乘其微细,急扑灭之,虽厚费不惜,勿使滋蔓,蔓难图矣。(同上书,卷一八《杂著》)

张居正认为,国家元气的强弱,主要表现于纪纲是否振作。所谓纪纲,指的是国家的法纪和政教号令。如果把国家比作人的身体,这种纪纲就如同指挥全身的神经中枢。作为一个国家,自然不能不有一定的纪纲,但是有时纪纲不振,不能指挥全身,有时则纪纲振作,令行禁止,国势的强弱就是由此而区分的。从这个角度来看,为了把国家治好,使之由弱变强,只有振其纪纲,才能抓住根本,带动其他环节。在《陈六事疏》中,张居正曾向穆宗系统地阐述了这个思想。他说:

> 臣闻人主以一身而居乎非民之上,临制四海之广,所以能使天下皆服从其教令、整齐而不乱者,纪纲而已。纲如网之有绳,纪如丝之有总。《诗》曰:勉勉我王,纲纪四方。此人主太阿之柄,不可一日而倒持者也。臣窃见近年以来,纪纲不肃,法度不行,上下务为姑息,百事悉从委徇,以模棱两可谓之调停,以委曲迁就谓之善处。法之所加,唯在于微贱,而强梗者虽坏法干纪,而莫之谁何。礼之所制,反在于朝廷,而为下者,或越理犯分,而恬不知畏。陵替之风渐成,指臂之势难使,贾谊所谓跌躄者,深可虑也。……伏望皇上奋乾刚之断,普离照之明,张法纪以肃群工,揽权纲而贞百度;刑赏予夺,一归之公道,而不必曲徇乎私情;政教号令,必断于宸衷,而毋致纷更于浮议;法所当加,虽贵近不宥;事有所枉,虽疏贱必申。(《张太岳集》卷三六)

张居正所说的振纪纲,其实质是要求加强君主专制的政治体制,使之发挥应有的调节功能。在张居正所生活的明代,是君主专制的政治体制高度强化的一个朝代。随着中国封建社会向后期演变,这种体制越来越强化,是一个必然的趋势。也正因为如此,这种体制所固有的优点和缺点在明代的表现更加充分,超过了以往任何一个朝代。张居正站在坚决维护这种体制的立场,一方面热情颂扬明代的开国规模和立法精神,认为自己的使命在于"遵守祖宗旧制,不必纷纷更改"(《谢召见疏》)。另一方面,又对具体实践中的各种弊端作了全面的研究,认为如不进行改革,振其纪纲,便无从恢复国家的生机。这两个方面的特点,说明张居正是一个典型的封建地主阶级的改革家。他的改革思想也是从这两个方面来展开的。

就体制本身而言,张居正明确指出:

> 余尝谓本朝立国规模大略似商,周以下远不及也。列圣相承,纲维丕振,虽历年二百有余,累经大故,而海内人心,晏然不摇,斯用威之效也。腐儒不达时变,动称三代云云,及言革除事,以非议我二祖法令者,皆宋时奸臣卖国之余习,老儒臭腐之迂谈,必不可用也。(《张太岳集》卷一八《杂著》)

关于明代的立法,张居正也是备加颂扬,认为是集历代之大成。他不同意孟轲"法先王"的主张,认为荀卿的"法后王"接近于真理,而明太祖的立法恰恰就是"法后王"的典范。他说:

> 明兴,高皇帝神圣统天,经纬往制,博稽遂采,靡善弗登。若六卿仿夏,公孤绍周,型汉祖之规蓦,宪唐宗之律令,仪有宋之家法,采胜国之历元,而随时制宜,因民立政,取之近代者十九,稽之往古者十一,又非徒然也。即如筹商贾,置监官,则桑、孔之遗意也;论停解,制年格,则崔亮之选除也;两税三限,则杨炎之田赋也;保甲户马,经义取士,则安石之新法也。诸如此类,未可悉数,固前代所谓陋习敝政也,而今皆用之,反以收富强之效,而建升平之业。故善用之,则庸众之法可使与圣哲同功,而况出于圣哲者乎!故善法后王者,莫如高皇帝矣!(《张太岳集》卷一六《辛未会试程策》)

应当承认,张居正所说的都是确凿的事实,并非溢美之词。从强化封建专制主义统治的角度来看,明代开国的体制和立法确是达到了空前完善的程度。各种制度成龙配套,"大小相维,鸿纤毕备",结成了一个有机的系统。但是,这个系统后来却逐渐发生了毛病,丧失了应有的功能。张居正并不讳疾忌医,而是清醒地面对现实。他接着指出:

> 然今甫二百余年耳,科条虽具,而美意渐荒,申令虽勤,而实效罔获。屯田兴矣,土旷犹故也。醢政举矣,蚩挽犹故也。清勾数矣,乏伍犹故也。积粟课矣,空廪犹故也。(同上)

究竟怎样来理顺各种关系,革除这些弊端呢? 当时有一批理学家主张应该效法唐虞三代,从根本上改变明代的体制和立法。张居正坚决驳斥了这种主张,认为这种俗儒、腐儒之见足以导致亡国。张居正是一位务实的政治家,为了取得实效,他主张不必变更"祖宗旧制",关键在于恢复"祖宗旧制"所固有的活力。他指出:

> 车之不前也,马不力也,不策马而策车,何益? 法之不行也,人不力也。不议人而议法,何益? 下流壅则上溢,上源窒则下枯,决其壅,疏其窒,而法行矣。……成宪具存,旧章森列,明君贤臣,相与实图之而已。毋不事事,毋泰多事。祛积习以作颓废,振纪纲以正风俗,省议论以定国是,核名实以行赏罚,则法行如流,而事功辐辏矣。(《张太岳集》卷一六《辛未会试程策》)

张居正把人的主观能动性提到首位,这种主张是具有合理因素的。因为体制要靠人去掌握运用,立法要靠人去贯彻执行,离开了人的活动,体制和立法本身并不能实现什么目的。如果体制和立法是完善的,而在人的问题上出现了偏差,体制就会陷入瘫痪,良法美意也将变成一纸虚文。张居正所生活的时代与王安石不同。北宋熙宁年间,问题主要在于体制和立法的不健全,所以王安石有必要打出"祖宗不足法"的旗号来进行改革。而明代嘉、隆年间政治的腐败,主要却是由人的问题而引起的,所以张居正的改革不能不从振纪纲入手,以培植国家的元气作为改革的重点。

张居正根据对时弊的具体分析,反复申述了这个主张,认为这是改革的唯一有效的途径。他说:

> 明兴二百余年矣,人乐于因循,事趋于苦窳。又近年以来,习尚尤靡,致使是非毁誉,纷纷无所归究,牛骥以并驾而俱疲,工拙以混吹而莫辨,议论蜂兴,实绩罔效,所谓怠则张而相之之时也。(《张太岳集》卷二五《与李太仆渐庵论治体》)

> 窃见嘉、隆以来,纪纲颓坠,法度陵夷,骎骎宋、元之弊辙。自以亲承顾命之重,幸逢英明之主,不揣绵力,欲一举而振之。(同上书,卷三〇《答司空雷古和叙知己》)

> 时时修明祖宗法度,精核吏治能否,由此富国富民,典礼义,明教化,和抚四夷,以建万世太平之业,诚反手耳!(同上书,卷二八《答应天巡抚论大政大典》)

当时政治的腐败,纪纲的不振,原因虽然很多,关键则是由于权力机构的成员不以国家的公利为重,怠于职守,因循苟且,把权力机构变成谋取私利的工具。在封建社会,所谓国家的公利,就是地主阶级的整体利益。这种整体利益一方面以肯定地主阶级对农民阶级的剥削压迫为前提,另一方面又要采取各种手段来调节、缓和二者的矛盾,打击本阶级个别成员的不法行为,使农民能够安居乐业,做到长治久安。这种整体利益也就成为封建国家权力机构最高的组织目标,上自天子,下至臣僚,都必须使自己的个人利益服从于整体利益,克己奉公、励精图治,把实现这个目标作为自己最高的职责。但是,这一点在封建社会却是很难做到的,国家的公利常常被置于脑后,以权谋私、贪赃枉法的现象普遍存在。这是封建政治中的最强烈的腐蚀剂,如不及时清除,任其发展,权力机构势必陷入瘫痪,最后导致整个国家的灭亡。因此,历代有远见的政治家都把公私之辨看作是治乱兴衰的关键,十分重视"民惟邦本,本固邦宁"的治世格言。明代开国,朱元璋认真总结了历史上的经验教训,从有效地维护整体利益的角度对国家的权力机构作了精心的设计。皇帝大权独揽,是唯一的决策中心,以六部为执行系统,以都察院为监督系统,此外又设立通政司为反馈系统。与以往各个朝代相比,皇帝成为真正的首脑,权力机构的其他组成部分都在皇帝一人的指挥之下,象身体的四肢听命于大脑一样,协同动作。如果出现与整体目标不相符合的行为,则以严刑峻法予以沉重的打击。这是一个具有极高效率的权力机构,君主专制政治体制的优点在明代初年确实表现得比以往更为充分。但是,也正因为如此,它的不稳定的程度也大大超过了前代。如果居于权力机构首脑地位的皇帝本人有了毛病,或者私欲膨胀,滥用权力,或者荒淫怠惰,不理朝政,整个国家就会失去了组织目标,皇帝以下各级大大小小的掌权者也就象一盘散沙一样,各行其是了。张居正一向"究心当世之务",对明代二百年来政治的演变和优缺点的表现了如指掌,他所提出的改革方案,一方面是"遵守祖宗旧制",同时着重解决人的问题以恢复"祖宗旧制"的活力,联系到当时的历史条件来看,不能不承认,这是切中时弊的唯一有效的途径。

张居正认为,当时的乱世局面已成积重难反之势。其所以形成这种局面,首先是由于"上失其道",即最高的统治者忽视国家的整体利益,失去了治国之道。为了拨乱反正,也首先应该由"在上者有人引咎罪己",重新回到国家所应有的组织目标上来。他说:

> 天下之势,最患于成,成则未可以骤反。治之势成,欲变而之乱难。乱之势成,欲变而之治难。……夫乱非一日之积也。上失其道,民散于下,贪吏虐政又从而驱迫之,于是不逞之徒乘间而起,堤防一决,虽有智者无如之何矣。……不幸而至于是,在上者有人引咎罪己,拯罢困之民,诛贪贼之吏,使天

下之人系心于上而未暌离,则盗贼之势孤而应之者少。数年之后,根本渐固,人心渐安,不逞之徒其忿已泄,而其势日杀,庶可解散耳。然至是国家之元气十损八九矣。(《张太岳集》卷一八《杂著》)

张居正十分清醒地认识到,君主的集权程度越高,对国家治乱兴衰的影响也越大,他的这种改革方案能否实现,关键在于作为国家首脑的君主能否下定决心,励精图治。如果君主有了改革的决心,"拯罢困之民,诛贪贼之史"的工作就可顺利进行,乱世局面尚能逐渐扭转,反之,如果君心不正,骄奢淫佚,以私害公,即令伊、吕再世,也是无济于事的。因此,张居正极力争取君主的支持,他所要解决的人的问题,首先就是君主的思想问题。嘉、隆年间,张居正曾向世宗、穆宗皇帝反复陈说天地交泰、君臣道合的哲理,规劝他们以国家的长治久安为重,亲近臣下,励精图治,克服血气壅阏、政治瘫痪的积弊。从隆庆六年到万历十年,张居正作为神宗皇帝的启蒙老师,更是利用一切机会谆谆教导他怎样去做一个合格的君主。隆庆六年,张居正编了一本有关历代帝王治乱兴衰的图文并茂的故事书,叫做《帝鉴图说》,作为神宗皇帝的学习课本。他在《进帝鉴图说疏》中说:

前史所载治乱兴亡之迹,如出一辙。大抵皆以敬天法祖、听言纳谏、节用爱人、亲贤臣、远小人、忧勤惕厉,即治;不畏天地、不法祖宗、拒谏遂非、侈用虐民、亲小人、远贤臣、槃乐怠傲,即乱。……伏望皇上俯鉴愚忠,特垂省览。视其善者取以为师,从之如不及;视其恶者用以为戒,畏之如探汤。每兴一念,行一事,即稽古以验今,因人而自考。高山可仰,毋忘终篑之功;覆辙在前,永作后车之戒;则自然念念皆纯,事事合理。(《张太岳集》卷三八)

万历四年,张居正给神宗皇帝讲解太祖的《大宝箴》。他记述此事说：

> 讲至"纵心乎湛然之域"一条，上曰：此不过言人当虚心处
> 事耳！臣因举手贺曰：只虚心二字，足以蔽此条之义矣。夫人
> 心之所以不虚者，私意混杂故耳！如水本至清，以泥沙淆之，
> 则不清；镜本至明，以尘垢蔽之，则不明。人主诚能涵养此心，
> 除去私欲，如明镜止水，则好恶刑赏无不公平，而万事理矣。
> (《张太岳集》卷一七《送起居馆讲大宝箴记事》)

除了日常的讲解以外，张居正在推行各项具体的政策措施时，
还不断提醒神宗皇帝注意国家的最高的组织目标以及实现这个目
标的主要手段。他在《请蠲积逋以安民生疏》中说：

> 窃闻致理之要，惟在于安民。安民之道，在察其疾苦而
> 已。(《张太岳集》卷四六)

在《请定面奖廉能仪注疏》中，他说：

> 臣等窃惟致理之道，莫急于安民生。安民之要，惟在于核
> 吏治。前代令主欲兴道致治，未有不加意于此者。(《张太岳
> 集》卷三八)

由于神宗和神宗生母李太后对张居正绝对信任，张居正获得
了类似周公辅成王的那种特殊的机遇，在他执政十年期间，实际上
就是一个代理皇帝，权力机构的最高首脑。因此，改革的决心就得
由他来下，改革的方案也由他来推行了。

按照张居正的比喻，国家政治如同人的身体，身体的强弱在于
元气是否充实，四肢的运转是否接受首脑的指挥。现在，首脑的问
题已经顺利解决了，于是处于四肢地位的吏治问题便上升为主要
矛盾。如果说张居正在嘉、隆年间向世宗、穆宗陈述政见着重于规
劝君主本人励精图治，万历年间考虑的重点则转向于整顿吏治。
前后表现的形式虽有不同，但从张居正的改革思想来看，却是始终
一贯的。在《答山东抚院李渐庵言吏治河漕》中，张居正对此作了

分析。他说：

> 窃闻致理之要，在于安民。欲民之安，责在守令。今主上年虽冲幼，已知注心邦本，然而上泽未能下究，下隐未能上通者，则以吏治欠核，而觎权挠法之豪、诡衔窃辔之奸鲠乎其中故耳。《易》卦，颐中有物，必啮之而后合。故今振举纲维，精核吏治，章之以雷电，悬之以象魏，要在啮其物，去其鲠，使上泽得以下究，下隐得以上通而已。（《张太岳集》卷二七）

在中国封建社会的历史上，随着君主集权程度的加强，高度集中的政治与高度分散的经济之间的矛盾也越来越突出了。统治者汲取了历代农民起义的教训，为了有效地控制管理这个幅员广大、人口众多的封建帝国，不得不依赖组织严密的权力机构来推行一系列缓和矛盾的措施，以保持国家的稳定和社会生活的正常运转。但是，恰恰这个权力机构本身常常处于失控状态，脱离了正轨，反过来激化了与农民阶级的矛盾。因此，历史上乱世多而治世少，王朝不断更替，大大小小的农民起义层出不穷，说明吏治问题是一个老大难的问题，尽管统治者主观上都希望政通人和，长治久安，却常常由于不能解决吏治问题而使这种希望化为泡影。张居正追求实效，他清醒地认识到，吏治问题之所以难以解决，关键在于贪吏和豪强相互勾结，"倚法为私，割上肥己"，把本来应该是缓和矛盾的工具变成了激化矛盾的手段，只有对他们予以沉重的打击，才能拨乱反正，从根本上扭转政治腐败的局面。在《答应天巡抚宋阳山论均粮足民》中，他说：

> 夫民之亡且乱者，咸以贪吏剥下而上不加恤、豪强兼并而民贫失所故也。今为侵欺隐占者，权豪也，非细民也。而吾法之所施者，奸人也，非良民也。清隐占，则小民免包赔之累，而得守其本业。惩贪墨，则间阎无剥削之扰，而得以安其田里。如是，民且将尸而祝之，何以逃亡为！公博综载籍，究观古今

治乱兴亡之故,曾有官清民安、田赋均平而致乱者乎?(《张太岳集》卷二六)

除了贪吏和豪强相互勾结、狼狈为奸以外,权力机构中的种种官僚主义的弊端也是破坏性的因素,诸如因循苟且、推诿拖延、欺上瞒下、徇情背法、图虚名而不务实事等等,也必须加以整顿。由此看来,张居正推行改革所遇到的阻力是相当大的。就张居正本人而言,他一直是以一身而系天下安危自任的,多次向人表白"苟利社稷,死生以之"。在《答藩伯吴小江》中,他说:

今赖天地宗社之灵,中外颇称宁谧。惟是黎元穷困,赋重差繁,邦本之虞,日夕在念。(《张太岳集》卷二六)

这种忧国忧民的情怀是张居正敢于去克服阻力的强大的精神支柱。他不顾浮言谤议,坚持以综核名实的"考成法"为中心,对贪官污吏以及各种官僚主义弊端严加整顿,很快取得了成效。但是,尽管如此,如果各地要员不以民事为急而只考虑个人的升迁,"考成法"也照样会流为表面文章而无实效。张居正有鉴于此,所以不断给各地要员写信,勉励他们时刻以邦本为念。在《答保定巡抚孙立亭》中,他说:

近来吏治颇为清肃,惟司牧者不以民事为急,崇尚虚文,计日待迁,终鲜实效。夫均徭、赋役、里甲、驿递,乃有司第一议,余皆非其所急也。四事举则百姓安,百姓安则邦本固,外侮可无患矣。惟公留意焉。(《张太岳集》卷二五)

所谓"司牧者不以民事为急",就是说权力机构的成员脱离了国家的最高组织目标而去谋取个人的私利。这是导致当时吏治腐败的最重要的思想原因。张居正根据多年的改革实践,深刻地认识到,为了克服改革的阻力,光靠自己一人之力是不行的,必须"开众正之路,杜群枉之门",把一批以国家的公利为重的正直的人们团结在自己周围,组建成一个坚强的领导班子。由于张居正知人

善任,加上取得神宗皇帝的信任,一个积极支持改革事业的领导班子终于组建成功了。在《答殷石汀言宜终功名答知遇》中,他说:

> 仆自去岁曾面奏主上曰:"今南北督抚诸臣皆臣所选用,能为国家尽忠任事者,主上宜加信任,勿听浮言苛求,使不得展布"。主上深以为然,且奖谕云:"先生公忠为国,用人岂有不当者。"故自公当事以来,一切许以便宜从事,虽毁言日至,而属任日坚。(《张太岳集》卷二六)

总起来说,张居正执政十年,一直是"遵守祖宗旧制",从事"反本复始"的工作,没有超出封建专制主义的范围。但是,他从解决人的问题入手,调动积极因素,克服消极因素,使当时陷入瘫痪解体状态的"祖宗旧制"重新恢复了活力,为国富兵强、民生安定作出了卓越的贡献。如果说在他执政初年,面对着种种浮言谤议和重重阻力,曾不时流露出疑虑苦闷的心理,越到后来,他的信心也越来越加强了。"人存政举","天下无不可为之事",他深信他的改革方案是正确的,改革事业一定能成功。

三、内圣应落实于外王

张居正不仅是一位杰出的政治家,同时也是一位学识渊博的思想家。他根据自己的改革事业的需要,以儒家的经世致用之学为核心,"博极载籍,贯穿百氏",熔铸成一套以讲求实用、实效、实政为特征的实学思想体系,在当时空谈心性的理学占据统治地位的思想领域,显得清新刚健,不同凡响。

张居正对当时风靡朝野的空疏学风深为不满,认为若不激励振作,提倡实学,大力扭转这种学风,改革事业则将无法推行。在《答文宗谢道长》中,他说:

> 近来俗尚浇漓,士鲜实学,南畿多士之区,首化之地,惟公

加意一振之。(《张太岳集》卷二五)

在《答少司马杨二山》中,他说:

> 比来士习人情,渐落晚宋窠臼。……今遇清明之朝,当改弦之会,而不相与励翼协力,共图实事,犹欲守故辙,骛虚词,则是天下之事终无可为之时矣。(《张太岳集》卷二一)

张居正所提倡的实学,实质上就是儒家的传统的内圣外王之学。这是适应中国封建社会的特点而发展形成的一门博大精深的政治哲学,包含着两个相互依存、相互制约的方面。一方面,外王必须以内圣为前提,无论君主或大臣,为了更好地治国平天下,首先应该正己格物,涵养心性,使自己的言行做到至公至正,符合纲常名教的规范。另一方面,内圣也必须发而为事功,应该审时度势,精核物理,裁成辅相,落实到外王的实处。以程、朱、陆、王为代表的宋明理学,致力于研讨偏于内圣的心性之学,这对于提高人们维护封建秩序的自觉性,无疑会起到很大的作用。张居正根据他的政治敏感和哲学修养,深刻地认识到,这种心性之学有助于他去振作纪纲,以恢复"祖宗旧制"的活力。因此,张居正并没有站在抨击理学的立场,相反,他对程、朱、陆、王等理学大师曾多次表示推崇,发表了不少的言论。在《赠毕石庵先生宰朝邑叙》中,他还驳斥了人们对理学的误解,态度鲜明地论证了理学有益于政治。他说:

> 善宦者流尝轻诋理学之士,以为不适于用。且曰,为政恶用学为哉?夫守经据义,士所先也;聪明强干,吏所先也。欲为政而从事于学,泥矣。张子曰:不然!吾闻古之君子,终始典于学,居则学于父兄宗族,出则学于君长百姓,莫非学也,迹之显晦,乌能间之?……广汉、延寿之位,世所称能吏,然阘于学术,不知道,不能正己格物,而务为一切以求愉快,故终不可大用。试使理学之士,商功利,课殿最,诚不若广汉、延寿,然明道正义,使天下回心而向道,类非俗吏之所能为也。夫欲舍

学以从政,譬中流而去其楫,蔑以济矣。(《张太岳集》卷七)

但是,就当时的情况而言,理学末流却把内圣与外王割裂开来,空疏无实,流弊丛生。特别是一批不识时务的"腐儒"、"俗儒",言必称三代,并且以王霸之辨为据,反对张居正所推行的富国强兵的政策,给改革事业造成了很大的思想阻力。张居正针对着理学末流的这种谬论,予以严厉的驳斥。在《答福建巡抚耿楚侗谈王霸之辩》中,他说:

> 孔子论政,开口便说足食足兵;舜命十二牧曰,食哉惟食;周公《立政》,其克诘尔戎兵;何尝不欲国之富且强哉!后世学术不明,高谈无实,剽窃仁义谓之王道,才涉富强便云霸术,不知王霸之辩,义利之间,在心不在迹,奚必仁义之为王,富强之为霸也!(《张太岳集》卷三一)

张居正与当时的理学家们过从甚密,深知何者为理学正宗,何者为理学末流。一方面,他常把那些以经世致用为目标的理学家引为"同志",时常与他们相互切磋砥砺,研讨如何由内圣而通向外王。另一方面,他对那些脱离实际、空谈心性的理学家则斥之为"腐儒"、"俗儒",表示深恶痛绝的态度。在与周友山的书牍中,他反复申述了自己的这种爱憎分明的立场。他说:

> 今人妄谓孤不喜讲学者,实为大诬。孤今所以上佐明主者,何有一语一事背于尧舜周孔之道!但孤所为,皆欲身体力行,以是虚谈者无容耳!(《张太岳集》卷三〇)

> 吾所恶者,恶紫之夺朱也,莠之乱苗也,郑声之乱雅也,作伪之乱学也。夫学乃吾人本分内事,不可须臾离者。言喜道学者,妄也;言不喜者,亦妄也;于中横计去取,言不宜有不喜道学者之名,又妄之妄也。……言不宜不喜道学之为学,不若离是非,绝取舍,而直认本真之为学也。……凡今之人,不如正之实好学者矣。(《张太岳集》卷三一)

　　张居正所说的"直认本真",着重于内圣,即以自己的虚灵静寂的心体为天下之大本。从这一点来看,他与当时的理学是相通的。但是,张居正特别强调结合实际,要求身体力行,反对以虚见为默证。从这一点来看,又与理学有很大的不同。他从现实的改革事业和富国强兵的需要出发,承接内圣外王之学的基本精神,对历史上分化而成的内圣与外王两派,取长补短,致力于二者的结合,以自成一家之言。他的实学思想的基本特点即在于此。

　　张居正对虚与实的关系有自己独到的看法。在《答楚学道胡庐山论学》中,他说:

　　　　承教虚寂之说,大而无当,诚为可厌。然仆以为近时学者,皆不务实得于己,而独于言语名色中求之,故其说屡变而愈淆。夫虚故能应,寂故能感。《易》曰,君子以虚受人,寂然不动,感而遂通天下之故。诚虚诚寂,何不可者!惟不务实得于己,不知理事之如一,同出之异名,而徒兀然嗒然,以求所谓虚寂者,宜其大而无当、窒而不通矣。审如此,岂惟虚寂之为病?苟不务实得于己,而独于言语名色中求之,则曰致曲、曰求仁,亦岂得为无弊哉!(《张太岳集》卷二二)

在《答西夏直指耿楚侗》中,他说:

　　　　辱谕谓比来涉事日深,知虚见空谈之无益,具见丈近日造诣精实处。区区所欲献于高明者,正在于此。但此中灵明,虽缘涉事而见,不因涉事而有。倘能含摄寂照之根,融通内外之境,知此心之妙所以成变化而行鬼神者,初非由于外得矣。(《张太岳集》卷三五)

在《答胡剑西太史》中,他说:

　　　　弟甚喜杨诚斋《易传》,座中置一帙常玩之。窃以为六经所载,无非格言,至圣人涉世妙用,全在此书。自起居言动之微,至经纶天下之大,无一事不有微权妙用,无一事不可至命穷神,乃其妙即白首不能殚也,即圣人不能尽也,诚得一二,亦可以超世拔俗矣。兄固深于《易》者,暇时更取一观之,脱去训诂之习,独观昭旷之原,当复有得力处也。(《张太岳集》卷三五)

张居正把虚与实看作是一种体用相即的关系。所谓"昭旷之原"、"寂照之根"、"此中灵明",指的就是作为天下之大本的心体。这种心体的本来状态是"诚虚诚寂"的。但是,体不离用,用不离体,只有努力从事"实得于己"的工夫,"融通内外之境",把虚与实有机地结合起来,才能"经纶天下","成变化而行鬼神"。如果"不务实得于己",离用以求体,必然流为"虚见空谈","窒而不通"。反过来,如果离体以求用,不去认真领会"致曲"、"求仁"的精神实质,实意也将化为虚文,同样会产生很大的流弊。

张居正的这番议论不同于空谈心性的理学家的高头讲章,而是对他丰富的政治实践经验所作的理论总结。张居正当时承担着国家最高决策人的重任,以一身而系天下之安危,加上面对着重重的阻力和浮言谤议,处境是十分困难的。他从实践中深深体会到,为了应付这种困难的处境,必须使自己具备多方面的修养。首先是理论上的修养。因为"事有机,政有要",如果理论修养不足,不能"乘其机,握其要",便无法驾驭全局,作出战略决策,而至多只能成为如同汉代赵广汉、韩延寿那种"能吏",这是张居正所卑而不为的。其次是道德上的修养。因为道德直接影响于政治,"赏罚功罪须至公至平,人心乃服,人心服而后可责其用命"。如果自己不严于公私之分,作道德上的表率,一切的政令则将无法推行。再次是要确立坚定不移的信心。这一点对张居正来说显得特别重要。他曾以孤愤的心理反复向人申述,这是他唯一可依赖的精神支柱。在《答湖广巡抚朱谨吾辞建亭》中,他说:

吾平生学在师心,不蕲人知,不但一时之毁誉不关于虑,

即万世之是非亦所弗计也。(《张太岳集》卷三二)

在《答藩伯周友山论学》中,他说:

> 不穀生平于学未有闻,惟是信心任真,求本元一念,则诚自信而不疑者。(《张太岳集》卷三一)

所有这些修养,都是在心性之内做工夫,属于内圣的范围,最后归结为直认自己的虚灵静寂的心体为天下之大本。但是,张居正是从政治实践的角度来从事心性修养的,务求"实得于己",而这种心性修养也确实提高了他的胆识和品德,在政治实践中见出功效。张居正为了探索虚与实、体与用的种种复杂的关系,曾出入佛老,广泛地汲取各家的思想营养,但其基本的思想线索仍然是儒家的内圣外王之学。在《翰林为师相高公六十寿序》中,他说:

> 圣贤之学,始于好恶之微,而究于平治天下。好恶得其平,则因应无为,不降阶序,而万务咸理。(《张太岳集》卷七)

明代中叶,王学逐渐取代了朱学,占据了思想领域的主导地位。随着王学的分化,人品的不齐,呈现出鱼龙混杂、瑕瑜互见的局面。张居正的实学与王学的关系,是相当微妙的。就理论本身而言,二者并不存在根本性的矛盾。因为王学虽然侧重于内圣,却没有完全遗弃外王。张居正只是在如何由内圣通向外王的途径问题上,对王学持有异议,但对他们"直认本真"的心性之学却是表示赞赏的。聂双江、罗近溪是当时著名的王学大师,张居正曾与他们书信来往,一方面谦虚地承认自己从王学中受到很大的启发,另一方面又特别拈出"实际"二字,委婉地申述了自己的实学宗旨。在《启聂司马双江》中,他说:

> 昨者优承高明,指未发之中,退而思之,此心有跃如者。往时薛君采先生亦有此段议论,先生复推明之,乃知人心有妙万物者,为天下之大本,无事安排,此先天无极之旨也。夫虚者,道之所居也,涵养于不睹不闻,所以致此虚也。心虚则寂,

感而遂通。故明镜不惮于屡照,其体寂也;虚谷不疲于传响,
其中窾也。今不于其居无事者求之,而欲事事物物求其当然
之则,则愈劳愈敝也。(《张太岳集》卷三五)

在《答罗近溪宛陵尹》中,他说:

> 学问既知头脑,须窥实际。欲见实际,非至琐细、至猥俗、
> 至纷纠处,不得稳贴,如火力猛迫,金体乃现。仆每自恨优游
> 散局,不曾得做外官。今于人情物理,虽妄谓本觉可以照了,
> 然终是纱窗里看花,不如公等只从花中看也。圣人能以天下
> 为一家、中国为一人,非意之也,必洞于其情,辨于其义,明于
> 其分,达于其患,然后能为之。人情物理不悉,便是学问不透。
> 孔子云,道不远人。今之以虚见为默证者,仆不信也。(同上)

张居正与王学的矛盾,主要表现于政治方面。张居正不同于
当时的那些以学术名家建构体系的学者,在学术上他并无门户之
见,既不述朱,也不宗王,如果对他的思想细加辨别,不仅融摄了
儒、释、道三家,法家思想也占有一定的比重,他只是择善而从,毫
不隐讳自己的思想来源。但是,张居正提倡实学的政治目的却是
始终一贯,十分明确的,那就是为他所推行的改革方案和富国强兵
政策奠定一个坚实的思想基础。早在隆庆年间的《陈六事疏》中,
他就把"省议论"列为第一条急务,要求穆宗皇帝"励精治理,主宰
化机,扫无用之虚词,求躬行之实效"。张居正认为,"省议论"是实
现其他五条急务的必要的思想前提。因为"多指乱视,多言乱听",
如果朝廷之间议论太多,便无从形成统一的决策,或者虽有统一的
决策,而又受到各种逸言谤议的干扰,无从形成统一的行动。为了
统一决策,统一行动,首先必须统一思想。万历年间,张居正当政
秉国,他就以自己的实学来实现统一思想的急务。在《答南司成许
海岳》中,他明确指出:"方今急务,惟在正人心,明学术,使人知尊
君亲上之义。"(《张太岳集》卷三一)张居正企图使学术服从于政

治,特别是服从于他所推行的"遵守祖宗旧制"的改革方案。所谓"使人知尊君亲上之义",意思就是使人服从他以神宗皇帝的名义所作出的决策,不要妄加评议,造成阻力。张居正与王学的矛盾就是因此而引起的。当时的王学虽然本质上也是为封建政治服务的,但是他们聚徒讲学,自立门户,主要在中下层士大夫中活动,属于在野派而不是在朝派。他们根据自己的学说引申出了各种不同的政治主张,诸如效法唐虞三代、尊王而诎霸、崇仁义而贬功利、以孝弟为治天下之大本等等,都与张居正的政治主张相抵触。特别是从王学中分化出的泰州学派,反映了处于萌芽状态的市民意识,放言说论,脱离了封建名教的羁绊,更是与张居正形成直接冲突。因此,张居正尽管在理论上并不完全否定王学,但从政治的角度来考虑,却不得不采取一系列严厉的措施来打击王学。

可能张居正执政前后对王学的态度有所不同。在执政以前,张居正主要着重于个人的心性修养,提高自己的领导素质,所以常与王学大师相互研讨,并把他们引为"同志"。执政以后,政治上的矛盾变得突出了。比如罗近溪,是泰州学派的大师,张居正曾以一个学者的风度与他研讨关于"实际"的问题,态度谦虚,语气委婉。但是,万历五年,罗近溪"讲学于广慧寺,朝士多从之者,江陵恶焉。"(《明儒学案》卷三四)当时许多王门学者都站在反对派的一边,反对张居正的政策。管东溟、邹元标就是两个显著的例子。《明儒学案》卷三二记载:

> 江陵秉政,(管)东溟上疏条九事,以讥切时政,无非欲夺其威福,归之人主。其中有宪纲一条,则言两司与巡方抗礼,国初制也,今之所行,非是。江陵即出之为广东佥事以难之,使之为法自敝也。

万历五年,张居正父死,理应解职归家,丁忧守制,但神宗皇帝特意挽留,不许解职。这叫做"夺情"。邹元标反对说:

伏读圣谕:"朕学尚未成,志尚未定,先生而去,堕其前功。"夫帝王以仁义为学,继学为志,居正道之功利,则学非其学,忘亲不孝,则志非其志。皇上而学之志之,其流害有不可胜言者。亦幸而皇上之学未成,志未定,犹可得儒者而救其未然也。(《明儒学案》卷二三)

所有这些矛盾,都促使张居正对王学的态度发生转变,同时进一步探索如何围绕着学术为政治服务这个总的目标,使自己的实学思想形成一个完整的体系。在《答南司成屠平石论为学》中,他具体指出当时的一批理学"同志",在学术和政治两个方面都存在着很大的流弊。为了消除这些流弊,他明确提出了四个努力的方向:"以足踏实地为功","以崇尚本质为行","以遵守成宪为准","以诚心顺上为忠"。其中前两项就学术而言,后两项就政治而言。这是张居正对自己的实学思想的最完整的表述,有必要详细征引。他说:

夫昔之为同志者,仆亦尝周旋其间,听其议论矣。然窥其微处,则皆以聚党贾誉,行径捷举,所称道德之说,虚而无当,庄子所谓其嗌言若哇,佛氏所谓蝦蟆禅耳!而其徒侣众盛,异趋为事,大者摇撼朝廷,爽乱名实,小者匿蔽丑秽,趋利逃名。嘉隆之间,深被其祸,今犹未殄,此主持世教者所深忧也。《记》曰:凡学,官先事,士先志。士君子未遇时,则相与讲明所以修己治人者,以需他日之用;及其服官有事,即以其事为学,兢兢然求所以称职免咎者,以共上之命;未有舍其本事而别开一门以为学者也。……假令孔子生今之时,为国子司成,则必遵奉我圣祖学规以教胄,而不敢失坠;为提学宪臣,则必遵奉皇上勒谕以造士,而不敢失坠;必不舍其本业而别开一门,以自蹈于反古之罪也。今世谈学者皆言遵孔氏,乃不务孔氏之所以治世立教者,而甘蹈于反古之罪,是尚谓能学孔矣乎!明兴二百余年,名卿硕辅勋业恒赫者,大抵皆直躬劲节、寡言慎行、奉公守法之人,而讲学者每诋之曰:彼虽有所建立,然不知学,皆气质用事耳。而近时所谓知学,为世所宗仰者,考其所树立,又远出于所诋之下。将令后生小子何所师法耶?此仆所未解也。仆愿今之学者,以足踏实地为功,以崇尚本质为行,以遵守成宪为准,以诚心顺上为忠。……毋以前辈为不足学而轻事诋毁,毋相与造为虚谈,逞其胸臆,以挠上之法也。

(《张太岳集》卷二九)

为了统一思想,使学术严格地从属于政治,张居正大力整饬学政,禁止聚徒讲学,下令毁天下书院,并且规定"说书者以宋儒传注为宗",不许"别标门户"。泰州学派何心隐之死虽非张居正直接迫害,但与他的这一系列雷厉风行的措施有关,却是不可否认的。张居正的这些做法在当时的思想领域引起很大震动,议论纷纷。但是张居正坚持不渝,以他一贯的严峻作风,斩钉截铁地表示,"使吾为刽子手,吾亦不离法场而证菩提。"

张居正的实学是一种经世实学,与他的政治实践是紧密配合的。我们曾经指出,张居正的改革方案是从解决人的问题入手以恢复"祖宗旧制"的活力,实质上是封建专制制度的一种自我完善。与此相联系,张居正在思想领域奉行一种文化专制主义,也是题中的应有之义,并不是不可理解的。根据明代中叶具体的历史条件来看,张居正若不是奉行这种文化专制主义,他就无从克服重重的阻力,实现他的改革方案。张居正所列举的王学末流的弊端,是确凿的历史事实,按照他们的方案,决不能富国强兵,是肯定无疑的。但是,思想史是一个充满着矛盾的辩证的运动过程。如果说张居正的经世实学在当时确是收到了直接的富国强兵的效果,起了很大的进步作用,那么,王学中的泰州学派看来是似乎迂腐,却逐渐孕育着一种启蒙思潮对封建专制制度本身进行批判性的反思。从宏观的角度来看,这种启蒙思潮比经世实学更能体现历史的方向,把握时代的脉搏。但是,由于历史条件的不成熟,当时这两种属于不同范畴的进步思想互不理解,彼此敌视,处于对立的地位。应当承认,二者都是具有合理性的,但只有局部的片面的合理性,当二者受历史的偶然的机遇所驱使而发生碰撞时,必然要引起一场悲剧。泰州学派的何心隐之死固然是一场悲剧,而与迫害何心隐有关的张居正本人也逃不脱悲剧的命运。

张居正的悲剧在于他不能理解封建专制制度本身。这种制度如同一座宏伟壮丽的金字塔,但是塔基在上,塔尖在下,头脚倒置。因为这种制度把整个国家置于君主一人的意志之上,而这种意志又是不受任何监督,可以凭着一时的好恶恣意妄为的。如果君主的意志因某种偶然因素的影响出了毛病,看来似乎是组织严密的国家大厦便会跟着发生动摇。张居正是一个清醒的人,他预感到自己的地位是不稳固的,国家的命运以及改革事业的前途最终是掌握在年幼的神宗皇帝的手中。因此,他花了很大的心力对神宗皇帝谆谆教导,苦口婆心地规劝神宗皇帝服膺内圣外王之道,做一位合格的君主。但是,言之者谆谆,听之者藐藐。万历十年,张居正刚刚病死,神宗皇帝突然变卦。张居正惨淡经营的十年新政因此而毁于一旦。为了厉行改革,富国强兵,张居正依赖于封建专制制度而取得了成功,但是,同样是这个封建专制制度,也是导致他的改革事业趋于全面失败的决定因素。张居正毕生都在为"尊主权","振纪纲"而奋斗,他不会想到,他的成功越大,他的失败也越惨。这就是他的悲剧所在。

在明代中叶的思想领域,经世实学与启蒙思潮呈现出一种断裂状态。直至明亡前夕,它们都是按照各自的逻辑,互不相干地发展。随着明末统治危机的深化,一大批忧国忧民的人士为了探寻摆脱危机的出路,纷纷转向经世实学。与此同时,适应于市民意识的逐渐觉醒,启蒙思潮也在艰难的处境下向着深度与广度不断地延伸。但是,它们围绕着如何看待封建专制制度以及纲常名教的问题,一直是互不理解,彼此敌视。到了明清之际,这种局面才算有了一定程度上的转变。黄宗羲对泰州学派并不是很欣赏的,对张居正的专权也时有微词。但是,他的《明夷待访录》却是经世实学与启蒙思潮的一种有机的结合。经世实学如果不走出维护封建专制制度的老路,不会有什么新的起色。另一方面,启蒙思潮如果脱离了外王,只在个人的心性上下工夫,也很难使我们这个民族赶上世界史的进程。我们只有从这个角度来考察张居正的实学思想,才能恰当地估价他的历史地位。

(选自《明清实学思潮史》,陈鼓应、辛冠洁、葛荣晋主编,齐鲁书社 1987 年版)

　　余敦康(1930—　　),湖北汉阳人,哲学家,中国社会科学院世界宗教研究所研究员,兼中国孔子基金会理事、中国周易研究会副会长,长期从事儒学、玄学及易学的研究。主要著作有:《中国哲学发展史》(任继愈主编)、《何晏王弼玄学新探》、《明清实学思潮史》(作者之一)等。

　　本文认为,张居正以儒家的经世致用之学为核心,"博极载籍,贯穿百氏",熔铸成一套以讲求实用、实效、实政为特征的实学思想体系,在当时空谈心性的理学占统治地位的思想领域,显得清新刚健,不同凡响。

东林学派与明清之际的实学思潮

步近智

　　实学是我国明代中期出现的一股进步思想潮流,历经明清之际的高潮阶段,到清代道光、咸丰年间的龚(自珍)魏(源)时方告结束。它最初主要是针对宋明理学的日趋空疏、衰败而提出,其后发展为对封建君主专制主义和封建蒙昧主义的批判,具有早期启蒙思想性质。被誉为"一堂师友,冷风热血,洗涤乾坤"(《明儒学案·东林学案》)的东林学派,于明神宗万历(1573—1620)中期在江南崛起。在昏暗颓败的王权专制统治之下,于谈空说玄、虚渺迷茫的学风笼罩之时,东林学派以"济世"、"救民"的"实念"为其主旨,"不贵空谈"而"贵实用",倡导"治国平天下"的"有用之学",实开晚明实学思潮之端绪,并由此而把实学思潮推向明清之际的鼎盛阶段。

一 晚明的社会危机与东林学派的崛起

　　东林学派的形成,是我国自 15 世纪后半叶以来社会危机发展的结果。在阉党把持下的朝政日益腐败,皇帝、宦官、贵戚穷奢极欲、疯狂掠夺和兼并土地,苛重的田赋税收,迫使农民沦为失地佃农,一些地区出现"人相食"的情况,激起了农民的反抗和斗争。矿监税使横行各地、横征暴敛,加紧对城市手工业和商业的榨取,摧残着某些地区出现的资本主义生产关系的萌芽,引起了新兴市民阶层的强烈反对。一部分在朝官吏和在野的知识分子已经敏锐地感觉到"天崩地陷"、危机四伏,因而指责朝政腐败,要求改革。

　　顾宪成和高攀龙等一批敢于直谏的官吏,因抨击朝政、要求改革而被贬回乡,他们并未消极隐居、放逸山林,更不像一些王学末流那样弃儒入禅、空谈心性。他们虽"居水边林下",仍"志在世道",以国家兴亡为重。万历三十二年(1604),由顾宪成、允成兄弟二人倡议重修东林书院,遂聚众讲学,把读书、讲学和关心国是紧密相联。"风声雨声读书声声声入耳,家事国事天下事事事关心"这副对联,就是其真实写照。东林书院的这种与议政相结合的讲学活动,吸引了许多爱国志士,乃至不少在朝的正直官员也"遥相应和",不同学派的人士也"闻风响附",东林书院又成了一个社会舆论中心。作为一个学术团体的东林学派,又逐渐扩大而形成一个政治派别,被当权者斥之为"东林党",企图陷以"党锢"之罪。而作为学术团体的东林学派,一出现就反对王学末流的谈空说玄、弃儒入禅,从"济世""救民"的"实念"出发,抨击腐败的朝政,并在经济、政治、学术、文化等方面,提出了一套革新的思想和主张,从而推动了晚明实学思潮的发展和明清之际实学思潮的高涨。

二　东林学派的实学精神

　　由于当时的学术领域内,阳明心学的弊端日显,王学末流利用王阳明的"无善无恶是心之体"的理论,提倡"三教合一",大张禅风。顾宪成、高攀龙在肯定阳明良知学说对于"桎梏于训诂辞章"的朱学后学,有"一时心目俱醒"(《小心斋札记》卷三)作用的同时,严厉地斥责良知学说的危害。顾宪成认为,良知学说"此窍一凿,混沌几亡,往往凭虚见而弄精魂,任自然而藐兢业,陵夷至今,议论益玄,习尚益下。高之放诞而不经,卑之顽钝而无耻"(同上)。如若按王阳明的"心即理"的观点,把"吾心"作为是非标准,必然造成"颠倒而失措",甚至导致"率天下而归于一,无所事事"。因此,顾宪成、高攀龙、钱一本等东林学子,针对王学末流的"空言之弊",竭力反对空谈而"贵实行"。钱一本就明确指出,"学不在践履处求,悉空谈也"(《明儒学案·东林学案》)。顾宪成则赞同邹元标提倡"躬行立教"(《泾皋藏稿》卷十《尚行精舍记》)的主张,认为这是"今日对病之药",且在他所制订的《东林会约》中,点明其宗旨也是"要在躬修力践",强调"先行后言、慎言敏行之训"(《东林书院志》卷七《泾阳先生行状》)。

顾宪成等人在反对"空言之弊"时,提倡"讲"、"习"结合。顾宪成认为,"学问"是件重大的事,"须用大家帮扶,方可得手"(《东林书院志》卷三《丽泽衍》)。因此,他主张志同道合的朋友聚集在一起,"并胆同心,细细参求,细细理会。未知的要与判明,已知的要与印证;未能的要与体验,已能的要与坚持。如此而讲,如此而习。讲以讲乎习之事,习以习乎讲之理"(同上)。他还认为,"讲"、"习"结合,即能"两下交发,缉熙庚续,循环无间",从而达到"碍者通,混者析,故者新,相推相引,不觉日进而高明矣"(同上)。他还尖锐地指出,过去讲学的缺陷在于"所讲非所行,所行非所讲"(《东林书院志》卷二《东林会约》),也就是"讲"与"习"之间的脱节,故而顾宪成强调要"讲以讲乎习之事,习以习乎讲之理",以反对言行不一的"空言之弊"。高攀龙则强调,东林讲会"每有所疑,各呈所见,商量印证,方有益进。不然,会时单讲几章书义,只是故事而已。虽有所闻,亦不过长得些闻见,还不是会之正格"(《东林书院志》卷六《会语四》)。可见,他们讲会并不专重书本知识,每会"或细绎往古,或参酌来今,或研究典故,或询访人物"(《景逸高先生行状》)。这说明他们是把学术交流和社会现实问题结合起来的,并不是脱离现实的泛然空论。顾宪成、高攀龙这种提倡"讲"、"习"结合和进行"印证"的观点,被后来的顾炎武、黄宗羲、方以智等所发展,蔚然而成了"言必证实,言必切理"的、重实践重实证的一代新学风。

顾宪成还把这种"讲"、"习"结合的讲学活动,提到了"破二惑"的高度。当时的当权者以"二惑"为借口,用来禁锢自由讲学。所谓"二惑","一则曰讲学迂阔而不切,又高雅而难从","一则曰学顾力行,何如耳;若讲之而所行则非,何益?"(《东林书院志》卷二)顾宪成针对此种歪曲和非议,给予严正驳斥:

> 学者,学此者也;讲者讲此者也。凡皆日用常行、须臾不可离之事,何云迂阔?又皆愚夫愚妇之所共知共能也,何云高远?(《顾端文公年谱》)

正由于东林书院讲学内容并非"高雅而难从"之事,故每逢讲会,不但有地方士绅和学子出席,还有"草野之齐民、总角之童子"到会"听教","一时相传,为吴中自古以来未有之盛事"。

至于对"讲"与"行"的"惑",顾宪成指出,"所称某某等之病,不在讲也,病在所讲非所行,所行非所讲耳"。况且士之讲学与农之耕地一样,不能由于禾苗的干枯而归罪于耕,乃至"以耕为讳";自然也不能由于某某士人之"毁行",而归罪于讲学,乃至"以讲学为讳"。这就把士之讲学看成为与"农之于耕"一样,是极为普通的事,是社会上的常事,应享有同等的合法权利。东林学派为学子们争取讲学自由的权利,在当时具有打破思想禁锢、反对封建文化专制的进步意义。

以顾宪成、高攀龙为首的东林学派,之所以如此提倡"讲"、"习"结合的讲学活动,一方面固然是针对当时王学末流的"空言之弊"的学风,另一方面也由于他们关心国家安危、一贯以天下为己任的治世立场所致。

三　政治、经济方面的实学思想

顾宪成、高攀龙旨在"立朝居乡,无念不在国家,无一言一事不关世教"(《顾端文公年谱》),认为"随时为吾民,此士大夫之实事也"(《高子遗书》卷八《答朱平涵》)。他们的忧国忧民的爱国热情,充分表达了东林学派人士对于国家和民族危亡的无限关切,他们准备承受政治上的压力和打击,乃至自我牺牲也在所不惜。他们宣称:"我辈之身,全要一副铁肝石肠"(周顺昌:《烬余集》卷二《与文湛持书二》),"至于削夺不足为耻,刀锯不足为畏"(《高子遗书》卷八《柬周来玉侍御》),要求革新朝政,以"济世"、"救民"、发展经济、振兴社会。

首先,东林学派竭力抨击和反对大宦官大官僚的专权乱政,反对封建独裁专制,力主革新朝政。

他们揭露了宦官和内阁狼狈为奸、专权乱政的严重局面,尖锐地指出:"今之肆毒者固在中涓(宦官),与中涓合毒者实由外廷(内阁)"(《明史·史孟麟传》);"由今之道、今之政,未有不抵于危亡者也"(《东林书院志》卷三《钱启新先生传》)。实际情况也正是如此,自万历中期以后,国家权力逐渐落入宦官之手,内阁形同虚设。至万历二十四年(1596)之后,更是变本加厉。一大群宦官以矿监、税使的身份出现,遣往各地,从政治、经济上对地方实行残酷的独裁统治。至天启(1621—1627)年间,阉党头目魏忠贤成了皇权的最高主宰者,朝政腐败,内忧外患更趋严重。东林学派则强烈要求革新朝政,主张"政事归于六部,公论付之言官"(《明史·史孟麟传》),参与并领导了反对宦官专权的激烈斗争。他们还主张开放地方政权,运用和发挥地方士绅中有识之士的力量,发展地方经济。被誉为"东林八君子"之一的钱一本,甚至公开提出"大破常格,公天下以选举"(《东林书院志》卷三《钱启新先生传》)的主张,把矛头直接指向专制政体,闪耀出民主思想萌芽的光彩。

第二,抨击科举弊端,提倡不分等级贵贱,破格用人,以革新吏治。

宦官专权,使中央至地方政府机构缺官不补,吏治败坏。东林人士深为愤怒,"天下即乏才,何至尽出中官下!"(《东林书院志》卷九《刘念台先生传》)且由于朝政腐败,科举弊端丛行,舞弊行为屡见不鲜,致使贪官污吏横行,选拔治国英才之路受阻。钱一本就曾上书揭露内阁隐瞒科场舞弊事件,要求革除因舞弊而得中的官宦勋贵子弟。高攀龙也指出,"天下之害"就在于朝廷各"司官得贿赂而引用非人",而"政事本于人才,舍人才而言政者必无政"(《高子遗书》卷一)。因而他们坚决要求改革科举制度。顾宪成明确提出,科举取士应打破高低贵贱的标准。他说:"士亦何择于贵贱也,贵而取贵焉,贱而取贱焉,惟其当而已。"(《泾皋藏稿》卷二)顾允成主张在"丞尉之中,有能洁己爱民者"应破格提拔表彰。他们还提出,"海内共以为贤者,不惜破格用之"(《明万历实录》卷三四三)的主张。为此,高攀龙还在天启二年上了《破格用人疏》。东林学派这种提倡不分贵贱、破格用人的主张,目的在于澄清吏治以革新朝廷,同时也是对封建等级制度和讲求上下尊卑的伦理观念的冲击。

第三,东林学派还从"利国""益民"的政治原则出发,大胆地提出了"天下之是非,自当听之天下"的具有民主思想色彩的口号,为明清之际的早期启蒙思想提供了思想启迪。

东林学派提出"利国""益民"的政治原则,与从封建君主的独裁私利出发的政治原则相对立。尤其是他们提出"有益于民而有损于国者,权民为重,则宜从民"(《高子遗书·四府公启汪澄翁大司农》)的观点,更把百姓看作是社会的主体,这对君贵民贱的封建传统观念,无疑是一个大胆的否定。

万历十四年(1586),顾宪成被削为民,曾以"外人"身份,愤慨指斥朝廷"外人所是,庙堂必以为非;外人所非,庙堂必以为是"(《明史·顾宪成传》),表达了被贬斥的正直官吏与朝廷的对立态度。二十四年后,在东林学派的讲学与"讽议朝政"相结合的集会活动遭到禁止和压制时,顾宪成、高攀龙为首的东林人士,不但按期于万历三十八年(1610)八月召开大会,顾宪成还公开宣称:

> 生平有二癖。一是好善癖,一是忧世癖。二者合并而发,情不自禁。是非者,天下之是非,自当听之天下,无庸效市贾争言耳。(《以俟录·自序》)

顾宪成以天下百姓意志的代表,呐喊"天下之是非,自当听之天下",与封建专制统治相抗争。在他之后,明清之际的黄宗羲提出"天子所是未必是,天子所非未必非"(《明夷待访录·学校》),傅山提出"天下者,非一人之天下,天下人之天下也"(《霜红龛集》卷三十二),他们的民主思想是一脉相承的。高攀龙还为东林"君子们"立下了行为准则:"君子之所作所为,直要通得天下人才行得。……不能通天下人而欲行一己的独见,不要说天下人不从,即同志中也不从。"(《东林书院志》卷五)这实际是对封建独裁专制的鞭挞,对未来民主的憧憬。

第四,东林学派的实学思想,还表现在他们的"约之于法"的法治思想和惠商恤民、以至视工商为"生人之本业"的经济思想。

面对内忧外患的严峻现实,东林人士除对君主进行儒家传统的道德说教、期望通过对君主个人道德行为的校正以改善统治外,还力图从"法治"方面来约束君主和"不肖者"。故而,东林人士大都肯定"法治"的必要。赵南星就以社会贤者甚少为理由,指出不能期望用道德来约束所有的人,只有通过"法"才能使"中人寡过"、"不肖者不敢犯"。高攀龙也强调应以"法"来"约束中人",则能使人守法,达到"天下治矣"的目的。缪昌期则指出"国之有法,如方圆之有规矩,而低昂之有权衡也。法不为恩贷、不为旁假、不为势夺。凡有贷、有假、有夺,皆以法市者也。"(《丛野堂存稿》卷三)他这种依法而治的思想,和顾允成的不应受"皇上一己之私"、杨涟的"帝王不可以意为喜怒"的观点是一致的。他们试图提倡法治,以限制君权和对"不肖者"贪赃枉法进行惩处。

此外,他们还反对矿监税使的掠夺,提倡惠商恤民。在他们的著作中,尖锐地揭露和谴责税监的罪恶,关心城镇手工业、商业的发展。高攀龙竭力要求减免商税和减轻商人、手工业者的沉重负担。他提出制止矿监税使暴敛的办法是:"目前急著在天下巡抚得人,使其随地相机、随宜措置,每年务设处若干以佐国用(《泾皋藏稿》卷一),这样就可以把开采权税之权从宦官手中转交给地方官,把无止境的税银定额固定下来,制止矿监税使的任意掠夺,相对减轻各地市民、商人的沉重负担,又可保证国家收入。与此同时,顾宪成、高攀龙还要求改革长期压在江南地区广大农民头上苛重的徭役制度,指出:"江南之役最重且艰者,无如粮长。粮长之役最重且艰者,无如白银。"(同上)高攀龙则提出以役米代粮长之役的办法,并把其他一些苛重徭役改为以钱代役的"贴役"办法。对于江南漕粮制度,东林人士也提出了一系列的"改革"办法。高攀龙认为,把实物税收改为货币税的"改折",其好处是"省民间之浮费,不亏国家之正额"(《高子遗书·四府公启汪澄翁大司农》)。这些设想,如能实行,对江南经济的发展应是有利的。东林人士中,有的就出身于江南地区的工商业者家庭。顾宪成的父亲顾学是无锡"儳廛而市"的商人,高攀龙的祖辈也以"治生"起家。从他们提出的有关反对矿监税使的封建掠夺、要求减轻商税和改革苛重的徭役制度等设想看,他们惠商恤民的思想基本上代表了当时工商业者和多数百姓的要求。更值得注意的是,早于黄宗羲所提的"工商皆本"观点,东林名士赵南星已提出了"士农工商,生人之本业"

（《赵忠毅公文集》卷四《寿仰西雷翁七十序》)的看法,把历来列为"末"的工、商,与士、农并列而为"本业",这无疑是对"重农抑商"的传统经济思想的一大突破。他们反映了地主阶级革新派和商人、市民阶层的利益,反映了手工业、商业有一定的自由发展的要求。这就有利于资本主义因素的发展,与当时中国社会已经出现了资本主义生产关系的萌芽,是紧密相关的。东林学派人士这种关心国事、务求经世致用的思想,正是明代实学思想中的重要组成部分。

四　提倡"治国平天下"的"有用之学"

顾宪成、高攀龙为首的东林学派,提倡的是"治国平天下"的"有用之学",他们把王学末流的空谈心性之弊作为抨击的主要对象。于是,首先在思想领域内,崇尚实学与空谈心性之间展开了论争。

万历年间,阳明心学中空谈心性的弊端日显,王学末流利用王阳明"无善无恶是心之体"的理论,谈空说玄,甚至公开提倡"三教合一",大张禅风。而顾宪成、高攀龙等则"志在世道",崇尚实说,"力阐性善之旨,以辟无善无恶之说",于是双方就发生了一场"道性善"与心体为"无善无恶"说的公开论辩。这场思想学术论辩,首次发端于万历二十年南都金陵的一次讲学集会,五年后又在相当长的时间内持续进行着①。

论辩围绕本体论和本体与工夫的关系问题而展开。周汝登、管志道等根据王阳明的"无善无恶是心之体"说和周敦颐的"太极

---

① 参见拙著《明万历年间理学内部的一场论辩》,《孔子研究》1987年第1期。

本无极"的观点,以"无"为宇宙万物之本源,且把本体和工夫分离为二。以顾宪成、高攀龙为代表的东林学派人士则以"善"为"天下之大本",指出本体与工夫应是合一的,"是故,儒者以善以宗,则曰为善去恶"。他们批评"无善无恶"说是取消了判断是非善恶的道德标准,导致"空""混",故而是"以学术杀天下"。高攀龙进而指出其宗"无"是"大乱之道",提倡士大夫应有"居庙堂之上则忧其民、处江湖之远则忧其君"的"实念"和"居庙堂之上,无事不为其君;处江湖之远,则事必为吾民"的"实事"的观念。顾宪成、顾允成还认为,"无善无恶"说的严重危害还在于助长"合乎流俗、合乎污世"的乡愿恶习和"埋藏君子、出脱小人"的恶果。

东林学派之所以把心体为"无善无恶"之说作为抨击的主要对象,是因为他们认为此说的最大危害是提倡佛学的空无理论,引导人们弃儒入禅、逃避现实、置国危民艰于不顾,而且会助长空谈心性而不务实学的泛滥,对解救面临的社会危机极其不利,是"以学术杀天下"。他们指出:"学术之邪正,关系治乱甚大","学术者,天下之大本也。学术正,政事焉有不正。"顾宪成则进一步以"忠恕"这一道德原则来概括《大学》的"治国平天下"的政治学说,强调个人的道德修养与"治国平天下"紧密关联,以此来反对佛教只讲个人出家成佛的出世原则,捍卫儒家的治世原则。顾宪成把"诚意正心修身"概括为"忠",把"齐家治国平天下"概括为"恕",强调只有完善了个人道德修养"忠",才能"恕以及物",达到"齐家治国平天下"的最高理想。这是与东林学派一贯以天下为己任的治世立场相一致的。因此,东林名士黄尊素(黄宗羲之父)提出"以开物成务为学,视天下之安危"的治学主张,鄙视"志不在宏济艰难,沾沾自喜、拣择题目以卖声名"的"硁硁小人"(《明儒学案·东林学案》)。高攀龙还说:"无用便是落空学问……立本正要致用。"(《东林书院志》卷六)这种把能否治国平天下作为衡量学问之"有用"或"无用"

的尺度,是很有进步意义的思想。由此,高攀龙还进一步提出了"学问通不得百姓日用便不是学问"(《东林会语》)的观点,这和李贽的"百姓日用即是道"的观点基本相通。把"百姓日用"之学提到如此重要的地位,在当时是对神圣理学的亵渎,表明他们已经开始反对程朱理学的空洞教条,反对陆王心学的"明心见性"的空虚之学,发扬儒学"经世致用"之学的优良传统。

与此相关联的是高攀龙的"格物草木"之说。他不仅反对王学的"格物"即"格心"观点,也不赞同朱学把"至善"的封建道德根本原则作为"格物穷理"的主要对象而忽略对一草一木之理的探求。高攀龙认为"天下之理,无内外、无巨细",因而强调"一草一木"和"鸢飞鱼跃""亦皆有理,不可不格"(《高子遗书》卷八)。更有意义的是,高攀龙还从"天地间物莫非阴阳五行"的物质观念出发,认为宇宙万物由于"各自其所禀"之不同,而各有其特点和不同的生长发展规律,故他主张要对大至天地、小至草木之物都去探求其理。这一思想,无疑是对程朱"格物穷理"说的突破,促使人们走出书斋、开阔视野,重实践、尚实证,去探求自然界的奥秘。明中期以至清初,成为我国封建社会自然科学发展史上又一个最为灿烂的时期,涌现了徐光启、徐弘祖、宋应星、王锡阐、方以智等一批杰出的科学家,也决非偶然。这与东林学派反对空谈心性、崇尚治国平天下的"有用之学"的实学思想密切关联。方以智在《物理小识·自序》中说:"物有其故,实考究之,大而元会、小而草木蠡蠕,类其性情、征其好恶、推其常变,是曰质测。"他提倡对大至整个宇宙的演变、小至微小的植物昆虫,都要进行分类研究,考察其性质以至变化的客观规律,似与高攀龙的格草木鱼鸟有相通之处,后者虽不能与方以智的"质测"之学相提并论,却也反映了东林人士突破理学束缚而崇尚"有用之学"的实学思想倾向。

五　明清之际实学思潮的高涨

晚明士大夫和知识分子中的优秀分子面对国危民艰的严重局面,为了"济世""救民",反对"心学"空谈的误国,竭力提倡"治国平天下"的有用的"实学"。嗣后,明朝覆亡,他们以程朱理学的教条和陆王"心学"的空疏为亡国之根源,于痛苦的反思中指出:"救弊之道在实学不在空言",必须以"实学"取代"明心见性"之空谈。这就把开晚明实学高潮端绪的东林学派的实学思想,进一步推向明清之际的实学高潮阶段。

以张溥、张采、陈子龙为代表的复社名士,"接武东林",发扬其"冷风热血、洗涤乾坤"的精神,抨击时政,慷慨悲歌。他们积极从事现实的政治斗争,反对阉党专权乱政。清兵入关后,黄宗羲、顾炎武、陈子龙、夏允彝等复社巨子,领导江南百姓奋勇抗清。其后,陈子龙、夏允彝、吴应箕、杨廷枢、侯峒曾等复社领袖人物均壮烈牺牲,名垂青史。而全国各地的爱国名士,也陆续投入抗清斗争行列。浙江朱之瑜、湖南王夫之、山西傅山、河北孙奇逢等等,均不畏强暴、出生入死。抗清失败后,或流亡国外,或隐居山林,或深入民间,他们潜心反思,总结明亡教训,或著书立说、或"质测"考察,继续探求"济世""致用"之学。因此,涌现出一批光彩夺目的思想家、科学家和卓有成就的学者。

在学术方面,有些学者表现为出于王学而修正以至非难王学。有些学者则表现为由王学而返归朱学、或修正以至侧击朱学,出现了对整个宋明理学进行批判总结的趋势,导致理学的衰颓和终结。

"振起东林之绪"的复社名士指出,造成明末吏治腐败、士人无行的原因,就在于"士子不通经术",以致王学末流谈空说玄,"奉天竺为大师、授禅以资辨,其说汪洋,其旨虚渺"(《知畏堂集·文存》卷一)。因此,他们从学术"务为有用"出发,提倡通经治史为内容的"兴复古学"。张溥治经有《十三经诂释》等著述,并删定了《历代名臣奏议》;张采编著《太仓州志》等史籍,试图起到察古"镜今"的作用。陈子龙则希冀通过编辑《明经世文编》,以扭转"是古非今"、"撷华舍实"、"士无实学"的局面,开创"通今"、"实用"的新风。这就开治经风气之先,为清初顾炎武倡导"经学即理学"、用经学以济理学之穷的思想开辟道路,同时也为黄宗羲及其弟子开创浙东史学的"经史致用"的优良传统提供了思想条件。苏南学者陆世仪则提倡"学必多艺"(如天文、地理、河渠、兵法之类)"皆切用于世"的思想。浙东学者张履祥则倡导"学者治生最为先务"的"经济之学"。山西大儒傅山主张"思以济世"、"学必实用",他倡导"不发空言,见诸实效"的医学宗旨以及他在民间从事医道而成为一代著名的医学家,即是他身体力行的结果。尤为可贵的是他自居"异端",独辟蹊径,开创对先秦诸子之学的研究。至于如黄宗羲、顾炎武、王夫之等杰出的思想家,他们勇于探索和开辟治学新路,其研讨学问范围广阔、著作宏富,堪称一代宗师,影响深远,为明清之际实学思潮高涨阶段之巨擘。

　　杰出的早期启蒙思想家黄宗羲所撰的《明夷待访录》是对封建君主专制主义制度的讨伐檄文。他指出:"为天下之大害者,君而已矣!""今天下之人,怨恶其君,视之如寇雠,名之为独夫!"因而,他提出君臣共治、"学校"议政的类似于近代君主立宪的议会制度的设想,以及有助于促进资本主义萌芽发展的"工商皆本"的观点。这些思想观点,闪烁着早期民主启蒙思想的光辉,对我国近代民主启蒙运动起了重要的启迪作用。黄宗羲虽出自王门,但却"矫良知之弊,以实践为主",后人誉之为"姚江之诤子"(《国朝汉学师承记》卷八)。梨洲之学,是经世之学。他毕生潜心于史学、经学、天文、历算、音律学等实际学问的研究,著述宏富。他尤精于史学,倡导注重研究史料和通经致用的风尚,所撰《明儒学案》和《宋元学案》(未完稿,后由其子黄百家和后学全祖望续成),是我国古代学术思想史的开山巨著,对宋明理学作了总结。他是"浙东学派"的开创者。清代著名学者万斯大、万斯同、全祖望、章学诚等都颇受影响。顾炎武则是明清之际批判"心学"的一员主将。他对宋明理学的抨击,其锋芒首先指向陆王心学,揭露"心学"即"禅学"和"内释外吾儒之学"的误国祸害。在批判宋明理学的过程中,他建立了以经学济理学之穷的思想,"以复古作维新",试图发扬儒学通经致用的优良传统,昌盛经世致用的实学。他一生以崇实致用的学风和孜孜不倦的学术实践,为清代汉学开创了多种治学途径,如音韵学、经学和历史地理学等的研究。正如杨向奎先生在《清儒学案新编》(第一卷)中所说:"顾炎武在明清之际的学术界,不惟是旧传统的破坏者,而且是新风气的开创者。他一生以崇实致用的学风和锲而不舍的学术实践,宣告了晚明空疏学风的终结,开启了一代汉学的先路",他"不愧为清初学术界一位继往开来的大师"。王夫之则是我国古代唯物主义的集大成者。他一生坚持爱国主义和唯物主义的传统,一反晚明空谈、不实之风气,力辟陆王,侧击程朱,"明人道以为实学,欲尽废古今虚渺之说而反(返)之实",从而对宋明理学作了终结。他在对经学、史学、天文、历算等实际学问的刻苦钻研中,总结和发展了我国古代唯物主义和辩证法思想、建立了自己独具特色和博大精深的唯物主义思想体系,为实学思潮的高涨提供了更为坚实的哲学理论基础。

　　在实学高潮的影响下,继他们之后的一些著名学者,虽然天各一方,却都在提倡实学,并遥相呼应。如关中名儒李颙,提倡"识心悟体、实证实修"以"明体","开物成务"以"适用"的"明体适用"的经世学说,宣扬"敛华就实、志存经济、务为有用之学",故他十分鄙视那些沉溺于词章名利、华而不实的腐儒俗学。身居江南的四川学者费密,倡导"通诸四民(士农工商)之谓中"、"见诸日用常行之谓实"的"中实之道"。他强调"习实事,如礼乐兵农漕运河工盐法茶马刑算",认为"若不垦荒则田地荒缩,不漕运则京师空虚,非两税无以使民休息,不募兵无以御敌制胜……"他认为,"空谈仁义",国家无以"治平",必须以"力行"代替"空谈"。他的观点,为颜(元)李(塨)学派的"习行"主张开辟道路,有力地推动了实学思潮的高涨。浙江名儒毛奇龄则"重事功、尚用世,以民物为怀,以家国天下为己任",严厉抨击宋儒"尚浮词"而"薄事功"。尤为可贵的是,他认为"商亦民也","重士农工而抑商,名为损末,而实于本亦无所益",主张重视商业,反映了当时江浙地区进一步发展商品经济的要求,顺应了明中叶以来社会发展趋势。

　　明清之际的思想家和学者们,在学术思想上各放异彩,呈现出不同的特点和使用不同的表述方式,但有两点是共同的。其一,他们深感"心学"空疏误国之弊,反对空谈心性,力倡"务实",正如顾炎武所说,摒弃"明心见性之空言",代之以"修己治人之实学"。其二,面对"心学"的禅化以至整个理学的衰败,多数学者在自我反思和抨击理学的过程中,已在探索和开辟治学新路以求"济世"。有的以经学济理学之穷,试图发扬儒学通经致用的优良传统以复兴经学;有的独辟蹊径,开创诸子之学的研究;有的则提倡研究各种"切用于世"的学问(如农田、水利、河渠、盐政、田赋、漕运、边防等),讲求实用,注重"实政";有的则转向"质测之学"的自然科学。

　　在自然科学方面,明清之际的群星璀璨景象,也是整个理学衰败、实学思潮高涨的又一重要标志。诸多学者冲破理学羁绊,转向务实致用的"质测之学",出现了徐光启、宋应星、徐弘祖、方以智、王锡阐等一批杰出的科学家。他们的著作如《农政全书》、《天工开物》、《徐霞客游记》、《物理小识》、《晓庵新法》等,则是考察、实验和系统地总结前人科技成果并有所发明和创新的产物。在他们的著作中,排除了"格物穷理"或"明心见性"的道德性命之学的理学内容,乃至还表现出对理学的直接批判,痛斥其"迂疏之病"、"空谈之弊"而"主于实用"。有的则试图结合自然科学的新发展而进行哲学的——世界观和方法论的研究,提出了"质测即藏通几"的科学哲学观。在自然科学思想上,注重数学并以数验证科学的"数学化"思想的出现,以及注重考察、注重实验的科学实验活动,都标志着近代实验科学的萌芽,呈现出走向近代的一线曙光。此外,这时还出现了一批介绍西方近代科学的翻译著作,如徐光启、利玛窦合译的《几何原本》、《测量法义》、《泰西水法》,李之藻等译的《同文算指》、《乾坤体义》、《圜容较义》、《名理探》等,涉及到数学、天文学、测绘学和逻辑学等诸多学科。这说明西方近代自然科学已为明清之际的科学家,思想家所注目。徐光启还提出了"欲求超胜,必先会通"的观点,开启了晚明以来中西文化的交流和融合,显示出中国进步学者探求文化发展的开放精神。

在文学艺术方面,明清之际也呈现出一派生机。以袁宏道为代表的文学革新派,立足于现实,反对复古,重"情"而薄"理",提倡文学艺术的革新和解放,反映了新兴市民阶层的愿望和要求。袁宏道在李贽"童心说"的基础上,力倡"性灵说",竭力主张"独抒性灵,不拘格套",并认为文学应随时代的变化而变化,做到"事今日之事,则亦文今日之文",十分重视通俗小说及里巷歌谣。最为突出的是民间文学和通俗文学的空前发展,产生了脍炙人口的长篇小说《西游记》和反映市民思想生活的长篇小说《金瓶梅》,以及短篇小说集"三言""两拍"等。与此同时,戏曲创作繁荣、名家辈出、巨作如林。自明汤显祖的《牡丹亭》以来,至清代李玉的《清忠谱》、《千忠戮》和洪昇的《长生殿》、孔尚任的《桃花扇》等,这些杰作,从各个侧面、不同程度地揭露和批判了封建统治的黑暗,歌颂了正义的抗争,特别是通过对青年男女爱情的悲欢离合的描写,表达了他们对爱情的执着追求和突破封建伦理道德藩篱的强烈愿望,以及要求男女平等的新的贞操观念。这不但意味着市民意识、市民伦理的兴起,而且展示了这一时代广阔的社会历史画面。这是商品经济和资本主义萌芽的发展、新兴市民阶层壮大这些社会现实在文学艺术领域内的反映,也是实学思潮重实际、倡革新的精神在文学艺术中的体现。

明清之际这一"天崩地陷"的大动荡时代,是由晚明东林学派开启的实学高潮时期。在我国的思想文化史上,这是一个群星灿烂、大放异彩的光辉时代,它可与欧洲意大利文艺复兴时代的灿烂文化相媲美。在众多光彩夺目的思想家、科学家和卓有成就的著名学者中,他们的思想尽管有许多旧传统的纠葛,但毕竟"别开生面"地在实学思潮中开出了早期启蒙思想的新芽,顺应当时中国资本主义萌芽发展的客观趋势,推动中国近代民主思想和近代科学思想的启蒙进程,反映了时代的精神。

(原载《浙江学刊》1991 年第 4 期)

步近智(1933—),江苏丹阳人,思想史家,中国社会科学院历史研究所研究员。长期从事中国思想史的研究,曾参加《中国史稿》(郭沫若主编)、《宋明理学史》(侯外庐、邱汉生、张岂之主编)、《明清实学思潮史》(陈鼓应、辛冠洁、葛荣晋主编)等著作的编写工作。主要著作有:《中国思想发展史》(合著)、《顾宪成、高攀龙评传》、《好学集》等。

本文从晚明的社会危机与东林学派的崛起、东林学派的实学精神、政治经济方面的实学思想、提倡"治国平天下"的"有用之学"以及明清之际实学思潮的高涨等方面,比较系统地论述了东林学派与明清之际实学思潮的关系。

20世纪儒学研究大系

明清实学思潮散论

辛冠洁

一、实学思潮的实质

自明中叶到清中叶持续三百余年间,中国出现了一股值得注意的社会思潮。这就是以经世致用、启迪近代意识、注重事功、承认物欲、提倡鉴别考证、重视试验实行为内容的实学思潮。这一思潮遍及于中国社会的各个领域,包括:政治之要求修明,经济之要求改良,文学之要求革命,自然科学之要求提倡,史学、考据学之要求解放,哲学之要求重新反思……。

这股强大的思潮继承于儒家的经世传统,发轫于中国封建社会的没落,蓬勃于中国社会将由中世纪进入近代前夜的明清之际的"天崩地析"的年代。时代通过它的部分儿女创造了它,而它又翻转来造就了几代伟大的政治家、经济学家、自然科学家、文化巨人、哲人,创造了巨大的文化思想财富。

以下,从几个方面分别做一些考察。

(一)实学思潮中的文学家及其作品

在明清实学思潮发展过程中,一系列新的文学作品的问世,起到了震聋发聩的作用,它鼓舞人们在现实生活中把握自己的命运。下面的介绍,或可说明这一点。

罗贯中(约公元1330—1400年),作《三国演义》,揭露了统治阶级凶残暴虐、尔虞我诈，歌颂了人民的美好生活愿望。

施耐庵（大概同罗贯中同时代），作《水浒传》，同情与歌颂了农民起义。

李开先（公元1501—1568年），作《宝剑记》（与王世贞的《鸣凤记》、梁辰鱼的《浣沙记》同称明中叶的三大传奇），写林冲、高俅的矛盾，突破个人恩怨，使林冲的反抗，具有普遍的社会意义。

吴承恩（公元1500—1582年），作《西游记》，创造了孙悟空这个叛逆的英雄形象，借以歌颂人民的反抗精神，孙悟空竟然说出这样的话："皇帝轮流做，明年到我家。"

《封神演义》的作者及《封神演义》（约成书于公元1567—1619年），该书反复宣布"天下者，非一人之天下，乃天下人之天下也"，它居然安排哪吒打他老子李靖，藐视"三纲五常"。

《金瓶梅》的作者及《金瓶梅》（约成书于公元1568—1602年，一说时间或稍早，作者即李开先），真实记录了封建社会中人与人之间的关系和精神状态，具有强烈的现实气息。预示着这个社会的必然覆灭。

汤显祖（公元1550—1616年），作《四梦》（《还魂记》、《邯郸记》、《南柯记》、《紫钗记》）尤以《还魂记》（即《牡丹亭还魂记》）为最精采。它揭露封建礼教与青年男女的爱情矛盾，暴露了地主阶级在家庭关系上的虚伪、残忍，是向传统伦理的挑战，把《女儿经》和皇后们精心制作的《女戒》撕得粉碎。

冯梦龙（公元1574—1644年），编短篇小说集《三言》（《喻世明言》、《警世通言》、《醒世恒言》。《喻世明言》又名《古今小说》），反映了封建地主阶级的逐渐衰弱，市民阶层的逐渐兴起，富有时代特征。《卖油郎独占花魁》、《蒋兴奇重会珍珠衫》、《吕大郎还金完骨肉》、《刘小官雌雄兄弟》，主要描写对象是小商小贩。《施润泽滩阙遇友》写的是小手工业者。市民劳动者代替帝王将相、才子佳人成了舞台的主人。他们不承认旧礼教而有他们自己的道德观。

凌濛初（公元 1574—1646 年），有《拍案惊奇》（初刻、二刻），它同样表现了市民生活和市民意识，进一步公开鼓吹经商的好处。《马将军一饭必酬》说到王生，其婶母不鼓励他科举仕进，却要他百折不挠地经商，说明市民意识已成为很大的力量。顺便一提，还有一部由梦觉道人、西湖浪子（有人说是陆云龙）辑的，题名《三刻拍案惊奇》（原名《幻影》）的小说，同样反映了鲜明的市民意识。

董说（公元 1620—1686 年），作《西游补》，对现实社会充满批判。孙悟空化做阎罗老子，审判秦桧，辱骂天下宰相，逼得秦桧连连说："爷爷，后边做秦桧的也多，现今做秦桧的也不少，独独叫秦桧受苦，怎的？"

蒲松龄（公元 1640—1688 年），作《聊斋志异》。鞭挞封建社会，歌颂善良百姓，通过对封建婚姻制度的控诉，号召青年男女冲破牢笼，打碎桎梏，自做主人。

洪昇（公元 1645—1704 年），作《长生殿》，取材于《长恨歌》，以唐明皇李隆基与杨玉环爱情故事为由头，借古讽今。《疑谶》、《骂贼》、《弹词》、《进果》各折，极写政治风云，寄托着明亡的痛苦，"垂戒来世"之意洋溢于字里行间。

孔尚任（公元 1648—1718 年），作《桃花扇》，通过爱情来写国家兴亡史，揭示明亡的教训，"为国家不顾残躯"的史可法，终于"看江山换主，无可留恋"，而沉江殉国，何等悲壮。身为歌妓的李香君不畏强暴、怒斥学士侯方域，大骂具有"丞相之尊"的马士英："堂堂列公，半边南朝，望你峥嵘，出身稀贵，创业选声容，后庭花又添几种"，很值得回味。

吴敬梓（公元 1701—1754 年），作《儒林外史》，无情揭露封建社会的罪恶以及充斥其间的形形色色无耻文人的无行、无法。封建统治者的伪善和其仆从们的卑躬屈膝，种种丑态被揭露在光天化日之下。把账挂在明朝,只不过是怕触及"文网"。它也歌颂了离经叛道者,书中人物杜少卿竟嘲笑说:"学里秀才,未见得好似奴才"。

曹雪芹(公元1716—1763年),写《红楼梦》,通过荣国府,联系广阔社会,从生活细节深入到社会本质,揭露封建社会从根干到枝叶,已经全部腐烂,不可救药。在叛逆者贾宝玉眼里,一切封建社会的仁义道德,纲常伦理,只不过是束缚人的桎梏,虽然他并无力打破它。这是一个公子哥所能达到的极限。打碎这些枷锁的只能是后人,他,只能决裂,无力改变。

李汝珍(约公元1763—1830年),写《镜花缘》。如果说《金瓶梅》用白描手法,赤裸裸地写人,使读者看到了那个时候一部分人的灵魂,那么,《镜花缘》则用重彩,渲染了乌托邦。不过,这里的乌托邦,怪异之国,是现实社会的折光。在"女儿国"里,女子占据了男子的社会地位,看不出一点男尊女卑的影子,"君子国"相让相谦成风,买主嫌货价太低,货物太好,卖主却要求买主还价、挑剔。国中宰辅脱去仕途习气,平易近人。讥笑奢侈,处处洋溢着对民主的憧憬……。

正是这些文学家和他们的作品,使我们嗅到了浓厚的正视现状,面向现实的实学气息。

(二)实学思潮中的哲学家及其思想

从明中叶到清中叶,中国哲学经历了一场重大变革。宋元以来,道学—新儒学代替经学成为中国哲学的正宗。不论是程朱理学,还是陆王心学,都曾各领风骚,代表着自己时代的精神,并且成为时代精神的精华。但随着时代的变迁,道学这一正宗,也渐渐由盛而衰。理学趋于僵化,空言性命,脱离现实。心学也越来越深地钻进了"良知"即是"天理"的牛角尖,成为思想桎梏。于是出现了打碎桎梏,冲破罗网,提倡思想解放,反映市民阶层意识的王学左派。同时,产生了结合"理气为一"的世界观和"资于外求"的认识论为一体的唯物主义哲学。所有这一切,标志着一场中国哲学的大变革。提出和完成这一变革的哲学家,正是实学思潮中的哲学家。

罗钦顺(公元 1465—1547 年),著有《困知记》、《整庵存稿》,主张气是宇宙万物的根本,反对理气二元论,提倡"理气为一"的宇宙观和"资于外求"的认识论。

王廷相(公元 1474—1544 年),著有《雅述》、《慎言》,主张气外无理,元气造化人、物,反对朱熹理生气说,主思,重见闻,提倡"接习"。

黄绾(公元 1477—1551 年),著有《石龙集》、《明道编》,重视困知勉行之功,以为"宋儒之学,其入门皆由乎禅","禅学益盛,实学益失",致良知"空虚之弊,误人非细"。

王艮(公元 1483—1541 年),著有《王心斋先生遗集》,主张吾身是"本"是"矩",国家天下是"末"是"方"。主张"百姓日用即道","即事是学,即事是道"。门徒中有樵夫、农民、陶匠。

何心隐(公元 1517—1579)年,著有《何心隐集》,他以为孔孟之言无欲,不同于濂溪之言无欲:"欲生、欲义,欲也;舍生而取义,欲之寡也",承认人欲的合理性。

李贽(公元 1527—1602 年),著有《藏书》、《焚书》、《续焚书》等,反对以孔子之是非为是非,反对"存天理灭人欲"的教条,主张穿衣吃饭即是人伦物理。

吕坤(公元 1536—1618 年),著有《去伪斋文集》,主气一元论。同情下层群众,说人们依靠农夫吃饭,依靠织妇穿衣,不可轻视他们。

朱之瑜(公元 1600—1682 年),著有《朱舜水集》,注重事功,以为"宋儒辨析毫厘,不曾做得一事"。

陈确(公元 1604—1677 年),有《陈确集》,反对禁欲,说:"向无人欲则无天理。"揭露《大学》非圣贤之书,说"大学首章非圣经也,其传十章非贤传也"。反对"知止于至善",以为天下之理无穷,一人之心有限,而毅然自信,以为自己什么都知道,必定是天下之妄人。

傅山(公元 1607—1684 年),有《霜红龛集》,公然以异端自居,说"老夫学老庄者也,于世间诸仁义事实,薄道之"。开清代子学研究之风气,提倡"经子不分",打破儒家正统,指责道学为"奴儒"。

黄宗羲(公元 1610—1695 年),有《明夷待访录》、《明儒学案》、《南雷文案》等,主张"工商皆本",主张改革土地所有制,改革货币、税收制度,主张虚君,痛骂皇帝"为天下之大害者,君而已矣",颇有近代民主思想色彩。

方以智(公元 1611—1671 年),有《东西均》、《药地炮庄》等,主张"寓通几(哲学)于质测(实验科学)",反对离器言道、离气言理。

顾炎武(公元 1613—1681 年),有《日知录》、《天下郡国利病书》等,提出"古之所谓理学,经学也"。今天所谓"理学,禅学也","舍经学无理学"。认为博学于文,行己有耻,即探讨历史(文),与操守气节(有耻),同样重要,反对空谈性理,主张"经世致用",以为非器则道无所寓。

王夫之(公元 1619—1690 年),有《船山遗书》,主张"太虚,一实者也","理依于气","无其器则无其道","气"是物质实体,"理"是客观规律。主张"习成而性与成",强调"后天之习"的重要。

李颙(公元 1627—1705 年),有《二曲集》,提出"明道存心以为体,经世宰物以为用"。

唐甄(公元 1630—1740 年),有《潜书》,抨击君主专制,说:"自秦以来,凡为帝者皆贼也",控诉封建道德、忠孝仁义"致人以死",皆"是成祟"。主张富民,说"为治者不以富民为功,而欲幸致太平,是适燕而马首南指也"。

颜元(公元 1635—1704 年),有《四存编》、《习斋记余》等,抨击宋儒最烈:"千余年来,率天下入故纸中,耗尽身心力气,做弱人、病人、无用人者,皆晦庵为之也。"坚决抨击"读书静坐"、"空谈命理",强调"习行"、"习用"。还提出"天地间田,宜天地间人共享之"的主张。

李塨(公元 1659—1733 年),有《恕谷文集》,力主理在事中:"事有条理之理,即在事中",以为"致虚守寂"是宋明亡国的原因。

戴震(公元 1723—1777 年),有《原善》、《孟子字义疏证》等,提出"酷吏以法杀人,后儒以理杀人",两者并无本质区别。这是对封建义理、名教的最强烈抗议,还用"理存于欲"的命题反击"存天理,灭人欲"的说教。

章学诚(公元 1738—1801 年),有《章氏遗书》,提出"道寓于器"和"六经皆史"的主张,以为治经不能只是主观发挥,不只是讲义理,而要考史实,义理取决史实,而不是用义理去制造史实。把治经与治史结合起来,用治史统领治经。凡此等等反映出必须从经学中解放出来的时代要求。

龚自珍(公元 1792—1841 年),有《龚自珍全集》,主张变,"自古至今,法无不改,势无不积,事例无不变迁,凡物无不移易"。

魏源(公元 1794—1857 年),有《魏源集》,主张"通经致用"、"变古愈尽,便民愈甚"、"以实事程实功,以实功程实事",斥责道学为"心性迂谈"。

以上表明,这个时期的哲学,虽然不像文学那样激进,但是它毕竟打破了以往的空疏迂阔的局面,把视线转向了现实。

(三)实学思潮中的自然科学家及其成就

随着明代资本主义的萌芽和中西文化交流的开展,中国自然科学逐渐发展起来,成为实学思潮中的一支重要力量。当时的自然科学家,都是实学的倡导者。

李时珍(公元 1518—1593 年),著《本草纲目》,重视临床实践,主张创新,深入群众,脚踏实地,鉴别考证,纠谬古人。

潘季驯(公元 1528—1595 年),著《两河管见》、《两河经略》、《河防一览》,主张以堤束水,以水攻沙。结论均从实地考察中来。

徐光启(公元 1562—1633 年),有《农政全书》、《崇祯历书》,主张著古以为今用,重视试验。其子徐骥说他:"广资博讯,一事一物,必讲究精研,不穷其极不已。"

徐霞客(公元 1586—1641 年),有《徐霞客游记》,这是世界上第一部广泛、系统地探索、记载岩溶地貌的地理学著作,推动了重试验、重考察的科学精神的发扬。

宋应星(公元 1587—? 年),有《天工开物》,详细记录各地农工生产技术,一生究心实学,对士大夫轻视生产的态度,深表憎恶。

傅山(公元 1607—1684 年),妇科、小儿科神医,医著甚多,行医一凭实据。

黄宗羲(公元 1601—1695 年),历算成绩卓著,为其经世思想提供印证。

方以智(公元 1611—1671 年),著《物理小识》,有浓厚的实证精神。

梅文鼎(公元 1633—1721 年),专长历算,是吸收西学使中国自然科学近代化的重要科学家。

阮元(公元 1764—1849 年),有《畴人传》,记载了中国科学家243 人,附西方科学家 37 人,重视融合中西科学文化。

程瑶田(公元 1725—1814 年),有《考工创物小记》、《磬折古义》、《禹贡三江考》、《水地小记》、《九谷考》、《释草》、《释虫》,是一位推动实学思潮发展的多学科自然科学家和自然科学史家。

在我国科技史上,十六、十七世纪是群星灿烂的时代。纺织、冶炼、医学……的发达,标志着资本主义的萌芽。生产的发展决定了科学的发展,科学的发展促进了生产的发展,这给时代的精神,人们的意识,带来了新的刺激。

除了文学家、哲学家、自然科学家之外,还有一大批重实际的考据家、史学家、政论家、政治家,如张居正、陈第、顾宪成、高攀龙、孙奇逢、张缚、张采、万斯同、万斯大、全祖望等等。

把文学家、哲学家、政治家、科学家、史学家、考据学家的思想,互相参照、比较,会很清楚地发现:实学思潮,从明中叶到清中叶,荡涤着整个社会的各个方面,确实是一股气势磅礴、生气盎然的强大思潮。这股思潮的总的结构,我们可以这样假定:哲学思想是它的核心,文学是哲学的说明、引申、解说,自然科学、史学、考据学则为哲学提供了确实可靠的依据,同时又为哲学思想的发展奠定了基础。这股思潮不是某些个人的,也不单是哪个学科的,它是综合的、立体的、多学科多层次的。这股思潮锋芒所指,是那些静中冥思、坐而论道、空谈性命,而无视现实、厌恶实践的庸俗理学家、心学家,是他们所要竭力维护的封建纲常名教,是他们竭力掩饰的社会黑暗。这股思潮所要实现的目的是要树立一种新的价值观、道德观和新的是非标准,打破旧道德、旧伦理、旧制度的束缚,创造出一个适合于已经和正在产生的市民阶层需要的新天地。而要实现这一目的,途径只能是求实、创新。

二、明清实学发展的脉络

明初期(公元1368—1464年,洪武至天顺朝)

明初之时,阶级与民族矛盾缓解,经济复苏,社会安定繁荣。在此情况下,文化、学术点缀升平,歌功颂德、欢庆盛世的诗文,到处可见。为了笼络学者文人,使之为统治者服务而不造反,明太祖朱元璋在洪武六年设文华堂,广储人才。明成祖朱棣集文人两千,编《永乐大典》,又敕胡广等人修纂《四书》、《五经》,编《性理大全》,一时学术呈现出繁荣之势。另一方面"文网"不疏,明文规定"士大夫不为君用者,罪该抄杀"。文人戴良、高启就曾因诗文肇罪被杀。

这时诗文与其它作品,大多不是出自饱经忧患者之手,而是出自志得意满、骄奢安逸者之手,一代文化流于浮妄、浅薄,三杨的"台阁诗文",朱有燉的"宫廷杂剧"就都有这种倾向。然而在当时纤弱的文风中,也并非没有雄健之作。宋濂(公元 1310—1374 年)、罗贯中、施耐庵、高启(公元 1336—1374 年)等,能够保留元末社会忧患的余味,创作了一些具有社会意义和进步性质的作品。刘基(公元 1311—1374 年)还曾以寓言的形式抨击元末暴政、垂诫当世,并提出"天有所不能而人能之"的思想,以及"畜极则泄,郁极则达,热极则风,壅极则通"的辩证命题,并用以干世。实学的因子未必不能种在升平之世。

明中叶(公元 1465—1572 年,成化至隆庆朝)

经过从洪武到天顺几十年的休养生息,明代社会经济发展到相当高的水平。但继之而来的是阶级矛盾的加深。土地在日益集中,人民负担越来越重,本来就不曾中断过的农民起义,到成化年间,规模日渐扩大起来。刘千斤、石和尚发动荆襄间流民起义,得精兵四万,称汉王。刘千斤被镇压下去之后,他的余党再起,李胡子称平王,会合他部,众至百万,可见规模之大。刘六、刘七、齐彦名起义北方,攻破山东畿道数十州县,王浩八等起义于江西等地,蓝廷瑞起义于四川,都给明王朝带来很大的威胁。官兵进剿更给人民带来巨大灾难。王朝与农民的矛盾迅速加剧。当时农民作歌道:"贼兵梳,官兵篦,土兵剃"。民患不已之际,统治阶级骄奢淫佚,迅速走向腐化堕落。皇帝大都贪图享乐,不理朝政,武宗(正德)四处巡游,荒淫无耻。世宗(嘉靖)迷信道教,经年不朝,朝政委诸权奸阉臣,出现了刘瑾(正德间)、严嵩父子(嘉靖间)等把持朝政以致民不聊生的黑暗时代。宦官、奸臣揽权,引起了中国历史上最可怕的党争。他们为了维护自己的权力,实行特务统治,设特务机关东厂、西厂和锦衣卫,作威作福、残害无辜,以致生灵涂炭。

在这种情况下,明中叶文化学术领域,出现了两种状况:

一方面,最高统治者和由他们培养的谋士们,积极宣扬儒家的宇宙观和伦理道德观,借以维持自己的统治。宋明理学,特别是成化以后的陆王心学十分活跃,王阳明不仅率兵镇压农民起义,用武力治人身,还要以学术治人心,从思想上统治人民,所谓既"治山中贼"更"治心中贼"。王阳明的思想体系与学派大致形成于正德年间,活跃达半世纪之久。

另一方面,在社会的另一场合却出现了一派生机:揭露统治阶级的昏庸无道、腐朽堕落,批判禁锢人心的封建伦理观。许多作家把目光投向现实,突破封建束缚,走出生活的小圈子。《宝剑记》、《鸣凤记》、《浣沙记》一类进步的文学戏剧作品正式登台,或引用历史故事,或以时人入戏,鞭挞邪恶、歌颂正气,围绕着忠奸、邪正的矛盾,展现出一幕幕发人深思的场面。这些作品开风气之先,使人们从私生活的小圈子走向广阔的社会,《鸣凤记》把曾经震撼朝野的严嵩集团和反严嵩集团的斗争搬上舞台,文艺是时代政治的晴雨表,这些作品的出现,意味着人们要使文化为现实斗争服务。

在哲学战线上,道学异端已见端倪,与朱熹的"天地未生,毕竟先有这理"的观点相对立,王廷相提出了"天地未生只有元气。"与道学空虚相反,黄绾针锋相对地提出重视勉行之功。特别是泰州学派不承认存天理灭人欲的教条,而提出"百姓日用即道"的命题。他们不承认至高无上的天,而十分重视自我,说吾身是本,天下国家是末,以本规范末。何心隐等人肯定人的物质欲望的合理性,反对理学家把物欲视为恶的偏见。戏台既已搭起,实学也就登场了。

　　晚明时期和明清之际(公元 1573—1722 年,明万历至清康熙朝)

　　这个时期的开始,张居正(公元 1525—1582 年)倡导的改良,为资本主义的萌芽进一步提供了土壤,从万历年间开始,雇佣劳动和手工业在东南沿海地区发展起来,城市日趋繁荣,市民阶层扩大。但由于统治阶级的腐败,社会矛盾日益深刻,民族矛盾也日益激烈。东林党(后有复社)与阉党之间的斗争从万历到天启再到崇祯,三朝连续不断。嘉靖间一度缓和的农民起义,到万历已是此伏彼起,终无了期。天启二年山东白莲教起事,众至数万。崇祯元年陕北农民大起义,终于爆发。崇祯年清兵叩关,十五年后,即公元 1644 年明王朝终于灭亡。落后野蛮的民族统治了先进文明的民族。连年战争,再加上清兵的野蛮屠杀,"扬州十日"、"嘉定三屠",祸患不已,中国的人口和耕地锐减(到南明永历灭亡的清顺治十八年,即公元 1661 年,人丁户口仅 19130000 人,耕地 5260000 余顷),一度兴起的手工业和商业经济受到摧残,从此中国失掉了登入资本主义殿堂的时机。这是中国历史上又一次天崩地解的大动乱时代。

　　社会现实刺激了人们的思想,在这个时期,文化学术呈现出活跃的局面。文学上,戏曲围绕着情与理的斗争主题,向前发展,对封建意识的鞭挞日益加重,个性解放的倾向日益明显。汤显祖的"四梦"可以说是典型。当时的小说渐渐形成四种形式与体裁:1.历史演义;2.神怪小说;3.公案小说;4.世情小说。所有这些体裁,大都反映出反封建的精神,特别是世情小说,对封建的纲常名教进行了无情的揭露与抨击,尤其是《金瓶梅》,它使人们看到的是一个个袒露胸怀的裸体的人,封建道德的外衣已脱得精光。美术、园林、建筑,也表现出不拘一格的创造精神。绘画书法领域的宫廷派、馆阁体,已经让位于文人与布衣派,青籐(徐渭)、白杨(陈道复）、石涛（原济）、新罗（华嵒）的作品,清新洒脱,个性明朗,无不来自实地观察,现场体验,是实学思想的结晶。特别值得称道的是市民百姓和他们的日常生活已渐渐成了描写的对象,以冯梦龙《三言》、凌濛初《二刻》为代表的短篇小说集,竟把卖油郎、盐布贩、生意人做为小说的主人。《卖油郎独占花魁》中的卖油郎,在情人眼里,比公子、达官更高贵,《蒋兴哥重会珍珠衫》中的蒋兴哥把爱情看得比失节重,说明市民们已不受"饿死事小,失节事大"的拘束。舍空就实,成为时代的风尚。

在哲学领域里,形成了道学的真正异端,李贽不以《六经》为至论,真可谓"敢倡乱道"。及至朱之瑜、陈确、傅山、黄宗羲、方以智、顾炎武、王夫之、李颙、唐甄、颜元、李塨,他们与自然科学家李时珍、潘季驯、徐光启、徐霞客、宋应星等以及考据学家、史学家相互策应,为政治、经济的改革,社会的改造、前进,给予哲学的依据与论证。他们一致的意旨,大体上是这样一种学风:以事实为基础的宇宙观和社会观;由物及理的认识路线;用批判的眼光对待古人、古事、古理的新精神;重实际、重实证、重实践的科学作风。这是实学家群星灿烂、实学思潮汹涌澎湃的时代。实学思潮达到了饱和点,社会历史条件已经不容许它继续前进,等着它的是这样的逻辑结论:必须推翻天命宇宙观,建立唯物宇宙观、摧毁封建专制桎梏,建立民主制度,发展工业商业,改变农本主义……然而这是实学思潮和实学家们所无力实现的,一旦他们不能再体现自己的本质,他们也就要走上自我否定的道路。他们不可能完成自己给自己规定的任务,那就只有把这任务留给后人。实践已经证明,实现实学家们提出的任务的,只能是近代资产阶级和其它先进阶级,实学在此以后,虽仍然继续了一个时期,然而,它已经不可能有大的发展了。

清中期(公元 1722—1850 年,雍正至道光朝)

清中期是清王朝从鼎盛到没落的时期。这时的鼎盛、繁荣不是生产力提高的结果,不是资本主义工业、商业、金融业发展的结果,而是单靠扩大耕地面积,加强劳动强度而得到的,这就潜伏下来了危机:阶级矛盾深刻化了,民族思想也重新泛起了。清王朝建立统治以来,中国反满斗争一直时起时伏,没有间断。到了嘉庆时,白莲教、天理教相继起义:或起兵荆州、襄阳,或起兵陕西、河南、湖北,给清王朝带来很大威胁。与此同时,知识分子中反清情绪也没有根除。于是清王朝除用武力对付起义者外,也采取相应的文化政策,平抑反清情绪。办法是:一方面安抚、设立文馆、召集大批文人修史、编书,这样既可羁绊知识分子,又可销毁、篡改不利满清的书籍。最大规模的编书活动,是乾隆间的修《四库全书》(收书近三千五百部,近八万卷),笼络了大批文人,删改了大量书籍。另一种办法便是镇压。继康熙间庄廷鑨文字狱后,雍正、乾隆年间文网愈密。有名的,雍正间七起,乾隆间八起。在这种情况下,文化、学术界出现了逃避现实的倾向。考据学大兴,不少人钻进故纸堆里,虽然一大部分人也获得了重大学术成就,但比较而言,却不能不说这时的考据学已不同于顾亭林、阎百诗时的学风,而难脱逃避现实之嫌。另一些人舞文弄墨,耽于文字游戏。于是复古、拟古,流于形式主义学风的倾向日渐抬头。但一些头脑清醒的知识分子,继续走着进步的道路。在文学方面出现了两部伟大的作品,一是吴敬梓的《儒林外史》,一是曹雪芹的《红楼梦》,这两部书,尤其是《红楼梦》有着划时代的意义。前者抨击了封建社会,鞭挞无行文人,揭露统治者的伪善和其仆从们的寡廉鲜耻。后者尤有浓厚的时代气息。书中主人翁贾宝玉是封建社会的叛逆者,非圣无法,玩世不恭,凡属封建社会的纲常名教,无一不被他奚落,封建社会的缩影荣国府的一切,在宝玉看来都是不干净的,所以只好躲进大多是来自社会底层的天真纯洁的丫环群里。他潜在地喊出了要求个性解放和民主自由的呼声。后来李汝珍《镜花缘》则寄托了他对封建社会的"皇帝"、"腐儒"、"盘剥者"、"两面人"等等的憎恶,对男尊女卑等封建道德的卑视,表达了他的男女平权、人人平等的思想,这已是带有浓厚近代色彩的作品。

哲学领域已不像明清之际那样活跃,但毕竟由戴震喊出了:"以理杀人"的时代最高音。一批自然科学家,戴震、阮元、程瑶田等等,开始进行自然科学史的整理与总结,为实学提供着新根据。但总的说来,当时的实学思潮已经不像明清之际那样活跃,它在等待着后来人从他们手里接过已经充分使用过的接力棒。

三、对实学思潮的几点看法

(一)实学思潮为什么会产生?

实学思潮有三个来源:

1.来源于谋求富强的思考。中国封建社会大概从南宋时起,进入了它的暮年时期。它从封建阶级统治制度的建立,到南宋时代的漫长发展过程中,更换过几次用以维系与巩固自己统治地位的思想武器:孔孟的仁义教化;道家的逍遥无待;阴阳家的五德终始;杂家的儒道相混;释家的超脱慈悲……。但到了南宋,什么武器都无济于事,江山亡于异族。要想使封建制度重新振作,就不能不总结历代,特别是宋元兴亡的教训。这种总结,起先是微妙不显的。宋末、元末的农民起义,加深了这种总结的深度。明中叶特别是明末,统治阶级内部的大混乱、农民起义的势不可当,清兵的乘隙而入,使清醒的思想家步步深入地认识到家破国亡的教训在于"读书静坐"、"空谈性理",只有摒弃空虚,倡导实际、实学、实习、实用,中国才能强盛;只有立足于实际,临事去取,才能有定准,否则坐而论道,奢论希圣希天的宏愿,滥背诚意、正心、修身、齐家、治国、平天下的方略,一旦有事,竟是"朝庙无一可恃之臣"。实学正是起源于这样的总结。

2．来源于资本主义萌芽和市民阶层的逐渐形成。新的市民阶层连同它成为新阶层的基础——手工作坊的日益扩大，雇佣劳动的渐趋发达，商业、钱庄的逐步兴起，都要求用实践而不是用"操守本心"、"涵养性情"、"发明良知"、"贯彻三纲"、"履行五常"来解决问题。新的经济基础、新的社会关系，要求用新的思想武器为自己打通发展的道路。这是实学产生的根本原因。

3．来源于时代的大变革。回顾中国几千年的历史，有过几次大动乱、大变革，每一次变革，都锻造出一定的思想武器。战国是一次大动乱，到秦的统一，是一次大变革。这一次动乱与变革，锻造出了诸子百家思潮，极大丰富了我们民族的思想武库；秦亡是一次大动乱，汉的统一是一次大变革。这次锻造出来的思想武器是独尊儒术和围绕于天人关系的天人感应思潮，并奠定了儒家思想两千年的正宗地位；魏晋之际是第三次大动乱、大变革，这次锻造出来的思想武器是以名教与自然、本与末、体与用、自然与名教等等为基本范畴的玄学，而玄学提高了我们民族的抽象思维水平；第四次大动乱、大变革是所谓"五胡乱华"，即五胡十六国，它锻造出来的思想武器是佛家禅学和与佛学对立的儒家道统论；第五次大动乱大变革是五代十国，它锻造出来而成熟于南宋与元代的思想武器是新儒学(道学)，亦即理学与心学；第六次大动乱、大变革就是明清之际，它锻造出来的思想武器便是实学(往后还有几次大动乱、大变革，比如辛亥革命、五四运动，它推翻了几千年的帝制建立了民国，它锻造出来的思想武器是进化论……)。经过社会大动乱、大变革，必然出现新的思潮，成为推动社会前进的动力。时代变化了，旧的思想武器已经成为历史前进的阻力，新的思想武器必然出而代之。实学思潮的产生与发展，正说明了这一规律。

(二)实学思潮为什么会停滞？

任何一种思潮都是一个历史过程,有自己的产生、发展、灭亡的历史。在这个意义上说,实学思潮也必然有停滞的时候。问题是,按照实学思潮为自己所规定的任务看,它停滞得过早了。它本来应该承担冲破封建禁锢,解放生产力,发展工商业,实现资本主义的历史使命,但正象上面所说,它并未做到这一点,到清后期,便停滞了。这原因是复杂的。清贵族以落后民族的文化统治中国,打断了资本主义的发展,丧失了实现资本主义的机会。这可能是一个重要原因。但是这股思潮本身的弱点——它本身没有或没有来得及进行高度的理论概括,以致没有形成统一的理论学说系统,因而不能推动、指导实学思潮向新的高度前进,这不能不说也是实学思潮过早停滞的原因。从这个意义上讲,是有许多思维理论教训,可以总结的。

(三)实学思潮的价值

实学思潮的真实价值,在于它所创立的实学、实习、实用的求实学风,本质上带有与中国的束缚人性、锁国封闭的传统实行决裂的意旨,本质上负有打破旧道德、旧礼教、旧习惯、解放个性、解放生产力,为迎接中国历史上新时代的到来,开辟道路的历史使命。但是,正如上面所说,它并没有按照自己的历史使命,一直走到底。不过,道路已经指明,号角已经吹响,这已经是难能可贵的。如何认识这种价值、分析这种价值、总结这种价值在创造过程中积累的经验教训,找到它内外的联系,在今天仍然是有意义的。

（选自《中日实学史研究》,葛荣晋主
编,中国社会科学出版社 1992 年版）

辛冠洁(1922—　　),山东章丘人,现代学者。长期从事中国哲学的研究,创办并曾主编《中国哲学史》、《孔子研究》等学术刊物。主要著作有:《黄宗羲评传》、《陈确评传》,联合主编《中国古代著名哲学家评传》、《中国近代著名哲学家评传》、《中国古代佚名哲学家名著评述》、《明清实学思潮史》,主编《中国传统思想研究丛书》等。

本文论述了实学思潮的实质、明清实学发展的脉络,谈了对实学思潮的几点看法。

清代思想史的一个新解释

余英时

一 为什么要重新解释清代思想史

我这几年的研究工作主要是"清代思想史",研究清代思想史当然会牵涉到许多问题,其中最重要的一个,就是怎样把清代思想史重新加以解释。首先,我想先谈谈为什么需要对清代思想史重新解释。

这五、六十年以来,也就是说自"五四"以来,甚至还要再往上推到辛亥革命以前,自章太炎先生开始,对于清代的思想或学术史,有一种共同的看法。这种看法和我们当时的"反满"意识有关。大家似乎都认定清代的学术之所以变成考证、变成经学,主要是因为读书人受到满清人的压迫,不敢触及思想问题,因此转到考证方面。因为考证一名一物不会触犯思想上的禁忌,引起文字狱。用章太炎的话说:"家有智慧,大凑于说经,亦以纾死。"这可以说是近人解释清代思想史的一个重要观点、一个中心理论。这个理论自然并不是全无根据,但是在应用这一理论的时候,它是不是被过分的夸张呢?是不是整个清代二百多年的思想发展,只用这样的一种外缘的因素就可以解释得清楚呢?这是我自己经常反省、考虑的问题。另外我们还可以举出几个其他的理论,一是反理学,这又和反满是密切相关的一种解释。我们研究清代学术史,有一个共同的清晰印象,就是宋明理学到了清代好像一下子便中断了,为什么呢？清初不少大儒一方面反满，一方面也反玄谈。这两者之间显然有某种关联。因此有些学者像梁启超先生便认为清初一般读书人痛定思痛，深恨清谈心性误国，因此都反理学，终于走上了经史实学的路子。跟反理学之说有关的一种解释是说清代学术的发展，基本上是一个方法论的运动，由于反玄谈、反理学，大家便从主观冥想转到客观研究的新方法上来了。这些说法，在我看来，并不是不对，而是不足以称为严格意义上的历史解释。因为它们只是一种描写，对历史现象的描写。至于这种现象何以发生，在这些理论中则没有解答，或解答不够彻底。我们还要问为什么反理学，反玄谈，不喜欢讲心性？新方法又是怎样出现的？难道这些问题都是"反满"两字可以解答得了的吗？

让我再讲一个马克思主义的解释。大陆上有些学者如侯外庐提出一个说法，以为继宋明理学之后，清代在思想史上的意义是一种启蒙运动。这是搬的西洋名词 Enlightenment。这种"启蒙运动"照他们的阶级分析说，则是代表一种市民阶级的思想。这种说法当然是用马克思的历史观来解释清代思想的经济背景，我也不愿意说它完全没有根据。比如说黄宗羲在《明夷待访录》财计篇中曾反驳世儒"工商为末"之论，并明确提出"工商皆本"的命题。这与传统儒家以农为本的思想大不相同。但如果我们因此就说顾炎武、黄宗羲这几位大师的立说，全是为了代市民阶级争利益而来，恐怕还是难以成立的。我们不妨把这种说法摆在一边，聊备一格。

总结我刚才所说的几个理论，不出两大类：一是反满说，这是政治观点的解释；二是市民阶级说，这是从经济观点来解释的。无论是政治的解释或是经济的解释，或是从政治解释派生下来的反理学的说法，都是从外缘来解释学术思想的演变，不是从思想史的内在发展着眼，忽略了思想史本身的生命。我们大家都知道，现在西方研究 intellectual history 或 histry of ideas，有很多种看法。其一个最重要的观念,就是把思想史本身看做有生命的、有传统的,这个生命、这个传统的成长并不是完全仰赖于外在刺激的,因此单纯地用外缘来解释思想史是行不通的。同样的外在条件、同样的政治压迫、同样的经济背景,在不同的思想史传统中可以产生不同的后果,得到不同的反应。所以在外缘之外,我们还特别要讲到思想史的内在发展。我称之为内在的理路(inner logic),也就是每一个特定的思想传统本身都有一套问题,需要不断地解决,这些问题,有的暂时解决了,有的没有解决,有的当时重要,后来不重要,而且旧问题又衍生新问题,如此流转不已。这中间是有线索条理可寻的。怀特海(A. N. Whitehead)曾说,一部西方哲学史可以看作是柏拉图思想的注脚,其真实涵义便在于此。如果我们专从思想史的内在发展着眼,撇开政治、经济及外面因素不问,也可以讲出一套思想史。从宋明理学到清代经学这一阶段的儒学发展史也正可以这样来处理。

我为什么要这样说呢?因为在我们一般的印象中,六百年的宋、明理学到清代突然中断了,是真的中断了吗?还是我们没有看见?或者是我们故意视而不见?我想这个问题值得我们好好地想一想。以清初的三大儒来说,王船山也罢、顾炎武也罢、黄宗羲也罢,他们的思想其实还是跟理学分不开的;他们有浓厚的理学兴趣,至少脑子里有理学的问题,因此跟后来的考证家还是相去很远的。尽管这三位在考证方面都有贡献,我们恐怕还是不能把他们当作纯粹的考证学家。我们不免要问,那么理学到底是从什么时候才失踪的呢?胡适之先生写戴东原的哲学,他感慨地说六百年的哲学遗风到了清代忽然消歇了。为什么消歇了呢?胡先生并没有作进一步的说明。冯友兰先生的中国哲学史有一章就叫做清代道学的继续。他说道学在清代还继续存在,但是相对于汉学而言,它已不是学术思想的主流了,只是一个旁支而已。清朝人谈到哲学问题,还是沿用旧的名词:如性、命、理、气,但是从哲学观点看,清人并没有突破性的成就,所以也不占重要地位。这也是说,清代的宋学和汉学之间并没有必然的内在关系,而且从历史观点看,汉学是对宋明理学的一种反动。可是我们往深一层想,如果说整个清代三百年的思想都从反抗理学而来,恐怕也不容易讲得通;我们很难想像,只是反,便可以反出整个清代一套的学术思想来。贯穿于理学与清学之间有一个内在的生命,我们现在便要找出宋明理学和清代的学术的共同生命何在。

　　我认为这两者之间是有线索可找的。我是经过多方面的考虑,才得到一个初步的看法。这个看法,并不和上面提到的几个说法相冲突,因为那些说法都是从外面讲的,都只注意思想史的外缘。而专靠外缘的因素则无法解释清代学术思想发展的全部过程。以政治外缘为例,反满并不足以解释经学考证的兴起和理学的衰落。我们研究四库全书的纂修经过,的确看到清廷毁不少的书,也改易了不少的书中文字。不过再细究下去,便可见禁毁改易多限于史学方面,经学方面似乎没有大影响,“集”部也是牵涉到夷狄等字眼才触犯忌讳,关于经学方面,我们知道清朝的几个皇帝是提倡经学的,也提倡理学,特别是程、朱之学。当然也是别有用心,有政治作用。不过真正讲理学也不会犯很大的忌。清初还有很多所谓理学的名臣。所以说把理学的衰落和汉学的发展完全归之于清代政治压迫的影响,是不周全的。再从社会经济发展来讲,市民说也是大有问题的,首先我们要找出一个所谓市民阶级的存在。这还是一个大有争论的问题,大陆上曾掀起过一场所谓“资本主义萌芽问题”的讨论,可是并没有得到一定的结论。

二　宋代儒学及其内在问题

　　我现在想从思想史发展的内在理路方面提出一种看法,这个看法不仅涉及整个清代的学术,同时也牵涉到宋明理学的主要传统。我们如何解释宋明理学传统的内涵,这又是一个重要问题。当然,宋明理学,从朱熹到王阳明,用现代观点看,显然是属于形而上学的范畴。它讲的是心、性,是性命之学,是道、是理、是抽象的,而清朝人则说它是虚的、玄的。可是虚的、玄的是一个相对的说法。究竟什么是虚的、玄的,什么是实的,是要看你自己的价值取向。譬如说一个宗教感很强的人便会觉得清代那些实实在在的考证,反而是虚的,和自己的精神生命没有关系。他反而觉得儒家的宗教思想的一方面,或者基督教宗教思想的一方面,是最真实的。所以虚和实,我们必须以相对的名词来看待,并不是说清人对古书一本本的考证研究便一定是实的。事实上,清代考证学到后来跟人生、跟社会、跟一切都脱离了关系。虽号称朴学,当时已有人说是"华而非朴"。也就是说它是虚而不实的。

我想我们要讲宋明理学跟清代学术的关系,应该对宋明理学的内涵重新作一检讨。照传统的看法,宋明理学从朱熹到王阳明当然是一条主流,是以道德修养为主的。或者用儒家的旧名词说,就是尊德性之学。和尊德性相对的,还有道问学的一方面,道问学相当于我们现在所说的求实在的学问知识。所谓尊德性之学就是肯定人的德性是本来已有的,但不免为物欲所蔽,因此你要时时在这方面用工夫,保持德性于不坠。但是尊德性也要有道问学来扶翼,否则不免流于空疏。这本来是儒家的两个轮子,从《大学》、《中庸》以来,就有这两个轮子,不能分的。儒家传统中还有其他的名词和这两个轮子相应的。比如说"博学"和"一贯",或者"博"与"约",或者"闻见之知"和"德性之知",或者"居敬"与"穷理",这些都是成套的,你不能把它割裂开来看。

所有宋、明的儒家都是尊德性的,把德性之知放在第一位,这当然不成问题。但另外一方面讲,尊德性之下,还有问题在,即要不要知识呢？要不要道问学呢？比如宋朝人说他们把握到了孔孟之道，但你怎么知道所把握到的真是孔孟之道呢？要不要看孔、孟、六经之书呢？经学上的问题，要不要处理呢？因此虽同是尊德性，儒家自身便不免要分为两个不同的流派了。陆象山和朱子的分别，从一种意义上来说正是在这里。照陆象山说，他是读了孟子以后，心中便直接得到了儒家的义理。事实上，很可能他是心中先有了义理，然后才在孟子中得到印证罢了。象山虽然并不主张完全废书不观，但他毕竟认为读书对于成德的功夫而言只是外在的，不是直接相干的。而朱熹则可以说是走的另外一条路子。朱子当然也是尊德性的，但是他特别强调在尊德性的下边大有事在，不是只肯定了尊德性就一切都够了。比如朱熹讲《诗经》，他就不赞成只用"思无邪"三个字来概括三百篇的全部意义。这三个字不能概括诗经的丰富内容，我们真要懂得《诗经》，总得要将一部《诗经》从头到尾好好地读一遍。所以朱子的《诗集传》对《诗经》提出了特别的看法，新颖的见解。这就充分表现出来朱子喜欢研究学问，注重知识的一方面。所以至少在朱子一系的新儒学中，知识是一个占有中心位置的问题。事实上这是世界思想史上一个具有普遍性的问题，我们可以说几乎每一个重要的宗教传统或道德传统中都存在着知识的问题。我们怎样处理它，对待它？这是颇费斟酌的事。以西方文化为例，知识与宗教之间的关系，便屡经变迁，而尤以近代科学知识兴起以后，双方的交涉，更为复杂。John H. Randall Jr. 有一本讲演集，叫做《知识在西方宗教中的作用》(The Role of Knowledge in Western Religion)，便是特别讨论这个问题的。

世界上似乎有两类人，他们性格不同（姑不论这种性格是天生的，还是后来发展出来的）：一类人有很强的信仰，而不大需要知识来支持信仰；对于这类人而言，知识有时反而是一个障碍。学问愈深，知识愈多，便愈会被名词、概念所纠缠而见不到真实的道体。

所以陆象山才说朱子"学不见道,枉费精神。"另外一类人,并不是没有信仰,不过他们总想把信仰建筑在坚实的知识的基础的上面,总要搞清楚信仰的根据何在。总之,我们对自己所持的信仰是否即是放诸四海而皆准,这在某些人可以是问题,而在另一些人不是问题。如果根据这个粗疏的分类,我们可以说陆象山是那种性格上有极强的信仰的人,王阳明也可以说是如此:朱熹这一派人强调穷理致知,便是觉得理未易察,他们虽然一方面说"理一",而另一方而则又说"分殊",所以要一个个物去格,不格物怎么知道呢? 这里面显然牵涉到怎样求取知识的问题。在尊德性之下,是否就可以撇开知识不管,还是在尊德性之后,仍然要对知识有所交代,这在宋明理学传统中是个中心的问题。

　　谈到宋明理学,有一点应该说明,即至少在北宋时代,所谓理学,尚非儒家的主流;讲求心性的理学,要到南宋以后,才开始当令,在北宋时还看不出这种局面的。北宋时儒学再生了,规模十分宏阔,周、张、二程的义理尚不过是儒学的一支而已。根据胡瑗的弟子刘彝的说法,圣人之道包括了三个方面,一是讲体,象君臣、父子、仁义礼乐,历世不可变的体;一是讲用,怎样拿儒家学问来建立政治社会秩序,即所谓经世济民;最后还有文,即指经、史、子、传,各种文献。任何宗教传统或道德传统或文化传统,一定有它一套基本文献,文献怎么处理,如何解释,这是一个大问题。所以至少在北宋时,除了少数人讲心、讲性以外,还有更多的新儒家讲其他的问题,如经史问题,政治改革问题等等。下逮南宋儒学始偏重于体的方面,而且是偏于体的哲学方面,或者说要建立道德的形而上学的基础。体是永久性的,绝对的,不是暂时的,相对的。要确定这种永久性、绝对性,便不得不从形而上方面着眼。总之,南宋以后,儒家注重体的问题过于用了。何以是如此呢? 因为在北宋时儒家觉得在政治上还有很多机会可以发挥经世的效用,范仲淹的改革、王安石的改革，都是发挥儒家致用的精神。到王安石变法失败以后，事功的意味转淡，大规模的经世致用是谈不上了。在理论上，朱子强调"体生用，吕祖谦也教人不要过分看重用。陈亮、叶适等人比较倾向事功，但在儒学中已不是主流了。

　　现在要谈到文的一方面。北宋可以说在疑经和考古方面都有重要的开始。欧阳修、司马光这些人整理儒家传统中的文献，而成就了他们的经史之学。特别是欧阳修，开始了经学的辨伪门径。他的《易童子问》辨系辞非圣人之言，又疑《周礼》为最晚出之书，这些都是净化儒家原始经典的重要努力。下至南宋，朱子也还是继承了这种传统。所以他说："如果照着我的意思说下去，只怕倒了六经。"这就是说，儒家经典里面有很多问题。朱熹是一个很重知识传统的人，因此对整理经典知识有极高的兴趣，在南宋可称独步。朱子特别重智，他提出了"乾道主知"的说法。什么是"乾"？"乾"是动的，是 active reason，这可以看出他对知识本身的特别强调。这一点很重要，可是我在此只能略为一提，不能发挥太多。总之，在朱熹的学术系统里面，虽然第一是尊德性，但是在尊德性之下，他还特别注重知识的基础。正因有此重视，他才大规模地做经典考证的工作（包括史学、经学、文学各方面），我们读一读钱穆先生的朱子新学案，便可以看出朱子兴趣之广，方面之多，也可以看出他是怎样一个重知识的人。他在儒家这一个道德的大传统里面，却处处不忘记要把道德建立在知识的基础上面。可惜朱子这个传统，后来没有能够好好地继承下去。为什么没有继承呢？第一个牵涉到利禄问题。朱子之学变成了正学，《四书集注》变成科举考试的标准教本，在这种情形下，大家念朱子的书，感受是不会一样的。许多读朱子书的人并不关心什么道德的知识基础，他们只关心考试，得功名，做官。这样一来，把朱子弄坏了。朱学的传统跟俗学连在一起，不是真的学问了。第二层原因则是由于自南宋到明代,儒学正处在"尊德性"的历史阶段。"尊德性"的路没有走到尽头,"道问学"中的许多问题是逼不出来的。而朱子所重视的知识基础的问题因此也就不大受到注意了。

三　从"德性之知"到"闻见之知"

明代理学最盛,而王学的出现更是儒家"尊德性"的最高阶段。但也正是在这一阶段,"道问学"的问题不可避免地凸显出来了。王阳明的思想发展便是一个很好的例子。他的良知之说,可以说主要是和朱子奋斗的结果。尽管我们在思想史上常说陆、王,其实阳明跟陆的关系并不很深,反而是和朱的关系深些。他因早年起就被格物之教所困扰,他格竹子的故事,也是依照朱子之教,希望最后能一旦豁然贯通。格了三天无结果,觉得此路不通,圣人无分。当然他那时只是一个十几岁的小孩子,格竹子的经过连王阳明思想起点都谈不上。那不过是一个年轻人的好奇罢了。可是后来他在龙场顿悟,还是起于对格物发生了新解,他忽然觉得要把格物的物字认作心中之物,一切困难都没有了。如果要格外物,一件件地去格,最后得到统贯万事万物的理,那是做不到的。所以王阳明一生基本上都是在和朱子奋斗之中,他心中最大的问题之一还是如何对待知识,如何处理知识。在王阳明的《传习录》中,我们清楚地看到他和他的学生欧阳崇一讨论到闻见之知和良知的关系,这是宋明理学中的一个大问题。我们要不要用耳朵听,用眼睛看呢!还是闭目静坐、正心诚意便可以悟道了呢?虽然从《传习录》上看,好像欧阳崇一听了王阳明的活,承认"闻见之知"只是"良知"的发用而无助于我们"良知"的当下呈现。可是如果我们读一读欧阳崇一的文集,特别是他和罗整庵的往复讨论,就可以看出来,这里面还有问题,不像《传习录》里说得那样简单。

　　总而言之,我觉得宋明理学传统里面关于如何对待儒家文献的问题,即"文"的问题始终是一个中心问题。这一点,到明代特别显著,因为明代的思想界,从陈白沙到王阳明,都走的是一条路子。都想直接的把握住人生的道德信仰,并在这种信仰里面安身立命。他们因此把知识问题看成外在的,不相干的,或外缘的,看成跟道德本体是没有直接关系的。正因为如此,他们反而不能对知识问题完全避而不谈。从某种意义上说,王阳明的"良知"说便是想要解决这个问题的。王氏的"致良知"之教,虽然后来流入反知识的路向,但阳明本人则并不取反知的立场。他正视知识问题,并且要把知识融入他的信仰之中。所以他和柏格森一样,是"超知识的"(Supraintellectual)而非"反知识的"。王阳明自己说过,他的"良知"两字是经过百死千难得来的,不得已而与人一口道尽。阳明经过艰苦深刻的奋斗,最后发明了良知学说,解决了知识问题对他的困扰。但是后来的人没有经过"百死千难",就拿到了良知,那就是现成良知,或"伪良知"。抓住这个把柄,(当时明朝人如陈白沙喜欢用"把柄入手"这个说法。)他们认为是找到了信仰的基础,因此不免形成一种轻视"闻见之知"的态度。而且有了这种"把柄",他们更自以为在精神上有了保障,再也不怕任何外魔的入侵。

　　我们知道,从朱子、陆象山到王阳明,儒学主要是在和禅宗搏斗的,道家还在其次。儒家的心性之学,虽然说早在孔、孟思想中已有了根苗,事实上,宋明理学是深入了佛教(特别是禅宗)和道家之室而操其戈。可是到了明代,禅宗已衰歇了,理学讲了五六百年讲到了家,却已失去敌人。不但如此,由于王阳明和他的一部分弟子对于自己"入室操戈"的本领大有自信,他们内心似已不再以为释、道是敌人,因而也就不免看轻了儒、释、道的疆界。阳明说:释氏说一个"虚"字,圣人又岂能在"虚"字上添得一个"实"字?老氏说一个"无"字,圣人岂能在"无"字上添得一个"有"字?这种议论后来便开启了王学弟子谈"三教合一"的风气。但是对于不愿突破儒家樊篱的理学家而言,这种过分的"太丘道广"的作风是不能接受的。那么,怎样才能重新确定儒学的领域呢?这就逼使一些理学家非回到儒家的原始经典中去寻求根据不可,儒家的"文"的传统在这里便特别显出了它的重要性。

再就儒家内部来说,朱、陆的义理之争在明代仍然继续在发展,罗整庵和王阳明在思想上的对峙便是最好的说明。这种思想理论上的冲突最后也不免要牵涉到经典文献上面去。例如程、朱说:性即理,象山说:心即理。这一争论在理论的层次上久不能解决,到明代依然如此。例如罗整庵是程、朱一派的思想家,服膺"性即理"的说法。然而他觉得只从理论上争辩这个问题已得不到什么结论,因此他在《困知记》中征引了《易经》和《孟子》等经典,然后下断语说:论学一定要"取证于经书"。这是一个非常值得注意的转变。本来,无论是主张"心即理"的陆、王或"性即理"的程、朱,他们都不承认是自己的主观看法:他们都强调这是孔子的意思、孟子的意思。所以追问到最后,一定要回到儒家经典中去找立论的根据。义理的是非于是乎便只好取决于经书了。理学发展到了这一步就无可避免地要逼出考证之学来。不但罗整庵在讲"性即理"时已诉诸训诂的方法,其他学人更求救于汉唐注疏。例如黄佐就很看重十三经注疏,他认为郑玄对于中庸"道不可须臾离也"那句话的解释最简单但也最正确。"道"便是"道路"之意。黄佐更进一步说,如果我们仍以为郑康成不是真儒,仍以为求孔、孟之"道"只有靠"明心见性"的路子,那么我们便真是甘心与禅为伍了。又如稍后东林的顾宪成更明白地提出了为学必须"质诸先觉,考诸古训"的口号,这岂不就是后来清儒所谓"训诂明而后义理明"、"汉儒去古未远"这一类的说法的先声吗。

由此可见晚明的考证学是相应于儒学发展的内在要求而起

的。问题尚不止此，晚明时代不但儒学有这种转变，佛教也发生了同样的变化。陈援庵先生研究这一时期云南和贵州的佛教发展，曾指出一个极有趣而又重要的现象。他说："明季心学盛而考证兴，宗门昌而义学起，人皆知空言面壁，不立语文，不足以相慑也，故儒、释之学同时丕变，问学与德性并重，相反而实相成焉。"援庵先生的观察真是深刻，可惜治明清学术思想史的人一直都没有留心他这一精辟的论断。我最初讨论儒家智识主义的兴起时，也没有发现他的说法。后来写《方以智晚节考》，涉及晚明佛教的情况，细读《明季滇黔佛教考》，才注意到这一段话，我当时真有说不出的佩服和兴奋。这一段话使我对自己的看法更有信心。因为援庵先生并不是专治思想史的人，而他从不同的角度竟然得到了和我极为相近的结论，足见历史知识的确有它的客观基础。更值得注意的是，援庵先生所说的佛教主要是指禅宗而言。禅宗本来是"直指本心、不立文字"的，但现在也转入智识主义的路向上来了。又据援庵先生的考证，明末许多禅宗丛林中都有了藏经楼，大量地收集佛教经典，可见佛教和儒家一样，内部也有了经学研究的要求。罗整庵"取证于经书"的观点不但适用于儒学，并且对禅宗也同样的有效。

我刚才曾提到"德性之知"和"闻见之知"的问题，这一点在王阳明之后也有重要的发展。阳明死在 1528 年，十年之后（1538年）王廷相写《雅述》便特别指出见闻的重要，强烈地反对所谓"德性之知"。他说：人的知识是由内外两方面造成的。内在的是"神"，即是认知的能力；外在的是见是闻，即是感官材料。如果不见不闻，纵使是圣人也无法知道物理。把一个小孩子幽闭在黑房子里几十年，等他长大出来，一定是一个一无所知的人，更不用说懂得比较深奥抽象的道理了。所以王廷相认为人虽有内在的认知能力，但是必须通过见闻思虑，逐渐积累起知识，然后"以类贯通"。

他最不赞成当时有些理学家的见地,以为见闻之知是小知,德性之知是大知,这个分别他认为只是禅学惑人。专讲求德性之知的人,在他看来,是和在黑房子里幽闭的婴儿差不多的。

再举一个明显的例子。明末的刘宗周是宋明理学的最后大师,在哲学立场上,他接近陆、王一派。但是在知识问题上他也十分反对"德性""闻见"的二分法。他在《论语学案》里注释"多闻择善、多见而识"一章,便肯定地说人的聪明智慧虽是性分中所固有,可是这种聪明智慧也要靠闻见来启发。所谓德性之知也不能不由闻见而来。王学末流好讲现成良知,认为应该排斥闻见以成就德性,刘宗周便老实不客气地指出这是"坠性于空",是"禅学之谈柄"。

王廷相、刘宗周的观点可以代表 16 和 17 世纪时儒家知识论发展的新方向。这个发展是和儒家"文"的传统的重新受到重视分不开的。换句话说,这一发展是为儒家的经典研究或文献考订提供了一个重要的理论基础,清代考证学在思想史上的根源正可以从这里看出来。说到这里,我们已可以清楚地了解,为什么清代汉学考证的兴起不能完全归咎于满清入主这一简单的外在因素了。如果没有儒家思想一番内在的变化,我很怀疑汉学考证能够在清代二三百年间成为那样一种波澜壮阔而又持久的学术运动。正因如此,王、刘的观点在乾隆时代才有回响。戴东原虽然未必读过王廷相的著作,但是戴的知识论却正走的是王廷相的路数,而且比王廷相走的更远、更彻底。而刘宗周的《论语学案》那一条注释也特别受到《四库全书提要》编者的重视。这些思想史上的重要事实,虽然相隔一两百年,但决不是孤立的,偶然的。它们是儒家智识主义的兴起的清楚指标。

四　经世致用与颜李学派

　　讲思想史最忌过分简化。我虽然认定从明末到清代，儒家是朝着智识主义的方向发展，但是我并不以为这个发展是当时思想史上惟一的动力。事实上，在 17 世纪(即明、清之际)，儒学在体、用、文三个方面都发生了新的变化。就"体"而言，儒家的重心从内圣的道德本体转到了外王的政治社会体制。黄梨洲的《明夷待访录》便有意要为传统的政治社会秩序指出一条彻底改变的路子；王船山的《噩梦》、《黄蕾》，取径也大体相同。顾亭林在《日知录》和文集中则留心于历代风俗以及封建制和郡县制的利害得失。依照传统的看法，清初这三位大儒的学问都是所谓"有体有用"的。但这里所谓"体"已不是指内圣方面的道德本体，而是指外王方面的政治社会体制而言了。外王的"体"，更离不开"用"；政治社会的改造如果完全无从实践，那就要比空谈心性还要缺乏意义。所以顾亭林给黄梨洲的信，一方面欣喜彼此的见解相近，另一方面则盼望将来有王者起，把他们的理想付诸实现。

　　谈到外王方面的"用"的问题，这尤其是儒学的一大症结。儒家的"用"集中地表现在"经世致用"的观念上。但是"经世致用"却由不得儒者自己作主，必须要靠外缘。所谓外缘便是顾亭林说的"王者"，因此无论是顾亭林或黄宗羲都要有所"待"。从历史上看，儒家所期待的"王者"似乎从来没有出现过，宋神宗也许算是一个例外。可是即使是号称"得君行道"的王安石仍只落得个仓皇而去的下场，终不能不发出"经世才难就"的浩叹。(今天有人曲说王安石是法家，真不值一驳。姑且不论当时的人曾一度把安石比做孟子，也不论他的变法根据主要是在儒家的经典，仅仅从他的诗篇中我们便清楚地看到他对孔、孟——特别是孟子——是何等的仰慕向往。他的《中牟》诗有"驱马临风想圣丘"之句。这当然是暗用《论语》上"吾岂匏瓜也哉? 焉能系而不食。"那段话。可见王安石的用世精神正是来自孔子。安石对孟子更是心向往之,他在答欧阳修的诗中就说"他日若能窥孟子"的话。他又有《孟子》一诗,说:"沉魄浮魂不可招,遗编一读想风标。何妨举世嫌迂阔,故有斯人慰寂寥。"这首诗最足以说明孟子是安石的理想主义的精神泉源。至于安石欣赏商鞅的地方,不过取其"能令政必行"一点而已。古人说"诗言志",一个人的真感情在诗歌中最不容易隐藏。我们判断王安石是儒是法,必须根据第一手资料,不可用当时或后世的政敌和论敌的攻讦文字为证据。)

北宋王安石变法的失败是近世儒家外王一面的体用之学的一大挫折。南宋以下,儒学的重点转到了内圣一面,一般地说"经世致用"的观念慢慢地淡薄了,讲学论道代替了从政问俗。少数儒者虽留心于社会事业如朱子倡导社仓、乡约之类,但已远不能和王安石变法的规模相比了。所以"经世致用"这一方面可以说完全靠外缘来决定。不过从主观方面看,儒家的外王理想最后必须要落到"用"上才有意义,因此几乎所有的儒者都有用世的愿望。这种愿望在缺乏外在条件的情况下当然只有隐藏不露,这是孔子所说的"用之则行,舍之则藏"。但是一旦外在情况有变化,特别是在政治社会有深刻的危机的时代,"经世致用"的观念就会活跃起来,正象是"暗者不忘言,痿者不忘起"一样。明末的东林运动,晚清的经世学派都是明显的例子①。从儒学史的发展看,安排世界的秩序才是中国思想的主流,至于怎样去解释世界反而不是儒学的精采的所在。

---

① 此处有删节。

　　清初处在天翻地覆之余,儒家经世致用的观念又显得非常活跃,前面提到的顾、黄、王三大儒都抱有用世之心,但是清初把经世致用的思想发挥到极端,并且自成一个系统的却要数颜元和李塨,一般称作颜李学派。如果我们讲清代思想史是以儒家智识主义为其最中心的内容,那么我们把颜李学派安排在怎样一个位置上呢?我们又怎样去了解颜李学派的兴起及其终归于消沉呢?这些紧要的问题当然不宜轻率作答。现在我姑且提出一点初步的意见,以供大家参考。

　　颜李的基本立足点是在"用",讲"实用"一旦讲到极端便不免要流于轻视知识,尤其是理论知识。在理学的传统中,这就牵涉到所谓"知"和"行"的问题。特别强调"用"的人一般是重"行"过于重知,而且往往认为理论知识、书本知识是无用的。王阳明便已明显地有这种倾向;阳明虽不是反智识主义者,但是从他的理论中却可转出反知的方向。另一方面,儒家智识主义者则坚持知先于行,先要明体然后才能适用。朱子便是一个典型的例证。颜习斋是一个最极端的致用论者,而同时,他又是一个最彻底的儒家反智识主义者。他反对朱子的读书之教,态度最为激越而坚决,上自汉唐笺注训诂,下至宋明性理讨论,他都以"无用"两个字来加以否定。读书不但无用,而且还有害,所以他把读书比作吞砒霜,并忏悔式地说,他自己年轻的时候也是吞砒霜的人。把知识看作对人有害的东西,以前儒家的反知论者也表示过这个意思。陆象山在给朋友的信中就说过知识有时反而害事的话;黄东发在《黄氏日抄》中也指出象山一派曾把知识比作毒药。明代的陈白沙则嫌书籍太多,希望再来一次秦火,把世界上不相干的著作烧掉。但是无论是象山或白沙,都没有达到颜习斋那样激烈的程度。习斋可以说是把儒家反智识主义的一派思想发展到了最高峰。习斋特别欣赏象山"六经皆我注脚"那句名言,决不是偶然的。

从"实用"、"实行"的观点走上反智识主义的路向,并不限于儒家,西方基督教中也有这个传统。Richard Hofstadter 研究美国生活中的反智识主义便特立专章讨论它在宗教上的根源。政治、社会方面的反智识主义又常常和哲学上对理性(reason)或智性(intellect)的怀疑合流。美国实用主义大师威廉·詹姆士(William James)就是从"用"的观点出发而倾向反智识主义,和颜习斋很相近。如果更推广一点看,Gilbert Ryle 分别"Knowing How"和"Knowing That"也和儒家讲知行先后的问题有密切相应的地方;"Knowing How"相当于"行","Knowing That"相当于"知"。而照Ryle 的分析,在我们学习事物的过程中,总是实践先于理论,而不是先学会了理论然后才依之而行。(Efficient practice precedes the theory of it.)换句话说,我们是先从实际工作中摸索出门径,然后才逐渐有系统地掌握到理论和方法。Ryle 这一"寓知于行"的说法,我们很容易从日常经验中得到印证。王阳明的"知行合一"说固是建立在这种经验的基础之上,颜习斋的致用论也正是以此为根据。所以习斋曾特举弹琴和医病为例证。学琴一定要手到才能心到,不是熟读琴谱就算会弹琴的;学医也得从诊脉、制药等等下手,决不是熟习医书便可以成良医的。习斋坚决地认定读书无用,空谈性理无用,著书也无用,从他的思想路数说,都是很顺理成章的。

我们现在可以稍稍谈一谈颜李学派为什么终归于消歇的问题了。这个问题有内外两个方面。从外在方面说,颜李的经世致用必须和政治外缘结合才真正能发挥作用;而事实上,我们知道,这个外缘条件对颜李来说是根本不存在的。李恕谷虽一生南北奔走,但是也始终没有找到有力的支持来帮助他实现社会改革的理想。我们今天稍稍知道一点颜李学术的精神还是靠他们留下来的一些纸墨文字,这真是对他们的反智识主义的一个绝大的讽刺!

　　在我看来，内在的因素更为重要。内在的因素是指颜李学派并不能跳出儒家的圈子，最后还是摆脱不掉儒家经典文献的纠缠，并且终于走向自己立场的反面，和智识主义汇了流。颜习斋论学，也和许多其他清代儒家一样，非常强调孔、孟和程、朱之间的不同；其中最大的不同，在他看来，乃在于孔、孟的学问是讲实用实行的，是动态的；而程、朱则只讲求静坐和读书，是静态的，因此完全是无用的。真正的圣学在尧舜之世只有所谓六府（金、木、水、火、土、谷），三事（正德、利用、厚生），在周公、孔子的时代只有所谓"三物"。"三物"是指六德（知、仁、圣、义、忠、和），六行（孝、友、睦、姻、任、恤）和六艺（礼、乐、射、御、书、数）。由此可见，习斋是要恢复古代的原始儒学，以代替宋以后的新儒学。所以他一方面讲实用、实行，是进步的、动态的，但另一方面却给人以抱残守阙、复古保守的印象。这一点在习斋早年的思想中便已有根源。我们知道，习斋在30多岁以前是自号"思古斋"的，以后才改成"习斋"。讲实用、实行一定要因时变化，容不得泥古不化；因此习斋的经世致用和复古主义之间有着不可调和的内在矛盾的。而他之所以要复古，则是由于他托庇在儒家的旗帜之下的缘故。

　　习斋自己足不出乡，根本不甚理会外面学术界的发展，所以他的内在矛盾一时尚不致暴露出来。到了他的大弟子李恕谷这一代，情形就不同了。恕谷四方交游，希望找到同志来实现习斋的经世致用的理想。在恕谷的朋友之中有许多讲经学考证的人，如毛西河、阎百诗、万季野、方望溪等等。这些经典考证恰恰和颜李学说的根据有密切的关系。例如"六府、三事"是出于《古文尚书》《大禹谟》的，"乡三物"是出于《周礼》的。而阎百诗则说《古文尚书》是伪书，方望溪又认为《周礼》是伪书。在这种疑古潮流之下，李恕谷自然不能不受到波动，所以他的文集中颇有一些讨论《古文尚书》和《周礼》真伪问题的文章和信札。恕谷又花了很大的功夫写成

《大学辨业》一书,更显然是受了当时新兴的考证学风的影响。他所根据的版本便是从毛西河那里得来的所谓《大学古本》。恕谷当然不是考证家,也无意要在文墨世界中与人争胜。可是他所持的儒家经世致用的立场终使他不能不维护某一部分经典,或对某些原始的儒家文献加以新的解释。这样我们就看到,尽管颜李学派从激烈的反智识主义出发,但它仍不免一步一步地向智识主义转化,最后还是淹没在清代考证学的洪流里。

五　清初儒学的新动向——"道问学"的兴起

我在前面提到王阳明以后,明代的儒学已逐渐转向"道问学"的途径。在这一转变中,以前被轻视的"闻见之知"现在开始受到了重视。到了清代,这一趋势变得更为明显了。

清初三大儒顾亭林、黄梨洲、王船山都强调"道问学"的重要性。亭林的口号是"博学与文,行己有耻"。这可以看作是把知识和道德清楚地分别开来。他非常反对明人的空谈心性,认为他们是舍"多学而识"来求什么"一贯之方"。这一路的思想后来到了戴东原的手上又得到更进一步的发挥。

黄梨洲则继续刘宗周对"闻见之知'的重视,提倡用渊博的知识来支撑道德性的"理"。因此他说:"读书不多,无以证斯理之变化。"梨洲在思想方面本属于王学的系统,现在他竟主张从"读书"来证定儒家的"理",(也就是通过"道问学"而进于"尊德性")这里最能看出思想史的动态。而且梨洲要人读书不限于经学,因为食古不化是无用的。要想有用必须同时读历史;越是时代接近的历史,用处也就越大。可见梨洲和颜李学派一样,也非常注重"用"的观念。所不同者,颜、李一方面排斥书本知识,以为无用;另一方面又不免信古,把他们关于政治社会的种种新观念挂搭在少数古经籍上,如古文尚书和周礼之类。梨洲则不是极端主"用"论者,他没有颜李的内在矛盾。至于在心性修养一方面,梨洲也对王学有重要的修正。王学末流好讲"现成良知",不需要"工夫"便可直透"本体"。梨洲却直截了当地说:"心无本体,功力所至,即其本体"。这虽是"尊德性"范围中的事,但是在取径上也恰和他主张由"道问学"进至"尊德性"的先后层次相应。后来乾嘉时代的章学诚便以梨洲这些观点为起点,完成了王学的智识化。

王船山在三大儒中理学的兴趣最高,因此他曾正面地从哲学上讨论到"闻见之知"的问题。船山仍在宋明理学的传统之中,依然承认人的认知能力得之于天。但是他同时又强调多见多闻的重要性,离开了见闻,人将没有知识可言。所以他提倡程朱一派的"格物穷理"之学;而劝人不要学陆王一派的孤僻,只讲"存神"两字。人的心之所以有灵明,是要靠见闻知识来培养和启发的。更值得注意的是船山很佩服方以智、方中通父子的科学思想,认为"格物"应该是"即物以穷理",而不应该是"立一理以穷物"。前一种方法是客观的,后一种方法则是主观的。

我在前面又提到,儒家由"尊德性"转入"道问学"的阶段,最重要的内在线索便是罗整庵所说的义理必须取证于经典。这个趋势在王阳明的时代已经看得见,入清代以后更是显露无遗。每一个自觉得到了儒学真传的人,总不免要向古经典上去求根据。陆象山最富于独立的精神,然而他也仍然要说他的思想是受到了孟子的启示以后才得于心的。王阳明在龙场顿悟之后便写了《五经臆说》,他显然是要把自己所悟得的道理和五经上的道理相印证。到了清初,顾亭林正式提出了"经学即理学"的说法,这条思想史上的线索就越发彰显了。当然,顾亭林并没有亲自写下"经学即理学"这五个字,这五个字后来全谢山根据亭林给友人论学的一封信总结出来的,但大体上是符合亭林的本意。亭林因为不满意晚明心学流入纯任主观一路,所以才提倡经学研究。在他看来,儒家所讲的"道"或"理"当然要从六经孔、孟的典籍中去寻求,离开了经典根据而空谈"性命"、"天道",则只有离题愈远。因此古代仅有"经学",没有所谓"理学"。亭林又曾提出"明道"和"救世"两大目标;"救世"是属于"用"的一方面,我们在上面已经提过了,"明道"则非研究经学不可,这就是亭林心目中的"理学"。所以,他又坚决地宣称,凡是"不关于六经之旨、当世之务"的文字,他都一概不为。其实,亭林这番意思不但远在明代已呼之欲出,即在当时也颇有同调。黄梨洲一方面提倡"学者必先穷经",另一方面又说"读书不多无以证斯理之变化",这也显然是要把经学和理学打成一片。方以智晚年在江西青原山讲学,出入三教,在儒学方面他明确地提出"藏理学于经学"的主张,更和亭林的说法如出一口。清初这几位大师,背景和学术渊源各不相同,居然不期而然地得到共同的结论,这就可以看出当时思想史上的一种新的动向了。不过由于亭林的口气最为坚决,又处身于儒学传统的枢纽的地位,因此影响也最大。后来的人都尊奉亭林为清学的开山宗师,当然是有理由的。

　　但是亭林之所以特别为群流所共仰还不仅是因为他有理论、有口号,更重要的是他有示范性的著作,足为后人所取法。《日知录》中关于经学的几卷以及《音学五书》都是这样的著作。我们知道,学术史上每当发生革命性的变化时,总会出现新的"典范"。库恩(Thomas S. Kuhn)在《科学革命的结构》(The Structure of Scientific Revolutions)中认为,任何一门学术中建立新"典范"的人都具有两个特征:一是在具体研究方面他的空前的成就对以后的学者起示范的作用;一是他在该学术的领域之内留下无数的工作让后人接着做下去,这样便逐渐形成了一个新的研究传统。顾亭林和后来清代考证学的关系便恰是如此。当然,亭林的考证并不是前无所承,但经学考证发展到他那样的规模和结构才发生革命性的转变,那也是无可否认的。

六　经学考证及其思想背景

"经学即理学"要成为一个有真实内容的学术思想的运动当然不能停留在口号的阶段,而必须以具体的研究成绩来说服人。从清初到乾嘉的经学考证走的便是这一条路。但是"经学即理学"却建立在一个过分乐观的假定之上:即以为六经、孔、孟中的道或理只有一种正确的解释,经过客观的考证之后便会层次分明地呈现出来。事实上,问题决不如此简单。清代经学考证直承宋、明理学的内部争辩而起,经学家本身不免各有他自己独特的理学立场。理学不同终于使经学也不能一致,这在早期尤为明显。一个人究竟选择某一部经典来作为考证的对象往往有意无意之间是受他的理学背景支配的。这样的史证可以说不胜枚举,姑择几个最著名的例子说一说。刘宗周的弟子陈确在清初写了一篇轰动一时的大文章,叫做《大学辨》。"辨"即辨伪的意思。他列举了许多项理由,证明《大学》这篇经典不是圣贤的经传,而是秦以后的作品。这些理由中当然有很多是哲学性的(他称之为"理"),但是也有好几项是历史考证方面的(他称之为"迹")。后来他又写了许多书信,和同志辈继续讨论这篇"伪书"的问题。从这些信里,我们清楚地看到,他之所以对《大学》的真伪发生兴趣,主要是要解决义理系统上的困难。陆、王一派从来不满意朱子的格物补传,从王阳明到刘宗周尤其为了《大学》的问题伤透了脑筋。王阳明的《大学古本》已是一种校刊的工作,而刘宗周一直到晚年仍然对《大学》一篇不能释然无疑。现在陈确则用快刀斩乱麻的手段,干脆断定"大学非圣经",乃后世的伪作,把这个复杂问题简单地解决了。他的是非得失是另一问题,但他这篇著作却清楚地把理学两派的争斗从义理的战场转移到考证的战场。

　　再举清初考证《易经》为例来说明我们的论点。最早从事这个
工作的大概要算是黄梨洲和黄宗炎弟兄，稍后又有毛西河（奇龄），
都是浙东的王学一派。他们主要的目标是要考出宋以后易学中所
谓先天、太极诸图是从道教方面传来的，跟儒家没有关系。表面
上，这好象是出于历史的兴趣，而暗地里则是在攻击朱子。因为朱
子的《周易本义》的开头便列了九个"图"。我们可以断言，黄氏弟
兄以及毛西河之所以从易图下手考证是有他的义理的动机的。我
们应该记得，关于太极图的问题，朱子生前便已和陆梭山、象山兄
弟展开了激辩。二陆当时就认为周敦颐的太极图出于道家，可能
根本不是濂溪所作。朱子则特别看重周子的太极图。所以易图问
题本是朱陆异同中的一笔旧帐。当然，易图的考证要到稍后的胡
渭手上才定谳，而胡氏则不一定有黄、毛诸人那样的哲学背景。但
攻难既起之后，易图问题已成经学上一大公案，这种情形自然又当
别论了。另一方面，从清初以至中叶，凡是为《周易本义》辩护的人
则都是在哲学立场上接近或同情朱子的。他们的辩护方式也出之
于考证校雠一途。顾亭林在《日知录》中便立专条，指出朱子的《周
易本义》在明代修《五经大全》时被割裂淆乱了，以致后人已看不到
朱子定正的原本。在胡渭的《易图明辨》问世之后，王白田（懋竑）
曾写了一篇《易本义九图论》为朱子洗刷。他的结论是"九图断非
朱子之作……盖自朱子既没，诸儒多以其意，改易本义，流传既久，
有所篡入，亦不复辨。"戴东原早年在《经考》里面也有好几条笔记
是专为朱子的易学开脱的。例如他在《先后天图》条中说朱子《易
学启蒙》中载邵雍所传的先天、后天之图不过是用来释易理的。朱
子自己并没有说先天图是伏羲造的，后天图是文王造的。关于《周
易本义》，东原比亭林进一步考出朱子原本的被搅乱早起于宋宝祐
（1253—1258）中董楷所编的《周易传义》。以上这三个人之中，王

白田是一生治朱子之学的,固不必说,戴东原在《经考》时代也仍然信奉程、朱的"理精义明之学"。至于亭林,尽管后人把他当作清学的开山大师,又有人说他是清初反理学的先锋,事实上他在学术思想方面是属于朱子的系统。这一点章实斋早已指了出来。亭林生前十分尊敬朱子;他的文集中有《华阴县朱子祠堂上梁文》,又有《与李中孚书》提到他自己曾捐四十金为朱子建祠。严格地说,亭林只是反陆、王一系的心学,而不是毫无区别地反对整个宋明理学的传统。所以,清初易经考证的经过最可以说明:理学立场不同则经学也不能不随之而异。

最后让我们举阎百诗(若璩)和毛西河关于《古文尚书》的争论来看清代经学考证的思想背景。阎百诗的《古文尚书疏证》是两百多年来大家公认的一部最成功的考证杰作。当然,百诗是一个典型的考证学者,他喜欢从事考据工作,而且《古文尚书》也的确是南宋以来经学史上的一个问题。他花了一生的功夫来考证这部伪书,当然基本上是受了纯学术兴趣的吸引。但是在纯考证兴趣之外,百诗也还另有一层哲学的动机。伪古文"大禹谟"有所谓十六字心传,便是"人心惟危,道心惟微,惟精惟一,允执厥中。"这16个字又叫做"虞廷传心"或"二帝传心",是陆、王一派最喜欢讲的。明末的王学家尤其常常援引它。"人心"、"道心"的分别虽然朱子有时也引用,但朱子是不谈"传心"的,因为这个说法和禅宗的"单传心印"太相似了。而且,朱子又是最早怀疑《古文尚书》乃后世伪书的一个人。所以我们可以说,这16字心传是陆、王心学的一个重要据点,但对程、朱的理学而言,却最多只有边缘的价值。到了清初,朱学中人往往特别提出这一点来加以猛烈的攻击。例如《日知录》《心学》一条便根据黄东发的议论痛斥"传心"之说。阎百诗虽然不是理学中人,但是他的基本哲学立场则确为尊程、朱而黜陆、王。因此《疏证》中时有攻击陆、王的议论,并于"16字心传"为伪作一点郑重致意。黄梨洲为《疏证》写序也一改往日对此16字深信不疑的态度,虚心接受百诗的发现。可见这16字在全书中占有特殊的分量,而百诗也的确有意识地藉辨伪的方式来推翻陆、王心学的经典根据。当时反对朱子最激烈的毛西河在思想上相当敏感,他读了百诗的《疏证》之后,便立刻感到这是在向陆、王的心学进攻。因此他写了一封信给百诗,说你考证《古文尚书》真伪,为什么忽然要骂到金溪(陆)、姚江(王)的头上,这岂不是节外生枝吗?其实百诗辨伪本有一层哲学的涵义,并非节外生枝。毛西河也不是不了解这点,所以他后来写《古文尚书冤词》时也特别强调16字心传不是后世伪造的。阎、毛两人在《古文尚书》问题上的针锋相对更可以让我们看清清初考证学和宋、明理学之间的内在关联。当时的考证是直接为义理、思想服务的,也可以说是理学争论的战火蔓延到文献研究方面来了。我们要个别地检查每一个考证学者的思想背景、宗派传承,看他的考证究竟有什么超乎考证以上的目的。这样一检查,我们就会发现,顾亭林、阎百诗的考证是反陆、王的,陈乾初、毛西河的考证是反程、朱的,他们在很大的程度上依然继承了理学传统中程、朱和陆、王的对垒。我们决不能笼统地说清代经学考证单纯地起于对宋明理学的反动。以前有人持这样的看法,是因为他们一方面没有辨别出清初考证学者的思想动机,一方面又没有察觉出16世纪以后儒学从"尊德性"阶段转入"道问学"阶段的新动向。

七　戴东原与章实斋

　　当然我并不是说清代每一个考证学家都具有思想的动机。到了清代中期,考证已形成风气,"道问学"也取代了"尊德性"在儒学中的主导地位,这时候的确有许多考证学者,只是为考证而考证;

他们身在考证运动之中,却对这个运动的方向缺乏明确的认识。但这只是就一般的情形而言。至于思想性比较强的学者则对清代学术在整个儒学传统中的位置和意义有深刻的自觉。戴东原和章实斋便是最突出的例子。章实斋在清代学者中最以辨别古今学术源流见长,因此他对清代儒学的历史渊源有非常深刻的观察。我个人重新整理清代思想史,主要也还是靠实斋现身说法时所提供的线索。《文史通义》中有两篇重要的文章,一篇是《朱陆》,一篇是《浙东学术》。《朱陆》篇大概写于东原死后(1777)不久,可以说是实斋对东原学术所作的一种"定论";《浙东学术》则写于实斋逝世的前一年(1800),是他自己的"晚年定论"。

照实斋的讲法,朱、陆两系到了清代已变成了所谓"浙西之学"和"浙东之学"。浙西之学始于顾亭林,经过阎百诗等一直传到实斋同时的戴东原;浙东则始于黄宗羲,经过万氏弟兄(充宗、季野)、全谢山等传到实斋本人。浙西之学的特色,实斋称之为"博雅",这是继承了朱子"道问学"的传统。但"博雅"并不是泛滥无归,而是像实斋所说的,"求一贯于多学而识,寓约礼于博文,其事繁而密,其功实而难。"浙东之学的特点是"专家",所谓"专家"也就是与"博"相对的"约",是先求大体的了解再继续深入研究。实斋是很自重同时也是很自负的。尽管他在当时学术界的地位远不能和戴东原相比,但他却把自己看作是乾隆时代的陆象山,东原当然是并世的朱子了。东原是经学大师,实斋则提出史学来和他相抗。所以他不但发明了一套"六经皆史"的理论,而且说"浙东之学言性命者必究于史,此其所以卓也。"总而言之,清代朱陆变成了浙西和浙东的分流,博雅和专家的对峙,经学和史学的殊途。这一划分在我们现在看来未免太过于整齐单纯,其中包含了不少实斋自己的主观向往的成份,因此和清代学术思想发展的实际情形必然有相当的距离。不过就实斋和东原两个人的学术异同来说,大体上确是如此。

最值得我们注意的是实斋不肯说浙东和浙西的不同在于一个偏重"尊德性",一个偏重"道问学",虽然他明明知道这是朱陆异同的传统分野。从这种地方我们便不难察觉到清代儒学的基调已变,"道问学"已成为一个主要的价值,在通常情形下人们不大会怀疑它。实斋虽宗主陆、王,但对"道问学"则仍然采取积极的肯定态度。甚至后来攻击汉学考证最烈的方东树在不知不觉中也接受了考证学家的"道问学"观点,否则他就不必极力为程、朱辩护,说他们并"非舍学问,空谈义理"了。

实斋说他自己属于陆、王一系,这话确有根据。他是继承了陆、王的"先立其大"的精神。但是陆、王的"先立其大"是指"尊德性"而言的,或者套用现代流行的名词来说,是"道德挂帅"。实斋所谓"由大略而切求"却已改从"道问学"的观点出发了,他讲的是求知的程序。所以我认为实斋是把陆、王彻底的知识化了,也就是从内部把"尊德性"的陆、王转化为"道问学"的陆、王。这种转化还可以从其他种种迹象上看得出来。例如他用学术性情来重新界说王阳明的"良知";学者的"良知"不是别的,正是他求知的直觉倾向。他把"致良知"的"致"字说成"学者求知之功力",也同样是转德成智的一种表现。

戴东原也十分了解清学的历史地位。他早年已认定不知"道问学"便根本谈不上什么"尊德性"。晚年他的哲学论著——孟子字义疏证——完成以后,他更明确地提出"德性资于学问"的命题,所以有人说他持"知识即道德"的见解。我们通观东原一生思想的发展,便知道他早年走的是程、朱"道问学"的路,中年以后开始和程、朱立异,晚年自己的思想系统渐次成熟才正式攻击朱子。他在30岁以前对程朱只有维护,并无敌意;相反地,他对陆象山、陈白沙、王阳明则公开地加以指责。我们可以说,早年的戴东原和顾亭林十分相似,他并不是笼统地反对宋明理学,而是站在"道问学"的立场上排斥陆、王的心学。清初经学考证背后的思想动机在东原的早期著述中还留下了明显的痕迹,像"经考"和"与是仲明论学书"都可以为证。

东原晚期对程、朱系统的批评牵涉很广,有的关于纯哲学方面的,如理、气、才、性等问题,也有虽是哲学问题然而却富于政治、社会的涵义,如理和欲的关系问题。但是在我看来,东原和程、朱的最大分歧还是在对待知识的态度上面。程、朱一方面讲"进学在致知",另一方面则更重视"涵义须用敬"。东原对"敬"的方面似乎缺乏同情的了解,因为他认为"主敬"是从释氏教人认"本来面目"变易的方法而来,而且"主敬"并不能使人得到事物之"理"。总而言之,他觉得程、朱在"敬"的方面讲得太多,在"学"的方面说得太少。但东原毕竟还是一个儒者,他不但没有完全抛弃了儒家所说的"德性",而且基本上仍然承认人的"德性"是内在的、先天的,不是后天从外而获得的,否则他就会舍孟子而取荀子了。不过德性虽内在于人,但却必须靠后天的知识来培养,使它得以逐渐发展扩充。他毫不迟疑地宣称人的"德性始乎蒙昧,终乎圣智",中间则全是用学问来扩充德性的过程。所以整个地看,知识的分量在东原的哲学系统中远比在程朱传统中为重。我们可以说,东原是从内部把程朱的传统进行了改造:加强了它的知识基础,并削减了它的道德成份。他晚年虽然批评程、朱,但是在程、朱和陆、王之间我们很清楚地可以看出他的偏向是在程朱一边。对于程、朱,他只觉得他们"道问学"的程度尚不足,对于陆、王,他则认为和老、释一样根本就废弃了"道问学"。由此可知,东原晚年虽同时攻击程、朱和陆、王,但攻击之中大有轻重之分。他既不是笼统地排斥宋儒,也不是因为宋儒讲"义理"之学才加以排斥。一言以蔽之,东原的哲学彻头彻尾是主智的,这是儒家智识主义发展到高峰以后才逼得出来的理论。以往的儒者纵使在个别的论点上偶有和东原近似之处,但是从来没有人想要建立一套以智为中心的哲学系统。

八　结　语

根据章实斋的指示,再加上我们对实斋和东原的理论文字的疏解,我们就确切地知道六百年的宋、明理学传统在清代并没有忽然失踪,而是逐渐地溶化在经史考证之中了。由于"尊德性"的程、朱和陆、王都已改换成了"道问学"的外貌,以致后来研究学术思想史的人已经分辨不出它们的本来面目了。清代当然还有许多号称讲理学的人,但是在章实斋的眼中他们不过是"伪程、朱"、"伪陆、王"而已。其中少数杰出之士,认真地提倡朱学或陆学、如王白田、李穆堂诸人,也都采用了"道问学"的方式。王白田用一生的精力考证朱子的生平和著作,李穆堂也遍读朱、陆之书,而且肯为陆象山一两句近禅的话翻遍释藏,寻找出处。这些都显然是以考证讲义理,以"道问学"说"尊德性"。王、李诸人的著作虽仍不免有门户之见,但是较之以前王阳明的《朱子晚年定论》和陈建的《学蔀通辨》要客观多了,也谨严多了。在考证运动兴起之后,没有严肃的学者敢撇开证据而空言义理了。

段玉裁晚年颇有推崇理学的表示,又自责生平喜言训诂考证,舍本逐末。这个例子好像表示"尊德性"的空气仍然笼罩着乾嘉的学术界,以致像段玉裁这样的考证大师都要忏悔自己太过于追求"道问学"了。其实这个问题并不能如此简单地处理。本来儒学的重心确在它的道德性、宗教性的方面,而儒学的这一部分则正托身在它的"尊德性"的传统里面。清儒的考证之学虽然发扬了儒家的致知精神,但是同时也不免使"道问学"和"尊德性"越来分得越远。和"尊德性"疏离之后的"道问学"当然不可能直接关系到"世道人心"，也不足以保证个人的"成德"。乾嘉之世，儒家统一性的"道"的观念尚未解体，一意追求知识（尽管是关于儒家经典的知识）的学者在离开书斋的时候难免会怀疑自己的专门绝业究竟于世何补、于己何益。段玉裁类似悔恨的言论应该从这种心理角度去了解，（至于专讲"尊德性"是否必然有补于"世道人心"，甚至是否可以保证个人"成德"，则纯是一事实问类。这里可置之不论。）16 世纪时欧洲有些基督教的人文学者（Christian Humanists）在从事训诂考证（philology）之余也往往流露出歉仄之情，觉得他们的训诂工作无补于弘扬基督教之道。但是如果细察他们生平研治训诂的经过，那真可以说得上是全幅生命都贯注在里面。他们事实上是把虔敬上帝的宗教热诚转移到学术研究上面去了。换句话说，学术研究已成为他们的宗教使命了。段玉裁和许多其他乾嘉学者也是如此：他们"尊德性"的精神、"主敬"的精神都具体地表现在"道问学"的上面。段玉裁一方面说他平生不治理学，追悔已晚，一方面却因为不知道"之"、"脂"、"支"三部的古音分别何在，而写信给江有诰说："足下能知其所以分为三乎？闻老耄，倘得闻而无，岂非大幸！"孔子曾说过"朝闻道，夕死可矣"的话。现在段玉裁竟把儒家这种最庄严的道德情操移用到"闻"古音之"道"上面，这岂不可以说明清儒是用"尊德性"的精神来从事于"道问学"吗？我说清代思想史的中心意义在于儒家智识主义的兴起和发展，我所指的正是这种"道问学"的精神。"智识主义"不过是"道问学"的现代说法而已。其实把清代看作儒家"道问学"的历史阶段并不是我个人的什么特殊发现，清代学者自己就是这样说的，段玉裁的外孙龚自珍告诉我们：儒家之道不出"尊德性"和"道问学"两大端，清代的学术虽广博，但"其运实为道问学"。他说这话是表示对清代儒学的偏向发展有所不满，可是他所下的历史断案却是动摇不了的。但是历史是一种经验知识，我们并不能以一两句富于真知灼见的断语为满足。清代之运何以为"道问学",其中仍有无数的曲折在。怎样把这许多曲折原原本本地整理出来,使大家都能看清这一段学术思想发展的内在理路,这才是现代史学工作者的任务。

我在开始就说过,我对清代思想史提出一种新解释是因为我觉得以前从外缘方面来处理清代学术的几种理论不能完全使我信服。无论是"满清压迫"说或"市民阶级兴起"说,最多都只能解释清初学术转变的一部分原因,而且也太着重外在的事态对思想史的影响。"反理学"之说虽然好像是从思想史发展的本身来着眼的,但事实上也是外缘论的一种伸延。因为追溯到最后,"反理学"的契机仍然是满清人的征服中国激起了学者对空谈心性的深恶痛绝。我虽然批评了以上各种解释,但我自己提出的"内在理路"的新解释,并不能代替外缘论,而是对他们的一种补充、一种修正罢了。学术思想的发展决不可能不受种种外在环境的刺激,然而只讲外缘,忽略了"内在理路",则学术思想史终无法讲到家,无法讲得细致入微。所以我的新解释,也不是全面性的。事实上,我的新解释是乘旧说的间隙而起。"内在理路"既是思想史的一个客观的组成部分,以前的外缘论者也都多少接触到了它,不过没有达到自觉的境地,更没有在这一方面作过比较有系统的全面的探讨而已。倘使没有章太炎先生以来的许多思想史先辈留下的种种线索,我不相信我今天能够提出这样一种初步的看法。所以我的新解释的产生,其本身便是思想史"内在理路"的一个最好见证。至于我的说法究竟站不站得住,那当然完全是另外一个问题。最后我必须郑重声明一句,根据"内在理路"来整的清代思想史,我自己的工作也不过刚刚有个初步的头绪。这中间牵涉到无数具体而专门的问题,需要耐心地去解决,而且也决不是我个人的才力和精神所能够承担得起来的。我恳切地盼望有更多的同道来开辟清代思想史研究的新方向!

(选自《内在超越之路——余英时新儒学论
著辑要》,中国广播电视出版社 1992 年版)

余英时(1930—　　),天津人,原籍安徽潜山。曾任哈佛大
学中国历史教授,耶鲁大学历史系讲座教授,香港中文大学新
亚书院院长,普林斯顿大学东亚研究讲座教授。长期从事中
国历史、思想史的研究,致力于儒家文化的现代诠释。主要著
作有:《论戴震与章学诚——清代中期学术思想史研究》、《历
史与思想》、《史学与传统》、《中国思想传统的现代诠释》、《从
价值系统看中国文化的现代意义》、《士与中国文化》、《现代儒
学论》等。

本文讨论了清学与宋明儒学的关系、经世致用与颜李学
派等问题。

顾炎武与"实学"

一、"实学"的发端

顾炎武是明末清初之际的一位大学者和大思想家,"实学"思想的代表者之一。

顾炎武生于1613年(明万历四十一年),卒于1682年(清康熙二十一年),江苏昆山人。他原名绛,字宁人。由于他敬仰南宋爱国志士文天祥的门生王炎午的忠贞品格,后又更名为炎武。他的家乡有个亭林湖,他的故居就在这里,所以后人又称他为"亭林先生"。

顾炎武出身于"江东望族",他的曾祖曾在明朝政府中担任过南京兵部右侍郎。他的父亲并未取得什么科举功名,从那时起,家业开始衰落。

对顾炎武进行启蒙教育并有较深影响的,是他的嗣祖顾绍芾。绍芾字德父,号蠡源,做过监生,这在当时是没有显赫地位的。他游览了许多地方,研究过史学和地理学。他对社会现实问题颇为关切,长期阅读"邸报"(当时明朝政府刊行的一种官报),据说从1620年(明万历四十八年)到1634年(明崇祯七年)共抄了"二十五帙"。这些,都在顾炎武心中留下了深刻的印象。

顾绍芾常常教导他说:做一个真正的读书人,必须研究天文、地理、兵,农以及史学等"实学"。又说:现在的士大夫们大多抢着朱子

《通鉴纲目》，写文章，只是从这里抄袭。我是不以为然的。做一个真有学问的读书人，著书写文章，应当有创造精神，不应该老是抄袭别人的东西作为自己的。这些话在当时是很有见地的，它使顾炎武终身难忘。后来顾炎武的一生的学术活动，是符合这种精神的。

在顾绍芾的亲自指导下，顾炎武在少年时代就阅读了许多重要的历史著作，如《左传》、《史记》、《国语》、《战国策》、《资治通鉴》等；也读过《孙子》、《吴子》等古代兵法书籍。

从书本上学习"经世致用"的"实学"，这只是一个方面。除此，少年的顾炎武还从实际中学。他于1626年（明熹宗天启六年）参加了"复社"的活动。

复社是一个带有政治性质的学术组织。参加复社的，大多是对明末黑暗政治不满而怀有改良思想的知识分子。他们继承了"东林党"的传统，经常通过集会、论学等方式，抨击宦官专权，呼吁改良朝政，从而形成了有影响的社会舆论力量。这种舆论，当时叫做"清议"。复社的活动中心在苏州，他们先后在苏州虎邱开过三次大会，每次都有两三千人参加。

顾炎武在参加复社的活动中，结识了许多志同道合的朋友，他日后的长期奔波，就曾经利用了复社中的许多旧识和社会关系。而最为重要的是，参加复社使他的视野宽阔了，使他对社会现实问题的研究发生了浓厚的兴趣，也使他对社会现实问题的一些看法得到了相互磋商和交流的机会。这些，对顾炎武日后的思想和行动，都有深刻的影响。学者们的相互切磋，这可能是"实学"思潮产生的原因之一。

二、巨大变化

明朝末年，由于阶级矛盾十分尖锐，爆发了全国规模的农民大起义。到了 1644 年(明崇祯十七年),农民军领袖李自成经过十多年的奋斗,终于推翻了明朝统治。但接着清军入关,又从农民军手中夺取了北京,建立了清王朝。1645 年(清顺治二年)3 月,清军节节南下,渡过淮水,围攻扬州,并且准备以此作据点,横渡长江,夺取南京。

这时,著名的抗清统帅、南明兵部尚书史可法镇守扬州。南京的南明小朝廷是个腐朽的封建政权,没给史可法一兵一卒的援助。在极端困难的条件下,史可法拒绝了清朝的诱降,给来犯的清军以迎头痛击。由于形势的不利和寡不敌众,到了四月底,扬州城破,史可法被俘遇害。

5 月,清军占领南京;接着,又进攻江阴。清朝给江阴委派了县令,并以武力强迫人民改变民族习俗,限三日内一律剃发,如果反抗,就要杀头。江阴市民纷纷罢市,十多万郊区农民来到县城,杀掉了清朝委派的县令,奋起保卫江阴城。清军屡次进攻,屡次受挫。

长江下游太湖地区,到处活跃着抗清的武装队伍;有些知识分子,如复社领袖陈子龙等,也积极参加了起义军。义军们还和驻兵海上的明江南总兵吴志葵等互相联络,计划夺回苏州,进取南京。顾炎武用"戈矛连海外,交檄动江东"的诗句,描绘了当时长江下游太湖一带的抗清形势。

箭在弦上,一触即发。6 月 10 日,陈子龙在松江起兵,吴志葵的参将鲁之玙率领部众三百人冲入苏州城。苏州人民群起响应,在城内同清军进行短兵相接的肉搏战,并且烧毁了清官员的衙署。

这时,顾炎武也和他的挚友归庄、吴其沆等投身于昆山人民自发的武装自卫战。

这个时期,顾炎武写了许多反映当时现实情况的诗篇。

他在《赠朱监纪四辅》(朱四辅:字监纪,江苏宝应人)——诗中写道：

> 十载江南事已非，与君辛苦各生还。
>
> 愁看京口三军营，痛说扬州七日围。
>
> 碧血未消今战垒，白头相见旧征衣。
>
> 东京朱祐年犹少，莫向尊前叹"式微"①。

这首诗的大意是：时间过去了整十年，江南的一切都已改变，我和您备尝艰辛。各自得到了生还。人们曾忧郁地目睹京口三军的溃败，到如今，一提起扬州七日的围城，也总会使人们沉痛难言。战垒旁边，死难战士的血迹还没有消去；头发白了，才又和昔日的战友会面。你如同东京朱祐，年纪还轻，仍然英气勃勃，绝不要叹息悲观。

从 1645 年夏到 1657 年春，几乎整整十二年，顾炎武一直在大江南北过着隐姓埋名的生活。他有时潜居在金陵、镇江或嘉兴，有时乔装成商人模样，在江北淮安的王家营一带作短期的停留。王家营位于运河和淮水之间，是当时南北交通的孔道。这段时间，他虽然遭到许多挫折，但是，历史时代也给了他一个机会，让他更深地了解民间情况，强迫他思考许多问题。很明显，明末清初"实学"思潮的代表人物，大都不是来自书斋，而是来自现实的论堂。

三、社会考察

1657 年（清顺治十四年）春，顾炎武离开江南到山东去。他看到清朝在大江南北的统治已趋稳定，在此长期居留是相当困难的。因此，他计划经山东到山西、陕西等地去考察北方的形势。

---

① "式微"：《诗经·邶风》中篇名。这里"式微"一词，表示至微、衰落之意。

沿途，顾炎武作了地理的考察。他登上了山东即墨县之南的崂山。他在《崂山歌》这首诗中描绘了崂山俯临大海的雄伟气势。他凝视着白茫茫的大海，心中的思潮像波涛一样翻腾着。最使他内心不能平息的，是他在即墨县所目睹的一片荒凉景象。他禁不住用诗句问道："古言齐国之富临淄次即墨，何以满目皆蒿蓬？"他还倾吐了自己的希望；"何时结屋依长松，啸歌山椒（山顶）一老翁。"这就是说，他盼望有那么一天，住在山顶上，做一个能过"太平"日子的老翁。

顾炎武在莱州掖县住了几个月，又到济南去，会见了在当地隐居着的志士徐夜（号东痴）。面对这座城市的湖光山色，他写下这样的诗句："水骤崩墙竹树疏，廿年重说陷城初，荒凉王府余山沼，寥落军营识旧墟。"他从王府的荒凉、军营的废墟、寥落的景色，想起了清军攻占济南时的种种情景。

从1658—1660年，顾炎武曾几度到河北昌平拜谒明十三陵，并对昌平一带的地理形势作了调查研究，写成《昌平山水记》二卷。

他还考察了山海关、居庸关、古北口、昌黎、蓟州一带的史事和地理形势。他研究着这样的问题，这些地方在历史上究竟占有怎样的重要地位？那时人们究竟是怎样利用这一带的险要形势以巩固边防的？

顾炎武阅读了地方志，并结合亲身的调查研究，编成《营平二州史事》六卷。他在序中说明了编纂这部著作的目的，是为了从历史上寻求对后代有益的教训，即所谓"至于争地构兵，以此三州（指营、平、滦）之故而亡其天下，岂非后代之龟鉴！"现在，《营平二州史事》只存其中古地名一卷，名《营平二州地名记》，其余已佚失。

顾炎武在山东游历期间，还很注意古文物的调查研究，曾写成《山东考古录》一卷。

顾炎武就这样在长途跋涉中，辛勤地进行着学术研究工作。

1662年(清康熙元年),他已经是五十岁的老人。可是他并不悲观失望,他在昌平度过五十寿辰,写下了这样的诗句:"远路不须愁日暮,老年终自望河清。"他对人生抱着坚定的信念,道路虽然漫长,只要坚持不懈地走下去,终究会有"黄河水清"的一天。

　　1662年冬,顾炎武开始了山西之行。

　　这个时候,清朝统治已基本稳定。在西南地区坚持抗清斗争十多年的李定国领导的农民军,于1661年失败。在东南沿海地区坚持长期抗清斗争,把荷兰侵略者驱逐出我国领土台湾的民族英雄郑成功,于1662年病殁于台湾。

　　顾炎武首先到山西太原,住在当地大学者傅山的松庄。傅山(1607—1684),字青竹,后改青主。少年时曾参加明末反宦官的斗争,清军入关后,他即隐居起来,自称"居士"或"道人"。在这里,他们交流了学术见解。

　　通过傅山的介绍,顾炎武还结识了其他一些有声望的学者。

　　他在山西代州(今代县)和李因笃结为密友。李因笃,字子德,陕西富平人,他的父亲参加过复社。清军入关以后,李因笃曾到长江中游一带秘密联络友人,策划反清,后来事不成,就在代州住了下来。顾炎武同他商讨了关于在五台山区兴修农田水利的事,得到他的赞助。经过他们共同筹划,约集了20多人,就在雁门关之北、五台山之东的地区搞起了垦荒工作。

　　这个地方的气候恶劣,冬天苦寒,景象荒凉。顾炎武在给潘耒的信中叙述了他这一段的生活情况,说:

　　　　频年足迹所至,无三月之淹,友人赠以二马二骡,装驮书卷,所雇从役,多有步行,一年之中,半宿旅店,……近则稍贷赀(同资)本,于雁门之北、五台之东,应募垦荒。……然其地苦寒特甚,仆则遨游四方,亦不能留住也。(《亭林文集》卷之六《与潘次耕》)

从这里可以看出,顾炎武长期漫游的生活是相当艰苦的。几年的光阴,都在长途跋涉中度过,甚至很少在一地方停留三个月以上。朋友们赠送了两骡两马,主要就是依靠它们肩负着所需的书籍;跟随的人,只能步行。他的旅费来源,或依靠朋友们的接济,或依靠做些小买卖。他从一处走向另一处,一年之中,总有大半时间在旅店中度过。后来虽然在五台山从事垦荒工作,但等到事情稍有头绪,却又要开始新的征途了!

在这个时期里,顾炎武还筹划从江南约请一些能造水车、水碾、水磨的人,到边地去从事农田水利工作。后来,他甚至这样说:"使我泽中千牛羊,则江南不足怀也。"由此可见,顾炎武是多么热切地想在边地立业。

四、游历关中

山西和陕西只有一水(黄河)之隔。陕西的关中地区,形势险要:东有潼关,南有秦岭,北有渭河。自古以来就是人文荟萃的地方。关中地区的长安,是中国历史上的古都,长安附近有许多著名的古迹。这些,对顾炎武来说,都有着强烈的吸引力。1663 年,他由山西渡黄河,入潼关,初次游历了西岳华山和古都长安。

在华山脚下的华阴县西岳庙的小堡内,顾炎武会见了当地学者王宏撰,向他倾吐了自己郁结的心怀。宏撰,字无异,号山史,在关中士大夫中间有相当的名望。他擅长诗文,同时对考古和史学、特别是明朝的史实,曾经刻苦钻研过。早年为了给抗清事业做准备,他曾在长江一带进行过联络"友人"的工作;后来又和顾炎武结伴漫游了塞北、昌平等地。在学术思想上,王宏撰深受顾炎武"实学"思想的影响;顾炎武也很尊敬他,说"好学不倦,笃于朋友,吾不如王山史。"

顾炎武又到长安附近的周至县会见了关中大学者李颙。李颙,字中孚,号二曲,他居住在周至县郊的一个窑洞里,不愿会见任何来访者。清政府几次请他去做官,都遭到拒绝。但当顾炎武前来看他时,他破例热情地接待。他们在窑洞中交谈了国家大事和彼此的学术见解。虽然他们的学术思想并不完全一致,但是有一点是共同的,即:他们都重视有关兵、农、漕屯、选举等"经世致用"之学——"实学"。例如,和顾炎武相同,李颙亦深恶八股词章,更把它比之力洪水猛兽,毒害人心,而主张讲求"匡时要务"的实际学问。

在游历关中时期,顾炎武抨击了清朝政府的田赋政策。清初,陕西关中一带的田赋,是向农民征收银钱的。顾炎武根据他的亲身观察,指出:关中交通不便,缺少银钱,银少钱贵,农民只好以贱价出卖粮食,换取银两,向官府缴纳。这就造成了谷贱银贵的现象,使农民深受官商的双重残酷盘剥。他在《钱粮论上》中描绘了关中地区农民的生活情况,说:"今来关中,自户(县)以西至于岐(山)下,则岁甚登,谷甚多,而民且相率卖其妻子。至征粮之日,则村民毕出,谓之人市。"

顾炎武初游关中约有半年之久,他考察了关中的地势并结交了一些友人以后,又回到了山西。1664年(康熙三年)夏,他再次到昌平谒明十三陵后又回到山东泰安。1665年(康熙四年),在章邱县的大桑家庄购买了房屋,准备在此暂时定居。这时,顾炎武已经五十三岁。

在这段时期里,顾炎武开始整理并总结他长期进行的研究成果,其中最著名的,就是《音学五书》和《日知录》。

《音学五书》是关于音韵学的学术著作,共三十八卷,1667年(康熙六年)在江苏淮安雕板问世,比《日知录》初版八卷本的问世,早了三年。

《音学五书》包含五部书:一、《音论》三卷,意在"审音学之源流",是全书的总纲;二、《诗本音》十卷,整理并订正了《诗经》中的音韵;三、《易音》三卷,订正了《周易》中的音韵;四、《唐韵正》二十卷,考察了从春秋战国至唐、宋以后音韵的变化过程;五、《古音表》二卷。

为何顾炎武要致力于音韵学的研究? 他说:"读九经自考文始,考文自知音始。"(《文集》卷四《答李子德书》)在他看来,要真正读懂经书,必须确切了解其文字;为此,首先要研究音韵学。他的《音学五书》探讨了音韵变化的情况,而且在前人研究的基础上作出了创造性的贡献。在《古音表》这一部分里将古韵分为十部,比前人将古韵分为六部更为严密。顾炎武关于音韵学的研究,对后来学术界影响很大。如清代中叶著名学者江永、戴震、段玉裁等继承发展了顾炎武在音韵学上的成就。戴震说,研究经书"由字以通其词,由词以通其道",这和顾炎武的"读九经自考文始,考文自知音始"的观点是一脉相承的。

再来看《日知录》。

《日知录》初刻本八卷,于 1670 年(康熙九年)刻于淮安;后来作者陆续有所增补,于 1676 年(康熙十五年)成三十卷。今本三十二卷是潘耒于 1695 年(康熙三十四年)在福建建阳刻印的,那时顾炎武逝世已经十三年。

《日知录》是笔记形式的著作。用潘耒的话说:"此《日知录》则其稽古有得,随时札记,久而类次成书者。"此书很有特色,既是记书札记,也是调查访问札记。书本知识与实际知识相结合的札记——这也表现了顾炎武"实学"的特色。全书三十二卷:前七卷论经义,八卷到十二卷论政事,十三卷论风俗,十四卷、十五卷论礼制,十六卷、十七卷论科举,十八卷到二十一卷论艺文,二十二卷到二十四卷杂论名义,二十五卷论古事真妄,二十六卷论史法,二十七卷论注书,二十八卷论杂事,二十九卷论兵和少数民族,三十卷论天象、术数,三十一卷论地理,三十二卷为杂考。《日知录》是顾炎武一生最主要的代表作,他的实学思想和学术见解在这部书中得到了比较系统的发挥。

1668年(康熙七年)以后数年间,顾炎武继续往来于山东、山西和京都北京之间,仍然过着不安定的生活。

1673年(康熙十二年)爆发了"三藩"事件。清军入关时,曾经利用某些降清的汉族官僚地主,给以高官厚禄。1662年清政府以吴三桂为平西王,守云南;以尚可喜为平南王,守广东;以耿继茂为靖南王,守福建;即所谓"三藩"。后来,吴三桂又打着"复明"的招牌,宣布反清。耿继茂之子耿精忠、尚可喜之子尚之信先后响应。1681年,清康熙皇帝平定了"三藩",清朝统治进一步稳定。

1675年(康熙十四年)顾炎武曾写信给黄宗羲,其中谈到,他经历了长时间颠沛流离的生活以后,对于"六经之指,国家治乱之原、生民根本之计"的实际学问渐有所窥,同时更赞扬了黄宗羲的《明夷待访录》一书,说:"读之再三,于是知天下之未尝无人。"他在这封信中说明了他在期待着"穷则变,变则通"的局面出现。他还表示赞同《明夷待访录》一书的政治思想。这部书敢于说"为天下之大害者,君而已矣!"还设想把学校当作"公其是非"的舆论机关,使天子不敢为非作歹。这些可说是近代资产阶级议会政治思想的萌芽,后来对清末的革命运动有一定影响

1677年(康熙十六年),顾炎武再次过黄河,从山西到陕西华阴访问王宏撰,准备在这里定居。这时他已经六十五岁。

他认为,"秦人慕经学,重处士,持清议,实与他省不同。"这就是说,关中地区不仅民情朴实,而且士大夫重视实学,讨论国家大事,是有历史传统的。

更重要的是,华阴一带地理形势险要,既易于防守,也利于进

取。他说："华阴绾毂关河之口,虽足不出户,而能见天下之人,闻天下之事。一旦有警,入山守险,不过十里之遥。若志在四方,则一出关门,亦有建瓴之便。"

"三藩"事件以后,清政府于1678年(康熙十七年)开博学鸿儒科,企图以此网罗士大夫们。当时有人推荐顾炎武,他断然拒绝,说:"七十老翁何所求?正欠一死。若必相逼,则以身殉之矣。"第二年,清大学士熊赐履主修《明史》,又约顾炎武参预其事。顾炎武这样回答:"愿以一死谢公。"

1681年(康熙二十年),顾炎武由华阴到山西曲沃,由于旅途劳顿,患了重病。到第二年正月初八,因上马失足坠地,病势更加严重。第二天,这位终身奋斗不倦的七十岁老人与世长辞。

五、提倡"实学"

时代的巨变,使顾炎武深思。为什么会造成此局面?他的答案之一,是:由于明末衰颓的学风造成的。明末的许多士大夫们离开社会实践,空谈性与理。针对此颓风,顾炎武提出:离开现实社会和日常经验,是没有什么"性"与"天道"可言的。他在《日知录》卷七"夫子之言性与天道"条中写道:"夫子之教人文行忠信,而性与天道在其中矣,故曰不可得而闻。"这话取自《论语·公冶长》子贡的言论:"夫子之文章,可得而闻也;夫子之言性与天道,不可得而闻也。"子贡的话意思是:经常听到夫子传授历史文献方面的知识,但却听不到他关于天性与天道的言论。顾炎武在这里借用子贡的话说明他自己反对离开"经世致用"的"文章言行"而空谈天性和天道。这是针对理学末流而发的。

什么是顾炎武所说的"经世致用"的"文章言行"呢?他把历史、地理、山川形势和民情风俗等等称之为"经世致用"的"文章言行",并且以此同理学末流的"空虚之学"对立起来。而且,顾炎武还把"古之理学"和"今之理学"加以比照,并且假借前者批评后者。

他在给施闰章的一封信中曾经这样指出,"古之所谓理学",是要通过对经书和历史源流演变的研究,以达到明理的目的,也就是所谓通经以致用;"致用"才是目的。与此不同,"今之所谓理学",(即理学末流,并不包括朱熹。对朱熹,顾炎武很尊敬,晚年曾计划为朱熹建立祠堂。)则离开历史制度(顾称"六经之指")和现实(顾称"当世之务")而空谈性理。这两种"理学"截然不同,不能混为一谈。

顾炎武虽然借用"古之理学"这样的词,但他并非宣传复古,而是借古之名来强调通经以致用,这仍然是他重视"实学"的一种表观。同时,在"古之理学"同"今之理学"的对比中,他肯定前者而否定后者,认为理学末流高谈心性的"空虚之学"为害很大。

顾炎武的学术活动大致可以分为三个阶段:一是明朝末年阶级矛盾和民族矛盾相互交错的时期,这是顾炎武学术活动的开端。在这个阶段,他的学术研究工作主要是对社会现实问题进行探讨。

他在二十七岁时,就计划写两部著作:一部专论中国地理经济,如农田灌溉、工矿资源、户口、田赋、徭役等,这就是后来刻印问世的《天下郡国利病书》。另一部探讨地理沿革,这就是后世以抄本流行的《肇域志》。

顾炎武的写作目的,正如他在《天下郡国利病书序》中所说:"崇祯己卯(1639年),秋闱被摈,退而读书,感四国之多虞,耻经生之寡术。"为的是要寻求挽救天下危亡的有益的学问。该书编写工作,先后共费二十多年,为后世提供了大量有关社会经济方面的资料。

可见当顾炎武开始自己学术活动时,就同那些手抱朱子《纲目》,空谈心性的理学末流,同那些只知背诵朱熹注的《四书》而醉心于科举功名的庸才们,是走着不同的路子的。他既没有陷于玩物丧志的文字游戏,也没有以注释名物束缚自己。对于这位学者,用他自己的话来说,有比书房更宽阔的天地,那就是研究"当世之务"的现实世界。

在第二个阶段,顾炎武参加了江南地区的抗清活动。抗清失败以后,他开始了长期的考察生活。这时,他仍然继续撰写《天下郡国利病书》,并且利用漫游各地的机会,随时进行山川民情的考察和研究。

在第三个阶段,抗清斗争转入低潮,清朝统治趋于相对稳定。这时,顾炎武着重于音韵学和史学的研究。后来写成《音学五书》和《日知录》,这是他最主要的著作。

那末,在顾炎武看来,学术的研究,怎样才能"经世致用"呢?怎样的学问才是"实学"? 这里不妨对他的代表作《日知录》作些分析和介绍。

《日知录》是一部涉及社会生活许多方面的笔记式的历史著作。它从历史上考察了官制、租赋、货币、山川、碑碣、艺文等问题,近似于各种专门史(虽然不完整)的总汇。

《四库全书提要》评论《日知录》,说:"炎武生于明末,喜谈经世之务。激于时事,慨然以复古为志。其说迂而难行,或愎而过锐。"

其实,这个评论是不切合实际的。顾炎武研究史学,并非以什么"复古为志"。他的文章虽在不少地方征引了孔子的话,但他并非唯古是崇,而只不过是以"托古"为形式,来阐述他自己对于历史问题和现实问题的见解罢了。

说顾炎武的言论"愎而过锐",那也是囿于封建正统思想的偏见,并不足以说明这位大学者的真面目。关于《日知录》一书。他的学生潘耒,有几句话是说得颇为中肯的。潘耒把当时的读书人分成两类,一类叫"通儒",另一类叫"俗儒"。"通儒"对于历史中政治、经济、学术以及民情风俗等问题,是有着精深的研究的。研究的目的,是为了寻求事物的本原和演变,是为了在这个基础上,去解决社会现实问题。与此相反,那些"俗儒"们,对于历史是茫无所知的,他们只知道雕琢辞章,凑拼史实,抄袭别人的作品,或者讲一些空虚玄渺的话。潘耒所谓"通儒"之学,实际上就是明末清初之际进步思想家们所提倡的"经世致用"的学问,即所谓的"实学"。潘耒认为,顾炎武是属于"通儒"之列的。

潘耒说:"昆山顾宁人先生,……事关民生国命者,必穷源溯本,讨论其所以然。"(《日知录序》)

这几句话清楚地说明:顾炎武是为了解决"事关民生国命"的重大问题,才从事于"穷源溯本",即历史问题的研究。

关于研究史学的意义,顾炎武说:"夫史书之作,鉴往所以训今。""鉴往",就是从历史中总结出经验教训,目的是为了"训今",也就是作为目前的借鉴。

顾炎武并不因为重视史学,就忽视对现实问题的探讨。他反对那些崇古而不知今的"蛀书虫"。他自己从少年时代起,就用力读"邸报",钞实录,并且搜集了史录、奏状一类的资料,对明朝的史实和政事是下了一番苦功,因而才辑成《明季实录》一书。他曾建议把明朝的实录公之于世,为"天下之士"了解"当世之务"提供便利的条件。

顾炎武还反对用神秘主义观点去解释历史。比如《尚书》中最后一篇是《秦誓》,后来有人说这是由于孔夫子预知秦将代周"而存之者"。顾炎武指出,这样讲是不合乎历史实际的。孔子生活于春秋时代。当时,秦穆公称霸西戎,还没有成为中国盟主;到了战国时代,秦孝公用商鞅变法,才使秦国逐渐强大起来。这时,孔子早已死了,他怎么能知道"周之必并于秦"?

顾炎武在史学研究中常常注意历史的变化,并力图对此作出说明,他的说明摈斥了那种认为历史变化不可捉摸的神秘观点。例如他评论春秋战国的历史时,就曾这样指出,春秋和战国时代的"风俗"是不相同的:春秋时"犹尊礼重信",战国时就"绝不言礼与信矣";春秋时"犹宗周王",战国时就"绝不言王矣";春秋时"犹严祭祀、重聘享",战国时就"无其事矣"。这里所指出的春秋同战国时期政治和社会生活方面的许多区别和变化,是符合历史实际的。从这里可以看出,顾炎武对于历史变化的观察是相当敏锐的,虽然他并不懂得春秋战国之际社会变化的内在的深刻的原因。

顾炎武还认为,对于传统的"经学",也可以从中发现"经世致用"的学问。

提起对于经学的研究,很容易给人这样一种印象:仿佛就是对古代经书,譬如对《五经》作琐繁的文字考据。在历史上固然有过这种情况,但也并不尽然。因为不少思想家是以经书作为思想资料,假借对于经书的注释和解说,来发挥他们自己的理论观点。

顾炎武从研究古代典章制度的源流着眼,把古代经书看作是有血有肉的"史",而不是僵死的神物。例如《周易》,是古代一部卜筮的书。唐宋以后,有不少人把《周易》加以神秘的解说。如宋代道学的开山祖邵雍,就借陈抟的《先天图》先挥出一套"万化万事皆在于心"的哲学。

对此,顾炎武是持异议的。他指出,陈抟的《先天图》和邵雍的《皇极经世》,都把《周易》神秘化,使《周易》成为一部讲求神仙奇方异术的书,对后代有不良的影响。

那末,怎样才算是懂得了《周易》的道理呢?顾炎武这样写道:

> 日往月来,月往日来,一日之昼夜也。寒往暑来,暑往寒来,一岁之昼夜也。小往大来,大往小来,一世之昼夜也。子(孔子)在川上曰:'逝者如斯夫,不舍昼夜。'通乎昼夜之道而知,而终日乾乾[qián 前,自强不息],与时偕行,而有以尽乎

《易》之用矣。(《日知录》卷一"通乎昼夜之道而知"条)

这一段话的内容是:从自然现象方面,如四季之循环、昼夜之更替,来说明自然界在不断运动和变化。在表述这个观点时,又借用了孔子的话:河流在不舍昼夜地流动着。既然自然在运行变化,那么人们的行动也应当同自然相适应,即所谓"终日乾乾"、"与时偕行"。能做到这一步,在顾炎武看来,算是真正懂得《周易》的道理了。

六、"实学"是科举制度的对立物

明初确定了以八股文取士的科举制度,依据朱熹注《四书》和其他宋儒注的《五经》命题,写文章有一定格式和字数的限制。追求科举功名的文人学士们,成天背诵着《四书》、《五经》,按程式写着没有实际内容的文章。

顾炎武揭露"八股之害",说:八股文之败坏人才,比之秦始皇的焚书坑儒犹有过之而无不及。他指出,明代士大夫们专以文章作为沽名钓誉的工具。他们成天讲着虚玄的空言,一心想着自己的名利,丝毫也没有"救民于水火之心"。他下决心要挽救这种颓风。他认为"君子为学",应该"有明道淑人(教人使之善)之心,有拨乱反正之事,知天下之势何以流极而至于此,则思起而有以救之"。

明朝中叶以后,文学中的复古摹拟之风很盛,句法和词汇常常抄袭古人成文,文章内容空虚。对这种情况,顾炎武这样指出:近代文章之病,全在摹仿。即使摹仿得惟妙惟肖,那也不能算是极峰,何况所蹈袭的还只是古人文章的皮毛呢!

顾炎武更正面指出了为"文"的先决条件,那就是:"士当以器识为先。"

什么是"器识"呢？就是说，首先要有器量和见识，才能写出好的文章，这就是"器识为先"的含义。

顾炎武在谈到自己学问修养的时候，曾经谦虚地说：我的学问虽不大，但"胸中磊落，绝无阉然媚世之习"。心地光明磊落，不向黑暗势力妥协，这就是顾炎武所反复强调的"器识"。他还说，在学问上要"不为空虚之学"，在为人处世上要"立身不为乡愿之人。"他所说的"乡愿"，就是指乡里中言行不符，装善欺世的伪君子。从前者出发，他提倡"经世致用"之学；从后出发，他主张言行一致，为人和文章应当统一起来。

顾炎武很强调这一点：作者有像伊尹、太公那样"救民于水火"的抱负和理想，才能写出好文章。关于这一点，他说过一段名言，值得介绍一下：

> 孔子之删述六经，即伊尹、太公救民于水火之心，而今之注虫鱼、命草木者，皆不足以语此也。故曰：'载之空言，不如见诸行事。'夫《春秋》之作，言焉而已，而谓之行事者，天下后世用以治人之书，将欲谓之空言而不可也。愚不揣，有见于此，故凡文之不关于六经之指，当世之务者，一切不为。(《亭林文集》卷之四《与人书三》)

这段话主要包含三层意思：

第一，顾炎武在这里借托孔子的删述六经同当时笺释名物（"注虫鱼、命草木"）对立起来。他认为前者有"救民于水火之心"，是值得提倡的；后者则无此抱负和理想，因而是没有什么价值的。

第二，顾炎武又借用《史记·太史公自序》中的一段话："我欲载之空言，不如见之于行事之深切著明也。"强调"行事"的重要性。他还断言孔子作《春秋》对于后世治事者有重大的影响和作用。因而《春秋》一书，也就有了"见之于行事"的意义。这里顾炎武强调了写文章的客观效果。

第三,顾炎武叙述他自己写文章的基本原则:"凡文之不关于六经之指、当世之务者,一切不为。"这就是说,写文章须有助于解决历史和当前的实际问题。

这种看法和当时另一位学者黄宗羲对写文章的见解是一致的。黄宗羲在谈到他的弟弟黄宗会的诗文时,说过这样的话:"其文盖天地之阳气也。"这里所谓"阳气",就是指其中洋溢着拯救黎民的思想和感情。这样的思想感情迸发出来而见诸文字,自然就成为感人至深的好文章,才能在天地之间永存。

顾炎武还认为:"文须有益于天下。"他曾经这样指出:那些宣扬怪异鬼神的、没有根据的文章,还有那些奉承阿谀奸佞之辈的文章,都是没有一点价值的,既害了作者自己,也害了读者,这种文章,越少越好。与此相反,好文章应当是,阐明治理国家的道理,记载历史和现实的变化,考察民间的隐痛,表扬别人的优点和长处。在顾炎武看来,这样的文章才能有益于天下,多多益善。

在顾炎武的用语中,所谓"文"其实并不限于文章之"文",有时比这具有更为广泛的意义。例如他借用"博学于文"、"行己有耻",就发挥过这样的议论:

> 曰:"博学于文",曰:"行己有耻"。自一身以至于国家,皆学之事也。自子、臣、弟、友以至出入、往来、辞受、取与之间,皆有耻之事也。耻之于人大矣,不耻恶衣恶食,而耻匹夫匹妇不被其泽。(《亭林文集》卷之三《论友人论学书》)

"博学于文"和"行己有耻"出于《论语》一书。顾炎武借用这两个命题,是为了表述他自己的思想观点,并非在重复孔子的话。在顾炎武看来,"博学于文"的"文"并非仅指文章而言,它是立身处世、待人接物以至天下国家大事的一个总称。这些都属于应该"学"的范围,"学"的目的是为了"经世致用"。

同"博学于文"相联结的是"行己有耻"。顾炎武认为,明朝的复亡,主要是由于士大夫的无耻和风俗的败坏。所以,他强调"行己有耻",就是说在消极方面要有所不为,"不耻恶衣恶食";在积极方面则耻于作八股,耻于作无病呻吟之文,耻于讲"空虚之学",耻于做"亡天下"的奴婢人物。因此,他说:"保天下者,匹夫之贱,与有责焉。"

值得注意的是,顾炎武区别了"亡国"和"亡天下",说出这样一段重要的话:"有亡国,有亡天下。亡国与亡天下奚辨?曰:易姓改号,谓之亡国。仁义充塞,而至于率兽食人,人将相食,谓之亡天下。……是故知保天下,然后知保其国。保国者,其君其臣肉食者谋之。保天下者,匹夫之贱,与有责焉耳矣。"(《日知录》卷十三"正始"条)从中国政治思想发展史上看,这里表述的思想是一个重大的进步。因为"天下兴亡,匹夫有责"的口号已不限于易姓改号和朝代兴亡的旧观念,提出了与"朕即国家"的封建君主专制主义相对立的进步命题——"保天下",成为清初民主思想的萌芽,和黄宗羲在《明夷待访录》中对封建君主的批判具有同样的价值。

七、"实学"重视"清议"

顾炎武曾针对明末的腐败政治,提出过改革的方案。其中最主要之点就是他所说:"治乱之关必在人心风俗。"又说:"天下风俗最坏之地,清议尚存,犹足以维持一、二,至于清议亡,而干戈至矣。"

在《日知录》中,"风俗"一词所指的范围相当广泛,如卷十三"秦纪会稽山刻石"条,以婚姻制度言风俗,"周末风俗"、"两汉风俗","清议"诸条,是以"清议"言风俗;有的条文或言道德、或言人才、或言家庭、或言吏风、或言迷信,都包括在"风俗"的范围内。

基于此,他引用了宋朝罗从彦的话说:"风俗者天下之大事。"

虽然"风俗"一词是泛指社会生活的许多方面,但在顾炎武看来,其重要内容是所谓"清议"。他列举了许多历史事实去说明"清议"的重要性。他还征引《宋史》中的一段话,把从五代到宋朝的"风俗"之变同"清议"联系起来:

> 士大夫忠义之气,至于五季(五代),变化殆尽。宋之初兴,……真(真宗)、仁(仁宗)之世,……诸贤以直言谠论倡于朝,于是中外荐(同缙)绅,知以名节为高,廉耻相尚,尽去五季之陋。故靖康之变,志士投袂,起而勤王,临难不屈,所在有之,及宋之亡,忠节相望。(《日知录》卷十三"宋世风俗"条)

接着,顾炎武评论道:"呜呼?观哀(汉哀帝)、平(汉平帝)之可以变而为东京,五代之可以变而为宋,则知天下无不可变之风俗也。"

首先,在顾炎武看来,从汉、唐、五代到宋的历史,都证明了:"风俗"总归是变化的。

其次,他又把"清议"说成是"风俗"变化的原因。如说五代"士大夫忠义之气,……变化殆尽",是由于"清议"亡;而宋之兴以及宋朝志士的抗金斗争,也被归结为"直言谠论",即"清议"的作用。这里用"清议"的存亡,来说明"天下风俗"之变,当然并没有揭示出社会生活变化的真正原因,但他对于"清议"的重视,是显而易见的。

明朝,在君主专制主义的统治下,对于大小官员的言行是有严格制约的。那时大臣见皇帝照例要跪奏,一言不顺,皇帝即可任意责打,称为"廷杖"。受"廷杖"的有尚书、侍郎等高级官吏。同时,大小官员更受着锦衣卫、东厂、西厂等皇帝御用特务机关的监视和迫害。在这种情况下,"清议"受到了严重的摧残。

在这样的现实环境中,明末清初之际的思想家们,都程度不等地有抨击封建官僚和八股文取士的言论,并大力倡导"清议"。如黄宗羲主张把学校当作"公其是非"的机关,并抨击封建专制主义对言论的压制。他说:"小人之恶清议,犹黄河之碍砥柱也。"顾炎武则主张存"清议"于乡里,主张士大夫们有权议论封建政治的得失。他说:"天下有道,则庶人不议。然则政教风俗,苟非尽善,即许庶人之议矣。"这就是说,应该允许士大夫通过舆论去议论"政教风俗"的弊病。

他还主张要以社会舆论作为"整顿风俗"和培养"廉耻"之风的手段,这就是顾炎武的"贵庸"和"有耻"论。

他针对明末弊政,揭发了当时无官不贪、无守不盗的黑暗现象,说:"自神宗(明神宗)以来,黩货(贪污)之风,日甚一日。国维(国家纲纪)不张,而人心大坏,数十年于此矣。"

顾炎武力求扭转这种颓风,但他所能提出的方案,仍不外乎:提倡"清议"以限制贪赃枉法分子;要求皇帝"赏善罚恶,不阿亲戚",对于贪官污吏给以严厉的惩处,奖励那些"洁己爱民"的清官,这种清官在封建社会是难能可贵的。奖励的办法是:"庶司之官,有能洁己爱民,以礼告老,而家无担石之储者,赐之以五顷十顷之地,以为子孙世业,而除其租赋,复(即免)其丁徭。则人皆知自守而不贪于货赂矣。"

可见,顾炎武在期待着一个"圣君"来清除"贪赃枉法"。而他所提出的奖励清官的办法,虽能改革一些弊病,最终还是解决不了问题。

他还大声斥责了那些"夸毗"之人(意即没有骨气的卑躬屈膝之人),指出他们颠倒了是非善恶:把那种明哲保身、为苟求一身安荣而附和于恶势力的叛逆行径称誉为"明智"和"贤能";相反,把那种不惜牺牲一身安荣而同恶势力相抗争的正义行为却说成是"狂愚"和"凝滞"! 这里对"夸毗"分子的揭露是相当有力的。

对于"夸毗"之人,顾炎武满怀着愤恨之情。他说:做官的为奸佞之辈,士大夫们是阿谀苟且之徒,如果再不改变这样的"风俗",那将使一国之人都变成巧言令色的伪君子!

那末,怎样才能改变这种"风俗"呢?顾炎武还是主张倡"清议"、讲"名教"。所谓"名教"、就是指封建的礼教。事实上,这并不是一剂好的药方。

八、"实学"与"生员"制度的对立

顾炎武对明末"生员"① 制度的各种罪状,作了揭发和抨击。他指出:

第一,当时的生员,"县以三百计,不下五十万人",这五十万人左右的候补封建官僚,在州县学校中只知道学做八股文,以猎取科举功名,他们对于"经世致用"的实际学问一窍不通。这种生员制度,"败坏天下之大材,而至于士不成士,官不成官,兵不成兵,将不成将"。

第二,这群为数众多的生员,常占有大量土地,而按照当时法律的规定,他们却都可免除赋役。结果是"杂泛之差,乃尽归于小民"。所以,"生员之于其邑人无秋毫之益,而有丘山之累。"

第三,许多生员实际上又是地方上封建官僚的爪牙和帮凶,有时甚至官僚也忌惮他们。"今天下之出入公门以挠官府之政者,生员也;倚势以武断于乡里者,生员也;与官吏为缘,甚有身自为胥吏者,生员也;官府一拂其意,则群起而哄者,生员也"。

基于上述原因,顾炎武大声疾呼地要废除生员制度。

17 世纪"实学"思想家们依据他们对当时中国现实社会的观

---

① 　生员:明清时代,凡经考试取入府、州、县学的,通称生员,习惯上称为秀才。

察,接触到晚明时期的某些腐朽的制度,揭发了由它所造成的某些恶果。顾炎武对生员制度的痛斥就是一个例子。可是,另一方面,他并不了解生员制度所以形成的社会根源,就在于封建主义制度,而认为只要一旦废除了生员制度,既可清除封建官僚系统中的一些陋习,又可为封建国家选拔出"有用"的人才。

顾炎武又主张以"选举"制度来代替生员制度。他所说"选举"的意思,是这样的:"取士之制,其荐之也,略用古人乡举里选之意;……夫天下之士,有道德而不愿仕者,则为人师,有学术才能而思自见于世者,其县令得而举之,三府①得而辟(征召)之,其亦可以无失士矣。"这无非是说,依靠封建官僚自上而下地为封建国家选拔新的官僚,这只是一种理想,实际上行不通。"天下之士"皆"得而举之",也只是主观的愿望。

顾炎武的"寓封建之意于郡县之中"的社会政治思想,亦颇具特色。

秦代以后,中国政治思想史中有所谓"封建"同"郡县"之争。这里用的"封建"一词,并非我们今天所使用的科学范畴"封建主义",而是指西周所曾实行过的那种"封国土、建诸侯"的贵族世袭的领主制度。秦始皇灭六国、统一天下以后,废除了这种"封建制"而实行"郡县制",即把全国划分为若干地方行政单位,地方官吏由封建王朝的中央直接任免而不是世袭。

历代思想家们在探索复杂的社会历史问题时,由于他们不懂得历史发展的内在原因,所以往往把问题归结为"封建"同"郡县"之争,从而比较出它们的优劣。这一点在顾炎武的政治思想中,也表现得颇为突出。他说:

---

① 三府:指三公之府,即中央机构的意思。

封建之废,非一日之故也,虽圣人起,亦将变而为郡县。方今郡县之敝已极,而无圣人出焉,尚一一仍其故事。此民生之所以日贫,中国之所以日弱而益趋于乱也。(《亭林文集》卷一《郡县论一》)

这里说明秦朝废"封建"而采"郡县"制,是历史进化的必然趋势,这同唐朝思想家柳宗元所说"封建非圣人之意也,势也",是一个意思。顾炎武又指出"郡县之敝已极",也到了应该变的时候了。

顾炎武一方面认为历史不能开倒车,废"郡县"而复"封建"。可是另一方面,他对于"变"的前途并无认识,只能提出"寓封建之意于郡县之中"的方案;就是说,在封建君主的统治下,适当地给予地方官吏以一定的权限,而不要使皇帝的权力过大。从这一点出发,他提出了"以天下之权寄之天下之人"的命题,主张把"辟官、莅政、理财、治军"等"四权"由地方上的官吏分担一些,客观上有限制君主专制之意。这个方案远非否定封建君主的民主思想。

九、治学态度与史学成就

顾炎武的治学态度,不能简单地以"严肃"二字来概括。因为所谓"严肃",并非抽象的东西,而是有一定的学术思想作为基础的。也就是说,只有理解了顾炎武在学术上的批判革新精神,以及他对"经世致用"之学的提倡,才能正确地理解他的治学态度。

顾炎武认为,人们的知识都是经过学习逐渐积累起来的,世界上根本没有所谓先天的知识。例如他在《日知录》卷七"朝闻道夕死可矣"条中说:"有一日未死之身,则有一日未闻之道"、"君子之学,死而后已"。这里明确地提出:人们应该以毕生精力从事学习,探求知识。他依据自己的求学经验,还总结出一条原则:"昔日之

得,不足以为矜;后日之成,不容以自限。"这就是说,在求知的道路
上不能骄傲自满,应当锲而不舍,不断地努力。

顾炎武的代表作取名《日知录》,是有深意的。"日知"二字,出
于《论语·子张》。孔子说:"日知其所亡,月无忘其所能,可谓好学
也已矣。"意思是:每天获得自己所未知的新知识,每月复习已经获
得的知识,就可以称为好学了。顾炎武借用这里的"日知"二字,想
说明这样一点:知识是经过艰苦学习而逐渐积累起来的。

他正是从这个意义上反复强调:应该以严肃认真的态度从事
著述,不可粗制滥造。他自己的创作实践符合于这个原则。例如
他对《音学五书》修订了五次,誊录了三次,即或是在长途跋涉中,
也从未中止修订工作。《日知录》的写作甚至"积三十余年"。他曾
经举例说,司马光的《资治通鉴》、马端临的《文献通考》,都是用毕
生精力写成的名著,即或这样,其中还难免有差错,至于那些粗制
滥造的书,错误就不胜枚举了。

不能把顾炎武形容成"皓首穷经"的"蛀书虫",因为他对待著
述的严肃认真的态度,是以所谓"经世致用"之学为基础的。例如
他自述"自舞象之年①,即已观史书,阅邸报,世间之事,何所不知。
五十年来存亡得失之故,往来于胸中,每不能忘也。"很明显,他所
要孜孜探求的,正是"五十年来存亡得失之故"。这同明末士大夫
们为了猎取科举功名,死啃《四书》、《五经》,是大不相同的。

顾炎武在学术研究工作中,十分重视原始资料的搜集。他的
著作,许多是在占有大量资料的基础上写成的。例如《天下郡国利
病书》五十册,正如他在《自序》中所说的:"历览二十一史,以及天
下郡县志书,一代名公文集及章奏、文册之类,有得而录,共成四十

---

① 舞象之年:《礼·内则》:"成童舞象"。舞象,是古代十五岁以下贵族
少年所学的一种乐舞。后多用作成童的代称。

余帙。"可见,他搜集资料之勤,不仅限于二十一史,而且包括地方志书和文集、章奏等。

顾炎武一贯重视地方志书,他曾参加修订《山东通志》、主修山西《汾州志》和山东《德州志》等,力求对各地的地理情况和史实有更多的了解,以便写出有价值的史学著作。

他不仅重视文献资料的搜集,同时也很注意实地的调查。全祖望在《亭林先生神道表》中写道:

> 凡先生之游,以二马二骡,载车自随。所至阨塞,即呼老兵逃卒,询其曲折。或与平日所闻不合,则即坊肆中发书而对勘之。

他的《昌平山水记》二卷,详细记述了明十三陵的建造规制和京东一带的地理形势,就是经过对北京昌平附近一带地方作了调查研究以后写成的。所以王宏撰《山志》说:"亭林所著《昌平山水记》二卷,巨细咸存,尺寸不爽,凡亲历对证,三易稿矣。"

《天下郡国利病书》也是他把文献资料和亲自考察所得相结合而编成的。《日知录》中每一小题下面所列举的资料,有些是归纳文献资料所得,有些则是作者调查访问所得。可见顾炎武在学术上的成就不是偶然的,而是下了很大一番苦功的。

关于顾炎武在学术上多方面的成就,这里限于文章的体例和篇幅,不能一一加以论述,只是选择其中的"史学"作概括的说明。

我们从顾炎武的著作中可以看到他对中国史书的评论有许多精辟的见解。他最推崇司马迁的《史记》和司马光的《资治通鉴》。顾炎武说这两部史书叙述战争,条分缕析,十分清楚。例如:"秦楚之际,兵所出入之涂,曲折变化,惟太史公序之如指掌,以山川郡国不易明,故曰东曰西曰南曰北,一言以下,而形势了然。"他更称赞道:"太史公胸中,固有一天下大势,非后代书生之所能及也。"(《日知录》卷二十六"史记·通鉴兵事"条)又说,《资治通鉴》记载军事活动甚详,给读者许多方便。

顾炎武强调:史书应当有"表"和"志","表以纪治乱兴亡之大畔,书以纪制度沿革之大端"。《史记》内分本纪、世家、列传、表、书五大类。班固作《汉书》,改"书"为"志",而年表比《史记》还要详尽,读者看了,一目了然。可是陈寿作《三国志》,范晔作《后汉书》都忽略了"表"的作用,这是很大的缺陷。直至欧阳修编《新唐书》,作"宰相表"、"方镇表"、"宗族世系表",才又恢复了《史记》、《汉书》的优良传统。

顾炎武还说,作史者对历史事件和历史人物应当有所评论("论断"),但不宜凭空而发,而要"于序事中寓论断",把史和论统一起来。他称赞《史记》把叙事和论断结合得天衣无缝,值得后来史家学习和借鉴。

顾炎武在史学的许多领域内部有成就。他研究了经济史、政治制度史、历史地理、金石考古等。关于经济史,他继承《通典》和《文献通考》的传统,编《天下郡国利病书》,收集了许多关于经济史方面的材料。他的《日知录》卷十探讨了田制、田赋、纺织诸问题;卷十一研究度量衡和历代的币制;卷十二有关于俸禄、助饷等内容,这些都属于经济史的范围。此外,顾炎武还注意舆地沿革的研究,《日知录》卷三十一关于"河东山西"、"陕西"、"山东河内"等条,探讨了这方面的问题。

顾炎武对金石考古深有研究。他主张以古器物检证文献资料,从而窥见历史的真相。他说,金石考古"可以阐幽表微,补阙正误"。他每到一地总要访问名胜古迹,收集金石刻辞,以资研究。在此基础上,他写成《金石文字记》、《石经考》诸书。清代学者钱大昕、王昶等接受了这些成果,又有进一步的发展。尔后近代著名学者王国维又在考古学上作出了卓越贡献,而他自称是顾炎武的后学。

顾炎武在史学研究中提出了许多深刻的见解,至今仍有参考价值。例如他关于秦、汉制度一直延续至明、清时期的论断,关于秦统一六国之评价,关于"封建"制与郡县制之评论,关于历代政治制度之分析,关于少数民族历史之研究,关于古代宗法制度之论断等等,都是很好的学术成果,丰富了中国史学的宝库。

清代中叶的一批著名学者如胡渭、梅文鼎、阎若璩、惠栋、戴震等都受过顾炎武史学著作的熏陶和影响。他们的贡献主要在对于古代文献资料的鉴别、考辨和整理方面,他们提出了许多新见解,破除了传统的一些谬误看法;所以说,他们进行文字考证,对于中国学术史有贡献,有积极作用。

结　束　语

从顾炎武一生的经历来看,他在发生巨变的历史时期中,受了时代的推动,从现实反思到历史;又从语言文字追溯到社会的政教风俗,在诸多的学术探索中,贯穿着尊重实际的精神。明朝的变迁,清朝的建立——这样的历史变化,推动了当时"实学"的发展。这样的时代逼迫着思想家们去研究天下兴亡得失之理;这样的时代已不允许抽象地议论心、性之类的玄理。思想总是受到历史的制约,思想总是历史的、具体的。我们从顾炎武一生的学术活动中清楚地看到这个真理。

附:此文草稿始于 1961 年,侯外庐先生要我以通俗的笔调,将顾炎武的"实学"思想加以介绍和宣传。草稿写成后,侯先生作了一些修改。其中有些内容曾以论文形式发表。稿件后由中华书局印成小册子。但其中有些论点不尽合适,如强调顾炎武与理学的对立等。顾炎武所反对的是理学末流,而非朱熹思想。鉴于对小册子有重大修改,这次又收入此论文集中,表示对侯外庐先生的怀念。

（选自张岂之《儒学·理学·实学·新
学》，陕西人民出版社 1991 年版）

张岂之（1927—　　），江苏南通人。历史学家。西北大学
名誉校长、教授，西北大学中国思想文化研究所所长、清华大
学中国文化研究中心教授。长期从事中国思想文化史的研
究。曾协助侯外庐整理《中国思想通史》1—2 卷，与侯外庐、
邱汉生共同主编《宋明理学史》。主要著作还有：《中国思想通
史》（主编）、《中国儒学思想史》（主编）、《儒学·理学·实学·新
学》等。

本文从"实学"的发端、时代的巨变、倡导经世致用、反对
科举制度和生员制度等方面，系统地论述了顾炎武与"实学"
的关系。

中国实学思想史导论

葛荣晋

一、中国实学的内涵

什么是"实学"？这是首先应该回答的问题,也是最难而又必须回答的问题。

"实学"这一概念,在中国不同的历史时期,其涵义是不一样的。即使在同一个历史时期,因学派相异,也往往对其有不同的诠释。但是实学家在同"虚学"的辩论中,总是把自己的学说和思想称之为"实学",或者彼此以"实学相期许"。从北宋以降,许多学者都用"实学"这一概念说明和概括自己的思想和学说,这一概念并不是我们现在主观杜撰的哲学范畴。

宋元明清时期,学者对"实学"所赋予的内涵,大体上是从"实体达用之学"的意义上来使用的。

实体分为宇宙实体和心性实体。我们先从宇宙实体说起。

宇宙实体是"实"还是"虚"？道家推崇"以无为宗",佛教则主张"以空为宗"。程朱学派在同佛、老的空无之说的辩论中,认为"理"作为宇宙本体或本原,是"实理"而非"虚理",赋予"实学"以"实理"的含义。朱熹发挥程颐的实理论思想,认为《中庸》一书"始言一理,中散为万事,末复合为一理。'放之则弥六合,卷之则退藏于密',其味无穷,皆实学也。"(《中庸章句序》)很明显,这里是从理一分殊的宇宙本体论的高度来说明实学的。在程朱看来，"理"不只是宇宙万物的"根实处"，也是寓于宇宙万物之中的实有之理。从实理论意义上，程朱学派有时也把自己的理学称之为"实学"。如南宋真德秀根据"即器以求之，则理在其中"的原则，指出"若舍器而求理，未有不蹈于空虚之见，非吾儒之实学也。"（《真西山文集》卷30）

明中叶以降，许多进步学者在继承实理论的同时，也自觉地批判理学末流的"空寂寡实之学"，往往把自己的元气实体论说成是实学。如罗钦顺针对"禅家所见只是一片空落境界"的虚无之说，指出："盖通天地人物其理本一，而其分则殊。必有以察乎其分之殊然后理之一者可见。既有见矣，必从而固守之，然后应酬之际或无差谬，此博约所以为吾儒之实学也。"（《困知记》续下）这里，罗钦顺所讲的"理一分殊"不同于程朱，是建立在气一元论思想基础之上，实际上是"气一分殊"，这是他的"通天地、亘古今，无非一气"思想的另一种表述。王廷相作为明代最大的元气论者，针对佛、老和理学末流的空虚之学，自觉地把从张载那里承袭下来的元气实体论说成是"实学"。他说："《正蒙》，横渠之实学也。"（《慎言·鲁两生篇》）他在《慎言》中又说："二气感化，群象显设，天地万物所由以生也，非实体乎？""天内外皆气，地中亦气，物虚实皆气，通极上下，造化之实体也。"王夫之也讲元气实体，他说："阴阳一太极之实体。""所动所静，所聚所散，为虚为实，为清为浊，皆取给于太和细缊之实体。"（《张子正蒙注·太和篇》）戴震在本体论上也承认"阴阳、五行，道之实体也。"（《孟子字义疏证》）他们都是把元气实体论体作为中国实学的哲学基础，从而为明清实学家反对理本论和心本论中的虚无主义提供了坚实的理论武器。

由宇宙实体进入心性实体，有的学者也把实践道德之学称为"实学"。宋代学者在同佛、老的"以心为空"的辩论中，认为"吾儒以性为实"，承认人的心性"以其体言，则有仁义礼智之实；以其用言，则有恻隐、羞恶、恭敬、是非之实。"人的心性并不是空的，而是先天赋予的仁义礼智等道德伦理实体，"仁义者，人之本心也"。明清实学家在反对宋儒的性二元论过程中，承认天命之性就存在于气质之性中，离开气质之性的天命之性是"无形影可以摸索"的，是根本不存在的。正是从这种意义上，元代吴澄把心性之学称之为"身上实学"，认为"不言性命，则无以明实学之原。"王夫之指斥王阳明后学"废实学，崇空疏"，也是从王学"蔑规模，恣狂荡，以无善无恶尽心意知之用，而趋入于无忌惮之域"（《礼记章句》卷42）这一心性实体意义上来说明实学的。在道德修养上，是鼓吹空悟论还是实功论（实修论），也是心性之学的虚实之辩的重要内容。宋明实学家多从实功论或实修论的角度来阐述实学的内容。如宋代陆九渊主张"在人性、事势、物理上做些工夫"；"逐事逐物考究磨炼"；真德秀强调"就事物中求义理"，才是"着实用力之地，不致驰心于虚无之境也"（《真西山文集》卷30）；王廷相主张"内外交养，德性乃成"，提倡在"人事着实处养之"；王阳明提倡"实地用功"、"切实用力"、"人须在事上磨炼做工夫乃有益"，"钱谷兵甲，搬柴运水，何往而非实学"；黄绾主张"在实言、实行上做工夫"；唐鹤征主张"悟前悟后，凡有实功，皆实际也"；孙慎行提出"日用人伦，循循用力，乃所谓实学"——以上这些说法，都是提倡道德修养必须"着实做工夫"，反对离开社会实际的"终日端坐"的"空悟"论。通过实功而进行心性修养，目的不在于空议，全在于"实行"、"实践"。朱熹发挥儒家的"重行"思想，主张"必践于实而不为空言"，批评"今日之弊，务讲学者多阙于践履"，陆九渊主张"为学有讲明、有践履"，"一意实学，不事空言"，认为"躬行践履"即是"唐虞三代实学"；张栻认为"圣门实学，贵于践履"；清初易堂九子针对言行不一的假道学，提出"核名实、黜浮假、专事功、省议论"的"有用之实学";清代陆陇其认为"大抵天下无实行之人,则不成世道,然实行必由乎实学。"——上述学者都是从躬行践履意义上来规定实学内容的。实性论(实心论)、实功论、实践论是心性实体学说的三个有机的组成部分。

根据儒家的"内圣外王"的原则,宋明实学家认为必须由"实体"转向"达用",将"内圣"之实体转化为"外王"之实用,才能成为真正的圣人。所谓"达用",在实学家那里,又有两层涵义:一曰"经世之学",即用于经国济民的"经世实学";二曰"实测之学"(亦叫"质测之学"或"格物游艺之学"),即用于探索自然奥秘的自然科学。

从"经世之学"意义上使用"实学"概念,是中国实学的基本内涵。现略举数例如下:

南宋吕祖谦发挥金华、永嘉、永康学派的经世致用思想,提倡"讲实理、育实才而求实用"。他在驳斥"章句陋生"的"徒诵诂训"时指出,"不为俗学所泪者,必能求实学;不为腐儒所眩者,必能用真儒。"(《吕东莱先生文集》卷1)

明初理学家薛瑄极力反对俗儒"滞于言辞之末",主张"读圣贤书,句句字字有的实用处,方为实学;若徒取以为口耳文词之资,非实学也。"(《续读书录》卷3)他还从"经世即实学"的角度称赞北宋经学大师胡瑗说:"昔胡安定教授苏、湖间,因人成就,故弟子见用于当时者,或治水利,或治学术,皆有实用。"(《薛文清公文集》卷15)

王廷相针对明中叶士人"专尚弥文,罔崇实学"的时弊,明确指出"士惟笃行可以振化矣,士惟实学可以经世矣。"(《王氏家藏集》卷22)大力提倡"明道、稽政、志在天下"的"经世之学"(《石龙集序》),认为"文事武备兼而有之,斯儒者之实学也。"(《王氏家藏集》卷30)

　　吕坤针对晚明士人"学不适用"的弊病，一再指出"实学也，有用之学也。"(《杨晋庵文集序》)

　　陈子龙针对晚明"撷华而舍实"的恶劣学风，编印《皇明经世文编》巨著，纠正"士无实学"之弊，以达到"资后世之师法"的目的。

　　清初顾炎武基于理学末流空疏亡国的教训，反对"明心见性之空言"，大力提倡"修己治人之实学。"(《日知录》卷7)"修己治人"即是内圣型的经世之学。

　　清初陆世仪在明清之际实学思潮的冲击下，亦提倡"经世之学"，指出"凡以教天下之士，务为实学，使处处皆有裨于世。"(《张汉思时政议论要序》)

　　清初潘耒为梅文鼎论著作序时，亦指出，"古之君子不为无用之学。六艺次乎德行，皆实学足以经世者。"(《梅氏丛书辑要·方程论·潘序》)

　　颜元针对明清"著述讲论之功多而实学实教之力少"，认为"实学不明，言虽精，书虽备，于世何功！于道何补！"提倡"惟在实学、实习、实用之天下。"(《存学编》卷3)

　　清末学者朱一新在回顾与总结清初经世之学时，指出，"亭林、桴亭皆重实学，皆主经世。"也把实学看成经世之学。

　　从"实测之学"意义上来使用"实学"概念，亦略举数例如下：

　　宋明时期，探索宇宙奥秘的自然科学，被学者称为"天地动植之学"或"格物游艺之学"。明清之际，方以智受到"西学东渐"的思想影响，把自然科学说成"质测之学"。清代阮元赞扬近代的实测精神，提倡"算造根本，当凭实测"。近代学者多以"格致之学"称谓从西方传入的近代自然科学。

　　徐光启在谈到以利玛窦为代表的"泰西诸君子"时，指出，"其实心、实行、实学，诚信于士大夫也。"(《泰西水利序》)这里所谓"实学"，既包括从西方传入的"格物穷理之学"(如物理学等)，又包括从西方传入的"象数之学"(如天文、数学等)。

李之藻在《请译西洋历法等书疏》中,也把"西洋历法"说成实学,指出西学"总皆有资实学,有裨实用。"

阮元把中国古代的"天文算术之学"说成实学,指出"自明季空谈性命、不务实学,而此业(指"天文算术之学")遂微。"(《畴人传》卷44《利玛窦》)在评价戴震的古典科学成就时,又指出,自秦以后,"言数者,或杂以太一三式占候卦气之说,由是儒林之实学,下于方枝同科,是可慨已。庶常(戴震)以天文、舆地、声音、训诂数大端,为治经之本,故所为步算诸类,皆以经义润色,缜密简要,准古作者。"(《畴人传·戴震》)

近代中国随着西学的大量输入,有人欲以西学之实补中学之虚,把西方的自然科学说成是实学。徐珂在《清裨类钞·徐雪村主译西学》中,指出华蘅芳等人"阅数年,书成数百科,于是泰西声、光、化、电、营阵、军械各种实学,遂以大明。"王韬在《漫游随录》中亦指出:"英国以天文、地理、电子、火学、气学、光学、化学、重学为实学,而弗尚诗赋词章。"

在自然科学意义上来使用实学这一概念,既包括中国古代的天文、历法、算学、舆地、生物、水利等"格物游艺之学",也包括从欧洲输入的声、光、化、电等"质测之学",其内涵极为丰富。

除了上述"经世之学"和"实测之学"外,在"达用"方面,还包括有"明经致用"论、"史学经世"论和实事求是的考据实学等内容。

宋明实学家多从"明经致用"的意义上来界定"实学",把经学说成是实学,如:

北宋社会改革家王安石提倡"经术者,所以经世务者也",反对俗儒的"离章绝句、释名释教"的空疏学风。

二程从"经所以载道也,器所以适用也"的观点出发,提出"治经,实学也"的命题,指出"如国家有九经、及历代圣人之迹,莫非实学也。"

朱熹发挥程氏的"治经即实学"的思想,既反对既溺于文章的"文人之经",也反对惑于异端的"禅者之经",主张明道致用的"儒者之经"。

吕祖谦认为治经如"百工治器,必贵于有用。"

清初陆陇其针对"后世训诂记诵辞章之学、夸多斗靡而无益于伦纪"的弊病,指出,"须知吾人不可不敦者,实行;不可不务者,实学。若不从实行上着力,虽终日讲学与不学者何异?与夸多斗靡之学何异?"也是从"明经致用"的角度来诠释实学的。

近代左宗棠在《会试卷》中,也主张"经学即实学"的观点。他说:"夫穷经将以致用也,而或泥于章句训诂之学,捃摭遗义,苏索经余,前人所遗,后复拾之,纵华辨之有余,究身心之何补?"

宋明实学家亦多从"史学经世"的意义上来界定实学。从史学具有经世功能这一意义上,也可以把史学看成实学。如:

朱熹发挥中国以史为鉴的优良传统,主张"广读经史",指出"读史当观大伦理、大机会、大治乱得失",寓经世于史学之中。

真德秀指出:"善学者,本之以经,参之以史,所以明理而达诸用也",主张把"性命道德之学"与"古今事变之学"结合起来,以达到经世之目的。

明清之际,实学家发挥元代刘因的"古无经史之分"的论点,王夫之提出"所贵乎史者,述往以为来者师也",洪亮吉提出"学古为入官之本,前人即后人之师",都是非常注重史学经世社会功能的。

真正把"史学经世"的思想明确概括成"实学",是清代浙东学派的史学大家万斯同。万斯同在批评清代把学术与经济"分为两途"的做法时指出,通过治史,"使古今之典章法制烂然于胸中,而经纬条贯实可建万世之长策,他日用则为帝王师,不用则著书名山,为后世法,实为儒者之实学"。

章学诚亦明确提出"史学所以经世,固非空言著述"的命题,指出"君子苟有志于学,则必求当代典章以切于人伦日用,必求官司掌故而通于经术精微,则学为实事而文非空言,所谓有体必有用也。不知当代而言好古,不通掌故而言经术,则鞶脱之文,射覆之学,虽极精能,其无当于实用也审矣。"(《文史通义》内篇五)

道咸年间,史学家基于当时社会需要,打破中国"重古略今"的嗜古之弊,由"嗜古"而转向"究今",十分注意研究"现代史",是以"尽收外国羽翼为中国之羽翼,尽转外国之长技为中国之长技"为目的,亦注重实学的社会经世功能。

近代先进的中国人所以拓展域外史地学,是以"求法之所以衰,俾使为中国之殷鉴"为目的,借以寻求挽救中华民族危机的"匡时之策"。

针对宋代经学的"凿空附会之弊",从明中叶始,实学家亦把"买事求是"的考据学(汉学)说成是"实学"。如:

明中叶考据学家杨升庵指出:"今之学者,循声吠影,使实学不明于千载,而空谈大误于后人也。"(《升庵文集》卷45)他针对宋学的"凿空附会之弊",明确地把重实证的"汉学"说成是"实学"。

清代考据学大师戴震明确地把乾嘉考据学称为实学,指出"值上(指乾隆皇帝)崇奖实学,命大臣举经术之儒。"(《江慎修先生事略状》)"圣天子稽古右文,敦崇实学,昭昭乎有明验矣。"(《四库全书总目》卷115)在治经上,他把空谈义理的宋学说成是"虚学",而把"注经必籍实据"的汉学说成是"实学"。

阮元为清初考据大家毛奇龄文集作序时,亦指出:"有明三百年以时文相尚,其弊庸陋谫僿,至有不能举经史名目者。国朝经学盛兴,检讨(指毛奇龄)首出于东林,蕺山空文讲学之余,以经学自任,大声疾呼,而一时之实学顿起,当是时,充宗起于浙东,朏明起于浙西,宁人、百诗起于江淮之间。"(《研经堂二集》卷7)这里所谓实学,是指清初以顾炎武、胡渭、阎若璩、毛奇龄、万斯大为代表,以重实证为特点的考据学而言。

清代皮锡瑞在《经学历史》一书中亦指出,清初"承晚明经学极衰之后,推崇实学,以矫空疏,宜乎汉学重兴,唐、宋莫逮。"极力称赞清初考据学家的"求实学之苦心",也把清初的考据学视为"实学"。

综上所述,中国所谓实学,实际上就是从北宋开始的"实体达用之学",是一个内容极为丰富的多层次的概念。在不同的历史时期、不同的学派和不同的学者那里,其实学思想或偏重于"实体",或偏重于"达用",或二者兼而有之,或偏重于二者之中的某些内容,情况虽有区别,但大体上不会越出这个范围。"实体达用之学"既是实学的基本内涵,又是实学的研究对象。如果不从"实体达用"整体上和特定的时代背景上把握中国实学的基本内涵,而孤立地摘出其中的某些内容加以无限夸大,以偏概全,就有可能将中国实学"泛化",甚至导向荒谬。这是应该特别加以注意的。

二、中国实学的主流和核心

从上述可知,实学是一个具有多层涵义的概念。它既包括有元气实体哲学,道德实践之学,又有经世实学和实测实学,还有考据实学和启蒙实学等。其中经世实学是中国实学的主流和核心,其它层次的意义都是围绕这一核心而展开的,都是从不同的层面来说明经世实学的。经世实学的基本精神就是主张"经世致用"。经世实学既表现为揭露与批判在田制、水利、漕运、赋税、荒政、兵制、边防、吏治、科举诸方面的社会弊端,又表现为提出与实施各种旨在改革时弊的救世方案。同时,在学术上还包括明经致用论和史学经世论,把治经考史看作经世的重要思想武器。实体哲学与

20世纪儒学研究大系

道德实践之学,是就中国经世实学的哲学思想基础而言。它包括以"气"为本的本体论,以"实践"(力行、践履)为基础的认识论,以"实性"为基本内容的人性论,以"实功"为主要修养方法的道德论,以利欲为基础的理欲统一说(包括义利统一说)等内容。实体实学是经世之学的理论基础。实测实学,是就中国经世实学的科学内容和基础而言。它既包括中国传统的古典科学,也包括从欧洲输入的西方近代科学;既包括天文、历法、数学、音律,又包括地理、农业、水利、生物及各种技艺等多种学科。从事探索自然奥秘的各种科学研究,归根到底,是为经世实学服务的,是经世致用的一种重要手段。考据实学,是就中国实学的经学内容和依据而言。从明中叶开始,特别是清代乾嘉时期,随着实学思潮的兴起和发展,在经学领域,出现了与"宋学"相对立的"考据学"的复兴,主张以专事训诂名物的汉学代替以己意解经的宋学,以主实证的汉学代替凭空议论的宋学。这种实事求是的考据实学虽属经学的不同派别,但它具有显明的求实精神,并在治经考史的形式下往往流露出知识分子的忧患意识,以考据为手段来阐述它们的经世思想。它同经世实学也是密不可分的。启蒙实学,是指从明中叶开始至晚清时期,随着资本主义萌芽的发展和西学的大量输入,出现的一股与地主阶级改革派不同的具有近代启蒙意义的意识形态。它既表现为在社会政治领域的另一种性质的经世之学,又表现为在哲学与文艺领域的某些启蒙思想的因素。但是从中国实学发展的长河来看,它并非贯彻始终,只是中国实学发展到后期出现的一种新的观念;即使在明清时期具有启蒙意识的某些思想家,虽然有某些近代气息,但它仍不占主要地位,传统的中国经世实学思想仍然支配着他们的深层思想结构。所以,把"近代启蒙意识"说成是"中国实学的核心",恐怕是值得商榷的。我们肯定经世实学是中国实学的核心与主流,并不是要把实学与经世之学等同起来,只是在中国实学的不同层面来确定中国实学的本质和特征。

"经世"这一概念,虽然首见于《庄子·齐物论》,但是在实学家那里,并不是一个单一层次的概念,而是一个具有多层涵义的范畴。所谓"经世",至少包含有三层意义:(一)入世的人生价值取向。实学家与佛道的"出世"和俗儒(腐儒)的"逃世"的价值取向不同,坚持一种积极的"入世"的人生态度。如宋儒陆象山在批评佛教的出世观念时指出,"儒者虽至于无声、无臭、无方、无体,皆主于经世;释氏虽尽未来际普度之,皆主于出世。"(《陆九渊集》卷2《与王顺伯》)明儒王畿指出:"儒者之学,务为经世。学不足以经世,非儒也。吾人置此身于天地之间,本不容以退托。其曰'为天地立心,为生民立命',固儒者经世事也。""随其力所及,在家仁家,在国仁国,在天下仁天下,所谓格物致知,儒者有用之实学也。"(《龙溪王先生全集》卷13)清儒万斯同亦指出:"至若经世之学,实儒者之要务,而不可不宿为讲求者。"(《石园文集·与从子贞一书》)都是从"经世"与"出世"相区别的角度来阐述实学家的人生价值取向的。这是经世观念的出发点,也是经世思想的基石。这是经世观念的第一层意义。(二)"治体"(或"治道"),即经世的指导思想和基本原则。实学家基于入世的人生态度,在如何经世问题上,既谈"治体",也谈"治法"(或"治术")。宋儒程颐指出:"治身齐家以至平天下者,治之道也。建立治纲,分正百职,顺天时以制事,正于创制立度,尽天下之事者,治之法也。圣人治天下之道,惟此二端而已。"(《近思录集解》卷8)所谓"治体",涉及到实学家关于治国平天下的各种基本理论和原则。诸如"尊义轻利"、"尊王贱霸"、"民为邦本"、"内修外攘"、"因时变法"等,大体上都属于"治体"范围。这是经世观念的第二层意义。(三)"治法",即在某种"治道"思想的指导下,提出各种具体的经国治人之法。如《皇明经世文编》所收集的文章、奏议等,都是以儒家思想为指导,对铨选、赋税、漕运、河工、边防、兵制等提出了各种改革方法；魏源以贺长龄名义编成的《皇朝经世文编》，除了在"学术"、"治体"两类文章中集中探讨"治体"外，其余文章都是按照"吏、户、礼、兵、刑、工"六部加以分类，分别讨论各种具体的"治法"问题，亦即各种典章制度和政策规范问题。既然"经世"观念具有丰富的内容，就不可以偏概全，把经世简单地说成是"治法"，应当全面地细致地解剖它的内容。

凡属实学皆主经世之学，但根据经世取向的不同，又分为内圣型经世实学与外王型经世实学两类。不管是程朱理学家还是陆王心学家，均发挥孟子注重修身治人的思想传统，虽说着力于心性之学，但是他们却不同于理学末流，始终以经国济民为己任，从不"耻言政事书判"，极力反对佛道的"出家出世之说"，坚持由实体而达用，由内圣而外王的内圣型的经世之学。"谈性命而辟功利"，是内圣型经世实学的主要思想特征。但是，这种内圣型的经世实学，往往随着社会矛盾的激化而不断地将其空虚之弊暴露出来，证明它非但不能挽救社会危机，反而加剧了社会危机。所以，有些实学家则发扬荀学精神，由"谈性命而辟功利"转向"谈功利而辟性命"的外王型经世实学。如南宋以陈亮、叶适为代表的功利学派，明清之际的经世之学，道咸年间的经世派实学等，都是属于外王型的经世实学。

实学中的"实体"与"达用"，犹如鸟之两翼、车之两轮，密不可分。但是从中国实学思想发展史来看，随着社会的治乱和忧患意识的隐显，中国实学总是或侧重于内圣型经世实学，或侧重于外王型经世实学，而不断地在转换中向前发展。历史证明，每当社会处于"治世"（如明初至明中叶、清代"乾嘉盛世"），社会经济发展，人民生活比较稳定，各种社会矛盾相对缓和，实学往往以一种内圣型的经世之学的形式表现出来，或者作为"潜能"埋藏在"纯学术"的外壳之内（如考据学），经世意识往往淡而不现，隐而不彰。而一旦当社会处于内忧外患的"乱世",忧患意识和经世思想便会在时代的呼唤下觉醒。由内圣型的经世实学即转向外王型的经世实学。这种实学侧重点的不断转换,都是由不同的社会历史和文化背景决定的,往往呈现出否定之否定的辩证法形式。如宋代实学经过了一个由北宋李觏、王安石为代表的"重功利、求实用"的外王型经世之学,转向南宋以朱熹、陆九渊为代表、以"性命道德之说"为主旨的内圣型经世实学,再转向南宋中叶的陈亮、叶適为代表的事功之学和南宋末年以文天祥、王应麟、黄震为代表,以经世致用为主旨的外王型经世实学,恰好经历了一个否定之否定的过程。清代实学的发展也是这样。清初学者承明末之乱,针对理学末流的空疏之弊,学术由内圣转向外王,出现了以顾炎武、黄宗羲、王夫之为代表的经世之学。随着乾嘉盛世的出现,清初的忧患意识和经世之学又披上了纯学术的考据外衣。道咸年间,社会矛盾的激化和经世思潮的崛起,抛弃了纯学术的考据学,又把外王型实学推向了新的高潮。中国实学思想发展中的这种否定之否定的过程,与中国社会历史的曲折发展过程是一致的。这仿佛是中国实学发展的一条历史规律,至少可以说是一种常见的历史现象。

三、中国实学的时代范围和历史阶段

如果前面是从横向考察中国实学的话,那么对中国实学的起点、终点及其发展阶段的探讨,则属于纵向考察了。

关于中国实学的起点,目前学术界或认为起于先秦,或认为起于汉代,或认为起于唐代。在我们看来,这三种说法虽都有一定道理,但都失之过早。探讨中国实学思潮的兴起,决不能仅依中国实学思想渊源和某些特征将其起点往前推,因为任何一种社会思潮的出现都有其特定的社会历史文化背景和基本理论模式及其时代主旨。离开了这一点,也就离开了历史唯物主义原则。任何一个学术概念和哲学范畴的出现,只能是某种特定历史条件的思维成果。"实学"概念的某些思想内容虽早已有之,但把这些内容升华为"实学"概念,则始于北宋程颐。尔后,宋元明清时期的许多实学家都沿用这一概念,从不同的角度来阐述中国的实学思想,从而构成了长达800多年的中国实学思潮。北宋时期的实学家,为了挽救北宋中期的社会政治危机,在同汉唐以来的"俗儒记诵辞章之习"和佛老的"虚无寂灭之教"的辩论中,继承与发展了儒家的"内圣外王之学",并且在吸取佛老的本体论思想的基础上,从"体用不二"的新的思维角度,将儒家传统的"内圣外王之学",升华为"实体达用之学",从而构成了中国实学的基本理论模式与框架。这是中国实学起点的重要标志。我们坚持中国实学起于北宋说,道理即在于此。

关于中国实学的终点,目前学术界或认为终于清代乾嘉考据学,或认为终于1840年鸦片战争。在我们看来,这两种说法虽然都有某些道理,但也失之过早。单从经世实学角度,乾嘉考据学的经世意识确实淡化了,但这并不是经世意识的泯灭,只是在某种特定的历史文化氛围中不得不以"纯学术"形式来表露他们的经世观念。如果从实学整体角度看,乾嘉考据学不但在批判宋明理学,发展古典实测之学,而且在治经中坚持"实事求是之学"等方面,又进一步向前推动了中国实学的发展。1840年鸦片战争后的地主阶级的洋务派,虽然包含有较多的"西学"与"西政",但是从他们的思想深层结构和由他们提出的"中体西用"的理论模式来看,仍属于中国古典的实学范围。所以,我们主张把曾国藩、张之洞为代表的洋务派思想体系,作为中国经世实学的殿军。随后,不管是以康有为、梁启超为代表的资产阶级改良派,还是以孙中山、章太炎为代表的资产阶级革命派,他们的思想体系虽然吸取了中国古典实学的丰富内容,但本质上它已摆脱了中古文化形态,而成为全新的"近代新学"了,并且逐步取代中国古典实学而占居近代社会主潮地位。

从北宋中期到晚清洋务派的 800 多年间,中国实学思想经过了三个历史发展阶段。(一)从北宋至明中叶,是中国实学的产生和发展阶段。随着北宋社会政治危机的出现和儒学复兴运动的兴起,宋儒针对汉唐以来的"俗儒记诵辞章之习"的"无用"和佛老的"虚无寂灭之教"的"无实"的弊端,在思想领域掀起了一股崇实的社会思潮。这股实学思潮,既包括理学思想体系中的某些实学思想,也包括当时功利派的经世实学思想。以程朱为代表的理学派和以陆王为代表的心学派,它们的治学宗旨虽是着力追求道德性命之学,具有重实体而轻达用的内省趋向和虚无成分,但是在它们的理学思想体系中也含有某些实学思想。在他们的著作中,不但曾多次使用过"实学"概念,而且还从不同角度说明实学思想,诸如实理论、实性论、实功论、实践论、经世致用论和"格物游艺之学"等。与它相平行发展的还有宋明功利派的实学思想,如北宋李觏、王安石,南宋陈亮、叶适,宋末的巽斋学派、深宁学派,明初的丘濬等。他们在同佛老与理学末流的空虚主义的辩论中,由道德性命之学而转向"学术有实、有用",由重在实体之学而转向重在达用之学,突出地阐述了经世实学。正因为这一历史时期的实学思想还不完备、不成熟,再加上理学思想始终占居社会主流,所以当时实学家还没有能够真正把"实体"与"达用"两者结合起来,构成系统的具有严密逻辑结构的实学思想体系,或偏于内省的实体之学,或偏于外化的达用之学。当然这并不是说它缺一翼,只是说它过于偏于一翼,而未能使元气实体论与达用之学有机地构成一个完整的实学思想体系。(二)从明中叶到清代乾嘉时期,是中国实学思想发展的鼎盛时期。中国后期封建社会总危机的爆发和资本主义生产萌芽的产生,把中国实学思想推向了高潮。这一历史时期,实学家在同宋明理学末流的"空虚之学"的辩论中,吸取张载等人的气本体论思想,逐步地建立起完整的元气(气)实体论哲学思想体系,从而把元气实体哲学与多姿多彩的达用之学有机地结合起来,成为中国实学思想的最完备、最成熟的理论形态。这一历史时期,无论是经世之学还是实测之学,都比宋元时期具有更加丰富的社会内容,特别是随着"西学东渐"而在科学领域开创了重实践、重验证、重实测的时代新风,把重经验的归纳法与重理性的演绎法结合起来,这是宋元"格物游艺之学"所不具有的。从广度上看,明清实学既包括经世之学、实测之学,也包括明经致用论和史学经世说,较之宋元时期是更加拓宽了,更加深刻了。同时他们在与"宋学"的辩论中,还提出了系统的考据实学。从深度上看,它除了地主阶级改革派的进步思想外,还出现了反映市民阶层利益和愿望的启蒙实学。这种启蒙实学,既表现于社会政治领域,又表现于哲学与文学艺术领域。这是宋元时期所不具有的新质的东西。(三)从清代道(光)咸(丰)到同(治)光(绪)年间,既是中国经世实学思想的高涨时期,也是由中国古典实学通往近代新学的转型时期。这一历史时期的实学思想,主要是围绕"救亡图存"这一时代主题而展开。他们在批判乾嘉考据学和理学末流的过程中,通过今文经学形式充分地发挥了中国实学中的经世之学。对于实体之学的探讨,则相对地削弱了。在经世之学中,除了继承传统的社会内容外,还侧重增加了"洋务"这一新的社会内容。他们面对帝国主义的入侵和西学的大量输入,敏锐地提出了"师夷长技以制夷"和"中体西用"的思想,提倡向西方学习,以求达到富国强兵之目的。在史学经世上,他们不但集中地研究了西北史地学,而且进一步拓展了域外史地学,从封闭走向开放,这也是中国古典实学所不具有的。晚清实学的最大特点就是在中西文化的冲撞与融合中,既继承了中国古典实学的成分，又大量地吸收了西政与西学，企图以西学之实补中学之虚，具有二重性。这一特点是由晚清社会矛盾的特殊性所决定的。

由上可知，"实学"这一概念并不是一个静态的结构，而是一个动态的历史范畴。只有从中国历史发展过程来说明中国实学的演变，才符合历史唯物主义原则。

四、中国实学和宋明理学

中国实学和宋明理学是宋以后相平行而又相联系的两种不同的学术思潮。它们之间的关系，到底是什么呢？只承认它们之间的相联系而否定相矛盾的一面，或者只承认其相矛盾而否定相联系的一面，都是一种偏颇之见。其实，由宋明理学的二重性必然引出中国实学与宋明理学之间关系的二重性。既有继承，又有排斥，它们之间完全是一种对立统一的辩证关系。

不管是以程、朱为代表的理学派还是以陆、王为代表的心学派，其主旨都是追求道德性命之学，重实体而略达用，在一系列理论问题上具有"虚"的一面，同时，在理学思想体系中也蕴含着"实"的一面。理学思想体系是"虚"与"实"的有机统一。在本体论上，从程朱把作为宇宙本体之"理"说成是无处所、无形迹，凌驾于宇宙万物之上的"净洁空阔的世界"这一意义说，理是"虚理"，借以对抗张载等人的元气实体论；当程朱把"理"看成宇宙万物的"根实处"，把宇宙万物说成是理的"安顿处"，宣传"理寓于气"、"阴阳涵太极"、"道不离气"时，理又是"实理"。理学家针对佛教的"以空为宗"、道家"以无为宗"，大力提倡实理论，公开宣称"吾儒万理皆实"，"宇宙间自有实理"。在人性论上，当程朱把人性分成天命之性与气质之性，承认天命之性是"无形影可以摸索"的"悬空之物"

时,具有"虚"的性质;当他们批评佛教的"以性为空"观点,肯定"性是实理",指出"吾儒以性为实",承认气质之性是天命之性的"挂搭处","非气质则无所寓"时,具有"实"的性质。在道德修养上,当理学家受佛教影响鼓吹以直觉"发明本心"的顿悟之说时,具有虚无性质,而当他们主张"在人性、事势、物理上"切实用功、"在事上磨炼"时,又具有明显的实功论思想,主张"必践于实而不为空言"。不管是程朱还是陆王,他们与理学末流不尽相同,在批判佛老的出世之说时,主张经国济民,提倡明经致用和史学经世。同时,在一定程度上,他们也留意于"格物游艺之学",注意对自然奥秘的探索。

正因为宋明理学本身具有"虚"与"实"的二重性,所以实学家在同它的辩论中,总是吸取它的"实学"的成分,具有继承性的一面;又极力排斥其中的虚无成分,具有矛盾性的一面。所以明清时期的实学家在批评理学特别是理学末流的空谈心性之学时,对理学中的实学思想也多加肯定和继承。如明代实学家崔铣一方面批评二程《遗书》"杂于众手",批评朱熹"注经乃衍词",主张"不随朱子脚上转是也"。同时他也称赞程朱等人"造诣精矣,皆实学矣。"(《洹词》卷10)清代史学大师章学诚发挥朱熹的史学经世的思想,极力推崇"性命、事功、学问、文章,合二为一"的朱子之学,认为"黄(榦)、蔡(元定)、真(德秀)、魏(了翁),皆承朱子而务为实学","而非专己守残、空言性命之流也。"(《文史通义》卷3《朱陆》)

明清时期的实学家对于宋明理学采取分析的态度,既不同意"舍置古人之善"的全盘否定态度,也不同意"出于先儒之言,皆可以笃信而守之"的全盘肯定的态度。对于宋儒凡"合于圣者,即圣人也,则信而守之;戾于圣者,即异学也,则辩而正之。斯善学道者也。"(《王氏家藏集》卷28《与彭宪长论学书》)在本体论上,实学家在否定理学家的"以理为本"和"以心为本"的同时,对理学思想体系中的"理在气中"、"理在事中"、"道在器中"、"阴阳涵太极"等合理思想,加以继承和发挥。如王廷相一方面批评程朱的理本论是"不言气而言理,是舍形而取影"的"不通之论",另一方面又肯定程颢的"道器合一"的思想,认为"程伯子纯粹高明,从容于道,其论得圣人之中正,上也。"(《慎言·文王篇》)在人性论上,他们在批评宋儒鼓吹的天命之性的同时,也吸取了其中的实性论思想。如王廷相指斥程朱的"性即理"的思想是"谬幽之论",批评程朱"气外有本然之性"是"儒者之大惑",同时他又发挥程颢的"论性不论气,不备;论气不论性,不明"的思想,提出了"性气一贯之道";发挥程颢的"善固性也,然恶亦不可不谓性也"的观点,提出了"善固性也,恶亦人心所出,非有二本"的思想,从而驳斥了宋儒的性二元论思想。在道德修养上,他们在驳斥理学家的空悟之说的同时,也承袭了理学中的实功论和实践论思想。王廷相在修养方法上,虽然极力批评宋儒的主静说和主敬说是一种"近禅氏之虚静",同时他也吸取了程朱的"内外交相养之道"的合理思想,从而提出了"合动静而一之"的修养之道,主张把"静而存养之功"与"动而省察之功"结合起来,"学者当并体而躬行之,则圣人体用一源之域可以循造矣。"(《雅述》上篇)他们虽然与宋明理学家的由内圣而达用的内圣型经世路线有所不同,但同理学家一样,也都十分注意发扬儒家的经世传统,提倡积极的入世精神,特别是在实测之学上,更加充实与扩大了儒家的经世观念。

由此,我们可以说,中国实学思想既是对宋明理学的经世传统及其蕴涵的实学思想的继承,同时又是对它特别是理学末流的空谈心性之学的否定。中国实学来源于宋明理学而又对立于宋明理学,既是"接着讲",又是"对着讲"。宋明理学是中国实学思想赖以产生和发展的重要的思想文化来源之一。把理学与实学完全等同起来固然不妥,但是否认它们之间的内在思想联系也不符合客观实际。只有从对立统一的辩证法角度去认识与把握理学与实学的关系,才是符合中国实学发展的历史实际的。

五、中国实学的现代转换

从现代的观点看,中国实学作为中国古代的文化形态虽早已成为历史的陈迹,但是它并没有死亡,在中国思想史上它是属于最接近于近现代的文化,它的原典精神仍然深深地扎根于现代人的文化心理结构之中,具有趋时空的普遍性。所以,现代人可以通过古代实学原典去领悟它的精神实质,并以现代人的心态和需要去转换中国古典实学,将中国实学与现代沟通起来,努力寻找二者的衔接点,由传统走向现代化之路。

(一)实事求是的崇实精神。中国实学的基本特点是"崇实黜虚",处处突出一个"实"字。在本体论上讲"实体",反对"以无为本"、"以空为本";在人性论上讲实性、实心,反对"以心性为空";在道德修养上,讲"实修"、"实功",反对"空悟"之论;讲"实行"、"实践",反对言行脱节的浮夸之风;在人生价值上,坚持"实政"、"实用",反对逃世、出世;在学风上,提倡"实言"、"实风",切忌一切空谈、套话、废话、大话。中国实学发展史证明,凡是坚持实事求是的崇实精神,国家必强,社会必治;凡是违背实事求是的崇实精神,国家必弱,社会必乱。是否坚持实事求是的崇实精神,是关系到国家生死存亡的重大问题。在今天,提倡这种崇实精神,对推进中国现代化仍具有积极的意义。从一定意义上,我们反复强调与坚持的实事求是的思想路线,也可以说是中国实学思想的继承、弘扬与发展。

(二)追求真理的科学精神。中国儒家的"重道义、轻技艺"的思想传统,对弘扬科学精神有一定的制约作用,但是在中国实学史上却始终注意弘扬追求真理的科学精神。从宋代的"天地动植之学"和"格物游艺之学",到明清之际的"实测之学",再到近代的"格致之学",实学家都是自觉地把科学纳入中国实学的范围。继承与弘扬这种科学精神,正是从中古文化走向近现代文化重要突破口和衔接点之一。在中国现代化的过程中,我们应以"科技是第一生产力"为指导思想,大力提倡"科技兴国",努力促进科学技术的长足发展,争取中国早日跨进世界强国之林。

(三)"兴利除弊"的改革精神。一部中国实学发展史,实际也就是一部"兴利除弊"的改革史。每当中国历史上出现"内忧外患"之时,也就必然会引发出实学思潮。而每一次实学思潮的出现,其历史使命总是"兴利除弊",以达到挽救社会政治危机之目的。不管是地主阶级的改革派还是新兴市民阶层,他们既从社会政治上揭露了当时的各种积弊,又从思想上批判了佛老和理学末流的空疏之风和各种禁锢人性的陈规陋习。同时他们在田制、农技、水利、赋税、漕运、荒政、边务、兵制、吏治、科举诸方面提出了一系列的改革方案,甚至有的实学家还亲自发动与领导了社会政治改革运动(如北宋王安石、明代张居正等人),从而向前推动了社会的发展。中国历史上以"兴利除弊"为主要内容的实学思潮,不但为我们今天的社会改革提供了丰富的历史经验教训,其改革精神和牺牲精神,也永远激励着我们在困难中前进。中国只有推行改革才有前途,因循守旧是没有出路的。

(四)放眼世界的开放精神。从中国实学发展的历史看,实学是一个开放性的思想体系,并非是一个凝固不变的封闭体系。实学的开放品格,主要表现为两方面:第一,善于及时地吸取外来文化的精华,以补充和发展自己。中国实学是在中国这块土地上滋生的社会思潮,具有儒家所固有的经世传统和重道德的社会内容,对于一切外来文化具有本能的排斥性,这是不言而喻的。但是中国实学从一开始,就在批判外来文化——佛教的同时,也吸取了隋唐佛教的合理成分,特别是佛教关于"实体"和"体用不二"的观念,将传统儒家的"内圣外王之学"改造成"实体达用之学",从而为儒家的内圣之学提供了坚实的哲学基础。明清之际,随着"西学东渐"和中西文化的冲突与融合,明清实学家特别是当时的自然科学家便及时地从西学中吸取了它的科学内容和近代科学思维方式,并把它与中国传统实学思想相结合,构成了明清实学的重要内容。鸦片战争以后,晚清实学家顺应世界进步的潮流,提出了"师夷长技以制夷"和"中体西用"之说,不断地向西方寻求真理,接受西方传入的"西学"、"西政"、"西艺",用来补充、修正中国古代实学的内容,使之成为中国先进知识分子"救亡图存"的重要思想武器。第二,将中国实学推广到世界各国,以推动人类文明的发展。中国实学从一开始,便通过各种文化交流渠道,传播到朝鲜、日本和东南亚各国,并在那里与本土文化相结合,逐步形成了朝鲜实学和日本实学等。明清时期,既有"西学东渐",也有"东学西渐",中国传统文化和中国实学通过西方传教士而流传到西欧各国,并且成为欧洲文艺复兴和资产阶级革命的重要推动力之一,为西方的现代文明的建构作出了自己的贡献。中国与世界各国的文化交流,不但是双向的,同时也是互补的。譬如,当中国强盛之时,宋元明清的实学思想曾传到日本,对其明治维新和日本近代化有一定促进作用;而当鸦片战争之后,由于中国"救亡图存"的社会需要,先进的中国人(如王韬、梁启超)又从日本传入了许多实学家的先进思想,成为中国近代进行社会改革的重要思想武器。由此可见,中国实学并不是如某些人所说是一个僵死的封闭体系,而是一个善于不断地从外来文化中吸收营养,而又不断地将自己的思维成果奉献给世界各国的开放性思想体系。中国实学的生命力,就在于它的开放性。在推行改革开放的今天,我们不但可以从中国实学的开放品格中吸取历史借鉴,而且也可以从历史上证明中国只有开放才有出路的真理,从而增强我们执行改革开放政策的信心和勇气。这是中国实学留给我们的一份珍贵的精神财富。

中国实学作为中国特定社会历史条件下的产物,虽已过时,但是它的精神依然存在。只要我们对它善于进行转换,继续弘扬实学精神,对于推动中国现代化进程必有重要意义。

(选自《中国实学思想史》,首
都师范大学出版社1994年版)

本文论述了中国实学的内涵、主流和核心、时代范围和历史阶段、中国实学和宋明理学、中国实学的现代转换、中国实学思想的发生和发展、中国传统实学向近代“新学”的转换等实学研究中的几个重大问题,拓宽了实学研究的领域,深化了对中国实学的认识。

清代经世思潮

何佑森

一、儒学中的四个基本观念

经世、事功、功利、义理等四个观念，彼此间同中有异，而又异中有同。从相同点可以看出四者的关系，彼相异点可以发现各自的特色。宋朱熹（1130—1200）和陈亮（1143—1194）有义理和事功之争，两人始终各持己见。朱熹称陈亮的学问为"功利"之学，而浙东学者则称之为"事功"之学。明王守仁（1472—1528）讲心学，清章学诚（1738—1801）却说"浙东之学，阳明得之为事功。"（《文史通义·浙东学术》）心学转化为事功，这是因为"事"的是非要靠心的认识和判断。人的功利心，其出发点有公有私，这是义理中的义利之辨。明或清的经世文编中，收录了不少理学家的文章，可见经世中有义理；也同时收录了不少史学家的文章，可见经世中有事功。以上四点例证，无非说明经世、事功、功利、义理等四个观念，相异中有其相同的含义；因时代不同，出现的问题不同，而就有了各自的特色。

（一）义理与事功

义理与事功并非互不相容。以王守仁为例，魏禧（1624—1680）特别推崇他是"以道德之事功，为三百年一人"（《魏叔子文集·蔡懋德传》）。"道德之事功"的意思是说，事功的表现，必须建立在道德的基础上，不以道德为依归的事功，只是法家的事功，不是儒家的事功。朱熹和陈亮在来往的二十余封书信中,反覆辩论过这个重要的问题。朱熹所仰慕的是圣人,陈亮所向往的是英雄。王守仁的事功,重点在一个"事"字,这信"事",指的是《传习录》所谓的"簿书讼狱"、以及文集《奏疏》中的"宸濠"、"猺贼"、"钱粮"等"实学"中的实事。这些实事,必须和良知或良心结合为一,如果"分心与事为二",便不是"尧舜事业"了。所以阳明在事功上所追求的不是一己之"功",而是时时刻刻地"事上磨练"。他本着天赋的"是非之心"做每一件事,一生中果然成就了一番"圣人事业",这就是儒家之事功,换言之,就是"道德之事功"。相对的,汉、唐的高祖、太宗完成了统一事业,在后人的心目中,是历史上的大英雄,他们的事功,重点在一个"功"字,这样的事功,本无可厚非;如曹操的三次"求贤令",为了统一,而不惜重用"不仁不孝"之人,这样的事业,就变成了法家之事功①。

(二)经世与事功

经世分"学"和"治"两部分,"学编"重在儒家之学,"治编"重在制度改革,主要内容涵盖经学与史学;而事功比较偏重史学。浙东事功又称浙东史学就是一例。

我们常说浙东事功,却不称浙东经世。例如《明经世文编》收录了王守仁四十余篇文章,改事功为经世,不称为事功文编,而叫做《经世文编》,可见经世与事功的性质和内容可能有所不同。

黄宗羲(1610—1695)认为,时代不同,事功也不同。三代之事功重礼乐,汉唐之事功重兵刑(见《宋元学案·龙川学案》)。这是时势使然,也是不得不然之势。自从王守仁将道德与事功合一之后,兼顾学术与政治的经世观念因势而起。明清近二十部《经世文

---

① 曹操的统一事业,是法家之事功。在中国历史上,这类的例子很多。

编》,所收文章的性质和内容就是最好的证明。

(三)经世与义理

有宋、明之义理,有清代之义理。宋、明儒与清儒都重视"理",所不同的,一讲经中之理,一讲事物之理。宋、明儒认为理在事上,推论出理是一切事物存在的依据,属于宇宙问题;清儒则认为理在事中,分析每一事物的本质和变化规律,属人文问题。清儒根据宋、明儒的体用理论,从体中有用,用中有体的关系中,使宇宙与人文结合成为一个整体,这便是"经世之学"。所不同的,清儒反对学问分裂,将宇宙与人文二分,理事二分,经史二分,天文与制度二分,主张"合二为一"。顾炎武(1613—1682)说:"引古筹今,亦吾儒经世之学"。意思教人不必将经史分家,不必厚今薄古、或厚古薄今,"经世之学"原本就是历史文化中的一个重要课题。

(四)事功与功利

朱熹说"浙学即专是功利"(《朱子语类》卷一二三),全祖望(1705—1755)说:"永康专言事功",两人所说的浙学和永康指的是陈亮,至于功利和事功有什么分别呢?

朱熹认为私利和私欲是坏的,这是相对至善无私的天理而说的。王夫之(1619—1692)论秦始皇帝的"罢侯置守"是以"私天下之心""以行其大公"(《读通鉴论》卷一),虽有私心,但废除封建推行郡县制度是大公的,这是好的私心;反过来说,始皇帝"为一姓"而私己,"欲私其子孙以长存",为的不是天下百姓,这就不是"天下之大公"了,结果不但"国祚不长",同时变成了万世的罪人。就事功和功利说,私己利人之私,和私己害人之私,同是一个"私"字,意义却显然不同。顾炎武认为:私是人之常情,而圣人能"用天下之私,以成一人之公。"又说:"天子执天下之大权",意思说,天子如果集权,"而万畿之广,固非一人之所能操,而权乃移之于法"(《顾亭林文集·郡县论四》;《日知录·守令》),指的是威权依赖申韩之法。

如此一来,原本是儒家之事功和功利,一变而为法家之事功和功利。龚自珍(1792—1841)《论私》篇,分别"先私后公"和"先公后私",又说天、地、人、禽无不有私,甚至圣人也不例外,事功和功利自然也就不能例外了。

二、从《明经世文编》到清初"经世之学"

《明经世文编》收录了很多明代理学家的文章,将理学融入史学,将心性之学转化为经世之学,是这部书的最大特色,藉此我们更能了解到,这些理学家不但只重视宇宙和人生,同时也极关心现实历史和民生问题,将这些问题建立在道德的基础上,姑且称之为"经世伦理"。

清初有人认为经世就是经济,而万斯同(1638—1702)不同意这个看法,明确地说经世不是经济,为什么呢? 答案可能是:离开伦理的经世,可以称之为经济,结合伦理与经济的经世,那才算是经世。道光年间,魏源(1794—1857)说:人心生病了。到了清末,谭嗣同(1866—1898)干脆主张打破君臣、父子、夫妇、兄弟等四伦。康有为(1858—1927)进一步提出:"婚姻限期,久者不许过一年,短者必满一月,欢好者许其续约。"以上言论显示,整个伦理逐渐被弃置不顾了,所以俞樾(1821—1907)才说,经世就是经济。为什么以经济为经世? 这是因为道德伦理被反礼教风气所破坏的缘故。

《明经世文编》的内容,反映了明代现实历史中所遭遇的种种问题,诸如相权、守令、冗官、史职、政权、人才、财政、铸钱、赋税、屯田、科举、漕运、水利、兵饷、马政等。《文编》所收王守仁的四十五篇奏疏内容有:县治、保甲、民兵、猺贼、流贼等,未收的有尊经、讲礼、书院、儒学、廪俸、省葬、商税等,不论已收或未收的都成为清初学者讨论的重要课题。

如果我们比较《明经世文编》和清初著作,就不难发现两者的共同点。如:《文编》的相权演变为《明夷待访录》的《置相篇》和《潜书》的《任相篇》。《文编》的人才,用人,演变为《待访录》的《取士篇》。《文编》的书院,演变为《待访录》的《学校篇》和《朱舜水集》的《学校议》。《文编》的赋税,演变为《待访录》的《田制》。《文编》的省葬,演变为黄宗羲的《葬制或问》,《日知录》的《火葬》等以及陈确的《葬书》。《文编》的科举,演变为黄宗羲《破邪论》中的《科举篇》。《文编》的宗室,演变为《日知录》的《宗室》。《文编》的冗官,演变为《日知录》的《省官》。《文编》的守令,演变为《日知录》的《守令》。《文编》的马政,演变为《日知录》的《马政》。《文编》的廪俸,演变为《日知录》的《俸禄》。《文编》的铸钱,演变为《日知录》的《伪银》等。《文编》的水利,演变为《日知录》的《水利》。《文编》的保甲,演变为《日知录》的《里甲》。《文编》的史职,演变为《日知录》的《史学》等。《文编》的儒学,演变为《潜书》的《辨儒篇》。《文编》的讲学,演变为《潜书》的《讲学篇》。

以上仅列举了少部分相似课题,以作比较,清初文集中尚有很多有关学术思想、政治制度等文章,检讨的都是有关中国历史的盛衰兴亡和制度的利弊得失,这无疑是一部极为生动的明代历史。清初学者引用二十一史,无非为的是"引古筹今"(《亭林文集·与人书八》),又引用明代实录、邸钞、方志等现实资料,从其中提出各自的论点,如人治与法治,贪污风气,清议中的学生运动,改革,种族等实际问题,使得枯燥的学问,突然地变得活泼而有生气,这便是"经世之学"。

综上所述,清初经世之学,不是突然出现,而是受了《明经世文编》极大的影响,这是第一点;《文编》中收录了理学家的文章,经世之学不但吸收了伦理思想,而理学的生命得以延续,这是第二点。以上两点,关系明清两代思想的转变,而现代学者极少关注,我深深感到不解。

三、清代经世思想的时代意义

自从满人轻易地统治了中国,跟随而来的是汉满文化和思想的冲突。第一是种族血缘所引发的华夷之辨。第二是由不平等的威权体制所激起的反礼教思想。

(一)民族意识中的华夷之辨

满族夺取汉人的政权,统一中国之后,在文化政策上,随即暗中修改含有种族敌意的文字。民国二十二年黄侃曾校勘顾炎武的《日知录》,结果发现:原钞本"夷夏"改为"华裔"和"中外"。夷狄改为"华夏"、"戎翟"、"外寇"、"石勒"、"外国"、"殊族"、"旃裘"、"蛮貊"、"戎人"、"寇戎"、"狡寇"、"蕃人"。"夷"改为"方"、"国"、"裔"、"陋"、"蛮"。"狄"改为"翟"。"胡"改为"国"、"卤"、"匈奴"、"敌"、"蕃"、"彼"、"北"、"寇"、"羌"。"戎狄"改为"外国"。"夷言"改为"国语"。"夷夏"改为"华夷"。"中华"改为"华夏"等。

雍正皇帝曾经答辩过"华夷之辨"这个问题,内容大致的四点:

第一,吕留良(1629—1683)坚持的是"尊王攘夷"观点;而雍正则从道德和文化上说,认为"中国一统"是有德者居之。无德者理应归化臣服。吕留良认为汉为华,满为夷;雍正则认为满为华,汉为夷。

第二,雍正认为华夷之分,只是"籍贯不同";而不是"疆界"不同。

第三,吕留良将"夷狄比于禽兽";雍正则认为中国圣人,如"舜为东夷之人","文王为西夷之人"。

第四,在华夷之分上,雍正举例说,夏、商、周以前的有苗、荆楚、猃狁,当时因不肯归化而被斥为夷狄;不过到了后代,则被划分为湖南、湖北、山西三个行政区域,何尝有"此疆彼界"和"华夷中外之分"呢!

"夷"字的意义历经三次改变:在清初,吕留良等以"夷狄比于禽兽",此时的"夷"指的是"满洲";道光时,魏源提出"用夷制夷"(《魏源集·海国图志序》)政策,"夷"指西洋各国,又称"洋夷";光绪时,谭嗣同认为"夷狄中国,惟视教化文明之进退何如耳。"(《谭嗣同全集·论学者不当骄人》)嗣同似乎忧心,未来的中国是否会沦为夷狄的一天!

原钞本《日知录》补充了一篇遭删除的"素夷狄行乎夷狄"条。顾炎武说:"素夷狄行乎夷狄,然则将居中国而去人伦乎?非也。处夷狄之邦而不失吾中国之道,是之谓素夷狄行乎夷狄也"。

雍正的《大义觉迷录》一书,主要内容说的是"华夷"和"统一"问题。其中"华夷之辨",随着不平等体制的改变而消失;天下有分有合,在国家分裂的时代,"统一"转而成为一个重要的课题。种族经过几千年文化的不断融合,已经合为一体,牢不可破了。接着等待的是,在"人伦"的前提下,我们需要的是文化的"统一";而不是"去人伦",反文化的"统一"。

(二)反礼教与反理学

礼教一词,清末民初人又称之为名教、或孔教。在历史上,特别是东汉的儒家最重名教,社会上因而出现了一些名实相符的真名士,由于利禄的引诱,使名不副实的假名士反而成了特权阶级。难怪三国时的嵇康(223—262),愤慨地提出"越名教而任自然"和"非汤武而薄周孔"的主张了①。"薄孔"和"越名教",意思与反孔

---

① 《嵇康集·与山巨源绝交书》。鲁迅的《魏晋风度与药及酒的关系》一文,认为嵇康的"非汤、武而薄周、孔"一语,是造成自己后来非死不可的直接原因。

和反礼教相当。

反礼教的症结在一个"理"字,因为礼和理有密不可分的关系。

最初是乾隆时的戴震(1723—1777),他认为宋、明理学的流弊,最后导致"尊者以理责卑,长者以理责幼,贵者以理责贱,虽失,谓之顺;卑者、幼者、贱者以理争之,虽得,谓之逆。"(《孟子字义疏证》)这是当时社会普遍存在的不合"理"现象,生活在专制时代,说出这番愤世嫉俗的话,可以想见戴震不得已的心情。

戴震所反对的是理学的流弊,并不反对理学家所追求的真理、公理、原理,因为尊者、长者、贵者以"真理"责卑者、幼者、贱者,怎么说是"失";反过来说:卑者、幼者、贱者以"歪理"争之,更不可能叫做"得"。其实,问题还是出在"理"和"礼"这两个观念上。

从《礼记》到北宋张载(1020—1077)、程颢(1032—1085)、程颐(1033—1107),清代曾国藩(1811—1872),一致认为"礼即是理"。理是生命的准则和规律,礼是制度和实践。张载说:"礼出于理之后"(《张载集·语录下》)先制定人伦的准则,依据准则,再制礼仪,这样一来,人的视听言动,才不会无所适从。如果摒弃了生命中人伦之理的准则,单独制定许多不合理的礼,失去了礼的精神,礼便变成教条,礼就不能说是理了。不合理的礼,最后必然造成反礼教的运动。

到了光绪年间,谭嗣同(1866—1898)重复了戴震的意见。他说:"数千年来,三纲五常之惨祸烈毒,由是酷焉矣。君以名桎臣,官以名轭民,父以名压子,夫以名困妻,兄弟朋友各挟一名以相抗拒。"谭嗣同认为,这是"孔教"或"名教"使然,一切现象都出在"名教"的"名"(《仁学》上),这和胡适的《名教》一文的意思相同,但和戴震把这种现象归罪于宋明理学的流弊有所不同。

民国六年,陈独秀(1879—1942)《答友人书》中提出:"儒者……之奴隶道德,病在分别尊卑,课卑者以片面之义务,于是君虐臣，父虐子，姑虐媳，夫虐妻，主虐奴，长虐幼。"陈独秀也认为这一切现象是"孔教"所造成。

民国十四年，胡适(1891—1962)认为："八百年来，一个理字遂渐渐成了父母压儿子，公婆压媳妇，男子压女子，君主压百姓的惟一武器。"所以有此现象，是由于"宋儒以来的理学挂着孔教的招牌"，"造成了吃人的礼教。"(《几个反理学的思想家》，《胡适文存》第三集第二卷)胡适所根据的是戴震所谓的"理"，反对的是人的成见，而不是宋明儒所说的理性之"理"。

从十八世纪到二十世纪，"反理学"或"反礼教"的相同言论，几乎重复了一百五十年。下文试加分析戴震、谭嗣同、陈独秀、胡适等四个代表性人物的意见。

戴震指的尊者、长者、贵者是有权有势的人，相对的卑者、幼者、贱者是无权无势的人。同是一个"理"字，在强者和弱者口中，就变得是非颠倒了。胡适认为戴震是"反理学"家，问题在理学的本义是否如此呢？实际上理学涵盖甚广：有事物之理、有宇宙之理(法则)、有心灵之理(良知)等。就事物言：在经史等文献中的文物制度，就分旧的和新的事物；而散布在大自然中人类和物类，又各有不同的形状和本质。这些事物都可以用科学方法去认识。戴震讲的只是经书中所记载的事物之理，不是宇宙生命和人类生命中的心灵之理。他重视有形的经验知识，而否定了无形的抽象概念。六百年来的理学家们，所研究的不过是善与恶、是与非、公与私。如果我们承认戴震所说尊卑、长幼、贵贱的不合"理"现象，是理学家的学问所造成；那么在现时代所发生的卑者斗争尊者，幼者斗争长者，贱者斗争贵者，儿子斗争父亲，媳妇斗争婆婆，应该是合"理"现象了？所以说，每一时代的不合"理"现象，主要来自环境和人为，而戴震也承认，他所反对的是以"意见"为理，和"理"的本义无关。

　　谭嗣同的反"名教"思想,突显在"名"、"实"、"法"几个观念上。他认为名教之"名",是"由人创造"的。"君"、"官"、"父"、"夫"、"兄弟朋友"是"名","忠"、"孝"、"廉"、"节"等也是"名",这许许多多的"名",简称之为"三纲五伦"。

　　谭嗣同痛恨名教中的纲伦,主要原因是他少年时的不幸遭遇:十二岁那年,他的兄、姊、母亲因感染白喉而相继病死;父亲再娶,又受尽后母的虐待。后来他回忆说:"少更多难,五日三丧。"又说:"吾自少至壮,遍遭纲伦之厄,涵泳其苦,殆非生人所能任受。"

　　人能创造"名",也能运用"名"。特别是有"权势"的人,累积"名"而无所不为。所以他说:"名忽彼而忽此,视权势之所积。""君"有了"权势",便"以名桎臣"。"官"有了"权势","便以名轭民"。"君"和"臣"是纲伦之"名","桎"和"轭"是纲伦之"用",这种现象的产生,都是人所创造的"名",和权势为人滥用所造成的;尤其是"二千年来君臣一伦,尤为黑暗否塞。"

　　名"倚乎教",便成"名教"。名非实,教也非实。所以嗣同说:"然名,名也,非实也。"又说:"以名为教,则其教已为实之宾,而决非实也。"名实之辨,是中国思想史上很重要的问题,儒家和法家各有不同的解释。法家的"循名责实",为的是集权;嗣同讲名实,为的是打破权势之名,为了实践理想,他不惜杀身而参与变法。而导致变法的主因有三:每一,"中国之五伦,详于文而略于法"。第二,"三纲创不平等之法"。第三,"吾即今日之法,程其功,责其效,求其无变法之名,而有变法之实。"由于不平等之法来自三纲五伦,所以谭嗣同主张必须先破除纲伦之名,然后才能变不平等之法为平等之法。

　　平等是变法的必备条件,只要不平等的威权体制存在一日,变法就永远没有成功的希望,变法失败,最后不得已只有走上流血革命的一途。

　　陈独秀写了近二十篇讨论"孔教"的文章。在 1916 年发表的《宪法与孔教》一文中说："孔教之精华曰礼教"、"三纲五常属于孔教范畴"、"三纲五常为名教之大防"。在他看来，"孔教"、"礼教"、"名教"、或三纲五常都是伦理问题，如果"伦理问题不解决，则政治学术，皆枝叶问题"。

　　陈独秀反对袁世凯皇帝之尊孔，主张以平等人权的法制，代替阶级制度的礼教。

　　陈独秀反对"学术思想之专制"，认为"阴阳家明历，法家非人治，名家辨名实，墨家有兼爱、节葬、非命诸说，制器敢战之风，农家之并耕食力，此皆优于儒家孔子"。

　　以上两点简单的言论，是一个政治运动者的意见，在《独秀文存》中，可惜找不到理论的根据。

　　胡适于 1923 年写《戴东原的哲学》，1927 年写《几个反理学的思想家》，两文的主要论点是"反理学"，提倡《中庸》所谓的"道问学"。与"道问学"相对的是"尊德性"，"尊德性"与"道问学"是否可以二分呢？

　　龚自珍提出了一个精辟的见解。龚自珍认为，"道问学"和"尊德性"是文质关系，不可有文无质，也不可有质无文，自谓"生文家而为质家之言"。但他不满意乾、嘉的学风，表面上讲的是"道问学"，实际上，"自乾隆初元来，儒术而不道问学，所服习非问学，所讨论非问学。"他的见解和批评，很明显地是反对江藩（1761—1830）的"汉学"主张"①。

　　胡适的为人，是道地的儒家，但他早年"反理学"，提倡"汉学"，十分令人不解，也可能是受了西方自由、平等思想的影响。不过时

　　①　《龚自珍全集》，《江子屏所著书序》，《与江子屏笺》。按：江藩主张的是道问学。

至今日,已无人再理会"反理学"这个问题了。

四、经术经世与史学经世

"经术所以经世"是黄宗羲提出的,"史学所以经世"是章学诚提出的。

在理论上,章学诚已将经学融入史学。稍后,龚自珍又将诸子融入史学。不是经是经,史是史,子是子,清儒已将三者融合为一,不再是独立存在、各自发展的一门学问。梁启超(1873—1929)说:"清代经学之祖推顾炎武,史学之祖推黄宗羲。"(《清代学术概论》)这两句话,很容易使人误会顾炎武不讲史学、黄宗羲不治经学。其实事实并非如此,炎武的《天下郡国利病书》、《肇域志》、《日知录》三书,讲的就是史学;黄宗羲的《律吕新义》、《易学象数论》等书,治的就是经学。清初学者,将经学融入史学,将理学融入经世之学,他们尝试着整合学术中的各类相同性质的学问。如经学、史学、哲学、文学等;扩大来说,如人文与科技、人类文化与自然生态,彼此之间,相互依存,如果加以联系,这就叫做整合。以下借用龚自珍的"尊心"二字,因为"尊心"就是"尊史","尊史"就是"尊经",用"心史一家"和"经史一家"观念,以讨论经术经世与史学经世。

俗语说病从心生。宋、明、清三代,每逢战争,或是乱世,都会出现人心之患,这是学术不明所带来的无形灾祸。对这种现象最感忧虑的,则是少数高度自觉的知识分子,如范仲淹(989—1052)、顾炎武、魏源、龚自珍等都是代表性人物。以清代学者为例:

顾炎武明白表示,他写《日知录》的动机,为的是"明学术,正人心"(《初刻日知录序》)。他的弟子潘耒(1646—1708)说,《日知录》如果日后能够实行,对于"世道人心实非小补。"(《日知录序》)顾炎武的学术果然对清代后期的经世之学影响极大,特别是魏源所编的《清经世文编》。

《礼记·大学》篇最先提出道德是政治基础的观点,《大学》所谓的"正心"属道德,治平属政治。"正心"是理学家最关心的经学课题,治平是清代学者最关心的史学课题。

明末贪污的情形相当严重。顾炎武检讨当时官员的"俸禄"时说,"贪取"已经"胶固人心"而无法根治,造成了一股风气,这是由于微薄的"俸给"无法维持家庭生活的缘故(见《日知录·贪取之风》)。

顾炎武的"正心",首先要正的是贪取之心,人心贪取不仅是道德修养问题,连带也变成了政治制度中的俸禄制,和社会风俗以及贪富问题。

顾炎武的"正心",正的是私心。《日知录》"言利之臣"条,引明太祖语:"小人得位,欲济其私。"任用小人,是人君的私心。"剥下益上",是小人的私心。唐天宝年间,韦坚、杨慎矜、王铁、杨国忠等,"岁进羡缗百亿万,为天子私藏。"黄宗羲《明夷待访录·原君》篇所谓,人君"视天下为莫大之产业",唐天宝时的史实,正可以用作《原君》的注脚。这一段文字检讨的有两点:一是君子小人之分,属用人问题;一是义利公私之辨,属理学范畴。

总结人心之患所出现的贪污、私心、俸禄、用人、贫富等现象,其中有的是道德的流弊,有的是制度的不公。清初学者面对人心之患,提出了两个解决的办法:一是贵廉知耻,可以防止人心的堕落;一是改革威权体制,可以消除不平等的特权。

廉耻是针对贪污而提出的。顾炎武在《日知录》"贵廉"条说,汉文帝在"贵廉洁,贱贪污"的原则下,制定了严刑峻法。但武帝因"用度不足",实行变通办法,使得"犯法者赎罪,入谷者补吏",做官而能致富的人被视为"雄杰",于是"兄劝其弟,父勉其子",鼓励贪污敛财,因为人人都有"财多而光荣"的心态。这种风气延伸到明神宗时,变得"人心大坏"。炎武在同书"言利之臣"条认为,这是"上行下效"的后果。

有特权就有贪污,没有特权就没有贪污。如何消除贪污呢?只需改革不平等的特权体制,变假平等为真平等,以变法补道德之不足。清代经世学者,包括讲史学和春秋公羊学的,都主张变法。

清道光年间,情势有了改变,英国侵略中国。在当时学者心中,遇到了两大难题:一是外夷之患,一是人心之患,两者息息相关。魏源于道光二十二年,写了一部《海国图志》,在《序》中引用了可能是明代朱纨(1494—1550)所说的:"欲平海上之倭患,先平人心之积患。"在魏源看来,外患并不可怕,怕的是在睡梦中尚未醒觉的人心,失去了《易·系辞传》所谓的忧患意识。他认为只要"人心所以违寐而之觉",一旦觉醒,心能"验诸实事",外患自然容易解决。所以他说:"寐患去而天日昌"。

如何才能剗除"人心之寐患"?魏源提的办法是:"去伪,去饰,去畏难,去养癰,去营窟。"意思是说,扫除人心中的"奸诈虚伪,粉饰太平,畏难苟安,姑息养奸,结党营私"种种心理病态,人心的寐患自然就会消失。

人心的"寐患"除去了,接下来的是"以实事程实功"。魏源提的办法是:"师夷之长技以制夷"。"制夷"要以实际行动达到功效,不能虚应故事。

如何结合"人心之寐患"和"以实事程实功",是魏源的经世之学中所讨论的两大主题。

与魏源同时的龚自珍,在《尊史》篇中说到"尊心",主张"心史纵横自一家"(《龚自珍全集·逆旅题壁次周伯恬韵》)。"心",指的是廉耻心和经世心;"史",谈的是清议和改革。稍早于龚自珍的王懋竑(1668—1741)、惠栋(1697—1758)、王鸣盛(1722—1797)、钱大昕(1728—1804)等经史学者,也都极力强调"心史一家"和"经史一家"。离开了心,经和史就失去了主宰的力量。

清代学者,很少将学问分家。唐甄(1630—1704)说:"文学、事功、道学为一途",又说:"儒学大裂,则三者分途"(《潜书·功学》)。龚自珍也说:"尊德性"和"道问学"是儒学的两大端,"不相非而相用"(《龚自珍全集·江子屏所著书序》)。唐、龚两人都主张要着眼学问的整体,不必要使整体分裂,整合不同的学科,这是治学的最好方法。

五、结   论

(一)心有认识的能力,一是天赋,一是经过不断地学习而获得的。事的是非,需依赖心的判断,所以心学和事功之学,既可分也可合。

(二)明代以及清代经世文编中,既收录了和道德有关的理学家文章,同时也收录了和掌故有关的史学家文章,所以说,理学和史学不可二分,经学和史学也不可二分。

(三)《明经世文编》中的伦理和政治,成了清初学者检讨的重点,发展而成为清初的经世之学。

(四)龚自珍认为,尊德性和道问学是质和文的关系,"两者不相非而相用",是孔门之道的两大端。不可用文废质,也不可用质废文。也是体用关系,道是体,而尊德性和道问学是用,也可说,尊德性是体,道问学是用。体用兼备,才是学问。没有人相信有文而无质,也没有人相信有质而无文,更没有人相信有用而无体,或有体而无用的学问。

(五)经世伦理:伦理是经世的根本,没有伦理,经世就失去了意义。学术和政治也随之失去了意义。好像没有根的树,留下的全是枝叶。王阳明认为"树之根本"和"树之枝叶"是体用关系,如

"尊德性"之与"道问学","未种根何枝叶之可得"(《传习录》上)!

（选自《孔子研究》1996 年第 1 期,原刊于
《汉学研究》第十三卷第一期,1995 年 6 月)

　　何佑森(1930—　　　),历史学家,台湾大学中国文学系教授。长期从事中国学术史、经学、清代学术的研究。主要论著有《明末清初的实学》(《台大中文学报》4 期,1991 年 6 月)、《清代的反权威思想》(《王叔岷八十寿庆论文集》)、《清代经学思潮》(《清代经学国际研讨会论文集》,中央研究院文哲研究所,1994 年 6 月)等。

　　本文从儒学中的经世、事功、功利、义理等观念,清初的经世之学、经术经世与史学经世的方面系统论述了清代经世思潮。

戴震、丁茶山的实学思想

丁冠之

　　清代学者戴震(1724—1777)和朝鲜学者丁茶山(1762—1836)是东方实学的两颗巨星,实学的集大成者。他们以"实事求是,不偏主一家"(钱大昕《戴震先生传》,《戴震文集》附录)和"惟是是求,惟是是从,惟是是执"(《答汝弘载毅》,转引自金彦钟《丁茶山论语古今注原义总括考征》,台湾学海出版社1987年版,第471页)的治学态度,努力探求儒家经典的原义,驳正理学对儒学经典的曲解,为实学思潮的发展开辟道路。戴震的《孟子字义疏证》和丁茶山的《孟子要义》就是这一学术宗旨的产物。

　　戴震生活于清代雍、乾时期,这时理学虽受到自明代中叶以来兴起的实学思潮的冲击,但因其受到统治者的保护和提倡,仍然是禁锢人们思想的枷锁。戴震在给段玉裁的一封信中曾谈到他写作《孟子字义疏证》的动机,说他生平最大的著作为《疏证》一书,写书的目的是为了正人心,批驳误国祸民的理学。丁茶山生活在朝鲜英、正时期,亦面临脱离朱子学独尊之窠臼,解决社会矛盾的历史使命。戴震、丁茶山虽然生活在不同的国家,但因他们面临的历史课题大致相同,因而不约而同地选择了被理学当作理论张本的《孟子》进行阐释,而其诠释又有惊人的相同相似和相通之处。这不是历史的巧合,而是学术思潮发展之必然。

　　理学的核心和理论基础是"理"。其基本思想是:一、"以理为本"，理在气先，理是世界万物的本原；二、"性即理"，人于赋生之初，"理在人心，是谓之性"；三、"冥心求理"，在求知和道德修养的途径上，放弃后天的积习，践履，而强调"内求"。这个被戴震视为"杀人之具"的理以及由此而导引出来的种种结论成为害道、害政、害事、害民的祸水。戴震、丁茶山通过对《孟子》的阐释，对理学的上述思想进行了系统的批驳。

关于"理"

理字本义为玉之脉理，后引申为治理和道理，理义等。在先秦儒家经典中，理字不见于《易经》、《论语》。《孟子》理字四见，且理义连用，具有道德规范的涵义："心之所同然者何也？谓理也，义也，圣人先得我心之所同然耳。"(《孟子·告子上》)《易传》易在道德规范的意义上使用"理义"，但均未在本体意义上使用理字。把理作为哲学的最高范畴始于理学。

戴震、丁茶山在其著作中，首先寻求理字的本义，并逐一反驳了理为万物主宰的谬说。戴震认为"理者，察而几微，必以区别之名也，是故谓之分理；在物之质，曰肌理，曰腠理，曰文理，得其分别有条不紊，谓之条理。"(《孟子字义疏证·理》，中华书局 1982 年第 2 版第 1 页。以下凡引此书，只注书名，篇名，不注版本)丁茶山亦认为"理者，本是玉石之脉理。治玉察其脉理，故遂假借，以治为理。"(《孟子要义·告子上》"富岁子弟多赖趉麦易牙"章，韩国现代实学社 1994 年版第 555 页。以下凡引此书只注书名、篇名、页码，不注版本)。

其次，否认理为万物的本原和主宰。戴震继承前人气本论的思想，认为气为世界本原，理是指事物的规律。有气始有理，道不离气(器)，有其器则有其理。丁茶山在世界本原问题上观念比较模糊,还保留了"天之主宰为上帝"的陈说,但他却极力反对"太极"、"理"为主宰,并且在对天的论述上,认为"彼苍苍之天,在吾人不过屋宇幷幪,其品级不过与土地水火为一等,岂吾人道性之本乎"(同上书,《尽心上》"尽其心者知其性"章,第567页)这是丁茶山对理学天理论的批驳。他剥去天的神圣光环,视天为自然之天,因而主宰天的"上帝"也成为虚设之物了。

再次,戴震和丁茶山进一步论述了理与事物的关系。他们否认有游离于事物之外涵盖一切的理,认为理在事中,理与事物不可分割,有其物必有其理,不同的事物有不同的理。戴震说:"物者,指其实体实事之名,则者,称其纯粹中正之名。实体实事,罔非自然,而归于必然,天地、人物、事为之理得矣。"(《孟子字义疏证·理》第12页)丁茶山也认为,"天地万物之理,各在万物身上,安得备于我。犬有犬之理,牛有牛之理,此明明我之所无,安得强为大谈曰皆备于我乎!"(《孟子要义·尽心上》"万物皆备于我强恕而行求仁莫近"章,第57页)。

戴震和丁茶山对理的阐释和界定,尤其是戴震气本论的思想,从根本上动摇了理学的理论基石,从而为批判理学的人性学说奠定了基础。

关于人性

人性问题在理学中占有重要的地位。理学的人性学说,要而言之,认为人性有天命之性和气质之性。天命之性为理,即所谓"性即理"。认为人于赋生之初,天予人以仁义礼智之理。气质之性,因人之禀气清浊不同,而有贤愚之别。理学的人性论是以先天道德说和人性的先天不平等为基本特征的。

理学的人性学说,自称是上承孟子,其实离孟子的学说相去甚远。孟子的性善说,旨在区别人性与兽性的不同,论证人之为人的根据。他认为人性与兽性的不同在于人有"善端",因而人才可以教育成人。禽兽无此"善端",则终为禽兽。孟子讲的"善端"不是完备的仁义礼智诸德,而是以"善端"为基础,扩而充之,经过后天的学习和修养,才能具有完备的道德。同时认为,人皆性善,人人都有成为圣人的可能性。人之所以贤愚不齐,皆因后天的积习。孟子的性善论具有合理的内容,戴震和丁茶山都赞成孟子的性善说,他们沿着孟子开辟的思路,发挥完善了孟子的学说,并对理学作了有力的批驳。

戴震的人性血气心知说

　　首先,戴震极力反对理学天命之性和气质之性的谬况,认为人性一元,皆形成于气,"人物分阴阳以成性,舍气类,更无性之名"(《孟子字义疏证·性》),人性本于阴阳五行,形成血气,心知。这血气心知就是人性。他认为理学截气质为一性,理义为一性的人性二本说,纯系虚构。所谓性中之理,是"别为凑泊附着之一物"和"老庄,释氏所谓真宰真空之凑泊附着于形体"(《孟子字义疏证·理》,第 15 页)是一样的。

　　其次,戴震认为人性的血气心知有各自的功能。"口能辨味,耳能辨声,目能辨色,心能辨夫理义。味与声色在物,不在我,接于我之血气,能辨而悦之。其悦者,必其尤美者也。理义在事情之条分缕析,接于我之心知,故能辨而悦之。其悦者,必其至是者也。"(《孟子字义疏证·理》,第 5 页)又认为血气心知相互制约,不能截然分开。心知为君,血气为臣,心知不能代替血气之功能,但能控制血气之欲。他说:"有血气,则有心知;有心知,则学以进于神明,一本然也。有血气心知,则发乎血气心知之自然者,明之尽,使无几微之失,斯无往非仁义,一本然也。"(同上书,第19页)他认为《六经》孔、孟而下论述人性之失,都是把血气心知"歧而二之"而误入歧途。

再次,孟子的性善说,强调人有"善端",但须扩而充之。戴震亦以人之心知能知理义,亦须扩而充之。只有如此,才可具有完备的仁义礼智之德,成为贤人圣人。他说:"形体始乎幼小,终乎长大,德性始乎蒙昧,终乎圣智。其形体之长大也,资于饮食之养,乃长日加益……德性资以学问,进而圣智。"(《孟子字义疏证·理》,第15页)这就如前面所言,人的心知对理义有"辨而悦之"的功能,而非理义本身。如没有后天的学养,扩而充之,则不能具备仁义礼智之德。同时,戴震还对性与习作了辨析。他说人皆具有心知,都有向善的条件,但并非所有的人均能向善,要看后天的"得养"或"失养"。"得养失养及陷溺梏亡,咸属于习"(《孟子字义疏证·性》,第30页),不能把后天的失养陷于恶归因于性。他承认人有智愚之别,但认为"人虽有智有愚,大致相近,而智愚之甚远者盖鲜。"(同上)他对"唯上智下愚不移"作了独特的解释。他说所谓"下愚",并非生而下愚,而是由于自绝于学,知善而不为。这样的人可曰"不移",而非"不可移",只要一旦"苟悔而从善,则非下愚矣,加之以学,则进于智矣。"(同上)

丁茶山的性嗜好说

茶山的人性学说与戴震大致相同,尽管他们使用的概念不尽相同,但思路和理论倾向则是一致的。首先,他赞成孟子的性善说,对性恶论、性三品论等人性学说均持批评态度,而批评的重点则是理学的人性学说。茶山认为性是嗜好:"性者,心之所嗜好也。"(《孟子要义·尽心上》"尽其心者知其性"章,第570页)他认为人性有两种嗜好,有"气质之欲"和"道义之欲",在其自撰《墓志铭》

中,又称为"形体之嗜"和"灵知之嗜"。形体之嗜为耳目口鼻之嗜,灵知之嗜,则为乐善恶耻。灵知之嗜制约形体之嗜,如果形体之嗜超出合理的界限,灵知之嗜则予以阻止。"天赋之以此性,故又能时刻提醒牖启,每遇作恶,一边发欲,一边阻止,明阴止者,即本性所受之天命也。"(《孟子要义,滕文公上》"为世子孟子言必称尧舜"章,第498页)因此,即使是盗贼、娼妓见善也有愧怍之心,可与为善。乐善恶耻是人性的基本特征。茶山的人性学说和戴震基本相同,戴震把人性归之血气心知,茶山则归之形体之嗜和灵知之嗜,都是讲人性所具有的两种功能或嗜好。这和理学截道义、气质为二性的人性二元论完全不同。茶山在谈人性的形体之嗜和灵知之嗜时,有时也借用理学的"道义""气质",甚至"人心""道心"这类概念,但他从不把它们截之为二性,而是明确指出合"道义"和"气质"为一性。"道心""人心"亦是指的"灵知之嗜"和"形体之嗜",与理学的"道心""人心"迥异。他说:"人者,妙合形神而混然为一者也。其发之为心者,有因道义而发者,谓之道心;又因形质而发者,谓之人心。"(《丁茶山论语古今注原义总括考征》,第153页)细审茶山文义,这里讲的"道心""人心",仍是指心之两种功能或嗜好,这与理学析道心人心为二,又以"道心"为"理"的说法不可同日而语。

其次,茶山对理学人性先天道德说进行了有力的批驳,这是茶山人性学说最精彩的部分。按照理学性即理的主张,认为人于赋生之初具有仁义礼智之德,而茶山则明确指出"仁义礼智之名,成于行事之后,故爱人而后谓之仁,爱人之先,仁义之名未立也;善我而后谓之义,义我之先,义之名未立也,宾主揖拜而后,礼之名立焉;事物辨明之后,智之名立焉。岂有仁义礼智四颗磊磊落落,如桃仁杏仁,伏于人心中者乎!"(《孟子要义,公孙丑上》"人皆有不忍人之心"章,第484页)这是茶山用明晰、准确的语言对理学先天道德说的有力反驳,也是对孟子学说的发展。茶山维护孟子的性善论,赞成"四端"说,其实他理解的"四端",即是他说的"灵知之嗜"或"道心"。他认为孟子所言之"四端",并非理学说的藏于心中的仁义礼智,而是仁义礼智赖以扩充的依据。他说"四心者,人性之所固有也,四德者,心之所扩充也。未及扩充,则仁义礼智之名,终不可立矣。"(《孟子要义·告子上》"告子曰性无善不善"章,第553页)茶山和戴震一样,他们既反对人性具有先天道德(理),同时又牢牢把握人与禽兽的区别,在人性中寻找人之为人的依据。至于这根据是孟子所言之"四端",还是戴震所言之"心知",抑或茶山所言之"灵知",都无大碍,因为他们解决问题的思路和方向是正确的。

再次,茶山对理学的人性不平等论,也作了有力的批驳。理学把人的贤愚不肖归因于气禀之清浊,茶山则主张人的善恶不是先天注定的,"人之善恶不系气禀之清浊。"(《孟子要义·告子上》"告子曰性无善无不善"章,第553页),他认为人性皆善,皆有向善的可能,其行善行恶皆因后天的积习或陷溺:"人性本善,其或所行不善者,必由于陷溺。陷溺之法,或以财利,或以酒色,而大抵多由于培养。……孟子以不善归之陷溺。宋儒论性,以不善归之气质。陷溺由己,其救有术,气质由天,其脱无路,人孰不自暴自弃。"(同上,第551页)茶山十分强调人的道德自觉和发挥人的主观能动性,认为为善为恶,主权在己"欲善则为善,欲恶则为恶,游移不定,其权在己,不似禽兽之有定心,故为善实为己功,为恶实为己罪,此心之权也,非所谓性也"(同上)。茶山对"惟上智与下愚不移"也作了新的解释,其说与戴震大致相同。他说尧舜与桀纣性相近,其所以有善恶之别,皆因"谋身之工拙":"习于善人则为善,习于恶人则为恶,惟明智者,虽与恶人相习,不为所移,愚暗者,虽与善人相习,不为所移也。原夫愚智之名,起于谋身之工拙",如果把"上智生而善,下愚生而恶"这种先天善恶论推而广之,其"足以毒天下,而祸万世，不但洪水猛兽而已"(《孟子要义·告子上》)"告子曰性无善无不善"章，第551页)。

关于求知修养的路径和事功与道德的关系

理学的性理学说，是以"私智穿凿""谬在大本，举一废百"(《孟子字义疏证·序》，第1页)，因而导致了种种荒谬的结论。其中危害最重的是堵塞了人们求知修养的正确道路。理学主张"理得于天而具于心"(《孟子字义疏证·理》，第4页)因此在求知，修养的方向上"冥心求理"就是其必然的逻辑归宿。这种"内求"的求知修养路线，表现在道德与事功的关系上，也就必然是"精内而遗外"，"分仁义与功利为二途"(焦《澹园集·书盐铁论后》)，最终破坏了儒家传统的"内圣外王"之道。戴震、丁茶山以及其他实学思想家在这方面对理学的批评，最能体现实学思潮的特色。首先，针对理学"冥心求理"的认识路线，戴震，丁茶山都强调"行"在道德修养和认识过程的重要地位。戴震主张"即事求理""履而后知"，丁茶山则强调"行则必知，知则必行"。戴震认为理不是先天具有的，而是存在于客观事物之中，人具有认识客观事物及其规律的能力，通过学习和践履，即可把握事物之则(理)。他说"就事物言，非事物之外别有理义，'有物有则'，以其则正其物，如是而已矣。就人心言，非别有理予之而具于心也；心之神明，于事物咸足以知其不易之则。"(《孟子字义疏证·理》，第7页)因此他认为"凡事履而后知，历而后难"(《戴震集》，上海古籍出版社，1990年版，第190页)。在道德修养上，戴震对理学闭门静坐，"冥心求理"的所谓复人性之初的做法深恶痛绝，认为道德修养离开践履，不见诸行动，不外缘木求鱼。他说《大学》谓"明明德"，是说做事有德行"人皆共仰，如日月悬象著明，故称之曰'明明德'，倘一事察失，则有一事之掩亏。"(《孟子字义疏证》附录《答彭进士元初书》,第 164 页)又说:"人伦日用之事,实责诸身,观其行事,身之修不修乃见。"(《孟子字义疏证》附录《孟子私淑录》卷上,第 133)"征之践行,身之修不修乃见。"(《孟子字义疏证》附录《中庸补注》,第 205 页)。

丁茶山对知行关系也有深刻论述,他一方面肯定知来源于行,同时又认为知又进一步推动行,二者相互促进。这就是前面提到的"行则必知,知则必行,互发而交修者也"(《孟子要义·尽心上》"尽其心者知其性"章,第 567 页)的认识原则。茶山进一步认为,人们认识客观事物和进行道德修养有鲜明的功利目的,即掌握"实践实用"之学,以辅国济民。他说宋儒歪曲了先圣之学,理学的穷理知性,看似高远实则对国家、人民有百害而无一利。如果按照理学的修养路径"则吾一生事业,惟有求理而已,求理将何用矣。"(同上)他强烈主张从理学穷理知性的禁锢中挣脱出来,从事于"事亲敬长,忠君牧民,礼乐刑改,军旅,财赋,实践,实用之学"(同上),否则将一事无成。

其次,戴震、丁茶山在道德与事功相统一的问题也有深刻论述。由于实学强调事功,注重为学的实践实用,因而人们似乎有一种误解,认为实学只强调事功而不注重道德建设。对此我在 1994 年东京国际实学讲述会上曾提出质疑,并就此提出了自己的看法。认为在实学家看来,事功和道德是不可分割的,因为理学空谈心性,误国误民,既废弃了事功,也破坏了道德建设。脱离道德践履,而崇尚空谈,这只能造就一批言行相背离的伪君子。所以实学激烈反对理学"外事物而为诚意"(陆陇其《三鱼堂文集》卷四《读朱子白鹿洞学规》)分"仁义功利为二途"(焦循《澹园集·书盐铁论后》),强调事功与道德的统一。对此,在戴震和丁茶山的著作中也有充分体现。戴震认为道德见诸事功,没有脱离行事的道德。他说:"圣贤之道德即其行事,释、老乃别有其心所独得之道德;圣贤之理义，即事情之至是无憾，后儒乃别有一物焉与生俱生而制夫事。"（《孟子字义疏证》附录《与某书》，第174页）这就是说世上既没有释、老所言脱离行事的"独得之德"，也不存在理学所言之与生俱来的道德。又说"圣人'仁且智'，其见之行事，无非仁也，无非礼义也，三者无憾，《大学》所讲'止于至善'也。故仁义礼智以之衡断行事，是为知之尽；因而行之，则实之为德行，而忠信忠恕更不待言。"（《孟子字义疏证》附录《绪言》卷中，第110页）总之戴震认为道德与事功的关系，是"指其事言则曰事，以自身行之则曰道。不务践行则身不修，行之差失则道不修。"（《孟子字义疏证》附录《中庸新注》，第205页）这是对事功与道德关系的非常辩证的论述。

丁荼山亦强调修己与治人相结合，认为道德修养不能徒托空言，必须与道德实践和事功结合起来。他说："仁者，二人也。事亲孝为仁，子与父二人也。事君，忠为仁，臣与君二人也。牧民，慈为仁，牧与民二人也。人与人尽其分，乃得为仁。"（《孟子要义·告子上》"仁，人心也，义，人路也"章，第558页）这是说道德修养必须在处理人际关系和所从事的事业中得以体现，没有脱离行为的"在心之理"和"在心之德"。他说："直心而行，所谓之德。故《大学》以孝、弟、慈为明德，《论语》以让国为至德，实行既著，乃称为德。心体之湛然虚明者，安有德乎！"（同上）

综上所述，丁荼山所言之"实践实用"之学以及戴震的有关论述，都是强调道德与事功的统一，"实学"包括事功和道德建设两个内容，二者是不可分割的整体。主张道德与事功的统一，是儒学的优良传统，宋儒的心性学说，丢弃了儒家传统，诚如丁荼山所言"古学用力在行事，而以行事为治心；今学用力在养心，以养心至废事故也"（《孟子要义·告子上》"牛山之木尝美矣"章，第557页）。戴震、丁荼山和其他实学思想家，结合时代的要求，主张恢复和发展儒家的经世传统，统一内圣外王，在学术思想史上做出了杰出的贡献。在当今世界经济大潮中,有的人单纯追逐经济利益而背离道德,从另一个极端破坏了道德与事功的统一。在这种背景下研究实学,仍能给我们以深刻的启迪,对社会有所补益。

(原载《烟台大学学报》1997年第1期)

丁冠之(1932——),山东苍山人,历史学家,山东大学教授,中国实学会副会长、中国孔子基金会理事兼学术委员。长期从事中国思想史、中国文化史的研究。主要著作有《阮籍评传》、《嵇康评传》、《秦汉齐学》(合著)、《儒家道德的重建》(主编)。

本文认为,戴震和丁茶山是东方实学的两颗巨星,实学的集大成者。他们以"实事求是,不主一家"的治学态度,努力探求儒家经典的原义,驳正理学对儒学经典的曲解,为实学思潮的发展开辟道路。

论张载关学与明清实学

赵吉惠

张载关学与明清实学的关系乃是中国学术思想史、中国儒学史研究的新课题、新领域。这不仅涉及关学与实学的基本概念、研究对象、研究范围,更关系到关学与实学的理论体系、历史定位、学术评价、源流走向等带根本性的基础理论研究问题,因而受到海内外学者的普遍关注。

本文的基本观点,认为张载关学为明清实学思潮提供了学术思想渊源,为明清实学奠定了思想基础。本文拟谈四个问题:一,关学与实学概念定位;二,张载关学奠定了明清实学的思想基础;三,中国实学发展演变的历史断限;四,实学范畴系统与理论体系。

一、关学与实学概念定位

"关学"概念在历史上向来有广义与狭义两种不同的理解与用法。广义关学,泛指封建社会后期的陕西关中理学(儒学)。明代关中大儒冯从吾在其《关学编自序》中说:"我关中自古称理学之邦,文、武、周公不可尚已,有宋横渠张先生崛起郿邑,倡明斯学,皋比勇撤,圣道中天。……余不肖,私淑有日,顷山中无事,取诸君子行实,僭为纂次,题曰《关学编》,聊以识吾关中理学之大略云。"余懋衡在明刻本《序》中解释说:"其书以'关学'名,为关中理学而辑,表前修,风后进,用意勤矣。"又李维桢刻本《序》解释说:"关学编者,侍御史冯仲好集关西之为理学者也。其为孔子弟子者四人,学无所考。于宋得九人,于金得一人,于元得八人,于明得十五人。诸附见者不与焉,皆述其学之大略,为小传,授受源委可推求也。"明儒张舜典在《关学编后序》中论述得明确。他说:"关学之编,少墟冯侍御为吾乡之理学作也。"以上诸家均取关学之广义,即泛指封建社会后期关中之理学而言。所谓狭义关学特指北宋时期以陕西关中张载为创始的理学或张载关学学派。侯外庐主编《中国思想通史》第四卷上册(人民出版社1959年出版)第十一章所使用的"关学"概念多取其狭义。如说:"北宋时期陕西地方的关学,以张载为核心,形成了一个重要的学派。……关学当时与洛学、蜀学相鼎峙,但北宋亡后,关学就渐归衰熄"显然这里所云"北宋亡后,关学就渐归衰熄"一语,应理解为特指张载关学或张载关学学派,在北宋亡后渐归衰熄,而关中理学还继续着自己的生命。所以才有清人全祖望的评断:"关学自横渠(张载)而后,三原(马理)、泾阳(吕柟、少墟)累作累替,至先生(李二曲)而复盛。"(《鲒埼亭集》卷十二)全祖望在此处是取"关学"概念的广义。

"实学"也有广义与狭义两种理解与界定。广义实学概念,泛指自先秦以来一切追求实际并重在应用(包括科学技术)的学问,这个"实"是与"虚"相对而言的。一般而论,任何学问都有"实"的部分和"虚"的部分。偏于追求实际并致力于应用学问,可称为广义实学。但是我们这里研究的不是广义实学,而是特定的实学即狭义实学。狭义实学则是中国传统儒学发展演变的特殊文化形态,特指北宋至清末以坚持发扬儒学"经世致用"传统,既反对佛道"空""无",又反对空疏玄理无用为己任而逐渐形成的文化思潮。我们有时用"中国实学"概念,即指"狭义实学"而言。这里还要特别说明一下"实学"与"理学"的关系,简单地说实学与理学存在既对立又统一的关系。实学出现的大背景是汉魏以后儒、道、释三家的鼎立与论争,儒家强调以"经世致用"批评佛学、道家的空无与玄虚,提倡实有与实用。结果又在两宋形成了三教合一的"理学"。理学内部的致思方向也有坚持"经世致用"传统和走向空疏玄虚的分歧。理学内部坚持"经世致用"传统的思想,自北宋至元明时期逐渐形成为强调"崇实"方向的独特文化形态。它既与理学内部坚持"经世致用"传统的思想倾向相一致,又与理学内部倡导空疏玄虚思想的倾向相对立。程朱既在批评佛道时,把经学、理学视为实学,而又在实际的运思中使"天理"虚化无际。例如二程说过:"治经,实学也。……如《中庸》一卷出,自至理推之于事。如国家有九经,及历代圣人之迹,莫非实学也。"还说:"学在知其所有又养其所有。实事实非能辨,则循实事,天下之事归于一事,是乃理也。"(《二程集》中华书局出版)朱熹则明言佛、道是空无之学,儒学、理学才是实学。他说:"释氏便只是说'空',老氏便只是说'无',却不知道莫实于理。"由此可见,程朱确实有力辟佛、道,坚持"经世致用",认同理学即实学的一面。然而,他们在理论中更多的是把"理"或"天理"玄虚化了。例如朱熹说:"天下之理,至虚之中,有至实者存;至无之中,有至有者存。夫理者,寓于至有之中,而不可以目击而指数也。然而举天下之事,莫不有理。"(《朱子语类》中华书局出版)初看起来,这段文字好像是说"天理"既在至虚之中,亦在至实之中,既在至有之中,亦在至无之中。实际上,是把"理"归结为"不可以目击而指数也"的至虚、至无之中了。我们这样定位实学与理学的关系,既明确了实学与理学的联系与区别,又回答了何以二程朱熹也谈实学,但是却不把他们定位为实学家的道理。

当我们厘定实学概念的内涵与外延时,不能不明确实学的学科归属,我们这里所研究的作为儒学特殊形态的狭义实学,当然属于人文学科,而非自然学科。因而,那些纯自然科学与自然科学家

（如李时珍），纯文学与文学家，非思想家的政治家等等不宜列入狭义实学研究对象。当然，对于某些既是科学家也是思想家的学者（如方以智、徐光启）、对于实学家的科技思想、自然观、天人观以及他们对自然科学技术的关注等等也应进行研究和论述。

二、张载关学奠定了明清实学的思想基础

中国传统儒学自先秦孔孟以降，一直存在偏于发挥"内圣"（道德）精神与重在实行"外王"（王者）之治两种思想走向，具体地说，宋明理学家内部，也始终存在比较尚虚、喜谈天理性命、擅于玄思和比较务实、关切百姓生活日用、坚持"经世致用"传统两种不同的思想学风。大体说来，张载关学属于崇实一派，程朱陆王属于玄虚一派。

张载一生所做的是"为往圣继绝学"的工作，这里的"绝学"主要是指以"经世致用"为传统的儒学。他看到自魏晋以来老、庄、浮屠对儒学"经世致用"的冲击，反复强调应以正道"为天地立心，为生民立命，为往圣继绝学，为万世开太平。"（《张载集》中华书局出版，以下引张载言论，均取自《张载集》）他积极主张"道要平旷中求其是，虚中求出实，而又博之以文，则弥坚转诚。"张载对于虚、实、文、理、德、用的关系理解得非常辩证而不偏颇。他在解释《周易·系辞传下》时说："然而得博学于文以求义理，则亦动其心乎？夫思虚不违是心而已，'尺蠖之屈，以求伸也；利用安身，以崇德也；'此交相养之道。夫屈者所以求伸也，勤学所以修身也，博文所以崇德也，惟博文则可以力致"。由这段文字可以看清，张载关学以"致用""崇德"为最终目标，也是文、理、致用的相辅相成之理。张载的"崇实""致用"思想，贯穿于他的《易说》《正蒙》《经学理窟》等著述之中，他在注解《周易·系辞传下》时曾反复强调"精义入神须从此

去,预则事无不备,备则用利,用利则身安。凡人应物无节,则往往自失,故要在利用安身,盖以养德也。……'精义入神以致用'谓贯穿天下义理,有以待之,故可致用。"张载认为求"精义"的目的在于"致用",致用的内容包括利用、安身、养德,这便是"为天下开太平"了。

张载的"崇实""致用"思想贯穿于他的所有著述之中,并且成为元、明、清实学思潮的学术思想渊源,奠定了实学思潮的思想基础。

(一)张载的太虚即气、至虚为实、虚中求实的世界本体论。"气"本是先秦道家提出的哲学范畴,经过战国、两汉时期道儒的融合,儒家逐渐接受了"气"的学说,处于儒、道、释三教长期纷争之后即北宋时代的张载进一步融合了儒道二家的思想,论证了"太虚即气""至虚为实"的世界本体论和世界万物生成论。他在《正蒙·太和篇》中强调说:"太虚无形,气之本体,其聚其散,变化之客形尔"。又说:"天地之气,虽聚散、攻取百途,然其为理也,顺而不妄。气之为物,散入无形,适得吾体;聚为有象,不失吾常。太虚不能无气,气不能不聚而为万物,万物不能不散而为太虚。"张载还在很多地方直接用实学思想解释了"太虚"。他说:"太虚者,天之实也。万物取足于太虚,人亦出于太虚,太虚者心之实也。他不仅承认"太虚"是"实",而且是"至实"。他说:"与天同源谓之虚,须事实故谓之实。……天地之道无非以至虚为实,人须于虚中求出实。惟太虚无动摇,故为至实。由此可见,张载已经把"实"升华为形而上的世界本体概念,这就是张载关学的世界本体论,从而也为中国实学奠定了本体论基础。

(二)张载强调"民,吾同胞;物,吾与也"的天人合一理论。"天人合一"是中国文化的基本精神方向,导源于《周易》的天人合德思想。后来,道家从道法自然、回归自然的方向加以发展,儒家从天人一体、天人合德的方向加以运思。张载则综合儒道思想作《西铭》，把中国传统的"天人合一"理论发展到新的高度。他说："乾称父，坤称母；予兹藐焉，乃混然中处。故天地之塞，吾其体；天地之帅，吾其性。民，吾同胞；物，吾与也。大君者，吾父母宗子；其大臣，宗子之家相也。尊高年，所以长其长；慈孤弱，所以幼吾幼。圣其合德，贤其秀也。"这是包括人类伦理与自然生态伦理在内的、新的天人观和伦理观，这就奠定了中国传统的"天人合一"理论的实学基础。

（三）提倡礼制，崇尚古礼、使民风厚朴的社会观。"仁"和"礼"是传统儒学的核心概念。"仁"是仁爱之心，是一种精神境界，是偏虚的范畴；"礼"是礼法制度，是仁的实体化、对象化，是偏实的范畴。张载是"理"学家，也是"礼"学家，他在《经学理窟》一书特别是《周礼》《崇法》《礼乐》《祭祀》《月令统》诸章，把提倡礼乐视为正民风，不忘本的实学精神。他提倡复井田的目的是为了百姓均平。他在《周礼》一章中说："治天下不由井地，终无由得平。周道止是均平。"张载的"礼学"，是其实学思想的重要表现。

这里有个问题需要讨论一下。过去论者多对于张载提倡古礼进行批评，今天看来需做具体分析。张载提倡古礼固有守旧之一方面，但是也有当时的背景。中国文化自魏晋南北朝至隋唐，经过儒释道三家鼎足纷争，在佛道的冲击下，礼制被削弱，所谓"王法不行""四维不张"。张载在《周礼》一章中明言："《周礼》是的当之书，然其间必有末世添入者，如盟诅之属，必非周公之意。盖盟诅起于王法不行，人无所取直，故要之于神，所谓'国将亡听于神'，盖人屈抑无所伸故也。如深山之人多信巫祝，盖山僻罕及，多为强有力者所制，其人屈而不伸，必咒诅于神，其间又有偶遭祸着，遂指以为果得伸于神，如战国诸侯盟诅，亦为上无王法"。由此可见，张载提倡古礼也有主张求实，力辟宗教迷信的一面，他的复井田也有"经世"

的一面,这也为明清时期批判空言心性,提倡礼制务实的精神走向,提供了适宜的文化思想土壤。

(四)坚持利民求实、关注现实的"经世致用"学风。张载本人不是为读书而读书的蛀虫。据《宋史·张载传》:"张载,少喜谈兵,至欲结客取洮西之地。……举进士,为祁州司法参军,云岩令。政事以敦本善俗为先,每月吉,具酒食召乡人高年会县庭,亲为劝酬,使人知养老事长之义,因问民疾苦,及告所以训戒子弟之意。又论定井田、宅里、发敛、学校之法,皆欲条理成书,使可举而措诸事业。"张载自幼无论治学和为政都以崇实、致用为目的。他认为"学者欲其进,须钦其事,钦其事则有立,有立则有成,未有不钦而能立,不立则安可望有成?"学者能"钦其事"才可望有立有成。钦其事、有立、有成,都是实学精神。他为什么反复提倡《周礼》呢?他告诫弟子说:"学得《周礼》,他日有为却做得些实事"。张载在反复论"实"的过程中,已经给定"实"以特殊旨意,"实"即涵括"致用"。他在《文集·佚存·边议》一文中,说:"城池之实,欲其牢不可破;甲循之实,欲其坚不可攻;营阵之实,欲其房不可摇;士卒之实,欲其人致死力;讲训之实,欲其使无不精;兵矢之实,欲其中无不彀。今众物备具而事不可期,盖实未始讲而讲不致实。今朝廷未假塞外之功,徒欲自固,然尚且忧形庙堂而民不安土,则讲实之说,其容一日而缓!张载在这里不但为"实"规定了具体内容,而且将其概念化、逻辑化,进而提升为"讲实之说"的高度,这就为明清实学思潮构建了基本的思维方式,为明清实学重建了"经世致用"的传统学风。所以明代王廷相在《慎言》中评断说:"《正蒙》横渠之实学也。"清代王夫之在《张子正蒙注序论》中说:"张子之学,奥旨幽深,足以开写气之先破旧立新。"

三、中国实学发展演变的历史断限

　　所谓"中国实学"即指特定历史时期、构成特定理论形态的"狭义实学",而非"广义实学"。所谓"历史断限",主要指实学发生、发展的历史上限与下限而言。我们把中国实学的上限断为北宋张载关学,是因为张载关学开端了实学,奠定了实学的思想基础,构建了实学的本体论和思维方式。所以我们认定研究与论述中国实学应自北宋张载关学始。我们把中国实学的下限断在清代后期至清末,是因为这时候作为传统儒学特定历史时期、特殊理论形态的实学开始解体,它在西学的冲击下,逐渐转化为"新学"。这以后就是近代思想文化史的研究范围了,我们可以暂且不论。

　　广义地说,中国实学思想源远流长,自孔子以来至北宋时期,为中国传统文化创造了丰富的实学思想资源。这是实学思想的远源,狭义实学的思想近源,除了北宋张载关学外,还应研究北宋末至南宋初以胡安国、胡宏为代表的湖湘派重视现实的学术和南宋时期以陈亮(永康之学)、叶适(永嘉之学)为代表的浙东功利派学术。

　　吴任华在为中华书局出版的《胡宏集》所作的《代序》最后评价说:"胡宏是南宋初颇有影响的学者,与其父胡安国开创湖湘之学。他虽与程门有一定的联系,但还是一个独立的思想家。很少有理学家的迂腐之气",清人全祖望在《五峰学案序录·案语》中评价:"绍兴诸儒,所造莫出五峰之上。其所作《知言》,东莱(吕祖谦)以为过于《正蒙》,卒开湖湘之学统。"(《宋元学案》第二册,中华书局出版)胡宏本出身于理学名家,可是他的思想却与关中张载接近。他在《知言》一书的《事物》《中原》等章中大谈复井田、封建之说。他认为:"圣人理天下,以万物各得其所为至极。井田、封建,其大法也。"他在《与张敬夫书》中论证:"学圣人之道,得其体,必得其用。有体而无用,与异端何辨?井田、封建、学校、军制,皆圣人竭心思致用之大者也。"他还说:"正儒当以古人实事自律,不可作世俗虚华之见也。"(上引胡宏言论均见《胡宏集》中华书局出版)胡宏在其著作中虽然亦谈"天命""天理",但是,他比较注重理学的"经世致用",不喜论空洞虚幻的心性之学,他所谓的"以实事自律,不作世俗虚华之见"正是这个意思,正表现了他与张载关学相类似的实学倾向。

胡宏"有体有用""同体异用"的思想,实际上是对传统儒学"体用不二""经世致用"思想的发挥,是对理学家空谈心性义理思想的批判。后来明清之际实学思潮的重要代表人物顾炎武持论"明道救世",孙奇峰提出"明理产用",李二曲倡导"明体适用"等理论观点,实际上与胡宏的"有体有用""同体异用"的观点,在思想逻辑上具有内在的同一关系。

陈亮、叶适生当南宋边患多事之秋,在对金战和问题上他们是主战派,反对妥协投降。在学术思想上,他们提倡"实事实功",批评程朱理学的空谈"明心见性",批评佛道的虚幻不实,表现了明显的实学倾向,叶适说"善为国者,务实而不务虚,择福而不择祸,条目先定,而始未不差,斯所谓公心矣。措已于安,而制敌之危,斯所谓定论矣。"(《文心文集》卷二九)在价值取向上,他反对朱熹宣扬董仲舒"正其义不谋其利,明其道不计其功"的观点。他指出:"仁人正谊不谋利,明道不计功。此语初看极好,细看全疏阔。古人以利与人,而不自居其功,故道义光明。后世儒者行仲舒之论,既无功利,则道义者,乃无用之虚语尔。然举者不能胜,行者不能至,而反以为诟于天下矣。"(《习学记言》卷二三)叶适对传统持批判的态度,我们从《宋元学案·水心学案》中看得十分清楚,他对《周易》、孔、孟、子思、曾子、道、佛诸家几乎无不批判。他反复批评程朱的

"格物""穷理"之说。他指出：程氏提出"格物者,穷理也"是错误的。他说："若以为未能穷理,而求究理,则未正之心,示诚之意,未致之知,安能求之,又非也。然所以如是者,正谓为《大学》之书者,自不能明,故疑误后学尔。"他指评老聃"为虚无之祖……庄、列始妄为名字,不胜其多,故有太始、太素、茫昧、广远之说。"叶适深受张载关学影响,不但在哲学观上崇实黜虚,而且在社会观上也主张复礼。他批评程子："程氏诲学者必以敬为始,予谓学必始于复礼,复礼而后能敬。"(《宋元学案》第三册)

　　陈亮是南宋浙东事功派的又一领袖人物。清代学者全祖望在《龙川学案序录案语》说："永嘉以经制言事功,……永康则专言事功而无所承,其学更粗莽抢魁。"黄百家则在案语中谓："陈同甫亮又崛兴于永康,无所承接。然其为学,俱以读书经济为事,嗤黜空疏,随人牙后谈性命者,以为灰埃。亦遂为世所忌,以为此近于功利,俱目之为浙学。"(同上)陈亮的思想由于崇实黜虚,故与程朱思想不合,他曾多次与朱熹辩论义利、王霸、天理、人欲等问题。陈亮反对程朱把天理与人欲对立起来,更不同意以"天理"说明三代的历史,以"人欲"解释汉唐的历史。所以他明确批评说："诸儒之论,为曹孟德以下诸人设可也,以断汉唐,岂不冤哉！高祖、太宗岂能心服于冥冥乎！"(同上)陈亮还明确反对程朱理学家空谈"尽心知性",这不但背离于求实正道,而且无助于治理民事。他批评说："为士者耻言文章行义,而曰'尽心知性',居官者耻言政事书判,而曰'学道爱人'。相蒙相欺,以尽废天下之实,则亦终于百事不理而已。"(《陈亮文集》卷一五)南宋浙东学术充满着实学精神,他们虽然与北宋张载关学没有明显的师承关系,但是他们在歌唱实学精神方面确实具有异曲同工之妙,应该承认他们对于奠定与形成元明清实学思潮,都做出了自己的贡献。

　　以上是对中国实学近源的历史考察。两宋时期虽然程朱理学仍然占据着社会思想的正统地位,但是西部从张载关学开端,南方继之以湖湘之学,浙东以事功学派回应,启动了反对空谈心性义理、提倡崇实、务实之新风。这一方面说明两宋理学走向衰落,理学自身趋于分化,同时,也酝酿着、准备着一股新思潮的来临。

元明时期,实学逐渐形成、发展为一股社会思潮。明代中叶王阳明"心学"盛行,及至泰州学派,"时时不满其师说",遂使王阳明心学"渐失其传"(《明儒学案》下册)实际上泰州学派后来发展为王学异端,特别是王艮、李贽、黄宗羲等具有强烈地批判意识、启蒙思想和离经叛道精神,这便暗合了正在发展着的实学思潮。明中叶以后潜心读书的学者罗钦顺、王廷相、吕坤等,既看到当时的社会矛盾,要求改革弊政,又在哲学上继承和发展了张载关学坚持的"气本论"世界观,对空谈"明心见性"的理学进一步展开了批判,推动了实学思潮之发展。

明末清初,是中国实学思潮发展的鼎盛时期。崇实、求实、务实之风逐渐发展成为社会主流思潮,实学也逐渐完成了自身理论化、系统化的构建。这个时期以顾炎武、黄宗羲、王夫之、李二曲、颜元为最杰出的实学思想家代表,此外还有孙奇逢、李塨等思想家相呼应。梁启超在《清代学术概论》中论断说:顾、黄、王、颜、同一《王学》之反动也,他们批评王学末流之空疏。顾炎武的《天下郡国利病书》《日知录》,王夫之的《张子正蒙注》《周易外传》《思问录》,魏源的《默觚》《皇朝经世文编》,李二曲的《体用全学》《四书反身录》《匡时要务》等都是著名的中国实学著作,构建了实学本体论、知行论、方法论、价值论、天人观、理欲观、伦理观、社会观的理论框架和范畴系统,标志"实学"真正成为与"理学"并存而相对独立的理论形态。清代中期,实学转化为乾嘉考据学、浙东明道、经世的史学,而成为社会主流思潮。考据学本来由顾炎武奠基,其治学方法坚持由声音文字以求训诂,由训诂以求义理。到了乾嘉时代以惠栋为代表的吴派和以戴震为代表的皖派,发展为极盛。他们的治学风格是"朴实说理,言无枝叶。"在思维方式上重实据、实证。然而汉学家终生沉溺于考据,又有脱离"经世致用"之弊。汪中、章学诚治学特别强调"明道""经世"的意义,到了焦循和阮元逐渐走上了汉宋兼采、调和汉宋的学术方向。由此可见,嘉道之际的考据学已注意到"明道"与"经世"的思想走向。这里还应注意清代史学的动向,特别是以王鸣盛、钱大昕、赵翼为代表的考据史学,把"明道""经世""治史"结合起来,从而也就把"明道""经世"落到社会实处。梁启超在《清代学术概论》总结说:"清初诸师皆治史学,欲以为经世致用。"又说:"要之,清学以提倡一'实'字而盛,以不能贯彻一'实'字而衰,自业自得。固其所矣。"梁启超认为清学实际上就是实学。

清代晚期今文经学转向经世致用、关注社会改革,传统实学开始转型,明清实学思潮走向终结。经学在汉代本有今文学与古文学之争,清代乾嘉考据学当然尊奉古文经学。但是生活于嘉道之际的刘逢禄异军突起,力举今文学旗帜,重理《公羊传》。继承汉代今文家胡毋生、董仲舒、何休的学统,宣扬《春秋》能救万世之乱。后来他的两大弟子龚自珍、魏源在道咸之际,又向前推进了今文经学。包世臣、林则徐是晚清力倡"经世"之学并付诸实践的两位重要代表人物。

四、实学范畴系统与理论体系

凡经学、佛学、理学、实学,都是中国思想文化史、中国学术思想发展、演变史上独特的文化形态、理论形态,都有自己独特的范畴系统和理论体系,并由自己独特的范畴系统和理论体系构筑成自己独特的理论框架,而使其成为名符其实的理论形态和独立的学科。

　　根据我个人的初步研究与整理,中国实学大体自北宋至清代晚期近八百年的发展演变中,所形成的范畴系统应该包括:经世致用、厚生利用、开物成务、康济群生、实证求是、经世济民、崇实黜虚、明体适用、明体达用、明道经世、明理实用、通经致用、躬体力行、躬行实践、学以致用、知行合一、实行实用、学必实用、考据务实、匡正时弊、六经皆史、太虚即气、舍虚务实等等。

　　这些范畴,有的来源甚早,例如"厚生利用"出自《尚书·大禹谟》,"开物成务"出自《周易·系辞传上》。有的为明清实学家所创用,例如"明体适用"为清人李二曲所创,"明道经世"为清人章学诚所倡,"舍虚务实"为明清之际黄宗羲所扬。然而,这些范畴基本具有两个特点:其一,它们大体上都是明清实学思潮发生、发展、演变时期,被具有实学思想的思想家或实学家所经常使用表达自己实学思想的文化概念;其二,它们大体上都能从一个侧面、一种视角,一个方向表达中国实学的某些本质特征或属性。所以这个范畴系统,也就比较鲜明地表现了中国实学的思想理论内涵。

　　中国实学亦应和经学、佛学、理学一样,有自己的理论体系、理论建树、理论内容。这个理论体系既应包括实学的本体论、认识论、方法论,亦应包括实学的伦理观、价值观、社会观。根据我们初步研究认定,中国实学的理论体系应该涵括以下内容:

　　(一)"太虚即气"的世界本体论与"气化论"的宇宙生成论。张载《正蒙》已经开创了"太虚即气"体用相即的世界本体论和"气化论"的宇宙生成论。明清的实学家多数接受和发挥了张载关学的这些理论,明代的罗钦顺、王廷相、吕坤等都从不同方面有所发挥,至王夫之所著《张子正蒙注》的问世,对这一理论做出了历史地总结。他说:"于太虚之中具有而未成乎形,气自足也,聚散变化,而其本体不为之损益。……日月之发敛,四时之推迁,百物之生死,与风雨露雷乘而兴,乘时而息,一也,皆客形也。有去有来谓之客。"(《张子正蒙注》)在"理"与"气"的关系上,他们都承认"理"在"气"中的观点。这便是中国实学光辉的本体论。

(二)"民,吾同胞;物,吾与也"的实学天人合一论和新的天人论理观。王夫之在解释《正蒙·乾称篇》的思想时说:"父母载乾坤之德以生成,则天地运行之气、生物之心在是,而吾之形色天性,与父母无二,即与天地无二也。"在解释"民,吾同胞;物,吾与也"时说:"由吾同胞之必友爱,交与之必信睦,则于民必仁、于物必爱之理,亦生心而不容已矣……而人道之所自立也。"(同上)这是对孔孟"天人合一"理论的补充与发展,孔孟的"天人合一"思想基础在"尽心、知性、则知天"的道德形上化。从张载到王夫之的"天人合一"思想基础,则在于由气化流行而决定的人之形色天性,与天地无二。这就是中国实学的"天人合一"理论,由此又决定了人与自然界为朋友这个新的天人伦理观。

(三)"天理寓于人欲"的天理人欲统一观及其道德伦理学。"天理"与"人欲"是中国封建社会后期思想学术界经常辩论的问题,明清实学在"天理"与"人欲"问题上,多承认"人欲"本于自然,情欲与礼制沟通,反对"灭人欲",并把"人欲"与"天理"协调起来。王夫之强调"理本大同","天无欲,其理即人之欲。学者有理有欲,理尽则合人之欲,欲推即合天之理。于此可见:人欲之各得,即天理之大同,天理之大同,无人欲之或异。治民有道,此道也。"(《读四书大全说》)戴震批评更为激烈。他说:"人死于法,犹有怜之者;死于理,其谁怜之!"最后他得出结论说:"饮食男女,人之大欲存焉……非以天理为正,人欲为邪也。天理者,节其欲而不穷人欲也。是故欲不可穷,非不可有。"(《孟子字义疏证》卷上)

(四)强调"立身用世"重视实学、实行、实用的知行合一论。知行关系问题,一直是中国学术思想史上长期辩论的问题。程朱理学强调"德性之知"，因为"德性之知"是圣人才能具有的先天的"良知"，来源于"天命之性"。明清实学家而是重视实行、实用的"知行合一"。魏源提出："以实事程实功，以实功程实事"的强调实行的认识标准，并且认为："及之而后知，履之而后艰，乌有不行而能知者乎！"(《魏源集》上册)

(五)重视功利，反对虚空，提倡"义"与"利"统一的价值观。义利之辨始终是中国哲学史上的突出问题。孔子本来主张以义制利的价值取向，他说得十分明确；"不义而富且贵，于我如浮云。"(《论语·述而》)然而后儒对于义与利的关系理解多生歧义。程朱理学家有的趋向空谈义理心性，淡化事功言利，认为儒者耻于言行。中国实学家不但不回避言利，而且明确提倡事功言利，统一义与利的关系。陈亮主张："功到成处，便是有德；事到济处，便是有理。"而叶适反驳说："自古圣贤无不理财，必也如父共子之财，而权天下之有余不足。"(同上)王夫之认为"天理、人情，元无二致"。义利统一是符合天理人情的。

(六)重视礼制、礼俗，匡正时弊，重振礼学的思想路向。两汉以后随着佛教与道教的冲击，特别是程朱陆王理学家心学家的强调"明心见性"，诸多礼法制度有被淡化之趋势。所以实学家们为了坚持经世致用，反对空谈心性，起来提倡礼制、礼俗，以沟通性情与礼制。从张载到李二曲的关学，从胡宏到王夫之、魏源的湖湘之学，从陈亮、叶适至章学诚的浙东之学，其中多重视礼制、礼俗与礼学的发展和建设。张载提倡复井田、行封建，是为了天下安定，百姓均平。胡宏提倡井田、封建、学校、军制，是为了经世致用。颜元支持张载复井田、封建、学校的主张，认为这样才能使人民"得其所"，是谓"王道"。李二曲在《匡时要务》中说："欲醒人心，惟在明学术，此在今日为匡时第一要务。龚自珍、魏源虽然主张"变古"、学习西方，他们还是积极提倡在制度上变古，特别是魏源曾任过州县官,筹议过漕运、水利、盐政等,所以提出过改革税制、移风易俗等问题。

(七)明体适用、康济群生、注重经制、思想启蒙、呼唤改革的社会观。胡宏针对程朱理学的空疏无用说:"学圣人之道,得其体,必行其用。有体而无用,与异端何辨?"(《胡宏集》)顾炎武提出"明道救世"主张,李二曲认为"明道"就是"明体"。孙奇峰提出"明理适用"之说,李二曲则综合顾孙二说提出"明体适用"的系统理论。他在《周至答问》中论述道:"儒者之学,明体适用之学也。秦汉以来,此学不明,醇厚者梏于章句,俊爽者流于浮词。"又说:"儒学明晦,不止系士风盛衰,实关系生民休戚,世运否泰。"……穷理致知,反之于内,则识心悟性,实修实证;达之于外,则开物成务,康济群生。夫是之谓'明体适用'。……我们认为"明体适用""康济群生"是中国实学的基本理论、基本概念。

(八)注重实体、实用、实效,批判佛道虚幻、反对空疏玄理,坚持经世致用之学风。经世致用是传统儒学的根本特征,也是实学的本质所在。道家注重玄虚,佛家提倡空无,理学与心学末流空谈心性,在致思方向上都背离经世致用。因此,多数实学家都批评佛道,主张求实。颜元在《存学编》中指出:"孔孟以前,天地所生以主此气机着,率皆实文、实行、实体、实用、卒为天地造实绩,而民以安,物以气阜。"而后世平民"必终身尽力于文、行、体、用之实、断不敢……苟且于一时虚浮之局,高谈袖手,而委此气数,置此民物"(《颜元集》)。李二曲更认为不坚持经世致用,等于儒学"名存而实亡"。

(九)关注自然,关心科学技术是实学思潮的一大特点。传统儒学在先秦孔子、孟子时代,本有重人文,轻技艺的思想弱点。实学思想丰富的学者和实学家多关心自然与科学技术发展。自张载、罗钦顺、王廷相、吴廷翰、至王夫之、魏源等都是关注自然和科学技术,至于方以智、徐光启等既是实学思想家,又是科学家,他们既有人文著作,也有科学著作。

近代西学传入以后,有人把属于自然科学、技术科学方面的"格物穷理之学""质测之学""泰西之学""象数之学"等均称为"实学",这是广义实学。"狭义实学"与"广义实学"既有区别,又有联系,从学理与思路的走向来看,狭义实学关注自然和科学技术的发展,这与宋明理学、隋唐佛学比较而言,是一大突出的特点。

(十)重视"实据"和"实证",是明清实学基本的方法论和特定的思维方式。实学注重实据、实证的思维方式,大抵是在批评佛家、道家乃至理学——心学末流惯于玄思空无、空谈心性辩论中逐渐形成和发展起来的。张载便主张,研究学问应当"道要平旷中求其是,虚中求出实,而又博之以文,则弥坚转诚。"(《张载集》)皮锡瑞评价:"说经皆主实证,不空谈义理。"(《经学历史》)顾炎武主张治学应该"博学而笃志,切问而近思"。认为"博学"是学问之本,他说:"非好古而多闻,则为空虚之学。以无本之人,而讲空虚之学,吾见其日从事于圣人而去之弥远也。"(《与友人论学书》)王夫之注解张载《正蒙·神化篇》时,用了简短的几句话就概括出来中国实学的重要思维方式。他在注解"德其体、道其用"时说:"体者所以用,用者即有其体。"(《张子正蒙注》)这是明清实学"明体适用"理论基本的思维方式。他在解释"形而上者,得辞斯得象矣"时说:"神化,形而上者也,迹不显;而由辞以想其象,则得其实。"(同上)这便是实学本体论构想的思维进路。大体说来(即不尽然)虽然富于实证、实据思维,但是弱于思辩,这是应该加以补救的。

张载著名四句:"为天地立心,为生民立命,为往圣继绝学,为万世开太平"(《张载集》)以其宇宙本体论、人生论、经世致用,为求人类永久和平。这不仅是张载关学的学术纲领,更表现了张载一生治学、立身、用世极高明的精神追求,它既是关学的终极目标,也为北宋以降中国实学家们普遍奉为金科玉律,顾炎武说:"天生豪杰,必有所任,如人主于其臣,授之官而与以职。今日者拯斯人于途炭,为万世开太平,此吾辈之任也。仁以为己任,死而后已。"(《病起与蓟门当事书》)李二曲在为讲学弟子所口授的《授受纪要》中强调要像张载四句所说的那样立志做人,那样"立身要有德业,用世要有功业。……志不如此,便不成志;学不如此,便不成学;做人不如此,便不成人"(《二曲集》)。按照张载四句名言去治事,才是"天下第一等事"(同上)。朱轼在《康熙五十八年本张子全书序》中引用了张载四句名言之后感慨地说:"卓哉张子,其诸光辉而近于化者欤!若其所从入,则循循下学。"(《张载集》)由此可见,张载提倡的"为天地立心,为生民立命,为往圣继绝学,为万世开太平。"实际上已经成为明清实学为之奋斗的目标和所追求的最高境界,也是张载关学和中国实学对于中华民族、对于全体人类的终极关怀?

(选自《张载关学与实学》,葛荣晋、赵馥洁、
赵吉惠主编,西安地图出版社2000年版)

　　赵吉惠(1934—　　),黑龙江省宁安县人,历史家。陕西师范大学任教授,兼任中国历史文献研究会副会长、陕西省关学与实学研究会会长等职。长期从事中国思想文化、史学理论与方法的研究,著作有:《中国先秦思想史》、《历史概论》、《儒学命运与中国文化》、《中国儒学史》等。

　　本文阐释了关学、实学概念的含义,分析了张载关学与明清实学的关系,并就中国实学发展演变的历史断限和实学理论体系的主要内容等问题作了深入地探讨。

张载气学的实学精神

向世陵

一、太虚至实

"太虚"作为张载哲学的本体范畴,按其词义本是最虚之义,以最虚的东西为本,在中国历史上有悠久的传统,尤其是它本为道家、道教的固有主张。而佛教的性空在儒家学者看来,亦是与虚无属于同一类的非实在的存在,故儒家常常是以佛老并提。张载时代的佛老,其理论思维水平已得到充分展现,并由于超胜于传统儒家的现实而使新儒学家学者进行理论造创时不得不应对佛老的挑战,取之于佛而超胜于佛。在这里,最典型的理论表现,就是张载利用太虚概念对佛老虚空本体的理论改造。

张载首先肯定"虚"可以作为天地万物的本原:"虚者天地之祖,天地从虚中来。"(《张子语录·语录中》,《张载集》北京中华书局,1978。下引此书,只注篇名和页码)可是,能够作为天地万物本原的太虚,决不能再是佛老的绝对虚空,而必须是真实的存在即所谓"至实"。然而,张载以最虚的"太虚"来充当最为实在的"至实"并以其为本体,其道理何在呢? 他的论证是:"天地之道无非以至虚为实,人须于虚中求出实。……金铁有时而腐,山岳有时而摧,凡有形之物即易坏,惟太虚无动摇,故为至实。《诗》云:'德𬨎如毛',毛犹有伦;'上天之载,无声无臭',至矣。"(同上书,第325页)

张载吸取了佛老和先秦儒家的理论思辩教益,要求寻找一个永恒不灭的宇宙本体,如此的本体以任何有形"实"物来充当都不可能,即便如金铁、山岳之类的坚硬物也必然走向毁灭。因为它们本为气之聚合而来,也必然因气之消散而去,自古以来沧海桑田的历史变迁已反复证明了这一真理。故本体想要"至实",就必须立于"太虚"。因为后者所体现的,正是"无动摇"无损坏的最实的属性。为了证明自己的观点,张载还引来了《中庸》对《诗经》思想的发挥,以阐明作为本体范畴所必须具有的"无声无臭"的"至"虚的特性。

但是,张载至虚至实和合的太虚本体,与佛老的空虚概念又是有明显区别的。张载之太虚既是真实存在的天地万物的本原,又是天地万物消散反归的终极存在状态。所谓"太虚不能无气,气不能不聚而为万物,万物不能不散而为太虚。"(《正蒙·太和》第 7 页)太虚与气化虽有无形有形之别,但却都是真实无妄的存在。而佛教的虚空、性空却是建立在对现实世界真实性的否定的基础上的,以为天地万物都是虚假的幻象,从而将本体与现象作用双方分割了开来,那么,张载的实学理路也就跃然纸上:"若谓万象为太虚中所见之物,则物与虚不相资,形自形,性自性,形性天人不相待而有,陷于浮屠以山河大地为见病之说。此道不明,正由懵者略知体虚空为性,不知本天道为用,反以人见之小因缘天地。明有不尽,则诬世界乾坤为幻化。"(同上书,第 8 页)显然,张载批判佛教的基本武器和他的理论的逻辑力量,就在于体(虚)用(实)的统一不二。

体用不二本是佛教的固有的思想,从《大乘起信论》的"一心二门"开始,到华严宗的"不变是性,随缘是相"(《禅源诸诠集教序》卷一,《中国佛教思想资料选编》第二卷第二册,第 423 页。北京,中华书局,1983)、"由理事互融,故体用自在"(《华严经义海百门·体用开合门第九》,同上书,第 127 页),再到禅宗的"色心不二,菩提烦恼,本性非殊,生死涅槃,平等一照"(《禅宗永嘉集·净修三业第三》,同上书,第二卷第四册,第 125 页)可以说都是如此。但佛教的体用一源、虚实不二观显然又是有缺陷的,并没有能够真正将双方统一起来。因为体用范畴的基本意义就在于体必须通过用来表现,而用则必然地发明体。由此,用的虚假必然导致体的虚假,而体的真实也将自动地引向用的真实,双方是相互发明的关系。佛教之性相、真假、心迹的统一既以假、虚、幻等为前提,也就不可避免地使其与本体一方处于互相否定而不可同真的矛盾状态之中。

因此,张载承认"体虚空为性"的合理性,但他却是从"本天道为用"的前提出发的。而后者在他看来,则是"生成覆帱,天之道也。"(《张子语录·语录中》,第 324 页)对于如此的天道,张载通过对儒佛之诚与实际概念的辨析,进一步发挥了他的实学思想。他说:"释氏语实际,乃知道者所谓诚也,天德也。其语到实际,则以人生为幻妄,以有为为疣赘,以世界为阴浊,遂厌而不有,遗而弗存。就使得之,乃诚而恶明者也。"(《正蒙·乾称》,第 65 页)仅就虚空性体而言,佛教的"实际""真际"等约与儒家的诚、天德等概念相当,但"彼语虽似是,观其发本要归,与吾儒二本殊归矣。"(同上)就是说,儒佛的本体概念虽然在形式上相似,但实质上却是不同的。这里的关键在于,人生、有为、世界等等在儒家看来正是诚之现实的概念,佛教都斥之为幻妄而予以拒绝,结果,诚的概念也就被彻底地空掉了。与此相反,儒家之诚是与明、即体验天道仁体密切联系在一起的,从而使诚内在地充实于心。故儒家之诚也就是实,实体于心之太虚本性。所谓"诚者实也,太虚者天之实也。万物取足于太虚,人亦出于太虚,太虚者心之实也。"(《张子语录·语录中》,第 324 页)太虚之实表现在两个方面,一是万物从太虚中取得各自所用,绝不匮乏;二是人心能够体验到由太虚而成之天性仁体。故太虚既是天之实,又是心之实,虚实之间,所反映出来的是同一个"诚"字。

从而,张载通过如此的虚实互动,力图从根本上解决汉唐儒家与佛教中执著于虚实之一端而不能合理地建构本体的问题。以便达到"至虚之实,实而不固;至静之动,动而不穷。实而不固,则一而散;动而不穷,则往且来。"(《正蒙·乾称》,第64页)实依于虚而不凝固,不凝固则有聚合又有分散;动融于静而不穷困,不穷困则消散去了又必然再生。如此的太虚本体才是最终符合宇宙的本性的。

二、性——虚实气证实

张载哲学虽被称为气本论,但性在张载同样是基本的范畴。而且,由于气有太虚与气化两种存在形态,仅只论气或太虚往往容易使人滑向一边。故张载又提出性的概念来予以补充,对虚与气双方进行统一。所谓"合虚与气,有性之名"(《正蒙·太和》,第9页)也。性既由虚与气和合而成,则性的概念本身就体现了有无虚实的统一。他说:"有无虚实通为一物者,性也;不能为一,非尽性也。饮食男女皆性也。是乌可灭? 然则有无皆性也,是岂无过?"(《正蒙·乾称》,第63页)张载哲学的方法论是"一物两体",从此出发,就既要看到对立两体共组为统一物,又要把握统一物中的对立两体。性与有无虚实之间就是这样的一种相互发明的关系。那么,人是否认识太虚本体或气化世界,实际上就是看他能不能把握作为二者之统一的性。道理很简单,只论无形虚空,则与佛老混为一体,空掉了儒家生活实践的基础;而仅论可感气化,又因其"动摇"毁坏而做不得本体,最终为佛老所诟病。所以他要求做"尽性者",而将"无感无形"的太虚本体与"客感客形"的气化现象贯通为一。

但是,鉴于佛教论性只讲无性虚性,而不讲有性实性的弊病,张载强调"尽性"包括有无虚实双方,"饮食男女"本即性范畴的不可分割的规定,否定了饮食男女的生存,也就同时否定了仁义礼智的天性。张载发明的有与无"皆性"的观点,是对先秦儒家"道不远人"和百姓日用而不知(道)等道物一体思想的深化,也是佛教传入以来中国性论的一大发展。虚性本与实性相通,问题只在于察与不察。故又说:"饮食男女皆性也,但已不自察,由旦至暮,凡百举动,莫非感而不知,今夫心又不求,感又不求,所以醉而生梦而死者众也。"(《横渠易说·系辞上》,第187页)虽说百姓日用道、日习性,但从理论思维来说,汉唐儒家因其不"求心"而始终未能自觉把握,甚至醉生梦死习之为常,也就难怪敌不过佛老了。

但从另一方面说,不察不求性,并不等于性空而不有、虚而不实,性的实在性在儒家历来通过客观天命实在性来给予支持。儒家坚守天命是客观不变的本体,是人之所以为人的内在根据。但在性如何证明并表现自身的存在问题上,却是传统儒学所未能解决或者说不甚关心的。佛教虽以幻相、假有、生灭等概念来描述现象世界的虚妄,但他们从性相圆融、即体即用的角度又将本体与现象的相互依存关系揭露得相当彻底,这就在暴露儒家理论缺陷的同时,又为儒家改造和提高传统儒学理论水平提供了可资借鉴的理论来源。新儒家将传统儒家作业性的具体表现的情的范畴继承了下来,使情既与人的心理活动相关,又具有一般本体的表现的意义,这便是张载所提出的"心统性情"(《拾遗·性理拾遗》,第374页)的思想。

在这里,情的概念显然较生灭为优,因为它即是本性的当然恒定的表现,又与外界相联系而适应于不同的生存环境。情包含生灭又超越了生灭,它是真而不是幻,所以张载一开始便强调"发于性则见于情,发于情则见于色,以类而应也。"(同上)既是"以类而应",则情色就是性之发现的必然结果,而非随缘生灭变化的幻相。

故可以从情色、即经验现象出发去确证其本体。这在内在"性"上是如此，在外在"性"即天道变化一方同样也不例外。当然，后者又涉及到人的感官见闻在证明清虚的气本体中的有效性问题。

张载承认，在经验现象在实在性与气本体的实在性之间，并不是一个直接的等号关系。但张载既肯定虚实一气、体在用中，也就可以从作用和可感气化出发去间接证明他想要得出的结论。即感官见闻是可以在验证气本体的实在性上发挥作用的。譬如："凡气清则通，昏则雍，清极则神。故聚而有间则风行，风行则声闻具达，清之验与！不行而至，通之极与！"（《正蒙·太和》，第9页）清通、神妙是太虚的本性，不能直接证明。但太虚之气不断的聚散，必然造成不同气化存在之间的相互交流冲撞，从而导致了风在不同空间的生成运行。人们通过对风的生成运行的声发而闻及不行而至的感知，使能间接验证太虚清通之气的实际存在。故耳目的作用亦不能低估："耳目不得则是木石，要他便合得内外之道，若不闻不见又何验？"（《张子语录·语录上》，第313页）

耳目闻见是人可资利用而与虚实和合的世界沟通的基本手段。无论内外之性变化多么神妙和人有多么智慧的心思，都惟有通过耳目感官才能相互结合。但也正因为如此，人也就必须从耳目感官深入到心思，汉唐儒家学者仅限于以经验见闻层面之"实"去批判和否定佛老超越层面之虚，在理论上也就缺乏说服力，因为双方并非处于直接对立的状志，而是可以相容。所以张载也就要求用心而不是仅以感官去把握太虚本体。他说："气之苍苍，目之所止也；日月星辰，象之著也；当以心求天之虚。"（同上书，第326页）要证实本体，既不能脱离"实"，又不能局限于"实"，这是张载在对佛教虚空论的总结批判中所获得的最重要的经验。人的感官是无法超越有形的局限的，最终必然有所"止"，佛教的欺骗性正是在这里暴露了出来。即佛教徒从自身见闻的有限经验出发去臆测无限的宇宙,当其狭小见识无法理解宇宙的无穷变化时,便独断地指斥为幻妄,实际上只能是自欺欺人。"以小缘大,以末缘本"这条从有限去推定无限的道路是永远也走不通的。具有讽刺意味的是,韩愈等儒家学者仅以人伦日用、耕农蚕桑之"实"便想批倒佛教的虚空本体,与佛教走的事实上是同一条想以有限见识否证无限本性的死路。

正是有鉴于此,张载的论证最突出的就是有无虚实的统一。他总结说:"凡可状,皆有也;凡有,皆象也;凡象,皆气也。气之性本虚而神,则神与性(虚)乃气所固有,此鬼神所以体物而不可遗也。"(《正蒙·乾称》,第63页)宇宙之间,凡是可以摹状的东西,必然都是现实的存在;而凡是现实的存在,必然都表现为某种形象;而一切存在和形象,无不是气本体的或聚或散的效应。进一步,气所以能够聚散,乃是因为空虚神妙之性为气所固有,所以能够屈伸往来于天地之间,万物也正是以此为据才运动变化不息。从而,气本体的实在性也就最终得到了证明。

（选自《张载关学与实学》,葛荣晋、赵馥洁、
赵吉惠主编,西安地图出版社2000年版）

向世陵（1955— ）,四川仁寿人,现代学者。中国人民大学教授,中国哲学史学会《中国哲学史》杂志副主编,长期致力于中国哲学、儒学的研究。主要著作有《儒家的天论》、《中华哲学精蕴》、《善恶之上:胡宏·性学·理学》、《中国哲学范畴丛书·变》等。

本文从太虚至实、性—虚实气证实等方面揭示了张载气学的实学精神。

宋明以来儒家经世思想试释

张　灏

　　就儒家人文主义而言,经世这一观念之重要性不下于修身。我们对于儒家之基本义理,只要稍有认识,都知道:经世与修身如车之两轮,鸟之双翼,并为儒家人文思想之中心观念。然而近代学者研究儒学之发展,不论中外,多集中注意于修身方面的研究,而详细讨论经世思想之论著则寥寥可数。

　　更重要的是,这些少数有关经世思想的论著多半把"经世"一词了解为"官僚政体之治术"。因此在西方学术界,谈起经世,往往以 bureaucratic statecraft 一词译之。"官僚政体之治术"诚然是经世思想之一重要层面,但也仅是一层面而已。经世思想尚有其他层面,忽略其他层面,而仅就"官僚政体之治术"去讨论经世,自然难窥其全貌。

　　若仅就宋明以来儒学之经世思想而论,我个人认为这一观念至少有三层意义,需要分疏与厘清。这篇文章便是对这三层意义作一初步性的诠释。

　　首先,"经世"这一观念代表儒家所特有的一种基本价值取向———一种入世精神。因此宋明学者常常以"经世"与"出世"对举来区别儒家与佛道在基本世界观上之不同。宋儒陆象山说得最清楚:"儒者虽至于无声无臭,无方无体,皆主于经世。释氏虽尽未来际度之,皆主于出世。"(《陆象山全集》卷二,《与王顺伯书》,页一一)明儒王龙谿也常常强调儒家这种独特的入世精神,例如,"儒者之学,以经世为用","儒者之学,务于经世","圣人之学,主于经世"(《龙溪王先生全集》上,卷之一,页一三b、一四a)。此处值得顺便一提的是,"经世"一词,首见于《庄子》一书,《庄子·齐物论》篇有这样一句话:"春秋经世,先王之志",由道家出世的观点,反衬出儒家的入世精神,绝非偶然。

　　前面特别强调,"经世"这一观念代表儒家所特有的一种入世精神,这种入世精神到底是什么? 我个人认为,探讨这种入世精神必须从两个观点去看:一个观点是从宋明儒学的整个义理架构去看。"经世"和许多其他的儒家基本观念一样,在宋明儒学的思想脉络中,它的意义不是孤立的,不是单元的,而是与许多其他的儒家基本观念,互相缠绕,息息相关。因此"经世"观念的意义必须由它在整个宋明儒学的义理架构中的位置而定。换言之,"经世"就其作为儒家人文精神的一种基本价值取向而言,不能和儒家的成德精神与宇宙观分开来考虑。它们直接或间接都与"经世"观念所代表的入世精神有关联。此外,从比较文化和比较宗教的观点去看也可帮助我们了解"经世"所代表的入世精神。因为入世精神多多少少存在于每一个高级文化传统中,即使是出世精神极强的印度传统,也含有某种程度的入世精神。但这种种入世精神的形式和内容却因各文化的特色而异。如果以其他文化的入世精神为陪衬,自然较易看出儒家入世精神的特色。

　　从上面两个观点去看"经世"所代表的入世精神,我们可以得到下面几点初步的认识:第一、"经世"代表一种彻底的入世精神。这种精神不仅是宋明儒者自觉有别于佛道之处,同时也是儒家有别于大多数世界其他宗教文化之处。这里我们权以西方基督教传统和印度教传统的入世精神作一粗泛的比较,以探讨儒家入世精神的彻底之处。如所周知,基督教,溯其根源,是一个出世的宗教,但是另一方面,从开始基督教在其基本的出世教义里面就孕育了一些入世的精神,这入世精神的发扬光大则是宗教改革、新教成立以后的事,而最能彰显基督教这份入世精神的是新教所提的天职(Calling)观念①。因为天职观念肯定了世俗社会的各种职业均可成为光耀上帝、进入天国之路,由此而为近代西方社会的职业精神奠基。但是这份入世精神,无论如何发扬,归根结底,是建立在天国超世的教义上,是以出世精神为归宿。因此,至少在理论上,这种入世精神是有条件的,第二义的。

再以印度教传统为例,自从奥义书(Upanishad)出现于公元前八世纪以后,印度宗教传统的主调是出世的,但这出世的主调并不完全排斥入世精神,例如印度教最著名的经典——《神赞》(Bhagavad Gifa),就有入世修行(Karmayoga)的观念:要想得到最后的精神超脱,每一个人必须就其个人的阶级地位尽到他对社会的种种义务。这也就是日后为甘地所发扬的淑世精神(Loka‐samgraha)②。但是这份淑世精神毕竟也还是有条件的,第二义的。因为印度教自始至终没有改变一个基本信念,生命最终的目的在于精神解脱,而精神解脱有待于超越尘世,与宇宙的精神主宰冥合。

儒家的经世观念与基督教的天职观念和印度教的“入世修行”观念都不同。它所代表的入世精神是第一义的,是无条件的。因为它不认为在人世以外还有一个更完美的天国或神境;它也不相信人的生命必须离开人世才能得到圆满的归宿。但这并不意味儒家的入世精神就是无条件地接受既存的现实世界。因为儒家一方面入世,一方面具有它独特的超越感。这超越感存在于它的道德

----

①　Max Weber, *The Protestant Ethic and the Spirit of Capitalism* (Charles Scribner's Sons, New York), pp. 79—92.

②　David R. Kinsley, *Hinduism* (Prentice Hall, 1982), pp. 18, 22, 33—34, 83.

理想和它的天人合一的信念。在这些超越感的对照下,现实世界往往显得不圆满,不合理。因此,儒家的入世精神是希望改善现实世界以实现其理想。总而言之,经世观念不仅代表一种入世精神,也代表一种淑世精神,它是二者的绾合。

儒家的经世观念既然代表一种淑世精神,它自然蕴含着一种积极进取的人生态度。但这种积极进取的人生态度却又与笼罩西方近代文明的积极进取精神迥异其趣。后者的积极进取的人生观我们可以称之为一种"戡世精神",所谓"戡世精神"就是对外界,不论是自然界或者是社会界都采取一种征服宰治的态度。这种"戡世"精神在儒家思想里面并不是没有。例如荀子的"戡天"思想,以及受荀子思想影响的汉学传统都多少含有一些这种戡世精神。但这种精神在儒家思想里面毕竟不是主流,不够彰显。彰显的是"天人合一"的思想,在这种思想支配之下,人对世界的态度是求一种融通和谐的关系,而非征服宰治的关系。因此经世所代表的淑世的精神是不可以和近世西方的入世精神混为一谈的。

儒家的经世观念,除了代表一种积极进取的淑世精神外,还有另外一个特征:它主要是透过政治以表现其入世精神的。这种说法似乎有些含混,但有其特殊的意义,需要一些分疏。我们先从"经世"一词的字面意义,便可看出一些端倪。首先,"经"字的字面意义就是"治"和"理"的意思。因此"经世"就是"治世"和"理世",或者"治理天下"的意思。这一字面的意义反映出儒家一种特殊的入世人生观:一个理想的人生是从政以领导社会。换言之,就是儒家所谓的以天下治平为己任的人生理想。这种人生观已经支配先秦儒家的思想,而对于宋明儒学的发展尤其重要,因为它贯串整个四书,而在《大学》里表现得尤其突出。

《大学》一书包含好几层意思,其中最重要的一层就是发挥《论语》中"修己治人"的理想:一个人的生命,以修身开其端,必须归结于从政以求治国平天下,也就是说一个人的修身成德过程最后必然要表现于参加政治,领导社会,以一个政治领导者和社会先觉者自居。说宽泛一点,我们不妨称之为"政治本位"的人生观。

这种"政治本位"型的经世精神,若与基督教的天职观念以及印度传统中的"淑世"精神相比,更可看出其特殊点。如前所说,基督教新教中的天职观,是以入世的行为去表现上帝的光宠,这种入世的行为可以表现在各种行业上,特别是中产阶级的工商行业。因此天职观念所代表的入世精神与经世观念所象征的入世精神,在表现的幅度上便很有不同。前者表现的方式不限于政治,而可广及于社会各种行业。

再与前面印度传统中的淑世精神相比较,儒家经世精神所表现的政治本位形态也显得很突出。因为传统的印度社会是一个阶级森严的社会,每一阶层的人都有其特别应尽的义务与责任。所谓"入世修行"就是每一个人各就其所属的阶层与职业,完成他应尽的义务与责任,也可逐渐累积善果而终于达到精神解脱,灵魂得救。因此印度传统的"淑世精神"与基督教的天职观,虽代表很不同的入世精神,但其不以从政为入世的主要表现方式则一。在它们的陪衬下,"政治本位"式的经世观更能显示其独特之处。

上面的讨论强调一点,"经世"观念所代表的入世精神以政治为其主要表现方式,对这一命题进一步的分疏,有待于对经世观念的第二层意义的解析,在进行解析前,尚有一个问题需要附带在此厘清,那就是:经世观念是否属于宋明儒学的中心思想? 近世中西学者从康南海、梁启超到钱穆、墨子刻①,常常认为宋明儒学受佛

① 见康有为,《桂学答问》(《康南海先生遗著汇刊》[九]),页九;《长兴学记》,页二一;梁启超,《论支那宗教改革》(《饮冰室全集·文集》),册页五六—五七;钱穆,《孔子与春秋》(《两汉经学今古文平议》),页二六五;Thomas A. Metzger, *Escape From Predicament* (Columbia University Press, 1977), pp. 77—79.

老的影响,是以内圣或修身为其中心目标,因此经世精神衰退,外
王志趣不张。这种看法,有些道理,但并不全对。我说它有些道理
是因为从许多宋明儒学者看来,修身不但与经世同为儒学的中心
目标,而且也是达到经世的一个基本手段。这个观点,下面将有详
细之讨论,此处所需指出的是:在这观点笼罩之下,久而久之,许多
学者难免倾其注意力于手段而忽忘目的之重要性,以致造成以手
段为目的,"婢作夫人"的趋势。但重要的是:这种"婢作夫人"趋势
的出现并不足以推翻经世为宋明儒学的中心思想这一基本事实。
因为凡是宋明大儒的思想,我们只要不断章取义,以偏概全,而就其
论著全体而论,未有不强调经世在儒家思想的义理结构中的重要
性。在这些宋明大儒心目中,经世而不修身,落入申韩法家,固是他
们反对,修身而不经世,落入佛老二氏,也是他们反对。因此,宋明
儒学的复兴既然以辟佛老为前提,必然是会重视经世这一观念。

　　例如前面提到的陆象山与王龙谿,他们都是讲究心性,辨析入
微的心学家,但是他们都强调心性之学不能与经世观念分离,分离
则流入佛老。又如北宋大儒程灏死后,其弟程伊川为他作行状,整
个行状用超过五分之四的篇幅叙述他服官从政之事迹,而他一生
最重要的贡献——心性之学,程伊川仅在行状的末尾作简略的阐
述①。同样的,黄宗羲写刘宗周行状,对他老师最为世所称道的天
人性命之学,也仅在行状之结尾,略加讨论,而用了大半篇幅表彰
刘宗周的经世济民之业②。这种写法均非偶然,都反映出经世这
一目标在宋明大儒的心目中的重要性。

　　前节强调经世所代表的淑世精神是以政治为主要表现方式。
易言之,在以人世为关怀的前提下,儒家进而求建立一个和谐的政

————————————

①　见《伊川文集》,卷七,《明道先生行状》,页一一一〇。
②　见《黄梨洲文集》,《子刘子行状》,页一一一四六。

治社会秩序。这种透过政治以求化人世为一理想的社会便是经世观念的第二层意义,这也是经世在儒家传统里最通常用的意义。在这一层意义上,"经世"和宋明儒学常常提到的两个观念——"外王"和"治平"是同义的。而与"修身"、"内圣"则常常是对举的。

就"经世"观念的第二层意义而言,宋以后儒学所提出的观点和思想,当然是各家各派,种类繁多。自非这篇短文所能详细讨论。需要在此强调的是:其中最重要的一个发展,那就是宋明儒学的主流把修身与经世绾合为一,从而强调政治是人格的扩大这一观念。这个观念自然并非宋明儒学的创见,先秦儒家一开始就有这种观念,《论语》中修己治人的思想便是明证。宋明儒学的贡献主要在于把这个观念加以整理,加以推展,而这种观念也因而在宋明以来的经世思想中取得中心地位。讨论宋明经世传统中的政治思想必须以此为出发点。

要认识政治是人格的扩大这一概念在经世思想中的意义,我们首需对宋以前儒家政治思想的一些基本形态作一大致的分析。儒家的政治思想从开始就是三种政治观的混合。一种是"宇宙本位的政治观"。这是儒家继承殷商以来的老观念。根据这种观念,人类的社会是神灵或超自然力所控制的,是宇宙秩序的一部分,易言之,人世的政治秩序是宇宙秩序的缩影。因此人世的基本政治社会制度,如君主和家族制度,都不是人为的,而是"天造地设","与始俱来"的。依同理,人世间的社会和政治变化,也都不过是宇宙现象的变化的延伸。因此根据宇宙现象的运行次序,如日月星辰的盈虚消长和动植物的盛衰生死,可以了解人世间的种种变化。认识宇宙的次序便是掌握人世次序的钥匙[1]。

---

[1] Paul Wheatley, *The Pivot of the Four Quarters* (Chicago, 1971), pp. 414—451;陈梦家,《殷墟卜辞综述》第十七章"宗教",页五六一—六〇四。

这种神话式的政治观,并不是古代中国所独有。许多其他传统文化都有这种观念。例如古代埃及以及一些近东文化都为这种政治观所笼罩。当然古代这些不同的"宇宙本位政治观"各有其特点。但它们都有一个共同的特色,那就是前面所论及的:人世的政治社会秩序是植基于宇宙次序,宇宙次序既非人所能掌握,作为宇宙次序一部分的人世次序当然也非人力所能控制或变更①。

前面提到,"宇宙本位的政治观",在殷商时代即已出现,"殷人尊神,率民以事神"②。他们事事都要向他们的祖先神和上帝神请示,这很清楚地意谓:人世的政治和社会秩序是与神灵所控制的宇宙秩序分不开的。周初天道观的出现,再加上晚周的思想剧变,这种政治观受到冲击和转化,却并未消失,它对先秦儒家仍然保有某种程度的影响,下文将有论及,此处必须指出的是:由晚周过渡到秦汉帝国,阴阳五行思想盛行,在这种思想支配之下,"宇宙本位的政治观"的发展臻于巅峰,对于汉代儒家思想的影响极大。这在《礼记》的《月令》,《吕氏春秋》的《十二纪》,董仲舒的《春秋繁露》,以及《白虎通》等书中反映得极清楚。

这些书中所表现的宇宙观,内容极其繁复,看上去五花八门,但其中心思想仍然保存殷商以来的宇宙本位政治观,因此汉儒的政治思想仍然视人世的政治社会秩序与宇宙秩序为不可分,宇宙秩序不能由人为改变,人世的基本政治社会制度也不能由人为改变。董仲舒在《春秋繁露》的《官制象天》的一章里说得最清楚:"一岁之中有四时,一时之中有三长,天之节也。人生于天而体天之节,故亦有大小厚薄之变,人之气也。先天因人之气而分其变,以

---

① Eric Voegelin, *Order and History*, vol. one, *Israel and Revelation*, pp.13—110。

② 关于殷商之宗教见上引陈梦家,页五六一—六〇四。

为四选。是故三公之位,圣王之选也;三卿之位,君子之选也;三大夫之位,善人之选也,三士之位,正直之选也。分人之变,以为四选,选立三臣,如天之分岁之变以为四时,时有三节也。天以四时之选,与十二节相和而成岁,王以四位之选与十二臣相砥砺而致极。"(《春秋繁露》(四部丛刊初编缩本),卷七,页四一)总而言之,人世的变化,在基本上是要配合"天象"的运行,而非取决于人为的努力,这就是所谓"王者配天",所谓圣人"副天之所行以为政"。这种思想当然不是汉儒思想的全貌,但却是后者的一个基本部分。要了解汉儒思想的全貌,我们必须考虑儒家另外一种政治观——天德本位的政治观。

　　所谓天德本位的政治观,也非儒家的创新,而是先秦儒家继承周初的天道观而加以推演发扬。这种天道观认为政治权力的泉源是天命,天命的传受端视德行为准,而德行与权力的结合便是造成理想社会的基础。儒家本此观念而特别强调德行转化权力的重要,遂演成天德本位的政治观。但这种政治观,在先秦儒家,已有分化为两种形态的趋势,一种是着重客观礼制的德治观。例如《礼记》卷十五就有这样一段话代表上述的形态:"民之所由生,礼为大,非礼无以节事天地之神也。非礼无以辨君臣上下长幼之位也。非礼无以别男女父子兄弟之亲,婚姻疏数之交也。"(《礼记》,卷一五,页三)也就是说礼可以造成宇宙的和谐,建立社会秩序,可以移风易俗,德化社会。另一种形态是着重主观人格修养的德治观。前面提到的《论语》中修己治人的理想最足以代表这种政治观:修己必以治人为归结,而治人必以修己为始点,内圣外王打成一片。一言以蔽之,政治必须是人格的扩大。

　　这里必须指出的是:所谓客观礼制形态的政治观与人格本位的政治观之间并无截然的分歧。它们只是天德观下面的两种轻重略有不同的类别而已。客观礼制的形态并不否定人格修养的重要。它所强调的只是:不论个人的成德或群体的德化,其重要关键在于客观礼乐制度之制约与薰习。同样人格本位的政治观并不否认客观礼制的功用,它所重视的是个人对主观德性所作的自觉的培养。因为首先,礼乐制度的推动,有待于贤人君子以其修德树立榜样;其次儒家的政治观时有强烈理想主义的倾向,个人主观德性的培养,若能普及于全社会每个人,则社会不治而自治。

在儒家的思想传统中,这两种形态的天德观与宇宙本位的政治观的关系很复杂;首先,就客观礼制形态的天德观而言,荀子的思想便与宇宙本位的政治观有相抵触的趋势,这是因为荀子思想中间或有一种所谓"自然主义"的倾向,把天道与人事截然分开,① 也就是说,不承认人世间所发生的事情和变化与天道有什么关系,意味着人世的政治社会秩序不是宇宙次序的一部分。例如君主制度,荀子有时是从一种功能的观点去讨论他所谓的"王制"的起源与需要,故他在《王制》篇里强调:"君者善群也","人生不能无群,群而无分则争,争则乱,乱则离,离则弱,弱则不能胜物。"(《荀子集解》,《王制篇》)因此从荀子看来,王制不是什么天造地设的制度,而是人类为了生存的需要所建立的一种制度。当然,就《荀子》一书的整个思想而论,他对君主制度的看法并不是这样简单,但至少我们可以说:功能主义的观点是《荀子》书中的一个倾向,而这个倾向就显示荀子并非仅仅承袭殷商以来的老传统,从宇宙本位的政

---

① 冯友兰在他的《中国哲学史·荀子及儒家中之荀学》,根据荀子《天论篇》,强调荀子所言之天为"自然之天"。但这种"自然主义"仅是荀子思想的一面。如荀子书中也谈"则天而道",也谈"天德"(见《不苟篇》及《王制篇》),也言"天生烝民"(见《荣辱篇》),也言"天地者,生之始也"。也言"天地生君子"(《王制篇》),也言"天地生之,圣人成之"。诸如此例,不一而足。然则荀子中"天"的意义也未尝无冯氏所谓"主宰之天"与"义理之天"。老友墨子刻特别提醒荀子思想在这方面的复杂性,特此志谢。

治观而肯定王制的,而是经过自觉的反省后才加以肯定的。重要的是一旦自觉的反省进入人的思想,一旦人从功能的观点去考虑问题,则思想的转变便大有可能,因为今天从某种功能观点去肯定一种制度的需要,明天便可能从另一种功能的观点去否定这种制度的价值。

这里不可忽略的是:在古代儒家思想里,客观礼制形态的天德观并不限于荀子。它在《礼记》一书的思想中也占极重要的地位。而《礼记》中客观礼制形态的天德观却往往与宇宙本位的政治观结合,从而产生礼制是植根于宇宙次序的思想。这也就是说,客观礼制形态的政治观不但有冲击而且也有肯定宇宙本位的政治观的趋势。

这两种趋势也同样存在于人格本位的天德观。一方面,先秦儒家的重要典籍,如《论语》《孟子》《易传》《中庸》等,不但对于传统的基本政治社会制度,如家族和君主制度加以肯定,而且也接受这些制度后面的神灵思想与祖先崇拜,因此,从这一角度看来,我们可以说人格本位的政治观是以宇宙本位的政治观为前提的,易言之,它仍然相信人世的基本政治社会制度与宇宙次序连成一片。但是另一方面,人格本位的天德观也有与宇宙本位的政治观相冲突的趋势。前面说过,所谓人格本位的天德观就是视个人修身为政治的枢纽。但重要的是:在先秦儒家思想里面,所谓修身并不仅仅指德性的培养或人格的锻炼,而是蕴含有极强烈的超越宗教意义。因为从《论语》开始,有一个信念贯穿《孟子》《易传》《中庸》等书,那就是人性是天命之所降。用平浅的话说,就是人之心灵上通宇宙的主宰——天道。这种相信心灵与天道的契合,开启了先秦儒家思想的一个重要契机:人的心灵,既然上与天道相通,有其独立自主的尊贵性。这种信念可以产生一种"心灵秩序",不但超然于现存的"社会秩序",而且有与这种秩序相抗衡的可能。这种"心灵秩序"的出现,在孟子思想中已见其端倪。虽然在以后儒家思想的主流中始终未能充分地彰显,但这个契机始终潜在,而为先秦儒家思想的一个重要特色。

总结上面的讨论,我们可以说:在先秦儒家思想里面,宇宙本位的政治观并未消失,但是受到冲击,受到限制,受到转化。但是这种情形到了汉儒时代却有了极大的改变。主要的原因如前所说,就是阴阳五行思想的盛行。简单地说,阴阳五行思想,是在天人相应这一观念的基础上,推展出一套宇宙论的间架去综合排比并解释世界上林林总总的人事和自然现象。其结果是,殷商以来的宇宙本位政治观,在内容上变得更为充实,在理论上也更形巩固。配上客观礼制式的天德观,乃有三纲的观念出现,笼罩着整个汉儒的思想。

汉儒的思想发展既如上述,人格本位的政治观难免受到窒限。《白虎通》便是一个很好的例证。此书是后汉章帝钦定的经义,可以说是当时的一部"国宪",全书是在阴阳五行的宇宙观的基础上说明汉代的典章制度。主观自觉的成德思想几乎全无痕迹①。但这并不是说汉儒思想里面没有人格本位的政治观。例如董仲舒的《春秋繁露》,里面谈仁义,谈五常,认为这些德性都是"王者所当修饬"。但重要的是《春秋繁露》一书是以礼为思想中心。所谓春秋"尊礼而重信",而"礼者继天地,体阴阳,而慎至容,序贵贱大小之位,而差外内远近新故之级者也"(《春秋繁露》卷一,页五)。因此,人格本位的政治观,在董仲舒的思想里是局限于宇宙本位的政治观和客观礼制所合成的架构。也就是说,大致而言,汉儒的政治观毕竟是体现内在的德性的意味少,而配合宇宙次序的意味重。

①　《白虎通德论·情性》一章有论五常之义,但其论五常是以阴阳气化为架构,极少主观成德的意味。

　　上面我综合地讨论了儒家政治思想的几个基本类型,主要的目的是强调一点:人格本位的政治观,虽已出现于先秦儒家思想,但一直到汉儒,迄未取得中心地位,它真正取得中心地位是北宋儒学复兴以后的事。北宋儒学复兴的主流当然是理学。理学在政治意识上所造成最大的影响,便是人格本位的政治观受到前所未有的重视和发扬。我们可以从宋明理学的两个发展看出:第一,儒学复兴以后,五经的地位不如前此之重要,其中心地位由四书取代,而四书的基本政治观就是:政治是人格的扩大。第二,四书中《大学》的地位特别突出,例如朱熹教人治学,总是强调四书的重要,而尤其强调:读四书必以治《大学》为先①。主要是因为《大学》对四书的中心观念有提纲挈领的综述,而四书的人格本位的政治观,在《大学》里尤其发挥尽致。

　　《大学》所反映的人格本位政治观含有三个特征。这些特征在宋以后的儒学传统里产生了许多反响、回应和讨论。这些反响、回应和讨论都是研究儒家经世思想所应该探讨的问题。首先,《大学》的政治观的最显著的特征是一种道德理想主义:所谓道德理想主义是指人格本位的政治观的两方面而言。第一,政治的最终目的不仅仅是一个国家的富强康乐,而是以全人类为对象,建立一个道德的秩序,和谐的社会。儒家思想中所谓的"天下一家"、"民胞物与"便是反映这种理想。其次道德理想主义是指一个政治秩序的建立必须从个人修身开始。一个善良的社会是建筑在善良的个人上面的。

　　在这种道德理想主义的前提下,宋明儒学传统里面出现了不同的观点。一方面正统理学家强调公私王霸义利之辨,认为政治

---

　　①　见钱穆《朱子新学案》,页二二二。

必须彻底地道德化。在政治的领域里,只有道德与非道德之分,用他们的语言,也就是只有公私义利之分,人的行为非公即私,非义即利,二者之间无调和的可能,也无程度之别。另外一方面,在正统的理学家之外,有一些学者如北宋的李觏,南宋的所谓功利学派,清初的颜李学派,以及晚清的魏源等,他们虽然接受道德理想主义的原则,但对这原则却采取一宽泛的解释。他们认为在公私义利之间有程度之别,也有调和之可能,因此他们能接受一些正统理学家所拒绝排斥的价值和理想,如国家富强和社会功利。朱熹称南宋功利派学者陈亮的思想为"义利双行,王霸并用",最足以说明这种非正统宋明学者的经世思想。

分析《大学》所反映的人格本位政治观,我们不能孤立地去看,也不能只从表面去看。因为这种政治观是以儒家的宇宙观和人生观为前提的,也可说前者是与后二者不可分的。所以我们要探讨《大学》的政治观,必须配合其宇宙观与人生观作一整体的、全面的了解。从这种了解,我们可以看到:《大学》的人格本位政治观,除了道德理想主义之外,尚有其他两种特征。

一种是造成"心灵秩序"的契机。前面说过,《大学》所反映的政治观是以"修身"为思想中心而展开的。前面在讨论先秦儒家思想时我们曾强调,儒家的"修身",尤其是宋明儒学里所谈的"修身",并非我们普通所谓的培养人格或者陶冶身心。因为修身有超越的宗教意义,它不但是人格的培养,也是体现天道的枢纽,透过修身,人心可以上通天道,个人的价值与尊严由此受到肯定,超越于现实社会政治制度的"心灵秩序"也由此而有建立的可能。

但是在宋明儒学传统里,"心灵秩序"并未能真正展现。这不得不归罪于儒家的思想在其他方面所受到的一些限制。这些限制,此处无法细论①。这里必须指出的是:在思想上,阻碍"心灵秩序"展现的一个重要因素是:前面所谓的"宇宙本位政治观"在宋明儒学里仍然保有基本的重要性。所谓宇宙本位政治观,上面说过,是认为现存的基本政治社会制度是植基于宇宙秩序,宇宙秩序不会变,这些基本的政治社会制度当然也不会变。这种政治观表现于纲常名教与阴阳五行思想的结合,由于这种结合,纲常名教被认为是天道的一部分,而"天不变,道也不变"。前面提到,这种政治观是汉儒形成的。这份汉儒的遗产,宋明儒学并未清除掉。儒家学者从北宋到清末不但未能对纲常名教思想作彻底的反省和批判,而且往往予以肯定或默认,便是明证②。但是同时我们也不能忽视:在宋明儒学传统里,人格本位的政治观,以天人性命的思想为基础,对以纲常名教为核心的宇宙本位政治观,也曾有过冲击,有过震荡,甚至间或有突破的趋势。这种趋势,在王学里见之于王学左派与刘宗周和黄宗羲的思想。在朱学里见之于陆世仪和吕晚村的思想③。但重要的是:这突破的趋势,在宋明儒学里面,都是局限的,暂时的。因此人格本位的政治观在宋明儒学传统里不能造成一个真正的"心灵秩序"以与政治权威对抗。经世思想的第二层意义既然是讨论如何在人世建立一个完满的政治社会秩序,人

---

　　① 有关此问题之详细讨论见拙著:Hao Chang,"The Cosmological Myth and Neo-Confucianism,"to be published in *Orthodoxy and Heterodoxy in the Chinese Tradition*,ed. by Kuang-ching Liu,vol. II (University of Cali-fornia Press,Berkeley,1975.)

　　② 同前页注。

　　③ 同前页注。并参见 Wm. Theodore de Bary,"Individualism and Humanitarianism in Late Ming Thought," in *Self and Society in Ming Thought*,ed. by Wm. Theodore de Bary and the Conference on Ming Thought(Columbia University Press, 1970),pp.145-247.

格本位的政治观在基本政治结构上所引发的契机与所受到的限制便有讨论的必要。

《大学》的人格本位政治观,除了"心灵秩序"的契机外,尚蕴含着一种历史意识。这种历史意识对于了解经世观念的第二层意义也极为重要。首先需要指出的是:宋明儒学的历史意识,相对于前此的儒家思想而言,有因袭,也有创新。因袭的是它对政治社会的起源的解释特别加以强调。这种强调从开始便是儒家史观的特征之一。因为其他文化传统,如西方、印度及近东,并非对国家社会的起源没有解释,但是它们在这方面的解释是附属于它们对神的起源,对宇宙的起源以及对人的起源的解释。只有在中国儒家的传统里,对政治社会起源的解释特别重视,也特别突出,而对人、神以及宇宙起源的解释则甚少措意①。

儒家对政治社会起源的历史解释主要见之于所谓的尧舜三代之说,也就是说,人世的和谐次序是由圣王开端,造成一种原始典型,而这种典型在后世逐渐衰替,逐渐陵夷。这种衰替陵夷并非直线下降,而是见之于治乱相寻,回旋下降的方式。阴阳五行之说流行以后,这种循环史观益张,历史之运行完全配合阴阳五行转动的韵律。因此人世的治乱兴衰也全由一种客观的宇宙势力循环回旋而决定。汉儒的思想固然受这种循环史观支配,就是宋明儒学也未能摆脱其影响。例如邵雍的运会史观,诚然有佛教的成分在内,基本上是属于这种传统的循环史观的模式。

上面所讨论的是宋明儒学在史观上因袭的地方。至于它的创新,就宋明儒学的主流而言,最重要的是一种所谓"天理史观"。许

20世纪儒学研究大系

---

①　关于各文化对宇宙及历史起源所作之种种不同的神话性解释,可参考 Eric Voegelin, *The Ecumenic Age*(Louisiana State University Press, 1974), pp. 60—67.

多宋明儒者认为天理是宇宙间一切的准则和典型,而这准则和典型是在历史的肇端曾经实现过的。这就是所谓的尧舜三代之治。这个信念包含两个观念。其一是历史的两层观:历史过程可以分成两个段落,三代与三代以下。这两个段落也代表两个层次:三代是治世的典型,是道德的实现;三代以后是治世的消逝,是道德的衰替。另一个观念是:天理虽然是外在的、超越的准则,但也是内在于人心的精神实体;透过人为的修德,这精神实体可以体现。因此天理也可重新展现于人世,所以儒家虽然没有像西方基督教那种强烈的历史未来意识,没有那种认为历史必然有一个完满的结束的信念,却是相信人为的努力可以使原始的典型重现于人世。总而言之,在"天理史观"的影响之下,儒家经世思想是含有一基本信念:人为的努力可以实现典型的人格,也可重建典型的社会。

在宋明儒学传统里,这种天理史观与前面提到的道德理想主义是息息相关的。它们都是以绝对的、"超越的"道德理想去衡量、去解释人世的治乱兴衰。这里必须注意的是:天理史观在宋以后的儒学传统里并不是无条件地普遍被接受。学者如王夫之、魏源等,就曾对这种史观加以修正,而提出一种"理势合一"的史观。就这种史观而言,最重要的观念是"势"字。所谓"势",用魏源的话,是"气之所积"①。而"气",按照十七世纪以来所流行的气一元论的解释,是与"理"分不开的。理是气的条理,也不妨说是它的属性,所以"势"显然蕴含着理。但重要的是:它不仅蕴含着理,也意谓着人世演变递嬗的客观趋势。因此所谓"理势合一"史观认为历史不仅是一道德衰替的过程,它也含藏着有关世俗人事的种种长期发展趋势。所以它打破了"天理史观"所代表的历史二元论,而

---

①　关于魏源历史思想,读者可参见刘广京《十九世纪初叶中国知识分子——包世臣与魏源》。此文收于《汉学论文集》内。

认为历史不仅是一个兴衰迭替的过程,也不仅是一个道德衰替的过程;它也是一个长期发展,客观演进的过程。

以上我简略地讨论了"经世"观念的第二层意义。我特别强调:在这一层次上,经世思想的核心是《大学》所表现的人格本位政治观。这种政治观有其特有的问题。环绕这些问题产生了一些宋以后儒家政治思想的各种论争和不同的潮流。掌握这些问题是了解经世思想发展的必要条件。不可忽略的是:《大学》所表现的人格本位政治观是宋明儒学所谓的"治道"或"治体"。后者用现代的话来说就是政治的基本原则。但是宋明儒者讨论经世,不仅谈治道,也谈治法。程伊川有一段话可为代表,他说:"修身齐家以至平天下者,治之道也。建立治纲,分正百职,顺天时以制事。正于创制立度,尽天下之事者,治之法也。圣人治天下之道,惟此二端而已。"(《近思录集解》卷八,页二三六)这里所谓的"治法"就是用以实现治体的客观制度规章,也就是经世观念的第三层意义。

这第三层意义的最好例证,就是晚清嘉道以后流行的所谓"经世之学",当时"经世之学"之提出是藉以区别于其他三种学问——义理之学,考据之学,辞章之学[①]。它是讲究如何由制度的安排,政府多种政策的运用,以及法令规范的约束以求政治社会秩序的建立。总而言之,它是希望以外在的政治和文化力量以求达到儒家所谓的"治平"的理想。前面所引的程伊川的一段话,显示晚清的经世之学就是宋明儒者所谓的治法。许多宋明儒者并不一定用"经世之学"这个名称,但是"经世"这一层意义则向来即有。而晚清经世之学的突出的地方不过是在特别强调宋明儒者所谓的"治法"的重要性,以有别于许多理学家由过分重视修身观念所衍生的

---

① 见钱穆所著学龠,《近百年来诸儒论读书》;又见康有为《长兴学记》,页一〇一一一。

"人格本位政治观"。

晚清经世之学所产生的最重要的文献是《皇朝经世文编》,这里就以这部书为依据对于"经世"的第三层意义稍加厘清。如所周知,《皇朝经世文编》是魏源以贺长龄之名在清朝道光年间所编成的一部巨帙。它所收集的限于清代学者的文章。文章收集和分类的标准是清朝六部的职掌——吏、户、礼、兵、刑、工。因此它所讨论的大多是有关这六项的典章制度与政策规范。也就是说,《经世文编》所讨论的主要是宋明儒者所谓的"治法"。但是它强调治法之重要性,并不意谓忽略"治体"。因为此书在讨论以六部为分类的治法之前,有两类文章讨论"学术"与"治体",而细绎这两类所收集的文章,四书中修己治人的主旨,尤其《大学》所谓修齐治平的原则均蕴含其中①。因此《皇朝经世文编》不是忽略,更不是反对治道的重要性而谈治法,而是在假定治体的前提下谈治法。魏源与贺长龄是有感于许多宋明儒者只谈治体,不谈治法;只知修身的基本性,而忽略治法的重要性。

所谓治法的内容,魏源与贺长龄,和许多宋明儒者一样,认为大部分是有关官僚制度的业务性和技术性问题,如铨选、赋役、盐务、漕运、河工、水利等。《经世文编》在这方面是反映儒家传统中所含有的一些功效理性。所谓功效理性是指一种处理专门业务的态度,这种态度讲究经验观察,接受经验教训,同时并多多少少以成本功效或成本利润之计算为处理业务的原则。在《皇朝经世文编》以前,宋明经世思想并不是没有对这种功效理性加以注意,例如《皇明经世文编》,对有关这类的文字也有收集②,但是却没有像

---

① 见《皇朝经世文编》,《学术一》,陈迁鹤《储功篇》上、下;《学术二》,程晋芳《正学论》一、二、三;卷七,《治体一》,俞长城《王霸辨》。

② 《皇明经世文编》并无系统分类,而只是以文章系于人名之下。

《皇朝经世文编》那样以六部职掌为依据,大规模地、有系统地、分门别类地加以搜罗编辑。从这一个观点看来,《皇朝经世文编》是代表经世思想的一个进步。

就经世传统而言,《皇朝经世文编》的代表性不仅限于讨论官僚制体的种种有关业务性、技术性的问题。它讨论与官僚制度只有间接关系的"治法",也具有代表性。这里必须注意的是:宋明儒者所谓的"治法",不仅限于有关官僚政体的制度规章。它是指所有的外在客观的规章制度,不论后者是否与官僚制度直接有关。既然如此,谈到治法,便不能不谈礼制。

儒家传统中所谓的"礼",含义极广,从有关人际关系的道德规范,到各种典礼仪式,乃至国家的制度典章,都在它的指涉范围之内。但是《皇朝经世文编》所谓的礼是一种狭义的礼。它主要是指国家的各种祭典、个人的婚丧仪式以及有关家族与学校的制度典章①。总而言之,此处所谓的礼是指社会维持教化信仰风俗的种种规章仪范。这种规章仪范,从儒家经世的观点去看,有两种功能。第一,儒家所了解的国家主要是一种道德秩序。这种道德秩序不仅靠一个权力中心,而且也靠一个教化仪范的中心去维持。政府便是这权力兼教化仪范的中心,而政府之发挥教化仪范的功能便有赖乎礼的运用。礼的另一种功能便是汉儒所谓的"继天地,体阴阳"。这种功能从现代人的眼光看来,似乎无关紧要,甚至迹近迷信。但是从传统的眼光看来,却是非常重要。因为前面提到,传统文化看人世间的政治社会秩序,不是孤立地看,而是把它看作宇宙秩序的一部分,认为它与宇宙秩序息息相关。因此人世间的秩序不仅要靠人事的和谐,而且也要靠人世与宇宙秩序之间维持

---

① 见《皇朝经世文编》卷五四至卷六九,礼政类。

一个和谐的关系。这种和谐关系的建立,一方面固然要视政府上自君主,下至地方官的德行而定。但是另一方面,也与政府的各种祭祀有密切的关系。在传统社会的眼光中,祭祀是人世与天地宇宙维持和谐关系的工具。从上述两种礼的功用而言,礼之成为经世之学之重要一环,绝非偶然。

此处值得顺便一提的是:礼学在清代学术传统里受到了前所未有的重视。当然,宋明儒学传统从未忽视礼的重要性,但宋明理学的重心毕竟是天人性命之学。因此礼学的地位并不突出。礼学之受到特别强调是清朝中叶,汉学风靡以后。这主要是因为汉学在骨子里含有强烈的荀学精神。而荀子是重知,重学,重客观规范,于是礼学在汉学传统里乃有特别突出的地位①。礼学这种突出的地位难免影响到乾嘉以后经世学的发展。这在《皇朝经世文编》里已有迹象,前面提到,"礼"是《文编》分类收集文章的一大项目。但是最显著的迹象还是曾国藩所揭橥的"以礼经世"的口号②。曾氏明言他对礼学的了解深受汉学家如江永、秦蕙田等人的著作的影响。

除开礼,《皇朝经世文编》也讨论到一些其他与官僚体制无直接关系的制度和组织,如乡约、宗族以及学校等。这也是《经世文编)就经世传统而言,具有代表性的地方。但不可忽略的是,《经世文编》在这方面所收集的文章,也有与宋明经世思想不同之处。因为宋明以来的经世思想有一个重要特征是《经世文编》所没有,那就是讨论是否应该恢复古代封建制度,这个讨论本是儒家思想的

<hr>

① 关于礼学在汉学中的重要性,见钱穆《中国近三百年学术史》第八章论"戴东原",第十章论"焦里堂、阮芸台、凌次仲"。

② 见钱穆《近三百年中国学术史》第十二章论"曾涤生"。

一大公案①。汉唐以来即迭有争辩,而在宋以后的思想界仍是一个争辩的焦点。所谓封建制度就是儒家的"天下一家"的理想的一种寄托。不少儒家学者,或者主张完全恢复这理想的制度,如张载与胡五峰;或者主张部分或变相地恢复,如叶适和顾炎武。重要的是:不论是哪一种形式,这种封建的理想都是与"中央集权,官僚体制"的郡县制度相抵触。因此这种理想的出现,也就意谓着宋明经世思想并不完全接受中央集权的郡县制度。而《经世文编》却是在接受郡县制度的前提下讨论各种制度典章。这也可说明为何《经世文编》中直接讨论封建制度的文章仅有刘鸿翔的《井田论》②,而这篇文章却是否定封建制度在后世有恢复之可能,至于间接涉及封建制度者如汪缙之《准孟下》③,也是采取否定的态度。根据上面的讨论,我们或者可以作这样一个结论:就儒家的"治法"而言,由宋明经世思想发展到《皇朝经世文编》,封建的理想逐渐消失。这种式微一方面固然代表清代中叶以后经世思想的重实际、重实效的趋势,是一种功效理性的强化的表现,但也意谓着当时经世思想的批判精神日趋淡薄。

综上所述,"经世"绝不是一个单纯的观念;它至少有三层意义。第一层意义是指儒家的入世的"价值取向",它可以说是任何形态的经世思想的前提。"经世"第二层意义含义最广,相当于宋明儒所谓的"治体"或"治道"。因此厘清"经世"的这一层意义必须牵涉到儒家政治与社会思想的各种基本问题。经世的第三层意义

---

① 关于儒家传统中对封建郡县之辩论,杨联升先生曾有扼要之综述,见 Lien‐sheng Yang, "Ming Local Administration," in Charles O. Hucker, ed., *Chinese Government in Ming Times* (New York, 1969), pp. 1—10.

② 见《皇朝经世文编》,《治体》,卷一一,页二一一二二。

③ 同上,《学术》,卷一,页一九一二二。

才是晚清所谓的"经世之学"所彰显的意思。它包含了西方学者所了解的"官僚制度的治术"(bureaucratic statecraft)。但如前面所强调:这一层意义相当于宋明儒学所谓的"治法",而"治法"绝非"官僚制度的治术"所能全部涵盖。所以研究经世思想,必须扩大我们的视野,把经世这一观念放在整个宋明儒学的架构里了解,从它各种观念层次去探讨。这种探讨和了解可以使我们看到仅从义理之学的角度所不能看到的一个儒家思想面貌。

(选自《幽暗意识与民主传统》,

台北,联经出版公司 1990 年版)

　　张灏,1957 年毕业于台湾大学历史系,后留学美国,1966 年获哈佛大学历史系博士学位,先后执教于美国俄亥俄州立大学、香港科技大学,现任香港中文大学教授。长期致力于中国近现代文化思想史、中国传统政治思想史的研究。主要著作有《Liang Chi‐ch'ao and Intellectual Transition in China 1890-1907》(Harvard University Press,1971)、《幽暗意识与民主传统》等。

　　本文指出,那种认为宋明儒学受佛老的影响,以内圣或修身为中心目标,致使经世精神衰退,外王志趣不张的看法是片面的。事实上,凡是宋明大儒的思想,未有不强调经世在儒家思想的义理结构中的重要性。宋明以来儒学之经世思想的意义主要有:入世的价值取向、"治体"与"治道"的结合为一及晚清的"经世之学"。

论著目录索引

著　作

梁启超　清代学术概论　上海商务印书馆 1921 年

胡　适　戴东原的哲学　商务印书馆 1927 年

梁启超　中国近三百年学术史　上海民智书局 1929 年

冯友兰　中国哲学史　上海神州国光出版社 1931 年

吕思勉　理学纲要　商务印书馆 1931 年

杨东莼　中国学术史讲话　北新书局 1932 年

范寿康　中国哲学史通论　上海开明书店 1936 年

钱　穆　中国近三百年学术史　商务印书馆 1937 年

嵇文甫　晚明思想史论　上海世界书局 1944 年

蒋伯潜、蒋祖怡　诸子与理学　上海世界书局 1942 年

张岱年　中国哲学大纲　商务印书馆 1958 年

侯外庐等　中国思想史(六卷)　人民出版社 1956—1960 年

杨荣国主编　简明中国思想史　中国青年出版社 1962 年

任继愈主编　中国哲学史(四册)　人民出版社 1963—1979 年

北京大学哲学系中国哲学史教研室　中国哲学史(上、下)　中华
　　书局 1980 年

罗　光　中国哲学思想史(四册)　台湾学生书局 1978—1981 年

方克立　中国哲学史上的知行观　人民出版社 1982 年

萧萐父、李锦全主编　中国哲学史(上、下)　人民出版社 1982 年

侯外庐、邱汉生、张岂之主编　宋明理学史(上、下)　人民出版社

　　　　1984 年

蒙培元　理学的演变　福建人民出版社 1984 年

陈鼓应、辛冠洁、葛荣晋主编　明清实学思潮史(上、下)　齐鲁书
　　　　社 1989 年

冯天瑜等　中华文化史(上、下)　上海人民出版社 1990 年

张岂之主编　中国儒学思想史　陕西人民出版社 1990 年

张岂之　儒学·理学·实学·新学　陕西人民出版社 1991 年

赵吉惠等主编　中国儒学史　中州古籍出版社 1991 年

葛荣晋主编　中日实学史研究　中国社会科学出版社 1992 年

石训等　中国宋代哲学　河南人民出版社 1992 年

王俊义、黄爱平　清代学术与文化　辽宁人民出版社 1993 年

衷尔钜　蕺山学派哲学思想　山东教育出版社 1993 年

王育济　理学·实学·朴学　山东友谊出版社 1993 年

葛荣晋主编　中国实学思想史　首都师范大学出版社 1994 年

陈鼓应、辛冠洁、葛荣晋主编　明清实学简史　社会科学文献出版
　　　　社 1994 年

朱七星主编　中国·朝鲜·日本传统哲学比较研究　延边人民出版
　　　　社 1995 年

李　平等　中国·日本·朝鲜实学比较　安徽人民出版社 1995 年

刘蔚华、赵宗正主编　中国儒家学术思想史　山东教育出版社
　　　　1996 年

姜广辉　走出理学　辽宁教育出版社 1997 年

韩忠文　中国儒学史(宋元卷)　广东教育出版社 1998 年

苗润田　中国儒学史(明清卷)　广东教育出版社 1998 年

中国实学研究会编　中韩实学史研究　中国人民大学出版社
　　　　1998 年

吕元聪、葛荣晋　清代社会与实学　香港大学出版社 2000 年

葛荣晋、赵馥洁、赵吉惠主编　张载关学与实学　西安地图出版社
　　2000 年

中国实学研究会主编　实学文化与当代思潮　首都师范大学出版
　　社 2002 年

论　文

胡　适　清代学者治学方法　《北京大学月刊》第 1 卷 5、6、7 期，
　　1919—1922 年

梁启超　前清一代中国思想界之蜕变　《改造》(北平新学会)第 3
　　卷 3—5 期，1920—1921 年

梁启超　中国近三百年学术史　《史地学报》第 3 卷 1—8 期，
　　1924—1925 年

梁启超　清学开山祖师之顾亭林　《晨报·副刊》(北平)1924 年 3
　　月

李家启　王安石之政治思想　《中央大学半月刊》第 1 卷，1930 年
　　第 10 期

缪镇藩　顾亭林的经世思想　《经世》第 1 卷 9 期，1937 年

容　树　主张"实践"和"实用"的颜李学派　《人民评论》(北平)第
　　44 期，1934 年

金絮如　颜李之力行主义　《中国革命》第 25、35 期，1934 年

天　客　颜习斋的实用主义　《仁爱月刊》第 1 卷 1 期，1935 年

范寿康　清初实行派的哲学——颜习斋　《哲学与教育》第 5 卷 1
　　期，1936 年

谭丕模　明末清初之哲学思想　《文化论衡》1936 年第 2 期

容肇祖　吕留良及其思想　《辅仁学志》第 2 卷 1、2 期，1936 年

张西堂　王船山的经世思想　《经世》第 1 卷 1 期，1937 年

徐宗泽　明清之际中国整个学术思想革新　《圣教杂志》第 26 卷
　　10 期，第 27 卷 4、5 期，1938 年

李世繁　论宋明道学和清代哲学在方法上的不同　《辅仁生活》
　　　　1939 年第 1 期

嵇文甫　陆象山的"实学"　《学术丛刊》(河南大学文学院)1940
　　　　年

常坚如　颜李学派之实践精神　《新东方》第 1 卷 1、2 期,1940 年

胡　适　颜习斋哲学及其与程朱陆王之异同　《文史杂志》第 1 卷
　　　　8 期,1941 年

牟宗三　纯粹理性与实践理性　《文史杂志》第 3 卷,1944 年第
　　　　11、12 期

夏　风　顾亭林与近代思想　《中国青年》(南京)第 12 卷 4 期,
　　　　1945 年

程　憬　明清之际的新思潮　《中国史学》1946 年第 1 期

吴韶松　论清初的经世之学　《政治》第 9 卷,1946 年 6 月

钱　穆　论清儒　《中央周刊》第 9 卷,1947 年 3 月

冯文炳　说人欲与天理并说儒家治国之道　《哲学评论》第 10 卷,
　　　　1947 年 6 月

姚瀛艇　明清之际何以产生像顾炎武、黄宗羲、王夫之那样卓越的
　　　　思想家　《新史学通讯》1954 年第 8 期

侯外庐　论明清之际的社会、阶级关系和启蒙思想的特点　《新建
　　　　设》1955 年第 5 期

黄胜白　李时珍的实际精神和唯物观点　《药学通报》1955 年第 8
　　　　期

尚　钺　明末清初学术思想的发展及其演变　《中国资本主义关
　　　　系发生演变的初步研究》,三联书店 1956 年

侯外庐　十七世纪的中国社会和启蒙思潮的特点　《中国早期启
　　　　蒙思想史》,人民出版社 1956 年;《中国资本主义萌芽问
　　　　题讨论集》(上),三联书店 1957 年

侯外庐　方以智——中国的百科全书派大哲学家——论启蒙学者
　　　　方以智的悲剧生平及其唯物主义思想　《历史研究》1957
　　　　年第 6、7 期

杨培之　颜元的哲学思想　《光明日报》1957 年 5 月 15 日

侯外庐　十六世纪的中国进步的哲学思想概述　《历史研究》1959
　　　　年第 10 期

嵇文甫　明清时代反理气二元论思想的发展概述　《新建设》1961
　　　　年第 4 期

仪　真　论方以智的治学思想　《文汇报》1961 年 8 月 26 日

习　尧　重视科学实验的徐光启　《文汇报》1962 年 1 月 7 日

夏　葭　徐光启的治学精神　《天津日报》1962 年 4 月 24 日

成　晚　对明末清初学术思想的探讨　《光明日报》1963 年 7 月
　　　　23 日

华　山　论顾炎武学术思想　《文史哲》1963 年第 2、3 期

吴　泽　顾炎武的政治思想和爱国思想　《文汇报》1963 年 6 月
　　　　23 日

蒋祖安　顾炎武反道学的斗争　《江海学刊》1963 年第 12 期

傅衣凌　顾炎武与十七世纪中国社会　《江海学刊》1963 年第 12
　　　　期

宋衍申　欧阳修治史的求实精神　《中国历史文献研究集刊》1981
　　　　年第 3 期

张显清　晚明心学的没落与实学思潮的兴起　《明史研究论丛》
　　　　1982 年第 1 期

赵宗正　清初经世致用思潮简论　《哲学研究》1983 年第 6 期

王金林　朱舜水的"实理实学"思想及其对日本水户学派的影响
　　　　《延边大学学报》(东方哲学研究专号)1983 年

董蔡时　试论嘉道年间经世学派的崛起及其学派的思想特点

《苏州大学学报》1985 年第 1 期

步近智　明清实学思潮史学术讨论会综述　《国内哲学动态》1985
　　　年第 10 期

步近智、张安奇　明清实学思潮中的两个问题　《光明日报》1985
　　　年 9 月 2 日

葛荣晋　明清社会的变迁与实学思想的演变　《晋阳学刊》1986
　　　年第 3 期

葛荣晋(力　涛)　论明清实学的基本特征　《船山学刊》1986 年
　　　第 2 期

杨　松　明清实学思潮史学术会议在成都举行　《中国史研究》
　　　1986 年第 11 期

张显清　明代社会思想和学风的演变　《中国哲学史研究》1986
　　　年第 2 期

刘兴邦　老子的"无为而治"与魏源的"经世致用"　《中山大学研
　　　究生学刊》1986 年第 1 期

步近智　论高攀龙的理学思想和务实致用学说　《学术月刊》1986
　　　年第 9 期

吴云生　论王安石经世致用的文学思想及其嬗变　《杭州师专学
　　　报》1986 年第 2 期

黄开国　明清实学思潮史成都会议纪实　《国内哲学动态》1986
　　　年第 12 期

冯天瑜　论儒学的经世传统　《孔子研究》1986 年第 3 期

唐宇元　论方孝孺的用世和无神论思想　《浙江学刊》1986 年第 6
　　　期

衷尔钜　实学的辨析　《中州学刊》1987 年第 6 期

冯天瑜　道光咸丰年间的经世实学　《历史研究》1987 年第 4 期

李　坚　贝原益轩对宋明实学的继承发展　《辽宁大学学报》1987

年第 1 期

葛荣晋　杨东明的理气统一论　《中州学刊》1987 年第 6 期

蒋国保　方以智与三浦梅园　《船山学刊》1987 年第 1 期

黄书光　王安石实学教育思想述评　《殷都学刊》1987 年第 1 期

孟广林　明清思潮与文艺复兴比较之我见　《中国史研究》1987
　　　　年第 4 期

李　平　论朱舜水的实学思想　《船山学刊》1987 年第 1 期

杜维明　论陆象山的实学　《中国哲学史研究》1988 年第 3 期

李元庆　薛瑄的实学思想与实践　《中国哲学史研究》1988 年第 4
　　　　期

余光贵　二程与明清之际的实学思想　《中州学刊》1988 年第 6
　　　　期

苏显信　中国古代实学初探　《四川师院学报》1988 年第 2 期

陈之龙、张健明　晚明实学思潮主将　《北京社会科学》1988 年第
　　　　4 期

葛荣晋　清代实学思潮的历史演变　《文史哲》1988 年第 5 期

魏宗禹　明清实学思潮的三个发展阶段　《晋阳学刊》1988 年第 1
　　　　期

辛冠洁　漫说明清实学思潮　《台湾国文天地》1988 年第 39—41
　　　　期

李明友、梁玉九　论黄宗羲的经世致用思想　《孔子研究》1988 年
　　　　第 2 期

陈葛满　宋濂用世思想刍议　《浙江师大学报》1988 年第 3 期

冯天瑜　著书慷慨识忧时——魏源的经世实学成就刍议　《江汉
　　　　论坛》1988 年

葛荣晋　宋明理学与近代新儒学之间的桥梁——明清史学　《文
　　　　史知识》1988 年第 6 期

20世纪儒学研究大系

李锦全　论李贽人世与出世思想的矛盾统一　《江汉论坛》1988
年第 3 期

黄顺力　曾国藩的理学经世思想与洋务运动　《天津社会科学》
1988 年第 3 期

周积明　试论乾嘉时期批判科举制的思潮　《湖北大学学报》1988
年第 5 期

胡绩伟　漫谈张居正改革的求实精神　《荆州师专学报》1988 年
第 1 期

葛荣晋　明清实学简论　《社会科学战线》1989 年第 1 期

葛荣晋　黄绾实学思想　《浙江学刊》1989 年第 2 期

何志慧　晚明经世致用思潮对康有为早期思想的影响　《学术研
究》1989 年第 5 期

孙传剑　论朱之瑜经世致用的教育思想　《华东师大学报》1989
年第 4 期

陈瑶夫、黄培芳　试论颜元教育思想的实学特征　《河北学刊》
1989 年第 2 期

葛荣晋　明代实学的历史演变　韩国成钧馆大学《大东文化研究》
1989 年第 13 期

汪林茂　论道光朝经世思潮的不同流派　《学术研究》1989 年第 5
期

滕　复　宋明浙东事功学派与心学及其合流　《东南文化》1989
年第 6 期

肖　钢　费密的"中实之道"与明清之际的反理学思潮　《华南师
大学报》1989 年第 3 期

潘　群　试论黄宗羲的经世学风　《南京大学学报》1989 年第 2
期

崔国信　实学思潮对毛泽东哲学思想的影响初论　《攀登》1990

年第 1 期

胡逢祥　晚明经世思潮与当代史研究　《华东师大学报》1990 年第 2 期

杨义根　魏源的经世之学与爱国主义思想　《西南师大学报》1990 年第 4 期

吴雁南、陈　奇　经世之风的兴起(近代经学研究之一)　《贵阳师专学报》1990 年第 3 期

李元庆　薛瑄的实学思想与明代实学思潮　《传统文化的综合与创新》教育科学出版社 1990 年

葛荣晋　"实学"是什么?　《国文天地》(台湾)1990 年第 4—6 期

张恒寿、马　涛　评《明清实学思潮史》《哲学研究》1990 年第 4 期

屈桂英　评《明清实学思潮史》　《东方文化》(香港)1990 年

王　烃　评《明清实学思潮史》　香港中文大学《中国文化研究所学报》1990 年第 12 期

龙　港　评《明清实学思潮史》《光明日报》1990 年 5 月 7 日

李　文　书生有用——评《明清实学思潮史》《读书》1990 年第 8 期

干春松　明清实学研究概观　《哲学动态》1990 年第 1 期

谢伟锋　实用与实行:论薛瑄的治学精神　《运城师专学报》1990 年第 1 期

牛有铭　浅读康熙与西方科学技术　《学术论坛》1990 年第 3 期

魏宗禹　论明清之际总结批判思潮的历史贡献　《中州学刊》1990 年第 3 期

吴　光　儒学在衰落时期的变革——论清代实学　《浙江学刊》1991 年第 5 期

陈朝晖　王源实学思想评论　《山东大学学报》1991 年第 2 期

槐　里　实学杂议　《孔子研究》1991 年第 4 期

葛荣晋　朱熹理学体系中的实学思想　《福建论坛》1991 年第 4 期

葛荣晋　论第四届东洋学国际学术会议　《中国哲学年鉴》1991 年

何　隽　永嘉事功学的形成过程　《孔子研究》1991 年第 1 期

步近智　东林学派与明清之际的学实思潮　《浙江学刊》1991 年第 4 期

丁冠之　论明清实学的早期启蒙思想　《山东大学学报》1990 年第 3 期

冯天瑜　试论道咸经世派的"开眼看世界"　《近代史研究》1991 年第 2 期

向世陵　张载实学浅论　《天府新论》1992 年第 2 期

徐远和　薛瑄的"实学"思想探析　《孔子研究》1992 年第 3 期

尤西林　实学与本体论：中国传统文化现代化价值取向论衡　《西北师大学报》1992 年第 2 期

臧世俊　郑樵的实学思想和批判创新精神　《河北学刊》1992 年第 3 期

潘富恩、徐余庆　吕祖谦的实学思想述评　《复旦学报》1992 年第 6 期

步近智　明清之际实学高潮与朝鲜李朝实学兴盛的共同特征　《中国史研究》1992 年第 1 期

陶　清　朱之瑜的实学思想和明末清初的实学思潮　《孔子研究》1992 年第 2 期

王生平　两面对映的镜子——读《中日实学史研究》札记　《哲学动态》1992 年第 10 期

周积明　《四库全书总目》的经世价值观念　《中国史研究》1992

年第 3 期

方祖猷　王学、实学和经学:明清之际经学复兴的两条途径　《宁波大学学报》1993 年第 2 期

郭熹微　天文学与明清实学思潮　《世界宗教研究》1993 年第 3 期

宋纬明　王夫之实学思想初探　《船山学报》1993 年第 12 期

陈启议　略论清初广东的民族思想和实学学风　《广东社会科学》1993 年第 1 期

陈宝良　论晚明实心任事的精神　《社会科学研究》1993 年第 1 期

张宏斌　明代实学之祖——丘浚　《渭南师专学报》1993 年第 1 期

葛荣晋　晚清经世实学概论　《清史研究》1993 年第 4 期

何佑森　明末清初的实学　《孔子研究》1993 年第 1 期

陈朝晖　论道探源辨实学,厚生利用识儒真　《清史研究》1993 年第 1 期

陈朝晖　第二届东方实学学术研讨会综述　《走向世界》1993 年第 1 期

周桂钿　明末到清初的思想转折　《社会科学研究》1993 年第 3 期

李存山　王廷相思想中的实证科学因素　《人文杂志》1993 年第 6 期

孙迎春　徐霞客的求实精神探析　《南通教育学院学报》1993 年第 2 期

王政尧　清初实学思潮与晚清戏剧文化的改革　《清史研究》1993 年第 3 期

刘继德　清初的经世致用之学　《宁夏大学学报》1993 年第 3 期

〔韩〕尹丝淳 新实学的展望 《孔子研究》1993 年第 4 期

周积明 纪晓岚与陆春来——兼论 18 世纪经世思潮 《清史研究》1993 年第 4 期

陈朝晖 论明清实学思潮中的土地经济思想 《烟台大学学报》1993 年第 4 期

金忠明 戴震与实学教育思想 《孔子研究》1994 年第 4 期

晋圣斌 明清实学：崇实黜虚、经世致用 《学习》1994 年第 10 期

〔韩〕尹丝淳 新实学与新理念的探索——以韩国为中心 《中国文化研究》1994 年秋之卷

马 涛 从《明经世文编》看明代的实学思想 《河北师院学报》1994 年第 1 期

王育济 走出“中世纪”——理学·实学·朴学的嬗演及其启蒙意义 《中州学刊》1994 年第 1 期

葛荣晋 关于实学研究的六封信 《学习》1994 年第 12 期

葛荣晋 论宋代实学 《中华文化论坛》1994 年第 1 期

葛荣晋 晚明王学的分化与气学的发展 《明代思想与中国文化》1994 年第 10 期

葛荣晋 关于中国实学的几个问题 《炎黄文化研究》创刊号，1994 年

葛荣晋 胡瑗及其安定学派的明体达用之学 《中国教学》1994 年第 16 期

王 煌 评《明清实学思潮史》 《中国学术思想论丛》(台湾)明文书局 1994 年第 3 期

魏华政 魏源经世实学思想刍议 《船山学刊》1994 年第 2 期

马 涛 从《明经世文编》看明代的实学思想 《河北师院学报》1994 年第 1 期

玄 白 世纪之交的沉思与憧憬——读《中国实学思想史》 《新

视野》1995 年第 5 期

全　仔　葛荣晋与《中国实学思想史》《学习》1995 年第 10 期

瑜英涛　《中国实学思想史》评介　《东方文化》(香港)1995 年第 1
　　　　期

葛荣晋　明清实学对宋明理学伦理观念的转换　《中国文化研究》
　　　　1995 年春之卷

葛荣晋　明清实学对中国传统价值观念的转换　《哲学杂志》(台
　　　　湾)1995 年第 4 期

葛荣晋　清初朱学的复兴与特征　《宋明思想与中华文明》1995
　　　　年第 10 期

葛荣晋、晋圣斌　象山心学体系中的实学思想　《河北师院学报》
　　　　1995 年第 1 期

周祚绍　论乾嘉之际的社会问题和洪亮吉的实学思想　《山东大
　　　　学学报》1995 年第 4 期

陈尚胜　中朝实学思想的交流及其影响　《文史知识》1995 年第
　　　　12 期

李　平　中、日、朝实学比较　《哲学研究》1995 年第 4 期

徐德馀　张岱的实学思想　《绍兴文理学院学报》1995 年第 1 期

黄德昌　拓荒补白命世鸿篇:评《中国实学思想史》《中华文化论
　　　　坛》1995 年第 3 期

葛荣晋　东京"第三届东亚国际实学研讨会"概述　《中国文化研
　　　　究》1995 年第 3 期

葛荣晋　中国实学的现代转换　《齐鲁学刊》1995 年第 1 期

朱七星　清代考据实学与金正喜的实学思想　《延边大学学报(社
　　　　科版)》1995 年第 2 期

李志军　时代精神的呼唤:读《中国实学思想史》《甘肃社会科
　　　　学》1995 年第 3 期

20世纪儒学研究大系

周梦江　略论王联的实学思想　《浙江学刊》1995 年第 1 期

罗　炽　论中国实学范畴内涵的历史演变　《湖北大学学报》1996 年第 4 期

秦　原　读《中国实学思想史》　《学术月刊》1996 年第 4 期

雷树德　颜元实学思想浅说　《湘潭师范学院学报》1996 年第 2 期

葛荣晋　乾嘉学派的实事求是之学　《东亚文化的探索》(台湾) 1996 年

朱七星　中、朝、日实学思想之比较　《延边大学学报》1996 年第 4 期

姜日天　实学与东亚社会:评《中国·日本·朝鲜实学比较》　《哲学动态》1996 年第 12 期

徐云望　论颜元的实学思想　《中国哲学史》1996 年第 1 期

周树智　论毛泽东对中国古代实学的继承和发展　《西北大学学报》1996 年第 4 期

赵吉惠　沉思实学史的结构与范畴:评《明清实学简史》　《孔子研究》1996 年第 1 期

步近智　明清之际实学思潮中的"厚生利用"之学　《孔子研究》1996 年第 2 期

冉　再　元代水利实学思想及其历史地位　《中南民族学院学报》1996 年第 3 期

石　训　实学思潮是庆历新政的理论支柱　《中国文化研究》1996 年第 3 期

张　践　实学研究的新进展——读《陆世仪评传》　《孔子研究》1997 年第 2 期

董根洪　论黄宗羲实学和朱舜水实学的区别　《孔子研究》1997 年第 4 期

尹丝淳　实学意蕴及其嬗变　《当代韩国》1997 年第 1 期

刘晓华　中国实学思想史研究的丰硕成果:《中国实学思想史》读
　　　　后　《船山学刊》1997 年第 1 期

丁冠之　戴震、丁茶山的实学思想　《烟台大学学报》1997 年第 1
　　　　期

方　苂　中国实学研究的里程碑　《中国文化研究》1997 年春之
　　　　卷

葛荣晋　程朱的格物学与中国古典科学的发展　《开封大学学报》
　　　　1997 年第 1 期

葛荣晋　程朱的格物说与明清实测之学　《孔子研究》1998 年第 3
　　　　期

王兴国　评《中国实学思想史》　《哲学杂志》(台湾)1998 年第 8
　　　　期

马　涛　论明清实学中的自由经济思想　《开封大学学报》1998
　　　　年第 12 期

赵吉惠　论李二曲坚持实学方向,重建清代儒学　《开封大学学
　　　　报》1998 年第 12 期

葛荣晋　中国实学研究的回顾与前瞻　《开封大学学报》1998 年
　　　　第 12 期

张　践　康熙的实学思想和宗教政策　《开封大学学报》1998 年
　　　　第 12 期

葛荣晋　把实学研究提高一步　《中华文化论坛》1998 年第 2 期

赵冰波　开拓实学研究,迎接新的世纪:第五届东亚实学国际学术
　　　　研讨会综述　《河南社会科学》1998 年第 6 期

黄德昌　试论佛教禅宗的实学思想　《开封大学学报》1998 年第
　　　　12 期

步近智、张安奇　概论明清实学思潮及其现实意义　《开封大学学

　　　　报》1998 年第 12 期

蔡方鹿　程朱实学的时代精神、特点和历史地位　《开封大学学
　　　　报》1998 年第 12 期

小川晴久　21 世纪实学的展望:恢复有机体特性　《开封大学学
　　　　报》1998 年第 12 期

衷尔矩　元代实学与欧亚文化交流　《开封大学学报》1998 年第
　　　　12 期

路德斌　实学·儒学·现代化——从实学的产生看儒学的活力和命
　　　　运　《宁夏党校学报》1999 年第 1 期

蔡方鹿　"张载关学与实学国际学术研讨会"在陕西省眉县召开
　　　　《中华文化论坛》1999 年第 4 期

李志军　传统文化研究的新视野——张载关学与实学国际学术研
　　　　讨会综述　《中国文化研究》1999 年第 4 期

李志军　东亚实学与 21 世纪——第五届东亚实学国际学术研讨
　　　　会在开封举行　《哲学研究》1999 年第 1 期

葛荣晋　南冥的实学思想研究　《中国文化研究》1999 年春之卷

姜日天　张载关学与实学国际学术研讨会召开　《中国哲学史》
　　　　1999 年 4 月

李志军　第五届东亚实学国际学术研讨会综述　《学术月刊》1999
　　　　年第 7 期

姜春华　洪大容实学的学问结构　《延边大学学报》1999 年第 1
　　　　期

王祥云　略论王安石变法的实学思想　《开封大学学报》1999 年
　　　　第 1 期

汪学群　第五届东亚实学国际学术研讨会述要　《文史哲》1999
　　　　年第 2 期

黄德昌　迎接新世纪曙光弘扬实学精神:"第五届东亚实学国际学

术研讨会"述评　《中华文化论坛》1999 年第 2 期

杨柱才　陆九渊心学的方法理论和实学主张　《南昌大学学报》1999 年第 3 期

石　训　论北宋儒家对实学的开创性研究　《中国文化研究》1999 年春之卷

李保林　从"庆历新政"看范仲淹的实学思想　《学习论坛》1999 年第 2 期

李志军　格致书院与实学教育　《清史研究》1999 年第 3 期

李志军　第五届东亚实学国际学术研讨会综述　《孔子研究》1999 年第 1 期

李志军　西学东渐与明清实学的结合　《汉学研究》中华书局 2000 年 11 月

李志军　西学东渐的历史过程　《汉学研究》中华书局 2000 年 1 月

李　刚　《经学理窟》的"实学"倾向　《陕西广播电视大学学报》2000 年第 4 期

石　军　关学与实学研究的反思与突破　《孔子研究》2000 年第 1 期

汪学群　王夫之易学中的实有思想与清初务实学风　《周易研究》2000 年第 3 期

宁新昌　张载关学之实学意义　《北京社会科学》2000 年第 4 期

王　杰　中国实学思想研究随感　《理论前沿》2000 年第 17 期

赵吉惠　张载关学与实学国际学术研讨会论点综述　《西安联合大学学报》2000 年第 3 期

姜日天　张载关学与实学国际学术研讨会综述　《哲学动态》2000 年第 1 期

宁新昌　张载关学之实学意义　《北京社会科学》2000 年第 4 期

李泽驾　张载实学的历史定位　《宝鸡文理学院学报》2000 年第 3 期

朱汉民　理学之术的"实学"精神　《湖南大学学报》2000 年第 2 期

李志军　西学补儒易佛与天主教的实学化　《汉学研究》中华书局 2000 年 9 月

李志军　西土对宋明理学的批评与明清实学的发展　《汉学研究》中华书局 2000 年 9 月

向世陵　张载气学的实学精神　《河北学刊》2000 年第 2 期

张　践　张载的实学思想及其宗教观　《江汉论坛》2000 年第 1 期

朱康有　李二曲心性实学发微　《晋阳学刊》2000 年第 4 期

鲁子平　重理性融外学求创新——略谈张载实学思想的基本特征　《理论导刊》2000 年第 3 期

赵吉惠　张载关学与实学研究的新视角、新拓展　《人文杂志》2000 年第 1 期

岳天雷　高拱的实学思想及其实政价值　《中州学刊》2000 年第 5 期

王　杰　中国实学思想的特征　《哲学动态》2001 年第 1 期

衷尔矩　思想与社会的互动：读《清代社会与实学》　《哲学动态》2001 年第 1 期

步近智、张安奇　略论明清实学思潮及其现代意义　《学术月刊》2001 年第 1 期

萧永明　朱熹史学观三题　《史学史研究》2001 年第 2 期

王　杰　论明清之际的经世实学思潮　《文史哲》2001 年第 4 期

李志军　传统何以走向现代——读《清代社会与实学》　《西安联合大学学报》2001 年第 1 期

石学慧　第六届东亚实学国际学术研讨会在日本召开　《哲学动态》2001 年第 3 期

马　涛　清代实学研究的新进展　《中国图书评论》2001 年第 2 期

王　杰　对清代社会和思想研究的新视角——《清代社会与实学读后》　《学习时报》2001 年 9 月 24 日

葛玉红、阚红柳　清初的实学与史学　《辽宁大学学报》2001 年第 3 期

葛荣晋　试论张载关学与实学　《国际儒学研究》2001 年 11 月

葛荣晋　实心实学的现代社会价值　《中国社科院研究生院学报》2001 年第 3 期

叶　坦　宋代浙东实学经济思想研究　《中国经济史研究》2001 年第 4 期

杨绪敏　清初与乾嘉时期学风的嬗变及学者治学特点　《江苏社会科学》2001 年第 5 期

20世纪儒学研究大系

图书在版编目(CIP)数据

20世纪儒学研究大系(全二十一册)/傅永聚、韩钟文主编. —北京:中华书局,2003.12(2015.9重印)
ISBN 978 - 7 - 101 - 03687 - 9

Ⅰ.20… Ⅱ.①傅…②韩… Ⅲ.儒学 – 研究 Ⅳ.①B222.05②K092

中国版本图书馆 CIP 数据核字(2003)第 008599 号

本书为国家社会科学基金项目
编号:02EZS003

书　　名	20世纪儒学研究大系(全二十一册)
编选者	傅永聚　韩钟文
责任编辑	陈　虎　李肇翔
出版发行	中华书局
	(北京市丰台区太平桥西里38号　100073)
	http://www.zhbc.com.cn
	E-mail:zhbc@zhbc.com.cn
印　　刷	北京瑞古冠中印刷厂
版　　次	2003年12月北京第1版
	2015年9月北京第2次印刷
规　　格	开本/850×1168毫米　1/32
	印张460½　字数10664千字
印　　数	2001 - 2900册
国际书号	ISBN 978 - 7 - 101 - 03687 - 9
定　　价	1600.00元